諸子思想

刘永佶 著

中国社会科学出版社

图书在版编目（CIP）数据

诸子思想／刘永佶著.—北京：中国社会科学出版社，2019.12
ISBN 978－7－5203－5340－3

Ⅰ.①诸⋯ Ⅱ.①刘⋯ Ⅲ.①先秦哲学—研究 Ⅳ.①B220.5

中国版本图书馆 CIP 数据核字（2019）第 215820 号

出 版 人	赵剑英
责任编辑	戴玉龙
责任校对	李　成
责任印制	王　超
出　　版	中国社会科学出版社
社　　址	北京鼓楼西大街甲 158 号
邮　　编	100720
网　　址	http：//www.csspw.cn
发 行 部	010－84083685
门 市 部	010－84029450
经　　销	新华书店及其他书店
印刷装订	北京君升印刷有限公司
版　　次	2019 年 12 月第 1 版
印　　次	2019 年 12 月第 1 次印刷
开　　本	710×1000　1/16
印　　张	53.25
插　　页	2
字　　数	787 千字
定　　价	168.00 元

凡购买中国社会科学出版社图书，如有质量问题请与本社营销中心联系调换
电话：010－84083683
版权所有　侵权必究

序

我对诸子的兴趣，是在上初中时形成的。由于"文化大革命"，我这个没有资格参加运动的学生，成了"逍遥派"，于是就设法找书偷着读。先读《荀子》，后又读《老子》《庄子》、"四书五经"等。读不懂，就边抄边译，慢慢可以读进去，也能明白一些。"逍遥"这个词，就是从《庄子》首篇知道的。此后几十年，总不断地找诸子书，以及现代人写的"中国思想史""中国哲学史"之类的书，有空就读些。1986年还用一年时间抄读《易经》，虽不甚懂，却写了几个笔记本，并试着写了一个"解易"提纲。也是在这段时间，萌生了专搞《儒墨道法》的想法，但没有实行。1992年夏，在长春开《资本论》研讨会，我在会上发言说，《资本论》研究应与中国现实和历史相统一，并提到对毛泽东和孔子进行对比研究。与会的山东人民出版社编辑李旭茂当下约我写一本关于毛泽东与孔子的书，在1993年纪念毛泽东诞辰一百年出版。这促使我比较系统地对孔子及儒学进行思考，写了《中国官文化的奠基者与批判家——孔子与毛泽东》，该书1994年才出版。此书写作是我对诸子研究的起始，后又写了《中国文化现代化》（1997年河北大学出版社出版），《中国官文化批判》（2000年由中国经济出版社出版），并于2011年改为《官文化批判》，仍由中国经济出版社出版。

到2015年，我写出《中国政治经济学方法论》（中国社会科学出版社

2015年出版),交了所承担国家社会科学基金重点项目这个差后,先是写了《黑格尔哲学》(中国社会科学出版社2017年出版),以完成四十年前的夙愿,又写了《解禅》(待出版),本想接着写《说道》,也拟了提纲,想从"道"论法、术、技,系统探讨诸子思想,但写起来觉得此题不当,而且提纲也不顺,于是改为《诸子思想》。这应是20世纪80年代的《儒墨道法》写作思路的扩展,但观念和方法已大变。

诸子思想形成并作用于春秋末,贯彻于战国,至秦、汉初止。春秋时期激烈的社会矛盾,以及管仲、范蠡、子产等诸侯中思想先进者对封建宗法的局部变革,导致"礼崩乐坏",是诸子思想的基础和条件,认识和解决社会矛盾,是诸子思想的内容和功用。从广义论,管仲等人也属"子"的范畴,但因其思想并无著述(《管子》一书为战国时人托名而著),因而视其为诸子前导。从老子、孔子到李斯、董仲舒,诸子思想连续四百多年,是封建领主制向集权官僚制转化的体现和导引,是与中国社会变革内在统一的思想变革运动。正是这场变革,筑就了中华民族在农业文明时期领先于世的时代精神。诸子思想变革止于集权官僚制的建立和巩固,李斯主张烧"非秦记""《诗》《书》、百家语"①,董仲舒建议"不在六艺之科孔子之术者,皆绝其道"②,正是集权官僚制专制统治的要求。董仲舒作为诸子中最后一子,根据这种要求选择改造诸子思想,形成以孔子名义的儒学道统,既是诸子思想的集合,也是诸子思想的终结。由此而开创的"经学",不再是独立思考的变革思想,而是仰承"上意"的专制统治工具。

虽然李斯之"烧"、董仲舒之"绝",并没有尽灭诸子著述,但也使诸子著述损失大部分。两千多年以儒学道统为依据的荐举、科举,更使孔、孟之外的诸子书广被冷落,又使"烧""绝"所余者多有散佚。这对今人研究诸子,无疑是一大遗憾。即便如此,流传下来的诸子著述及相关文献,仍然可用"堆积如山"来形容,如何发掘、提炼这个宝藏,是身处

---

① 《史记·秦始皇本纪》。
② 《汉书·董仲舒传》。

新社会变革中的学人的责任。自20世纪初以来，受西方思潮影响的学者，在清朝中期以来对诸子考据的基础上，依从所学西方某派思想，对诸子著作进行了"思想史"或"哲学史"的考察。其成果丰硕，问题也颇多。其中三个基本问题是我们的研究必须处理的。

其一，诸子的生存年代。诸子中大多数人并非显贵，虽从史料中可以推算一部分人的身世，也有一部分人没有确切记载，从而引起各种猜测。最为突出的，是老子与孔子孰先？在《礼记》和《庄子》中"孔子从老子学"的论述，《史记·孔子世家》也有孔子求学于老子的记载，对此，儒派诸子及后学均无异议。但《史记·老庄申韩列传》中在记"孔子适周，将问礼于老子"后，又写了"孔子死之后百二十九年"周太史儋见秦献公，并附一句："或曰儋即老子，或曰非也，世莫知其然否。"① 虽两千多年儒学道统的主流学者无人怀疑老子先于孔子并为孔子师，但到20世纪初，则有人依《史记·老庄申韩列传》中这段"或曰"，认定老子即太史儋，或者以各种理由说老子应在孔子之后，以证明孔子不可能（也不应该）"从老子学"。此外，对李悝、慎到、列子、孟子、庄子等的生存年代也有几种说法。

其二，诸子与诸子书的关系。诸子时并无"版权法"，且书籍也只是手抄流传，而名某"子"的书又大都是汉以后学者整理的，因此，某子与某子书的关系自然值得考究。诸子书中，大概只有董子《春秋繁露》没有人怀疑，其他各子之书均有人提出疑问，尤以《庄子》为突出。至于《管子》和《黄帝四经》等，则明显非管仲、黄帝所作，而《吕氏春秋》《淮南子》（《鸿烈》）由众门客所写也不成问题，但其他名以某子之书是否该子所著，对于研究者来说确要认真对待。

其三，因将诸子分归各"家"而引发的问题。将诸子分归各"家"，始于汉司马谈，其子司马迁作《史记》，在《太史公自序》中将乃父此说录下。自此将诸子分为阴阳、儒、墨、名、法、道六"家"就成学界常规，后《汉书·艺文志》又依此思想扩出多家。这样，诸子研究就有了一

---

① 《史记·老庄申韩列传》。

个既定的模式,先按某一标准把诸子分为某"家",再依时间顺序将各"家"中诸子排列,就成了"中国古代思想史"或"中国古代哲学史"的体系。但如何将诸子分"家",却成难题。诸子时,虽有师承,但大多数诸子并不专一某师,更不会只学某师思想,而是根据思想发展和变革实践的需要,尽可能多地学习前人思想,并进行独立思考。在诸子的观念中,并没有"家"的界限。以师承为依据将诸子分"家",是不准确的。如孔子"之所严事"者,即其师,就有周之老子、卫之蘧伯玉、齐之晏平仲、楚之老莱子、郑之子产、鲁之孟公绰。①如以师承分"家",孔子应归老子之"道家"。而墨子、李悝、吴起等人,都从孔子弟子及再传弟子学,依师承应为"儒家",但却分列"墨家""法家"。再如韩非,其师为"儒家"的荀子,却又归于"法家"。或以思想倾向分"家",但也有诸多困难。其突出者是被分为"法家"各子,如李悝、吴起、慎到、申不害、商鞅、韩非等,其思想主张是以法改制,但在基本观念和方法论上又都依从老子或孔子、荀子,为什么不归入"道家""儒家"?再如荀子,其"正法""隆礼"说,已是主张以法改制,为什么不归入"法家"?可见,将诸子分"家"归类,是与诸子思想实际不符的。

  对这三个问题,我是这样处理的:其一,诸子生存年代,既以史传资料为依据,还要以思想演化逻辑为线索,如老子道的概念及其天道观,是对周礼宗法和《易经》的批判,也是对管仲以来社会变革实践的总结。孔子以"仁"为核心的人道社会观,是以老子天道观为前提的,而不是相反。这既是《礼记》《庄子》《史记》所记孔子学问于老子的证明,也可以说明二人的先后。其二,某子是否著以其名义的书,应从其书思想来探究,但也有传人依其思想而写并以某子为名者。对此,我们不可能追查两千多年前古人的"著作权",但依其书思想而定其名,即将书名与人名统一,如《庄子》即为"庄子",不必细究其中某篇是否庄子所著。除《管子》及以"黄帝"为名的书显然不是管仲、黄帝所著外,其他诸子书都可

---

① 《史记·仲尼弟子列传》。

这样对待。诸子在历史上的作用是其思想，其思想记录于以其名的书中。其子即其书，其书即其子。其三，诸子本无"家"，但思想有师承、流传。将诸子分"家"，在"各家"间筑构壁垒，特别是加上"先进"与"保守"的界定，极不利于对诸子思想的研究，只要去除将诸子分"家"的观念，这个问题也就解决了。诸子思想是有内在联系的，但这种联系不是分"家"别类的关系，而是同在一个大变革时代，诸子依从社会矛盾演化和变革的要求，在递进发展中形成的道、法、术、技四层次统一的系统。诸子依变革这一主线，各从自己特殊条件，在这个系统的不同层次有其创意，或是注重学理，或是注重实践，共同构建了"诸子思想系统"。诸子在这个思想系统中各有其位其功，并因时间、国度、思想层次的区别而有所差异、论争，以至修正、发展，但并不表明诸子各为其"家"，也不能说其中某"家"为进步，某"家"为保守或反动。大变革的时代要求诸子思想变革，也造就了诸子思想系统。依变革主线而探究诸子思想系统，上述三个问题及相关问题都可以解决。

本书不是对"诸子思想史"或"诸子哲学史"的研究，而是从诸子时代的社会变革探讨以思想变革为主线的诸子思想系统。对诸子著述的探讨，并不求其细全，而是注重其在变革进程中的地位、作用及其相互关系。本书写作，得益于两千年来前辈学者的考据、校辑，他们辛苦努力，充实了中华民族乃至人类思想宝库，为我们提供了丰厚的思想材料，是实证抽象的依据。对这些前辈学者绝不是用"敬仰"和"感谢"就能表达应有情意的，唯有承继他们的精神和治学态度，在诸子思想这个宝藏的发掘、加工上做一点事情，才是后辈的我们对前辈的报答。

五十多年来，读诸子书是我的享受。现在将诸子汇集系统探讨，既是辛苦事，更是一大乐事。希望读者朋友给本书以批评，我也可再享受修正之乐。

刘永佶

2018年12月31日

目　录

导论　诸子思想变革筑就农业文明先进的中华民族精神 …………（1）
　　一　中华民族在农业文明时期率先形成 ……………………（1）
　　二　破除"欧洲中心论"，确立集权官僚制的历史
　　　　阶段地位 ………………………………………………（7）
　　三　诸子思想的先进 …………………………………………（22）
　　四　诸子思想的局限 …………………………………………（32）
　　五　发现、概括诸子思想的一般性因素 ……………………（37）

第一章　诸子思想家群的思想大变革 ……………………………（48）
　　一　部族联盟封建领主制矛盾的激化 ………………………（49）
　　二　诸子思想家群应运而生 …………………………………（59）
　　三　变革：诸子思想家群的共性 ……………………………（67）
　　四　诸子有派无"家"纵横天下 ……………………………（74）
　　五　诸子思想家群体现的时代精神 …………………………（87）
　　六　诸子思想家群思想系统：道、法、术、技四层次的
　　　　有机统一 ………………………………………………（103）

第二章　诸子思想系统之道层次 （124）

一　天道观：诸子思想系统体现的时代精神的基本观念 （125）

二　封建领主制时代精神的基本观念上帝观及其衰落 （131）

三　《易经》：上帝观向天道观的演化 （140）

四　老子创立天道观 （152）

五　孔子及《易传》《礼记》对天道观的理解和
人道社会观的论证 （164）

六　墨子对天道观和人道社会观的发展：天志与兼爱 （176）

七　庄子对天道观的论证和从个性自由对人道社会观的发展 （186）

八　文子对天道观的阐释 （198）

第三章　诸子思想之法层次 （208）

一　老子规定、论证天道观之法：归纳与演绎 （209）

二　老子理解、实行天道观之法：德 （217）

三　孔子论证其人道社会观之法：以仁复礼和中庸 （228）

四　墨子实行天志和兼爱之法：尚贤与尚同 （240）

五　《黄帝四经》思想之法层次：道生法 （252）

六　庄子思想之法层次：乘道德而浮游 （262）

七　孟子思想之法层次：心性与民本 （274）

八　荀子思想之法层次：隆礼 （287）

九　韩非子思想之法层次：以理从道行法 （301）

十　文子思想之法层次：德贯仁、义、礼 （314）

第四章　诸子思想系统之术层次 （325）

一　老子修德行道之术：无为与不争 （326）

二　孔子思想之术层次：正名与忠、恕、义、信 （338）

三　墨子思想之术层次：交利和固本 （347）

四　《黄帝四经》思想之术层次：君主法信，刑德相养 （356）

五　李悝以法改制之术：尽地力，夺淫民，著法经 …………（363）

六　吴起以法改制之术：明法审令，废爵收禄，强国勇兵 ……（373）

七　慎到以法改制之术："一于君，断于法" ………………（382）

八　申子思想之术层次：君本而明法 ……………………（390）

九　商鞅以法改制之术：专权法制，兵农合一 …………（397）

十　《管子》以法改制之术：君主法治，富民强国 ………（406）

十一　庄子思想之术层次：知道而达生 ……………………（420）

十二　孟子思想之术层次：施仁政于民 ……………………（431）

十三　孙子为首的兵学诸子思想之术层次 …………………（440）

十四　鬼谷师徒纵横游说之术：量权，揣情，谋策 ………（469）

十五　《墨经》之名辩术层次：名类故理 ……………………（481）

十六　阴阳五行思想之术层次：万物人事基本属性和形态 ……（495）

十七　荀子思想之术层次：正法 ……………………………（506）

十八　韩非子思想之术层次：抱法处势而治 ………………（517）

十九　李斯之术：一统集权，废除封建 ……………………（525）

二十　《文子》思想之术层次：由仁义立法度治国利民 ………（533）

第五章　诸子思想之技层次 …………………………………（541）

一　老子思想之技层次：守弱，用无，不敢为天下先 ……（542）

二　孔子思想之技层次：学思、知勇、孝悌与利禄德 ……（551）

三　墨子思想之技层次：节用与非攻 ………………………（563）

四　商鞅以法改制之技层次：信法、制民、算地、抑末 ……（579）

五　《管子》以法改制之技层次：务本饬末、权衡轻重 ……（591）

六　庄子思想之技层次：任情适性，开放心胸，
　　纯素贵精，乐道安贫 …………………………………（609）

七　孟子思想之技层次：分田制禄，农工交易，薄税取助 ……（620）

八　孙武为首的兵学诸子思想之技层次 ……………………（628）

九　鬼谷师徒纵横游说之技层次：捭阖、箝摩、应揵、

　　　　忤合、盛神、养志 …………………………………………（655）
　十　《墨经》名辩之技层次：以名举实，以辞抒意，
　　　　以说出故 ……………………………………………………（664）
　十一　公孙龙名辩之技层次：白马、坚白、指物、通变 …………（676）
　十二　阴阳五行思想之技层次：对天象、地域、政权、
　　　　农事、医养的推测 …………………………………………（689）
　十三　荀子思想之技层次：富国、义兵、王天下 …………………（705）
　十四　韩非子思想之技层次：信赏罚以尽民能 ……………………（718）
　十五　李斯之技层次：行同伦、书同文、车同轨、衡同度 ………（728）

第六章　诸子思想归集一统 …………………………………………（736）
　一　《吕氏春秋》汇融诸子思想的尝试 ………………………………（737）
　二　《淮南子》集诸子思想而结一体系 ………………………………（757）
　三　董仲舒集合改造诸子之学成依附政统之道统 …………………（773）
　四　儒学道统的形成和延续 …………………………………………（793）

第七章　以诸子思想变革为借鉴，进行现代思想变革 ……………（811）
　一　固守集权官僚制和儒学道统导致中华民族
　　　在工业文明发展中的落后与危机 ………………………………（814）
　二　现代资本主义已衰败，中国更不可能
　　　依资本主义而振兴 ………………………………………………（821）
　三　以探讨现代精神为导引展开中国思想变革 ……………………（829）

跋 ………………………………………………………………………（837）
后　记 …………………………………………………………………（840）

导论　诸子思想变革筑就农业文明先进的中华民族精神

人类的农业文明演化了几千年，曾经出现了若干兴盛的文明区域，只有中华民族摆脱了部族联盟存在形式并以集权官僚制延续，其他文明区域或因固守部族社会存在形式而停滞衰亡，或只进展到部族联盟社会存在形式。中华民族是人类农业文明时期唯一的民族国家形式，现在世界上的其他民族国家，大都是工业文明初期开始形成的。

中华民族之所以能够在农业文明中形成，取决于其制度和文化。农业文明时期中华民族的制度和文化特殊性何在？它形成的原因是什么？又为什么在农业文明发展中领先于世的中华民族在工业文明的发展中落后？怎样使中华民族在工业文明发展中延续并领先于世？正是对这些问题的思考，促使我们对两千多年前主导中华大地上轰轰烈烈社会变革的诸子思想进行系统探讨。

一　中华民族在农业文明时期率先形成

文明是人类与动物区别的标志，是人类社会存在和发展的内容。"文明"一词在古汉语中早已出现,《尚书·舜典》载:"濬哲文明,温恭允塞。"① 《易经·乾·文言》载:"潜龙勿用,阳气潜藏。见龙在田,天下文明。"② 《易经·同人·彖》载:"文明以健中正而应君子正也。"③ 而表示文明之意的拉丁文 Culture,指耕作和拜神,虽说定义面狭却比古汉语的定义面广而笼统的"文明"更突出了其实质,耕作和拜神是欧洲古代人基本的社会活动,耕作可广义为生产劳动,拜神是其主要的文化活动。

承继古人思路,我们对"文明"做这样的规定:文明之"文",意为人类体力和脑力劳动过程与成果,"明",意为光照、启发、引导、普及。文明,就是人类以生存需要和主观努力驱动的劳动对自然物和人本身的改造,同时调整人际交往和社会关系的过程。文明是人本质核心要素劳动与需要、交往、意识的集合,也是人性升华的体现。文明主体是体现并发挥人本质核心的劳动者,劳动者的素质技能是文明的基本。文明总体上由七要素构成:一是社会生产力,二是科学技术知识,三是社会关系和组织管理,四是生产方式,五是生活方式,六是价值观和思想道德,七是语言文字和艺术。这七要素是内在统一的,其中,社会生产力是劳动者素质技能的社会总和,是人体力和智力的发挥与对物质自然属性的有效利用,为人类生存和发展提供必要的物质条件。生产力不是自然物质的力,也不存在所谓"物质生产力",自然物质只能在人对其属性正确认识和利用中,为人提供效用。科学技术知识是人在劳动实践中形成的关于自然物质属性和人劳动技能的认识,它是人改造自然物质提高自身能力的先导因素,并在人与人交往中相互交流和世代传续。社会关系和组织管理是在生产力和科学技术知识基础上形成的人的社会联系方式,其基本是劳动者的社会地位,由此而形成家族、氏族、氏族联合体、部族、部族联盟、民族等社会存在形式,确立与之相应的社会制度和组织。社会关系和组织管理使个体人结成总体,在交往和相互制约中提高个体素质技能,发展生产力,增长

---

① 《尚书·舜典》。
② 《易经·乾·文言》。
③ 《易经·同人·彖》。

科学技术知识，同时也制约并协调人与人之间的利益矛盾与冲突。生产方式是在生产力、科学技术知识、社会关系和组织管理三要素的作用下，形成的生产过程的内容和形式，因劳动者素质技能和社会地位的矛盾及其生产对象而分为农业生产方式、工业生产方式等。生活方式是生产方式的继续，也是对生产力成果的享用和需求，是人类存在和延续的必要条件，并受科学技术知识、社会关系和组织管理、价值观和思想道德的制约。价值观和思想道德是人在社会关系和组织的联系中形成的关于个人与社会的认识。其中价值观是对人本质、本性、人生目的和个体与总体关系的认识；思想则是从总体角度对社会存在形式和社会制度，以及人与人之间利益矛盾冲突与其解决途径的探讨论证；道德是从特定社会总体对个体人观念和行为的约束。语言文字和艺术是人际交往和自我表现的必要方式，是上述要素的载体和表现。由于地域和发展程度的差异，人类有多种语言，语言可由拼音符号和文字记录，文字是其高级形式，当前只有汉字是应用最广，也最能展现思想的文字。艺术是对人生情趣、意愿和生活的特殊表现，是人精神活动的必要方式。①

文明的七要素，统一存在并作用于人类社会的各方面和阶段，并在不断发展中普及和演化。对于文明，人类有一个共趋向，即根据人本质和人性升华而认同、学习先进的文明，由此促进文明在交往中的逐步趋同，形成人类总体的发展。在文明的发展中，价值观和思想道德起着主导性作用，尤其是思想，既是对人际关系和社会矛盾的规定，也是对文明各要素的总合性认识，并从总体上探讨变革社会关系的制度和结构，思想变革导引社会变革，促进文明发展。

人类已有的历史，大体经历了三种以生产方式界定的文明形态：采集渔猎文明、农业文明、工业文明。之所以从生产方式来界定文明形态，一是生产方式为人类生存发展的基础，二是生产方式是文明其他六要素的

---

① 关于文明的要素，我在《中国现代化导论》（河北大学出版社 1995 年出版）的序言《文明主体与现代化》中第一次作了初步界定。这里的论说已较之有了很大区别，有兴趣的读者，可参阅该书。

集合。

采集渔猎文明大体上是原始社会，其经历的时间最长有一二百万年，这个时期人类的社会存在形式主要为家族和氏族，后期出现了氏族联合体，其社会关系和制度以血缘为依据。

农业文明是以农业生产方式为基础的文明形态，人们在采集渔猎的过程中逐步提高了素质技能，认知了部分自然物的属性，并以种植和畜养的方式人为地生产谷物和动物，以满足人生活的需要。有人将畜牧生产方式与农业生产方式分立，但在文明形态上两者应属同一时期，而且应以农业生产方式来界定。其原因：一是单纯的畜牧业只存在于人口稀少的高原地区，而且都要以通商、掠夺等方式与农业生产方式地区交往，取得必要的谷物；二是畜牧业的生产与农业生产在一般性上是相通的，都是以对自然的生物属性的认识为依据，对可为人类所消费的生物的培养。农业文明时期大体从公元前30世纪到公元十七八世纪。农业文明时期的社会存在形式初起于氏族联合体，进而演化为部族、部族联盟和民族，除氏族联合体外还以血缘为社会存在范围，部族、部族联盟、民族都以地缘为存在范围，并以奴隶制、封建领主制、集权官僚制为社会制度。

工业文明是以工业生产方式为基础的文明形态，工业是以物理、化学等科学技术改造物质结构，以规模生产制造产品的生产过程，与农业生产相比，工业生产可以少受或免受天时、地域的影响，并能更大范围、更为深度地利用物质资源。工业生产以蒸汽力、电力等为动力，进而广泛地发展运用信息技术，极大地提高了人的素质技能，快速发展生产力，并使人的社会存在形式和社会制度发生变革，促成了文明各要素的巨大变化。工业文明孕育以欧洲十五六世纪商业资本的发展为前导，以十八世纪下半叶瓦特蒸汽机的发明和应用为起始标志，演化至今已两百多年，工业文明确立了欧洲及其他地区民族的形成，并以资本雇佣劳动制为初级阶段的社会制度。随着劳动者素质技能的提高，先进思想家以劳动者为主体提出了取代资本雇佣劳动制度的民主劳动制度，并由此形成新的变革势力和运动。民主劳动制度将使工业文明上升一个新阶段。

诸子思想形成并作用于农业文明已经发展到部族联盟社会形式的中华周代春秋、战国和秦、汉初，此前的夏代、商代和周代前期，经历了部族取代氏族联合体，部族联盟又取代部族的变革，封建领主制已建立四五百年，社会存在形式和制度的矛盾严重束缚劳动者素质技能的提高与生产力的发展。以上帝观为基本观念的统治意识形态已不能调和日益尖锐的矛盾，"礼崩乐坏"，诸侯征战、兼并、称霸表明旧制度的没落，社会变革成为解决矛盾的唯一途径。诸子思想在激烈的社会矛盾中形成，主导废除封建领主制的社会大变革，开创了农业文明的一个新阶段，创建了民族国家和集权官僚制，使中华民族领先于全人类。

诸子思想，是人类思想史上一个特殊阶段和范畴，由春秋末期老子创立取代上帝观的天道观为起始，孔子、墨子承续天道观，论证以"仁""兼爱"为核心的人道社会观，批判和论证社会矛盾，主张变革社会关系和制度，形成了初级的思想体系，并办私学而传播和扩展，到战国时形成由众多思想家从不同角度探讨并参与、指导社会变革的思想运动，到董仲舒的"独尊儒术"建议为汉武帝刘彻接受并贯彻于专制统治为终结，历时四百多年，集权官僚制取代了封建领主制，原来众多的部族及部族联盟归统于以"汉"为名的中华民族。由董仲舒汇集诸子思想构建的儒学道统，经历代御用文人的充实和修正，成为两千多年凝聚中华民族的精神依据。

中华民族的形成和集权官僚制的建立，既是人类农业文明时期领先的社会存在形式，也是最为先进的社会制度，与之相比，农业文明初期曾兴盛的印度、巴比伦、波斯、埃及等地区，都因未能对部族及其奴隶制进行变革而停滞或解体，后起的罗马部族奴隶制直到公元5世纪才由日耳曼人推翻，形成基督教上帝观主导的部族联盟和封建领主制，而此时的中华民族已形成并建立集权官僚制六七百年。集权官僚制是中华民族形成和聚合的制度基础，虽然初期有旧部族联盟复辟封建领主制的活动，以及贯穿两千多年的北方部族联盟的侵扰，甚至入主中原，还有各朝代统治者内部矛盾导致的政变、割据，甚至连绵不断的农民起义和反抗，政权屡经更迭，但集权官僚制仍屹立不倒。虽然也有入主中原的北方部族联盟首领企图以其封建领主制取代集权官僚制，但很快就发现两种制度的优劣，不得不效法集权官僚制，或是用于统治汉族，或是对自有的封建领主制也进行变革，北魏、辽、金的局部"汉化"，清朝全面承续集权官僚制，只在本部族联盟内部维持封建领主制。而元朝统治者曾试图在中原全面实行其封建领主制，但行不通，不得不在汉人中恢复集权官僚制，而其本部族联盟仍坚持封建领主制，这种做法，不仅使其很快就被逐出中原，而且其制度的局限，也不可能维系靠骑兵征战所占领的亚欧两洲大片领土。虽然蒙古铁骑的侵略使欧洲人了解了中国集权官僚制，并引发其先进者对封建领主制的变革，但固守游牧生产方式的蒙古部族联盟却没有进行自身的制度变革。

正是由于集权官僚制，虽有无数内外矛盾，政权不断变换，但中华民族历经两千多年仍然聚合并扩展，其中原因，并不在中国人种的优秀，也不在天意和地理条件，而在于制度和文化。集权官僚制的政治专制和小农经济，是与个体手工劳动的农业生产方式最相适宜的，既可以保持统治的相对稳定和"公正"，又能充分调动以家为单位的小农经济的积极性，这是其优越于奴隶制和封建领主制之所在。人类向高级文明的趋同性是不可逆的，中华民族是从夏、商两代众多奴隶制的部族进化到周代的部族联盟，经过几百年的大变革才从部族联盟封建领主制演变为民族集权官僚制。这是历史的选择，也是文明发展的必然趋势。虽然集权官僚制也有其局限和矛盾，但在人类尚未以新的文明取代农业文明，因而不能创立新制度时，集权官僚制就依然得以维持。而这个制度的最大局限和缺陷，就是在延续小农经济的农业文明的同时，严重抑制商业乃至工业的发展，从而导致中华民族在工业文明发展中的落后，并由此陷入"最危险的时候"！

今天的中华民族要随工业文明的发展而发展，唯一的选择，就是变革已经过时、腐败的集权官僚制，而为了进行现时的变革，探讨两千多年前我们的祖先为了创建集权官僚制而展开的对封建领主制的思想大变革，从中发现变革精神的一般因素，进而认知集权官僚制的局限和特殊，是不得不做的功课。

二 破除"欧洲中心论",确立集权官僚制的历史阶段地位

虽然中华民族率先在农业文明时期形成,集权官僚制也在两千多年的历史上控制、聚合着世代延续的中国人,但我们的祖先却并没有对这个制度进行充分的理论界定,只是在秦统一天下创建集权官僚制时由李斯等论证过"郡县制"与"封建制"的区别,后来唐朝柳宗元写过《封建论》,反对当时出现的复辟封建领主制的思潮。但不论李斯还是柳宗元,都是从政治体制和统治方式上区别"封建制"与"郡县制"。或许李斯对此有更深刻的认识,但他作为这个制度的创建者之一,考虑更多的还是如何从术、技层次统治民众,而非从劳动者角度论证制度的性质。对于后来历代统治者及其御用文人来说,制度就像天那样先验地存在着,自己要做的,就是依从制度而强化统治,虽然会在政策乃至体制上做些修正,也不必对制度进行考察论证。那些奉行儒学道统的御用文人们为了论证制度的天然合理,将其说成从黄、炎二帝以来的全部历史都通而贯之的,从而进一步混淆了集权官僚制的性质。

只是到 19 世纪中叶,随着西方列强的不断侵掠、瓜分,中华民族面临被消灭的危难时刻,先进的知识分子才被迫从制度层次进行思考,尤其俄国革命所带动的苏式"马克思主义"在中国的传播,促成了一批青年知识分子对中国社会制度性质及其历史阶段的探讨。苏联人依其对马克思著作的理解,将人类历史以欧洲为中心划分为五个阶段:原始社会、奴隶制社会、封建制社会、资本主义社会、社会主义社会。这样的划分不能说没有其合理性,尤其用前四阶段界定欧洲的历史,除了不能说明欧洲几大国封建制与资本雇佣劳动制之间三五百年的制度性质外,基本上说得通。而第五阶段的社会主义社会则是苏联人对其现行制度的规定,他们认为,欧洲乃至全世界都要进入这个阶段。

苏联人关于历史阶段的界定,据说是以马克思在《〈政治经济学批判〉序言》中的一段话为依据的。马克思原话为:

> 大体说来，亚细亚的、古代的、封建的和现代资产阶级的生产方式可以看作是社会经济形态演进的几个时代。①

马克思这里说的并不是苏联人所界定的人类所有地区历史发展的阶段，而是"大体说来"的"社会经济形态演进的几个时代"，之所以是"大体说来"，可能是马克思考虑到他掌握的材料远不足以对全人类的历史阶段进行概括，如当时中国的历史文献还基本没有翻译，不可能研究。而且，这里所说的四个"经济形态时代"的名称，也是不一致的："亚细亚的"是地域，"古代的"只是与近代、现代相对的时代，这两者都不能表示制度性质，只有"封建"才是制度性质的界定，"资产阶级"则表示其为统治阶级，也不是制度性质的界定。将"亚细亚的"生产方式视为"经济形态"的第一阶段，似乎包括了中国，也有一些学者试图由此来解释中国的历史，我本人也曾就此思考很长时间。但考究马克思的相关论述，却发现他所说的"亚细亚生产方式"与中国无关。在《1857—1858年经济学手稿》中，马克思这样写道：

> 在大多数亚细亚的基本形式中，凌驾于所有这一切小的共同体之上的总合的统一体表现为更高的所有者或唯一的所有者，实际的公社却只不过表现为世袭的占有者。因为这种统一体是实际的所有者，并且是公共财产的真正前提，所以统一体本身能够表现为一种凌驾于这许多的实际的单个共同体之上的特殊东西，而在这些单个的共同体中，每一个单个的人在事实上失去了财产，或者说，财产（即单个的人把劳动和再生产的自然条件看作属于他的条件，看作客观的条件，看作他在无机自然界发现的他的主

---

① 《〈政治经济学批判〉序言》，《马克思恩格斯选集》第二卷，人民出版社1972年版，第83页。

体的躯体）对这单个的人来说是间接的财产，因为这种财产是由作为这许多共同体之上的专制君主所体现的统一总体，通过这些单个的公社而赐予他的。因此，剩余产品（其实，这在立法上被规定为通过劳动而实际占有的成果）不言而喻地属于这个最高的统一体。①

那些通过劳动而实际占有的公共条件，如在亚细亚各民族中起过非常重要作用的灌溉渠道，以及交通工具等，就表现为更高的统一体，即高居于各小公社之上的专制政府的事业。②

马克思说的"亚细亚生产方式"的基本单位是"公社"，而中国自西周以后的封建领主制和秦以后的集权官僚制，已不存在"公社"这种集经济、政治于一体的"社会组织"。因此，可以说，"亚细亚生产方式"并不包括此后的中国，至于此前，从已有的考古资料看，中国也应存在过"公社"这种形式。用马克思的"亚细亚生产方式"来推论中国古代史，特别是西周以后历史的社会性质，显然不恰当。然而，恰恰有那么一些西方学者，其中典型的有美国卡尔·A.魏特夫所著《东方专制主义——对于极权力量的比较研究》，他似乎受上引马克思第二段话中有关"灌溉渠道"的启示，将中国等"东方社会"称为"治水社会"，并由此立论，来说明中国及印度等国的社会性质和历史。此书征引了大量的资料，在实证分析方面也有特色，可惜，他以"治水"来规定中国的社会制度，由"治水"来论证"专制"的方法却有很大的偏颇。即令其对印度等国的论证是正确的，也不能因中国与印度同处"东方"或"亚细亚"，就将其结论搬到中国。同时，该书又往往将对中国专制政治的一些分析用于印度和其他国家，显然也是不确当的。魏特夫把"治水社会"与"封建社会""工业社

---

① 《1857—1858 年经济学手稿》，《马克思恩格斯全集》第 46 卷（上），人民出版社 1980 年版，第 473 页。

② 同上。

会"分开并列为三种社会形态,不仅过分强调中国等"东方社会"的特殊,而且试图以此来论证黑格尔所说的"东方世界"历史的"停滞"。在魏特夫看来,中国之所以"停滞",就在于"治水",治水经济使中国固定于历史的第一阶段,并没有形成与欧洲同步的"封建社会"。

所谓"治水社会",无非是指比较发达的农业文明,中国古代确实注重治水,但中国农业文明的发达(这是一些欧洲人不愿意承认的),根本原因并不在于"治水",而在于中国社会制度的先进。"治水"是农业文明的共同特点,不仅中国、印度等"东方社会"要治水,欧洲也要治水。但为什么同是"治水"的经济和社会中,文明发展程度又有区别?"治水"的程度也有区别呢?中国农业文明的先进,根本原因还在于社会矛盾所演化的社会变革及其制度的先进,印度等其他"东方社会"及欧洲"封建社会"的落后,原因也在于社会矛盾和制度。至于中国历史的"停滞",也只能从社会矛盾中去探讨。对中国历史阶段的规定,只能根据中国社会矛盾演化过程的实际材料,进行辩证的考察,从劳动者素质技能与社会地位的矛盾及其表现的生产力与生产关系矛盾,从政治、经济、文化各种因素的归纳、分析、综合中,发现其规律和阶段性。正是在这些矛盾因素的作用下,中国古代社会形成了阶级和阶级矛盾,在对阶级社会阶段性进行规定的时候,又必须考虑阶级关系和阶级矛盾。也正是这种考察中,我们不仅可以揭示中国特殊历史矛盾演进的阶段性和阶级性,也能从中发现所包含的一般性,从而以特殊与一般辩证统一的概念和论述,规定中国古代社会的历史分期。

在英语里,表示奴隶社会之后社会形态的是 feudal society。中国新史学接受了这个概念。最初曾有人以"宗法社会"来译,如陈独秀、李大钊等人都使用过,但后来,由于对欧洲的历史了解比较多了,则改译为"封建社会"。如果仅从翻译的角度说,用"封建社会"来表示"feudal society"这个概念,是比较准确的,因为它与汉语中"封建"的本义,即"封国土,建诸侯"基本相同。欧洲自罗马帝国解体以后,其社会性质就是"封建"。然而,中国人现在使用"封建社会"一词时,更多的是指中国古代从秦至清这段历史的社会性质。这明显与实际情况不符。"封建"一词，在古汉语中已有明确含义，不能因为用来翻译外语，就改变其本义。"封建"作为一种社会制度，在周朝是很典型的。柳宗元论证了周和秦以后社会制度的区别：

> 周有天下，裂土田而瓜分之，设五等，邦群后，布履星罗，四周于天下，轮运而辐集。合为朝觐会同，离为守臣干城。①

> 秦有天下，裂都会而为之郡邑，废侯卫而为之守宰，据天下之雄图，都六合之上游，摄制四海，运于掌握之内，此其所以为得也。②

柳宗元是为了反对退回"封建"制度的言论来区分周与秦之后社会制度差别的，因而，他强调秦废除封建制是历史大趋势。

中国古代是先进的，欧洲则比中国落后得多，当周朝"封建"时，欧洲诸国还是奴隶制，只有到公元五世纪罗马帝国解体之后，才进行"封建"，而此时距中国秦朝废封建已有六七世纪了。也就是说，欧洲的封建领主制，比中国晚了一千多年。至于其实行封建领主制是否受到中国的启示，很难考证，但有一点却是肯定的，欧洲实行封建领主制是当时社会矛盾演化的结果，是一个必然性的进步。虽然与中国西周时的封建领主制在形式上有很多区别，但欧洲这晚来的封建领主制在内容上却与中国周代封建领主制基本相同，即"封国土，建诸侯"，领主贵族对土地和农奴拥有所有权。欧洲的封建领主制虽晚，却也表明人类历史发展的共性，即在农业文明的条件下，封建领主制比奴隶主制是进步的，这种进步性主要体现在农奴比奴隶有更多的自由和生产积极性，从而有利于生产力和文明的发

---

① （宋）柳宗元：《封建论》。
② 同上。

展。但历史仍在发展,中国自秦汉实行的集权官僚制,比封建领主制又是一个进步,其关键在于使农奴变成相对独立经营的农民,由此促进了生产力和文明的发展。而欧洲比中国的落后,也主要表现在中国已经确立了集权官僚制六七百年欧洲才实行封建领主制。公元十四五世纪,欧洲的一部分君主和思想家也想效法中国,建立集权官僚制,并在意大利、荷兰、英吉利、法兰西等国形成了初级的集权官僚制和民族国家。

中国自西周结束奴隶制以后到清朝灭亡三千多年的历史上,经历了两个大的阶段,其一是封建领主制,其二是集权官僚制。"欧洲中心论"历史阶段的划分,却没有关于集权官僚制的规定,甚至忽略了欧洲十三四世纪至十八世纪曾经有过的集权官僚制的初级形态,直接将封建领主制之后的社会说成是资本主义制度。这对于解说欧洲历史已经有明显缺陷,用来演绎中国历史阶段,势必与实际相悖。因此,当中国学者用"欧洲中心论"的历史阶段划分来界定中国历史时,就遇到一个大难题。以演绎对比法来规定中国古代社会性质,一是时间上的对应,二是性质上的对应。中国自西周就建立了封建制,比欧洲要早得多,于是,有人将中国封建制度的起始定于秦汉,虽仍早几百年,也说得过去,将周朝八百年,又都划归奴隶社会,但却很难找到奴隶制的证据。有人则坚持中国自西周就为封建制度,秦以后仍延续这个制度,至于秦至清两千余年的历史,在制度和社会结构上明显与欧洲不同,于是称之为"畸形",区别于欧洲的"典型"。由于欧洲此时的社会性质是"封国土,建诸侯",因而翻译家们就用一个现成的汉语词"封建"来译 feudal society,为"封建社会"。但这对研究秦至清的社会性质和矛盾发展,却总有"文不对题"之感。更为重要的,是不可能说明春秋、战国几百年的大变革,既然秦朝与春秋、战国所处的周代在社会制度上并没有性质的区别,都是封建领主制,那么这样大规模的社会变革为什么会出现?其历史意义又何在?以至有人干脆否认这场大变革的进步性,只将其描绘成兼并、争霸和战乱。

历史的研究是为了探讨已经历的事实中体现的规律,不是为了证明某一种论点。苏联人所界定的"欧洲中心论"的历史阶段,只是一种论点,它的提出者并未系统研究中国的历史，因而也不能解释中国历史。而中国的历史事实是不可抹杀的，在人类农业文明时期占有相当重要的地位。为了探讨中国的历史规律，也为了全面认识人类的历史，必须突破"欧洲中心论"历史阶段划分的局限，根据丰富切实的中国历史资料，确定集权官僚制的历史地位，从逻辑与历史统一中概括中国历史的发展阶段，进而结合欧洲十三四世纪至十七八世纪已出现的各国初级集权官僚制，参照马克思及有关历史学者对欧洲这段历史的研究成果，探讨人类发展的一般规律及其阶段。

中国因在农业生产和文明发展中的先进，其社会矛盾的演化也领先于世界，公元前11世纪，以周部族为首的部族联盟推翻商部族对各部族的统治，实行封建领主制，以原来各部族为基础，分封周王族子孙和灭商功臣为公、侯、伯、子、男五等爵，各领有一块土地及其上人口，同时保留夏、商等旧部族，形成其当时所及"天下"的大部族联盟。所封建之国，据史学家估算约有几百个，也有人说达上千个。周代封建以统治氏族血统宗法为依据，继承王位及各等爵位的统治权。天子是周部族联盟的大宗，天子之权位由嫡长子继承，并保有一块领土，再把其余土地臣民分给其次子及以下诸子和功臣，是为封国。在封国之内国君嫡长子为宗子，承继其爵位和权利，并分次子及以下诸子与卿大夫一块土地和人口，是为采邑。采邑主在本采邑内为大宗，其嫡长子为宗子，再将土地分给次子和以下诸子占有，由其分给并掌控同姓（本氏族）平民和农奴耕作。自天子至诸侯至采邑主，都将一部分好的土地留作其宗主的"公田"，由农奴耕作，其收获物归宗主。农奴是非同姓（非统治氏族）庶民，他们是战俘或战俘后代，人身权属于领主，但不再像奴隶那样由奴隶主集中管制进行集体劳动，而是由领主配给一小块土地的使用权，除在领主公田无偿劳作，其"承包"的小块土地收获物还要交贡赋给领主。

以宗法为依据的封建领主制，是一个系统权利体系，授予土地者有权向接受土地者征收贡赋及劳役、兵役，接受土地者则有义务交纳。从其原则讲：天子向诸侯征收，诸侯向卿大夫采邑主征收，采邑主向同姓及异姓庶民征收。同姓庶民与异姓庶民都是劳动者,其区别在人身权和所交贡赋及服兵役、劳役的不同。同姓庶民为平民,有相对自由的人身权,其所交贡赋要少于异姓庶民,并可不去"公田"做劳役,但有服兵役的义务。异姓庶民为农奴,没有人身权,不仅要交大量贡赋,还要在"公田"服劳役,但在封建之初不服兵役,到战国时战争频发,同姓庶民已不能满足兵源,才征异姓庶民兵役,为奖励其作战,按军功解除其农奴身份,具有与同姓庶民一样的人身权,这是秦国变法而强盛的重要原因,其他各国也开始效仿,随农奴身份的改变,封建领主制也逐步从基层解体。

封建领主制以上帝观为基本观念,周天子自命为上帝在人间的代表,依宗法礼制而建立掌控部族联盟的权利体系。这个权利体系是相对松散的,以血统亲情为基础的宗法礼制随时间的推移而逐步失去其效用。诸侯对天子的依从度日益淡化,而其各自领地的局限又不可能满足世代几何级数增长的后代分封的需要,与此同时,人口增加和经济发展也激化了民众与统治者的矛盾,由此导致诸侯间的争霸和兼并。春秋"五霸"还在以霸主为首形成各自的部族联盟,战国"七雄"则废除征服的部族诸侯,将其领地、人口直接纳入本国的统治范围,并逐步废除封建宗法制,形成初级的集权官僚制。秦国由"商鞅变法"而展开的变革,最为全面深刻,并实行奖励耕战的政策,按军功和耕作成绩界定个人身份地位,消除世卿世禄,极大地刺激了士子和民众的生产和战斗积极性,尤其是以军功解放农奴为平民,使秦国实力迅速增长,进而吞并六国,一统天下。

以春秋"五霸"和战国"七雄"为标志的几百年,是封建领主制矛盾激化的大动乱期,也是社会大变革过程。变革的对象就是封建领主制,经过艰难、痛苦、反复的探索和战争,终于建立了集权官僚制,形成了统一的民族国家。本书所论就是在这个社会大变革进程中的诸子思想,是针对封建领主制矛盾而探讨其解决途径的思想导引。正是在诸子思想的变革中,孕育和生长着集权官僚制的原则和要素,并通过思想的宣传和众多诸子直接参与、指导社会变革实践,而逐步成熟,最后在李斯、董仲舒等人那里确立了集权官僚制基本框架。

集权官僚制是封建领主制的历史否定，是封建领主制内在矛盾演化的必然结果，集权官僚制是一个新的矛盾权利体系。

集权官僚制中，皇帝是最高统治者，也是土地和臣民（包括官吏）的所有者，其统治，不再以血缘贯通，而是集政治、经济权利于自身，并任用官吏代行这些权利。官吏及民众亦各有其家，这些家都是独立的，在家中行宗法，定家规，续家谱，自成一小社会。但所有的家又都必须服从"国"，即以皇帝的臣仆身份出现，忠君是为官的首要条件。官虽不能世袭，但他们利用职权培植起强大的家族势力，通过血缘纽带，使尊卑有序的宗族特权经久不衰，致使豪门大族把持政权，所谓"九品官人制"一直维持到隋，才最终为科举制取代。科举制虽有打破门阀的功用，但能中科举者，还以官宦子弟为多。

集权官僚制社会的经济以农业为主，主要生产资料土地归国家（皇帝）所有，国家以均配土田的方式将一部分土地分给农民占有，又以赐田、禄田、勋田等方式将一部分土地分归官吏占有，允许土地占有权的买卖与析分（禄田除外）。形成国家拥有土地所有权，官僚地主和自耕农拥有对土地的占有权，以及无地佃农从地主手里租土地使用权这三层权利关系，这也是基本的经济关系。商业和手工业有所发展，但在重农抑商基本政策的压抑下，始终处于农业的从属地位。集权官僚制的一个主要特点，是强化了以皇帝为代表的中央政权的权力，其所集之权，首先就是土地的所有权。国家的土地所有权以对其派生的占有权的分配及税的形式表现出来。各级官吏主要的职责，就是守土征税。税成为国家政权的主要财政来源。国家以均田和禄田、勋田等形式分给农民和官吏的土地占有权，可以买卖和继承（由众子平分，禄田除外），因此其变动很大。大官吏几乎都是大地主，豪门富族也占有大量土地，再就是以买卖等方式占有较多土地的中、小地主，由此形成官僚地主阶级及其在经济生活中的主导地位。地主除雇工经营少量土地外，主要是以土地占有权再派生出使用权，租给无地和少地农民，这部分农民称为佃农，他们要以更多的剩余产品交纳租与税。此外，还有相当一批自耕农，即通过分配或购买得到一小块土地占有权的农民,他们只承担对国家土地所有权的"税"及其他义务。

这样,就形成了集权官僚制下,由以皇帝名义的国家拥有土地所有权,官僚地主和自耕农拥有土地占有权,而无地农民(佃农)向官僚地主"租"土地使用权的土地权利关系制度,由这个制度设定了中国所特有的小农经济生产方式。农民是主要的生产者,他们在自己占有权或租来的使用权范畴内的小块土地上耕作,以"家"为生产和生活的基本单位,除向国家交税和向地主交租(佃农)之外,所余产品归自己消费。农民比领主制下的农奴有了更多一些的人身权利和相对自由,只要其勤俭持家,就可以维持相对好一些的生活,素质技能和生产积极性也有所提高,从而有利于生产力和农业文明的发展。

这种土地制度,是秦汉以后的基本制度,通行两千余年,虽然中间也有一些变化,如魏晋时大门阀地主在自己占有地上将农民农奴化等,但总体上看,它是中国集权官僚制的经济基础。与这种基本经济制度同时存在的,就是对中、小商人和手工业者的相对宽容的制度,国家采用重农抑商的政策,又允许中、小商人和手工业者作为小农经济的补充,但限制其规模和经营范围,从而阻抑了工业文明的形成和资本主义的发展。

集权官僚制下的政治,是以中央集权统制下的行政区划和委任官吏治理为特征,各级官吏只是代表皇帝行使权力的。行政区划,是官吏职务的对象和范围,而非其领地,且任期有限。柳宗元说,秦"有叛人而无叛吏,人怨于下而吏畏于上",汉"有叛国而无叛郡",唐"有叛将而无叛州"。[①] 这些都是中央集权的功效。中国古代农业文明的发达,与中央集权的约束和保护有密切关系。而"人怨于下而吏畏于上",确实是集权官僚制政治的典型表现。集权官僚制政治中,官吏的任用,不是世袭,而是以荐举、科举等方式来选择。虽然选择的范围主要在官僚地主阶级内部,但毕竟有举贤任能和竞争的因素与机制,比起封建领主制下的世卿世禄前进了一大步。官僚制是集权行政的大系统,它从中央(以皇帝为代表)到基

---

① (宋)柳宗元:《封建论》。

层的县，级别分明，等次严密，且又分为中央系统、地方系统，以及行政系统、军事系统等若干子系统，构成一个总的官僚政治系统。系统内层层相关、环环相扣，经两千多年演变、充实，形成了人类在农业文明条件下最为严密的政治体制。在这个体制中，官吏是中央政权以皇帝名义委派，而幕僚则是官的助手，由官本人聘请，代官谋划和行政。集权官僚制政治中，民是被"治"的对象，是没有任何政治权利的，只有服从"政"（正，整也）的义务，并为这种"政"付出自己的剩余产品，以保证官僚的利禄及整个官僚体制的运行。

综合上述经济和政治两个方面的分析，我们可以对中国集权官僚制做出这样的规定：它是在农业生产力和文明比较发达的基础上所建立的社会关系和制度，是历史发展的一个特殊阶段，其主要社会矛盾是官僚地主阶级与农民阶级的矛盾，矛盾的主要方面，是处于统治地位的官僚地主阶级，其社会制度的性质，是由官僚地主阶级的统治及其利益所决定的。集权官僚制比封建领主制更适宜农业文明的发展，它在中国率先出现，是人类在农业文明时期的先进制度，正是由于这个制度，才聚合汉族及相关部落，形成历两千余年统一的中华民族。中华民族文明和制度的先进又引起周边国家及欧洲的效法，以致在欧洲封建领主制没落时期，其先进分子和有为的国王力图学习中国的集权官僚制，变革本国的制度，从而在欧洲形成了初级的集权官僚制。

与中国相比，欧洲在农业文明的发展上无疑是落后的，科学技术、生产力、社会关系和组织管理、生产方式、生活方式、价值观和思想道德、语言艺术等各个方面都远逊于中国。当中国的集权官僚制建立六七百年后，即公元5世纪，欧洲才由日耳曼部族为首的部族联盟推翻罗马帝国，构建了封建领主制。欧洲的封建领主制与先于它的中国周朝的封建领主制相比，在基本原则和权利关系上是相同的，但也有三点不同，一是没有一个世俗的统一盟主，但有一个统一的神圣的教主，即罗马教皇。教皇以教会和教会为机构和机制，不仅控制人们的思想，还有收取"什一税"及其他经济、政治权利；二是延续罗马时期的法制传统，领主与农奴、领主与骑士等的关系，有明确的契约，规定了领主对农奴的权利和义务，农奴是依附于领主的，他们从领主那里得到小块土地使用权，并将剩余产品交给领主和教会；三是其士阶层主要是武（骑）士，贵族长子之外的儿子，除了做骑士，就是做僧侣，教会又有相当大的世俗权力，使之保持一定的统治地位，而僧侣又不许结婚生子，由此减少了贵族长子之外诸子后代的繁衍，不能成为社会矛盾的重要方面，不能像中国那样，由士、儒阶层主导对封建领主制的变革。而在其他方面，如庄园（采邑）制，领主的等级（也分公、侯、伯、子、男五等），领主将土地使用权"承包"给农奴，农奴要在领主庄园（公田）服劳役，农奴有家庭且其子女仍为农奴等方面，都与中国的封建领主制相似。欧洲的封建领主制在多大程度上效法曾经存在的中国封建领主制，西方学者是不愿思考的，相关文献也很难考证，但起码其领主贵族的等级是源于中国或受中国的影响，却是可以确证的。问题的关键也不是落后的欧洲封建领主制与先行的中国封建领主制的关系，而在于欧洲的封建领主制与中国的封建领主制都是农业文明发展和社会矛盾演化的必然结果。正是在这一点上，体现着人类社会历史阶段的一般性。

正如中国封建领主制的矛盾会向集权官僚制演化一样，欧洲封建领主制矛盾积累到一定程度，也必然要向集权官僚制演化。但由于其自身特点，这种演化也不可能完全与中国一致。在十一二世纪开始，欧洲就出现了类似中国春秋时期的状况。封建领主遇到了内外两方面的威胁，内部农奴与自由民不满其统治，出现各种形式的反抗；外部则是各领主间对领地、人口、财富的争夺，以及教皇和各层教会对世俗权利的干预。为了保住和扩展自己的领地和人口、财富，一些强势的领主开始调整其内部关系，强化统治，进而向外扩张，兼并弱小领主，在三四百年的时间内，完成了类似中国从春秋到战国的转化，形成意大利、西班牙、葡萄牙、荷兰、法兰西、英吉利等较大民族国家。为了对外扩张并对抗教会，这些较大国家的统治者大都采取了重商主义政策，并逐步解放农奴，以发展经济，增加财政收入。更为重要的是改革政治体制，变旧有的陪臣为官吏，以行政区划代替原来的分封采邑，进而设地方官管理，同时在中央建立分管各类事务的机构，委官行政，逐步形成了初级的集权官僚制。

> 十五世纪以后，富商大贾之抬头，民族国家之成长，专制政治之演进，几乎是一件事情。商人帮助国王，肃清封建地方主义，建立民族国家；打倒封建领主势力，促成专制政治；凡此是十五至十八世纪间之最大历史特征。①

概言之，欧洲短暂的集权官僚制政治有如下内容：其一，建立了强有力的较系统的中央政府机构，代表国王行使统治权。各国的中央政府形式和名称虽有所差异，但职权基本一致，统一掌控全国财政、军事、内政、外交等。其二，建立了常备军，废除了旧的骑士制度。法国、西班牙、荷兰、英国相继组建了由国王直接统率的陆、海军，以此来削平国内割据、镇压民众反抗，对外侵略扩张、开拓殖民地。常备军成为集权专制的主要工具。其三，建立由国王控制的立法、执法、司法机构，统一全国的法律和相应的管制。其四，统一货币和度量衡，明确国家语言，取消因封建割据而设立的各种关卡。其五，随着王国势力的增强，其在与教皇及教会的矛盾中逐渐居主要方面，各强国逐步摆脱罗马教廷的控制，将原来"国中之国"的教会纳入王国的统治范围，实现教会民族化，国王任命教会高级职务，并向教会及僧侣征税。

马克思对于欧洲封建领主制与资本主义制度之间的社会制度，也有察觉，早在19世纪40年代初写的《论犹太人问题》中，就指出有一个不同于"封建主义"制度和资本主义制度的"旧的市民社会"。在《资本论》第一卷第七篇第二十四章"论所谓原始积累"时，马克思指出："在英国，农奴制实际上在14世纪末期已经不存在。当时，尤其是15世纪，绝大多数人口是自由的自耕农，尽管他们的所有权还隐藏在封建的招牌后面。"②

---

① 周谷城：《世界通史》第三册，商务印书馆2005年版，第613页。
② 《资本论》第一卷，人民出版社2004年版，第823—824页。

可见，马克思已发现，英国封建领主的农奴制在资本雇佣劳动制形成之前几个世纪就已废除，形成了"自由的自耕农"以及"以各个独立劳动者与其劳动条件相结合为基础的私有制"①，在《法兰西内战》中，马克思更明确指出欧洲有一个"专制君主制时代"，

> 以其无所不在的复杂的军事、官僚、宗教和司法机构像蟒蛇一样地把活生生的市民社会从四面八方网罗起来（缠绕起来）的中央集权国家机器，最早是在专制君主制时代创造出来的，当时它是作为新兴的现代社会在争取摆脱封建制度束缚的斗争中的一个武器。中世纪贵族的、城市的和僧侣的领主特权都转变为一个统一的国家政权的从属物；这个统一的国家政权以领薪的国家官吏代替封建显贵，把中世纪地主的门客仆从和市民团体手中的武器转交给一支常备军队，以系统的按等级分工的国家政权的统一计划代替中世纪的互相冲突的势力所造成的错综复杂的（光怪陆离的）无政府状态。以建立民族统一（创立民族国家）为任务的第一次法国革命，必须消除一切地方的、疆域的、城市的、省份的独立性。因此，这次革命不得不继续进行专制君主制度已经开始的工作，即使国家政权更集中更有组织，并扩大这一政权的辖制范围和职能，增加它的机构、它的独立性和它控制现实社会的超自然威势，这种威势实际上取代了中世纪的超自然天堂及其圣徒的作用。由各社会集团的彼此关系产生出来的细小的个别的利益，从社会中分离出来并以国家利益的形式固定下来，成为独立于社会之上又与社会对立的利益，这种国家利益交由那些担任经严格规定的、等级分明的职务的国家祭司们管理。②

---

① 同上书，第873页。
② 《法兰西内战》，《马克思恩格斯选集》第二卷，人民出版社1972年版，第408—409页。

这是"初稿"中的论述,到"二稿"时,马克思又对这段话做了一些修订。

> 像蟒蛇似的用官僚、警察、常备军、僧侣、法官把社会机体从四面八方缠绕起来的庞大的政府寄生虫,是起源于专制君主制时代。当时中央集权的国家政权必须充当新兴资产阶级社会在争取摆脱封建制度束缚的斗争中的有力武器。以扫除领主的、地方的、城镇的、各省的特权这些中世纪垃圾为任务的十八世纪的法国革命,不能不同时从社会基地上清扫那些妨碍着中央集权的国家政权充分发展的最后障碍,这种国家政权有它的按系统的和等级的分工原则建立的遍布各地的机关。①

可见,马克思从政治制度和国家机器的演变中,明确地发现了"专制君主时代"的存在,它是取代"封建制度"的,"中央集权国家机器"曾在历史上作为反封建斗争的"有力武器",但它又不是资产阶级的政治制度。这个"专制君主时代"与经济上的"以自己劳动为基础的私有制"是同时出现的。从历史和逻辑中都可以认定它是一个特殊的历史阶段。

欧洲各国的集权官僚制虽然是初级的,也未能像中华民族那样形成大一统的欧罗巴民族,但其总的趋势却是建立类似中国那样系统严密的集权官僚制和欧罗巴民族,这在法国大革命后的拿破仑征服欧洲的过程得以显现,至今欧洲的统一依然是欧盟的目标。近代欧洲之所以未能完成统一的任务,根本原因在于其农业文明所形成的集权统一的趋势,只有初步进展就因重商主义政策而导致资产阶级的形成,其日益积累的资本又从商业转向工业,资产阶级以工业革命为基础展开的社会变革,不可能再由国王主导,其所建立的社会制度也只能是资本雇佣劳动制。虽然如此,欧洲近代

---

① 《法兰西内战》,《马克思恩格斯选集》第二卷,人民出版社1972年版,第434页。

史上的几百年所形成的初级集权官僚制，却证明了集权官僚制否定封建领主制的一般性，因此也就确定了集权官僚制在人类发展阶段的历史定位。①

确定集权官僚制的历史定位，对于理解诸子思想的性质与系统是至关重要的：诸子思想并不是凭空出现的，也不是一些文士在书斋里冥思苦想的结果。诸子思想是春秋、战国时期社会矛盾和大变革的理性认识，是指导社会大变革的思想运动，是社会大变革的必要组成部分。正是这场大变革，建立了人类第一个集权官僚制度，形成了第一个民族社会形式——中华民族。

三　诸子思想的先进

人类的进步展现为文明的发展，进步的内容与标志是文明主体劳动者素质技能和社会地位的提高。集权官僚制否定封建领主制，之所以是历史进步和文明发展的集中体现，就在于它适应了劳动者素质技能提高和文明发展的要求，扩展了人类社会存在形式，提高了劳动者的社会地位。作为集权官僚制否定封建领主制的社会大变革运动的必要部分和指导思想，诸子思想的先进就在于揭示了封建领主制的矛盾，探讨了矛盾演进的趋势和途径，导引着解决矛盾的社会变革实践，体现了农业文明发展和中华民族形成的时代精神。诸子思想是特殊时代的产物，其局限与其先进是统一的，对封建领主制的变革完成，诸子思想的先进性也基本结束，诸子所追求的理论目标，就在建立集权官僚制，他们的思想系统也在探讨如何以新的制度、体制、政策解决封建领主制的矛盾，他们不可能去探讨或预测集权官僚制的矛盾，因而，在被改造为论证、维护集权官僚制专制统治的思想工具后，诸子的历史使命也就终结。

文明发展和社会进步的根据，是文明主体劳动者素质技能和社会地位

---

① 对于集权官僚制作为历史发展的一个阶段，我在《官文化批判》（中国经济出版社 2011 年出版）做了比较充分论述，这里概其要并做了一些修改。

的提高。人类有史以来的总体性进步，取决于个体人，尤其劳动者素质技能的提高，由此而促成总体社会的生产力及全部文明的发展。劳动者素质技能和社会地位的矛盾是人类社会的基本矛盾。

劳动者作为劳动的主体，当他在社会中存在，并以其存在支撑社会生活、形成社会关系时，他的素质技能与社会地位的矛盾就成为个体劳动者和总体劳动者存在的基本矛盾，每个劳动者都在这个基本矛盾中展开其生命过程，认识和处理这个基本矛盾是他人生的主要内容。而劳动者总体的素质技能和社会地位的矛盾，既是生产力和生产关系矛盾的内容，又是各层次社会矛盾的基础。我们并不否认生产力和生产关系的矛盾，但这个矛盾只是劳动者素质技能与社会地位矛盾的具体社会形式。生产力作为一个社会范畴，其主体是劳动者，生产力只是劳动者素质技能的总体表现。劳动者的社会地位，是其素质技能的社会形式，劳动者个体和总体及其与非劳动者的关系，表现为生产关系和社会关系。

劳动者素质技能，是人本质核心要素劳动的存在形式，从本质论，只有具备劳动能力，并发挥这个能力于劳动的人，才是符合人本质的，或者说是具备人本质的人。有劳动能力，但不去劳动，而是将这种能力变成剥削、劫掠、压迫，甚至是杀害他人的暴力与欺骗者，从本质上说，已属非人，或不属于人的范畴。他们只是人性中动物一般性野蛮成分的集中体现。因此，当我们论述劳动者的素质技能时，就是在论述全体人的素质技能，只有这种素质技能的发挥，才形成生产力。而那些非人的，或丧失了人本质属性的暴力和欺骗者的素质技能，不仅不能形成生产力，还会形成负生产力或破坏力。

苏联的哲学教科书及其在中国的传播者论著中，称"生产力是人与自然的关系"，"生产关系是人与人的关系"，流传至今，几乎成了定理，这是不准确的。生产力是主体人的力，是个体劳动力的社会集合，或总体劳动力在社会生产中的体现。劳动，当然要由作为主体的劳动者与自然物发生关系，但这种关系并不是劳动者与自然物平列的"共同劳动"，或共同形成生产力。物质主义社会观将资本、土地作为与劳动同样的生产"要素"。这种观点被苏联教科书所继承,将劳动工具、劳动对象与劳动平列为生产力"三要素"。自然物和经劳动改造的物,都有力学意义上的能和力,人的劳动就是要发掘、调动、利用这种能和力,但不能生出这种能和力。人的劳动力只在人自身,即其素质技能所形成的劳动力和改造、利用自然力的技术。生产力是人的劳动力,并非自然力。将生产力说成"人与自然的关系",不仅含义不清,而且会导致将自然力说成生产力,进而引申出"物质生产力""土地生产力""资本生产力"等提法。

人的素质是由身体素质、技能素质和文化精神素质三个要素构成的。其中,身体素质是基础,包括人的生理构成的各项指标、健康状况、寿命、体能等;技能素质是主干,包括人的受教育程度、知识与各方面的技能;文化精神素质是人生主导,包括价值观、思想、道德、意志、精神状态等。从生产劳动论,身体素质和技能素质是主要的,它体现着人的体力和脑力所综合的劳动力,不论复杂或简单的劳动,都是体力和脑力的结合,或是身体素质和技能素质的共同作用。身体素质是有限度的,人的体力又受身体素质的制约,而技能素质则是可以无限提升的,劳动力的提高,主要表现在技能素质的提升上,也正因此,我们在论劳动力和生产力时,不仅要强调人的素质(这已经包括技能素质在内了)是根据,还要突出技能的作用,由此使用"素质技能"的概念。

如果单纯从劳动力论,似乎文化精神素质不起作用,或不包括在劳动力之内,但人之所以为人,就在于文化精神素质的主导和支配,价值观、思想、道德、意志、精神状态等,对于身体素质和技能素质的形成和运用,起着导引作用。更为重要的是,在协作、交换及生产关系各环节,文化精神素质的作用更为重要,是生产关系制约生产力的关键。而生产力作为劳动者素质技能的综合运用,又是经文化精神素质表现于生产关系的。

工具、劳动对象等,可以通称为生产资料,即劳动的物质条件,其中有自然的,也有人为的,它们是生产中必不可少的条件,但并不因此就成为生产的主体,它们不是生产力的内在要素,只是生产力的体现和发挥作用的物质条件。阶级社会中,非劳动的统治者依据暴力和欺骗,以及据此而形成的制度和结构、机制,掌握了生产资料的所有权,并据此支配劳动者的劳动,占有其劳动成果。

生产力是劳动者素质技能的社会表现,生产关系则是劳动者社会地位的形式。

任何时代、任何形式的社会生产,都是以劳动者为主体,是他们劳动力的发挥过程。劳动者的素质技能是生产的根据,是生产力的内容。但其素质技能的提高与发挥,又要受社会制度和结构的制约。

社会制度和结构的基本点,是权利,基本的权利是人身权,在经济上,主要权利就是劳动力和生产资料的所有权。有无人身权与劳动力和生产资料所有权,是劳动者社会和经济地位的标志。而由人身权和所有权派生的政治民主权,又是劳动者政治地位的标志。我们是根据劳动者的人身权和所有权拥有程度,以及与之相应的政治民主权来确定劳动者社会地位和社会制度的,进而根据社会总体上大多数劳动者的社会地位来规定历史阶段。

生产关系是以劳动者的素质技能及其表现的生产力为基础的,这是从劳动者素质技能的形成、提高、发展,即表现为生产力过程中人与人的关系,以及生产资料这个必要条件的归属,对生产过程的支配,进而生产品在什么程度上为劳动者占有和消费,以至再形成劳动者素质技能的过程。劳动者拥有人身权、所有权和政治民主权的程度,及其社会地位的高低,是与其素质技能的形成与发挥成正比的。劳动者素质技能是其社会地位的基础,劳动者社会地位又是其素质技能形成和发挥的形式。生产关系中还包括劳动者的分工、协作等关系,这种关系的形成,是以劳动者的素质技能和社会地位为前提和依据的,或者说是这两者在劳动过程中的体现。

人类历史的几次大的社会制度变革,其基本都是生产关系变革,都是以劳动者素质技能的提高为依据的变革势力奋争的结果,而变革后所形成的社会制度和生产关系,又会在一定时间内为劳动者素质技能的提高和发挥提供比较适宜的条件。与劳动者权利的增加相对应,非劳动的统治者权利也会有所缩减。而这种社会制度和生产关系经历一段时间后,又会阻抑劳动者素质技能及其生产力的提高,于是又由新的变革形成新的社会制度和生产关系。人类社会的历史阶段，也就以劳动者素质技能和社会地位的矛盾及其具体化的生产力与生产关系的矛盾为依据来划分。而这也是我们评判一种社会制度及其指导思想的依据。

历时四百多年的诸子思想变革，涉及面虽广，但其所针对的，实际上就是劳动者素质技能和社会地位这个基本矛盾在封建领主制的特殊存在，即当时社会主要矛盾封建领主与农奴和平民劳动者的矛盾。这个矛盾已严重束缚了农奴和平民劳动者素质技能的发挥与提高，由此制约了封建诸侯国的存在，并引发争霸和兼并的战争。能否提高并发挥劳动者的素质技能，关乎各国的强弱、存亡。为了保持和扩展统治，就要富国强兵；为了富国强兵，就要最大限度地发挥和提高劳动者的素质技能；为了发挥和提高劳动者的素质技能，就要相应提高其社会地位，给予劳动者一定经济权利和相对的人身权；为了提高劳动者社会地位，就要削弱乃至废除封建领主世袭的特权；为了削弱和废除封建领主世袭的特权，就要变革周代的礼制，代之以法制；为了变革周礼制，就要对其指导思想周礼教体系进行批判和变革。诸子思想变革就是从对周礼教、礼制的批判和变革入手，揭示封建领主制的矛盾，探讨解决矛盾，通过提高劳动者社会地位而发挥并提高其素质技能来富国强兵，进而兼并他国乃至统一天下，建立新的集权官僚制的思想进程。也正因此，诸子思想在当时的历史条件下具有先进性。

诸子绝大部分出身于士、儒阶层，而"士"又是管仲所分"四民"之一，分为武士与文士两部分，文士虽然不从事体力劳动，却要通过给领主贵族做杂务和基层管理工作来谋生，是广义上的"脑力劳动者"。不论是生活还是所做事务，都与农奴和平民劳动者有密切联系，因而更为近切地了解农奴和平民劳动者的情况。诸子中，墨子是比较明显地从农奴和平民劳动者立场思想和论证的，庄子则从文士阶层的角度探讨并论证个人自由和人性解放。其他诸子，或以思想解说天道观和论证社会变革的原则，或从策与兵之术、技游说和辅助某国君主进行变革，或从名辩之术、技探讨思想和语言文字演进，或从阴阳五行之术、技来解说变革的必然性。即使从策与兵之术、技游说和辅助君主的诸子，也与后来集权官僚制下的御用文人不同，他们都在一定程度上保持着人格和思想的相对独立性，在观念上，他们并不是君主的奴仆，而是代表天道的思想家，是从"师"的角度来参与、指导变革的。

在社会总体关系中，士阶层处于封建领主与农奴和平民劳动者之间，诸子作为士阶层的思想代表，除老子、墨子、庄子之外，大都是要努力提升自己的社会地位，成为统治阶级一员，但他们又不是想成为封建领主，而是要以官的身份来参与社会管理，进而成为他们变革封建领主制所建立的集权官僚制的统治者。为此，他们能够从封建领主与农奴和平民劳动者的矛盾中，探讨解决矛盾的途径，以至更为具体的法律和政策。几乎所有诸子，都在主张不同程度地提高"民"——农奴和平民劳动者的社会地位，并认为这是富国强兵，乃至一统天下的基本。

对于诸子来说，提高"民"的社会地位，一是承认农奴的人身权，二是减轻农奴和平民的赋税徭役负担，三是弱化，乃至削除贵族特权。

周代是以上帝观为基本观念建立封建宗法礼制的，其核心和主干是周王嫡传的家族，由其家族衍生的氏族成员为贵族，由氏族衍生的氏族联合体成员中少部分为贵族，大部分为平民，而所征服部族中除其原统治家族可为小采邑主外，大部分沦为农奴。上帝观作为周王灭商成"天子"的理论依据，同时也是封建宗法的理论依据。到春秋时封建领主制的矛盾激化，周礼制已成社会发展的主要障碍，变革是解决封建领主制矛盾的唯一途径。从管仲开始的"五霸"是变革的发端，但其还在兼容小诸侯以成新的部族联盟，尚未对制度进行变革，尤其没有提出新的基本观念取代上帝观，没有批判周礼制礼教。老子从对周封建领主制矛盾的认识和总结管仲等的初级变革经验中，形成天道观否定上帝观，开启了思想变革，孔子、墨子及以后诸子依天道观而对周礼制礼教的批判和思想变革，导引着战国轰轰烈烈的社会大变革。诸子思想变革及其导引的社会变革，对象就是封建领主制，其要点，一是消除封建割据，使天下归于一统；二是保持"天子"家族嫡传统治，并强化和集中其权力；三是废除原统治氏族和氏族联合体大宗的贵族身份与特权，其成员均为平民；四是解除对农奴的人身束缚，农奴成为平民；五是分配给包括原农奴在内所有平民小块土地占有权，不必再经过采邑主，直接交税、服役给国家；六是减轻包括原农奴的平民劳动者税役负担。

诸子思想变革是逐步深化和系统的，是一个递进过程，与之相应，社会变革也是从量变到质变的过程，直到秦吞并六国天下归一，李斯和嬴政合作才完成了上述六个要点，虽然汉初及魏晋时封建宗法的家族、氏族势力还有残存，但从总体上看，基本制度已是集权官僚制，除个别门阀家族势力范围还有少量农奴外，作为一个阶级的农奴已经消除。自秦始皇二十六年废封建，置郡县，"更民曰'黔首'"①，并令黔首"自实田"以来，农奴的人身权得到承认并转变为农民，而且占有国家均配或自己购买的小块土地，即使没有土地占有权的农民，也可以租地主占有土地的使用权，虽然要交租，但并不在人身权上依附于地主。集权官僚制较封建领主制的实质性进步，就在于解放农奴为农民，并给农民以相对独立的人身权和小块土地占有权，以及租土地使用权自己耕作的自由，而且农民与小商人、小手工业者都是民，其职业是可以转换的。这样的以小农经济为主的农业生产方式，与集权官僚制是相统一的，形成并聚合中华民族，促进了农业文明的发展。

在提高劳动者社会地位的同时，也对统治阶级及其统治方式进行变革，封建领主制中存留的旧氏族和氏族联合体构成的诸侯领主及世卿世禄贵族被取消，代之以中央政府掌控的统一官制的郡县，官吏由军功、荐举、科举等方式产生，在改善社会结构过程提升了管理能力，由此保证并管理小农为主的经济发展。

诸子思想变革作为社会变革的导引，探讨了封建领主制主要矛盾演化的趋势和解决矛盾的途径，这就是当时社会发展的时代精神。老子天道观是对这个时代精神的抽象规定，开启了诸子思想变革，也是诸子思想变革的基本观念或大前提。天道观的革命意义在于破除上帝为世界本原、本体

---

① 《史记·秦始皇本纪》。

及其对人世的主宰,以自然之道为本原,强调"人法地,地法天,天法道,道法自然"①。"道生一,一生二,二生三,三生万物。"② 由道之本原自然生成天、地、人,人之间没有高低贵贱,所有人都因道而生,自然是平等的。这样,就从根本上消除了封建宗法的基础。老子强调君主不能依自己私欲私意治民,"民之饥,以其上食税之多,是以饥。"③ "绝圣弃智,民利百倍。"④ 孔子依老子天道观而提出以"仁"为核心的人道社会观,强调仁者"爱人"⑤。并认为"大道之行也,天下为公"⑥。而"天下为家,各亲其亲,各子其子"的封建宗法,实则"人道既隐"⑦的表现。他主张以仁复礼,即将仁为核心的人道观贯注礼制,依中庸而行仁政,其基本内容就是提高民的社会地位,并减轻税赋。墨子作为农奴和平民劳动者的思想代表,进一步从"兼爱"扩充人道社会观,主张尚同与尚贤,废除高低贵贱的等级。墨子的思想虽很难让统治者接受,却因广泛地代表了民意,而被后来诸子引以为变法改制的论据。

孔子、墨子所创立的"私学"在战国时影响颇大,而且从老子思想又演化出依托"黄帝"名义的"黄学",进而衍生出李悝、吴起、慎到、申不害、商鞅等以法改制诸子,他们是社会变革的主干,不仅在思想上探讨了变革的路径,更参与、指导有志变革的君主展开变革实践,其共同点,就在削弱封建宗法之特权,提高农奴和平民劳动者社会地位,最大限度地发挥劳动者素质技能,以发展农业生产和增强战斗力。从李悝的尽地力、夺淫民、著法经,到吴起明法审令、废爵收禄、强国勇兵,以至慎到主张的君主依法专制,申不害的君本而明法,集合为商鞅的专权法制、兵农合一。以上诸子在战国早、中期的变革中发挥了巨大作用,从根本上动摇了

---

① 《老子·二十五章》。
② 《老子·四十二章》。
③ 《老子·七十五章》。
④ 《老子·十九章》。
⑤ 《论语·颜渊》。
⑥ 《礼记·礼运》。
⑦ 《礼记·礼运》。

封建领主制的宗法基础。更为重要的是，在残酷的兼并战争中，那些固守封建宗法礼制的诸侯都已被消灭，能够存续于战国晚期的七国，都不同程度进行了变革，其中秦国变革最为彻底，国力也最强。这期间在思想探讨上有重要进展的孟子和荀子，结合以法改制诸子的经验，进一步论证了提高劳动者社会地位的重要性，孟子强调民本和仁政，以及分田制禄、农工交易、薄税取助；荀子主张隆礼和正法，以及富国义兵王天下。他们这些思想从法、术、技三个层次论证了即将建立的集权官僚制的基本框架，对其中民的权利和义务做了原则性规定。而孙武等人的兵学则是在军事上的以法改制，他们为将征战，是以法改制的必要部分。孙武等人兵学之基本，就是如何提高成为兵的民众地位，强化组织，智谋指挥，充分地发挥其战斗力。至于鬼谷子及其两大徒弟苏秦、张仪的游说纵横之术、技，深化了对社会矛盾的认识，尤其对国际矛盾的探讨，从改变国际关系辅助以法改制。到战国末期，韩非总结以前诸子思想，在法、术、技层次形成以理依道行法，抱法处势而治，信赏罚以尽民能的系统思想，论证集权官僚制建构之要点。其同学李斯指导并辅助嬴政坚持一统集权，废除封建，并强制推广行同伦、书同文、车同轨、衡同度，建立了集权官僚制。汉朝刘安和董仲舒在总结集权官僚制建立后的经验教训中，进一步从天道观论证了保证劳动者权利对于制度的重要性，尤其董仲舒从"天人合一"角度对民众与统治者关系的论证，认为天道可以从民众对统治的感受而判断统治者，并通过灾变来惩罚统治者的说法，虽然臆想，却也反映了劳动者社会地位的提高。

从表现形式上看，庄子及名辩诸子、阴阳五行的推演者们，似乎游离于社会变革之外，但实际上他们也是思想变革重要组成部分。庄子以他对天道观的深刻理解，专注于个人的自由，其"乘道德而浮游"[①]，"独与同期因所处国度和地位的差异，在如何变革问题上也会有分歧，但其大方向

---

① 《庄子·山木》。

是一致的。天地精神往来"①,以及蔑视权贵,任情适性,乐道安贫的心志胸怀,都是对封建领主制的反抗,并努力探索人性升华的路途。《墨经》作者、惠施、公孙龙等人对名辩术、技的探讨,既是诸子思想的重要内容,也是中华文明发展不可缺少的一部分,对诸子思想变革起着必要的促进作用。而阴阳五行的推演者,则以其探讨佐证着诸子思想变革与社会变革,尤其邹衍的"五德相胜"说预示着天下一统的大趋势,对于当时人们的思想起到了促进作用。《黄帝内经》等从阴阳五行对医养的探讨,既是劳动者素质技能提高的体现,又是进一步提高劳动者素质技能的必要因素。

  总体而论,诸子思想作为社会变革的指导思想,是随着社会矛盾和变革进程而变革发展的。诸子思想的变革,不仅是对封建领主制宗法礼教的批判,还包括对先期出现的诸子思想的反思和修正,以及同期不同派系的论争,早期诸子因历史条件而对封建领主制的批判和变革主张,往往是不彻底的,如孔子以仁复礼的观点就以改良的形式出现,并会被后来封建领主制维护者所利用。为此,后期诸子对早期诸子的反思是必要的,但这并不等于早期诸子思想是维护旧制度的。同期诸子因所处国度和地位的差异,在如何变革问题上也会有分歧,但其大方向是一致的。正是在批判、反思、修正、论争中,显示着诸子思想的生命力和先进性,并构建了道、法、术、技四层次有机统一的思想系统。诸子思想是人类在两千多年前农业文明初步发展时期所形成的最丰富、先进的思想系统②,不仅导引着集权官僚制对封建领主制的变革,促成了从部族联盟向民族国家的转化,更构建了凝聚农业文明时期中华民族的时代精神。

---

  ① 《庄子·天下》。
  ② 欧洲人从近代以来一直鼓吹的"古希腊哲学",并没有切实的材料予以证明,他们所依据的只是公元十一二世纪以来据说是从阿拉伯地区发现的以阿拉伯语记载,由欧洲人以拉丁语翻译的资料。很难证明这些资料的可靠性,也很难支撑"古希腊哲学"的存在。而诸子思想不仅有传世的著述,更有近年来大量考古发现的简册帛书可以充分证实。如果没有这些著述和史料,而是在拉丁语或阿拉伯语中有诸子的著述,再翻译为汉字,我们据其研究的"诸子思想"也就大可疑问了。

四 诸子思想的局限

诸子思想是时代的产物,其先进在于时代,其局限也在于时代。诸子思想的时代先进性和局限性的统一,就是其在思想史上的特殊性。

主导对封建领主制变革的诸子思想变革,在完成这场社会变革之后也结束了其历史使命,集权官僚制的统治者依其需要从诸子中选择并改造了孔子思想作为其统治意识形态的标志,对于其他诸子思想则"罢黜"不用,但也取其可用部分改造为统治思想儒学道统的内容。从汉武帝到清朝灭亡的两千年,只有少数非主流学者对诸子著述有所整理,并传续于民间。而老子、庄子、文子的著作甚至被宗教化,成为道教的经典,这虽然有助于其思想的流传,但也歪曲了其思想本旨。直到清朝灭亡,"诸子学"研究才有所兴起,一些从国外留学或受外国思想影响的青年知识分子在否定儒学道统对中国思想的统治地位时,开始平等地对孔子及其他诸子进行探讨,并力求论证诸子思想的关系。但受各自所宗外国思想的制约,特别是"欧洲中心论"历史阶段说的限制,这种探讨并未能明确诸子思想的历史价值和逻辑系统,往往是从所依据的外国思想来演绎诸子的地位、立场及其与"古希腊思想家"的异同等。近年来,随着"弘扬传统文化"的"国学热",不仅流传于港台和海外的"新儒家"引起中国大陆一些学者的响应,还出现了"新道家""新子学"等派系,其共同点就是超越时间,将其所推崇的某子思想说成"中国文化的正宗",不仅是古代中国的统治思想,还是现在,甚至将来中国的统治思想,是中国人的"族文化"和"种文化",不仅要弘扬,还要用来指导现实及未来中国的制度和文化。这股思潮,配之港台及大陆的"评书哲学家"们在电视及各种媒体的炒作,将诸子思想中的时代、阶级主体等特殊性通通消除,更不承认诸子思想的局限。这些"评书哲学家"与其说是通俗化"传播""弘扬"诸子思想,不如说是在庸俗化,以至消灭诸子思想。

任何人的思想都是时代性的,也都是特殊性的。只有统治者的宗教和意识形态才会把某人的思想绝对化为不受时代局限的"上帝旨意""天意"或"客观规律"。

对诸子思想的探讨,要在从时代特殊性来认知其先进性的同时,明确其历史和逻辑的局限,进而从其特殊性中发现一般性因素,以为现代思想变革发展的借鉴。

大体说来,诸子思想的局限有以下几点:

其一,诸子思想是中国农业文明发展期社会矛盾的概括。诸子思想产生于农业文明的发展期,中华地区的农业生产方式,也和其他地区类似,其初期的社会形式为氏族、氏族联合体到部族,从部族到部族联盟则已发展成相当规模,随着劳动者素质技能的提高,生产力和文明的各要素都有所提高,但在封建领主制的制约下,劳动者社会地位底下,封建领主与农奴和平民劳动者矛盾激化,并引发领主之间、领主与贵族之间、领主与士儒阶层各种矛盾。诸子作为士儒阶层的代表,从提升自己社会地位,掌控权力的意愿出发,研究社会矛盾,探讨解决社会矛盾途径,提出变革社会制度的主张。他们的知识基础,是与初步发展了的农业生产方式相关的自然科学和技术知识,而其理念则在如何突破部族联盟的封建领主制,创建以其所能及"天下"统一的民族国家的新制度,进而使农业文明上升到一个更高阶段。诸子思想的进步性在于此,而其特殊性也局限于此。诸子们不论有多么高超的智慧和思维能力,谁也都没有预见到农业生产方式会被工业生产方式所取代;谁也没有想到过农业文明之后还会有新的文明。现在那些身处工业文明的"新儒家""新道家""新子学"鼓吹者,首先忽略,甚至故意抹杀的,就是诸子所处时代的文明发展程度,而他们以诸子思想主导现代中国人观念的企图,只能起到阻扰中国工业文明发展的作用。

其二,诸子思想的理念止于集权官僚制。诸子思想是对封建领主制社会矛盾及其解决途径、方式的探讨,他们以天道观为基本观念,否定封建领主制的上帝观基本观念,从一个新高度和角度来认识社会关系与矛盾。这个新高度和角度,就是消除了将上帝视为世界和人的本体、本原,上帝决定人世关系与个人社会地位的观念，并连带地消除了残存于各部族统治氏族中的祖先神崇拜。以天道观为基本观念，将天地和人的本原规定为自然之道，万物和人类都是依道自然而生长的，每个人都是天道的体现，并没有先天的贵贱等级，或者说道所主导的人，并不像上帝这位人格化的大神那样界定每个人的身份地位，而是任由每个人自然地生存并依各自努力取得其社会地位。诸子思想家群中的每个人，不论其思想侧重哪个层次、身处哪个国家、从事著述或授徒或执政，都并非统治血统的"贵人"，也都不承认上帝及其对人身份地位的决定，都是以自身的努力来争取提高社会地位并发挥作用。即使出身贵族的韩非也不承认并强烈地批评因血缘而身贵权重的制度；而"逍遥游"追求个性自由的庄子，则以其特有方式强调提高个体人的社会地位并实现其价值。

诸子们绝大多数出生于士、儒阶层，他们提高社会地位的要求与当时社会矛盾的演化趋势是一致的，个体利益与总体社会发展内在统一着。作为不甘于低微社会地位的士子，在接受了老子天道观及孔子、墨子的人道社会观之后，必然地将自己的利益和前途与对封建领主制的变革相统一，而这也是对否定封建领主制的集权官僚制的探讨和论证，由此形成其共同的理念。虽然诸子们因其具体条件的差异而对否定封建领主制后的新制度具体设想并不一致，但都认为应该"一天下"，强化天子的权力和权威，更重要的是削弱或废除因血缘而界定的"贵人"，以贤能者辅助天子来治理天下。这个理念从孔子、墨子开始，贯彻诸子的思想和实践，到李斯达到最高程度，后又经董仲舒加以改造完善，制度化于集权官僚制，成为两千多年的统治理念。

这是一个历史的进步，同时也是历史的局限，是诸子们共有的局限，即使代表农奴和平民劳动者的墨子，其理想的社会制度也是在大一统政治制度下"尚贤"而行"尚同""兼爱"，并不排斥天子权力和权威。大概只有追求个性自由的庄子会不满足于比封建领主制更严厉限制自由思想的集权官僚制，但他生存于封建领主制的衰败期，对于孔子及以法改制诸子的变革主张还是赞同的，只是对他们个人的急功近利有所批评。

生存于封建领主制下的诸子，不可能认知他们理念中的解决封建领主制社会矛盾的新制度会有什么矛盾和缺陷，而是将这个新制度设想为天道主导之必然。诸子的历史使命就在于论证实现这种必然。而他们为之思考、实践的集权官僚制建立之后，就由其理念的完成者李斯和董仲舒出于完善、巩固集权官僚制的需要，而杜绝了诸子思想存续的社会条件。严密的思想专制不容许有对制度和社会主要矛盾的探讨，从而压抑了诸子思想的内在要素——独立思考和自主选择，董仲舒之后的士子学官，只能在夺取了"圣人"之尊位的皇帝"御"批之下，从事论证集权官僚制天然合理的说教，依严格的荐举和科举之路为官，以"奴才"的身份和心态为维护集权官僚制服务。诸子的思想变革成就了集权官僚制，集权官僚制的建立终止了诸子思想。在诸子思想中并不包含对集权官僚制批判和变革的内容，这是集权官僚制持续两千多年的重要原因。

其三，官治民为天道之常。诸子虽主张变革，但其变革的内容只在治民的制度和体制，他们都不反对天子是民的主宰，甚至更强化这种主宰的权威，这样，所要改变的只是封建宗法之世卿世禄。早期诸子以孔子为代表，虽主张"礼乐征伐自天子出"，要加强天子大一统，但并未明确提出废除封建诸侯，这也是秦统一天下后博士淳于越等人建议秦始皇分封子弟的思想依据。孔子之时，诸侯还有相当存续，他不主张废诸侯是可理解的，但秦已吞并最后六国，统一了天下，淳于越等还坚持分封，不仅是对孔子思想的教条式理解，也是其个人私利（欲随所封诸侯为大夫）的表现。李斯强调集权于天子为核心的中央政权，并以皇帝名义委派郡县之官，这是集权官僚制的内在要求，秦始皇赞同李斯意见，专制之官制得以形成。汉初分封功臣、皇帝子弟，导致集权官僚制的危机，先由汉高祖消灭异姓王，后由汉武帝刘彻逐步削去刘姓诸王权利，并采纳董仲舒建议，以其所改造的孔子之学为主导统治的思想道统。官僚之政统与思想之道统内在统一，形成了一个严密的庞大治民之官僚体系，官治民成为天道之常。这是诸子思想的重要内容，董仲舒不过集合并根据已建成的集权官僚制的需要加以改造充实而已。综观诸子思想，都认为政治权力应掌控于君王，官只是作为君王的代理人而代行其权力，民是被治对象，不能，也不应该有任何政治权利。官代表皇帝行使权力，是天经地义，而法律、政策乃至刑罚、税赋等等都是治民的必要手段。官治民既要使用这些手段，更取决于其本身的才能与品德。诸子思想的这些内容为集权官僚制的统治道统所吸收，改造为以官本位、官至尚为特征的官文化，其要旨，就是官为公正，民为私偏，官治民就是依天道而使民归于正，由此保证社会稳定，统治久长。以官为志愿的诸子思想止于官治民，而不包含民如何制约官的因素。

其四，民作为被治对象，其利益和权利仅限于生存和延续后代，不能有参与政治的权力，也没有制约官统治的机制。相比于封建领主制的宗法礼制，诸子思想注重提升民的社会地位，特别是解除农奴对领主的人身依附，以发挥其素质技能，由此而富国强兵。这是其进步之处，但在诸子思想中，民的地位仅限于被统治对象，其利益和权利也只在于生计，或曰"民生"。即使作为农奴和平民劳动者思想代表的墨子，也只是强调民之生计的重要，并不认为民应有政治权利。至于他主张的"尚贤"，认为民也可以为官，但这只是少数民的身份转变，而非民有政治权利。至于被现在一些人大肆鼓吹的孟子"民为贵，社稷次之，君为轻"[①]说，不过是在强调民这个统治对象的重要，绝非主张"民主"。从老子开始到孔子、墨子、以法改制诸子、《黄帝四经》作者、《管子》作者、孟子、荀子，直到韩非、《吕氏春秋》作者、李斯、文子、刘安、董仲舒，通统都注重民生，并不同程度地主张分配给民与之劳力和消费相当的土地，减轻税赋，以至依耕战之功而解除农奴身份，提升民之爵位。其目的，都在如何有效地发挥民之劳力、战力，以富国强兵，并使民拥护统治，遵循法治。

诸子都注意到民力、民心之"可用"，这不仅体现于农业生产上，由发挥民力而增强财富，富足国家，更体现于战争中，民因生计而将个体利益与国家命运统一，从心里拥护统治，就能在战斗中拼命效力，保卫国

---

① 《孟子·尽心下》。

家，拓展领土，保护个体利益，进而增扩个体利益。以法改制诸子对此有充分认识，其在各国不同程度的变法之基本，都在于此，尤以商鞅奖励农战最为典型，也因此而使秦成为最富强之国，并吞六国而统一天下。秦统一的两个要件为：一是废封建置郡县委官以治，二是"更民名曰'黔首'"①，天下之黔首均为皇帝子民，解除农奴对已不存在的领主的人身依附。这是诸子变革理念的最高境界，也是对劳动者社会地位的实质性提高，是密切国与民关系的必要环节。秦及汉以后两千多年的集权官僚制，坚定地维持皇帝及其官僚所组成的统治集团为国家的主体，民不过是统治对象和工具，皇帝是所有臣民人身权的所有者，也是全部土地的所有者。只有那些"贤能"的臣属才可参与政治，代表皇帝行使其政治权利派生的权力，民只有对以皇帝名义的国家均配或容许购买的土地占有权和必要生产资料的所有权，可以独立自行生产经营，但必须履行国家规定的税收和徭役义务。作为统治的对象，民没有任何政治权利，只有服从统治的义务。民的利益只在于"生"，而为了"生"，必须心甘情愿被统治、为工具的地位。这是诸子思想所能达到的最高理念，并由秦、汉以后的集权官僚制所实行延续。由此而形成的个体小农经济，是与农业生产方式和农业文明相适应的，但却严重抑制了工商业资本的发展和工业生产方式的形成，现在那些"弘扬传统文化"论者对诸子思想中"民生"观念的大肆宣扬，既是没有看到其时代局限的表现，更是对现代中国社会变革和工业文明发展的重要障碍。强调民的利益只在于"生"，只要有必要的生活资料，民就会服从管制，而没有任何欲求，特别是不会要求参与政治的权利。将民局限于"生"，而否认其政治民主权，这是现代"民生"论者的实质。

五 发现、概括诸子思想的一般性因素

诸子思想既有的时代局限，使其不能成为中国现代化和发展工业文明

---

① 《史记·秦始皇本纪》。

的指导思想，企图"弘扬传统文化"，以为"复兴国学""复兴儒学""复兴道学""复兴子学"就能复兴中国历史上曾经领先于世界的辉煌，不仅是幻觉，更是对中华民族存续发展的内在危害。

中国不仅是一个地理范畴，也不仅是曾经的历史，更是十四亿活着的中国人的个体与总体统一的社会存在。中国人的社会存在形式是中华民族，中华民族由集权官僚制而形成并聚合，在农业文明中领先于世并延续两千多年。集权官僚制的先进性与合理性因工业文明的发展而终结，作为其思想来源的诸子思想和由诸子思想改造而成的儒学道统，以及其展开的官文化，都随时代的变化而不能指导中国的现代化和工业文明发展。现代中华民族要存续发展，必须以新的与工业文明相适应的社会制度来聚合，必须以现代劳动者总体阶级意识为内涵的理论指导。中华民族的存续发展，取决于制度变革、思想变革及文化变革。

任何个体人的社会性，他们的国度性、民族（以及部族、氏族）性，都不是先天生理而有的，而是后天由其生存环境强加的，是制度和文化制约的体现。制度和思想、文化的变革必然导致人社会性的转变。人对先进文明的追求是普遍的，与先进文明相适应的制度和文化也是人所向往和拥护的。两千多年前的秦国之所以能够吞并六国，根本原因就在制度、思想文化的先进，而不同程度固守封建领主制的六国，不仅不能保住其国，也没有保住其族。除个别贵族还梦想"复辟"，绝大多数民众都认可并服从秦及汉所建立的集权官僚制和官文化，他们再也没有自称"魏族""韩族""楚族""燕族""赵族""齐族"，而是聚合于以"汉族"为名义的中华民族。

诸子思想是集权官僚制和中华民族形成的思想先导，其先进性和局限性都在于此，这也是历史的诸子思想系统的特殊性。研究诸子思想，绝非是将其特殊性的道、法、术、技搬到今天，以其"复兴"来主导现代中国的发展，也不是要用现代术语将诸子思想"现代化"，而是要从对其特殊性的思想系统的批判考察中，发现、概括其一般性因素，承继其体现的变革精神，启迪现代中国的思想和文化变革。

诸子思想的一般性因素。

其一，变革精神。

诸子思想形成于封建领主制社会矛盾的激化，其总的目的就在从社会矛盾中揭示其演进的规律和趋势，探寻解决矛盾的途径。这是以社会变革为内容的思想变革，封建宗法的礼制礼教是诸子批判的对象，集权官僚制和儒学道统则是诸子思想变革的归结。

以老子提出天道观为起始，到董仲舒改造诸子思想形成儒学道统为终结，四百多年时间，这是中国，也是人类世界首次大规模的思想变革和社会变革过程，其内容之深广、规模之宏大、时间之久长，大概只有欧洲十三四世纪到十八九世纪的"文艺复兴"和"启蒙运动"之加总才能与之相比对。诸子都是变革者，他们在天道观的主导下各自对所感兴趣的社会矛盾进行探讨，形成了与社会变革统一的思想变革运动。虽然诸子所处国度及其活动的空间、时间有所差别，但变革精神是其共同的主导，并由此而在运动中形成松散却内在统一的思想系统。老子提出的天道观是诸子思想系统道层次的基本观念，孔子、墨子从天道观对人道社会观的论证，进一步将思想聚焦于社会变革。老子及孔子、墨子对天道观和人道社会观的理解和展开，形成其思想的法、术、技层次，由此奠定了思想和社会变革的基调与内容。老子及孔子、墨子思想的形成，是以春秋以来管仲等进行的初级社会变革为前提的，是总结其变革实践经验，深入探讨社会矛盾的结果。老子天道观的提出，是思想史的一大革命，是对封建领主制统治意识形态基本观念上帝观的否定。孔子、墨子的人道社会观确立了一个与封建领主制不同的社会制度原则，即以"仁""兼爱"取代封建宗法的血统论。虽然老子、孔子、墨子思想的道、法层次集中于从基本观念和方法论否定封建礼制礼教，未能形成明确的变革主张和策略，其思想的术、技层次仍以展开基本观念为重点，却为后来诸子，尤其以法改制诸子参与、主导变革实践确立了思想基础。李悝、吴起、申不害、商鞅等人的变法改制，就是在这个基础上展开的，其思想术、技层次就是变革的主张和策略，而慎到、《黄帝四经》作者、《管子》作者等人，虽未能走在变革第一线，但也都根据以法改制诸子的实践经验和对社会矛盾的深刻认识，对变革途径和策略提出自己的见解。孟子、荀子、韩非则总结以法改制诸子的变革实践，进一步从法层次探讨了社会矛盾及变革目标，为完成变革大业提供了必要思想依据。李斯结合其师荀子、同学韩非的思想，在参与、指导变革实践中，将诸子思想之精华集中于集权官僚制的创立，诸子思想的变革精神得到充分发挥。孙武为首的兵学诸子，鬼谷子与其学生苏秦、张仪为典型的纵横游说家，其实践所为是社会变革必不可少的环节，他们的成功，也取决于依天道观而进行的思想变革。庄子虽说没有对总体社会变革发表多少议论，但他以天道观为前提，对封建领主制的社会矛盾有深切认识，并以坚忍的意志专注对人性自由的探讨与追求，是思想变革的重要内容，并为天下思想者树立了一个榜样。庄子乐道安贫的精神，在两千年后的马克思那里得到更充分的展现。虽然二人时代不同，思想内容更不同，但追求人性自由而乐道安贫的精神却是相通的。名辩和阴阳五行诸子，似乎远离社会变革而专业于其术、技，但他们所思所为都是诸子思想变革和文明发展必要的内容，并在一定程度上影响和制约着思想和社会变革。

诸子思想从不同角度、层次批判和否定了居统治地位的封建宗法之礼制礼教，内在地体现着变革精神。虽然这场变革有其局限，但变革的精神却具有一般性，发现和概括诸子思想的变革精神，对于现代思想变革是必要的启迪和借鉴，也只有从这个意义上对诸子思想进行考察，才是有价值的。

其二，独立思考和勇于探索。

诸子绝大多数出身于士、儒阶层，没有资格入贵族子弟的大学学习礼教，只能在小学中粗通文字和学习一些基础知识，他们的思想都是通过投师私学或个人自修而形成，即使身为公子的韩非，也是从师荀子才形成其思想。诸子们青年时都是抱着强烈的提高个人地位的欲望求学的，而其个人地位的提高又是与社会变革相统一的。按照周宗法礼制，高官厚禄是由贵族嫡长子世代相袭的，普通士子只能做杂务或低层佐吏，他们要提高社会地位，为卿为相为将，必须接受高等教育，但他们没有入"官学"的资格，只能投师私学或自修，提高自身品德和智能，以刻苦努力来改变个人

"应有"的社会地位。从孔子开始的私学,宗旨也在培养高级官吏或学术人才,其教授的内容,既有为官为学的必要知识,更有与士子们改变社会地位密切相关的变革思想。孔子本人就是将提高个人社会地位与社会变革内在统一的典型。他青年丧母,遇季氏飨士,他也去参加,被阳虎所阻,由是立志为学。① 此时尚无私学,他就遍访各国,拜老子等名士为师,并刻苦自学勤思,终成思想体系,他深感士子求学之难,兴办私学,既教为政做官,更传授其思想,由此开创民间私学之路。后世诸子,皆从私学而形成初级变革思想,并强化自修和在实践中的思考。

这样,独立思考和勇于探索就成为诸子思想形成和发展的内在因素。正如章太炎所说:"惟周秦诸子,推迹古初,承受师法,各为独立,无援引攀附之事。"② 他们虽然也有师承,但私学和官学的重要区别,一是求学自愿,二是学与思密切结合,从《论语》中可以看到,孔子不仅强调学思并重,更以启发式讨论来教导学生,他的弟子也各有其相对独立性。孔子将"思"和"勇"作为重要内容来培养学生,并以此来要求和评价他们,强调"仁者必有勇"③,思想者必须勇于突破旧观念,以独立思考来形成新观念和主张。而诸子之首老子可谓独立思考、勇于探索的典范,他的师承已不可知,作为"周守藏室之史",他创立天道观及相应的思想体系,主要是从对《周易》等典籍的批判和社会矛盾的深刻思考,以及对已经发生的初级社会变革经验的概括,他思考与概括的最大成就,就是从既有的分类法提升出归纳法,这是人类思维形式进展的一个关键,由此开创了一个新时代。而归纳法作为天道观形成的方法论,随着天道观对诸子思想的指导,成为诸子思想方法的必要因素。归纳的特点就在从特殊中概括一般,其要旨就在独立思考,诸子之所以能展开思想变革运动,关键也在于此。不论从哪个角度、层次,诸子思想都不同程度地有其新意,这就是独立思

---

① 《史记·孔子世家》。
② 章太炎:《诸子学略说》,《章太炎政论选辑》上卷,中华书局1977年版,第285页。
③ 《论语·宪问》。

考的成果。勇于探索既是思想者意志力的体现，也是独立思考的延伸。在诸子那里，勇于探索不仅贯注于思想的创新，还展现于以法改制诸子与旧势力的斗争中，其激烈程度，致使吴起、商鞅为旧势力所杀害。而庄子为保持独立思考的自由，宁可贫穷而不阿权贵，也是勇于探索的体现。

诸子思想的独立思考和勇于探索，有一个必要的社会条件，那就是春秋、战国时周礼制礼教的衰败，以及各国割据导致不能对思想进行统一的严密控制。这使封建领主不能有效地管制私学的活动，而且各国情况差异，为诸子之游说和游学提供了机会。那些为强国而自保的诸侯，也会不同程度地听取并接受诸子的变革思想，甚至任用其赞同者为官执政变法。对于不同意者，也往往只是听而不受，孔子和孟子游说列国得到的就是这种待遇，但从未见因意见不合而杀害游说者的记载。周礼制规定意识形态由周室中天官大宰和春官大宗伯专门掌控，各诸侯国也设相应职官，其控制力还是相当强的，这是西周未能形成创新思想的重要原因。但到春秋以至战国，周王室已衰败不能自保，根本没有能力管控各国事务，对思想的控制更顾不上了。而各国又都陷入严重的内外矛盾，如何强国以存续、并吞他国已成为主要问题，对思想的管制也就大为松懈。这样，就给诸子的活动提供了比较宽松的环境，私学林立，或在都市，或在山野，可以相对自主地教授和研讨学问思想。与此同时，各国中有志之豪强开始养士，收拢天下士子讲学演武，著名者有齐之孟尝君、赵之平原君、魏之信陵君、楚之春申君，他们以自己权势财力，养士往往多达千人。秦相吕不韦也效法"四君子"，养士至三千人，其中有李斯等荀子弟子多人，不仅编著了《吕氏春秋》，更为秦之强盛一统准备了必要人才。汉初淮南王还延续战国之养士，并编写了《鸿烈》一书，但汉武帝采纳董仲舒建议"独尊儒术"，并实行严格的意识形态管制，诸子之学被禁止，经学一统天下，之后各朝代均强化文化专制，以至清朝大兴"文字狱"，学者只能作为统治工具而应荐举、科举，或者避世而为道为僧，根本不具备对社会矛盾及其变革进行独立思考的条件，因此才有黑格尔关于中国只有"一个人是自由"①的说法，这对集权官僚制下的思想管控是准确的，但黑格尔根本没有条件了解诸子思想，他只是从传说和翻译为西语的通俗读物中略知老子、《周易》、孔子。如果他能学会汉字，阅读浩瀚的诸子著作，了解诸子的独立思考和勇于探索精神，对"中国哲学"肯定会有另一番解说，甚至会改变他的思想体系。

其三，人格平等和开放式论争。

思想是人类特有的理性思维的展现，思维是个体人进行的，但思维的内容及其方法却是总体性的。即使只是思考个人行为与利益，也必然涉及总体。每个人都在总体社会矛盾中生存，对社会总体矛盾的认识是思想的内容，而要进行这种认识，个体人之间必须相互联系，为此就要形成共同认可和遵循的方法论原则。要达成方法论原则，就要进行讨论和争论，讨论和争论的前提，就是参加者人格上的平等。只有在人格平等的人之间的讨论和争论，才能依循大家认可的方法论原则而由分散的个体人进行总体性思维，由此达到对社会矛盾及其解决途径的认识，进而付诸实践，展开社会变革。由此说来，人格的平等是思想形成必要的一般性前提，诸子思想的形成和变革，充分地体现着人格平等和开放式论争，借鉴其一般性，对于现代思想变革是非常必要的。

在周礼制依上帝观所形成的血统宗法礼教中，每个人都是有等级的，身份上的高低贵贱决定了人格的不平等，人只能依自己的身份来思考问题，并按先验的《易经》占筮或龟卜来测算结果，再决定行为。这是西周几百年几乎没有什么新思想形成的重要因素。诸子在周礼制礼教中是地位低下的士阶层的成员，其相互间从出身论就没有地位的高低贵贱，其人格是平等的，对于变革封建宗法的目的也是相同的。这与汉武帝之后的专制"官学"有本质区别。集权官僚制下的学子，虽然没有先天因血统而确定的身份差别，却要受后天严格的官制的管控，尤其决定命运的荐举和科

---

① （德）黑格尔：《历史哲学》，上海世纪出版集团2006年版，第16页。

举，迫使学子们只能服从"御制"的各种学规、学律，并受等级森严的官僚体制束缚，因而人格也是不平等的，更不可能进行开放式论争。所以，悠悠两千多年，不能形成对社会矛盾及其解决的有价值的认识。

诸子所处的特殊时代造就了这些人格平等的思想者通过独立思考和勇于探索，在开放式论争中形成了伟大的思想变革运动。从存世的诸子著述中，可以清楚地看出其人格的平等，即使老师和学生之间，虽有学生对老师的尊敬，但绝无人格的高低贵贱。不同的师承派系，思想的交流和争辩是必要内容，但绝无以权势压人，也没有趋炎附势之论。人格平等是开放式论争的前提，开放式论争促进了思想的形成和发展。论争是诸子之间思想交流的必要方式，有些论争是朋友式的辩说，其典型是《庄子》中记载的庄子与惠施的辩论，更多的是以文字对不同观点的评说，由于当时媒体的限制，这种形式的论争往往是单向的，如《庄子·天下》《荀子·非十二子》等篇所论，以及散见于诸子著述中对他人思想的评论等。虽然观点不同，但评论都是充分说理的，绝没有后世长官教训下属式的文风，没有书籍、文论的审查管制，更没有"文字狱"对人的陷害。正是这样的开放式论争，使诸子思想不断明确和成熟，并在指导社会变革实践中发展。

其四，思想与实践相统一，思想概括实践经验并指导实践。

诸子思想并非"学院式"的空谈，而是与社会变革和文明发展的实践内在统一的思想变革运动。诸子思想形成于封建领主制矛盾激化时，已由管仲等人展开了初级局部的变革，老子的思想，就是在认识社会矛盾，总结这初级局部变革经验的基础上形成的。孔子、墨子都不同程度地参与了社会实践，他们游说列国，或试推仁政，或息兵止战。孔子还短期参与政事，虽然成果并不明显，却加深了对社会矛盾的认识。思想与实践统一最为明显的是以法改制诸子、孙武为首的兵学思想家、鬼谷子与苏秦和张仪师徒的纵横游说策士，他们亲自参与社会变革和军事、政治活动，其思想是实践的内涵，并在实践的外延中检证、改进思想。名辩和阴阳五行诸子，则从社会变革和军事、政治事件中，探讨思维形式、语言文字及自然和政权演变的规律，在促进社会变革的同时，推动文明的发展。至于庄子一派个性自由主义者,虽未参与社会政治、军事活动,却不是"避世之人",而是密切观察社会变革实践,"不刻意而高,无仁义而修,无功名而治,无江海而闲,不道引而寿,无不忘也,无不有也,澹然无极"①,乐道安贫,知道而达生,深入探索人生价值观,突破封建宗法,追求人性升华,实践着文明发展。

实践与思想在人的观念、学理中可以列为两个范畴,但在现实中却是内在统一的。社会变革和文明发展的实践是以思想变革和发展为指导的活动,思想变革和发展又源于社会变革和文明发展实践,并以实践为内容。诸子思想变革与对封建领主制的变革和农业文明发展是同一过程,正是思想与实践的内在统一,展开并完成了这场人社会存在形式和社会制度的大变革,形成了中华民族,创建了集权官僚制,促进了农业文明的发展。也只有从思想和实践的内在统一中,才能认知诸子思想变革的一般性。

其五,以变革为主线的系统性。

与后世由皇帝主导编写《太平御览》《四库全书》等"国家重点工程"不同,诸子思想的形成和演化,是诸子们的自觉自愿过程,即使董仲舒以孔子名义对诸子思想的改造,虽然有汉武帝的支持,也主要发于其独立思考。也就是说,诸子思想的形成和演化,没有"领导",没有预定方案,没有行政组织,没有财政拨款,也没有便利的通讯和公共的媒体,却在四百多年的进程中,形成了道、法、术、技四层次内在统一的思想系统。仿佛有一个神灵在冥冥中支配着分散于华夏各地的诸子世代延续地进行着探索。神灵是不存在的,但却有一个共同的精神,这就是变革着的时代精神。它存在于社会矛盾及其斗争中,它吸引思想者的关注,主导思想者依矛盾斗争所体现的变革趋势而思考,从矛盾的探讨和变革经验教训的总结中,提出新的思想和变革主张。由此而导致诸子思想从技、术到法、道层次的更新,进而明确其道、法、术、技层次的系统性。这是历史的逻辑,也是研究主体与客体内在统一的过程,在这个过程中,诸子之个体依变革的

---

① 《庄子·刻意》。

主线形成一个思想家总体，每个个体都从总体所承担的变革使命而对自己所遇到的问题进行探讨，其思想和主张也就成为总体思想逻辑的有机内容。

以集权官僚制取代封建领主制的变革，是在思想和实践的演化中逐步明确的，诸子中的每个个体，也都是依自己对变革的大趋势来思考问题的，因时间先后、国度差异、个人学识、兴趣能力等必然导致相互间的分歧和争论，这是诸子思想发展的内在动力。变革社会的诸子思想本身就是变革的，在分歧和争论中不断反思、修正以前的思想，并在实践中加以检证。因而，思想变革和社会变革都是在曲折中递进发展和系统化的。秦吞并六国，废除封建领主制，创建集权官僚制，是春秋以来社会变革的必然，既是从老子开始的诸子变革思想的集中体现，也是对诸子思想的全面检验。李斯从术、技层次对嬴政的指导，使集权官僚制得以建立，而其内容则是老子、孔子、墨子、荀子等人在道、法层次的思想。秦吞并六国作为社会和思想变革的集成，真可谓"势如破竹"，仅用十年时间，华夏大地归于一统。面对如此大胜利，李斯并没能从道、法层次深入思考新制度的基础建设，尤其没能在刚统一的华夏大地展开统一的思想变革和教育，简单地主张"非秦记皆烧之，非博士官所职，天下敢有藏《诗》《书》、百家语者，悉诣守、尉杂烧之。"只留下"医药、卜筮、种树之书。""若有欲学法令，以吏为师。"① 似乎只要有术、技层次的"法令"，就可以治天下。秦朝十几年就灭亡，与没有深厚扎实细致的意识形态建设密切相关，也从反面证明思想系统中术、技层次与道、法层次的内在统一，不顾这种统一，不建设新制度的系统意识形态，新制度本身就是不充实的。汉继秦之后以几十年时间奉行"黄老之学"，既是对秦政的纠正，也是对李斯片面注重"法令"之术、技的反思，《文子》《淮南子》中对道、法层次的深入探讨，是这种反思的成果。而董仲舒以孔子名义将变革的诸子思想系统改造为与集权官僚制相适应的儒学道统，既可以视为诸子思想的概括，又是诸子思想变革的终结。从此以后，虽然有朝代更迭，但集权官僚

---

① 《史记·秦始皇本纪》。

制在儒学道统的支撑下，延续了两千年。

诸子思想作为人类历史上第一个宏大思想系统，是有时代局限性的，但其中体现的变革精神和以变革为主线的系统性，却在一般意义上启迪着现代思想变革。对其中体现的一般性因素，加以概括、提升，探讨现代思想和社会变革的原则，是研究诸子思想的意义所在。以变革精神为内涵的诸子思想导引了历史上的制度和文化变革，由此凝聚了中华民族的形成和延续。而通行两千多年的集权官僚制和儒学道统主导的官文化，却已经成为中华民族现代化的内在障碍，一些人正在努力将集权官僚制和官文化界定为中华民族的"族制度""种文化"，由此对抗现代制度文化变革。他们以各种方式消抹诸子，尤其孔子及儒学传承者思想的历史特殊性，否认其变革的一般性，将诸子思想变革主导的制度、文化变革的历史成果绝对化，进而阻碍、压制对过时的制度、文化的变革。这种以"继承、弘扬传统"名义的思潮和作为，以"爱国""续族"的面目出现，似乎诸子的"现代传人"，实则对诸子思想变革精神的逆反，是对诸子思想所聚合的中华民族存续发展的最大危害。只有从一般意义继承诸子的变革精神，对现代中国社会矛盾进行深入考察和规定，创立与时代精神统一的现代制度和文化，才能继续中华民族的发展，并领先于人类。这是"振兴中华"的真谛所在。

第一章　诸子思想家群的思想大变革

春秋、战国至秦、汉初的诸子思想家群，展开了中国，也是人类历史上第一次时间最长的深刻、广泛、系统的思想大变革。这场思想大变革创造了新的时代精神，引导中国社会从封建领主制转变为集权官僚制，开创了一个新时代。中华民族由此形成并领先世界两千年，而诸子思想家的思想变革在社会变革中演进，并被改造为集权官僚制社会统治意识形态。这是有充分切实资料可供考察并继承发展的伟大思想变革运动，与传说中的"希腊哲学"已不存在"原始史料"[①]不同，以汉字这个人类文明所创造的伟大工具所记载的诸子思想家群的著述，不仅是两千多年来浩瀚的中国思想史之源，也是我们今天思想探究和发展的必要依据。

与惯用的"诸子百家"提法不同，我提出"诸子思想家群"（也可简称"诸子群"）这个范畴，意在破除从司马谈与其子司马迁开始，通行两千多年的将诸子分"家"所造成的对诸子研究的障碍。从老子、孔子到董子（仲舒）这四多百年，活跃于文化、政治舞台的思想家何止百千，他们

[①] 参见（德）黑格尔《哲学史讲演录》第一卷，商务印书馆1959年版，第119页。黑格尔还在《历史哲学》中指出，"古希腊时期完全属于非历史的、暧昧不明的时期"（《历史哲学》，上海世纪出版集团2006年版，第212页），但这并未妨碍他及一大批学者，依据神话和远在"希腊哲学"出现之后一千余年才从阿拉伯语"翻译"过来的东西，编造了系统、丰富的"希腊哲学"。

大都出身于士、儒阶层，从不同角度、层次对社会矛盾与其解决提出见解，虽然会有分歧，但有一个共同点，就是变革，不论主张渐变还是激变，文变还是武变，都不是维持旧有的封建领主制，而是从不同角度、层次对社会矛盾与其解决提出关于新制度的见解，由此形成了新的时代精神。部族联盟封建领主制日益尖锐的社会矛盾和斗争，是诸子思想家产生的土壤，也是他们思想形成和发挥的舞台，在这个舞台演出了波澜壮阔的思想大剧，其广度和深度，大概只有两千年后欧洲"文艺复兴"和"启蒙运动"加总起来，才可与之相比。

一　部族联盟封建领主制矛盾的激化

中国文人有一个传统，以古喻今；同时还有一种思维习惯，以今解古。当人们以从前如何如何来评论现时世事时，他们还用当今的状况来理解古代，最突出的，就是将秦大一统之前的历史，用秦朝所建立的集权专制国家来界说，即夏朝、商朝、周朝，似乎彼时也像秦一样为统一的皇朝。实际上，夏、商不过比较大且居主导地位相继存在的两个部族，其活动地域、人口及经济水平，不仅远比不上秦皇朝，而且与作为部族联盟首领的周族也相差甚巨。从历史演化角度说，夏、商不过是以两大部族为代表的两个时期，称"夏朝""商朝"不如称"夏代""商代"。而周族，作为部族联盟的首领，在建立之初的兴盛期，似乎有些"朝"的气象，其酋长称"王"并分封诸侯，各诸侯也定期来拜见周王"天子"，已达"准国家"的程度，但与后来的秦、汉两朝相比，又有本质差别，因而还是称"周代"为确。

周与夏、商两代在社会存在形式和制度上是不同的。夏是第一个子承父的部族，禹与其子启废除"禅让"制，开创父系世袭制，由禹至桀十四世十七帝的夏代。虽然后人称之为"夏朝"，但夏不过众多部族中的比较大并对其他邻近部族有约束力的一个部族，其"帝"，也只是其部族首领。但夏族的世袭制却开启了人类新的社会存在形式和制度，即部族和奴隶制。

人类社会存在形式和制度是统一的。社会存在形式，也是人的组合聚集方式，从最初的家族扩展到氏族，再到氏族联合体，都是以血缘维持的社会存在形式，经历了从母系到父系的演变，以至形成部族。部族与以前家族、氏族、氏族联合体各社会存在形式的本质区别，在于以地域而不再以血缘为其范围，一个部族仍以某氏族为主导或统治，并将俘虏或征服的氏族人口作为奴隶（不再杀人食肉）纳入本部族，由此扩大了生存空间，并在强迫奴隶劳动时，提高了其劳动技能及社会生产力，形成了阶级和等级，建立了奴隶制。夏代虽然农业已成主要生活来源，但基本上还是"游农"，即在一地短期耕种后因地力下降而不得不迁移别地，垦荒或掠夺可耕种的土地，其存续的四百多年，在今河南西部和山西南部，以至沿黄河东向至河南、河北、山东交界的地方，也有学者认为夏人曾有一部分从河南西部迁到湖北北部。

商族取代夏族成为主导性部族，并没有改变社会存在形式和制度，但其不断征服周边氏族，以俘虏扩大奴隶数量，并加强对奴隶的管制，致使奴隶的劳动技能逐步提高，铜的冶炼和使用，不仅增强了其武力，更促进了农业发展。商族的活动范围，基本在夏族故地并稍有扩展，由汤至帝辛（纣）共历十七世，传三十一王，六百余年。

对于夏、商两代的社会制度，传统的中国史学并未明确界定，而是以"朝"将之与后来的周、秦、汉一致称谓。一百年前西方"欧洲中心论"的历史阶段说传入中国，有学者试图将夏、商与周三代近两千年按欧洲的标准，界定为"奴隶制"。但"欧洲中心论"历史阶段说划分奴隶制的依据，是所谓"希腊"和罗马时期的制度，即奴隶主个人拥有对奴隶人身的所有权，可以像对待牲畜那样使用奴隶、买卖奴隶，而中国历史的这三代的史料，却没有关于奴隶私有制和买卖奴隶的证据。于是，一些人提出"中国特别论"，认为中国没有奴隶制，以至没有封建制，不受欧洲人所说的"一般历史规律"支配，进而也就反对在中国进行以"一般历史规律"为指导的社会变革。

"欧洲中心论"的历史阶段说界定的奴隶制,以传说中的"希腊"和罗马为依据,其中罗马是有一定史料的,"罗马法"及相关记载中关于奴隶私有制和买卖奴隶的情况大体可信,仅就这一点,界定欧洲原始社会之后第一个阶段的社会制度是奴隶制,也是可以成立的。至于没有史料,仅靠一千多年后在远离希腊本土的阿拉伯地区"发现"的以阿拉伯语"记载",而被"翻译"成拉丁语的"希腊"历史,几乎不可验证。而且,所谓"希腊"的城邦、奴隶私有制和奴隶买卖的说法,是以什么样的生产力为基础,又如何能在其"民主"政治中存在,都是难以自圆其说的。

中国历史上的社会制度,是我们的祖先在特定的地理条件下,根据自身素质技能和社会关系而形成的社会存在形式的集中体现。夏、商两代的部族社会存在形式中,居统治地位的氏族内是以血缘为纽带的,有等级,却不可能将本氏族的人作为奴隶。但对于俘虏,在不杀的情况下,迫其成为奴隶,强制劳动,则为史料所证明。大体上说,夏代的奴隶数量还不多,奴隶制也处初级阶段,商代的奴隶数量已相当多,奴隶制也已充分发展。从甲骨文和《尚书》等史料,以及考古发掘的商墓中,都证明"献俘"和人殉中要杀害一定数量的奴隶,也有关于役使奴隶的记载。虽然找不到关于奴隶买卖和奴隶归私人所有的证据,但这只能说明夏、商两代的奴隶制与"希腊"、罗马的奴隶制在形式有所不同,并不能证明没有奴隶制。社会制度与社会存在形式是统一的,从文献和考古资料看,夏、商两代一千余年的历史上,社会存在形式是部族,奴隶是部族中的俘虏及其后代,并不属于部族中统治氏族的某个成员,而是属于统治氏族集体所有。这种"奴隶集体所有制"是与当时的社会经济、地理各方面条件相适应的,是部族存在方式的体现。部族首领,也即统治氏族的首领握有对奴隶的生杀和使用权,但没有对奴隶的个人所有权,因此在部族内部不可能发生奴隶买卖。而部族之间,或是依附关系,或是敌对状态,依附于夏、商两大部族的小部族,要定期向夏、商部族纳贡,包括物品和奴隶,但不是交换。敌对部族之间经常发生战争,掠夺俘虏为奴隶,并归统治氏族所有。在当时的条件下,如果采取奴隶私有制,则很难以从体力和智力以及使用武器方面制服奴隶的反抗和逃跑，只能以全氏族之力压制奴隶。①

奴隶制促进了夏、商两代经济，尤其是在商代，不仅考古发掘出大量青铜器，而且甲骨文也表现出当时的生产情况。商代农业已成为主要产业，卜辞中屡有关于卜问各地"受年""受禾""受黍年"的记载，以及商王为求好收成而进行祭祀祈祷、巡视耕作。青铜开始用于农具，垦田和休耕都用火焚，并能整治土地、挖掘沟洫、灌溉农田、培土施肥等。甲骨文中的"田""囿""疆""畎"等字，表明当时农耕的分布、分割和管理。农作物品种增多，"黍""稷""稻""麦""秫"等常见于甲骨文，此外畜禽和蚕的饲养，都丰富了生活资料。更有大量关于饮酒和酿酒的记载，表明商代农业的发展和部族首领们的奢侈。

实行奴隶制的商部族，在发展壮大的同时，也导致其首领和贵族的腐化，骄奢淫逸、酗酒成风。为了满足花天酒地的生活享受，在部族内不仅强化对奴隶的剥削，还加重对平民的横征暴敛，并不断征伐外部族和氏族，以俘获奴隶和财物。到帝辛（纣王）时，社会矛盾加剧，奴隶反抗、平民离心、氏族异志，终被周部族联合其他部族所击败。

中华民族形成演进的历史与逻辑是统一的，历经家族—氏族—氏族联合体—部族—部族联盟—民族各个社会存在形式，其中各个环节都是充分的，这是农业文明发达的表现。各社会存在形式集中体现于制度，家族、氏族、氏族联合体为原始社会，部族为奴隶制，部族联盟为封建领主制，民族为集权官僚制。现在的中华民族是秦汉以来两千余年汉民族（因秦朝只十几年，故以汉名族）发展、收纳周边部族、氏族融合的结果。在这个社会存在形式与制度统一的演进链上，夏建立部族奴隶制是一个关节，周代商形成部族联盟封建领主制是第二个关节，秦吞并六国天下大一统成民族国家集权官僚制是第三个关节。近现代开始大变革则是对集权官僚制的

---

① 说到这里，又想到"希腊"历史的可疑处。如果说罗马部族有一个强大的"帝国"和军事暴力，足可以保证奴隶的私人所有制，而传说中的城邦林立的"希腊"，并没有"帝国"，而是实行"民主"，其各城邦，也即部族又都很小，靠什么来维持奴隶主对奴隶的私人所有制呢？连夏、商两大部族都做不到的事，"希腊"如何做到？

革命。

夏、商两代一千多年，因其自身矛盾发展而被周所取代，周虽有名义上的"天子"及其对各部族的统领权，但仅维持于周初二三百年，以后春秋、战国时期虽保留周王的"天子"名号，但其对部族的统领权不复存续，因此，虽纪年仍以周名，但周并不是像秦、汉、晋、隋、唐、宋、元、明、清那样的"朝"，最好仍称为"代"，即一个历史时期的标志。周代延续八百多年时间（从公元前十一世纪到公元前三世纪），其基本制度为部族联盟的封建领主制，但在其后期的战国时，各大国已展开制度变革，以秦国最为先进和彻底，秦因制度变革而强盛，并最终吞并变革不彻底的六国。

周部族战胜商部族，根本原因在制度。商末，其部族存在形式和奴隶制所界定的劳动者社会地位与提高了素质技能的劳动者的利益要求严重冲突，而且各部族日益扩展，与商部族的矛盾不断激化，只有改变社会存在形式和制度，才能适应历史的潮流。周部族在文、武二王的领导下，与反商各部族结成联盟，并将联盟社会存在方式常态化、制度化，建立封建领主制，由此开创了一个新时代。

周族最初是在今陕西武功和旬邑等地"游农"的姬姓氏族，后被商部族收服，但时服时叛，到古公亶父为首领时，迁至陕西扶风西南岐山之阳定居，这里较适合农业生产，周族由此扩展势力。古公亶父死后，其子季历继位，号称"王季"，他经常征战今山西境内的戎狄诸氏族，取得胜利，将其地纳入自己势力范围，形成一个部族。季历死后其子昌继位，号称"文王"，他一方面向商族表示服从，另一方面又扩大其部族，将西北各氏族收归其中，形成一个西起甘肃，中据陕西，东及山西、河南的大部族，与商族相对立。昌死后其子发继位为武王，进一步向巴蜀、江汉地区扩展。而此时商部族内部矛盾尖锐，势力受挫，周武王聚本部族及联盟各部族之兵数万人，向商进攻。商纣王组建了几十万人的大军抵抗，但其中多为东夷俘虏（奴隶），本来对商的统治充满仇恨，上阵即倒戈，致使全军溃败，迫得商纣王自焚身亡。灭商二年后，武王病死，其幼子诵继位为成王，由其叔父周公旦摄政，引发武王另外三个弟弟管叔、蔡叔、霍叔（史称"三监"，分管重兵镇守商部族旧地）的叛乱。周公经三年征战，征服东方五十余部族，平定战局，并由此扩展势力于以黄河中下游为中心，南至长江流域，北至燕山山脉的广大地域。

长年战争使周部族内各氏族的关系更为密切，对征服后的商部族加以分化并加强统治，加之地域扩大，并入的部族众多，显然仍保持周一个部族是不能控制的，加上商部族的矛盾及其失败的教训，都要求武王和周公进行制度的变革。史传周公作《周礼》，并封建诸侯，应是可信的。周封建诸侯为领主，改变了制度，并由此形成部族联盟的社会存在方式，开创了中国历史的一个新阶段。

周公之前，武王灭商后即进行初步封建，周公将之扩展并系统化。周公改制的要点：一、扩大和强化周王的统治地位，称周王为"天子"，并按《周礼》设以六官为主干的管理机构；二、明确周天子与诸侯、诸级官员及臣民的关系，规定衣、食、住、行的等级和相互的礼数；三、分封周王亲属及功臣为诸侯，保持原商部族，并将周部族中的各氏族扩展为部族，对参加征商的部族和后来依附的各部族重新明确领地，封领主，别等级，分七十一国，周王朝由此变成众多部族的联盟，旧时的氏族逐步被分化、淡化；四、各部族首领对内有相对独立的统治权，为了增强势力，必然限制乃至取消旧有的氏族间的征战，社会关系由以血缘为主变为以地缘为主，各部族首领再对其领地进行分封，使所有奴隶都被分归该领地的小领主；五、各小领主将其领地上的耕地使用权分成若干块，其中一块为"公田"，由小领主自家占有，并命奴隶耕作，收获物完全归领主，其余各小块分给农奴耕作，收获物一部分交小领主（小领主再拿出一部分交大领主），余者归其家消费，这样，就将原来的奴隶变为农奴；六、与小领主同一氏族的平民，或从小领主那里分得小块土地使用权耕作，不必像农奴那样去"公田"劳作，但需交少量贡赋给小领主，或不事生产，帮助小领主管理农奴和其他事务。

这样从上而下的分封，使社会存在形式和社会制度发生了重大变化，进一步密切了人与人的关系,将所有人都纳入因土地分封而形成的封建领主制度中。社会关系的变化,促进了劳动者素质技能的提高,使农业生产方式又上升一个新阶段,由此带动了手工业和商业的发展。商部族时期的农业,虽然已比较发达,但基本上还保留着"游农"状态,而且奴隶劳作并没有主动性,是由奴隶主氏族监管的集体性劳动,生产技术比较落后,产量也低。周的封建使奴隶转变为农奴,在将小块土地使用权分给农奴的时候,已经变集体劳动为个体劳动,并且将"游农"变为"定农"。领主的封地是固定的,农奴的生产生活也只能在其领主领地上进行。这种变化,促进了农奴生产的积极性,更促使他们注意提高生产技术,特别是要适应不同土壤、水利、气候条件来选择农作物品种,改进耕作。随着农业的发展,手工业在商代的青铜器技术基础上,步入了铁器时代。周初青铜冶铸技术较商代大为提高,并扩大了生产规模,周王和诸侯乃至小领主都拥有数量不等的大小铜器工场,青铜器上的铭文成为记载大事的重要方式,如著名的毛公鼎铭文长达497字。在青铜冶炼技术发展的过程中,逐步发明了冶铁技术,由于铁矿远多于铜矿,铁产量也大于铜,铁被广泛应用于农具、兵器,甚至礼器。铁的使用,进一步促进了农业生产和其他手工业。而农业和手工业的发达,又促进了商业的发展。周初,仍沿袭商代"工商食官"的体制,后逐步被冲破,出现了私营的手工业者和商业,比较著名的手工业者有公输般(鲁班),商人如越大夫范蠡、孔子弟子子贡等。郑国的商人曾与其领主约定,商人忠于他,他也不干涉商人营业,郑国商人足迹遍及黄河、长江流域。

以周天子为盟主的部族联盟,在名义上一直维持到秦始皇统一天下,但实际上,周天子对诸部族的控制权只保留不到三百年(公元前1046—前770年),即史称"西周时期"。这是周部族联盟由盛而乱,由乱而衰的过程,到公元前770年,因周幽王改换太子引发周王室和各部族及西北各氏族动乱而衰败的周王室,在周平王的率领下从镐京(今西安)东迁至洛邑(洛阳)。至此周天子在诸侯中的权威衰落,号令不行,成了徒有其名的盟主。历史家将此后的周朝称为"东周","东周"的大部分时间分"春秋"

"战国"两个阶段。

周代初期建立的部族联盟封建领主制,其历史进步性是明显的,不仅以较部族奴隶制更为系统密切的人际关系,促进了人们的交往,并相应提高了劳动者的地位,为提高其素质技能,进而发展社会生产力创造了条件。封建领主制的局限,就在于其宗法原则,这是封建得以形成并维持的基本依据,也是其内在矛盾,势必在发展中导致封建领主制的灭亡。

以宗法原则建立的封建领主制,是一个系统的权利体系,其特点是"长子继承"。夏、商虽然已经"各亲其亲,各子其子",实行子承父业,但并未区别长子与其余诸子的地位,父位可由长子,也可由次子及其他诸子继承,这导致夏、商两代世与帝、王不一致(夏十四世十七帝,商十七世三十王)。而周代无论天子还是各级领主,其权位只能由统治家族的嫡长子、长孙承继。长子为"宗子",次子及其他诸子为"余夫",周王家族的长子继承王位王权,次子及其他诸子与功臣和降服的部族首领由王分封领地,为第一层次的大领主;大领主之权位传于其嫡长子,封次子及其他诸子为卿大夫,授田授民为采邑,是第二层次的小领主;小领主再将其采邑土地一分为三,一部分作为其占有的"公田",第二部分分给本氏族的平民,平民也按长子继承制再分割,平民虽也分大宗和余夫,并在权利上有所区别,但基本都自己耕作,并以少量收获物交给大宗;将第三部分土地的使用权分配给农奴,农奴要先在小领主所留占"公田"上劳作,并交较多的收获物给小领主,而且所分土地使用权也不固定。

按宗法原则以嫡长子为大宗的封建,确立了部族联盟中的等级,组成了一个以血统为纽带的社会系统。《左传》对此曾有两段论说:

> 故天子建国,诸侯立家,卿置侧室,大夫有贰宗,士有隶子弟,庶人工商,各有分亲,皆有等衰。是以民服事其上,而下无觊觎。①

---

① 《左传·桓公二年》。

> 昔周公吊二叔之不咸,故封建亲戚,以蕃屏周。①

封建的宗统与政统是合而为一的,宗法也即政治,由分封确认等级,以等级维护分封。最初的分封,按血统亲近程度和部族关系,分为"五服",以周天子为核心,将天下分为五个环形层次,即侯、甸、男、采、卫"五服",又分诸子或功臣为公、侯、伯、子、男五等爵位,其封地列于"五服"中某一层次。所封的国,史料记载不一,有七百至近千个国,这些"国",实际上都是部族,其小者为一部族,大者则是几个部族的联合,周天子是这些部族联盟的总首领。到春秋以后,兼并日剧,所存在的大国已经都是部族联盟了,其国君也成部族联盟之首领,并与周天子分庭抗礼。秦国率先废除部族联盟建立了民族国家,由此而先进并吞六国,统一天下。

如果经济不发展,人口不增加,像复印机那样一代一代复制社会等级关系,周的封建领主制是可以简单再生产的。社会毕竟不是复印机,文王、武王和周公在创立部族联盟封建领主制的时候,借鉴了商部族奴隶制衰灭的教训,力求考虑远长,以确保其子孙拥有统治地位。封建领主制及其支持的部族联盟,作为比商先进的新制度和社会存在方式,有助于劳动者在提高社会地位(变奴隶为农奴)的基础上,提高和发挥素质技能,由此发展经济。与此同时,人口也大量增加,不仅农奴因相对稳定的个体"承包制"性质的土地使用权和家庭人口增加,平民劳动者和士人的数量也在增加,而且国君和贵族之家人口也在增加,尤其拥有领地、采邑的国君和贵族,其子孙增长更多,由此产生了封建领主制创始者没有预见到的不可克服的矛盾。

封建领主制社会的诸多矛盾中,主要矛盾是封建领主阶级与农奴和平民劳动者之间的矛盾。农奴和平民劳动者在相对稳定的生产条件下,不断

---

① 《左传·僖公二十四年》。

提高素质技能，改进劳动工具，特别是青铜和铁制农具的使用，较大地提高了社会生产力，而其社会地位又限制了他们进一步发展。劳动人口数量增加，土地却是有限的，越来越不能满足增加了的劳动人口的需要。而领主和贵族征收的贡赋还在不断加重，劳动者与领主和贵族的矛盾日益突出。领主和贵族子孙的增加，一方面促使他们对农奴和平民劳动者增收贡赋，另一方面又迫使他们将有限的领地和采邑再分割，一代两代还可分，三代四代及以后，其后代人口比几何级数增长还快，不能再分割领地和采邑给余夫子孙，"五世亲尽"，但这些人又不愿和不能成为体力劳动者，于是形成人数越积越大的士、儒阶层，以给领主和贵族做家臣、杂役维持生活，但其生活资料还是来自农奴和平民劳动者，由此更加重了领主贵族与农奴和平民劳动者的矛盾。

为了维持统治，领主和贵族在加强对农奴和平民劳动者的压制剥削的同时，开始向国外寻求出路。与夏、商时的部族可以任意侵掠外部族土地、人口不同，周的封建给部族领主划分了其领地，只有周天子才有权改变其范围，领主自己是不可变更的。这是封建礼制的重要环节，周初各领主对此还是比较遵守的，但随着国内矛盾加剧，向外扩张掠夺，乃至兼并别国领土、人口也就成为一种趋势。开始时周天子还可以对这种行为予以管束，但其自家也因子孙增多而无地可封，只能养在其保留的小块国土上，引发其与农奴和平民劳动者的矛盾激化，周王与诸侯国相比势力越来越弱，自家矛盾还应接不暇，哪有力量调解诸侯间的冲突？这样，从春秋时起，诸侯之间弱肉强食的征战和掠地夺人就成常态，弱小的部族不断被兼并于强大的部族，形成新的部族联盟或集权性大国。与此相应，各部族内的领主和贵族，以及家臣之间的矛盾也开始激化。由于嫡长子继承制，世代相续的领主不可能都是能人强者，与其平辈的其他诸子中，往往会出现智勇远超过嫡长子的人，而他们的位权都与愚弱的嫡长子有天壤之别，因此形成矛盾冲突已不可避免。虽然直接篡位的情况不多，但贵族把持国政的现象却屡屡皆是，再就是贵族也为家臣中的强者所掌控，导致孔子所感叹的"礼崩乐坏"。

而人数不断增长的士、儒阶层,大都是与领主贵族同一祖先的余夫后代,是一个不能居上,又不甘沦下的特殊人群。上述领主贵族与农奴和平民劳动者的矛盾、周天子与诸侯的矛盾、诸侯部族之间的矛盾、领主与贵族、贵族与家臣等各种矛盾,表面上似乎与他们无关,但每对矛盾,特别是这些矛盾所导致的总体状况,都直接影响他们的生存和前途。从某种意义上说,这个阶层是被封建领主制所忽略和丢弃的,但他们却因自己所掌握的知识和自由民的身份,为了自己的出路和前途,积极思考解决矛盾的途径,也正是从这个阶层生出了诸子思想家群。

二 诸子思想家群应运而生

周文王、武王和周公创立封建领主制时,对嫡长子之外的诸子,还有许多可以分封的领地和人口,因而也没有想到随时间流转,领主贵族的余夫和余夫之后会越来越多,而且无地可分,无民可授,这部分人作为在领主贵族与农奴和平民之间的阶层,就像一块两面都可照看的镜子,反映、认知着社会矛盾,在思考自己出路的同时,他们中的优先者——诸子思想家,形成了总体一般性的认识:只有变革制度,才能解决社会矛盾,也只有在解决社会矛盾的变革中,才有自己的出路、作用和地位。

从春秋开始到战国到秦统一天下,四百多年的时间内,前后相继,左右流连,出现了成千上万的变革思想者,其中的优秀分子以其著述、授徒、游说、参政而被历史所记录,由他们构成了诸子思想家群。

诸子思想家群及其率领的思想者发起了一场持久浩大的思想和社会变革运动,这场运动与春秋、战国的社会矛盾演进密切结合,既是社会矛盾的体现,又是社会矛盾及其演化的重要因素。

部族联盟封建领主制因其内在矛盾而展开的变革,不断冲击着文王、武王和周公设计的礼制,也动摇着礼制的思想基础——上帝观,即上帝为世界本原并主宰人类命运的观念。这是一场持续四百多年的社会大变革运动,其中经济、政治、文化各因素交织在一起,新旧势力相冲突、斗争,由渐变而突变。周天子虽然仍保留着名义上的部族联盟首领地位，历史的纪年也仍以"周"为代号，但实际上已是"春秋"和"战国"两个时期，其主角分为"五霸"和"七雄"，兵马战车，斗智奋勇，演出了一场文明与野蛮、革新与守旧激烈冲突的历史变革大剧。这场大剧，表面形式是武装征斗，而内容则是思想论争。它并没有预先写好的剧本，它的每一幕，都要求新思想，也都产生新思想。思想矛盾，矛盾思想是导演，也是节奏，诸子思想家就在这场大剧中生成并表现。

这场历史变革大剧启幕于周幽王因要改立太子而被申侯勾结犬戎杀于骊山下，平王在诸侯援助下保住宗室，迁居洛邑，史称"东周"，虽存名号，已无力制衡诸侯。周天子的盟主地位名存实亡，并不等于部族联盟消失，而是由各部族中的强者（霸主）重新组合若干小的部族联盟，这在春秋时为"五霸"，在战国时为"七国"，最后由秦国吞六国，成天下一统。

"五霸"为齐、晋、秦、楚、越，先后迭兴，"兴师不请天子，然挟王室之义以讨伐，为会盟主。"① 首先成为霸主的是齐桓公，他重用管仲，改革内政，发展经济，特别是重视工商业发展，由此国力强盛，不仅吞并了一些小部族，还组织盟会，召集鲁、宋、郑、许、曹、卫等部族结成联盟，周天子也派人与会，认可了这种联盟。继齐桓公之后称霸的是晋，晋献公曾大力扩张，"并国十七，服国三十八"②，疆域扩至全汾河流域，后与秦交恶，晋惠公战败被俘，晋人乘机改革，公元前636年重耳即位，为文公，大力整顿内政，发展经济，强化军事。趁周王室发生王子带之乱，周襄王流亡外地，晋文公联合其他诸侯，出兵打败王子带，护送襄王回周，抓住了"挟天子令诸侯"的王牌，后又战胜楚军，霸业始成，于是会盟诸侯，参加者有齐、鲁、宋、卫等七国，周天子也被召来与会，形成一个新的部族联盟。在晋称霸中原时，楚庄王先向东扩展，进而向北，与晋争霸中原，先后击败陈、郑、宋诸部族，并击败作为这些小国加盟的部族

---

① 《史记·十二诸侯年表序》。
② 《韩非子·难二》。

联盟首领晋国的援兵，成为新的霸主。秦在晋之西，由于受到晋国阻遏，转向西发展，不断吞并陕西、甘肃一带氏族和部落，成为西方一霸。齐霸东、秦据西，晋、楚从北南争中原，这种格局形成后相当时间内保持着持衡态，特别是晋楚两霸，均难战胜对方，于是双方妥协，"弭兵"划分势力范围。正当四大部族联盟暂且休战之时，长江下游的吴、越两部族又开始征战，先是吴王夫差击败越王勾践，勾践卑身事吴，卧薪尝胆，"十年生聚，十年教训"，暗聚势力后又一举战胜吴，并向北扩展势力，形成东南方的又一部族联盟。

春秋五霸的形成，是相互征战的结果，造成了巨大经济损失，打破了以周天子为首的大部族联盟，致使"礼崩乐坏"。所谓"春秋无义战"，是后世史家以"周礼"为据的评价。但从历史发展角度说，诸侯争霸又是社会矛盾演进的必然表现。维持了近三百年的以周天子为首的部族联盟，日益保守衰落，因循守旧势必导致各部族经济发展的停滞，而周天子又无力维持这一庞大松散的联盟。诸部族之间的各种矛盾冲突不断，使其中某些有雄心大略的首领有了用武之地，他们以征战为手段所建立的霸业，使社会从沉寂走向活跃，并开始新的组合。由之形成的部族联盟，虽然也是不稳定的，但毕竟比旧联盟的松散更为紧密，加强了经济交往，促进了生产。尤为重要的是，这些联盟都为了扩大势力而把周边的戎、狄（主要分布在黄河流域以北和西北地区）、夷（今山东南部、安徽、江苏北部）、蛮（楚之南，今湖南和江西北部）各氏族纳入华夏文明，促进了其经济、文化的发展。

"春秋"是后世史家以鲁《春秋》这部史书记载的时间为界的，是"东周"的一部分。这个时期大约二百四十年，在激烈的矛盾冲突中，思想也在急剧变化，老子、孔子、墨子及其学派形成于春秋末期，此前则没有突出的思想家。管仲、子产、范蠡等在变革中起过重要作用的人物，虽然已经对周公之礼及其以上帝观为依据的封建主义有所突破，但主要体现于谋略上，即思想的术、技层次。这类人物在"五霸"中都存在，他们是由老子开始的诸子思想家群的先驱，正是他们在术、技层次的思想突破和变革实践中的作用，为老子、孔子、墨子在道、法层次的概括和论证，否定上帝观及其封建主义思想体系提供了逻辑历史先导，这是一个从具体到抽象的过程，而老子、孔子、墨子则从天道观的抽象规定，开启了对封建主义体系的全面变革，战国时的诸子则延续了这种变革。

以五霸为盟主的部族联盟虽然"弭兵"划分势力范围，形成短暂的和平发展，但部族联盟的社会存在形式因各部族的矛盾，以及封建领主制所导致的经济、政治矛盾，逐步被打破，中国历史开始进入一个新阶段——战国时期。战国时期历时二百五十年左右（公元前476—前221年），其间强国不断吞并弱国，大部族融合小部族。春秋时尚有大小部族邦国二三百个，至战国时期，只剩二十多部族邦国，其中又以秦、楚、齐、魏、赵、韩、燕为强，史称"战国七雄"。"七雄"之强，强在对封建领主制的改革和部族融合上，而改革最为彻底的秦国势力日益强大，最后吞并六国，建立了统一的国家，部族联盟也随之转化为民族。

战国之前，五霸为首的联盟划分势力范围的持衡态，因其社会矛盾的激化而颠覆了根基，此起彼伏的役人暴动、民众溃散、流民和农奴为"盗"、国人反抗等，形成了强大势力，冲击着日益腐朽没落的封建领主制度，并引发了统治者内部的冲突斗争。那些能够顺应民意的"开明"贵族，开始借民众之力夺取政权，或进行改革。首先是齐国田氏以收买民心的方式壮大势力，与齐国姜姓国君形成鲜明对比，"公厚敛而田氏厚施"①，因此田氏"得齐众心"②，逐步将十余支大贵族和公族势力剪除，田和于公元前391年废齐康公，自立为国君。"田氏代齐"是战国的开始，随后进行的"三家分晋"则进一步突破了封建领主制的部族联盟。韩、赵、魏本是晋国的部族，他们意识到变革的趋势，首先在本部族进行田制改革，鼓励军功，如赵鞅曾宣布："克敌者，上大夫受县，下大夫受郡，士田十万，庶人工商遂，人臣隶圉免。"③ 由此壮大势力，三家联合，分别攻占并保有

---

① 《晏子春秋·外篇·重而异者》。
② 《史记·田敬仲完世家》。
③ 《左传·哀公二年》。

晋中、北、南三部，晋君只剩绛和曲沃两地，公元前377年，三家联合，伐灭晋侯，三分其地，各自成为"七雄"之一。

战国时期有两大特点，一是战争，二是变革。因战争而变革，为变革而战争，二者互为依托。战争是为了扩展地盘和势力，变革的要旨则在强化完善国家体制。从形式上看，战国时期仍保有周天子名号，周的部族联盟名义上依然存在，但实际上，七雄均已独立成国，并逐步削除其中各部族的割据，展开从部族联盟向民族的转化。但由于七雄并立，相互征战，各国内部的改革受战争影响以及守旧势力阻抑，时断时续，而变革彻底的秦国不仅强盛，又将六国逐一吞并，因此其余六国尚未完成从部族联盟向民族的转化就已亡国，由秦的大一统及继秦之汉完成了这一历史转变。

战国的变革，首先由魏国发端，魏文侯起用李悝等人实行变法，削弱了世卿世禄制度，强调"食有劳而禄有功，使有能而赏必行，罚必当。"①选拔贤能，推行新的职官制度。李悝制定了"尽地力之教"政策；主张"武卒制"，即建立常备军；制定《法经》六篇，为《盗》《贼》《网》《捕》《杂》《具》六律，实行以法治民。变革使魏成为战国初最强国家。受魏变革的影响，各国为强盛自保，也逐步实行改革。楚悼王任用吴起变法，从废除贵族特权入手，整顿政府机构，"明法审令"，厉行法治，裁汰冗员，奖励军功，楚国因此强盛，并大败魏军。但变法受到贵族仇恨，楚悼王刚病故，他们就乘机作乱，围攻吴起。吴起伏在悼王尸身之上，仍被射杀。楚变法告终。随后，齐、赵、韩、燕诸国都实行过一定程度的变革，但均不如秦国变革深刻、彻底。

秦在春秋末年仅据今陕西沿渭河两岸中心腹地和甘肃东南及河洛之间的西河之地，并与戎狄杂处，关东诸侯都视其为戎翟，在诸侯之中是比较落后的。魏国强盛后，攻占秦西河之地，并给秦造成巨大威胁，迫使秦君不得不做出一些改革，但因部族和氏族首领势力大，垄断政权，改革受阻，秦的处境更加危险。公元前362年，秦孝公渠梁即位，痛感"诸侯卑

---

① 《说苑·政理》。

秦，丑莫大焉。"① 下令招贤，征求强国人才。商鞅由魏入秦，"以强国之术"说服孝公，被任命为左庶长，"卒定变法之令。"② 商鞅在公元前359年和公元前350年两度制定变法令，主要内容有：一、公布并实施李悝的《法经》，增加了连坐法——亲属邻里应相互告发，否则同罪连坐，强调施用重刑；二、废除世卿世禄制，实行按军功授田宅之法；三、奖励垦荒和耕纺，重农抑商，对耕织成绩显著者，免除徭役；四、废井田，开阡陌，将土地占有权私有化，准许买卖；五、推行县制，全国并为41县，县令县丞由国君直接任免；六、统一度量衡，颁布标准度量衡器斗、桶、权、衡、丈、尺等；七、主张以吏为师，为官者要以学习律令为主，废除礼、乐之教，"燔诗书而明法令。"③ 商鞅变法的核心，就是变封建领主制为集权官僚制，同时解放农奴为农民，实行土地占有权的私有化和小农经济，由此促进了农业生产的发展，增强了秦的国力。这样的变革，表现于社会形式上，就是在废除部族和氏族首领特权的同时，强化了国家的权力，促进了国人的统一与融合，形成了初级的秦民族。虽然商鞅在秦孝公死后被旧贵族迫害车裂而亡，但所变之法却得以继续，从而使秦一跃成为七雄中最富强的国家，并以此为基础展开了并六国统一天下的大业。

封建领主制经济是部族联盟的基础，部落联盟是封建领主制经济的社会形式。二者在一定条件下是相适应的，但随着劳动者素质技能的提高所导致的社会生产力发展，部族联盟、部族、氏族首领们的奢侈腐败也在膨胀，生产力发展的绝大部分成果都被他们所掌控和浪费，生产主体的劳动者——农奴、工奴和平民不仅没能改善生活条件，没有提高社会地位，反而更加贫穷，所受压迫更为深重，他们对制度的不满和反抗又激化了统治阶级内部的矛盾，本来统治阶级内部就因财富和人口的增长而形成了矛盾，加之宗法制度所导致的等级分化，这种矛盾的冲突不可避免。春秋和战国期间的内乱和战争，表明封建领主制和部族联盟已经不再是经济发展

---

① 《史记·秦本纪》。
② 《史记·商君列传》。
③ 《韩非子·和氏》。

的形式，而成为经济发展的桎梏。制度的变革已成必然。因商鞅变法而强盛的秦国，逐步向中原扩展，于公元前221年消灭了韩、赵、燕、魏、楚、齐六国，实现了"海内为郡县，法令由一统。"秦王嬴政自称"始皇帝"，创建了人类历史上第一个大一统的集权官僚制，形成了民族国家。经汉朝初期的调整和修正，到武帝刘彻采纳董仲舒建议确立儒家道统为指导思想，集权官僚制得以完善系统，持续两千多年，而汉民族也就随之延续和发展。

战国时期是变革的激进期，老子、孔子、墨子以天道观及人道社会观对周所信奉的上帝观的否定，确立了变革和新时代精神的基本观念，以此为大前提，他们的学生组成的诸子思想家团队在法层次承继了他们的思想和方法论，对封建领主制及其宗法原则进行批判，并从术、技层次具体论证和指导有志变革的领主展开变革实践。这是逻辑上从抽象到具体的过程。他们这些人又传授道、法于更多的弟子，弟子们再传续，历经数代，造就了诸子思想家群。他们有的专注探究学理，有的侧重实践，有的二者兼顾，其学涉及道、法、术、技四层次全系统，其用则体现于变革和治国理政，以至农、工、兵、商之术、技，更有对人性、价值观和个体自由的深入探讨。

从战国到秦朝建立，再到汉武帝确立集权专制主义的儒学道统为指导思想完善集权官僚制，三百多年的时间内，通过激烈的变革，完成了中国历史，也是人类历史上从封建领主制向集权官僚制的伟大转变，展开了农业文明的新时代。变革的过程，新旧势力尖锐冲突，战乱不断，血雨腥风，这股以鲜血和思想汇成的洪流，既是暴力的搏杀，也是文化的演变，诸子思想家群是变革的时代精神的探索者、传播者、实践者。

诸子思想家群主要出自士、儒阶层，其祖先都是领主或贵族，但宗法的"旁系子孙，五世亲尽"原则，使非大宗的远世后代既不能承继祖上权位和遗产，又不会也不愿沦为农奴，只能依附于本是同一祖先的大宗后代的领主或贵族，处于贫困而不稳定的生活境况。但他们又都不同程度地受过"小学"教育，识字且知书明礼，因此他们才能依附领主和贵族而存活，为领主和贵族提供必要的服务或做一些基层管理工作。也正因此，他们深知封建领主制与其自身利益的矛盾，对于与自己同一祖先血统的领主和贵族的权势荣华，既羡慕又嫉妒，总在设想如何提升自身地位以享富贵。《史记》记苏秦为谋出身，"习之于鬼谷先生。出游数岁，大困而归，兄弟嫂妹妻妾皆笑之。"① 苏秦深受刺激，惭愧之余，闭室不出，遍读其书，说"夫士业已屈首受书，而不能以取尊荣，虽多亦奚以为！"②于是努力专研鬼谷子《阴符》，学得"说当世之君"的谋略和辩才，周游列国，说服六国之君，"并相六国"，归家时"昆弟妻嫂侧目不敢仰视，俯伏侍取食。"③苏秦可以说是士人的一个典型，但也是诸子的一员，而从孔子开始的诸子，几乎都有与苏秦相似的志向和经历，大概只有杨朱、列子、庄子一脉是例外。

由于被封建宗法排斥于贵族之外，不可能靠血统而天然富贵，只能靠自身努力游说诸侯，以求被其赏识任用，这是士、儒阶层中优秀者唯一的选择。也正因此，孔子开创了"私学"，后诸子中有名望者也授徒讲学，以为士、儒谋取功名利禄之途。《史记》载："孔子以《诗》《书》、礼、乐教，弟子盖三千焉，身通六艺者七十有二人。"④ 孔子之后，其弟子分为八支，又各自传承。墨子弟子更多，甚至包括平民和农奴，孔墨之学并称"显学"。孔子弟子中成名者很多，如颜回、子张、子夏、子路等，他们的后继者有孔伋（子思）、孟子、荀子，这些人又再授徒，如荀子的弟子李斯、韩非。老子一脉，虽不张扬，亦有传人，其传人又授徒成为思想家和实践家。还有鬼谷子等人自己虽游说未能取得领主信任而为官，却也培养了一些在历史上起重要作用的人物，如苏秦、张仪等。再就是努力壮大自己势力的领主，也会收罗一批学者，如稷下学宫，以及像孟尝君、平原君、魏公子、春申君等贵族的"养士"，都是诸子思想家活动之场。粗略

---

① 《史记·苏秦列传》。
② 《史记·苏秦列传》。
③ 《史记·苏秦列传》。
④ 《史记·孔子世家》。

算，从老子、孔子、墨子起到汉朝前期，留下著述或在历史上起过突出作用的诸子，不下百人，他们是历史大变革时代精神的探索者、传播者和实践者，历史前进的每一步，都包含着他们的思考和智慧。社会大变革要求并培养了诸子思想家，诸子思想家则以其变革的思想导引社会变革。

三 变革——诸子思想家群的共性

二十世纪以来，身处新时代变革大潮的中国思想界，突破儒学道统的局限，展开了对诸子研究的热潮，使两千年一直被冷落的"儒家"之外的诸子，重现于中国思想史。然而，受苏联学术的影响，部分学者关于诸子的著述中，总要依其并未理解的阶级分析法和莫名其妙的"两大阵营说"将诸子分为对立的两大阵营，分别代表反动阶级（奴隶主阶级）和新兴阶级（"封建地主阶级"）。而且代表反对阶级的阵营又大都坚持"唯心主义"，或属于"唯心主义阵营"；代表新兴阶级的阵营则坚持"唯物主义"，或属于"唯物主义阵营"。由于"唯物主义"是在诸子思想家以后两千余年才由远在欧洲的资产阶级启蒙思想家提出，"唯心主义"则只是旧上帝主义反对"唯物主义"的一种观点，而两千多年前的诸子思想家压根就不可能想到什么"唯物""唯心"，将他们划分为"唯物主义"和"唯心主义"两大阵营，只能靠只言片语的猜测来贴标签。关于"唯心""唯物"问题，暂不展开①，这里先说诸子思想家的阶级性及其思想倾向。

大体说来，近百年中国思想史研究中对诸子思想家的阶级性及其思想倾向有这样几种说法：一、将老子定性为"没落奴隶主阶级代表"，其思想是保守的、倒退的，甚至是反动的；二、将孔子及其"儒家"定性为"没落奴隶主阶级代表"，其思想也是倒退的、保守的、反动的；三、将墨子及其"墨家"定性为"下层劳动者阶级的代表"，其思想具有进步性，但又有"空想"成分，以至"有其落后甚至反动的一面"；四、将李悝、

---

① 有兴趣的读者，可参阅拙著《劳动主义》上卷，中国经济出版社 2010 年版。

吴起、商鞅、韩非等"法家"定性为"新兴封建地主阶级代表",其思想具有进步性,并与孔子为代表的"儒家"相对立,但仍属"剥削阶级范畴";五、对孙子、孙膑等"兵家",以及"阴阳家""名家""农家""纵横家",则往往不谈其阶级属性,只说是"为统治者服务的"。

这些观点,基于依"欧洲中心论"的历史阶段说将春秋、战国时期界定为奴隶制的观点,因而诸子中被定性为奴隶主阶级代表的,必然是反动的。虽有学者主张从西周就进入封建制社会,但又认为秦以后仍是封建制社会,因而也仍将老子视为"没落领主"代表,将孔子定性为"代表新起的地主,同时又主张维持领主统治"。这种观点并未成为主流,并被主张西周奴隶制及孔子为奴隶主代表者所批判。到20世纪70年代,"儒法斗争"说成为压倒一切的观点,其要点是:春秋、战国时期是奴隶制向封建制转化的时期,思想界的主要矛盾,就是代表没落奴隶主阶级的"儒家"与代表新兴"封建地主阶级"的"法家"的矛盾,诸子或分属儒、法两大派系,或者因不属于主要矛盾的一个方面而无足轻重。

以上的各种观点,虽然在对个别思想家的评价上会有差异,但从思想倾向上将诸子分别为进步与反动"两大阵营",却是共同的,是苏联教科书历史观及其历史阶段论影响中国思想史研究的集中表现。

提出上述观点的学者们认为,在一个历史大变革时期,会有代表保守、反动阶级的思想和代表进步阶级思想的矛盾。这种看法,从一般意义上说是对的,春秋、战国时期的思想界的确有保守、反动势力,然而,这股势力绝非出自诸子思想家,不能将诸子思想家区别为保守、反动与进步的两大派,更不能将诸子的一些分歧归结为反动与进步的冲突。当时的保守、反动思想势力是居统治地位的不思变革的领主及主管意识形态的贵族,他们利用手中的权力和暴力,不遗余力地阻碍和压制诸子思想家群所展开的思想进步运动。

思想史的演化,是一个大浪淘沙的过程,越是时间久远,那些历史上没落统治阶级的旧思想就会被历史所遗忘,流传下来的,大都是对历史进步有所促进的新思想。这一点,我们可以从刚过去二三百年的欧洲启蒙运动得到证明：十七八世纪的欧洲思想界，居统治地位的意识形态是以上帝主义为基本观念的基督教和天主教，其头面人物是教皇、主教，启蒙思想家们不过"第三等级"中的小知识分子，而且是在被打压，以至不能公开、全面发表自己的言论。但关于这段思想史著述的主线，却只有这些小人物，那些曾不可一世的教堂里的"思想权威"及其重复宣传的旧教条，只是作为启蒙思想家的陪衬才被提及。中国十九世纪末二十世纪初的思想界，居统治地位的仍是儒学道统，由那些御用文人把持着舆论阵地，但今天谁还关注这些人曾有的显赫地位？反倒是被封杀、打压的康有为、梁启超、孙文、章太炎等成为这个阶段思想史的主角。从古至今，那些把持统治意识形态的人，虽然位高权重，但因其并没有任何创见新意，思想史上并没有他们的位置。

近世如此，远在两千多年前的春秋战国时期就更是这样。从周初文、武二王及周公开始，就十分重视思想统治，其要点就是以上帝观为基本观念的封建礼教，核心是"君权神授"和宗法制。为了传承这个统治思想，从周天子到诸侯，都设立了专门的官和机构主管意识形态，并举办官学来教授。《周礼》天官大宰掌建邦"六典"，其二教典和其三礼典都是对意识形态的掌控，并由春官大宗伯主管礼制的实行，其首要是祭祀，

> 大宗伯之职：掌建邦之天神、人鬼、地祇之礼，以佐王建保邦国。以吉礼事邦国之鬼神祇，以禋祀祀昊天上帝，以实柴祀日月星辰，以槱燎祀司中、司命、风师、雨师。以血祭祭社稷、五祀、五岳，以貍沈祭山林、川泽，以疈辜祭四方百物。以肆献祼享先王，以馈食享先王，以祠春享先王，以禴夏享先王，以尝秋享先王，以烝冬享先王。①

大宗伯的职务还包括凶礼、宾礼、军礼、嘉礼、九仪之命；以及玉作

---

① 《周礼·春官宗伯第三》。

六瑞,以区别王和公侯、伯、子、男的等级;以禽兽作六种见面礼,以区别诸臣;以玉作六器,以礼天地四方之神,并主持祭祀和朝觐礼仪。设诸官佐其职,其中大司乐,"掌成均之法,以治建国之学政,而合国之子弟焉。"①"成均"为周的五所大学之一,五大学为:辟雍、成均、上庠、东序、瞽宗。大学教育以礼、乐为基本内容,其学员为贵族子弟,先入小学,经考核而升入大学,成绩优良者才可为官。非贵族的余夫及其后代士人,也可以入小学,但不得入大学。各诸侯也要相应设官掌礼乐及教育,但"礼不下庶人",礼乐及其教育的对象为贵族和士人。

周的礼制及其教育,以信奉上帝观为主导,以王对公侯伯子男五等贵族及士人的统制为主要内容。《周礼》《仪礼》《礼记》并称"三礼",虽经孔子及其传人编写,但仍可反映周礼制礼教之严格细致,其中《仪礼》的史实性更为明确。《仪礼》所记载的士人和贵族的衣、食、住、行及冠、婚、聘、丧、虞、祭祀等礼仪的规制,不仅等级严格,而且各细节都有礼仪。《礼记》作为孔子及其弟子讲授礼的记录,虽然体现着他们改造礼制的思想,但还可见周礼中的形式和基本内容。从"三礼"及其他文献中,可以大体认知周代礼制的等级严密,而其贯彻的正是以上帝为主宰的宗法制封建主义思想体系。为保持礼制,从周王到诸侯都要设专门的官吏来掌管礼制,执行礼仪,尤其是对上帝和祖先及神鬼山河的祭祀,进而强制对贵族和士人后代的教育,使之世代传续。《礼记》之《学记》载:

> 古之教者,家有塾,党有庠,术有序,国有学。比年入学,中年考校。一年,视离经辨志。三年,视敬业乐群。五年,视博习亲师。七年,视论学取友,谓之小成。九年,知类通达,强立而不反,谓之大成。夫然后足以化民易俗,近者说服,而远者怀之。此大学之道也。②

---

① 《周礼·春官宗伯第三》。
② 《礼记·学记》。

重视礼制教育，是周王得以成为部族联盟领袖，并维持西周近三百年对诸侯与民众的控制，以至势弱之后又保持宗主名号五百余年的重要因素。到春秋、战国时期，周王对诸侯在武力、财力上已经失去控制，但周之礼制礼教仍保持强大势力，各诸侯国的领主贵族仍以此作为其地位的根据，并据此主持所有重大的祭祀等仪式和卜筮等文化活动。自以为有上帝的眷护，坚定"君权神授"和世卿世禄的制度，就可以保住其统治地位。面对日渐强盛的变革运动，他们更加固守礼制礼教，并对变革思潮予以压制和反击。春秋及战国时期思想界的主要矛盾，应为领主贵族中保守势力与出身士、儒阶层的诸子思想家群组成的变革势力的矛盾，其中固守礼制礼教的保守势力是矛盾的主要方面，诸子思想家群的变革势力是矛盾的次要方面。

然而，就像欧洲启蒙运动时期一样，作为主要思想矛盾主要方面的保守反动势力，因其没有任何新意，在思想史上并没有留下著名人物和著述。虽然那些掌控意识形态的人在当时有显赫权位和强大的威势，他们所支配的文人教士也写出了大量的宣讲旧思想的著作，并垄断着官方的讲席和舆论媒体，但历史的大潮却仍是那么无情，几乎将他们及其固守的旧思想冲刷得一干二净。与春秋、战国相距两千多年的现代中国某些学者，在研读春秋战国时期的文献时，忽略了当时社会和思想矛盾的基本事实，不知道在诸子之外还有更为强大的保守反动势力，只能从构成变革大潮并被历史保存下来的诸子之中"找"出一部分思想家作为保守、反对势力，并将另一部分思想家作为进步势力，人为地构造思想矛盾，"儒法斗争"说可谓其典型。

从春秋、战国的社会矛盾和思想矛盾中，明确当时保守势力占主要矛盾主要方面的事实，是研究诸子思想的必要前提。虽然固守礼制礼教的保守、反动势力中没有出现任何思想家，也没有留下任何系统著述。但它在当时居统治地位并主导舆论，只因没有任何新意而被历史洪流所淘汰。我们只能从诸子思想家的著述和历史文献中考究它的存在。据说是记载周礼制礼教的《周礼》《仪礼》《礼记》《尚书》《易经》《诗经》《春秋》等都经孔子及其传人删改并注以新思想，我们只能从中发现礼制礼教的某些形式和部分内容。此外，就是从诸子著述中对旧礼制礼教的批评对其有所认知。一些历史文献也记载着保守、反动势力中一些人如何压制思想和社会变革的情况，如反对商鞅变法的甘龙等人，几乎比比皆是，但在思想史上他们又有什么地位呢？正可谓"尔曹身与名俱灭，不废江河万古流。"

作为思想主要矛盾主要方面的保守势力，是诸子思想形成的必要背景和条件，诸子思想的变革性和进步性，正是在与保守势力的斗争中形成和演进的。这一点体现于从老子、孔子、墨子到韩非、李斯，以至董仲舒的著述中，其思想的进步程度，都受保守势力的制约，越是往后的诸子思想越为激进和明朗，这是社会在变革中进步，变革势力日益强大的表现。后期诸子也会对早期诸子有所批评，这是因为他们所面对的是旧礼制礼教已经势衰，那些在旧礼制礼教强势时不得不迂回委婉提出新思想的诸子，当然有许多观点不适合后期进一步变革的需要，后期诸子对之提出批评，以至修正，都是必要的，但这并不说明早期诸子是保守、反动的。后期诸子是沿着早期诸子开辟的变革之路前进的，为了更快进步，对这条变革之路加以拓展是变革的需要，也是早期诸子思想的展开。同期诸子中，也会因所代表社会群体、所处国度，及个人思维方法和知识水平，而有所分歧争论，但都体现于术、技层次，在道、法层次则是相同的，而且都依从变革大方向。从变革的意义上看，老子、孔子这两位被现世某些人称为保守、反动的思想家，其历史的价值更为伟大，正是他们开辟了中国思想大变革之路，然后才有浩荡的诸子思想家群的跟进，发现并阐述了新的时代精神，导引中国历史进入一个新阶段。

变革是诸子思想家的共性和主线，或者说，诸子思想家都是主张变革，并依变革这一主线而发展其思想的。在春秋、战国至秦、汉初的大变革进程中，固守周礼制礼教的那些把持统治意识形态的权势者和依附他们的文士，因为思想的陈旧而被历史所否定和遗忘。只有主张变革并在变革进程中发挥了作用的思想家才被历史所肯定和保存，被当时和后世尊之为"子"，成为这一思想历史进程的担当者。由于历时四百多年，诸子所处的历史时间点和国度，以及其他各种特殊条件，尤其是各自师承、思维层次、关注的兴趣点的不同，诸子之间的差异是明显存在的。这种差异是构造新的时代精神的必要条件，它涉及从基本观念到社会观再到经济、政治、军事、文化的各个方面，贯彻于道、法、术、技四个层次，形成一个运动、发展的有机思想系统。诸子思想家的变革思想，在差异中体现着统一，在相互的论争辩证中得以发展。后期诸子对早期诸子思想的反思、修正和改造，是依变革这一主线展开的，是变革的必要内容，绝不能因此就将早期诸子说成"保守"或"反动"的。

诸子思想家都是主张变革的，他们大都出身于士、儒阶层。变革的进程艰难曲折，从管仲相齐开始"春秋五霸"对周礼制礼教的变革就已展开，管仲等从政者虽然在实践上对旧制度进行改造，但在学理上并没有多少论述，题为《管子》一书，也是战国时一些学者托管仲之名而编写的。但管仲为代表的早期变革者，却是诸子思想的必要先驱，他们具体层次的实践经验是老子、孔子、墨子等思想家从抽象层次提出思想新道、法的根据。

在总结早期变革实践经验，归纳《易经》中汇集的思想变革因素，诸子之首老子论证了抽象的天道观及其社会观和方法论，虽然引起保守势力反感，但其落后的观念和方法论却不能理解老子道、法的深远意义，因而未能切实对老子思想予以打压，导致对周礼制礼教从根基上的冲击。孔子及其弟子们在老子天道观的导引下，进一步对社会观进行论证，并从法层次探讨了对天道、人道的理解与论证，以"仁"概念注入礼制礼教，展开形式上改良，内容上变革的思想活动。孔子先是率众弟子周游列国，试图推行其变革主张，但全被守旧的领主贵族所拒绝，后短期在本国鲁国任司空、司寇，以至代理国相，但很快失职，转而办"私学"授徒。"私学"对孔子而言似乎迫不得已，但此事本身就是对旧礼教的变革，并在授徒过程将自己思想系统化和付予传承。墨子也与孔子一样，游说列国并办"私学"，但其所代表的是平民和农奴，因而主张更为平等的有利于平民和农奴的变革，虽得不到领主的认可，却在民众中有广泛影响。孔、墨之后的诸子,依然有人循孔、墨之途游说诸侯,如孟子等,但收效甚微。因而一些思想家开始深入探求变革思想,并收徒传授,如荀子、鬼谷子等。另有一派诸子,如庄子等,则潜心研究天道观主导的人性和价值观,虽不直论社会变革,却在对个体自由的认识上有了革命性进展。与此同时,还出现了比较激进,且符合诸侯御敌强国、吞并他国的一派思想家,如孙武、李悝、吴起、慎到、申不害、孙膑、商鞅、苏秦、张仪、吕不韦、李斯等,他们不仅主张变革,且身体力行,指导并辅助领主实施变革,有人还领兵打仗,取得明显功效,得到较高官职,甚至被封赏领地,但其中多人在保守势力复辟后被杀害。他们是社会变革的直接推动者,正是这批思想家在各国递进的变革实践,促成了变革思想的进一步成熟和系统,并由后起的诸子接力推行,秦国在李斯的主导下完成统一集权官僚制大业。秦的统一与集权官僚制因秦始皇的去世而夭折,李斯被害,但其制度却不可逆。汉初依"黄老之学"的修正,使集权官僚制得以延续,汉武帝刘彻遵行董仲舒集诸子之大成而构建的儒学道统,为完善系统集权官僚制提供了理论依据。这场历经四百多年的变革运动终于在制度化中达成正果。

春秋、战国至秦、汉初的这场大变革,是人类在农业文明时期最深刻、系统的变革,变革所建立的集权官僚制也是农业文明时期最先进的社会制度,诸子思想家群是这场变革的积极因素和导引者,他们针对封建领主制的矛盾,提出了各个层次的变革思想和对策。思想与实践密切统一,思想指导实践,实践的经验教训反馈思想,要求并促进思想的改进,诸子思想家分布于变革的各个层次和环节,他们相互制约,汇成思想变革的洪流。他们出现的时间有先后,所处的地点、地位、处境不同,各自的兴趣也有差异,但都是向着一个方向,遵循一个基本观念,信守同一个原则,在变革的进程中发挥了各自作用,创造了自身价值,发现并发扬了取代封建领主制的集权官僚制的时代精神。

四 诸子有派无"家"纵横天下

现时障碍诸子研究的,除上述保守与进步"两大阵营"对立说,还有将诸子硬分归各"家",并在"家"与"家"之间构筑明确界墙,各"家"独立生成和传续的观点。保守与进步对立说是二十世纪初才出现,而将诸子分归各"家"的观点,则自司马谈、司马迁父子提出和宣传以来,被两千多年的中国学界所遵守,并被保守与先进"两大阵营"对立说所接受和强化,严重干扰了诸子思想研究,切断了诸子间的思想内在联系和系统性。

司马迁在《史记》的《太史公自序》中,称其父司马谈"愍学者之不达其意而师悖",乃"论六家之要指",将诸子分为阴阳家、儒家、墨家、名家、法家、道家。

> 夫阴阳、儒、墨、名、法、道德,此务为治者也,直所从言之异路,有省不省耳。尝窃观阴阳之术,大祥而众忌讳,使人拘而多所畏;然其序四时之大顺,不可失也。儒者博而寡要,劳而少功,是以其事难尽从;然其序君臣父子之礼,列夫妇长幼之别,不可易也。墨者俭而难遵,是以其事不可遍循;然其强本节用,不可废也。法家严而少恩;然其正君臣上下之分,不可改矣。名家使人俭而善失真;然其正名实,不可不察也。道家使人精神专一,动合无形,赡足万物。其为术也,因阴阳之大顺,采儒、墨之善,撮名、法之要,与时迁移,应物变化,立俗施事,无所不宜,指约而易操,事少而功多。①

司马谈的"六家"说,还主要是对思想差异而言的,尚未划分明确界限,这与他"受《易》于杨何,习道论于黄子"② 不无关系,而他对道家的评价,也可见其思想取向。

司马谈论"六家之要指"时,汉朝仍以"黄老之学"经国,对道家

---

① 《史记·太史公自序》。
② 《史记·太史公自序》。

之外各家，虽不尊崇，也不贬抑。汉武帝尚儒，依董仲舒建议"罢黜百家，独尊儒术"，"家"成为界定诸子的重要界限，并以孔子思想为正宗，确立儒学道统地位，"不在六艺之科孔子之术者，皆绝其道，勿使并进。"①虽然董子所论儒学道统已包含其改造了的其他诸子思想，但"家"的界限，却使"孔子之术"之外的诸子思想通被贬抑，"儒家"不再是各"家"中的一家，而是唯一由皇帝认定的统治思想，研究和讲授"儒家"思想的经学成为唯一正统之学，后世魏、晋、唐、宋、明虽也一度推崇老子、庄子，但都要将之归附于儒学道统。

儒学道统主导中国意识形态两千多年，虽然有个别学者对"儒家"之外的诸子有所研究，但限于"家"的界定，只能作为个人的爱好，除唐、宋的某一时段曾将道家列为官学，以副儒学统治外，儒家之外的诸子只被作为历史故事而提及，并将之分别为诸家。从二十世纪初开始，对先秦思想的研究兴起，诸子著述被整理出版，以"中国思想史""中国哲学史"为题的系统著作及对诸子的专论大量涌现。虽然论者是以西方某种学术观点和方法为依据，但都延续司马谈关于"家"的区分，将诸子归结于各"家"，而且把"家"的界限划得更为明确。"诸子百家""百家争鸣"成为对诸子思想特征的界定。二十世纪五十年代以来，保守与进步"两大阵营"对立说主导着诸子研究，"家"的界定被纳入保守与进步"两大阵营"对立说，"两大阵营"对立说进一步强化了"家"的界定。"儒法斗争"一度被说成先秦乃至全部中国思想史的主线，视"法家"为进步阵营，"儒家"是保守、反动阵营，"墨家"虽代表下层劳动者，但因"空想"而未纳入主流，"道家"也被纳入保守阵营，其他各"家"则依其对儒、法两"家"的态度而界定其归属保守与进步某一"阵营"。

将诸子分"家"，并按"家"界定其保守或进步，使错综复杂的诸子思想限于各"家"，似乎把问题简单化、明晰化、条理化，但却割断了诸子之间的内在联系，这样建构的思想史体系，既与历史进程不符，更不能

---

① 《汉书·董仲舒传》。

体现逻辑的进展。

　　诸子之学都非官学，而是私学。士、儒阶层中学者思想的形成，都有相对的自主性，与领主贵族在官学中所受礼制教育而固守礼制礼教有质的差别。他们所受的教育止于小学，因而识字并掌握一些基础知识，大学只收领主贵族子弟，普通士子只能通过自己钻研和拜师，才能成才谋求出路。老子只是"周守藏室之史"①，他的思想基本上是自己利用职务之便，大量读书钻研而成。孔子"贫且贱，及长，尝为季氏史，料量平。"②他思想的形成恰可用"学问"二字概括，不满足自己低下的社会地位，发愤读书，并四处拜师求教，老子就是其问道之师，《史记》："孔子之所严事：于周则老子；于卫，蘧伯玉；于齐，晏平仲；于楚，老莱子；于郑，子产；于鲁，孟公绰。"③进而在周游列国和短暂的为官生涯中，思学并进，墨子自称"北方之鄙人"④，人称"布衣之士"⑤，《淮南子·要略》说"墨子学儒者之业，受孔子之术，以为其礼烦扰而不悦，厚葬靡财而贫民，服伤生而害事，故背周道而用夏政。"⑥墨子学儒，虽不可考，但在当时条件下，与孔子同是鲁国人的墨子，不能入大学，而孔子的私学已为其弟子们传续，墨子年轻时师从儒者私学，是可能的，只是学到一定程度，才自创学说学派。孔、墨所创立的学派，在当时影响很大，被称为"显学"，大量士、儒子弟投入其中，并世代传续，以至衍生其他学派，民间私学因此兴，是诸子形成的重要条件。

　　诸子之中，大概只有老子师承不明，孔子、墨子之后诸子，都出自私学的某一学派，而且各派相互渗透、演化。也许只有老子是以明道论德为目的，其余诸子，皆为用而学，孔子如此，墨子如此，他们的弟子及弟子之弟子皆如此。杨朱、列子、庄子一脉虽不求为统治者所用更不求显达，

---

① 《史记·老庄申韩列传》。
② 《史记·孔子世家》。
③ 《史记·仲尼弟子列传》
④ 《吕氏春秋·爱类》。
⑤ 《吕氏春秋·博志》。
⑥ 《淮南子·要略》。

却将明道论人性为要旨,此亦"用"也,只是不用于社会总体,不去治人,而是用于个体之精神追求。也正是以用为目的,故诸子所学不可能限于某一"家",而是杂学多派。

诸子有派无"家",是我研读诸子得到的认识。派者,水流也,《说文解字》:"派,别水也。从水,从辰,辰亦声。"诸子处于社会大变革时期,其思想就像水流一样不断地演化、融汇,既有其源,又有其流,"派"字可以准确而形象地表示诸子思想家的关系。而"家"字,则是固定住所,《说文解字》:"家,居也。"由居的本义衍出以家为社会的单位,不论领主之家、贵族之家、士人之家,都是权势、地位、财产、人口的集合,并有明确的界限。诸子活动时,并无"家"的分别,司马谈以"家"来区分诸子思想,已经阻截了诸子的内在联系,后世逐步将诸子固定于某"家",是思想教条、惰性、僵化的表现。诸子无"家"但有派,"派"字表示诸子思想交流、融汇、演化,这既是春秋、战国大变革时期的要求,也是诸子思想内在逻辑系统的体现。

诸子思想家群从老子起始,老子的天道观是诸子思想家的基本观念,也是各派的源头。但老子思想并非无源之水,而是西周后期社会矛盾激化所导致的对周礼制礼教的局部变革,尤其是春秋"五霸"的变革实践中体现的新思想的归纳。天道观这一抽象基本观念的提出,正是上帝观及其"君权神授"论被"五霸"吞并、控制他国的现实所击破的表现。而从周文王以来几百年对《易经》爻辞的增改,集合了社会关系的具体变化,老子所论"道"的概念,正是《易经》阳、阴两个基本属性的归纳。也就是说,西周末期至春秋的社会局部变革,体现于对礼制礼教的具体修正,老子以归纳思维将之概括于"道"概念,形成否定上帝观的天道观。这是逻辑上的从具体到抽象过程的结果,又是从抽象到具体过程的始点。老子提出"道""德"概念,虽有劝导领主贵族之意,但并不想为其所用,而他的天道观基本观念和方法论,却为孔子、墨子及其后诸子提供了一个理论依据,由此生出各流派的诸子思想导引社会变革运动。

诸子思想内容并非旧礼制礼教,而是对旧礼制礼教的变革。在激烈矛盾中变革的社会现实，要求而且必然体现于变革的思想。变革的思想是激荡的洪流，各派纵横交汇，但不可能被"家"住，也不可能住"家"，只是到变革完成，集权专制的皇家天下形成，才能将诸子思想沉淀、淘汰，保留并改造其可为集权官僚制服务的成分，名之以"儒家"，道统天下。此"儒家"，并非孔子及其弟子的儒派思想者，而是皇家的御用工具！

司马谈将诸子分"家"，已表现诸子思想之流终结的征兆，他本人似乎以为各家都应归于他所信从的"道家"①，但时过不久的"独尊儒术"，却将"道家"也罢黜了。司马谈对诸子之"家"的命名，是不很严谨的，"阴阳家"是以对"四时、八位、二十四节"的天道阴阳运行为名；"儒家"以从学者身份命名；"墨家"又以创始者之姓命名；"法家"以其主张变法命名；"名家"以其专注"名"之探讨而命名；"道家"以老子所论道命名。六"家"之命名并没有统一标准，而后世学人于此也不思考，沿袭至今，并增"纵横家""刑名家""兵家""农家"等，显得更为随意。以这样的"名"分"家"，只能将诸子关系弄得更为混乱。

不将诸子分"家"而谈其思想流派，以什么为标准，又以什么来名称之？研究诸子思想及其关系，要依从变革这一主线。诸子并非"御用学者"，即使建议"独尊儒术"的董仲舒，也是依从变革旧制度，创建新制度这条主线的。从老子到董子这四百年，诸子都内在地依从变革这条主线而思想，并由此形成其思想的系统。诸子之间有师承，有各自侧重点，但并无"家"的界限，他们依各自条件，根据变革需要，独立思考，勇于探索，前后相继，借鉴论争，都是服从变革这一总目标和主线的。

诸子思想变革以孔子创始的"私学"为重要传承载体。诸子中的大部分都没有资格入大学，只能在"私学"中接受思想观念和方法的教育，进而依各自兴趣和条件进行研究。师承是诸子思想的必要机制，但"师"只是思想形成的条件，并不因师承而固定为"家"。诸子之师承，这一点在

---

① 从思想系统论，若必须给诸子思想一个总体称谓，"道家"或"道学"还是比较适当的。老子是诸子之首，他的"道"概念，又是诸子思想家群所共同依循的基本观念，以"道"来概括诸子共性，是比较确切的。

关于诸子的大多数文献中有所显示。如孔子之徒"受业身通者七十有七人",①在《论语》及其他文献中有所记载,司马迁在《史记》中又对之作了统算,虽不见得确切,但其重要者如颜回、闵损(子骞)、冉耕(伯牛)、冉雍(仲弓)、冉求(子有)、仲由(子路)、宰予(子我)、端木赐(子贡)、言偃(子游)、卜商(子夏)、颛孙师(子张)、曾参(子舆)、澹台灭明(子羽)、公冶长(子长)、南宫括(子容)等,大致可信。《韩非子·显学篇》说孔子之后,"儒分为八",即八个支派。之所以如此,在于从师之先后、对孔子思想的理解程度、行为方式等的不同,其中仲由(子路)、端木赐(子贡)从政,试推行孔子主张,其他诸人,或短期从政,或专事学问授徒。为取得孔学正传地位,曾参、子夏、子张、子游之间互相竞争,曾子因培养了孔子之孙子思,子思又传孟子,其学由孟子弘扬,此派为后世尊为孔学正传。《二程语录》称:"孔子没,曾子之道日益光大。孔子没,传孔子之道者,曾子而已。曾子传之子思,子思传之孟子,孟子死,不得其传。至孟子而圣人之道益尊。"② 曾参在孔子中的正传地位,在《论语》中也有体现,《论语》中孔子弟子除曾参外,都记其姓名或字,唯独曾参被称为"曾子",并有单独的言论记载,由此可以看出《论语》是曾参门下所编辑。曾子门徒中除子思等专事著述授徒者外,还有吴起这位变法政治家和军事家。而子夏弟子中还出了首位变法政治家和理论家李悝,其《法经》既是他在魏国变法行政的经验总结,又是商鞅及所有变法政治家的重要依据。据说吴起也曾"师事子夏",子夏虽没有培养出子思那样的学者,却培养了李悝和吴起这两位大变革家,由他们开展了激进的变法运动。

李悝和吴起都从学于孔子弟子,后来的大儒学者荀子又培养了韩非、李斯,这四人都被称为"法家",孔子、曾子、子夏、荀子又都被归于"儒家",若按"儒法斗争"说,其师徒竟是分处"两条路线""两个阵

---

① 《史记·仲尼弟子列传》。
② 《二程集·伊小先生语》。

营"的对立关系！简直荒唐至极。李悝、吴起的变法思想，与孔子以仁的观念改革礼制的思想并不是对立的，而是将仁的观念贯彻于法，依法变革礼制。这是孔子提出的直接以仁的观念改革礼制思想的补充和发展，法作为仁与礼的中介，是将思想与实践统一的必要环节。李悝和吴起所倡导的法，并不是与仁相对立的，而是将仁的观念从封建宗法的家族、氏族扩展至所有人，消除因血统而界定的贵族特权，将仁的观念具体化于法中，变法是贯彻仁的观念中体现的抽象变革思想的唯一可行方式。他们的思想源于孔子及曾子、子夏传授的仁的观念，但在实践中针对现实社会矛盾，形成由变法入手切实可行的变革方式。不妨做这样的假设，如果孔子、孟子游说诸侯领主成功，领主们将其仁的观念推行于其政治，也必然要经历"变法"这一环节，才能将仁的观念转化为仁政。荀子正是在传承孔子仁的观念前提下，充分总结李悝、吴起、慎到、申不害、商鞅等人的变法实践经验，形成以礼为体，以法为用，将仁的观念通过法而注入礼中，其"隆礼""重法"并举的思想，这可以说是春秋、战国大变革实践经验的概括，也是变革思想成熟和系统化的体现。荀子所培养的韩非进一步论证了否定封建领主制后建立集权官僚制的基本框架，李斯则在思想和实践上指导、协助嬴政完成统一大业，创建了初级的集权官僚制。

　　诸子中被后人归入"法家"的，还有慎到和申不害，其思想则源于黄老。《史记》说慎到为赵人，"学黄、老道德之术。"① 申不害，"申子之学，本于黄、老，而主刑名。"② 慎子专注变法与礼制的研究，著十二论。申子曾为韩昭侯相，"内修政教，外应诸侯，十五年，终申子之身，国治兵强，无侵韩者。"③ 若按将诸子分"家"的说法，慎子和申子不应是"法家"，而应是"道家"，但他们都是对变法有重要贡献的人。《史记》中提到的"黄、老"，老指老子，黄则指托名黄帝的论著，如《黄帝四经》《黄帝内经》等，其内容相比《老子》更为具体，注重刑名治世，但

---

① 《史记·孟子荀卿列传》。
② 《史记·老庄申韩列传》。
③ 《史记·老庄申韩列传》。

基本观念仍是老子的天道观。实际上，老子的天道观作为诸子思想系统的基本观念，是所谓"法家"一派诸子的基本依据，他们以法革礼的思想和实践，是以老子用天道观否定上帝观的必然表现，按上帝观的"君权神授"说，礼是上帝的旨意，是不可更改的，只有破除上帝观，以天道观为主导，才能变革礼制。慎子和申子与李悝、吴起等一样，在天道观的指导下，将孔子仁的观念注入法中，并主张以法革礼，甚而以法代礼。而孔子仁的观念，也是以天道观为前提的，其要点就是按天道观而不是上帝观规定人性，由人性来变革、确立新的社会关系，也就是完善礼。慎子、申子与李悝、吴起等人，之所以能将法作为重要范畴来批判和改造社会关系，就在于依天道而论法，法是天道的要求和体现。如果将老子限于"道家"、孔子限于"儒家"、李、吴、慎、申限于"法家"，甚至将"道家"和"儒家"列为保守阵营，而"法家"却是进步阵营，与道、儒两"家"相互敌对，如何理解他们相互之间的思想关系呢？

墨子及其创立的学派，也不是孤立的"墨家"，而是诸子思想大潮流的一派。《淮南子·要略》说墨子曾"学儒者之业，受孔子之术"。虽然因所代表的社会群体不同，墨子与孔子在社会变革的内容和方式上均有分歧，但他的思想中包含着孔子仁的观念，如天志、兼爱、非攻、尚贤、尚同等，甚至可以说是以仁的观念来论说下层民众的意愿，是仁的观念的扩大化、普遍化，而孔子则只是企图用仁的观念改革完善礼制。墨子思想的基本观念也是老子的天道观，至于他对天道观的认知是否源于他"受孔子之术"，还是另有渠道，已不可知，他概括下层民众利益而形成的变革思想和主张，具有空想性，但在他及墨派思想家与社会活动家的努力下，对于社会变革起到了重要作用。墨子及墨派诸子并未，也不可能被诸侯委以重任，因而不能在场面上主导变法改制，但其思想和行为，却集中表达了素质技能提高的劳动者提高社会地位的意愿，而且其高尚的品德和质朴的形象，也显示了劳动者的精神面貌和人格力量，是其他诸子在形成变革思想时不得不考虑的重要因素，因为社会变革的根本，不仅在于谁主导统治，更在于如何对待被统治者，被统治的劳动者素质技能的提高，要求并制约着社会制度的变革，劳动者社会地位在集权官僚制中高于封建领主制，是这次大变革的进步性所在。墨子及其墨派思想家、社会活动家所论证的劳动者意志，是变革运动必不可少的内在要素，它随时都在提示主导变革的诸子，他们的变革只有适应提高了素质技能的劳动者提高社会地位的要求，才能取得成功。虽然墨派思想家和社会活动家到战国末期就不再流传，但其影响不仅体现于其他诸子的思想和变革实践，更体现于秦建立的集权官僚制将农奴变为农民，以至汉武帝刘彻为完善集权官僚制所依从的董仲舒更把天道与民众相呼应，作为制约集权统治的根本条件。

诸子中，还有被称为"纵横家""兵家""农家"的派系，他们注重从实际的行政、外交、军事、农业管理等层次对周礼制礼教进行变革，所起的作用也更为直接而明显。"纵横"主要是指苏秦、张仪在战国末期游说于列国，结成在地域上纵与横的联盟，苏秦主"合纵"，即六国联合抗秦，张仪主"连横"以强秦。苏、张二人同学于鬼谷子，而鬼谷子关于策士游说之术的深刻、系统研究，是中国思想史上相当重要的一环。虽然鬼谷子的身世难以确定，但《鬼谷子》一书却充分表现出在大变革运动集合于策士游说术中的哲理、心理和智慧。鬼谷子的师承不传，但其学术的基本观念来自老子天道观，并受到孔子思想的影响却是无疑的，正是在天道观的指导下，才有对世事、国情、心理、辩说之术、技精到的认知，以及灵活、机动的随机应变。"兵家"是指吴起、孙武、尉缭子、孙膑等军事思想家和指挥家，他们的思想和行为，直接促进了社会变革。但他们绝非就兵言兵、以战说战，而是以天道、人道为前提，对本国与敌国的国力、疆域、人口、地形等进行总体考察，形成兵术思想，再探讨治军、练兵、用计、布阵等战争之技。军事是政治的一部分，从政治、经济来说军事，是"兵家"诸子的特点。孙武大约与孔子同时，虽无记载其师承，但其论兵完全不以传统的占卜为依据，而是从道、天、地、将、法总体考察，可见天道观之影响。吴起为变法之政治家，又通军事，其论兵用兵与其变法改制相统一；孙膑为孙武后世子孙，《史记》说他"与庞涓俱学兵法"①，但未记其师承，晚唐以来又有人说他与庞涓二人师承鬼谷子。尉缭子的师承也不明，但《尉缭子》一书影响很大，其中包括对孙子、吴起等人兵学的引证，大体可以认证其成于战国晚期，是孙子、吴起、孙膑等兵学思想的进一步概括发展。而"农家"，虽被列为一家，却没有记载像孙子专业兵学那样的思想家，《汉书·艺术志》虽列"农九家。百一十四篇，"并说"农家者派，盖出于农稷之官"②，但其书已不传。农学思想，包括对农业的管理和农业生产的知识，散见于诸子的论著中。由于诸侯皆以农立国图强，因而对农业的重视是诸子，尤其辅政变法者的重要思想。李悝的"尽地力之教""白圭乐观时变"，以及《管子》《商君书》《吕氏春秋》等书中都包含农学内容。其要点，在于依天道观而从天、地、人的系统中考察农业，并变革生产关系，以促进农业发展，并与兵、策等结合，富国强兵。

诸子思想家群以从总体认识、变革社会制度为主流，上述各派皆于此有其贡献。社会变革不仅在总体制度，也在从个体角度的人性升华和价值观的变革，以及思维方式的转变和提升。

封建领主制以上帝为世界和人类的主宰，按血统宗法来界定人的社会地位，等级森严，严重束缚了人的个体自由。老子从天道对上帝的否定，既为规定人道，变革社会制度提供了依据，也为认识人性，追求个体自由创造了前提。在这个前提下，杨朱、列子、庄子等诸子提出了个人自由主义思想。按传统的分"家"说，历来都把他们归入"道家"，魏晋时甚至将"老庄"并称，视"道家"为别于各家的独立一家，并认定老子思想只有这几个传人。这种做法，不仅阻断了天道观作为基本观念对诸子思想的指导，也严重贬损了庄子等人思想的历史进步意义。而历来依将诸子分"家"做法对"道家"的研究，也都很难论证老子思想与杨朱、列子、庄

---

① 《史记·孙子吴起列传》。
② 《汉书·艺文志》

子思想的逻辑关系。从杨朱到庄子，都以老子天道观为基本观念，虽与孔子、墨子及其传人不同，他们不是从社会总体探讨变革，而是从个体探究人性升华和自由，但这也是历史大变革的必要方面，它与总体社会制度的变革是统一的，相互呼应并促进的。从《列子》《庄子》中，都可以看到孔子、墨子对他们的影响，他们并不反对社会总体变革，庄子还多次赞许孔子、墨子的言行。现代的一些研究者将他们的思想说成"没落统治阶级"消极意识的体现，是没有任何根据的。他们没有一个人是贵族，都是下层士人，不仅对现行礼制礼教不满，为了自己的价值追求而不为封建领主所"用"，更在批判礼制礼教同时探寻思想解放途径。杨朱的身世已不可考，但他的"贵己乐生"说在战国初期影响很大，《列子》中专有《杨朱》篇，展示着他的思想。列子名御寇，战国初、中期人，他展开论述了老子天道的思想，并对人性和个体价值进行了深入探讨。庄子名周，他承继列子的思路，在天道观的大前提下，以通畅、优美的文字论证了人的主体性和自由意识。因其思想切中人性基本，对后世影响很大。

以天道观为基本观念而展开的思想和社会变革，要求并促动人思维方式和语言的提升，这在诸子那里都有体现，墨子、惠施和公孙龙对此有专门的论说。在上帝观主导的礼教中，人的思维是依从占筮探问上帝意旨进而决定行为这个主线的。如此思维方式制约着思想和语言发展，西周几百年历史上几乎没有出现过一位思想家和一篇系统性论文。老子天道观的提出，是他思维方式提升的表现，又进一步提升了他的思维方式和语言表达，《老子》一书即其集中体现，更开辟了思维方式和语言的变革提升之路。司马谈所分诸子六家中专有一"名家"，导致后世认为只有惠施、公孙龙这方面的专才才是"名家"，忽略了其他诸子在思维方式和语言变革提升中的作用。如果说诸子对社会变革和个性自由的探究会各有侧重，但在思维方式和语言提升上的努力却是共同的，这在他们留下的文论中都有体现。正是这种共同努力使其总体思维方式和语言表达提高到一个新阶段。在这个大的进步中，《墨子》有专门对思维形式的论说，《鬼谷子》则专论策士游说的思维活动和语言表达，这是实质性的进步。而惠施和公孙龙对思维形式和语言作的探究，是在诸子思想总体进步基础上展开的。他们对思维形式和语言表达的探究，集中于"名""辩"两个点，"名"是概念的规定和展开，是各思维形式的集合；"辩"则是辩论、对话中的语言表达，也是语言表达的集合点。惠施与庄子同时，公孙龙可能略比他二人早一些。惠施以"合同异"、公孙龙以"离坚白"为其标志。虽然他们的名辩被庄子、荀子等指责有脱离实际的倾向，但对于诸子提升思维形式和语言表达还是起到激发作用的。

诸子思想家群中还有被司马谈划为"阴阳家"的一派，从其渊源上看，这一派是《易经》《易传》阴阳观的继续，虽说诸子中大多数人对此都有所涉猎，但因其专业研究多为从事历法工作人员，因而显得不很关心制度变革，只探讨宇宙、天文、地理，"夫阴阳四时、八位、十二度、二十四节各有教令，顺之者昌，逆之者不死则亡。"① 但其作为春秋、战国时变革思想的重要因素，与其他诸子有密切的关系。老子从"道"对阴阳两种属性的归纳，否定了上帝观，自此以后的阴阳已是天道的展开，而非上帝所主导的天地和人间万物的两种属性。《易传》的作者又将孔子的思想注入对阴阳的解说，形成"天人合一"观念。这一派学者还将周初"五材（金、木、水、火、土）说"改造为"五行说"，五行之"行"为抽象的功能属性，仍以金、木、水、火、土表示，由五行来说明事物和人体的基本构成关系，进而衍生出五季、五方、五气、五材、五德、五脏、五色、五味等具体的属性，分别说明天文、地理、人体、万物乃至政治等的结构与演化。阴阳说和五行说结合为阴阳五行说，比较突出的论证者为邹衍，他尤其注重从"五德"推论政治的转移，司马迁说"邹衍以阴阳主运显于诸侯。"② 阴阳五行说的结论虽然是猜测，但在变革时期却也有其积极作用。对于阴阳五行说，《礼记·月令》和《吕氏春秋》有所概述，而《黄帝内经》则由此说论证人体、养生、医病，为中华医学奠定基础。

---

① 《史记·太史公自序》。
② 《史记·封禅书》。

五　诸子思想家群体现的时代精神

诸子思想家群在四百多年间，展开了中国，也是全人类在农业文明时期最为深刻、全面、持久的思想变革运动。这场思想变革既是社会变革的体现，又是社会变革的必要组成部分。诸子思想是社会矛盾的概括，也是解决社会矛盾的变革运动的导引。在大变革运动中，诸子思想家从各自的具体条件探索着人生和社会关系的矛盾，集合而成对时代精神的总体认知。

"时代精神"是黑格尔于十九世纪初提出的范畴，其用意是论证欧洲以"启蒙运动"为标志的思想变革和社会变革的合理性。他从理性物质主义观念出发，认为时代精神是绝对精神在人类历史不同时期的体现，绝对精神是主观精神与客观精神的统一，在人意识的演进中贯穿着绝对精神，人对绝对精神的认知程度，决定着其生存状况和社会关系，因而表现出阶段性。时代精神就是不同历史阶段人们对绝对精神的认知而展现的对意识、人生和社会关系的理性概括。黑格尔认为，人对绝对精神的认知，是以自由为原则的，因而绝对精神在人类历史上具体化为自由精神，自由精神是绝对精神与时代精神的中介，或者说时代精神就是绝对精神具体化的自由精神的阶段性体现。

> "世界历史"不过是"自由的概念"的发展。但是"客观的自由"——真正的"自由"的各种法则——要求征服那偶然的"意志"，因为这种"意志"在本质上是形式的。假如"客观的东西"在本身是合理的话，人类的识见必然会和这种"理性"相称，于是那另一个根本的因素——"主观的自由"的因素——也就实现了。①

---

① （德）黑格尔：《历史哲学》，上海世纪出版集团2006年版，第426页。

黑格尔以"自由"的概念发展,将人类历史分为"东方世界""希腊世界""罗马世界""日耳曼世界"四个大的时代,这是典型的"欧洲中心论",而他将重点论证的"日耳曼世界"又分为"中古时代"和"现代"。时代精神就是这些时代对自由精神的阶段性认知并由此对人们意识和生存、社会关系的主导。

> 世界历史就是使未经管束的天然的意志服从普遍的原则,并且达到主观的自由的训练。东方从古到今知道只有"一个"是自由的;希腊和罗马世界知道"有些"是自由的;日耳曼世界知道"全体"是自由的。①

以自由精神来界定时代精神,对于黑格尔来说现实意义大于历史意义,他是要从自由精神为绝对精神在人世的体现,并以自由精神的逐步演进来论证他所主张的以自由精神为主导的现实的时代精神,由此展开社会的变革。从这个意义上说,黑格尔的思想是进步的,他对时代精神的界定,对于历史和思想史的研究,也有重要意义。但并不能因此就同意他从意识对时代、时代精神的规定。

意识是人本质的要素之一,它贯彻于人的一切活动和关系中,以意识的高级形态精神来界定历史的阶段,不如说精神的发展程度体现和标志历史的阶段性。只将意识一个要素视为人本质,那么意识由何而来,或者说意识的根据和来源是什么?上帝主义将人的意识说成上帝赋予的,黑格尔并不同意这种观点,相反,他认为上帝这个观念是人意识发展过程的产物,而人的生命和身体是自然的、物质的存在。但物质本身又不是意识,精神也不是物质的自然产物。他将意识规定为人本质,认为精神是人生和社会关系的决定力量,为了证明这个命题,他极力回避意识的来源,只是

---

① (德)黑格尔:《历史哲学》,上海世纪出版集团2006年版,第96页。

强调意识在历史中的主导作用，但他的批评者却紧盯住他的这个矛盾，以至说他的绝对精神概念就等于上帝，因为只有从上帝创世才能说明意识的来源。

我们虽然不同意黑格尔关于绝对精神和时代精神的规定①，但他提出的"时代精神"的概念，却为我们认识历史和现实社会矛盾提供了启示和借鉴。人是物质的一种特殊存在形式，但不能像物质主义那样从物质本体来规定人的存在和本质。物质世界是人存在的前提和必要条件，人的存在以劳动、需要、意识、交往为要素，其中劳动是核心要素，人的主体性和特殊性集中体现于劳动。劳动是人特有的活动方式，正是由于劳动，人才有了意识，并形成交往，人的需要也主要由劳动来满足并予以改造。人的劳动有相当一部分是以自然物为对象的，是以对自然和对人的需要的统一认识而运用体力和智力对自然物的改造，另一部分是直接作用于人的，即服务劳动，它也要有对服务对象及其需要的认识，并和改造物的劳动一样，使用工具和相应技能。劳动的社会化构成生产方式和生产过程，生产方式和生活方式的统一，是经济生活，也是人存在和发展的基础。在经济生活中人们通过交往而形成社会关系和社会意识，形成政治和文化，由此构成人的社会总体存在。社会总体存在是所有个体人的集合，也是所有个体人存在的必要形式和条件。社会总体中个体的交往必然形成矛盾，个体之间的利益和制约，构成协调机制和制度，当制度不能协调人的矛盾，出现激烈的冲突，就会导致社会变革。

人类的存在以劳动为根据，并随劳动力和劳动方式的改进而发展，因此，劳动者素质技能与社会地位的矛盾是社会的基本矛盾，历史的进步及其阶段性就取决于这个基本矛盾的演化，它具体表现为社会生产力和生产关系的矛盾，阶级社会的制度主要内容就是在规定统治阶级地位权利的同时，规定劳动者的社会地位和权利。与之相应，人的社会存在形式也在劳

---

① 有兴趣的读者，可参见拙著《黑格尔哲学》，该书2017年由中国社会科学出版社出版。

动者素质技能和社会地位的矛盾演化中改变。总体上说，劳动者的素质技能是持续提高的，劳动者的数量也在不断增长，劳动者由此而争取提高社会地位，以进一步提高和发挥其素质技能，同时提高生活水平。这是社会进步的根据，历史的时代也由劳动者提高素质技能的努力和提高社会地位的斗争而界定，而其时代精神，也就是劳动者素质技能与社会地位这个基本矛盾在各时代社会形态所形成的特殊性主要矛盾的集中体现。

原始社会中人的素质技能低下，所有人都要从事与自然条件相适应的简易劳动，以家族和氏族为社会存在形式。人口的增多和劳动技能的提高，使氏族演化为氏族联合体，并为争取生存的自然条件而与外氏族联合体发生冲突，获胜的氏族联合体不仅占有失败氏族联合体的地盘，还要虏掠其成员为本氏族联合体的奴隶，役使他们劳动并繁殖后代奴隶。由此形成部族，也是第一个阶级社会，其制度为奴隶制。在部族中，奴隶与牲畜一样没有任何权利，他们和居统治地位的氏族联合体中的平民是主要劳动者。由于被强制劳动，并有所分工，奴隶和平民劳动者的素质技能逐步提高，并不断展开争取提高社会地位的斗争。奴隶和平民劳动者的斗争与各部族间的矛盾冲突相结合，导致部族演化为部族联盟，社会制度也从奴隶制度变为封建领主制，奴隶被释放为农奴，虽无人身权和土地所有权，却有独自耕作领主配给的小块土地的使用权，在为领主服劳役之余，可在这小块土地进行生产，其生产物除交贡赋外留作自己家庭的生活资料，因而生产积极性和素质技能都有所提高。也正是由于素质技能的提高和人口的增长，农奴和平民劳动者所耕作的土地及其得到的生活资料已不能满足生存需要，他们也不满意自己的社会地位，从而展开各种形式的斗争。这种斗争与领主之间的矛盾冲突交织在一起，形成了对封建领主制的变革。这种变革导致部族联盟转变为民族国家，其社会制度为集权官僚制，除皇帝世袭外，取消贵族的世卿世禄，实行职官制，解放农奴为农民，农民是主要劳动者，他们的人身权名义上属于皇帝，有相对的人身自由，并拥有国家均配或个人购买的土地占有权，以及从地主那里租来的土地使用权，以家为单位进行手工劳动的生产经营，此外还有部分个体工商业者。以家为单位的农民和个体工商业者的收获或收入在交税、租之后留作家用，因而他们具有较高的生产积极性，素质技能明显提高并得以发挥。

本书所考察的诸子思想家群，就活动于中国历史的部族联盟封建领主制末期和民族国家集权官僚制初期，这是一个大变革的时代，正是这种变革使中国在人类历史上领先了一千多年，欧洲是在中国已建立集权官僚制一千四五百年才开始从部族联盟封建领主制向民族国家集权官僚制变革的。虽然欧洲并没有完成这种变革，只是在几个大国（如英吉利、意大利、荷兰、西班牙、葡萄牙、法兰西、德意志等）建成类似战国"七雄"那样的初级民族国家集权官僚制，但由于其变革不是像中国实行重农政策，而是实行重商政策，并倚重工商业资本家，致使其尚未建成统一的欧罗巴民族国家集权官僚制，就在工商业资本家势力的壮大而形成的资产阶级主导下，展开了资本主义革命和工业革命，由此率先进入资本雇佣劳动制社会。进而又因资本雇佣劳动制的主要矛盾，即资产阶级与雇佣劳动者阶级的矛盾斗争而进行新的以劳动者为主体，以民主劳动制为目的社会变革。随着资本雇佣劳动制迅速向全世界扩展，以劳动者为主体的社会变革运动也得以普及，并在个别国家建立了初级民主劳动制。

纵观人类历史，经过了这样几个阶段或时代：一是家族、氏族、氏族联合体社会；二是部族奴隶制社会；三是部族联盟封建领主制社会；四是民族国家集权官僚制社会；五是民族国家资本雇佣劳动制社会；六是民族国家初级民主劳动制社会。每个时代都有其劳动者素质技能与社会地位基本矛盾的特殊性而形成的主要矛盾，这些主要矛盾的集中体现，就是其时代精神。时代精神是递进的、发展的，而且都是形成于旧时代社会主要矛盾激化的社会变革的进程中，是社会变革的主导和重要组成部分，而当社会变革完成，其时代精神制度化后，也就逐步固化、僵化，以至因阻碍、反对社会进步而成为下一次社会变革的对象，并与新的时代精神发生激烈冲突，最后随社会变革而被新的时代精神所取代。

诸子思想家群的出现与活动，是中国，也是人类历史上首次从部族联盟封建领主制向民族国家集权官僚制转化的大变革运动的要求和体现，他们的思想和行为，是对当时社会矛盾的认识和解决。春秋、战国至秦、汉初的社会矛盾错综复杂，而史料所记载的又大多是诸侯领主之间、领主与贵族之间的矛盾，司马迁等历史编写者又将这些矛盾作为历史的主线，领主、贵族及秦、汉的帝王将相是历史主角，而农奴和平民劳动者是无关紧要的。这样编写的"历史"只是实际社会矛盾的一部分，只是从统治者角度对历史过程的记录和初步归纳，而非对历史演化的社会主要矛盾的分析综合而得出的对历史规律的规定。

部族联盟封建领主制社会的主要矛盾，是领主贵族与农奴和平民劳动者的矛盾。素质技能提高了的农奴和平民劳动者要求提高社会地位，是其与领主贵族矛盾的集合点，也是社会变革运动的根本动因。作为统治者的领主贵族，只有适应农奴和平民劳动者的要求，才有其统治的正当性、合法性，而适应这种要求，又必须改变其统治方式，改变领主贵族之间的关系，从而改变其制度性质。农奴和平民劳动者提高社会地位的要求，是普遍的，也是分散的，很少被写入由统治者主导的历史记载中，而领主之间、领主与贵族之间的矛盾，以及其地位、关系和统治方式的改变，则是其历史记载的主要内容。在这些记载中，农奴和平民劳动者始终作为必要的"背景"和"资源"而存在。封建领主制的主要矛盾中，封建领主是矛盾的主要方面，农奴和平民劳动者是次要方面，虽然很少关于农奴和平民劳动者的记载，但领主之间的掠城夺地，领主与贵族之间的权势之争，实际上都是针对农奴和平民劳动者的统治权，以及统治方式的斗争，必然涉及农奴和平民劳动者提高社会地位的要求。从春秋"五霸"到战国"七雄"，它们的崛起，都是在素质技能提高了的劳动者要求提高社会地位的大背景下，改变本国领主与贵族之间的关系，部分地提高农奴和平民劳动者的社会地位，进而夺取那些保守旧礼制礼教的领主的土地和人口。虽然还是局部的变革，但其中的历史趋势却已明确。

诸子思想家们正是在激烈的社会矛盾和冲突中认识其历史趋势，由此界定自己在顺应历史趋势，解决社会矛盾过程的定位和价值，努力从思想和行为上参与这场大变革运动，其思想系统从总体上首先就是对封建领主与农奴和平民劳动者之间矛盾的规定,这是核心,也是基础,进而在此基础上针对领主之间、领主与贵族之间的矛盾,提出解决矛盾的建议和对策。这一点在从李悝、吴起开始到商鞅、李斯主导变法改制的诸子那里有突出表现。李悝的"尽地力之教"和《法经》,其要点就是面对农奴和平民劳动者素质技能的提高和人口增长的现实,顺应他们提高社会地位的要求而改变旧礼制,为之提供发挥素质技能的条件,由此而强国。吴起也以突破旧礼教为要务,并主张鼓励耕作,提高耕战有功绩的农奴和平民的社会地位,并以法抑制贵族。商鞅进一步推广李悝的变法思想,贬抑贵族,奖励耕战,开阡陌,平赋税,以耕战之功绩而改变农奴身份,不仅使秦一跃成为富强之国,而且秦兵为提高社会地位奋勇作战,为后来秦国统一天下奠定了基础。李斯是辅佐嬴政完成统一大业的思想家和政治家,他既继承商鞅变法的传统,又从其师荀子和同学韩非那里得启发,在建立集权官僚制过程发挥了主导作用,从而为全面解放农奴为农民,废除贵族世卿世禄提供了制度依据。

李悝、吴起、商鞅、李斯是在第一线推进变革的人物,他们都有个人野心,而且都是与有强国之志的大领主相结合,才成就其历史大业的,而这个大业的根本,就在于解决封建领主制的主要矛盾,以提高农奴和平民劳动者的社会地位发挥并提高其素质技能。这正是他们所理解的时代精神的展现。

然而,这场大变革绝非这些一线的变革思想家和政治家独自展开和完成的,他们的思想,来源于从老子、孔子、墨子开始的诸子思想家群从道、法层次对旧礼制礼教的批判所形成的新思想系统,他们是这个思想系统在术、技层次的丰富者和实践者。这个新思想系统的实质,就是变革封建领主制,以适应农奴和平民劳动者提高社会地位的要求。

老子是诸子之首,他的思想又是诸子中最为抽象的,其核心就是以"道"的概念规定了取代上帝观的天道观,进而论证了从"德"对道的理解和运用,由此历史地展开了从抽象到具体的诸子思想系统,以后所有诸子,都是以天道观为大前提,对社会矛盾和人性进行探讨,形成社会观或人道观，提出了从总体和个性进行变革的主张。"道"与"德"两个概念，似乎离社会矛盾很远，只是对构成世界本原的规定及如何理解、运用这个本原规定。然而，正是这个关于世界本原的规定，是认识和解决部族联盟封建领主制主要矛盾的首要环节。天道观所否定的上帝观，是部族联盟封建领主制的基本依据，以上帝为世界本原和主导，是西周文王、武王、周公组建部族联盟，推翻商部族对各部族的控制，进而建立宗法等级的封建领主制的基本依据，在这个制度下，不仅君权神授、贵族世卿世禄，而且农奴和平民劳动者的地位也是由上帝所安排、不可更改的。老子以"道"取代上帝，将"道"视为世界本原，是天、地、人及万物的主宰，而且"道法自然"，根本没有上帝存在。以天道观来看社会，是一种自然形成的关系，没有上帝，就没有君权神授，没有世卿世禄，没有宗法等级，农奴也是人。老子所理解的社会，绝非某些现代学者所说的"维护奴隶制"，而是遵行天道的"大同"世界。《礼记·礼运》中记孔子所说：

> 大道之行也，天下为公。选贤与能，讲信修睦。故人不独亲其亲，不独子其子，使老有所终，壮有所用，幼有所长，矜、寡、孤、独、废疾者皆有所养。
>
> 男有分，女有归。货，恶其弃于地也，不必藏于己；力，恶其不出于身也，不必为己。是故谋闭而不兴，盗窃乱贼而不作，故外户而不闭。是谓大同。①

孔子对"大道之行"的"大同"的论证，表明他对老子天道观的深刻理解，而这样的理解，也只能孔子才能达到。但孔子认为在"大道既隐"的现实社会，"大同"只是遥远理想，他所能做的，是效法禹、汤、文、武、成王、周公改革礼制，实现"小康"。老子则不屈从现实，主张以"德"来理解道，并按道来改造社会，依"大道之行"来建立社会制度。为此，

---

① 《礼记·礼运》。

他对封建宗法的礼及仁、义、智都予以批判，主张统治者不能以个人意志强加于百姓，而应"无为而无不为"，依道而德治天下，不能将个人的意志强加于百姓。

虽然老子的思想带有空想性，但其天道观对上帝观的否定，推翻了封建领主所依据的上帝旨意不可更改，社会制度不能变化的观念，形成社会依自然之道而运行变化的基本思想，为变革封建领主制，进而提高农奴和平民劳动者社会地位的变革，提供了基本依据。这是新的时代精神的基本观念，孔子、墨子及其后诸子，都是从这个基本观念出发，批判和变革封建领主制，系统认知并展示了新的时代精神。

孔子学道于老子，并深刻地理解了天道观。《礼记·礼运》中记孔子谈"大道之行"的"大同"之后，紧接着说：

> 今大道既隐，天下为家，各亲其亲，各子其子，货力为己，大人世及以为礼，城郭沟池以为固，礼义以为纪，以正君臣，以笃父子，以睦兄弟，以和夫妇，以设制度，以立田里，以贤勇知，以功为己。故谋用是作，而兵由此起。禹、汤、文、武、成王、周公，由此其选也。此六君子者，未有不谨于礼者也，以著其义，以考其信，著有过，刑仁，讲让，示民有常。如有不由此者，在势者去，众以为殃。是谓小康。①

这"大道既隐"的社会，并不是孔子所理想的，而是有严重缺陷的，甚至是与"大道"相悖的。但他不像老子那样认为只要认知了大道，就可以依大道回到"天下为公"的时代，而是承认现实，但要效法先贤，对之进行改造。孔子更为注重"人道"，即天道在人世间的体现。他认为，礼是"大道既隐"后先贤为人世所立的制度，礼是有所变化的，夏礼为商礼所替代，周礼又替代商礼，其间必有损益，他所要做的，就是以"仁"的观

---

① 《礼记·礼运》。

念充实于礼，通过对周礼的损益而适应世道演进。他强调当时的社会已经"礼崩乐坏"，其表现就是周天子主导地位的丧失，诸侯势力过大，而且在诸侯国里又由"陪臣执国命"①，他注重从统治者一方的变革，即强化天子地位，并以"仁""义"贯注于礼，"父慈、子孝、兄良、弟弟、夫义、妇听、长惠、幼顺、君仁、臣忠。"②孔子的思路，是一种"托古改制"，即以周礼中关于部族联盟首领为"天子"的说法为前提，强化天子的决定、主导地位和天下一统，这实际上就是在变革封建领主制，可以说是一种改良主义或修正主义，以不激化矛盾的方式从内容上改造礼制礼教。孔子践行其变革主张的方式是不断地周游列国，企图说服各国领主来行仁政、复礼制。但他的主张与领主们的利益相悖，领主们根本不愿再去听命已无权势的周天子，而仁政又不可能解决他们面临的强国自保，以至吞并他国的需要。孔子几十年的努力化为泡影，但他并不放弃自己的追求，晚年专心修书授徒，总结在鲁国参政和周游列国所形成的对社会矛盾的认识和改造的主张，展现于对《尚书》《周礼》《诗经》《周易》《春秋》等典籍的修改编辑，并传授于弟子，形成一套关于天下大一统的仁政思想，虽然打着"复礼"的旗号，但其礼已非周礼，而是贯彻着仁、义、忠、孝观念的新的社会制度的构想。

现代学者中有些人看到孔子主张"复礼"，就简单片面地认为"礼"就是周礼，不知"礼"是一般性概念，也不顾孔子关于"夏礼""殷礼"，以及"损益"的论说，认为"复礼"就是恢复周礼，是要"维护奴隶制度"，这种说法既无逻辑依据，也无历史依据。孔子活动和思想时，奴隶制已经被封建领主制取代四五百年，他所要"复"的礼，绝非商礼、夏礼，也不是周代之礼，而是对周礼有所"损益"的"继周者"之礼。③而且他"复礼"的主张，并未得到领主的认可，谈什么"维护奴隶制度"？孔子除短期在鲁国任司空、司寇、代理过一段国相外，大部分时间都是布

---

① 《论语·季氏》。
② 《礼记·礼运》。
③ 《论语·为政》。

衣士子，绝非掌控意识形态的权贵，只是去世几百年后才被刘彻及历代皇朝尊为"圣人""素王"，说孔子是要"维护奴隶制度"者，是把死去几百年后孔子的地位加给活着的孔子了，并认为孔子还生活于奴隶制社会。对于孔子个人而言，只有改造周礼制礼教，才有自己的出路，他的"复礼"，并不是恢复周初礼制，而是对已经破旧的礼制进行改造完善。也只有变革周礼制礼教建立的集权官僚制的变革，才能认可并推行孔子的思想。孔子虽然不能说服领主实行他的主张，但他修书授徒的工作却对社会变革产生了巨大影响。他的弟子中曾子、子游、子夏、子张等在承续编辑典籍和授徒事业的过程中，又将孔子的思想进一步补充和发展，其表现一在学理上的系统与具体化，二在于指导其学生探求可将思想付诸实践的途径。也正是将思想具体化和付诸实践，成就了李悝、吴起、商鞅等以法革礼的变法运动，并成为这场社会大变革的主线和前线。现在某些学者将法与礼、法与仁截然对立的说法是不通的。法与礼并不是对立的，变法并非废礼，而是更新礼制；变法与仁政也不是对立的，而是将仁的观念注入法中，变法就在于以贯彻了仁的观念的新法取代旧宗法之法。孙子、尉缭、孙膑一派军事家，与以鬼谷子、苏秦、张仪等代表的纵横策士，其基本思想都是沿承变法运动的，同时更注重对老子天道观及其方法论的研究和继承，虽然后人对其人格有不同见解，并将之排斥于"儒家"之外，但他们对"策"术、技的重视，并不等于否认以仁注法，以法革礼的总体变革趋势。荀子思想的深刻系统，就是他总结以前变革经验，完善仁的观念，并将仁贯注于礼、法范畴，形成了以法隆礼行仁政的变革思想，韩非展开并丰富了乃师思想，李斯则在指导和辅助嬴政统一天下的进程中，发展了荀子和韩非的思想，通过创建集权官僚制，解决封建领主制的主要矛盾，新的时代精神由此系统展现。

与孔子一派注重从统治者角度的变革不同，墨子一派则从农奴和平民劳动者立场来认识社会矛盾，并提出相应的变革思路。现在的一些学者将墨子及墨学从诸子思想家群中独立出来，将他说成既与孔子对立，又与老子不同的"墨家"，导致对墨子的研究严重脱离实际。墨子和其他诸子一样，并不是单凭自己的独立思考而形成其思想的，他的思想也是诸子思想系统的重要组成部分。虽说很难确认墨子师从过孔子及其弟子，但他却明显地继承和扩展了孔子仁的观念，其"兼爱""尚同"的观念，就是将孔子仁的观念扩展于包括农奴和平民劳动者的全体社会成员，而且将农奴和平民作为重点。而"贵义"说，又是孔子义观念的发展。在基本观念上，墨子显然是接受了老子的天道观，虽然他或其弟子是用"天志"表示天道，但"天志"并非上帝，他的思想还是从天道展开的，而"天志"则不过是说天是有意志的，和孔子说的"天命"有相似处。也正是从天道观出发，墨子才能不顾封建领主的等级观念，大胆地主张依"天志"而建立法仪、法度，提高农奴和平民劳动者社会地位的主张，并以天的意志启示天子对农奴、平民劳动者兼爱、行义、兼利，进而废除宗法的世卿世禄，"尚贤"而用，只要是贤人，不计出身，都可以成为社会事务管理者。

墨子思想能够形成并扩展，墨学甚至一度成为与孔学一样的"显学"，是春秋、战国之交特殊历史条件的表现，此时诸侯争霸正处激化期，各国统治者往往疏于从内部对被统治者思想的控制，墨子及其信徒又跨国宣扬其主张，特别是以"非攻"来缓解诸国间冲突，并帮助弱国防御强敌，使之有了比较宽泛的活动空间。但是，墨子一派的主张在当时的条件下是不可能实现的，农奴和平民劳动者虽然有了较高的素质技能，但远未达到可以组织为阶级势力并上升为统治阶级的程度，他们会认同墨子思想，却不可能形成统一的社会势力，而且墨子一派思想中也不包括组成政治、军事集团夺取政权的内容。他们或是像孔子一样到各国游说，却不为领主们所接受，或是帮助弱国防御，但只要危险一过，也就无人理睬，更何况其所帮御之国大部分被强国吞并，他们也就无所用处了。因此，大体到战国末期，墨子一派基本消失，但这并不等于说他们在大变革中没有起作用。墨子一派所代表的农奴和平民劳动者，虽然是社会主要矛盾的次要方面，还不可能成为大变革的主导力量，但他们作为主要的劳动者，素质技能的提高和相应提高社会地位的要求，却是这场变革的根本动因，也是新时代精神的重要内容。孔子一派所提出的改变统治阶级构成和统治方式的主张，其根由也要归结于农奴和平民劳动者社会地位的提高。墨子一派之外的诸子，虽不赞同墨子一派的主张，但必须考虑其思想中体现的农奴和平民劳动者的利益，他们在形成自己的思想时，都要将墨子一派的思想作为必要参照，这一点在他们的著作和变革实践，如《孟子》《荀子》及李悝、吴起、慎到、申不害、商鞅、李斯的变法改制中都有所体现，也可以说，墨子一派的思想经改造而被纳入其变革思想和实践中。而集权官僚制的建立，又在一定程度上实现了农奴和平民劳动者的要求，其进步性和合理性也在于此。集权官僚制建成以后，墨子一派的思想仍对成为统治思想体系的儒家道统有重要制约，甚至被改造为其中重要内容。董仲舒概括儒学道统的"天人合一"和"天人感应"说，就认为对民众的统治是否合于天道都会表现于民众的感受中，而民众的感受又可以反馈于天道，进而由天道来奖惩统治者，这也表明劳动者的社会地位有所提高。

  与注重社会总体变革的诸子相比，杨朱、列子、庄子一派专注人性探究和个性自由，在这场大变革的政治舞台上并没有演出轰轰烈烈的大戏，但他们在思想变革上的作用，却有重大深远意义，是新时代精神必不可少的内容。封建领主制的矛盾集合于从上帝界定人性，由上帝意志限定人的等级，进而限制个性自由。杨朱、列子，尤其是庄子，深切地感受到这个问题的重要性。杨朱、列子在老子天道观的导引下，破除了上帝界定人性的观念，将人性归结于天道，归结于自然，并突出个体和个性自由。庄子承继他们的思想，进一步发展、丰富了天道观，进而从天道观论证人性，强调个性自由对人生的意义。庄子所论个性自由，是体道得道的自由，任情率性，安情适性。"与造物者为人，而游乎天地之一气。……芒然彷徨乎尘垢之外，逍遥乎无为之业。"① "出入六合，游乎九州，独往独来，是谓独有。"② 庄子并非不关心社会矛盾和社会变革的"隐士"，他相当注意社会矛盾及诸子们的变革思想和实践。他认为，社会变革必须依道而行，

---

① 《庄子·大宗师》。
② 《庄子·在宥》。

也只有依从天道的社会变革才能成功。他认为自己作一个独立的人，有选择人生的自由，不能为了荣华富贵依附权势而成为"作务"的工具，但他对于那些有志参与社会管理和变革的人，尤其孔子一派，也不反对，只是强调他们应遵行天道，并具备相应的素质，不赞同他们强旺的追求利、禄、德的观念和行为。被后世儒学道统追随者奉为圭臬的"内圣外王"说，就是由庄子所提出的。对于墨子一派，庄子也从天道观出发多有赞赏之辞。

春秋、战国至秦、汉初的这场大变革，是社会矛盾激化而导致制度质变的社会运动，在变宗法封建领主等级制为集权官僚制的进程中，其实质性的进步集中体现于劳动者社会地位的提高，并推动人性升华到一个新阶段。庄子以老子天道观为前提，承续杨朱、列子的思想，对人性和个性自由的深入探讨，是这场大变革的时代精神必要的一环，也是人性升华的重要一步。

至于惠施、公孙龙一派名辩之士，历来学者都视之为"异端"，似乎游离于社会变革和主流思想之外。庄子是惠施的朋友，二人经常辩论，由于《庄子》是他本人及其传人编写的，因此所记二人的辩论惠施总是处于下风，但其中也能反映惠施名辩的一些特点。庄子对惠施的评价是："惠施多方，其书五车，其道舛驳，其言也不中。"① 惠施与名辩者"相与乐之"，以他为中心，形成了一个群体，提出了诸多与常识不符的辩题。如"卵有毛""鸡三足""郢有天下""犬可以为羊""马有卵，丁子有尾""火不热""山出口""龟长于蛇"等，"辩者以此与惠施相应，终身无穷。"② 而"桓团、公孙龙辩者之徒，饰人之心，易人之意，能胜人之口，不能服人之心，辩者之囿也。惠施日以其知与人之辩，特与天下之辩者为怪，此其柢也。"③ "由天地之道观惠施之能，其犹一蚊一虻之劳者也。"④

---

① 《庄子·天下》。
② 《庄子·天下》。
③ 《庄子·天下》。
④ 《庄子·天下》。

惠施、公孙龙等名辩之士的著作并没有流传下来,其思想散见于《庄子》《战国策》《荀子》《韩非子》《吕氏春秋》《淮南子》等书中,而这些书的作者又都不赞同他二人的名辩术、技,因此必有所歪曲。即使如此,仍可以看到其思想的特点。

战国中期是社会大变革的重要时段,商鞅变法将变革提升到一个新高度,在激荡的变革运动中出现的惠施、公孙龙这一派专注于名辩的思想家,似乎与时代潮流不合。实则不然,正是社会和思想大变革,为名辩之士提供了条件,他们对名辩之术的专注探究,也是诸子思想家群总体思想发展的体现和要求。老子以天道观对上帝观的否定,不仅为对社会矛盾的认识和解决提供了依据,也促进了思维方式的大跨度跃进。这是诸子与固守旧礼教主管统治意识形态的贵族权势者的根本区别。一直到战国末期,这些贵族权势们依然掌控着各国的意识形态,但冷漠的历史却几乎对他们没有什么记载,实际上他们那些宣教旧礼教的言行也真的没有什么可记载的。但这不等于他们不存在,就像后来的官方"学术权威"一样,他们使用权力和暴力控制人们思想的能力是很强的,而且在国家的各种庆典和祭祀活动上荣耀光辉,但由于没有任何新意且逆历史潮流,也就被思想大潮所淘汰。惠施、公孙龙等人看似并不属于思想大潮的主流,其实不然,他们并不像贵族思想权威们那样反对思想变革,而是从一个特殊角度参与这场变革,专注于思维形式和语言表达的研究,虽然有许多奇谈怪论,但其"日以其知与人之辩",却也迫使自己和对手深入思辨,由此促进了思维形式和语言表达的提升,并促进思想内容的演进。庄子的许多见解,就是在与惠施的辩论中形成的。老子之前的史籍,因当时是以上帝观为基本观念,其思维以占筮问上帝旨意结合对现象的比较、分类进行猜测为主,其语言表达也大受局限。老子以天道观为基本观念,突破了旧思维的局限,不再以上帝旨意为大前提,而是直接针对现象,在已有比较、分类的基础上,上升至归纳,得出一般性规定,进而从这一般性规定演绎、判断特殊现象。老子道的概念就是这样形成的,并由道概念的展开构建思想体系。老子在思维形式上前进的一步,开创了人类思维形式发展史的一个阶段，他之后的诸子都抛弃了占筮上帝旨意的猜测，针对现象进行实在的比较、分类、归纳、演绎和判断，形成了充实丰富的思想，以精彩生动的语言表达，汇成内容与形式统一的思想变革大潮。并不是只有惠施、公孙龙注重思维形式和语言表达的研究，孔子、墨子及其后学，以及庄子、鬼谷子等人，都在这方面有精到造诣，但他们都强调内容与形式统一，唯有惠施、公孙龙等人专注思维形式的究辩，虽有偏颇，却也是对老子以来思维形式和语言表达的进展从特殊角度的总结，并成为新时代精神的必要因素。

探讨天文、地理、历法，以及医学一派诸子，虽然不太关注社会矛盾及其解决，但也是思想变革大潮中的一派，他们从天道观所展开的专业研究，比老子之前有了重大进展，这也是一种变革，并为其他诸子的思想和实践提供了必要条件。这一派诸子中，也有人从其专业知识佐证变革的趋势，如邹衍从"五行"对"五德终始"说的推论，强调帝王兴替的必然性，而且"凡帝王者之将兴也，天必先见祥乎下民。"① 由"天人合一"而谈"五德转移"，证明变革的合理性。以至"自齐威宣之时，邹子之徒，论著终始五德之运，及秦帝而齐人奏之，故始皇采用之。"② 可见邹衍一派在历史变革进程中所起的作用。到董仲舒系统论证儒家道统时，又将"五行""五德"说加以改造，成为集权官僚制统治意识形态的内容。与周初占筮上帝旨意进行猜测相比，邹衍的"五德终始"说已有大的进步，如果从今天的天文知识看，其荒谬处相当明显，但在两千多年前，它还是相当先进的，既是天道观的具体化，也是其时代精神的必要因素。

以天道观否定上帝观，以民族国家的集权官僚制变革部族联盟的封建领主制，废除宗法礼制礼教和世卿世禄制实行举贤任能的职官制，解放农奴为农民，并赋予农民相对的人身权和土地占有权及租用土地使用权进行个体经营，由此促进劳动者素质技能的提高和发挥，是春秋、战国到秦、

---

① 引自《吕氏春秋·应同》。
② 《史记·封禅术》。

汉初这四百多年历史大变革的实质,也是诸子思想家群积极参与并导引的这场大变革所集中体现的时代精神。这是群体合力的结晶,围绕时代精神这个轴心和主干,处于不同年代、不同地域,从不同角度进行思想和实践变革的诸子们,建构了一个历史与逻辑统一的思想系统。

六、诸子思想家群思想系统:道、法、术、技四层次的有机统一

按将诸子分"家"别类的方法,一些研究者将各"家"诸子的思想归结为或紧密或松散的若干体系,这些思想体系既有其"家"的界限,又相互对立、斗争。我们的研究却证明:诸子思想家是一个群体,这个群体是依循共同的社会和思想变革宗旨,以同一个基本观念天道观为指导,在四百多年的时间内,从不同角度对不同年代、不同地域的特殊矛盾展开研究,虽有差异,但却体现着历史进步的逻辑系统。这个系统由道、法、术、技四个层次构成,诸子思想家依各自特点对某一二个层次重点探讨,经变革实践的验证与促进,在相互制约、渗透、论争中演进,是一个动态的、有机统一的思想系统。

思想是社会矛盾的理性概括,是以解决矛盾为目的的思维过程,它从论说、著述等各种方式表达其成果。真正有价值的思想是经实践所验证并促进社会发展的,随着实践和社会矛盾的不断演化,思想也在不断修正、充实和发展。社会大变革所要求和造就的诸子思想家群是由成百上千的思想家构成的群体,他们的历史地位决定了他们的作用与价值。在这四百多年与诸子共同生存的思想者不计其数,为什么历史只记录了诸子们的思想?就在于他们形成了有创见的思想,并不同程度地促进了社会变革和人性升华。而那些没有创见,甚至固守旧思想的思想者,则必然被历史所遗弃。当我们破除了将诸子分"家",并先验地设想在各"家"按保守与进步"两大阵营"而对立、斗争的观点,依照历史的变革进程来探讨诸子们的思想层次及其相互关系,就能够考察和概括其总体的思想系统。

将人类思想和学识分为道、法、术、技四个层次,从四个层次的关系

概括其系统，是我在《劳动主义》（该书 2011 年由中国经济出版社出版）一书的序言中首次提出，后于《中国政治经济学方法论》（该书由中国社会科学出版社 2015 年出版）中又做了论证和应用，在《解禅》（待出版）一书中又以这四个层次界定婆罗门教、佛教和禅教的体系，逐步明确了四层次的定位及其关系。本书写作也从四层次及其有机统一来考察诸子思想家群的思想系统。

在《中国政治经济学方法论》中，我对道、法、术、技四层次的规定，重点在各学科的区分及其关系，《解禅》则具体到禅教这个特定思想系统。总结这些年的思考，这里有必要先从一般意义上对道、法、术、技四层次及其有机统一做进一步论说。

道、法、术、技四个范畴都是由诸子思想家提出的，诸子中也有人试图说明其关系，但由于当时的历史条件和方法局限，并没有形成系统的规定，特别汉以后是将诸子分"家"做法的障碍，更不容易理清其逻辑的系统性。

道。古字为衟，本义为路，道路。《说文解字》："道。所行道也。从辵，从𦣻。一达谓之道。"衍义为规律、道理、学说、道义、说、谈论。

从"道"字本义可以明确道是人走出来的，也是供人行走的。道的主体是人，是主体与客体统一的集中体现。道作为一个基本范畴，是由老子提出的，他认为道是天地万物的本原和规律，对道层次的探讨和论证是最高、最抽象的学识和思想，"道"是这个最抽象层次思想的基本范畴。我们这里所说的"道"，并不是专指老子之道，而是借鉴老子将"道"作为最抽象思想学识基本范畴这层意思，规定人类总体学识思想的最抽象层次，以及具有时代性的思想体系的基本观念，也可以视为哲学上的主义，诸神主义、上帝（观）主义、天道（观）主义、物质（观）主义都属道的层次。它们作为历代统治阶级意识的集中概括，都是从人之外寻找世界本体、本原，并由此论证自己统治地位的合理性。现代劳动者阶级则从主体性规定基本观念，因而形成劳动主义，这是劳动者主体之道。规定人类各历史阶段性质的"世道"，如奴隶主义、封建主义、专制主义、资本主义、劳本主义（劳动社会主义）等，也属于道的层次，是比哲学的主义相对具体的道。对道的探讨，在各个时代学者那里都是总体性思想的抽象，同时也是对具体学识和社会运动的指导。

法。法古字为灋，灋本义为刑。《说文解字》："法。刑也。平之如水，从水；廌所以觸不直者，去之，从去。"衍义为刑法、法律、法则、法度、规章、标准、模式、方法、做法。我们这里主要取其方法之义，对思想方法的探讨，即方法论，属于法的层次。法是对道的探索理解、展开，也是认识和行为的方法论，进而又是对术、技的总体性概括。理解基本观念之道，以及论证人世之道的方法论，尤其是对人性及社会制度及其变革途径的探讨都属法的层次。

术。术古字为術，本义为邑中路。《说文解字》："术。邑中道也。从行，术声。"衍义为途径、方法、策略、技艺、专门知识、学业、学习。术与道、法相通，都有方法之义。古人对道、法与术已有所区别，术的外延和内涵都比道、法小，是对特殊技能的概括性探讨，如战术、医术、艺术等。我们将术规定为道和法的展开，是对某门类技艺专注性研究的概括，在一个思想体系中，关于社会制度的法律规定和行政方式，也属于术的范畴。

技。技字本义为技巧。《说文解字》："技。巧也。从手，支声。"技意为技艺、技能、本领。《尚书·秦誓》："人之有技，若己有之。"《礼·五制》："凡执以事上者，祝、史、射、御、医、卜及百工。"从基本形式说，技是所有人都具有的生活和生产及社会管理的技能，但从学识和思想论则是对这些技能的专门研究，以推广和精进各种技艺。古代人们交往不便，因而技的研究成果往往只在小的区域和人群中交流，现代交往密切，经济发展的需要促使各门技的学识迅速扩展，其成果丰富并广泛应用于人的生产和生活。

道、法、术、技四层次是对人类思想学识的划分，随着文明的进展，其内涵不断充实，外延也相对明晰，区分道、法、术、技四层次，对于理解一个时代的思想系统是必要的，但必须明确其内在统一性。这四层次的划分，是逻辑上的，并非各层次有不同对象，而是认识主体对同一的人生和社会关系及其自然条件的研究，其区别在抽象的程度，其统一在抽象与具体的关系。我们以中国汉字——道、法、术、技表达这四层次，并不等于只有中国人的思想学识这样划分，外国人的思想学识也有这四层次，特别是近、现代以来，欧美各国的哲学和科学迅猛发展，新学科不断涌现，"知识爆炸"，其层次的差异日益突出，但混杂状况也相当明显。进行思想学识层次的划分，并明确其相互关系，对于了解人类思想学识的系统性，认识特定思想和学科在系统中的层次定位，处理与相关层次的关系，都是必要的。

以上是对道、法、术、技四层次及其系统的一般规定。诸子思想家群包括四百多年间成百上千思想家，他们对社会和思想大变革各个时段、地域、层次的不同角度研究成果和实践经验，是相当丰富且繁杂的，并在历史的演化过程形成了诸子思想总体的层次和系统。从道、法、术、技四层次的有机统一来把握诸子思想家群的思想系统，克服传统的关于诸子研究的按"家"分别论说的局限，从逻辑上再现诸子思想演化的历史，认知他们在大变革趋势中的共性和在总目标导引下，从变革的各层次进行探索，在相互交流和制约、辩争中构建体现时代精神的思想系统，进而从思想系统再分析诸子思想家各自的思想层次特点及诸子间的关系。

诸子思想系统之道层次。"道"这个概念是老子提出来的，我们将思想学识系统的第一层次以"道"命名，也是受老子的启示而将"道"作为一般性的层次。这里所探讨的诸子思想系统第一层次的"道"，则是从特殊意义上说的，并不包括其外的思想体系。《老子》第一句的第一字，就是道，"道可道，非常道。"[①] 道的本义即路，是人行走的途径，老子用"道"来表示世界万物的运行途径、规律，所以说此"道"非常"道"。"有物混成，先天地生。寂兮廖兮，独立而不改，周行而不殆，可以为天

---

① 《老子·一章》。

下母。吾不知其名，字之曰'道'。"① "道"为天地万物的本原、本体，它遍布并主导世界万物与人生，"周行而不殆"。《老子》全书，主要就是论证道如何左右事物和人生，以及人应该理解道，依循道去行事，特别是统治者，不要以自己的意志违背道来强迫人，而应顺应道的存在和要求，让被统治者依道而为，这样才能"无为而无不为"。②

以道来规定世界本原和本体，道同时遍布万物和人世，支配万物运行和人类生存行为。老子这个观点也可以称为天道观，或天道主义，道首先体现于天，它本身也是天然的。天道观并不复杂，但在当时的历史条件下，却是一个革命性的观点，是对占统治地位的上帝观的否定。周文王、武王和周公推翻商部族奴隶制，建立部族联盟封建领主制的依据，即其基本观念，就是上帝观，也可以说是上帝主义。上帝作为圣明威武无比的神，主宰着诸神和世界，决定人世统治者和被统治者的关系。"君权神授"，周王是上帝指派的"天子"，他代表上帝行使对人间的统治，封建领主制是按上帝指令由周天子封国建邦，并依宗法原则世代相续的根本制度。到老子时，这个制度已通行四五百年，上帝观作为其基本观念，也随制度而成为普遍意识，遍布于社会生活和关系的各个环节。老子之所以能以天道观否定上帝观，根本原因在春秋时封建领主制因内在矛盾而衰落，"礼崩乐坏"，而管仲等人助"五霸"进行的局部变革，也严重冲击着旧礼制礼教。面对日益尖锐的社会矛盾冲突，特别是周天子权势的丧失，人们开始怀疑上帝作为世界本原、本体的观念：如果上帝真的存在，并如此神圣威武，怎么会让他所任命的天子失势、诸侯争霸呢？如果没有上帝，那么万物和人世又依循什么来运行呢？老子天道观正是这个问题的回答，他提出了一种新的基本观念，这既是对"五霸"破坏宗法进行变革的总结，也是对《易经》卦爻辞中记载的从周初以来思想演变的概括，其要点就是从乾、坤二卦及各卦阳阴二爻的对立统一，发现了其中变化之"道"，

---

① 《老子·二十五章》。
② 《老子·四十八章》。

再根据他对社会矛盾的考察而归纳出来的。

老子并非主管礼教的权势贵族，他只是一个小官——"周守藏室之史"，《老子》一书又是老子不为官时所著，因而老子不过一个民间学者，他的思想不可能为封建领主贵族所认可和推崇。孔子虽未长随老子学习，只是短期讨教于老子，却对天道观有深刻理解，并以此为前提，进一步论证了人道观和变革社会的思想。

在老子对天道观的论述中，已涉及人道问题，人道是天道在人世的体现，是天道观展开于社会关系的基本观点，但他并未展开论证。孔子对天道观的理解，更注重天道在人世的体现，以及如何依天道而改造社会，因此他集中探讨了以"仁"为核心的人道观。

人道观是天道观在社会关系规定中的具体化，也可称为"人道社会观"，属于道的层次。在上帝观为基本观念的封建礼教那里，人是受上帝主宰的，既没有主体性，也没有独立性，一切都要服从上帝安排，因此也就没有人道观。老子以天道否定了上帝，人是与天、地并存的，虽受道的主导，但也体现着道。孔子认为，人道作为天道在人世的体现，集中于"仁"上。《说文解字》："仁，亲也。从人，从二。"《注》"从人从二：徐铉：'仁者兼爱，故从二。'从千心：徐灏《段注笺》：'千心为仁，即取博爱之意。'"这已是集合孔子"仁"论的解释。孔子本人对"仁"的基本定义，就是"爱人"，《论语·颜渊》："樊迟问仁，子曰爱人。"[1] 据考证，"仁"字较早构形为上"身"下"心"，本义应为"心想人身"或"身在心上"，即每个人都想着自己的身体存在和感受，本人如此，他人亦如此，由自己思想感受推及他人，衍义为"忎心"，千人、众人都如此，后简化为"二人"的关系。孔子以"爱人"定义"仁"，即由自己对本人身体存在的思想感受来对待他人，"己所不欲，勿施于人。"[2] 进而又扩展至各种人际关系，乃至以仁来改造礼制，并建构其思想体系。人思想自己

---

[1] 《论语·颜渊》。
[2] 《论语·颜渊》。

身体和存在的感受,是自然的,也是天道的直接体现,由己而思他人亦如己,以己人而人己,是人道的基本,也是人际关系的基本。在上帝观主导的宗法等级制度下,不仅领主贵族不将农奴视为平等的人,领主贵族之间也等级森严,只能按宗法礼制礼教来界定和思考相互关系,它也讲"仁"说"义",但仅限于统治氏族内部,并要依循宗法,不可能广泛地"爱人"。孔子从"仁"规定人道,并从"仁"来思考、改造人际关系和社会制度,这是由部族联盟向民族国家转化的基础,也是其思想成为民族国家集权官僚制意识形态之主导的根本原因。

孔子由从天道观对人道社会观的规定,为其弟子坚持和发扬,并扩展至墨子、曾子、子思、李悝、吴起、商鞅、孟子、荀子等诸子思想中。

对于天道观和人道社会观,墨子从"天志"与"兼爱"予以论说,庄子、文子及"阴阳家"派诸子,都从不同角度有所充实和发挥。汉初"黄老之学"的代表淮南王刘安与"独尊儒术"的董仲舒,虽然政见有所不同,但都以天道观为依据,他二人所争,实则是在意识形态的统治地位。董子之所以胜出,在于他更注重从天道论大一统,以"天人合一"将孔子人道观贯彻于集权官僚制。

天道观作为诸子思想家思想系统之道层次的基本观念,展开于法、术、技各层次,贯注于诸子思想家群的全部思想和变革实践。天道观或天道主义是总体上对诸子思想家群的基本思想特性的概括和标志。

诸子思想系统之法层次。法层次在诸子思想系统中是天道观的规定、理解、论证和实践的方法论,老子、孔子、墨子、《黄帝四经》、孟子、庄子、荀子、文子等人对此都有深入探讨,构成了诸子思想系统丰厚的法层次,为贯彻天道观于术、技层次的具体思想和社会变革之必要中介。

天道观的核心概念是"道",老子规定道概念的方法论,是对西周以来上帝观的方法论质的提升。上帝观的方法论,是先设定上帝的存在并将其作为世界本原和主宰,这是周王作为部族联盟首领的体现,以一神取代诸神,标志着部族奴隶制的结束。在确立了上帝主宰地位的前提下,周王及各诸侯领主就以上帝代理人的名义来行使统治权力,并将上帝的旨意贯彻于统治过程，其思维方法在《易经》中得以展示。后世一些人常把《易经》说得神奥难解，除一些人以它为骗人谋生手段外，还有一个重要原因，就是不了解当时的思维方法。实际上，《易经》八卦、六十四卦的演算组合，不过是从比较到分类思维进程的结果。西周初年，人的思维形式主要就是比较和分类，周文王通过对世间各种现象性质的分类，逐步集中于两类基本属性——阳和阴，这是分类的最高程度，进而以纯阳为乾卦，纯阴为坤卦，再从乾坤两卦排列组合出震、巽、坎、离、艮、兑六卦，合为八卦，再分别以八卦之一卦为基本与另七卦组合，成为由六爻构成的六十四卦。这是在分类基础上的组合，六十四卦都是阳阴两种基本属性的不同组合方式，根据各卦卦象的特点和其中各爻的位置，寻找现实或历史上比较突出的现象或事例，作为其爻辞。当遇到比较重大的事情时，就由专门负责占筮的人依一定的规则来占筮，用对应的卦爻辞来猜测上帝的意旨及事情可行与否，以及注意事项。这是从抽象的分类得出的阳阴两种属性进行演绎，再通过比较和猜测得出结论的思维方式。西周以来的占筮者，不断修改卦爻辞和演算办法，将社会中的矛盾和变化概括其中，到老子时，《易经》已与周文王时有了重大变化，尤其对阳阴两种属性的认识，已越来越远离上帝的主宰，而突出天与地、男与女、刚与柔的关系。这为老子从阳阴两种属性的对立统一来归纳"道"创造了必要条件。老子的大进步，是率先运用归纳这一思维形式，将阳阴两种基本属性加以概括，规定了"道"这个抽象概念，以它取代上帝作为天地万物之本原，而道概念又包括有无或阳阴两种属性，从这两种属性的对立统一中规定万物和人世的基本关系，再演绎各种现象。

老子认为，道作为世界万物的本原，体现并支配自然界和人类社会的所有事物，因而对道的理解也就成为其法的重要内容。老子将体道得道依道并称之为"德"，或者说，德包括三个环节，一是体道，理解道的概念及其在事物中的存在；二是得道，认识道对事物的主导；三是依所得之道来思考问题。后人将《老子》分为"道经"和"德经"，这种分法虽不准确，在"道经"部分已经说到德，在"德经"部分又多次论到道，但这并不妨碍其书由"道"和"德"两个概念为基本和主干,"德"作为道的展开,其在法层次的地位和作用是明确的。

德的目的是以所得之道指导思想和行为,老子对此相当重视,《老子》反复论说统治者应如何根据道的指示来行政。老子观念中,天道体现并主导的人类社会,就是后来孔子所说的"大道之行"的"大同",这是一个没有阶级,也没有国与国之间争斗的理想社会,其特点就是"小国寡民"[①],即退回到氏族社会。这显然是一种空想,但对老子来说,则是他批评现实社会矛盾的重要标准,《老子》论说现实封建领主制的矛盾,都是以"大同"为标准而发的。对此,可以视之为天道观展开的第一个环节,也为以后诸子认识现实社会矛盾提供了法层次的前提。

孔子虽然未能发现并规定道的概念,但他从老子那里学习了天道观之后,并不是直接用道概念来演绎,而是规定了具体的人道观,补充了从天道论人世的必要中介环节,进而从人道来考察社会制度,形成以仁革礼的原则之法。孔子及其传人在《易传》中通过对《易经》的解说,展示了对天道观的认知,《易传》的基本内容就是以天道观理解论证《易经》,这与老子的思想是相呼应的。他理解并认同老子所说天道在人世的展现,并称之为"大同",但同时又强调这只是人类初始时的状态,历史不可能逆向退回原始状态,虽然现实制度与"大同"相比有许多问题,但不能只是指责,而应改造它,使之符合人道与天道。他行道之法,就是在天道观的大前提下,从"仁"为核心的人道观演绎社会矛盾和人际关系,集中对礼的革新,使礼制及其各个环节都贯注"仁",由此而变革制度,其要点就是强化天子的权威和天下一统,并遵人道来调整人的社会关系。他虽然从未说过要废除封建领主制和改变贵族的世卿世禄,但他强化天子权威和天下一统及重贤任能的主张,如果实行起来,就是对封建领主制的变革。也正因此,当他游说领主们时,没有一个领主赞同他既不能富国强兵,又会改变宗法原则的主张。

---

① 《老子·八十章》。

但孔子在编书和授徒上却是相当成功的,这方面他思想的法层次主要是从天道和人道对世事、人性、人情的演绎,并在演绎过程中充实比较、分类和归纳。将这样的方法论原则展开于术、技层次,收效相当明显。

在理解天道观,形成人道观,确立自己思想和主张,并游说、编书、授徒的过程中,孔子思想的法层次还有一个重要的环节,即"中庸"。在《礼记·中庸》这篇据说是孔子之孙子思编写的文章中,以孔子口气说:"隐恶而扬善,执其两端,用其中于民,其斯以为舜乎。"① 这是"中庸"的基本含义,进而又展开为"中和"之义。孔子认为,"中"为"正",是道的体现,"庸"者用也,执两端而用中,也即从复杂的社会矛盾中理解其中体现的道,依道而思而行,达到"和"的境界。"中也者,天下之大本也;和也者,天下之达道也。致中和,天地位焉,万物育焉。"② 概括而言,中庸是孔子思想之法的原则,要依中庸的原则来体道行道,将仁的观念贯注于他思想的各范畴,并展示于对礼制的改造中。对于中庸原则的论证,子思起了相当重要的作用,由于是以孔子口气说出,因此很难判断是孔子原话流传下来由他发表,还是他本人思想的表达,也可以说是子思对其祖父思想的理解发挥。与《论语》之外所传孔子一派的文献一样,许多观点都标为"子曰",而其编写者的作用是至关重要的,我们很难分清是孔子还是其传人的思想,但所论思想却是实在的,我们探讨的是文献所记思想,没必要过多注意其"作者版权"。

老子、孔子关于以法体道及依道变革社会制度的思想,虽然还是初级的,也未形成切实可行的主张,但却从法层次开辟了思想和社会变革的路向和原则,吸引并指导各派诸子展开了浩大的变革运动。孔子之后诸子,关注的重点是从术、技层次展开天道观和人道观,考察具体的社会、人生矛盾,探寻解决矛盾的主张和路径。这是一个总体的从抽象到具体的历史过程,并非纯学理的演绎,而是在变革实践中不断验证前人思想,并在对

---

① 《礼记·中庸》。
② 《礼记·中庸》。

技、术层次的深入探讨中，发现既有法乃至道层次的缺陷，归纳概括技、术层次的成果，再充实和修正法、道层次思想，这又是总体上从抽象到具体过程中的局部从具体到抽象，从而使法、道层次更为丰富和明确。

大体说来，孔子以后诸子在法层次的进展，主要有：一、深化并明确对天道观、人道观的理解和论证，比较突出的是墨子、《黄帝四经》编写者、孟子、荀子、韩非子、文子、淮南子、董仲舒；二、运用对天道观、人道社会观的理解，进一步探讨制度变革的原则和路径，墨子、庄子、荀子、韩非子、董仲舒所起作用明显；三、运用对天道观、人道观的理解，深入探讨人性及个性自由，这由列子、庄子重点探讨并系统论证。

诸子思想系统之术层次。法层次的充实和丰富，促使诸子思想向术、技层次的扩大和发展。诸子思想系统术层次的思想，不仅在当时，而且是中国乃至全人类在农业文明时期最为丰富的，涉及哲学、经济、政治、军事、人生、天文、地理等各个方面，展示了诸子思想大变革的广度、深度、难度和跨度。

诸子思想系统的术层次，集合于学术、策术、兵术、名辩术、阴阳五行术等。

学术，即理解和讲授道、法之术，这在诸子中是共同的，也正是因为在学术上的造诣，诸子才在思想和社会变革起其作用。相比之下，专注于思想研究和传播的诸子在学术上的贡献更为突出。如老子、孔子、墨子、孟子、庄子、荀子、韩非子、文子、董仲舒等，他们都几乎终生从事思想研究和传播，形成了各自的学术思想和风格。老子是天道观的提出者，他对道的论述是以德为起点，即道如何展现及人如何理解道，进而以演绎论说道在人世的具体作用，以及统治者和普通人如何依道行事，强调无为与不争，其学术注重事物两方面或属性的辩证关系。孔子既是天道观的传播者，又是人道社会观的提出者，他的学术以中庸之法为原则，从天道观出发，结合具体人和事进行演绎论说。晚年他以编书授徒为业，力求将天道观和人道社会观体现于典籍，并在据说由他（和某些弟子）编写的《礼记》《易传》中系统论证其思想。孔子思想之术注重正名与忠恕义信，他在授徒中注重因人施教，诲人不倦，其学术代有传人。墨子接受了天道观和人道观，并从他所代表的下层民众角度对之解读和论说。他十分重视演绎和归纳的统一，并注意概念的界定、展开和改造，形成自己特有的学术思想，如其"天志"概念是对老子天道观和孔子人道观的理解和改造；他的"兼爱"概念，实则孔子"仁"概念"爱人"之意的扩展，再如"尚同""尚贤"等概念，都与孔、老思想有关，又有其特点，即强调交利和固本。其授徒不仅讲求理解，更注意以身作则，真正做到了言传身教的统一，这是其学术思想成为"显学"的重要原因。孟子作为孔子之孙子思的弟子，比较准确地理解了孔子思想，并依人道观而具体论证"良知"和"仁政"，发展了孔子思想。庄子注重从个体理解天道观和人道观，因而突出对人性和个性自由的探讨追求。与其他诸子相比，庄子学术的主体性最强，由于不趋炎附势，所以言论开阔，且注重以寓言说明道理。荀子之学术是以前诸子思想的集合，他以博大胸怀和深广学识将各派诸子的思想融于一体，依天道观和人道观进行梳理，提出隆礼和重法的主张，对集权官僚制做了基本设想。注重系统性和实用性是他学术的特点。他的授徒之术亦颇有所长，对韩非、李斯的培养，造就了从思想和实践上创建集权官僚制的关键人物。据说韩非子口吃，他继承了荀子系统的学术，进而专注于对新制度的体制的探讨。李斯作为嬴政创建天下一统的集权官僚制的伟大政治家，其作用主要在变革实践上，但从他关于废除封建领主，建立郡县职官制及各种制度性建议上，都展现着荀子学术的特点与功效。清末谭嗣同作为集权官僚制的批判者，曾说："两千年之政，秦政也。"① 同时说"两千年之学，荀学也。"② 将"秦政"和"荀学"并列指责，合乎谭嗣同批判集权官僚制及其统治思想目的的，其概括也确有其道理，但这并不能否认两千多年前"秦政"和"荀学"的先进性，而且"秦政"的建立也是"荀学"通过李斯而达成的。文子生存年代应在汉朝初，由《文子》

---

① 谭嗣同：《仁学》。
② 谭嗣同：《仁学》。

一书而得名,其生平已不考,但有其书必有其人,以书名人,故称"文子"。其书意在阐释"黄老之学",并由此汇融诸子思想以为初级集权官僚制的指导理念,其学术注重从天道观改造孔学仁、义、礼,试图论证集权官僚制的政治体制和管理原则。虽时兴几十年,其思路也为淮南王刘安所继承,但却未能适应高度集权的趋势。董仲舒是诸子思想家的终结者,他也是一位集合性学术思想家,他适从刘彻高度集权专制的需要,从"天人合一"论将天道观和人道社会观结合在一起,使之成为集权官僚制的基本依据,并依此对诸子思想都加以筛选、改造,建构了以"儒学道统"为名义的系统思想。他是在集权官僚制已经建立的条件下为其改革完善而进行思想研究的,这使他的学术与以前诸子有重大区别:他是依凭并维护制度而非批判变革制度,因而其学术带有明显的专制式定论,缺少以前诸子的批判性探索。

策术是从事政治变革的诸子们游说和辅助领主之术,即以明确、具体的政见说服领主用其人其策,取得领主信任后,则提出政策建议,甚至亲自执行。虽然孔子、墨子、孟子等也都游说领主,但他们所说大都是不切实用的思想、理念,因而得不到急功近利的领主们认可。他们实际上是在宣传思想,而非政策建议。但孔子关于"正名"之术的思想,虽然不直接表现为策术,却为从思想转化为策论之必要中介,对后来诸子影响颇大。策术主要由李悝、吴起、慎到、申不害、商鞅、鬼谷子、苏秦、张仪、李斯等诸子探索和实行。这些人大都是战国时期著名的政治家,也是社会变革关节点上的促进者。策术是针对不同时期、国度及领主而行的,是直接应用于实践的,因而比学术更为复杂和灵活,需要更多随机应变的智慧。一般说来,策术有以下共同点:一是以天道观为基本观念和大前提,顺应变革潮流提出具体政见和政策建议;二是以政见游说领主,取得认可并被委以重任后提出相应的政策建议并推行,为此,游说之先就要对该国及其领主的情况有比较明确认识,并准备好可以说服领主的政见;三是得到领主认可后,要对本国及国际情况进行深入系统研究,进一步了解领主的意向和特点,提出切实可行的政策建议,并要批驳反对者,以保证建议成为政策；四是争取成为政策的执行者，保证其落实，并随机进行调整；五是对政策实施后果进行评估、总结，探讨新的政策建议。

策术分为内政和外交两个方面，李悝、吴起、慎到、申不害、商鞅、李斯之策主要在内政，苏秦、张仪之策主要在外交。内政策术侧重从本国社会矛盾的考察，明确领主意图，衡量各种势力，确定变革的长期目标和近期任务，形成有连续性的总体政策纲领，根据局势的变化，提出具体建议。李悝的《法经》，是策术中总体纲领的典型，它不仅体现在李悝的政策建议和实践，也指导着其他人的策术思想和实践。内政策术受国内矛盾及其各种势力斗争制约，为此要随机调整政策，以保证变革的持续。慎到明确提出"民一于君，事断于法，"① 申不害强调君本而明法，商鞅强调专权法制，兵农合一，荀子主张正法，韩非子注重抱法处势而治，李斯明确一统集权，废除封建。虽然上述诸子的内政策术都取得了重大成果，但由于都倚仗领主或帝王的权势，当主张变革的领主或帝王去世后，他们几乎都被复辟的旧势力剥夺权力，甚至被杀害，但其政策的实施所导致的社会进步，却是不可逆的，其政策也不同程度地存续下来，这在商鞅变法中表现最为突出。外交是春秋、战国时诸侯处理相互矛盾的重要方式，对外交的探讨是策术的重要方面。历来有许多外交家，最有成就者是鬼谷子的两个学生苏秦、张仪，他们分别主张并实施的"合纵"和"连横"之策，是对立的，为此师兄弟之间展开激烈的竞争，但其策术原则是相同的，只是因所服务的国家利益不同而对峙。此时已是封建领主制末期，大多数诸侯国已被并入"七雄"之国，七国都因变革而强盛，但因变革程度的不同在国力国势上有所差别，为自保和扩张，除战争外，就是进行不同形式的联合。苏秦、张仪的外交策术应运而生，其要点是量权、揣情、谋策，全面考察"天下"大势，进而分析各国势力，以简明切中要害的政见说服某一国王，建议其与利益相同的各国联合，共同对抗某一国或几国联盟，得到该国王信任并作为使者游说欲联合之国时，也要陈说利害，并许诺利

---

① 《慎子·内篇》。

益，订立盟约。这在一定程度上也是促进统一，是已成必然之势的"天下一统"的体现。由于各国都以自己利益为出发点，而且国内各势力矛盾不断变化，因而各国的联合也是不稳固的，外交策术在强调国际联合时，还应该注重分析各国局势变化，既要不断调整政策维持己方联合，又要以各种手段击破对方联合。苏秦、张仪的"合纵""连横"之争，将外交策术推向了高峰。

兵术，是军事、战争之术，是诸子思想系统之道、法层次展开于军事、战争所形成的术层次思想。按将诸子分"家"的办法，诸子兵术被单列为一特定"领域"与其他各"家"分开论说，这种办法与历史和逻辑都是相悖的。军事是政治的一部分，战争是政治、经济、文化矛盾激化的体现，自古以来就不曾有过脱离政治、经济、文化的战争，也没有孤立的兵术。春秋、战国时战争频仍，既有诸侯间之战，也有诸侯国内之战，既是封建领主制矛盾，也是解决这种矛盾的大变革的体现。在这样的历史条件下，涌现了众多军事将领，其中注重学术研究者就成为军事思想家，孙子、吴起、孙膑、尉缭子等人以其战绩和兵书而著名，并成为诸子思想家群的一部分。

孙子曰："兵者，国之大事，死生之地，存亡之道，不可不察也。故经之以五，校之以计，而索其情：一曰道，二曰天，三曰地，四曰将，五曰法。"①《孙子兵法》开篇的这段话，已表明兵术的重要及其与道、法层次的关系。孙子大约生活在比孔子稍后的时期，他的兵术显然是受到老子天道观的影响，是依天道观展开的对军事和战争的专门研究。其书称《孙子兵法》，此"法"字指方法，但孙子及后来诸子的"兵法"，在诸子思想系统中应属术、技层次，是道、法层次的展开。孙子兵术中一些原则性的论证，是从道、法层次对军事、战争的概述，从"形""势""知""法"几个范畴概括了兵术要旨，进而具体论证了兵技层次的思想。吴起

---

① 《孙子兵法·计》。

本人是政治家，且军事才能卓著，《吴子》记曰："吴起儒服以兵机见魏文侯。"① 在给魏文侯讲解军国大事后，被"立为大将，守西河。与诸侯大战七十六，全胜六十四，余则均解。辟土四面，拓地千里，皆起之功也。"② 吴起是在推行变法的同时将兵作战的，其兵术与其策术是统一的，更为明确地贯彻着天道观和人道社会观，是从变法治国来谈军事的，论及知敌、治军、选将、应变、励兵等。孙膑和尉缭子的兵术，也都贯穿着天道观和人道社会观的指导，尤其尉缭子将战争分为"挟义而战"和"争私结怨"两类③，主张兴"义兵"，"以战去战"等观点，表明他将兵术与社会进步统一的倾向。尉缭子的兵术，以"权"为中心，强调"奇正"，注重选将训练、管理，倡导明赏正罚，以法治军。尉缭子生活于战国末期，其兵术带有对前人兵术总结概括的性质，而他对周初传下来的依上帝观的"时日""卜筮""祷祠"的旧兵术的批判，集中体现了诸子兵术的共性，"举贤用能，不时日而事利；明法审令，不卜筮而事吉；贵政养劳，不祷祠而得福。故曰：天时不如地利，地利不如人和。圣人所贵，人事而已矣。"④ 由此可以看出天道观、人道社会观在诸子兵术中的运用，而这也是任用尉缭子为国尉的秦嬴政能够终结部族联盟封建领主制，建立民族国家集权官僚制的原因。

名辩术，是关于概念名词界定和展开以及思维辩论之术，诸子思想家对此都是相当重视的。由于以天道观否定了上帝观，也就要求思维形式做相应的改变。旧有的以上帝为大前提，由占筮猜测上帝旨意而行事的思维形式，显然不适于诸子们的思想，虽然旧思维形式仍有强大势力并主导着固守旧礼制礼教的统治者的思想，但诸子们作为"民间"思想家，必须抛弃这种思维形式，创造新的以天道观为前提的思维形式，其原则体现于法层次，其内容则体现于术、技层次。

---

① 《吴子·图国》。
② 《吴子·图国》。
③ 《尉缭子·兵权》。
④ 《尉缭子·战威》。

诸子思想系统的名辩术，创始于老子，他在论证天道观和体道行道之法时，就涉及了术的层次，其要点是以天道观为大前提，为体道用道而注重"名"（概念）的定义和展开，这在"道"和"德"，以及"自然""有""无""不为"等概念论述中突出表现着。孔子也重视"正名"，并将正名作为行仁政的必要环节。他与其后继者所编写的《易传》《礼记》等著述，大都"名正言顺"，条理清晰。墨子在论证其思想时，强调名辩术的探究，他承继老子论道的归纳思维形式，突出"察类""明故"在展开道以论述其思想时的重要性，"察类"就是将各种事物现象分类，"明故"则是探究因果关系，这是思维形式上的又一实质进步。墨子名辩思想在其继承者那里得以充分展开，《墨子》中的《经上》《经说上》《经下》《经说上》《大取》《小取》等被后人称为《墨经》的篇章，对名辩有系统论证，其在术层次的要点是对名、类、故、理四范畴的论证。《小取》篇强调"明是非之分，审治乱之纪，明同异之处，察名实之理，处利害，决嫌疑。"① 但反对没有事实根据、言而无物无用的诡辩。从而使名辩术有了重大进展。孟子、庄子、荀子等人，虽然都在其著述中重视名辩之术，但专门论述不多，而惠施、公孙龙等人，则将名辩作为专门爱好，不仅在术层次上有所建树，更注重名辩之技。惠施之术特点为"合同异"，公孙龙之术特点为"离坚白"，二人各领一派士人，热衷于相互辩诘，虽然被庄子等人指责为脱离实际的诡辩，是烦琐不堪的为辩而辩，其所辩命题往往怪诞、不合常识，但他们的名辩术却对促进人们思维形式的深化、细化起到了重要作用。不论喜欢与否，遇到这些以名辩为乐事，"无谈说之序则不乐"，"无凌谇之事则不乐"② 的士人，避之不及，总要与之辩说，无疑会迫使你认真对付，以至改进思维。庄子就是在与惠施的辩论中提升了思维能力并阐述自己思想的。

阴阳五行术，诸子中专注探讨天文、地理、历法及医病养生之术，与

---

① 《墨子·小取》。
② 《庄子·徐无鬼》。

前述各术相比，此术类似西方近代的"自然哲学"，专业性较强，其他诸子虽也会涉及，但于此术并无专门研究。在周初上帝观统治时期，关于天、地的认识是服从于上帝这个本原的，老子天道观则把天、地的存在归之于道，所谓"人法地，地法天，天法道，道法自然。"① 为对天文、地理、历法、医学等的研究提供了基本依据。从事这些具体工作的士人中一些杰出者，以及对此感兴趣的诸子，从天道观出发，将其技能经验和观察到的现象加以概括，论证了万物人事基本属性和形态，形成了术层次的思想。

阴阳五行术以"道"为宇宙本原和中心，依老子"道生一，一生二，二生三，三生万物"② 的观点，由"道"而得出"一""太极"，由"太极"生"两仪"，即阴阳，再衍生"四时""五行""八卦"，进而论说天的运行，按日月星辰之位轨变化划分年、季、月、节气、日与时，从空间关系推论时间。进而，又将"地"作为"天下"，即把当时他们所能认知的大地与"天"相对应，并重新界定自"禹别九州"以来的"地"域传说，以"天子"周王的王畿为中心，按"回"形推论"九服"（侯服、旬服、男服、采服、卫服、蛮服、夷服、镇服、藩服）。在对天、地作了总体性描述后，又用阴阳两种属性和五行结构变化说明事物与人体，乃至政治、经济、军事。邹衍在阴阳五行术的研究中比较突出，据司马迁说，邹衍"深观阴阳消息"，由五行推论"五德终始"，论说山川谷、禽兽、水土所殖、物类所珍，甚至"海外人之所不能睹"的传说，划分"天下"为八十一州，无所不包，但其目的，还是要使"有国者"能够从阴阳五行的演化中认识到"尚德""大雅"的必要，"整之于身，施及黎庶。"③ 可见，阴阳五行术绝非"纯自然"的探讨，而是大变革的诸子思想系统的有机因素，它对天地万物的研究，在与学术、策术、兵术、名辩术相呼应、启发、论争中，为社会变革提供必要佐证。也正因此，董仲舒整理作为集

---

① 《老子·二十五章》。
② 《老子·四十二章》。
③ 《史记·孟子荀卿列传》。

权官僚制的统治思想体系时，充分吸收阴阳五行术，以"天人合一"论证儒学道统。

诸子思想系统之技层次。技既是术的展开和运用，又是术得以概括的来源，并对道、法予以验证，进而在技的丰富发展基础上，改造和充实修正术、法、道层次的思想。

诸子思想系统的技层次从总体上说，包括研究论证的具体技能和政治、经济、军事管理操作方式，是相当丰富而细致的，分属学术、策术、兵术、名辩术、阴阳五行术，既是各术的展开，又是各术的内容和基础。概要说来，学术的技层次涉及：对研究材料的收集、比较、分类，对既有概念、范畴及其关系的把握，论证思想的表达方式，著文或讲授时运用语言文字的技能等。老子将其无为与不争的术层次思想展开为守弱、用无、不敢为天下先；孔子思想之技强调学思、知勇、孝悌与利禄德，以具体论证和实行其"仁"的核心观念；墨子在技层次突出节用与非攻，以展开术层次的交利和固本思想；庄子则具体从任情适性、开放心胸、纯素贵精、乐道安贫来论证并实践个性自由；孟子强调分田制禄、农工交易、薄税取助，荀子主张富国义兵王天下，分别从各自角度论证了"仁政"的具体形式；韩非子则以信赏罚以尽民能说明法制的具体功用。以上诸子技层次的思想，使学术得以充分展开。

策术的技层次包括：对特定国度经济、人口、政治、文化及其所涉国际关系的了解，对领主个人情况的把握，与领主交谈时的语言技巧，该国面临的主要问题及领主的意向，该国各派势力的分布与对比，内政和外交的对策与施行手段、措施等。以法改制诸子在这个层次都是尽其功用的，李悝、吴起、申不害都因此而在政治上推动了变革，尤其商鞅的信法、制民、算地、抑末等技层次思想和实践，是使秦国真正强大并奠定大一统的政治、经济基础。而托名管仲的《管子》强调了务本饬末、权衡轻重，李斯更从行同伦、书同文、车同轨、衡同度确定了集权官僚制的具体统治方式。鬼谷子师徒的游说之技捭阖、箝摩、应揵、忤合、蘩神、养志，在政治和国际关系中发挥了巨大作用。

兵术的技层次包括：对本国与敌国实力的比较，士兵的训练，军队的组织，武器装备的改进，对地域、地形和天气状态的了解，掌握敌军军力及动态，战事的总体规划，排兵布阵，鼓励士气，后勤供应，战场上的随机应变等。孙子、吴起、孙膑等在这个层次都有具体论证和实践，而《六韬》，在这个层次的探讨和论说更为详细。孙子从形、势、虚、实、奇、诡、变几个角度论证兵技，吴起则对料敌、领军、应变、励士进行了探讨，孙膑将官、教、气、地、阵、战作为兵战之技的要点，尉缭子对伍制、经卒、勒卒、将令等对兵技的论证，使兵学之技层次进一步充实。

名辩术的技层次包括：对既有的概念（名）的定义及其对象的了解，并发现其间差异，由此提出质疑和新定义，或对各概念关系提出新的看法，以比较、分类为基本思维形式，用比喻、寓言或叙事说史等阐述观点，从辩论对手的观点和思路中发现缺陷，攻其要害或乱其思路，在辩论中不断调整论辩方式，注意对手心理变化，重视语言技巧等。对此，诸子都相当重视，并有论证和运用，也可以说，正是在名辩之技层次的创新，才使诸子思想表现出其精神和丰富内容。在这方面，《墨经》的总结和拓展有突出功用，其概括的以名举实、以辞抒意、以说出故，集合名辩之技要领。公孙龙对白马非马、离坚白、指物、通变的辩说，使名辩之技更为细致。

阴阳五行术的技层次包括：对天体的观测和地形地势地域的观察与多方了解，对自然物和人事的考察和总结，从阴阳、五行两个概念展开演绎，丰富了对天象、地理、农事的认识，进而历法的修改与颁布，数量关系的计算推论，从天文地理的演变推测政治、经济动态，以及医病养生的具体技能。其中邹衍的"五德相胜"预示了天下一统于秦的趋势，虽为臆断，却也符合历史大趋势。而《黄帝内经》据阴阳五行对医病养生的说法，至今仍具有其实用价值，是中华医学的重要内容。

技层次是直接表现并作用于人事的，诸子思想在技层次充分展示，浩荡的变革大潮从表层看就是各流派之技的激扬与演进，道、法、术层次就内在于其中，导引着技的形成和发挥，而技层次的发展又验证并逐层要求术、法、道的改进。诸子思想系统以变革为主线在从道、法、术、技层次的展开运用和从技、术、法、道层次的验证、改进的循环运动中不断发展，形成内在统一的有机系统。

第二章　诸子思想系统之道层次

　　诸子思想家群所展开的以新时代精神为导引的思想和社会大变革的实质，是以民族国家的集权官僚制取代部族联盟的封建领主制，是一个历史阶段性的进步。社会存在方式和制度变革，必须以思想的变革为先导，而思想变革的首要环节，就是对封建领主制时代精神基本观念的否定，形成集权官僚制时代精神的基本观念，以此为变革势力及其运动提供思想依据和指导。这场思想变革的发起者是老子，他通过对封建领主制矛盾及其时代精神基本观念的深入研究，总结社会矛盾所引发的局部变革经验，归纳《易经》卦爻辞中所集合的思想渐变成果，以"道"概念为核心规定世界本原和规律的天道观，形成变革封建领主制，建立集权官僚制的时代精神的基本观念。孔子及《易传》《礼记》作者在理解老子天道观的前提下，将天道观集中于社会矛盾的认识，提出以"仁"概念为核心的人道社会观。人道社会观是天道观的具体化和必要补充，为天道观导引思想和社会变革提供了必要中介环节。墨子进一步从"天志"和"兼爱"理解论证天道观，并与孔子的弟子们从各自角度展开了思想和社会的变革。变革的实践不仅丰富了诸子思想系统的技、术、法层次，更为充实天道观提供了基础。庄子以其对天道观的独到理解，提出并论证了个人自由主义的人道社会观。天道观及人道社会观的演进，导引思想变革在法、术、技层次的进展，促成了秦、汉集权官僚制的建立，文子概括诸子思想在技、术、法层次的进展和要求,系统论证了天道观。董仲舒适应高度集权的历史趋势,进一步集合诸子思想,根据完善集权官僚制的需要改造天道观,将天道观纳入儒学道统,成为依附专制统治的思想工具,从而终结了天道观的发展。

一 天道观:诸子思想系统体现的时代精神的基本观念

在将诸子分"家"别类说的影响下,"道"概念及天道观被认为只是"道家"的思想,是老子提出,经列子、庄子、文子、淮南子这一单线传递,以至道教。其他各"家",或因与"道家"对立而排斥天道观,或只是从外部接受其一定"影响"。直到今天,在"新儒家"借"弘扬传统文化"而兴起时,又有人提倡"新道家",以从老子到道教的思想为依据,结合一些现代知识,构建"道家现代化"的思想,与"新儒家"争地盘。

这是脱离历史实际学究式思维的表现,把老子、列子、庄子、文子、淮南子等一系列"道家"诸子,都看成与世隔绝的思想者,而且都是只靠读书著文来传承本"家"前人的思想,根本不顾现实社会矛盾,也不受历史发展的影响。这样的观点,首先就不能解释老子是如何创立"道家"的,他并没有前辈"道家"的书可读,其思想从何而来?再就是不能说明这一系列"道家"诸子思想上的差异,只能列出文字上的区别,却不能说出其中体现的社会内容。

老子、列子、庄子、文子、淮南子都不是脱离社会现实的"隐士",更不是道教徒宣扬的"仙",他们都是活生生的人,是以自己的智慧和不懈努力考察社会矛盾,探寻解决矛盾和人性自由的思想家。他们的思想都是对社会矛盾的概括,都是在与其他思想家的交流、制约中形成和发展的。并没有任何先验的逻辑和权力界定"道家"及其他各"家"的传承轨迹,更没有什么力量预先限定某人属于某"家"。任何思想家都是在具体的社会条件下生活,并以其生活感受和所学知识来思考社会矛盾,形成规定矛盾的思想和解决矛盾的主张。谁都不能一开始就预知自己可以做成什么，只能随着具体条件的变化而探索。诸子思想家与汉武帝"独尊儒术"后，特别是宋朝王安石改革科举制以后的"读书人"的根本区别，就在于他们没有一个由专制政权统一制定的考试制度来界定其读什么书、写什么文章、按什么样的层阶一步一步登上官位，他们只能根据自己的志向和条件，选择投师、读书、著文、讲授、游说、对策、行政的途径和方式。

与封建领主和贵族不同，平民出身的诸子只有靠自己的努力，不断提高自己学识和能力，从社会矛盾的演化中寻找发挥作用的机会。那些世袭的官位和不需要创造性思维的礼教活动，不可能由士、儒出身的诸子主持，如果他们按礼教传统思维和行事，也就不可能成为历史变革中起推动作用的诸子了。几乎全部诸子思想家，都不是在其出生的国度"土生土长"并发挥其作用的，其思想的形成和影响，其游说献策任官，都是在别国，尤其李悝、吴起、商鞅、李斯等政治家，全是以"客卿"身份推进社会变革的。就连老子也是在"出关"时著书立说的。这充分说明，在旧礼制礼教统治下，没有诸子发展和作用的条件，如果依周礼制礼教行事，也不可能成为被历史所承认的诸子。

从个体论，诸子思想家都有强旺的创造个人价值的意愿，旧礼制礼教既不能给他们提供生长的条件，更不容许他们超出其身份地位而发挥作用。冷酷的现实迫使他们只能在周礼制礼教之外寻求出路，从求学、思想、游说到任职，都必须以与周礼制礼教不同的基本观念为大前提。而孔子、墨子、孟子、鬼谷子、荀子等不为封建领主所用的思想家，又将讲学授徒为主业，从而为诸子思想的形成和计谋能力的培养创造了条件，他们的亲身经历和深刻思维，集合于对社会矛盾的认识和变革的主张，成为其学生继续思考和行为的必要条件。也正是这样的氛围，造就了与统治意识形态相对立的思想系统，诸子们不约而同地依循和拓展这个系统，由此而在动荡混乱的社会矛盾中寻找发挥的机遇。

老子的天道观，是从基本观念上对依据上帝观的周礼制礼教的否定。以天道代替上帝的世界本原和主导地位，似乎只是一种哲学意义的观念改变，但这种观念变革所涉及的恰是社会制度的根据。上帝观作为部族联盟封建领主制时代精神的基本观念，认为上帝是世界的本原，它主宰万物和人类的命运，每个人的社会地位和权利以及人与人之间的关系，都是上帝决定的，而且所有事物的运行，也是由上帝安排的。周文王、武王、周公就是以上帝观为号召，与反商的各部族联盟打垮商部族，进而建立封建领主制的。这个过程也是一场新时代精神导引的社会变革。虽然周的上帝观远没能像一千年后欧洲基督教的上帝观那么系统，也没有形成宗教，但二者基本观念是相同的，都是封建领主制的思想依据。与基督教专设教皇、教会行使上帝在人间的旨意和权力不同，周代始终将上帝与"天子"周王结合在一起，随着封建领主制矛盾的激化，周王的权势日益消减，尤其是幽王废太子而引发的动乱并被犬戎灭国，平王东迁洛邑以后，春秋"五霸"又不断威胁破坏周王的地位，上帝的权威在人们意识中不断弱化。虽然诸侯和贵族仍依上帝观制定的礼制礼教维持其统治，但冲突和危机彼伏此起，周初所封各国，大都因弱肉强食而兼并，"礼崩乐坏"已成新常态。

正是社会矛盾的激化，为诸子思想家的出现创造了条件。诸侯们为了自保，必须强国，进而扩张领土，吞并他国。这本身就是违背封建制度的，也是对上帝旨意的反叛。那些不尊上帝旨意违背制度的强国并未受到惩罚，而被灭的弱国也没有得到上帝的援助。铁的事实让不甘灭国的领主们认识到，维护自己的统治，不能只用世卿世禄的贵族，而应从士、儒阶层发现人才，甚至使用"客卿"，管仲等人也就成为诸子先驱出现在政治舞台，并以变革的思想而助某国成就霸业。他们是诸子们处世的典范，也是诸子思想的历史前导。

老子身为"周守藏室之史"，深谙上帝观及周礼制礼教，他之所以能提出"道"的概念取代上帝的本原地位，进而以天道论人世矛盾和演化，重要原因就是对几百年封建领主制的衰败及"五霸"所展开的局部变革经验的概括，同时集中探讨了体现于《易经》卦爻辞中的思想进展。"道"既是对人们已走过的路的理论概括，又是对《易经》中阳阴两种基本属性的归纳。"道生一，一生二，二生三，三生万物，万物负阴而抱阳，冲气以为和。"① 道是自然存在的，"渊兮似万物之宗，湛兮似或存。吾不知谁之子，象帝之先。"② 老子是不承认上帝的，对那些坚持上帝存在的人，他则强调，即使有这个上帝，也是在道之后，并由道生出的。

确立了"道"的本原地位，进而以天、地、人的统一论证"道法自然"和"天法道""地法天""人法地"的关系，并以"德"说明天道在万物和人世的体现与主导作用。天道观的基本观念由此确立。

与天道观相似，欧洲在老子之后近两千年出现的"自然神论"，也在其以集权官僚制否定封建领主制的变革中，成为新时代精神的基本观念。欧洲的封建领主制比中国晚了一千五六百年，其时代精神的基本观念上帝观先于封建领主制四五百年形成，并成为以基督教主导的变革奴隶制社会运动的思想依据。比起中国周初的上帝观，一千多年后欧洲的上帝观要系统的多，并据此构建了庞大、持久的基督教思想体系和教会组织。基督教包括其演化的天主教及其教会，具有相对独立的意识形态统治和部分经济政治权力，制约和维持封建领主制。这是比周的礼制礼教合一体制更适宜部族联盟封建领主制的体制，并通过全面的宗教统治将上帝观贯彻于社会各个阶级。也正因此，欧洲对封建领主制的变革比中国要困难得多，到公元十三四世纪，即其封建领主制已建立七八百年，才因天主教与伊斯兰教的冲突，以及蒙古人的入侵等外部矛盾，引发了封建领主之间、封建领主与天主教皇教会的矛盾，促成了"文艺复兴"运动，逐步批判和削弱封建领主制及其宗教意识形态。"文艺复兴"是以恢复古"希腊"和古"罗马"的文化为口号的，它所引以为据的"希腊"哲学和史诗并无原始材料，只是以由主导变革封建领主制和天主教的商人所雇佣的学者们，以据说一千五六百年前阿拉伯人保存的，而希腊和所有欧洲人都不保存并译为阿拉伯语的稿件，再转译为拉丁文的著作为依据。这些浩瀚的著作被标明

---

① 《老子·四十二章》。
② 《老子·四章》。

由连续五六百年的"希腊哲学家"分阶段写出,并有比较明晰的逻辑关系。① 如此多的"希腊哲学"著作中,贯穿着一个尚不成熟的基本观念,就是自然神为世界的本体。而"希腊哲学"是被列在基督教之先的。按这种说法,欧洲是先形成自然神观,后形成上帝观,而自然神观又被"复兴"为否定上帝观的依据。但不论《旧约》还是《新约》的基督教"圣经",在宣讲上帝创世造人的上帝观时,却丝毫没有提及它之前辉煌五六百年的"希腊哲学"及其自然神观。

而"文艺复兴"运动的思想家却没有耶稣那样"仁慈",他们从据说先于基督教的"希腊哲学"中,整理和概括了比较系统的自然神观,用以批判和否定基督教的上帝观。虽然没有中国诸子思想家群那样的规模,"文艺复兴"运动也涌现了众多思想家和科学家,但丁、佩特拉克、薄伽丘、蒙台涅、爱拉斯谟,以及达·芬奇、马基雅弗利、哥白尼、开普勒、伽利略、尼古拉、特莱肖、布鲁诺等,他们分别从不同角度批判上帝观的基督教和封建领主制。虽然还未像后来"启蒙运动"以物质本体论彻底否定上帝,却在保留上帝名号时将其自然化,上帝是自然神,既创造万物又将自身展现于万物之中。这与老子的天道观是基本一致的,他们所说的"上帝",已非基督教中那位人格化的神,而是自然存在的世界本原和"世界灵魂"。自然神的上帝所体现的杂多万物的世界是统一的,它平等地遍布于万物和众人之中。依据自然神观,"文艺复兴"运动的思想家不仅倡导人文主义,更深入地研究自然科学,为奉行"重商主义"的国王和商业资本家提供发展工商业,以至航海、掠夺殖民地的科学技术条件。与此同时,但丁以《帝制论》、马基雅弗利以《君主论》,批判封建领主制,主张集权官僚制,为持续几百年的政治变革提供了依据。欧洲各诸侯从争霸

---

① 我们从黑格尔及现代欧美及中国学者所写的"希腊哲学史"中,是很难认定其依据这样的材料大胆地编造"希腊哲学"的可靠性。但二十一世纪以来,美、英两个"联合国常任理事国"用编造的"大规模杀伤性武器""化学武器袭击"等故事为借口,对伊拉克、叙利亚等阿拉伯国家的侵略,却让人相信不仅历史可以编造,现实也可以编造。资本的伟力就在于此。

到吞并他邦,建成西班牙、葡萄牙、意大利、英吉利、荷兰、法兰西、德意志等强国,重新上演了中国春秋、战国的变革剧,虽然未能统一欧洲,建成欧罗巴民族国家,却也使这些强国从部族联盟的封建领主制转变为初级民族国家集权官僚制。从而历史地再现了近两千年前中国曾发生的制度变革,并证明这种变革所形成的集权官僚制并非中国所独有,而是由劳动者素质技能和社会地位的基本矛盾演进到一定程度必然体现的人类历史上一个特定阶段的一般制度形式。天道观也并非中国独有的观念,指导欧洲集权官僚制取代封建领主制大变革的自然神观,与天道观内涵和外延上是高度一致的。这也是时代精神演进过程的必然。

早在欧洲人提出自然神观近两千年前,中国的诸子之首老子就从"道""德"两个概念规定、论证了天道观,主张并要求统治者应贯彻天道观来行政,甚至改变制度。虽然老子关于社会矛盾及其变革的思想还是初级、不系统的,或者说还仅是一个开始,但正是这个开始,解除了上帝观对变革者思想的束缚,诸子思想家据天道观来批判周礼制礼教,并主张变革,而那些有强国意愿的领主们,也放弃上帝观,听取和采纳这些主张,展开社会变革运动。运动是思想作用的体现,也是思想进一步发展的根据。四百多年的时间内,诸子主导的变革运动持续进行,运动和思想有机统一,相互促进,在否定封建领主制的进程中,培育了诸子思想家群,形成了体现新时代精神的诸子思想系统。

随变革进程历史地出现的诸子思想,各有其特点和侧重点,但都是诸子思想系统的必要内容。历经四百多年出现的成百上千诸子的思想,之所以有其内在的系统性,就在于以天道观为基本观念。孔子从老子那里学习、理解了天道观,并专注于人世形成人道社会观,这是对天道观的充实,也是天道观具体化于诸子思想的必要中介。更为重要的是孔子广收弟子,并有不少突出成就者,他们再授徒,影响广泛,天道观由此而传布。墨子一脉,又从其代表的农奴和平民劳动者利益界定并论证天道观和人道社会观。孔、墨两大派"显学",虽仍是民间之学,却也成大规模,而战国中、后期战争频仍,还保有领地的领主们日益感到危机,为求自保和扩张，只能广揽民间人才，为诸子提供了较好的生存和作用空间。诸子或讲学授徒，或献策从政，都以天道观为大前提，并不断总结思想之法、术、技层次的进展，以及变革实践的经验和教训，充实天道观的论证，到荀子、韩非那里，思想逐步系统，而李斯指导嬴政统一天下，建立集权官僚制，新的时代精神制度化的过程与作为其基本观念的天道观对上帝观的否定也告完成。汉初推崇"黄老之学"后，文子以天道观汇统德、仁、义、礼等范畴，力求将天道观应用于初级集权官僚制，淮南王刘安又以天道观为基本观念将诸子思想纳入一个系统，虽然因其在政治上的失势而未得推行，但他的思路却是诸子思想演进的必然。董仲舒的思路，也与刘安一致，但他不是将诸子思想纳入"道家"，而是归结于"儒家"，并鼓励汉武帝刘彻"独尊儒术"。董仲舒所总结的思想系统，是以集权官僚制为本体，改造天道观，并以改造了的天道观为基本观念，再改造孔子、孟子、荀子和其他诸子思想，熔为"儒学道统"。这是诸子思想在制度化后的系统化，虽有一定的门户之见，却也展示了集权官僚制的时代精神。董仲舒本人还可算作诸子之一员，但他的"儒学道统"一经皇帝认同并"独尊"，也就终止了诸子思想变革的行程，天道观随着儒学道统统治地位的确立，而被改造为统治阶级思想的基本观念，其原有的变革性和辩证性也在董仲舒"天不变，道亦不变"的断言中被解除。

二 封建领主制时代精神的基本观念上帝观及其衰落

　　天佑下民，作之君，作之师，惟其克相上帝，宠绥四方。有罪、无罪，予曷敢有越厥志？同力度德，同德度义，受有臣亿万，惟亿万心；予有臣三千，惟一心。商罪贯盈，天命诛之。予弗顺天，厥罪惟钧。①

---

① 《尚书·周书·泰誓上》。

这是周武王在孟津召集各部族首领和臣属，讨伐商纣王誓师大会上宣誓词中的一段话，集中表达了周集合各部族结成联盟，讨伐并消灭商王所依据的上帝观。《尚书·周书》中的上帝，也称"天帝"，有时简称"天"。上帝为了维护他所创造的天下之民的社会秩序，为下民安排确立了君主、官吏和导师，由他们来代表上帝行使管理的权力，保证四方安定。周武王在这里说：商纣王有罪还是无罪，不是我周武王说了算，而是由上帝的旨意评判的，我只是执行上帝旨意罢了。势力相等的以有德者为胜，德行相等的以能否重义为强。纣王虽有臣属亿万，但却人各异志，有亿万心，而我虽然只有臣属三千，但三千人同心共德秉义。纣王恶贯满盈，上帝命我去诛杀他。如果我不执行上帝命令，就会像纣王那样要受上帝惩罚。

> 今商王受弗敬上天，降灾下民。沉湎冒色，敢行暴虐，罪人以族，官人以世。惟宫室、台榭、陂池、侈服，以残害于尔万姓。焚炙忠良，刳剔孕妇。皇天震怒，命我文考肃将天威，大勋未集。肆予小子发，以尔友邦冢君观政于商。惟受罔有悛心，乃夷居，弗事上帝神祇，遗厥先宗庙弗祀。牺牲粢盛，既于凶盗。乃曰："吾有民有命！"罔惩其侮。[①]

周武王依上帝旨意来宣布商纣王的罪过，并陈述反商联盟的必要和必胜。纣王的罪行就在不敬重上帝，给下民造成灾祸。他沉湎于酒色，残暴地对待下民，株连灭族，而其任官也只讲世袭，不重贤能。他浪费民力民财，制作宫室、楼台、池塘和华美服饰，损害万姓氏族利益。甚至炮烙忠良大臣，割剖孕妇。纣王的行径，引得上帝大怒，命我父文王代行天罚，但还未完成大功。我作为文王之子和继承者，和你们这些友邦首领一直观察商王的政治，但他并不思悔改，仍然对上帝和鬼神傲慢无礼，废弃宗庙，不行祭祀，连祭祀用的牺牲和黍稷，都被盗贼偷走了。他却还说"我有上帝

[①] 《尚书·周书·泰誓上》。

赐给的权力和臣民"，根本没有改变自己侮慢上帝旨意的行为。据此，周武王认为自己应继承文王所受上帝之命，联合各部族结成反商联盟。

> 予小子夙夜祗惧。受命文考，类于上帝，宜于冢土，以尔有众，厎天之罚。天矜于民，民之所欲，天必从之。尔尚弼予一人，永清四海，时哉弗可失。①

我武王自从接受文王之命即此王位，也就要完成我父文王从上帝那里领来的旨意，为此，我从早到晚都敬慎忧惧，祭祀上帝和社稷，率领你们来执行上帝交给的惩罚纣王的任务。上帝是为了保护下民才派给我们这个任务的，纣王害民，民要除掉他，上帝是听从民的意愿而任命于我的。希望各位首领辅助我，完成上帝交给的任务，使天下永远清平。现在正是大好时机，可不要失去啊。

学界关于《尚书》的真伪多有怀疑，《泰誓》篇不在伏生今文《尚书》二十八篇之列，而是录于梅赜《古文尚书》中。若以行文用语看，很有可能被后人修改过，但不能就此否定其文献价值。《泰誓上》所记载武王誓词，与历史上其联盟各部族伐商的事迹是相合的，而且其主要的依据，就是周文王以来信奉的上帝观。这在他的誓词中得到充分表达。

"上帝"并非周人发明的，商时就已提出，如《尚书·商书·汤誓》中就有"夏氏有罪，予畏上帝，不敢不正。"② 其他"商书"中也有提及"上帝"之处。但商代是以部族为社会存在方式，每个部族中居统治地位的氏族都把其祖先中某一杰出人物作为祖先神来祭奉，而且遇到大事时，要以龟卜的方式来请示祖先神，③"上帝"实际上是商族仍活在天上的祖先神，是其祖先神"克配上帝"，而非周人所说的没有部际限制的"天帝"。

---

① 《尚书·周书·泰誓上》。
② 《尚书·商书·汤誓》。
③ 据罗振玉《殷墟书契考释》统计，商人卜辞分为九类：祭、告、享、出入、渔猎、征伐、年、风雨、杂卜。

但也正是商族的"上帝"成为周王"上帝"一词的来源，二者的差别是，商代以部族为社会存在方式，因而仍为其祖先神的"上帝"是属于本部族的；而周则通过部族联盟讨伐商王，灭商以后又将部族联盟作为"天下"的社会存在方式，周武王所说的"上帝"，或许也以周族的祖先神为原型，或者原意指本族的祖先神，但为了组织部族联盟，就必须将它扩大化，成为各部族共有的"上帝"，是与所有"下民"对应的。只有这样的上帝才对各部族有共同的权威和号召力，周王也可依据他对上帝意旨的垄断，来对各部族首领发号施令。灭商后的分封和制定礼制，都是以"上帝"意旨为根据的，包括《周礼》中天、地、春、夏、秋、冬六官的设立及等级制度，都是按上帝主导世界的观念而设计的。

既然把"上帝"视为各部族共有的神，是对所有人的主宰，那么各部族自己原有的祖先神又如何对待？周代这样处理：将上帝与祖先神分立，仍保留对本部族祖先神的祭祀，但所有祖先神又都是从属于上帝的。上帝不仅主宰着已结成联盟的各部族的命运，而且主宰各部族的祖先神。原周族祖先神曾受"上帝"之命而成为"天子"——天帝之后代，他及其后代都可以用"上帝"名义来进行封建和协调各封建国的关系。而周初分封时，所封之国中又有相当一部分是周王子孙和亲戚，以及部分功臣，他们当然承认共同的"上帝"权威，至于商族及其他旧族，能被保留下来，已是幸运，虽在本族内供奉祖先神，但又必须承认"上帝"的主宰。至于周族内部，也仍把文王与上帝分开作为祖先神来加以供奉，但由于文王在世时就是接受上帝之命的，所以上帝不仅是周族内部，也是全部族联盟共同的主宰。有学者认为周代以上帝和祖先神并重的"二元神论"为信仰，这是值得商榷的。不仅其他部族的祖先神，就连周族的祖先神文王都是受上帝之命的，虽然将上帝和祖先神分开供奉祭祀，但这并不是同等级的"二元神"崇拜，而是在承认上帝为天下主宰的前提下，通过对本部族祖先神的供奉，维系本部族的内部关系。

祭祀是周王及诸侯们的重要活动，上帝和祖先神不仅是祭祀的对象，也在祭祀活动中得以存在；他们既是后世统治者权力的来源，又是后世统治者行使权力的理由，在祭祀活动的同时往往要就所遇大事筮卜，猜测上帝或祖先神的旨意，以决定行事办法。因此，祭祀又成为重要的政治活动。《史记·封禅书》记："周公即相成王，郊祀后稷以配天，宗祀文王于明堂以配上帝。"① 祖先神文王从属于上帝。上帝作为世界主宰，不仅体现于对祖先神及其后代的统治权，还体现于对天地山川的统治权，因此后代统治者也要通过祭祀来显示其得自上帝的对天地山川的统治权。

> 《周官》曰，冬日至，祀天于南郊，迎长日之至；夏日至，祭地祇。皆用乐舞，而神乃可得而礼也。天子祭天下名山大川，五岳视三公，四渎视诸侯，诸侯祭其疆内名山大川。四渎者，江、河、淮、济也。②

《周礼》对春官大宗伯之职的论述中，将祭祀说得更为具体：

> 掌建邦之天神、人鬼、地祇之礼，以佐王建保邦国。以吉礼事邦国之鬼神祇，以禋祀祀昊天上帝，以实柴祀日、月、星、辰，以槱燎祀司中、司命、风师、雨师。以血祭祭社稷、五祀、五岳，以狸沈祭山林、川泽，以疈辜祭四方百物。以肆献祼享先王，以馈食享先王，以祠春享先王，以禴夏享先王，以尝秋享先王，以烝冬享先王。③

虽然对"先王"的祭祀次数多，但主要出自血缘亲情，而首祀为上帝，日月星辰、司中、司命、风师、雨师、社稷、五祀、五岳、山林、川泽、百物之祭，都是从属于上帝之祀的。

上帝为天地、万物和人世主宰，"天子"是上帝派在人间的代表这种

---

① 《史记·封禅书》。
② 《史记·封禅书》。
③ 《周礼·春官宗伯》。

观念，是周王统治的依据，他通过封建、祭祀、礼教及各种活动，反复向诸侯、百官宣传这种观念，以证明自己统治的合法性。周对上帝的崇拜虽然没有像后来的欧洲那样另设教皇专门代行上帝控制意识形态的权力，但周王对祭祀等活动的主持，就是在行使这种权力。周王在封建各邦国的同时，还给自己留了一块领地，他对诸侯的控制力，更多地来自其领地的富强程度，由此而形成实际的势力，他作为上帝代表的身份还要靠他的实力来体现。但周信奉的上帝观并没有像欧洲那样形成系统的宗教教义和教会组织，而且还容许祖先神和由历史上的图腾演化的各种神灵的存在，特别是诸侯各自祖先神的保留，使上帝的权威大打折扣，当周王势力减退时，上帝观对意识形态的统治也就开始动摇。

上帝观作为周封建领主制的依据，形成于文王，成就于武王、周公，盛行于西周。《尚书》《易经》《诗经》《左传》《周礼》等各种典籍中都有记载。

《尚书·周书》讲"上帝"最多的是周公，选录几段他的话：

乃命于帝庭，敷佑四方，用能定尔子孙于下地。四方之民罔不祗畏。呜呼！无坠天之降宝命，我先王亦永有依归。①

惟时怙冒闻于上帝，帝休。天乃大命文王殪戎殷，诞受厥命越厥邦民，惟时叙乃寡兄勖。肆汝小子封在兹东土。②

尔殷遗多士！弗吊旻天大降丧于殷；我有周佑命，将天明威致王罚敕，殷命终于帝。肆尔多士！非我小国敢弋殷命，惟天不畀，允罔，固乱弼我；我其敢求位？惟帝不畀，惟我下民秉为，惟天明畏。③

呜呼！君已曰时我，我亦不敢宁于上帝命，弗永远念天威越我民。罔尤违，惟人在！我后嗣子孙大弗克恭上下，遏佚前人光

---

① 《尚书·周书·金縢》。
② 《尚书·周书·康诰》。
③ 《尚书·周书·多士》。

在家，不知天命不易、天难谌，乃其坠命，弗克经历。嗣前人，恭明德。①

《金縢》是周公设坛请求以自己性命代武王去死时写于祝册中的话。《康诰》是册封文王之子康叔于卫国的诰辞，周公告诫康叔需依上帝意旨爱护其封地的殷民。《多士》是周公对商代遗士的训辞，告诫他们周灭商，是因为商王违背了上帝意旨，上帝命我周王伐商，你们不要怨恨，而要依从上帝之命服从统治。《君奭》中记周公与召公奭所讲二人应团结一致辅佐成王的话。可见周公是上帝观的主要论证者。

《诗经》关于"上帝"的记载也很多，如：

穆穆文王，于缉熙敬止。假哉天命，有商孙子。商之孙子，其丽不亿。上帝既命，侯于周服。②

维此文王，小心翼翼。昭事上帝，聿怀多福。厥德不回，以受方国。③

皇矣上帝，临下有赫。监观四方，求民之莫。维此二国，其政不获。维彼四国，爰究爰度。上帝耆之，憎其式廓。乃眷西顾，此维与宅。④

帝谓文王：予怀明德，不大声以色，不长夏以革。不识不知，顺帝之则。帝谓文王：询尔仇方，同尔弟兄。以尔钩援，与尔临冲，以伐崇墉。⑤

《大雅》主要记叙周文王功绩，而他的功绩，完全是执行上帝旨意的

---

① 《尚书·周书·君奭》。
② 《诗经·大雅·文王》。
③ 《诗经·大雅·大明》。
④ 《诗经·大雅·皇矣》。
⑤ 《诗经·大雅·皇矣》。

结果。上引四首诗，都在强调文王及周政权是受命于上帝的，上帝主宰世间事物，并通过文王来统治下民。而《易经》则是通过占筮来猜测上帝意旨，以解决疑难问题的工具书。八卦筮占可能在夏商时就已出现，是与龟卜共用的一种求问祖先神的方式，但商代主要使用的是龟卜，筮占只是一种辅助手段。司马迁说："西伯拘羑里，而演《周易》。"① "自伏羲作八卦，周文王演三百八十四爻而天下治。"② 周文王在被拘羑里时，把相传伏羲所创的八卦进行大改造，形成六十四卦三百八十四爻。文王修订后的《易经》，与之前的筮占八卦的区别就在突出上帝观的主导，它与龟卜的对象不同，龟卜问祖先神，筮占猜上帝的旨意。周代虽然还保留着龟卜，但已是一种辅助形式，与祖先祭祀结合，往往只用于因本宗族事务而求祖先神启示，筮占则普遍用于军国大事，以及气象、灾害、农事、商旅等。文王改造前的八卦已不可知，《易经》的八卦、六十四卦及其三百八十四爻辞也是经后人反复修改、补充的，其中既体现着文王的基本思路，又凝结了社会矛盾演变和人们思想的进展。

按照周文王的设想，八卦至六十四卦及其三百八十四爻的演变，是从象数图示探测上帝旨意的必要方式，并常和龟卜同时演算。《尚书·周书·洪范》中箕子讲授据说是上帝传给禹的"洪范九畴"之七，"稽疑：择建立卜筮人，乃命卜筮。曰雨，曰霁，曰蒙，曰驿，曰克，曰贞，曰悔，凡七。卜五，占用二，衍忒。立时人作卜筮。三人占，则从二人之言。"③ 如有大疑难，则不仅龟卜、筮占，还要征询卿士、庶民意见，总合而决策。

《左传》和其他典籍中也有多处用《易经》进行筮占的记载。如《左传·宣公十二年》记晋楚邲之战，晋荀首知庄子据《易经》说：

此师殆哉。《周易》有之，在《师》䷆之《临》䷒，曰"师

---

① 《史记·太史公自序》。
② 《史记·日者列传》。
③ 《尚书·周书·洪范》。

出以律，否臧，凶。"执事顺成为臧，逆为否。众散为弱，川壅为泽。有律以如己也，故曰律。否臧，且律竭也。盈而以竭，夭且不整，所以凶也。不行谓之《临》，有帅而不从，临孰甚焉？此之谓矣。果遇，必败，彘子尸之。虽免而归，必有大咎。①

秦国医生医和以蛊卦之卦象说蛊疾："淫溺惑乱之所生也。于文，皿虫为蛊；穀之飞亦为蛊；在《周易》，女惑男，风落山谓之《蛊》，皆同物也。"②

以《易经》筮占，猜测上帝旨意，在周初为盛，到春秋时递减，战国时的文献及诸子著述，几乎见不到筮占活动。这说明上帝观的衰落，或者说上帝崇拜的意识不断淡化，虽然周王及诸侯在祭祀时还要表示对上帝的信仰，并祈求上帝佑护，但连他们自己也很难相信其功效。而《易经》在流传和使用过程中，其卦爻辞不断被修改，至今我们所看到的，更多的是从阳阴两个基本属性推演的万物和人事，从文王卦的本意，还是将阳阴两属性归之于上帝，但《易经》中已没有关于上帝的明确的表达了，以至老子可以将其阳阴两属性归纳为"道"。《易传》则更加清楚地论证了这一点。从这个意义上，我们可以将《易经》视为从上帝观到天道观转化的中介环节。

上帝观的衰落，根本原因是随着封建领主制的实行，奴隶变为农奴，其社会地位有所提升，平民劳动者也有了相对固定的生产和生活条件，农奴和平民劳动者作为主要的劳动者因此而提高了劳动的积极性和素质技能，对自然界的认识也由此而深化，因而对上帝为本原，上帝主导万物和人事的观念逐步产生怀疑，并逐步趋向于从自然现象认知其规律。与此同时，天文和地理，以及农学、医学等都有所发展，从而使人们淡化了对上帝的迷信。由于农奴和平民劳动者素质技能的提高与人口的增加，他们提

---

① 《左传·宣公十二年》。
② 《左传·昭公元年》。

高自己社会地位的意愿日益增长，而上帝观是他们提高社会地位的主要思想障碍，于是在民间形成了对上帝观的不满和怀疑。而封建领主之间，领主与贵族之间的矛盾不断激化，特别是周幽王违背祖制废太子，并被犬戎所杀之后，周王的"天子"地位江河日下，春秋"五霸"的兼并又从根本上动摇了封建领主制，从而使作为这个制度思想依据的上帝观失去往日权威，领主和贵族们也都开始怀疑上帝是否有主宰世界的伟力；弱小的领主几乎每天都承受着被灭国的危险，不停地乞求上帝保佑也逃不脱灭亡的命运，上帝作为他们的精神支柱也就随之倒下；强大的领主本来就违背了上帝的意旨而兼并他国，虽然还会祭祀上帝，但仍在积蓄武力，准备兼并更多领土。

上帝观作为封建领主制时代精神的基本观念，在中国存在的时间远比后来的欧洲为短，它形成于周文王、武王构建反商的部族联盟，兴盛于灭商后建立封建领主制时期，进而在西周持续起着主导统治意识形态的作用，到春秋时已经衰落。日益尖锐的封建领主制的各种矛盾孕育了取代上帝观的天道观。

三 《易经》：上帝观向天道观的演化

《周易》可以说是最让人费解，从而注释杂多，歧义纷乱的一部典籍。汉朝以后的儒学道统将《易经》和《易传》合而为一，列入其"经书"，而道教也把它与《老子》《庄子》并列为"三玄"，加之民间术士们又用它给别人"算命"作为自己活命的工具，不断依其需要而肆意编造各种说法，致使《周易》变得深不可测、奥不可及的"奇书"。尤其近几十年，随着"国学"热，又有人故弄玄虚，或另辟蹊径，注本解本频出，算命看阴阳大行其道，《周易》之神秘更上一层。我于1986年曾用一年时间研读《易经》，力求从中找出所含哲学、历史等思想因素，虽然诸多困惑，却也没有认为它有多么高深。当时曾写过一本书的提纲，但因他事而搁下。这几年又把新近的一些注释本看了一下，尤其港、台某些"半仙"学者的

"讲解"，不敢苟同，却也从反面得到启发。"周易"之名，在《左传》等典籍中都已出现，其内容相当于后来名为《易经》的册子。"经"字应为汉以后所加，而《易传》或解易之"十翼"，则为孔子与其后学者对"周易"的注释与阐发。现在一些人把《易经》与《易传》合为《周易》一书，是不妥的，应将《易经》与《易传》分开，各自为书，这并不影响二者的联系。

从《易传》的"彖传"和"象传"可以佐证，《易经》的卦爻及其辞，在孔子之前就已基本定型，其主要内容应为周文王被拘羑里时所演算的六十四卦三百八十四爻，并经西周至春秋时修改、添加而成。这是当时人们以其思维形式对天地万物和人事关系的一种系统整理。要理解《易经》，一是必须认知这期间的社会制度及其经济、政治、文化状况，二是了解演易及写卦爻辞者的思维形式和语言特点。一些人之所以先将《易经》说得神秘莫测，进而又根据自己的需要加以解说，用它来算计两千多年后人们的命运，甚至具体化到某一事的处理，似乎先人们早就预知了后世之一切，就要无意或有意地略去当时的社会制度及其经济、政治、文化，将《易经》说成"超时空"的无所不包、无所不能的"神书""天书"。再就是不理解周文王及《易经》卦爻辞修改者的思维形式和语言特点，越是不理解越是玄秘，特别是把象数演算说得神乎其神，好像有某种超出正常人逻辑思维之外的"玄思妙算"。

关于《易经》形成和修改的社会条件，我们在前面已做了探讨，概言之，《易经》自周文王改造前人八卦而成六十四卦三百八十四爻开始，到老子提出天道观和孔子及其传人作《易传》使《易经》定型，这五六百年的时间是中国封建领主制建立、延续和没落的过程，《易经》作为周王和诸侯求问上帝旨意的主要工具，它的编写和修改、增添，正是这一过程中社会矛盾的体现。这里我们重点探讨《易经》编写者和修订者的思维形式和特点。

人类的思维形式是随着社会总体的进化而逐步发展的。就像一个个体人从出生到童年、幼年、少年、青年、中年、老年各个阶段一样，一个总体性社会存在的群体，它的历史演进也要经历若干阶段，其思维形式也因历史阶段的推进而提升。黑格尔在《精神现象学》中写道：

> 在知识领域里，我们就看见有许多在从前曾为精神成熟的人们所努力追求的知识现在已经降低为儿童的知识，儿童的练习，甚至成了儿童的游戏；而且我们还将在教育的过程里认识到世界文化史的粗略轮廓。①

如果将原始社会视为人类的童年，部族奴隶社会是人类的幼年，部族联盟的封建领主制社会则为人类的少年期。中国是率先进入这个少年期的，周文王是这个历史变革的先行者。他所设计演算的《易经》是这个时期思维形式的典型。由于祖先崇拜的传统，形成了"厚古薄今"和"古圣今愚"的思维习惯，人们往往把古代圣贤看得高尚而博奥，这一点在对待《易经》的态度上非常突出。也正因此，后代的中国学者谁也不敢像对待其他知识那样，视其为"儿童的知识，儿童的练习，甚至成了儿童的游戏"，总是以一种仰视的眼光和崇拜的心态来读这部"深不可测""高不可攀"的"天书"。以至某位一生都研究中国思想史的"泰斗级"大师，不是谦虚地说他对《易经》"百分之九十五还读不懂。"确实，如果从周文王算起，距今已三千多年，即使孔子及其传人作《易传》使《易经》定型，也有两千五百多年了。当时的语言、文字，以及地名、人名、物名，都与现在有重大差别，加之筮占的象数及演算方式都是由筮者秘传，并无文字记载，致使后人读起来困难重重。对此我在1986年读《易经》时深有感触。如果把研究《易经》的目的放在重现当时情景，恢复其作者和修改者的思想状态，是极度困难的，而我曾陷入的误区就在于此，大概某些注释者也都遇到同样的问题。这与一个成年人要回到其少年时的情况，重现当时的思想、言语、行为是非常相似的。

---

① （德）黑格尔：《精神现象学》上，商务印书馆1979年版，第20-21页。

不能还原少年的成年人，却是从少年时过来的，就像果实来自花朵，花朵来自花蕾，

> 在比较高一级的精神里，较为低级的存在就降低而成为一种隐约不显的环节；从前曾是事实自身的那种东西现在只还是一种遗迹，它的形态已经被蒙蔽起来成了一片简单的阴影。每个个体，凡是在实质上成了比较高级的精神的，都是走过这样一段历史道路的，而他穿过这段过去，就像一个人要学习一种较高级的科学而回忆他早已学过的那些准备知识的内容时那样，他唤起对那些旧知识的回忆并不引起他的兴趣使他停留在旧知识里。[1]

我们之所以研读《易经》，不应把还原其创立者周文王及其修订者"本来"的全部为目的，而应从中考察我们的祖先在中华民族少年时期曾有过的基本思想，发现其与现代思想的内在联系，从中寻找一般性的启示和借鉴。我们所能依据的，只有《易经》的文字记载和作为佐证的文献，在明确当时社会制度及其经济、政治、文化等基本情况的前提下，探究其中所体现的一般性思维形式和语言特点。人的思维是有共性的，个人的思维形式是逐步提升的，人类总体的思维形式也在逐步提升。就像成年的我是由少年的我生长而来，在后的思维形式也是在先的思维形式生长的结果，并包含在先的思维形式于其中。一个社会总体存在形式的提升，从家族到氏族到氏族联合体到部族到部族联盟到民族，其社会关系的制度形式要改变，其总体性的思维形式也在提升。任何思维都是以感性所形成的感觉为基础的，都是在头脑中对感觉到的现象材料的加工整理。思维的最基本形式是比较，即对感觉的不同事物的对比，找出其同异，进而又在比较的基础上对众多现象材料加以分类，并由分类形成系统性的认识。中国夏商时期的部族奴隶制，因其人口增加并在相对稳定的地域生活，总体的感

---

[1] （德）黑格尔：《精神现象学》上，商务印书馆1979年版，第20页。

性认识和思维交流密切，已突破原始社会氏族的初级分类，达到较高程度的分类，部族内的统治氏族为了维护其地位，明确地从类上区分本氏族与奴隶，区分本部族和外部族，为此也就以祖先神的崇拜代替了氏族阶段崇拜某自然物的图腾。在思想上则以祖先神为基本观念，构造了与当时社会和自然条件相适应的思想体系。周文王在历史上的创造和引领，就在于他被拘羑里时通过对八卦的改造并演出六十四卦三百八十四爻，将分类这种思维形式提到了更高阶段，并由此构建了一个以上帝观为基本观念的新思想体系，由此，他突破信奉祖先神的部族奴隶制既有的社会关系，与其他部族联盟对抗商部族，并由其子武王和周公完成变革大业，建立了封建领主制。

《易经》就是已扩展为部族联盟的社会总体思维形式的体现。周文王之前的八卦已不传，后人所谓的"伏羲八卦"，也难说是其原貌，但其"八卦"则表示分类。文王的贡献，是在已有分类的基础上，提升分类的层次，将世界万物和人事分为两类基本属性——阳和阴，再把纯阳（☰）和纯阴（☷）各设一卦，表示天和地，然后将阳与阴两属性拼合为震（☳）、巽（☴）、坎（☵）、离（☲）、艮（☶）、兑（☱）六卦，分别表示雷、风、水、火、山、泽。以八卦作为经卦，将其中两卦相叠加组成六十四卦，每卦六爻，共计三百八十四爻。各卦及其中各爻，都配有相应的辞，以说明其卦象和喻义。《易经》就是以阳和阴两种基本属性作为推演的大前提，其中乾卦（☰）、坤卦（☷）是纯阳和纯阴的基本卦，表示天、地，喻义健和顺，其余六十二卦，都是阳爻和阴爻交互配合而成，即阳阴两种属性的不同组合，由其各卦之象推测所遇事物及如何对待。"象"在《易经》中具有相当重要的地位，是"占筮"和推测的依据。"象"是什么？《系辞》说"易也者，象也。""象也者，像也。"这几乎等于没有解释，但又是解释。确切说，"象"是通过比较而发现的不同现象间的相似处，如形象，但《易经》所列之卦象，已经抽象到只是阳阴两爻的排列，只从形象解已不充分，还应有"意象"在其中，即根据简单的形象想见其意象，再以相对具体的卦爻辞表示。各卦爻辞既要以比较典型的现象和事例表示其象，又要据已有经验来标注其吉凶、悔吝、无咎，以为行事之参照。《易传·系辞》说：

> 象者，言乎象者也；爻者，言乎变者也。吉凶者，言乎其失得也。悔吝者，言乎其小疵也。无咎者，善补过也。是故列贵贱者存乎位，齐小大者存乎卦，辨吉凶者存乎辞，忧悔吝者存乎介，震无咎者存乎悔。是故卦有小大，辞有险易。辞也者，各指其所之。①

以阳阴为天地万物和人事的基本属性，而这两个属性又是相结合并转化的，由此说明各种现象。阳阴两个基本属性的规定，是长期比较、分类的结果，也是打破部族局限，从部族联盟的总体思考问题的表现，因此才有了"天下"观念，天下的一切都有共同性，六十四卦就是对这种共同性的规定，但这些共同性中又有基本属性，即乾卦和坤卦，这两卦可以说是"标准卦"，是不能直接演绎任何现象的，但又必须确立这两卦，以为另六卦至其他五十六卦的起始，阳和阴这两属性也由此而贯彻于各卦之中。阳阴两属性是从所谓"伏羲八卦"以来，特别是周文王长期的从具体到抽象思考过程的结果，而从阳阴两属性及其所体现的乾坤两"标准卦"对各卦的推演，则是从抽象到具体的展开过程。

这里有一个问题：阳和阴是天地万物和人事的基本属性，那么是什么决定了这两种属性？或者说，什么是最终的本原，由它生出阳阴这两种属性，并主导其相交配合，贯彻于万物人事中？《易经》并没有说明这一点，但据周文王的思想和封建领主制的需要，这个本原就是上帝。是文王自己没有论及，还是后来的修改者删去了，已不得而知。但从文王演易的目的看，就是通过筮占卦爻象数的变化来探求或猜测上帝的意旨，这与龟卜问祖先神是相似的。解读《易经》，如果明确其依据的基本观念是上帝观，

---

① 《易传·系辞上》。

上帝是世界本原，阳阴两属性是上帝派生并贯彻于万物人事中的，其组合和变化都是上帝所主导的，筮占就是从卦爻象数的推演中猜测其中体现的上帝旨意，进而依上帝旨意决定行为方式，这样，筮占才说得通，从周文王到武王、周公对上帝的崇拜及其体现于《尚书》等文献中的上帝观来看，周初之演易应是如此。为什么《易经》中却没有谈及上帝？而当时还没有形成以"道"为天地万物本原和主导的天道观，直接从阳阴两个基本属性进行演绎，总会让人产生疑问：阳阴两属性相交配合的根据是什么？筮占可以认知这种相交配合的象数，但这又怎么可以说明问题？难道这象数本身就是最终的结论？虽然在各卦爻辞中列举了典型事例和前人经验，但仅凭这些就可以决断行为方式吗？

对于这些问题，《易传》干脆引入天道观来解说，"一阴一阳之谓道。"① "《易》与天地准，故能弥纶天地之道。"② 将"道"作为阳阴两属性的本原和大前提，从而使易之演算成为对天道所主导世界的测度。后世解易者几乎都是这个路数。但《易经》编写和修改时，天道观还未形成，其创始者周文王的思想是以上帝观为基本观念的，因而演绎的大前提是上帝，筮占是对上帝派生阳阴合成的万物和人事的猜测。"易"为变化、转变，是由上帝主导的，"易"之演算是从卦爻象数的变化来叩问上帝的意旨，所谓吉凶、悔吝、无咎，都取决于人的行为是否合乎上帝意旨。《易经》的部分卦爻辞也体现这层意思。而以天道观为基本观念和大前提，去掉了上帝，这部分卦爻辞就难以理解了。这也是人们所说的《周易》难读的原因之一。

孔子弟子及其传人，尤其汉以后将《周易》作为儒家道统之"经"的学者们，都是从《易传》来解读《易经》的，并认为《易经》是由孔子编辑整理过的。在他们的思想里，并没有社会存在形式和制度的区分，甚至往往不顾历史和逻辑的差异，不去分析周文王、武王、周公等人的思

---

① 《易传·系辞上》。
② 《易传·系辞上》。

想特点，只是把他们作为孔子的前驱，是与孔子思想完全一致的，孔子所作《易传》与文王之"周易"及《易经》卦爻辞，都是按一个基本观念，从一个大前提展开的，而且《易传》更为明确、清楚，是解读《易经》的依据。

孔子对《易经》是否做了修改，已无法考证，但孔子热衷于读《易》并写了或讲了《易传》中的部分内容，他的弟子及其传人据孔子思路进一步编写《易传》却是可信的。我们并不否认《易传》的思想价值，但这个价值是在于展开论证天道观，而非继续阐述上帝观。依《易传》解读《易经》的做法，根本没有考虑周文王演易之本意和他思想的特点，直接跨越历史，用孔子所信从的老子天道观来解说《易经》，这和现在一些人用现有权威思想解读马克思著作有相似之处。不仅对于《易经》，儒学道统主导的学者们对于《尚书》《周礼》《诗经》《春秋》等的解读，也都用此法，因而不知周文王、武王、周公等周代制度创立者的思想特点和基本观念，也不明白周封建领主制与秦汉以后集权官僚制的本质差别。

用"四书"解"五经"，以"五经"为"四书"注脚，是"独尊儒术"后儒家道统系列的一个原则，在宋理学中尤甚。可以说，两千多年来，中国思想界已将周代思想"孔子化"或"儒学化"了，也根本不了解周代制度的性质，不知道因制度差别所导致的思想系统，特别是其基本观念的本质区别。这样做，看似突出孔子的历史地位，实则没有明确孔子的思想价值。周文王、武王、周公既可以被视为孔子思想的佐证，也可以看成孔子思想的先导，孔子只是继承他们的思想在后世有所发挥，并没有什么创造性。"五经"之中，只有《易经》由孔子及其弟子、传人写了《易传》为注解，据《易传》读《易经》，《易经》的历史和思想特点几乎看不到了。这在朱熹那里表现得尤为突出，他所注解的《易经》，已没有孔子之前周代思想的内容，似乎是据《易传》阐发孔子思想的著作。

不论后人如何解读，《易经》毕竟是老子、孔子之前周代思想的集合，它既包含了周文王、武王、周公等封建领主制创造者的思想观念，也汇集了周初至春秋时因生产发展和社会矛盾所导致的思想演变。周文王演八卦，推六十四卦，变三百八十四爻，但他并没有专门系统地编写卦爻辞，《易经》卦爻辞中或许有一部分为文王所写所说，但大部分是在其后四五百年间由筮占者所作、所改的。由于周王与诸侯虽有联系，但又有相对独立性，不论周王室还是各诸侯，都可能根据其各自领国的特点和特殊需要，而修改或重写卦爻辞，因而会有不同的册本。现在已不知孔子所编定的《易经》之外还有哪些册本，但仅从这本《易经》也可以看出其中体现的思想演变。

周文王之演易，是上帝观的展现，是他据上帝观来论证、推演联合各部族推翻商部族的必然性和可能性的，他以阳阴为基本属性构建的八卦至六十四卦三百八十四爻的象数体系，所依据的基本观念和大前提就是上帝观。在乾卦、坤卦、屯卦等卦爻辞中，还可以看出文王和其他周代早期统治者求问上帝意旨的情况。如乾卦"初九：潜龙勿用。九二：见龙在田，利见大人。九三：君子终日乾乾，夕惕若厉，无咎。九四：或跃在渊，无咎。九五：飞龙在天，利见大人。上九：亢龙有悔。用九：见群龙无首，吉。"① 从中可见文王未起事反商时的心境，而"群龙无首"是上帝暗示文王，各部族需要有一个共同首领将其组成联盟，文王担任这个首领是合于上帝之意的。而坤卦则是对随从文王的部族首领和臣属而占的，其卦辞为"元亨，利牝马之贞。君子有攸往，先迷后得主，利。西南得朋，东北丧朋。安贞，吉。"② 其爻六三："含章可贞。或从王事，无成有终。"③ 并以上帝之旨昭示臣属"括囊，无咎，无誉。"④ 屯卦卦辞为："元亨，利贞，勿用有攸往。利建侯。"⑤ 似为分封诸侯时所占。再如夬卦卦辞："扬于王庭，孚号，有厉告自邑，不利即戎；利有攸往。"⑥ 也是出征前求问上帝旨意。类似情况，在其他卦也有所见。

---

① 《易经·乾卦》。
② 《易经·坤卦》。
③ 《易经·坤卦》。
④ 《易经·坤卦》。
⑤ 《易经·屯卦》。
⑥ 《易经·夬卦》。

但是，还有相当一部分卦爻辞采取以事论事，用以前有过的事例或经验，来告示占筮者遇到类似情况应如何处理，上帝旨意已隐而不见，或许其内还包含上帝主导之意，不过已不是一个人格化的神，而是体现于事物或经验中的一般性的规律。这与欧洲十五六世纪的自然神论相近，已接近天道观了。试举几例：

需：有孚，光亨，贞吉，利涉大川。
初九：需于郊，利用恒，无咎。
九二：需于沙，小有言，终吉。
九三：需于泥，致寇至。
六四：需于血，出自穴。
九五：需于酒食，贞吉。
上六：入于穴，有不速之客三人来，敬之终吉。①

有所需求，就要心怀诚恳，虽有困难也可渡过。在不同的情况下的需求，会有不同的结果，要根据具体条件对待，以达到目的。

履：履虎尾，不咥人，亨。
初九：素履行，无咎。
九二：履道坦坦，幽人贞吉。
六三：眇能视，跛能履。履虎尾，咥人，凶。武人为于大君。
九四：履虎尾，愬愬终吉。
九五：夬履，贞厉。
上九：视履考祥，其旋元吉。②

---

① 《易经·需卦》。
② 《易经·履卦》。

履,行也,行动中会有危险,但只要量力而行,就会履道坦坦。

同人:同人于野,亨,利涉大川,利君子贞。
初九:同人于门,无咎。
六二:同人于宗,吝。
九三:伏戎于莽,升其高陵,三岁不兴。
九四:乘其墉,弗克攻,吉。
九五:同人,先号啕而后笑,大师克相遇。
上九:同人于郊,无悔。①

这是领主和贵族的处事经验之谈,要与其他领主或贵族以"同人"的心态相交往,有利于渡过难关,不能只亲近本宗族的人,而要走出家门与别宗族的人亲和。这样,当遇到外敌时,就会得到外援而化险为夷。

既济:亨,小利贞;初吉,终乱。
初九:曳其轮,濡其尾,无咎。
六二:妇丧其茀,勿逐,七日得。
九三:高宗伐鬼方,三年克之;小人勿用。
六四:繻有衣袽,终日戒。
九五:东邻杀牛,不如西邻之禴祭,实受其福。
上六:濡其首,厉。②

未济:亨;小狐汔济,濡其尾,无攸利。
初六:濡其尾,吝。
九二:曳其轮,贞吉。

---

① 《易经·同人卦》。
② 《易经·既济卦》。

六三：未济，征凶，利涉大川。

九四：贞吉，悔亡。震用伐鬼方，三年有赏于大国。

六五：贞吉，无悔；君子之光，有孚吉。

上九：有孚于饮酒，无咎；濡其首，有孚失是。①

"既济"与"未济"为《易经》最后两卦。既济，渡河已成；未济，未完成渡河。既济而又未济，表示以终为始，易而循环。用狐拉车轮、女人丢头巾七日复得、商高宗伐鬼方三年征服、船漏水用破衣絮堵塞、东邻杀牲献祭不如西邻薄祭、狐渡河淹头有险、以诚心饮酒庆贺无灾等，说明事情虽完成但要当作没有完成来反思，为再做事提供经验教训。

这类就事说事，从正、反两面思考成败之经验教训，从现象发现其因果关系，探讨事物变化和运动规律的卦爻辞，在《易经》中占多数，大多数是占筮者通过长期观察和多次演算经验的总结而写，从中很难看出上帝的意旨了，说明即使占筮者也日渐远离上帝观，注重从可感知、记忆的事情中探求其联系，通过分类规定这些事所显示的吉凶征兆，以及对待各种状况的态度，在演算象数时，将现时所遇问题与卦爻辞中类似规定相比较，探寻处理的办法和态度。

总之，《易经》作为周王及诸侯乃至贵族们占筮用书，体现着从周文王开始到春秋末期思想的演变，其思维方式基本以比较和分类为主。《易经》就是以高度分类概括阳阴两种基本属性所构建的对当时世界和人事一般关系的思想系统，依据这个系统来解释所遇到的各种问题，探寻解决问题的办法和态度。其中体现着上帝观这个基本观念，但又逐步淡化了上帝意旨，注重就事论事，以经验教训来思考问题，从而展现了与社会矛盾演化相对应的从上帝观向天道观的转化。孔子及其他《易经》编写者之所以能用天道观来解读《易经》，原因也在其中包含某些初级的天道思想，在明确《易经》与《易传》逻辑关系的情况下，就不难确定《易经》在中

---

① 《易经·未济卦》。

国思想史上的地位了。

四 老子创立天道观

老子为诸子之首，他创立了天道观，否定了上帝观，开启了中国思想史的一个新时代。天道观是诸子思想家群共同的基本观念，孔子、墨子及其后继诸子，在天道观的导引下，认识现实社会矛盾，探讨解决矛盾途径和方式，展开了人类历史上第一次大规模的思想变革运动，并在运动中不断充实天道观，使之成为取代封建领主制的集权官僚制时代精神的基本观念。

《史记·老庄申韩列传》：

> 老子者，楚苦县厉乡曲仁里人也，姓李氏，名耳，字聃，周守藏室之史也。……
>
> 老子修道德，其学以自隐无名为务。居周久之，见周之衰，乃遂去。至关，关令尹喜曰："子将隐矣，强为我著书。"于是老子乃著书上下篇，言道德之意五千余言而去，莫知其所终。……
>
> 盖老子百有六十余岁，或言二百余岁，以其修道而养寿也。①

这是司马迁所记老子的情况，由于老子是"隐君子"，所以并没有正式的官方文献记载，司马迁所记也是根据诸子们著述、传闻整理而成。在对老子做了正面的论述之后，他又提出了老莱子和"周太史儋"两个人物。"或曰老莱子亦楚人也，著书十五篇，言道家之用，与孔子同时。"② 对"周太史儋"的论述则为：

---

① 《史记·老庄申韩列传》。
② 《史记·老庄申韩列传》。

> 自孔子死后百二十九年，而史记周太史儋见秦献公曰："始秦与周合，合五百岁而离，离七十岁而霸王者出焉。"或曰儋即老子，或曰非也，世莫知其然否。老子，隐君子也。①

两千多年来，中国学界极少对老子先于孔子并为孔子之师产生怀疑，只是清末个别人有所疑问，到二十世纪以后，又有几位学者从司马迁关于老莱子和儋的论述中，发现了可以标新立异的依据，或者将老莱子说成"老子"，或者将儋说成"老子"，甚至有人说并不存在老子这个人，《老子》一书是多人托老子之名编写的。在几部以"中国思想史"或"中国哲学史"为名的著作中，还把老子列在孔子、墨子之后的战国时或战国后期。更有以"新儒学"代表自居的某人，为确立其"新理学"是孔子思想的现代正统传续，而孔子儒学为中国思想之"正宗"，片面贬抑老子，将老子说成孔子以后战国的人，甚至说"孔子之前，无私人著述"，《老子》不可能在《论语》之前。不知他如何下此断语，孔子之前为什么不能有"私人著述"？又为什么孔子之后可以有？这些说法导致诸子思想研究的困惑。如此说法也都是猜测的。1993年，湖北荆门郭店一号楚墓出土了竹简《老子》甲、乙、丙三组，据荆门市博物馆编写的《荆门郭店一号楚墓》，该墓"具有战国中期偏晚的特点，其下葬年代当在公元前四世纪中期至前三世纪初。"② 这个竹简说明《老子》在当时已流传很广，而且作为随葬品，可见其影响之大。《老子》为民间著述，能为楚贵族作为死后还要读的书，说明时人的重视。虽据此竹简仍不能确定其写作年代，但其流传必经过许多年，绝非战国中、晚期。或许，考古界还会有新发现，可以充分证明《老子》的成书年代，而老子其人先于孔子并为孔子师，在《庄子》《礼记》和《史记》中都有记述。

《庄子·天运》写孔子跟老子学道：

---

① 《史记·老庄申韩列传》。
② 荆门市博物馆：《荆门郭店一号楚墓》，《文物》1997年第7期。

孔子行年五十有一而不闻道，乃南之沛见老聃。老聃曰："子来乎？吾闻子，北方之贤者也！子亦得道乎？"孔子曰："未得也。"老子曰："子恶乎求之哉？"曰："吾求之于度数，五年而未得也。"老子曰："子又恶乎求之哉？"曰："吾求之于阴阳，十有二年而未得也。"

老子曰："然，使道而可献，则人莫不献之于其君；使道而可进，则人莫不进之于其亲；使道而可以告人，则人莫不告其兄弟；使道而可以与人，则人莫不与其子孙。然而不可者，无它也，中无主而不止，外无正而不行。由中出者，不受于外，圣人不出；由外入者，无主于中，圣人不隐。名，公器也，不可多取。仁义，先王之蘧庐也，止可以一宿而不可久处。觏而多责。"①

下面记老子对孔子讲道、论仁义，然后说：

孔子见老聃归，三日不谈。

弟子问曰："夫子见老聃，亦将何规哉？"

孔子曰："吾乃今于是乎见龙。龙，合而成体，散而成章，乘乎云气而养乎阴阳。予口张而不能嗋。予又何规老聃哉？"②

《礼记·曾子问》中也有孔子与曾子、子夏谈及"吾闻诸老聃曰"。《礼记》为孔子传人所编，其记载更为可信。

《史记·孔子世家》：

鲁南宫敬叔言鲁君曰："请与孔子适周。"鲁君与之一乘车，

---

① 《庄子·天运》。
② 《庄子·天运》。

两马,一竖子俱,适周问礼,盖见老子云。辞去,而老子送之曰:"吾闻富贵者送人以财,仁人者送人以言。吾不能富贵,窃仁人之号,送子以言,曰:'聪明深察而近于死者,好议人者也。博辩广大危其身者,发人之恶者也。为人子者毋以有己,为人臣者毋以有己。'"孔子自周反于鲁,弟子稍益进焉。①

《史记·老庄申韩列传》记:

孔子适周,将问礼于老子。老子曰:"子所言者,其人与骨皆已朽矣,独其言在耳。且君子得其时则驾,不得其时则蓬累而行。吾闻之,良贾深藏若虚,君子盛德,容貌若愚。去之骄气与多欲,态色与淫志,是皆无益于子之身。吾所以告子,若是而已。"

孔子去,谓弟子曰:"鸟,吾知其能飞;鱼,吾知其能游;兽,吾知其能走。走者可以为罔,游者可以为纶,飞者可以为矰。至于龙,吾不能知,其乘风云而上天。吾今日见老子,其犹龙邪?"②

《史记·仲尼弟子列传》说孔子之师有六,"孔子之所严事:于周则老子。"老子是列在第一位的,而"于楚,老莱子"列第四位,这段记载也说明司马迁并不认为老子和老莱子是同一人。

我之所以说老子是诸子之首,先于孔子并为孔子之师,除上述理由外,更据思想上逻辑关系的分析。老子思想的核心概念是"道",并由此构建天道观,这是对当时处于统治地位的上帝观的否定,也是体现新时代精神的基本观念,是诸子思想系统抽象的道层次,孔子是诸子中第一个接

---

① 《史记·孔子世家》。
② 《史记·老庄申韩列传》。

受天道观的,并对天道观展开论证,进而提出具体的人道社会观。从逻辑上说,老子思想与孔子思想是抽象与具体的关系。不论从《论语》《易传》,还是《礼记》等文献中,都可以看出孔子是在展开和运用天道观,他从来没有说自己提出了"道"的概念和天道观,而《老子》则表明"道"和天道观都是老子提出并论证的。这种思想上的抽象与具体关系是不可逆的,就像马克思规定了抽象的剩余价值理论,才有希法亭据剩余价值对金融资本、列宁从资本积累对帝国主义理论的具体研究。如果没有老子的天道观,孔子是不可将它展开论证并具体化为人道社会观的。在这一点上,《庄子·天运》说孔子问道于老子比较合乎逻辑。至于《史记》中所说孔子问礼于老子,也未尝不包含道在其中。老子为周守藏室之史,对周礼制礼教是相当精通的,这也是他形成天道观的思想材料,正是因对周礼制礼教的精通,他才能以批判态度和方法发现其矛盾,以天道观否定其所依据的基本观念上帝观。老子在给孔子讲礼的时候,势必讲述了自己的思想,《史记》中所记的老子对孔子说的话,未必是原话,但其中体现着天道观。

关于老子,还有人据《史记·老庄申韩列传》"老子者,楚苦县厉乡曲仁里人也",将他说成与"中原文化"相分立的"楚文化"的代表,而"中原文化"的代表为孔子。这是近些年部分学者(大概"楚人"吧)将中国文化分为南、北两大派系说法的体现。为了论证其观点,他们还举1973年湖南马王堆出土帛本《老子》和1993年湖北荆门郭店出土竹简本《老子》为据,因两地都是"楚地",因而老子当然就是"楚文化"代表了。这个玩笑开得大了。如果说认为老子晚于孔子、墨子,还属研究范畴的话,那么"楚文化"与"中原文化"对立,老子为"楚文化"代表,甚至为"楚文化"所独有的说法,基本上属于"无稽之谈"。既然据《史记》所记老子为"楚苦县厉乡曲仁里人"为据,为什么不顾下一句"周守藏室之史也"?再往下,"孔子适周,将问礼于老子。"周王居洛阳,老子为其职事,当然也在洛阳,而且他的工作是管理周礼制礼教的图书,其思想也来自对这些书的研读。总不会连周王之地也属于"楚地"吧。再者，老子故居苦县本属陈国，后来楚灭陈，楚灭陈为公元前479年。老子出生和少年时，陈国并未灭。孔子于"鲁哀公十六年四月已亥卒"[①]，同年，"楚灭陈，杀湣公"[②]，陈才归楚国。老子故居在今河南鹿邑县东，稍有地理知识，就会明白这里离"长江流域"远着呢，而距洛阳不过二三百公里，青年时的老子为了谋生到周王室去打工，是很顺便的。至于帛书、竹简，都是读物，发现于楚地，并不能证明它是"楚文化"。如果这种说法成立，那么敦煌石窟保存了大量佛经，是否就说佛教为"敦煌文化"一部分？楚国虽在南方，但它是周封建领主制的一国，其制度和文化都属于周礼制礼教，根本不存在"楚文化"与"中原文化""长江流域文化"与"黄河流域文化""南方文化"与"北方文化"的分别分立。至于从民俗学找一些特色，则是可能的、必要的。

春秋时周王室衰落，但它仍是名义上的部族联盟首领，是周礼制礼教的坚持者和标志，居于思想主流地位。对周礼制礼教的基本观念上帝观的否定，并不是某种外来的力量和观念，而是来自礼制礼教及其上帝观自身矛盾的演化，是在对这种矛盾的深刻、系统的反思过程形成新的基本观念。这个反思过程，有三个必要条件，一是保持周礼制礼教的正统地位的社会条件，周王室所在地最为合适；二是对周礼制礼教及其上帝观的深入、全面了解，作为"周守藏室之史"的老子具备这个条件；三是要有批判精神，并能创新思维形式和方法，这是最为重要的主观条件，只有具备这个条件，才能利用前面两个条件。老子之前之外一定还有具备前面两个条件的人，他们之所以未能对上帝观有所批判和否定，就在于不具备批判精神，不能创新思维形式和方法。老子因其工作而对周礼制礼教有深入全面了解，与其他同事不同，他并不满足于对这些内容的记诵和应用，而是在充分了解的基础上形成怀疑，进而是批判，反思其体系中的矛盾，发现其思维形式和方法的问题，探究解决问题的途径。这个过程占去了老子大

---

① 《史记·孔子世家》。
② 《史记·十二诸侯年表》。

部分时间，到晚年才终于形成。孔子问道、问礼于老子，可能不是一次，但从已有的记载来看，老子还未写出其书，但基本观念已经确立，老子给孔子传授的，不仅是新观念，还包括思维方法。这是与周礼制礼教及其上帝观不同的新观念和方法，所以孔子才有"其犹龙邪"的感叹。待《老子》书出，孔子是否得读，已不可知，① 但老子基本观念和方法对孔子思想的影响，却是可以肯定的，否则孔子也不过一普通儒士而已。

老子的天才创造，在于提出了"道"这个抽象概念，并由道否定上帝，形成天道观和践行道的"德"，依"道""德"所构成的思想体系，是批判周礼制礼教，建立新社会制度的理论基础。

老子"道"的概念，是在《易经》将万物与人事分类为阳阴两个基本属性基础上的归纳，以"道"为世界本原，取代《易经》阳阴两属性据为出发点的上帝。这是思维形式一次大的提升，周文王以高度的分类规定了万物和人事的阳阴两种属性，这是对商代已有分类思维的提升，也可以说他将分类做到了极致，并从阳阴两属性来演算万物和人事。但他对世界本原的规定，却是以比较思维完成的，即从对商代各部族的祖先神的比较中，找到一个最高的自然神名为上帝，它是高于各部族祖先神的，并通过阳阴两属性而体现、主宰万物和人事。但对上帝和阳阴的关系却没有（或后人被删除了）明确规定，思维止步于分类的高级阶段，从分类来演绎具体事物。老子突破了分类和比较思维形式的局限，率先进入归纳，将阳阴两属性结合为一个更高的本质性概念——道，并以道取代上帝的世界本原地位，进而将道展开于万物和人事，为此，他将"阳""阴"两种属性改造为"有""无"两个概念，以展开其从抽象到具体的演绎过程。

　　道可道，非常道；名可名，非常名。

---

① 有人据《论语》中没有引用《老子》话语，论证老子在孔子之后。这也属"强词夺理"。《史记》明白记着老子是"出关"时被关令尹喜强迫而著书，书成后关令尹喜也不会立刻散发，孔子见不到《老子》的可能性极大，怎么在《论语》中引用还不曾著或不曾见的《老子》？但他在向老子求教时，学习理解老子的基本观念却是可能的、必要的。

无，名天地之始；有，名万物之母。

故常无，欲以观其妙；常有，欲以观其徼。

此两者同出而异名，同谓之玄。玄之又玄，众妙之门。[①]

"道"虽是归纳得出的抽象概念，但还要以一个可以参照的具体事物之名来命名，只有这样才能让人意会理解。这对老子来说也是要经过相当的思考才想出来的：用人们行走的道路，来表示世界的本原和万物人事的主导，从一般意义上是最可行的，但必须加以说明。"道可道，非常道"，这里三个"道"字，含义是不一样的，第一个"道"为他说要表述的世界本原和人事主导，第二个"道"为"表达""说明"之意，第三个"道"为人们所见所行的"常道"。这句话的意思是：我把世界本原和万物人事的主导规定为"道"，这个"道"是可以说明的，但它并不是人们所见所行的"常道"。"名可名，非常名"，是对上一句的进一步解释：世界本原和人事主导的"道"，可以用人们所见所行的"常道"之名——"道"来表示，但当使用这个名称的时候，需记住它并不是指"常道"之"常名"。作为世界本原之道要展开为无和有两个基本属性，这和《易经》中上帝以阳阴两种属性生化世界万物是类似的。"无"可以说成是天地的开始，而有则是生化万物。因此，要常从无来观察天地变化，常从有来观察万物运行的边际、界限和规律。无和有虽然名不一样，但都出自于道，其变化玄奥，是万物和人事的本原和根据。在第二十五章，老子又进一步论证了"道"作为世界本原是如何生化天、地、人的。

有物混成，先天地生，寂兮寥兮，独立不改，周行而不殆，可以为天地母。吾不知其名，字之曰"道"，强为之名曰大。大曰逝，逝曰远，远曰反。

故道大，天大，地大，人亦大。域中有四大，而人居其

[①] 《老子·一章》。

一焉。

  人法地，地法天，天法道，道法自然。①

  有个先于天地混成的东西，它无声也无形，它独立存在并不断地循环运动，是天下万物的本原。我知道它的存在和运动，但不知道它的名字，我以"道"字来表称，勉强给它定义为"大"。"大"是在运动，运动到很遥远处又会返回。所以道大，天、地、人也大，世界有此四大，人是其中之一。人依从地，地依从天，天依从道，道依从自然。老子强调"道法自然"，即道是自然形成并依从自然，它是世界本原，并主导天、地的运动和人的生存。在他所说道、天、地、人所构建的世界中，并没有上帝的位置。

  道冲而用之或不盈。渊兮似万物之宗；湛兮似或存。吾不知谁之子，象帝之先。②

  道似乎空虚但又不可穷尽，它深广而为万物之本原，隐约存在于万物之中，它是自然形成的，远远早于人们所说的上帝。按上帝观的说法，上帝是世界本原，一切都由上帝生出，老子则用自然形成的道否定上帝，道是自然形成的，因而"象帝之先"，但道又没有生出上帝，"四大"中只有道、天、地、人，因而上帝实际上并不存在。

  "道"作为世界的本原，生化出天地万物和人类，并存在于天地万物和人类之中。

  道生一，一生二，二生三，三生万物。万物负阴而抱阳，冲气以为和。③

---

① 《老子·二十五章》。
② 《老子·四章》。
③ 《老子·四十二章》。

对"道生一,一生二,二生三,三生万物",一些人用《易传》中的"太极"来注解"一",用"阳阴"注解"二",用"阳阴相和"注解"三"。这说得通。此句似为老子本人对第十四章"天下万物生于有,有生于无"①的解说,他在思想上已用"有""无"取代《易经》中的"阳""阴",但并未抛弃"阳""阴",因此,此句也可读为:道生无,为一;无生有,有和无为二;有无二者交合生出第三者;再从不断的有无交合生出万物。而下句又用"阴""阳"来表示"无""有",万物皆负阴抱阳而成其形,是阴气和阳气二者的统一。《老子》中,"太极"的概念还未提出,他更注重从"有""无"两种属性来展开道,以与《易经》中用"阳""阴"两种属性展开上帝相区别。这里是用"负阴""抱阳"来解说以无纳有,并不是用阴、阳两属性来展开道。此处之外,《老子》通篇不用阴、阳,而是由无、有或柔、刚论证其道。

视之不见,名曰夷;听之不闻,名曰希;搏之不得,名曰微。此三者不可致诘,故混而为一。其上不皦,其下不昧,绳绳兮不可名,复归于无物。是谓无状之状,无物之象,是谓惚恍。迎之不见其首,随之不见其后。②

孔德之容,唯道是从。

道之为物,惟恍惟惚。惚兮恍兮,其中有象;恍兮惚兮,其中有物。窈兮冥兮,其中有精;其精甚真,其中有信。

自古及今,其名不去,以阅众甫。吾何以知众甫之状哉?以此。③

---

① 《老子·四十章》。
② 《老子·十四章》。
③ 《老子·二十一章》。

道展开并存在于万物，就是德，大德是道在万物和人事的体现，而道似乎恍惚不可见，却在恍惚中展现于象和物中，是物之精神，这是真实的，可信的。自古万物都始于道，要知万物之本始，就要依从道。两千年后欧洲的自然神论说到上帝时，几乎采用了和上述老子关于道的论证同样的说法：上帝不仅是万物的本原，而且遍布于万物之中，每个具体事物都潜在着上帝，世界由此而统一着。自然神论还未能以一个新概念取代上帝，因而他们的论证远没有老子以道取代上帝那样彻底。

正因为万物都原于道，都体现着道的存在，因此，老子认为，要从道来规定世界的内在统一和系统性。

> 道生之，德畜之，物形之，势成之。是以万物莫不尊道而贵德。①

万物都依从道而存在并因各自条件而有其形，因其势而运动、生长。从万物来说，都是尊道而贵德的，但道却不因此而强行要求万物听从它的指令，而是任其自然。

> 道之尊，德之贵，夫莫之命而常自然。故道生之，德畜之；长之育之，亭之毒之，养之覆之；生而不有，为而不恃，长而不宰。是谓玄德。②

道就是依从自然的，因此它并不会因其所生万物自然存在和生长而认为自己有什么了不起，也不故意去主宰万物，而是将自己的玄德体现于万物的自然存在和生长中。周文王、武王、周公等为了证明其革商之命的正确性，抬出上帝作为世界本原，强调上帝对万物和人事的主宰。老子以道

---

① 《老子·五十一章》。
② 《老子·五十一章》。

取代上帝的本原地位，强调道是自然的，并任万物自然生长，其用意不仅在于否定上帝这个人格化的神，也在于以道之"玄德"来批判周王和领主贵族以上帝名义的胡作非为。这在他关于德的论证中得以体现。

道首先展现为天，而且"道法自然"，自然也可以理解为天然，因此，老子也将道说成"天之道"，并与当时社会制度下的"人之道"相对应。也正是从这个意义上，老子以"道"概念为核心的基本观念，可以称之为"天道观"。天道，即天然之道、自然之道。

> 天之道，其犹张弓与？高者抑之，下者举之；有余者损之，不足者补之。
>
> 天之道，损有余而补不足。人之道则不然，损不足以奉有余。①
>
> 天之道，利而不害；圣人之道，为而不争。②

老子的目的，在于以"天道"为基本观念来论证人类社会的规律，探讨合乎天道的人世社会关系和制度，以及人如何依从天道而行事，这也是《老子》的重点。他在这里所说的"天之道，损有余而补不足。人之道则不然，损不足以奉有余。"是对他当时所处的封建领主制的批判，也可以延伸于全部阶级社会，时至今日，世界七十多亿人口的百分之一，所有总财富的百分之五十以上，这正是两千多年"损不足以奉有余"的结果，而其趋势依旧。老子本人的理想，是人道应合乎天道，并建立后来孔子所说的"大道之行"的没有阶级的"大同"社会。具体到个人，特别是握有权势的统治者，老子也以"天之道，利而不害"来启示他们，"圣人之道，为而不争"这些思想的展开，已是法层次的内容，我们下面再探讨。

---

① 《老子·七十七章》。
② 《老子·八十一章》。

规定"道"概念，确定以道为核心形成天道观，是老子在思想史上的伟大贡献。他对天道观的论证，从根本上动摇了本来并无充分论证且日益衰落的上帝观的统治地位，虽然封建统治者还固守上帝观而维持，但封建领主制的矛盾随老子天道观所开启的诸子思想家群的批判与变革，而日益激化。在社会矛盾的动荡和变革运动中，天道观不断扩展其影响，诸子们运用天道观基本观念对社会矛盾的批判和变革，也在不断充实天道观，并由此而开创了一个新时代。

五 孔子及《易传》《礼记》对天道观的理解和人道社会观的论证

孔子（公元前552－479年）曾短期做过鲁国的司空、司寇，并代理国相，晚年又教众多弟子，名声四播，他的生平事迹多有记载。《史记·孔子世家》做过比较详细的记述。孔子的思想，主要记录于《论语》，《易传》和《礼记》中也有体现。司马迁说：

> 孔子晚而喜《易》，序《彖》《系》《象》《说卦》《文言》。读《易》，韦编三绝。曰："假我数年，若是，我于《易》则彬彬矣。"①

也就是说，《易传》主要为孔子所作，但也有其弟子或再传弟子参与编写。《礼记》为孔子及孔学后人教授礼时被学生们记录下来的话，其中有些内容也体现着孔子思想。因此，我们考察孔子思想时，也将之作为材料。

孔子是诸子中理解并论证老子天道观的第一人，并从天道观展开论证了比较系统的人道社会观，由于他办"私学"授徒，弟子广众，且有不少"贤者"，弟子中既有从政者也有继续办学者，再传弟子中又有学业和政绩

---

① 《史记·孔子世家》。

突出者，如李悝、吴起、子思、孟子等，影响深远，后世诸子，或出于孔子一脉，或受孔学影响，天道观之所以能成为诸子思想系统的基本观念，孔子的作用是关键一环。

孔子学道于老子，这在上节中已有过论说，但他是什么年纪去跟老子学道，却有多种说法。庄子说："孔子行年五十有一而不闻道，乃南之沛见老聃。"① 《史记·孔子世家》中记孔子与南宫敬叔去周，是跟他学礼的南宫敬叔请示鲁君，由鲁君派一车两马一竖子送他俩去的，带有"公差"性质，任务可能就是问礼。而老子教他"聪明深察而近于死者，好议人者也。博辩广大危其身者，发人之恶者也。为人子者毋以有己，为人臣者毋以有己。"② 南宫敬叔是与鲁大夫孟釐子之子懿子同学于孔子的，二人初从孔子学时，孔子十七岁，南宫敬叔请示鲁君要与孔子同去周问礼，有人据此说"孔子十七岁见老子"，有可能，也不见得是南宫敬叔刚入孔门学习时，但也不会太晚，估计其时孔子二十岁左右。而《史记·老庄申韩列传》所记孔子"问礼于老子"，可能是据《庄子·天运》所记"孔子行年五十有一"时，因为孔子见老子后跟其弟子所说的老子"犹龙邪！"取自《庄子·天运》所记孔子与弟子言语。而老子告诫孔子"去子之骄气与多欲，态色与淫志"，也不像对一个十七八岁小伙子说的话，而是针对中年人而说的。而当时的孔子正热衷参与政事，因阳虎以"陪臣执国政"而不得任用，广招弟子，以候其时，"定公九年，阳虎不胜，奔于齐。是时孔子年五十。"③ 也正在此时，"公山不狃以费畔季氏，使人召孔子。孔子循道弥久，温温无所试，莫能己用，曰：'盖周文武起丰镐而王，今费虽小，傥庶几乎！'欲往。子路不说，止孔子。孔子曰：'夫召我者岂徒哉？如用我，其为东周乎！'"④ 虽然没有去应召，却足见他的"骄气与多欲，态色与淫志"。后来，大概老子的教训起了作用，让孔子认识了天道（《庄子·

---

① 《庄子·天运》。
② 《史记·孔子世家》。
③ 《史记·孔子世家》。
④ 《史记·孔子世家》。

天运》所记重点在此），并改变了心志和行事方法，"其后定公以孔子为中都宰，一年，四方皆则之。由中都宰为司空，由司空为大司寇。"① 开始了孔子的行政期，到"定公十四年，孔子年五十六，由大司寇行摄相事，有喜色。"② 也正是这一年孔子因季桓子"微服往观再三"齐国女乐，去鲁适卫，之后虽游历各国，也未能为政。"孔子之去鲁凡十四岁而反乎鲁。"③ 其时已年七十。

如果上述推论成立的话，孔子求教于老子不止一次，起码是两次：第一次为青年时，主要是学礼；第二次为中年时，主要是学道。这两次老子都给了他重要指教，孔子也能理解老子的教诲，对他为学行政起了关键性指导。纵观孔子一生，其第一志愿就是行政治国，包括周游列国，也是为此。但他并非只为做官而做官，而是想在辅佐君主时改造社会，从少年时开始的学问生涯，也都与此密切相关。不得志时的授徒修书，也是为行政治国做准备。他弟子中的一部分人，如子路、子贡等，都到各国去为官，另一部分如曾子、子夏、子张等，则主要讲学编书，弘扬孔子思想，也正因此，才培养出李悝、吴起等大政治家，在第一线领导社会变革运动，这是其祖师孔子志愿的实行，又是老子天道观的社会化。

孔子并不是周文王和老子那样具有高度思辨力的思想家，没有对高度抽象的天道观有所创见，但勤奋刻苦并虚心学问。他终生以周公为榜样，但因并没有周公那样的身份和地位，只是在周公封地鲁国短期从政，其政治志向和才能不得施展，才退而讲学授徒编书。他有极强的理解力和语言文字功夫，因此能够广授徒众并编整典籍。有人据《论语·公冶长》中子贡所说"夫子之文章，可得而闻也；夫子之言性与天道，不可得而闻也"④ 就认为孔子不讲天道，这是不确切的，子贡这句话也不是这个意思，他是在强调孔子深谙"性与天道"这些抽象的思想，但总是以可闻的"文章"

---

① 《史记·孔子世家》。
② 《史记·孔子世家》。
③ 《史记·孔子世家》。
④ 《论语·公冶长》。

式言语表达，而不做思辨性论说，弟子们应从可闻的文章中领悟孔子的"性与天道"思想。或许子贡说这话时，孔子还未编《易传》，《易传》中对天道已有论说。《论语》中，孔子多处说"道"，"志于道，据于德，依于仁，游于艺。"① 这是孔子对他本人思想和行为的概括，从这句话中也可以看出所受老子的影响。孔子认为自己思维的特点是"述而不作，信而好古，窃比于我老彭。"② 有人注"老彭"为老子和彭祖，也有其道理。这里说的"不作"并不是不做事，而是老子所说的"不为"之意，即不违背道去任意妄为，所"述"者天道、人道也。

孔子从老子那里接受了天道观，但他青壮年时思想和工作的重点在探讨如何从政以行人道，故子贡说"夫子之言性与天道，不可得而闻之。"到了晚年，则"喜《易》"以至"韦编三绝"，在编写《易传》时，对天道观和人道社会观做了较系统论证。在《易传》的主要部分《系辞》中，多次出现"子曰"，因此不可能像司马迁所说是孔"序"之原作，很有可能由其弟子或再传弟子添加、修改过，但不妨碍其为孔子思想的表达。不论孔子还是其他参与者，都是从老子天道观来解说《易经》的，他们或许没有意识到，也或许对《易经》做了修改，但无论怎么做，从天道观解说《易经》，进而又借《易传》来展开天道观，是与周文王演《易》时所依从的上帝观相悖的，因而其对天道观的论证也存在逻辑上的困难。但孔子还是这样做了，

> 《易》与天地准，故能弥纶天地之道。仰以观于天文，俯以察于地理，是故知幽明之故。原始反终，故知死生之说。精气为物，游魂为变，是故知鬼神之情状。
>
> 与天地相似，故不违。知周乎万物而道济天下，故不过。旁行而不流，乐天知命，故不忧。安土敦乎仁，故能爱。范围天地

---

① 《论语·述而》。
② 《论语·述而》。

之化而不过，曲成万物而不遗，通乎昼夜之道而知，故神无方而《易》无体。①

这里第一句就与周文王的思路不同，文王是以《易》来猜测上帝旨意的，而《系辞》却说"《易》与天地准"，没有上帝，只有天地，那么天地的本原是什么？只能是"道"了，"故能弥纶天地之道"。天文、地理都是道的体现，《易》以道为依从，所以能知万物的存在与变化，明死生关系，知精气为物、游魂为变，以及所谓鬼神的情状。《易》与天地相似，以阳阴为两种基本属性，因此与道相合，并能依据道来解释万物，普济天下众生，使人能够顺应天道，乐天知命，安于本分而行仁爱。如此大《易》，囊括天地万物之变化，通晓昼夜循环之道。本段最后一句"神无方而《易》无体"，与上文有些脱节，如果依天道观，应说"道无方"，而却用"神无方"，似乎又是以上帝观立论，但也可解此处"神"字即"道"。

一阴一阳之谓道。继之者善也，成之者性也。仁者见之谓之仁，知者见之谓之知，百姓日用而不知，故君子之道鲜矣。

显诸仁，藏诸用，鼓万物而不与圣人同忧。盛德大业至矣哉！富有之谓大业，日新之谓盛德。生生之谓易，成象之谓乾，效法之谓坤，极数知来之谓占，通变之谓事，阴阳不测之谓神。②

"一阴一阳之谓道"，为什么？并没有说。这里显然是从阴阳相合来论道，是对《老子》"万物负阴而抱阳，冲气以为和"的展开。而《易经》中阳阴两基本属性是本原于上帝的，《易传》去掉了上帝，换上天道，用这两种属性的对立统一解释天道。往下的论证，则是在说孔子自己的思

---

① 《易传·系辞上》。
② 《易传·系辞上》。

想，合于天道的是善，依于天道行事是人的本性。对天道，仁者认识到了就称之为仁，智者认识到了就称之为智，但百姓每天都在依天道行事却不知天道的主导，所以说真正能理解天道的君子是很少的。天道展现于仁，潜藏于用，主导着万物人事，并不像圣人那样为世情忧虑。天道体现于万物，展示于变化，这是至高的大业盛德。《易经》就是对天道大业盛德的概括，不断的生长变化是易，成天之象以阳爻构成乾卦，法地之式为阴爻构成的坤卦。演算卦爻象数变化占知天道，通晓变化之道才能正确行事。只有还不能测算阴阳关系和变化时，才让人感到神秘。

孔子解《易》，重在人事，"夫《易》开物成务，冒天下之道，"① 作《易》的圣人是"以通天下之志，以定天下之业，以断天下之疑"② 为目标的，

> 是以明于天之道，而察于民之故，是兴神物以前民用。圣人以此斋戒，以神明其德夫。是故阖户谓之坤，辟户谓之乾，一阖一辟谓之变，往来不穷谓之通，见乃谓之象，形乃谓之器，制而用之谓之法，利用出入，民咸用之谓之神。③

这可以说是从天道观出发，将《易》的所有关键词都融会贯通了，其目的也很明确，就是明天道，察民故，兴神物以为民行事之引导。

孔子从对《易》的理解中，指出"形而上者谓之道，形而下者谓之器。"④ 这是对道的一个比较清楚的定义，将道与器相对应，从"形而上""形而下"来说明天道与万物的关系。进而指出要根据对这种关系的认识，"化而裁之谓之变，推而行之谓之通，举而错之天下之民谓之事业。"⑤

---

① 《易传·系辞上》。
② 《易传·系辞上》。
③ 《易传·系辞上》。
④ 《易传·系辞上》。
⑤ 《易传·系辞上》。

《易》所谓"象",是圣人将天下万物的迹象形式分类为卦爻,以阳阴的交合变化表示其象征的意义,推测其显示的吉或凶。"极天下之赜者存乎卦,鼓天下之动者存乎辞。化而裁之存乎变,推而行之存乎通,神而明之存乎其人。默而成之,不言而信,存乎德行。"① 如此解释《易》,已没有任何上帝的旨意在其中,而是由圣人从对万物人事的迹象的高度概括中探寻天道,再依天道来指导人的思想和行为了。"象"是事物存在和变化的抽象,它展现在八卦及六十四卦三百八十四爻,从它们的推演中,可以测天道论人事。"天地之道,贞观者也;日月之道,贞明者也。天下之动,贞夫一者也。夫乾,确然示人易矣;夫坤,隤然示人简矣。"②

孔子读《易》,"韦编三绝",可见其所下功夫之大,将六十四卦都做了《彖》《象》,具体论说其象辞,并对乾、坤以《文言》重点说明,以《系辞》为总结性论证,以《说卦》论其要旨,以《序卦》《杂卦》提要卦序及其变化。可以说将《易》从整体和局部都依天道观做了重新梳理和解说。如此解《易》,已非文王依上帝观对周礼制礼教的论证,而是从天道观对社会变革的提示了。

> 《易》之为书也不可远,为道也屡迁,变动不居,周流六虚,上下无常,刚柔相易,不可为典要,唯变所适。其出入以度,外内使知惧,又明于忧患与故,无有师保,如临父母。初率其辞而揆其方,既有典常。苟非其人,道不虚行。③

《易》并不是远离人间的玄奥天书,它所表现的道也是不断在六爻所显示的六虚之间变动,六爻之间的上下位也不固定。这是对人际关系的一种论说,证明社会在运动中的变革是道的体现。《易》之卦爻变化预示着吉凶、悔吝,让人知忧患,它虽不像严师那样管教,却像父母那样关怀着

---

① 《易传·系辞上》。
② 《易传·系辞下》。
③ 《易传·系辞下》。

你。只要从卦爻辞中揣摩，就可以把握其中所蕴含的道。孔子解《易》，以天道观为基本观念，为大前提，进而结合他一生丰富的经历，将自己所看到想过的各种事态与《易》相结合，他并不迷信筮占数象为上帝之意，也不纠缠演算的技巧，他的重点在从卦爻辞中解读前人经验和事物演化中体现的道。也正是从这个意义上，他将天道观具体化为人道社会观，

> 昔者圣人之作《易》也，将以顺性命之理，是以立天之道曰阴与阳，立地之道曰柔与刚，立人之道曰仁与义，兼三才而两之，故《易》六画而成卦。①

从《易》中概括天道、地道、人道，而且都包含两种属性，将天地人三道各两种属性以六画（爻）来表示，组成一卦。这是孔子的意见，《易经》中并无此意，而他所注重的，是以天道为人道的前提，以地道为人道的条件。《易传》处处体现着这一点，尤其与六十四卦相对的《彖》《象》，以及为《乾》《坤》两卦写的文言，都重在从各卦爻辞中讲述人道及其仁、义、德、知、贤等。

老子也讲过"人道"，即如何依天道而为政处事，并将之概括为"德"，其具体内容应为法层次思想。孔子依天道观来考察人世政体，总结他一生丰富的经验教训，把人道作为"道"的重点，形成了人道社会观，丰富发展了天道观，是展开天道观这个基本观念于社会矛盾的认识和变革运动的必要范畴。

孔子的人道社会观是从属于天道观的，这在《易传》中已有论说，他甚至认为，《易》之道，就是人世之道。

> 《易》之兴也，其当殷之末世，周之盛德邪？当文王与纣之事邪？是故其辞危。危者使平，易者使倾。其道甚大，百物不废。

---

① 《易传·说卦》。

惧以终始，其要无咎。此之谓《易》之道也。①

尽管以周礼教而论《易》为上帝意旨的展现，而且筮占之技又玄又秘，但孔子还是从卦爻辞中看出它是社会矛盾的集中体现，周文王与商纣王之间的斗争，不仅是他二人的关系，而是周文王所代表的先进——盛德——势力取代商纣王代表的保守势力的必然趋势，这个趋势就是天道所展示的人道，也是不可阻逆的。

孔子人道社会观是以"仁"为核心的。"仁"字，金文从"人"从"二"，《说文解字》："仁，亲也，从人从二。"孔子把二人的关系看作社会基本关系，"仁者爱人。"② 也就是以自己是人，别人也是人的态度来处理人际关系。君臣、父子、兄弟、朋友、夫妻，都是人与人的关系，即使"小人""野人"，也都是人，也都要受到人的待遇。孔子的这种观点在当时封建领主制社会条件下是很先进的，是对周礼制礼教的突破。"义"者，宜也，依"仁"而适当地对待他人。孟子说"仁，人心也；义，人路也。"③ 这是比较接近孔子思想的。孔子在《易传·说卦》中就说"立人之道曰仁与义"，也就是从仁、义来规定人道，并从仁、义的状况来论人道的实行及人世演化趋势，虽然他并没有明确的历史阶段论思想，但却能从统治者与民的关系来考察仁、义的状况及人世演化阶段，这是很有见地的。周礼制礼教也讲仁、义，但仅限于统治氏族内部，并严格地依从宗法，是统治者处理其家族、氏族关系的一种方式。孔子之仁、义，则扩展至所有人，是社会关系的基本范畴。在《礼记》这部由他弟子或其传人编写的讲《礼》的书中，编者以"子曰"表述了比较清楚的人道趋势，虽然是否"子曰"已不可考，但却也体现孔子的人道思想。

孔子曰："大道之行也，与三代之英，丘未之逮也，而有志

---

① 《易传·系辞下》。
② 《论语·颜渊》。
③ 《孟子·告子上》。

焉。大道之行也，天下为公。选贤与能，讲信修睦。故人不独亲其亲，不独子其子，使老有所终，壮有所用，幼有所长，矜、寡、孤、独、废、疾者皆有所养。男有分，女有归。货，恶其弃于地也，不必藏于己；力，恶其不出于身也，不必为己。是故谋闭而不兴，盗窃乱贼而不作，故外户而不闭。是谓大同。今大道既隐，天下为家，各亲其亲，各子其子，货力为己，大人世及以为礼，域郭沟池以为固，礼义以为纪，以正君臣，以笃父子，以睦兄弟，以和夫妇，以设制度，以立田里，以贤勇知，以功为己。故谋用是作，而兵由此起。禹、汤、文、武、成王、周公由此其选也。此六君子者，未有不谨于礼者也，以著其义，以考其信，著有过，刑仁，讲让，示民有常。如有不由此者，在势者去，众以为殃。是谓小康。"①

这里所说的"大道"，是天道在人世的体现，即人道。孔子将人类社会分为"大道"之行的"大同"和"大道既隐"的"小康"两个阶段，可以看出，"大道之行"的"大同"阶段是人人平等，天下为公的"仁"和"义"充分展现的社会，也是孔子所向往、理想的社会。这也是老子所理想的，他并以此为标准来评判现实，改造现实。而"大道既隐"，或者说已背离人道的"小康"阶段，则是阶级的私有制社会，天下为家，其"仁""义"表现为各亲其亲，各子其子，王公贵族世袭，为了维持社会秩序，只能用明确等级礼制，建造城池自我保护，以礼为准则行事，因此矛盾冲突不断。禹、汤、文、武、成王、周公是"大道既隐"阶段的优秀统治者，都在强化礼制礼教，让人行为适宜于礼，以刑罚保持人际关系。对于"大道既隐"的"小康"，老子是持批判态度的，并要以"大道"来改造。孔子也不认为"小康"是好的社会状况，但他认为实现"大同"太难，退而求其次，依据"大道"，改造礼制，治理当前社会的乱象。

---

① 《礼记·礼运》。

老子曾说："失道而后德，失德而后仁，失仁而后义，失义而后礼。夫礼者，忠信之薄而乱之首。"① 有人认为老子这是在批评孔子的"仁""义""礼"，甚至以此认为二人是"对立"的。实际上，上引孔子关于"大道之行""大道既隐"的论述，正是老子这段话的展开，包括下面所引的话，也是如此。从中可以看出二人的一致性。

《礼记·表记》中，又以"子言之"，说出孔子关于人道的这个观点："仁者天下之表也，义者天下之制也，报者天下之利也。"② 仁是天下人的表率，义是天下人行事的准则，遵行仁、义，就能完善礼（郑玄注："报，谓礼也"）。进而，他就依次对"大道既隐"后的夏、商、周三代做了评判。

子曰："夏道尊命，事鬼敬神而远之，近人而忠焉，先禄而后威，先赏而后罚，亲而不尊；其民之敝，蠢而愚，乔而野，朴而不文。殷人尊神，率民以事神，先鬼而后礼，先罚而后赏，尊而不亲；其民之敝，荡而不静，胜而无耻。周人尊礼尚施，事鬼敬神而远之，近人而忠焉，其赏罚用爵列，亲而不尊；其民之敝，利而巧，文而不惭，贼而蔽。"

子曰："夏道未渎辞，不求备，不大望于民，民未厌其亲。殷人未渎礼，而求备于民。周人强民，未渎神，而赏爵刑罚穷矣。"

子曰："虞夏之道，寡怨于民。殷周之道，不胜其敝。"

子曰："虞夏之质，殷周之文，至矣！虞夏之文，不胜其质；殷周之质，不胜其文。"③

从仁、义、礼对以往历史所体现的人道进行阶段性的概述，并集中于

---

① 《老子·三十八章》。
② 《礼记·表记》。
③ 《礼记·表记》。

统治者与被统治的民的关系，这在当时应属很有创见的，不论这些话是否是孔子所说，但其基本思想却是由孔子提出的，这个思路不仅传之于孔子弟子或再传弟子，而且广泛影响着各派诸子的思想和行为。

与老子要求按天道改造社会不同，孔子虽然向往"大道之行"的理想社会，但他已经意识到不可能再退回"三代之英"或"虞帝"的时代了。

> 子言之曰："后世虽有作者，虞帝弗可及也已矣。君天下，生无私，死不厚其子；子民如父母，有憯怛之爱，有忠利之教；亲而尊，安而敬，威而爱，富而有礼，惠而能散；其君子尊仁畏义，耻费轻实，忠而不犯，义而顺，文而静，宽而有辨。《甫刑》曰：'德威惟威，德明惟明。'非虞帝其孰能如此乎？"①

"虞帝"即舜，"三代之英"的代表，与《礼运》篇相呼应，这里又对"大道之行"的社会特点做了论述，目的是要树立"仁""义"的标准，从既有之历史说明"大道"的存在而且曾经"行"之。虽然后世达不到这样的理想状态，但却是"君子"思想和行为的目标。这里所说的"君天下，生无私"及以下一段话，与《礼运》中"大道之行，天下为公"及其下一段话，结合起来，正是老子天道观与孔子人道社会观要求的人类理想社会关系。老子要求从这种理想直接改造社会，是思想单纯化的表现，他并没有考虑社会演化进程的复杂矛盾，而是先确定"道"之后，以"正道"批评歧路，并要求回归"正道"。似乎在告诉走错路的人应改行其道。但问题绝不是这样简单，孔子从其亲身经历认识到"后世虽有作者，虞帝弗可及"。孔子与老子不同，老子只是在思想上告诉世人应该怎样做，他本人由于年老或其他原因而不去实践；孔子却是毕生都在努力实践其理想，尤其是从老子学道明确志向之后，不论参政还是学问，都在深入社会矛盾，试行具体的改革，而在鲁国为政和周游列国的挫折，使他

---

① 《礼记·表记》。

沉重地认识到理想与现实间的巨大差异,"虞帝弗可及也已矣"是他发自内心的感叹。孔子之所以伟大,不仅在于他明确了高尚的理想,更在于他看到其理想在现世不可实现后,仍然坚信这个理想,并对它做出明确、系统的论述,以教导其弟子和后学们,并希望随着人世矛盾的演化,终会实现理想。就像实用主义者可以很容易地批评马克思的"共产主义"为空想一样,一些人也会指责孔子的人道社会观为"空想",但他们永远不会理解正是在这些"空想"中,体现着人道的精神,人类社会正是在这种精神的导引下,不断克服动物一般性中的野蛮成分,缓慢但执着地前进着。孔子展开老子天道观的人道社会观,是他思想中的基本观念,以这个基本观念为大前提,从抽象到具体,形成了他的道、法、术、技思想体系。其高尚的理想和对社会矛盾的深刻认识及解决社会矛盾的主张,是新时代精神的重要内容。也正因此,他的思想具有深广的感召力,不仅聚集众多弟子从他学习,而且后来两千多年的集权官僚制将他奉为"圣人",并以他为名义的儒学道统作为统治的工具。虽然作为统治工具的儒学道统已严重扭曲孔子的人道社会观和"大道之行"的理想,但到清朝末年,也即集权官僚制已腐败为社会进步的主要障碍时,孔子人道社会观及其理想仍为变革者引以为据,康有为以"大同"、孙文以"天下为公"号召进行"维新"和革命,足见孔子人道社会观在一般意义上的生命力。

六 墨子对天道观和人道社会观的发展:天志与兼爱

孔子对天道观的论证和以人道社会观对天道观的发展,成为由他开创的私学教育的基本观念。后世诸子无不源自孔学或深受其影响,天道观和人道社会观也就成为诸子思想的共有大前提。孔学"直系"诸子都曾对天道观和人道社会观有所论证,甚或《易传》《礼记》"子曰"的话语就是他们编写的,但总体上说,创见新意并不多,而投身变革一线的诸子,如李悝、吴起、商鞅、李斯等,重点在以天道观为基本理论依据,探求并实践变法改制之策术、技,兵派、名辩派和阴阳派诸子,也是如此,在各自从事和兴趣的专业上以天道观为指导，并不注重天道、人道的抽象论证。孔子之后能在天道观及人道社会观上有所创见发展者，一是墨子，二是庄子。

墨子（约公元前480年至前389年）也是鲁国人，与孔子同国。《史记》并未为墨子立传，只是在《孟荀列传》中作一简略记述："墨翟，宋之大夫，善守御，为节用，或曰并孔子时，或曰在其后。"[①] 可见，春秋末战国初与孔学同为显学的"墨学"，到汉初已不负盛名了。不过，《淮南子·要略》中还是对墨子做了一个概要性论说：

> 墨子学儒者之业，受孔子之术，以为其礼烦扰而不说，厚葬靡财而贫民，服伤生而害事，故背周道而用夏政。[②]

后一句可能是指墨子对禹的推崇，但不见得就是"背周道而用夏政"，《墨子》曾多次高度评价周文王、武王，而"夏政"是什么在当时已很少记述了。虽然《淮南子》中说的墨子"学儒者之业，受孔子之术"，尚得不到文献的证明（或许此书编者曾看到？），但墨子的思想内容，尤其是在基本观念上，与孔子思想是有共性的，他的"天志"和"兼爱"观，实则孔子所承继和论证的天道观和人道社会观的发展。他生于鲁国，《吕氏春秋》说他见荆王自称"北方鄙人"，又说：

> 孔、墨、宁越，皆布衣之士也，虑于天下，以为无若先王之术者，故日夜学之。有便于学者，无不为也；有不便于学者，无肯为也。盖闻孔丘、墨翟，昼日讽诵习业，夜亲见文王、周公旦而问焉。用志如此其精也，何事而不达？何为而不成？[③]

---

① 《史记·孟荀列传》。
② 《淮南子·要略》。
③ 《吕氏春秋·博志》。

墨子出生时，正当孔子思想已成熟，在鲁国广收弟子、大兴私学，一个有志青年要学习，入不得官学，投身孔门"私立大学"可能是最佳选择。至于是否孔子亲自教授，已不重要。而他后来自立学派，也不等于背叛师门或与孔学相敌对，孔子死后，"儒分为八"，孔子弟子或再传弟子自立学派已是常态。近人以"阶级分析"法说墨子代表下层民众，与孔子代表"没落奴隶主阶级"在阶级立场上是对立的，并从《墨子》中找出一些话证明孔、墨两派势同水火，这是对"阶级分析"法的滥用。孔子代表"没落奴隶主阶级"的说法本无根据，而且孔子与墨子"皆布衣之士"，他们虽然在具体的政见上有差异，但都是以变革封建领主制为总目标的，即使后来自立学派，墨子与孔子其他传人仍是"统一战线"的成员。

墨子的基本观念源自孔子所继承老子的天道观，并继续了孔子的人道社会观，他从"天志"和"兼爱"的统一论证中，进一步发展了天道观和人道社会观。在变革社会的取向上，墨子更接近老子主张依天道观直接改变封建领主制，为此他将"三代"做了理想性概述，据此批判现状并提出变革主张。而孔子则主张将天道观和人道社会观注入礼制形式，渐进式地变革，这是与墨子所不同的，也可以说是他自立学派的原由。

墨子对天道观的理解是与人道社会观相统一的，他以"天志"和"兼爱"两个范畴表达相关的观点。在墨子那里，很少谈与人事无关的"天"，他说的天志，实际上就是他所认识的天道和人道。表面看来，墨子的"天"类似人格神，"天志"就是人类总体意志。有人据此说他像耶稣创基督教，也是在创立自己的宗教，这是很难说通的。也有人由此否认墨子"天志"与老子"天道"、孔子"人道"的关系，其实不然，老子论天道，虽然将道说成世界本原，但仍具体化于人世之道，孔子从老子天道观对人道的论证，不过是延续老子基本观念的具体化，是天道观的展开。墨子仍在继续这个过程，他将老子天道观作为大前提，专注于人道的探讨。他所说的"天"，是包含"道"于其中的，"天志"则是体现于天道中的人类意志，依天志对人世的关系进行考察，并依天志而改造社会关系。

> 然则奚以为治法而可？故曰："莫若法天。"天之行广而无私，其施厚而不德，其明久而不衰，故圣王法之。既以天为法，动作有为，必度于天。天之所欲则为之，天所不欲则止。然而天何欲何恶者也？天必欲人之相爱相利，而不欲人之相恶相贼也。奚以知天之欲人之相爱相利，而不欲人之相恶相贼也？以其兼而爱之、兼而利之也。奚以知天兼而爱之、兼而利之？以其兼而有之、兼而食之也。①

老子、孔子讲天道，也是要为天下世人立法仪、定制度，以天道来规范、约束统治者。他们及墨子乃至所有诸子，都是"布衣之士"，没有权势，不能自行其政，只能靠说服君主依其政见行事，但君主自以为圣明，怎么会听他们的话呢？于是，他们就搬出至大无限的"天"作为自己的依据，我所讲的，并不是小我本人之意，而是"大天"之道。我怎么能知道并论说天道呢，我是从历史的演化中了解天道的。天道是什么？天道就是民意。本来天道作为世界本原，主导着万物和人事，最多的人就是民，民的感受和欲求，都是可以传达于天的，天会按民的感受和欲求来评判统治者，并给予相应的奖惩。老子为了说明这个道理，做了相当深刻而长期的思辨，并以抽象到具体的逻辑论证它。孔子接受了老子的天道观，他的论证就专注于人道，从"大道之行"与"大道既隐"的历史演变说明自己的主张。墨子有老子和孔子的天道观、人道社会观作为前提，也就不必费那么多周折，直接将天与人统一起来，由人意来规定天志，再从天志论其主张。而人意，也就是墨子所代表的占人口大多数被统治的劳动者的意愿。

有了这样的思想基础，墨子首先否定封建领主制的宗法。在论"法天"之前，他先批判道：

---

① 《墨子·法仪》。

> 然则奚以为治法而可？当皆法其父母，奚若？天下之为父母者众，而仁者寡。若皆法其父母，此法不仁也。法不仁，不可以为法。当皆法其学，奚若？天下之为学者众，而仁者寡。若皆法其学，此法不仁也。法不仁，不可以为法。当皆法其君，奚若？天下之为君者众，而仁者寡。若皆法其君，此法不仁也。法不仁，不可以为法。故父母、学、君三者，莫可以为治法。①

父母和君主是封建宗法的根据，而学，指官学，宗法之礼教也。墨子以"仁"为标准，衡量父母、学、君主三者，认为其"仁者寡"，因此不可以作为法的根据，能作为法的根据的，只有"广而无私"的天。而"天必欲人之相爱相利，而不欲人之相恶相贼"，因此，天志也就是人相爱相利的共同意志的概括。只有依从天志，兼爱天下百姓的统治者，才是天认可的，否则，天就会给予惩罚。

> 昔之圣王禹、汤、文、武，兼爱天下之百姓，率以尊天事鬼。其利人多，故天福之，使立为天子，天下诸侯，皆宾事之。暴王桀、纣、幽、厉，兼恶天下之百姓，率以诟天侮鬼。其贼人多，故天祸之，使遂失其国家，身死为僇于天下。②

以史论道，是孔子的一贯做法，墨子继此以证天志，由天志而说自己主张。

天是至大至广的，任何人都逃不过天的范围和天意的监视，"夫天，不可为林谷幽门无人，明必见之。"③ 天是有意志的，天的意志就是对人的意志的总括，何以见得？

---

① 《墨子·法仪》。
② 《墨子·法仪》。
③ 《墨子·天志上》。

> 然则天亦何欲何恶？天欲义而恶不义。然则率天下之百姓，以从事于义，则我乃为天之所欲也。我为天之所欲，天亦为我所欲。然则我何欲何恶？我欲福禄而恶祸祟。若我不为天之所欲，而为天之所不欲，然则我率天下之百姓，以从事于祸祟中也。然则何以知天之欲义而恶不义？曰："天下有义则生，无义则死；有义则富，无义则贫；有义则治，无义则乱。"然则天欲其生而恶其死，欲其富而恶其贫，欲其治而恶其乱。此我所以知天欲义而恶不义也。①

墨子对思维形式是有深入系统研究的，他的言论相当严谨而清晰。这里他将天与人、天与我相统一，由我而人，人而天，其理一也，其道通也。天志也即人志，人志乃众多我之志，因此，不必外求于天，而是内问于我，即可知天志。

> 我有天志，譬若轮人之有规，匠人之有矩。轮匠执其规、矩，以度天下之方员，曰："中者是也，不中者非也。"今天下之士君子之书，不可胜载，言语不可尽计，上说诸侯，下说列士，其于仁义，则大相远也。何以知之？曰：我得天下之明法以度之。②

如此天志，并不是高高在天的上帝，而是把玄奥的"道"与人意相通，是将人意概括而成的人世规矩，以天志来"度天下之方员"。据此，可见士君子之书、言语，很少是合乎天志的。墨子进一步从仁义、善政、天子、诸侯等的关系中进行推论，"今天下之君子，中实将欲遵道利民，本察仁义之本，天之意不可不慎也。"③ "天之意，不欲大国之攻小国也，

---

① 《墨子·天志上》
② 《墨子·天志上》。
③ 《墨子·天志中》。

大家之乱小家也，强之暴寡，诈之谋愚，贵之傲贱，此天之所不欲也。"①更重要的，是天志之欲，即天志所希望、所要求的，

> 欲人之有力相营，有道相教，有财相分也。又欲上之强听治也，下之强从事也。上强听治，则国家治矣；下强从事，则财用足矣。若国家治，财用足，则内有以洁为酒醴粢盛，以祭祀天鬼；外有以为环璧珠玉，以聘挠四邻。诸侯之冤不兴矣，边境兵甲不作矣。内有以食饥息劳，持养其万民，则君臣上下惠忠，父子兄弟慈孝。故唯毋明乎顺天之意，奉而光施之天下，则刑政治，万民和，国家富，财用足，百姓皆得暖衣饱食，便宁无忧。②

这几乎是《礼记·礼运》中孔子所说"大道之行"的"大同"世界的翻版。墨子不同于孔子之处是：孔子认为现世已"大道既隐"，"大同"只是一种理想状态，墨子也认为这是理想，但又认为是可以实现的。天志仍在，只需依从天志，就可以实现理想。他就是要依从天志，宣传天志，使之实行于天下。墨子的思想和行为，贯彻着他这基本思路。

墨子的"天志"，是老子天道的人格化，也是孔子人道的天意化。老子、孔子、墨子所论各有其重点，老子规定的是天、地、人共有的一般性天道，孔子从士、儒阶层的前途出发探讨人道，墨子则从下层劳动者阶级的命运论证和发展人道。但墨子绝无号召下层劳动者造反夺取政权之意，他还是与孔子一样，寄希望于统治者，企图以天志来威慑和导引他们行仁义之政，对下层劳动者兼而爱之。

> 曰："顺天之意何若？"曰："兼爱天下之人。""何以知兼爱天下之人也？""以兼而食之也。""何以知其兼而食之也？""自

---

① 《墨子·天志中》。
② 《墨子·天志中》。

古及今，无有远灵孤夷之国，皆犓豢其牛羊犬彘，洁为粢盛酒醴，以敬祭祀上帝、山川、鬼神，以此知兼而食之也。苟兼而食焉，必兼而爱之。譬之若楚、越之君：今是楚王食于楚之四境之内，故爱楚之人；越王食于越，故爱越之人。今天兼天下而食焉，我以此知其兼爱天下之人也。"①

以"兼天下而食之"而论"兼爱天下之人"，似乎一种"交利"关系，因为天下各国都要祭祀上帝、山川、鬼神，所以天已兼而食天下，那么，它也就会"兼爱天下之人"。这也是说得过去的一个理由。但天意之兼爱并非只在食与物上，还包括如何对待百姓。

曰："顺天之意者，'兼也'；反天之意者，'别'也。'兼'之为道也，义正；'别'之为道也，力正。"曰："义正者，何若？"曰："大不攻小也，强不侮弱也，众不贼寡也，诈不欺愚也，贵不傲贱也，富不骄贫也，壮不夺老也。是以天下之庶国，莫以水火、毒药、兵刃以相害也。若事上利天，中利鬼，下利人，三利而无所不利，是谓天德。"②

"兼"是相互的，"兼爱"是相互之爱，这是墨子对孔子"仁者爱人"说的扩展。他认为，社会矛盾之乱象，都源自不相爱，他认为治乱解决社会矛盾的出路，就在"使天下兼相爱，爱人若爱其身。"③ "天下兼相爱则治，交相恶则乱。"④

兼爱，是天志的要求和体现，也是人道的基本，墨子认为，要消除社会各乱象，达到天志所要求的理想境界，根本就在兼相爱、交相利。

---

① 《墨子·天志下》。
② 《墨子·天志下》。
③ 《墨子·兼爱上》。
④ 《墨子·兼爱上》。

> 然则兼相爱、交相利之法将奈何哉？子墨子言："视人之国，若视其国；视人之家，若视其家；视人之身，若视其身。"是故诸侯相爱，则不野战；家主相爱，则不相篡；人与人相爱，则不相贼；君臣相爱，则惠忠；父子相爱，则慈孝；兄弟相爱，则和调。天下之人皆相爱，强不执弱，众不劫寡，富不侮贫，贵不敖贱，诈不欺愚。凡天下祸篡怨恨，可使毋起者，以相爱生也。是以仁者誉之。①

这可以说是孔子忠、孝、慈、悌的修正；在孔子那里，重要的是"正名"，确定君臣、父子、兄弟的地位，所谓君君、臣臣、父父、子子，然后才是在相互关系中注入"仁""义"，保持和谐。墨子则强调只有兼爱，才能保证君臣、父子、兄弟的关系，并上推至诸侯之间、家族之间、人与人之间，都要兼爱，以达到天下大和谐。因此，墨子认为，天下的统治者如果"实欲天下之富而恶其贫，欲天下之治而恶其乱，当兼相爱、交相利。"② 这是人道之根本，人间各种矛盾、动乱都是因为违背了天志所要求的"兼相爱、交相利"之道。

> 故兼者，圣王之道也，王公大人之所以安也，万民衣食之所以足也，故君子莫若审兼而务行之。为人君必惠，为人臣必忠；为人父必慈，为人子必孝；为人兄必友，为人弟必悌。故君子莫若欲为惠君、忠臣、慈父、孝子、友兄、悌弟，当若兼之不可不行也。此圣王之道，而万民之大利也。③

墨子的天志和兼爱观念，是在春秋末战国初特殊历史条件下，农奴和

---

① 《墨子·兼爱中》。
② 《墨子·兼爱中》。
③ 《墨子·兼爱下》。

其他劳动者利益和意识的体现。纵观中国历史，能够代表被统治的劳动者的思想家，可以说凤毛麟角，墨子是其中最突出的，《墨子》一书，也因此而在诸子思想中独具特色。放眼世界，在社会主义出现之前的全部历史上，可能也只有《墨子》所概括的劳动者利益和意识最为深刻和系统。欧洲初期的犹太教和基督教，以及中国汉朝末年的初级道教和唐朝出现的禅教，也都在一定程度上反映了农业文明条件下劳动者的利益和意识，但都没有《墨子》这么深刻系统。墨子及其创立的墨学，之所以曾与孔学并称为"显学"，取决于墨子本人高尚的品格和高超的思维能力，集中体现了当时劳动者素质技能的提高及其要求提高社会地位的意愿，这是广泛存在于民间的社会思潮，它所展现的强大社会势力，是社会变革的内在动因和动力，诸子思想家就是因此形成变革社会的思想运动的。从老子、孔子开始，所有诸子都把"民"作为立论的重要依据，他们的思想和主张，也都集合于要求改善"民"的社会地位和条件上，而"民"的利益和意愿，又都是以天道或人道来表达的。老子、孔子开创了这条变革大思路，墨子承继这一思路，并从劳动者立场和角度进行拓展，为以后诸子的思想和变革实践提供了一个不可缺少的参照。虽然后来诸子很少有墨子的立场和品格，他们大都是为改变个人及其所处的士、儒阶层的社会地位而说服有志变革的君主，借助这些要强国、扩张的君主权势推行变革的主张，但不论是思想和政策建议，都把重视"民"的利益、发挥"民"的作用作为强国的根本，他们可能不同意墨子所主张的具体措施，如"非攻"等，但都会以墨子思想中体现的民意为论据，其中最突出者应该为孟子的"民贵"说。而这场持续几百年的以集权官僚制取代封建领主制的大变革，看来错综复杂，但归结起来，无非是改变统治方式和提升统治对象的社会地位，墨子将被统治者提高其社会地位的要求，系统表达出来，既是变革动因、动力的展现，又为改变统治方式提供了必要参照。而变革的实质性进步，也在提高了农奴和其他劳动者的社会地位，提供了劳动者发挥和进一步提高素质技能的条件。墨子思想是主导这场大变革运动的时代精神必不可少的内容，虽说变革后建立的集权官僚制在意识形态上强化了对劳动者提高了的社会地位的认可，并集中体现于董仲舒概括的儒学道统中，却不可能容许墨子思想的传播，但墨子思想所体现的劳动者利益和意识，依然是从根本上制约集权官僚制的必要因素。

七　庄子对天道观的论证和从个性自由对人道社会观的发展

庄子是诸子中独居特色的人物，与孔子、墨子两大流派注重从总体改造社会，他们的再传人侧重于社会变革实践之术、技层次不同，庄子则通过对老子天道观的深刻理解，从个体修养和个性自由深入探讨人道社会观。其思想有明显的"个人自由主义"特点，与孔、墨等诸子的"社会变革主义"形成鲜明对照。《庄子》中也有多处对孔、墨的批评，但这并不能解读为庄子反对社会变革，而是强调社会变革必须与个体修养和个性自由相统一。也正是在这个意义上，他在批评孔、墨忽视个体修养和个性自由的同时，对他们变革社会的思想和主张还是肯定的。现代一些人看到这些批评的言语，就得出结论说庄子反对孔、墨，甚至反对变革，"是没落奴隶主阶级消极对抗社会进步"，是很不妥当的。就像《墨子》中也有对孔子的批评，但不能说墨子与孔子在基本观念和大方向上是对立的，其差异只在具体的术、技层次及用、服、葬等细节上。庄子对个体修养和个性自由的深入探讨，在当时的条件下，是相当难能可贵的，是诸子思想和社会变革的重要方面，也为中国乃至人类留下了宝贵的思想财富。

《史记·老庄申韩列传》对庄子的记载并不多：

> 庄子者，蒙人也，名周。周尝为蒙漆园吏，与梁惠王、齐宣王同时。其学无所不窥，然其要本归于老子之言。故其著书十余万言，大抵率寓言也。作《渔父》《盗跖》《胠箧》，以诋訾孔子之徒，以明老子之术。《畏累虚》《亢桑子》之属，皆空语无事实。然善属书离辞，指事类情，用剽剥儒、墨，虽当世宿学不能自解免也。其言洸洋自恣以适己，故自王公大人不能器之。

楚威王闻庄周贤，使使厚币迎之，许以为相。庄周笑谓楚使者曰："千金，重利；卿相，尊位也。子独不见郊祭之牺牛乎？养食之数岁，衣以文绣，以入大庙。当是之时，虽欲为孤豚，岂可得乎？子亟去，无污我。我宁游戏污渎之中自快，无为有国者所羁。终身不仕，以快吾志焉。"①

司马迁在此《传》后写一评语："庄子散道德，放论，要亦归之自然。"② 庄子"终身不仕，以快吾志"的个人自由主义，是因为他从天道认识到人的主体性，为保持个体的主体性，不为眼下名利而做他人的工具，专志追求长远的精神自由。精神自由是与"法自然"的道相统一的，虽然仅从个人角度并不能实现这种自由，但庄子以坚强的毅力克服生活之贫困，排斥各种名利诱惑，努力探求自由，并把个人自由上升为思想，为万代学人树立了榜样，即令那些醉心于功名利禄者，一生中总会感到自由的珍贵，因而，庄子虽不为统治者所用，但却能给人们以一种精神的启迪或慰藉，即令历代帝王，也多喜读《庄子》，享受一下短暂的精神清闲。

按将诸子分家别类的做法，庄子被划在"道家"，因此只上溯列子到杨朱到老子这一单线，而"道家"也只是从老子到杨朱到列子到庄子这几代单传。这是一大误解。庄子所学，绝非仅列子，而列子所学也绝非仅杨朱，至于杨朱似乎老子学生，但仅在《列子》中有专论。从《庄子》中可以看到，庄子"其学无所不窥"，几乎熟悉他之前诸子之学，特别是对孔子、墨子研究颇深，他推崇列子，并非只知列子，而是在思想上更为接近列子。

司马迁说庄子"要本归于老子之言"，庄子不仅深刻领会了老子思想，尤其是其天道观，由此确定了他的基本观念和价值观，进而对天道观做了展开论证，并借鉴孔子、墨子人道社会观，提出了自己"个人自由主义"

---

① 《史记·老庄申韩列传》。
② 《史记·老庄申韩列传》。

人道社会观。《庄子》曾多次提到列子，可见列子对他的影响，为此，有必要对列子进行探讨，但《列子》的重点不在道层次，有关思想大体只是论述《老子》，因而这里只把列子作为庄子的一个前导。

列子名御寇，《庄子》中曾多次提及，《战国策》《吕氏春秋》《尸子》《韩非子》等也都有记载，从《列子》书中推论，他应为战国中期人，《汉书·艺文志》"道家"部分，提到"《列子》八篇。名御寇，先庄子，庄子称之。"① 《列子》为汉刘向所编校，其首篇《天瑞》中将诸子天道观做了论说，但却把《老子》中的"谷神不死，是谓玄牝。玄牝之门，是谓天地根"这段话做了修改，并说成"黄帝书曰"，并有《黄帝》一篇。列子关于天道的论说，是以老子相关思想为基本，并结合《易传》中关于阴阳的思想，

> 故天地之道，非阴则阳；圣人之教，非仁则义；万物之宜，非柔则刚；此皆随所宜而不能出所位者也。②

> 子列子曰："昔者圣人因阴阳以统天地。夫有形者生于无形，则天地安从生？故曰：有太易，有太初，有太始，有太素。太易者，未见气也；太初者，气之始也；太始者，形之始也；太素者，质之始也。气形质具而未相离，故曰浑沦。浑沦者，言万物相浑沦而未相离也。视之不见，听之不闻，循之不得，故曰易也。易无形埒，易变而为一，一变而为七，七变而为九。九变者，究也，乃复变而为一。一者，形变之始也，清轻者上为天，浊重者下为地，冲和气者为人；故天地含精，万物化生。"③

这是试图展开《易传》"太极"说来讲述老子"道生一，一生二，二

---

① 《汉书·艺文志》。
② 《列子·天瑞》。
③ 《列子·天瑞》。

生三，三生万物"，将万物和人的形成列为太易、太初、太始、太素四个阶段。列子进一步对道做了抽象的议论，"道终乎本无始，进乎本不久。有生则复于不生，有形则复于无形。不生者，非本不生者也；无形者，非本无形者也。生者，理之必终者也。终者不得不终，亦如生者之不得不生。而欲恒其生，画其终，惑于数也。"① 从有无解说生与不生，再说到终，力求完满地规定万物，特别是人从始到终的过程。

> 精神者天之分；骨骸者地之分。属天，清而散；属地，浊而聚。精神离形，各归其真。故谓之鬼。鬼，归也，归其真宅。黄帝曰："精神入其门，骨骸反其根，我尚何存？"②

从这里可以看出后来道教的一些端倪。人是由精神和骨骸结合而生，精神属天，骨骸属地，人死就是精神离其骨骸之形，就是生命之终。精神离形后又归其生出的"真宅"，即天，归天之精神就是"鬼"。这和婆罗门的梵生人，人死后又归于梵有相似处，但婆罗门教及佛教都认为人可以转世，由梵根据人生时的修为再派生新的生物。列子及后来的道教，则没有"转世"之说，归于真宅的鬼只在天上存在。"我"作为生人，一旦精神与骨骸分离，也就不存在了。但这里留下一个缺口，鬼既然在天上，它是否还可以作为精神再与骨骸结合而生人？佛教就是利用这个缺口，宣扬其转世说，并由此而在中国人的观念中占了一席之地。而列子所关注的，在于人如何于生时保持身体与精神的统一，因为我身体没有了，精神也就不能与骨骸结合，"我尚何在？"人能够做的，就是认识并依据道的引导，在生时保证精神与身体的有机统一。庄子正是在这个意义上接受列子的有关思想，并由此发展人道社会观。

《列子》中有一篇《杨朱》，记述了杨朱的一些言行，可视为列子及

---

① 《列子·天瑞》。
② 《列子·天瑞》。

庄子思想的前导。杨朱从贵己乐生、全性保真展示其对天道观的理解，在法、术层次颇有新意。他的名言"损一毫利天下不与也；悉天下奉一身不取也。"① 突出个体主体性，以有别于世人为名利而争斗的常态，被孟子等人抓住前一句不顾后一句而指责，但这对列子、庄子却有深刻启迪。

庄子的思想来源并非老子—杨朱—列子这一条单线，孔子、墨子的人道社会观对他都有深刻影响，他是以老子天道观为大前提，对比了所学诸子的思想，尤其受到列子的启发，从个人主体性来理解和论证天道观，并在孔子、墨子注重总体性人道社会观的制约下，提出其个体性人道社会观。

在《大宗师》里，庄子说出其对老子道概念的理解：

> 夫道，有情有信，无为无形；可传而不可受，可得而不可见；自本自根，未有天地，自古以固存；神鬼神帝，生天生地；在太极之先而不为高，在六极之下而不为深，先天地生而不为久，长于上古而不为老。狶韦氏得之，以挈天地；伏戏氏得之，以袭气母；维斗得之，终古不忒；日月得之，终古不息；勘坏得之，以袭昆仑；冯夷得之，以游大川；肩吾得之，以处大山；黄帝得之，以登云天；颛顼得之，以处玄宫；禺强得之，立乎北极；西王母得之，坐乎少广。莫知其始，莫知其终。彭祖得之，上及有虞，下及五伯；傅说得之，以相武丁，奄有天下，乘东维、骑箕尾而比于列星。②

从"狶韦氏得之"以下，是以当时所流传的神话或故事，来说明道的至广至大。庄子对天道观的创意为"夫道，有情有信"，这是老子所没有说到的，很有可能是受墨子"天志"的启发而得出的新见解。"情"是人

---

① 《列子·杨朱》。
② 《庄子·大宗师》。

所具有的,"信"是人所应有的,说道有情有信,也就将道与人的关系提到首要地位,其次才是"无为无形"。而"可传而不可受,可得而不可见;自本自根,未有天地,自古以固存;神鬼神帝,生天生地;在太极之先而不为高,在六极之下而不为深,先天地生而不为久,长于上古而不为老",则是以更为明确易解的话阐述老子关于道的论述。

老子从"道生一,一生二、二生三、三生万物"来论道为世界的本原,并体现于万物之中的观点,并不容易为人理解,庄子对此作了进一步论述。

> 泰初有无,无有无名;一之所起,有一而未形。物得以生,谓之德;未形者有分,且然无间,谓之命;留动而生物,物成生理,谓之形;形体保神,各有仪则,谓之性;性修反德,德至同于初。同乃虚,虚乃大。合喙鸣;喙鸣合,与天地为合。其合缗缗,若愚若昏,是谓玄德,同乎大顺。①

道是先天地生的,最初表现为无,无有也无名,无已是道展示的一种状况,但还没有万物之形状。万物得道而由无生化,就是德,德在无形中规定了万物的属性,这些属性的内在统一就是其本质之命。道进一步的运动是由命形成万物,并演化为万物和人类的理,理展开为形,体现于形体的道是万物和人类的仪规,称为性。人对性的认识和遵循反归于初始的德,由德再认知本原的道。人将思想和生命同于道,也就达至泰初之无限大,像鸟的鸣叫一样,与天地相合,这是自然的同于道的合,似乎愚昧和昏迷,浑然不觉其别分,但却是最高的玄德境界,顺乎天道而自然。

与列子从《易传》来论说老子"道"生成万物和人类的观点不同,庄子还是从老子的"有""无"论起,并将道展开于德、命、理、形、神、性等范畴,在具体论证中保持了老子思想的思辨性,更贴近老子原意。庄

---

① 《庄子·天地》。

子注重于人道，在《天道》中，庄子进一步论证了道在人世的存在及其对人事的导引，

> 夫道，于大不终，于小不遗，故万物备。广广乎其无不容也，渊渊乎其不可测也。形德仁义，神之末也，非至人孰能定之！夫至人有世，不亦大乎！而不足以为之累。天下奋棅而不与之偕，审乎无假而不与利迁，极物之真，能守其本，故外天地，遗万物，而神未尝有所困也。通乎道，合乎德，退仁义，宾礼乐，至人之心有所定矣。①

道至大无限，至小无遗，存在万物中，其广阔无所不容，其深奥又不可测度。人世间的刑罚奖赏和仁义，是道之精神的外在表现，只有真正得道的至人才能正确地认知和运用它们。至人对于人世是相当重要的，但他本人并不觉得要承受多么重的负担。至人依循天道，不去与他人争夺权势和私利，而是追求和固守事物的本真，不被天地万物的现象所困惑，通达于道，合乎德，就可以不受仁义礼乐的束缚，确定与道自然相通的心境。

庄子对人道社会观的论证，集中于认知并依循天道的"至人""真人""圣人"。上引这段话是"至人"，也是最标准的人所应达到的思想和境界，在《天运》篇，以老子教导孔子的话说："古之至人，假道于仁，托宿于义，以游逍遥之虚，食于苟简之田，立于不贷之圃。逍遥，无为也；苟简，易养也；不贷，无出也。古者谓是采真之游。"② 这是借老子之口，批评孔子及其弟子以仁义之名对功利的追求。庄子认为，仁与义，只是道的外在表现，至人借助于仁义而游于逍遥精神境界，取食于简朴的田地，置身于不值钱的庄园。逍遥而无为，简朴则容易生存，不值钱的庄园也没有什么支出。古人这样的逍遥游可称得上采真体道之游。在《大宗

---

① 《庄子·天道》。
② 《庄子·天运》。

师》篇，庄子又将得道之人称为"真人"，

> 且有真人而后有真知。何谓真人？古之真人不逆寡，不雄成，不谟士。若然者，过而弗悔，当而不自得也。若然者，登高不慄，入水不濡，入火不热。是知之能登假于道者也若此。古之真人，其寝不梦，其觉无忧，其食不甘，其息深深。真人之息以踵，众人之息以喉。屈服者，其嗌言若哇；其耆欲深者，其天机浅。古之真人，不知说生，不知恶死；其出不䜣，其入不距；翛然而往，翛然而来而已矣。不忘其所始，不求其所终；受而喜之，忘而复之，是之谓不以心捐道，不以人助天，是之谓真人。若然者，其心志，其容寂，其颡頯；凄然似秋，暖然似春，喜怒通四时，与物有宜而莫知其极。①

真人就是真正知道并循道而生的人。古时的真人不倚势欺寡，不好功名，也不过问世事，达到这样的境界，有了过错不悔，做成事也不自得。以至登高不慄，入水不被淹，入火不热。只有认识到大道者才能做到这些。古时真人，寝不梦，觉无忧，食不求甘美，呼吸深沉。真人的呼吸之气发自脚跟，而常人只在喉咙。喜欢辩争的人常因理屈而张口结舌，强烈追求物欲的人天机浅薄。而古时真人，不因活着而高兴，也不怕死，不忘所始，不求所终，坦然面对所遇事物，善忘而回复自然，不从个人意愿违背天道，也不去改变自然。这才是真正的人。能达到这个境界，心中有恒常的志向，容貌安然，严肃似寒秋，温和似阳春，喜怒类似四季，与外界适宜相处，令人难以猜度他精神之玄奥。这样的真人，似乎常人很难达到，但庄子认为，只要认知天道，依天道而生活而思想，达到真人境界并不是很难的。真人作为得道的人，也是真正意义上的人，古时就有这样的真人，他们为人处世都是合于道的，

---

① 《庄子·大宗师》。

其状义而不朋，若不足而不承；与乎其觚而不坚也，张乎其虚而不华也；邴邴乎其似喜乎！崔乎其不得已乎！滀乎进我色也，与乎止我德也；厉乎其似世乎！謷乎其未可制也；连乎其似好闭也，悗乎忘其言也。以刑为体，以礼为翼，以知为时，以德为循。以刑为体者，绰乎其杀也；以礼为翼者，所以行于世也；以知为时者，不得已于事也；以德为循者，言其与有足者至于丘也；而人真以为勤行者也。故其好之也一，其弗好之也一。其一也一，其不一也一。其一与天为徒，其不一与人为徒，天与人不相胜也，是之谓真人。①

真正体道按自然行为的人，与他人适当地相处并不结朋伙，并能够宽容他人，清高但不固执，虚心待人而不浮华，面带微笑，行事好像不得已，以平和态度与人相处，胸怀宽广，志向高远，恬静悠然，说话时似乎心不在焉。真人明显不同于那些以刑为体、以礼为翼、以知为时者，真人和这些人的差别，就在是与天道合一，还是与天道相违背的俗务合一的。只有与天道自然合一的人，才是真人。

从对"真人"的论说中，庄子进一步表达了他由天道观展开的人道社会观的要点，在《大宗师》里，他还以"孔子曰"说出这样的话："鱼相造乎水，人相造乎道。相造乎水者，穿池而养给；相造乎道者，无事而生定。故曰，鱼相忘乎江湖，人相忘乎道术。"② 人只有遵行道而生才能顺乎自然并自由，庄子以孔子之口讲出这个观点，可见他在道层次还是对孔子有所认可的，这在其他各篇记述孔子经老子教导后所说的话中也有所表现。

在《天道》篇，庄子还对"圣人"做了论述。

---

① 《庄子·大宗师》。
② 《庄子·大宗师》。

天道运而无所积，故万物成；帝道运而无所积，故天下归；圣道运而无所积，故海内服。明于天，通于圣，六通四辟于帝王之德者，其自为也，昧然无不静者矣。圣人之静也，非曰静也善，故静也；万物无足以铙心者，故静也。水静则明烛须眉，平中准，大匠取法焉。水静犹明，而况精神！圣人之心静乎！天地之鉴也，万物之镜也。夫虚静恬淡寂漠无为者，天地之平而道德之至，故帝王圣人休焉。休则虚，虚则实，实则备矣。虚则静，静则动，动则得矣。静则无为，无为也则任事者责矣。无为则俞俞，俞俞者忧患不能处，年寿长矣。夫虚静恬淡寂漠无为者，万物之本也。明此以南乡，尧之为君也；明此以北面，舜之为臣也。以此处上，帝王天子之德也；以此处下，玄圣素王之道也。以此退居而闲游，则江海山林之士服；以此进为而抚世，则功大名显而天下一也。静而圣，动而王，无为也而尊，朴素而天下莫能与之争美。①

"圣人"是庄子个人自由主义的又一标本，"圣人"既具有和至人、真人共有的一般性，即体道、得道、循道而行，还有其特殊性，就是"内圣外王"。"内圣外王之道"是在《天下》篇中提出来的，"判天地之美，析万物之理，察古人之全。寡能备于天地之美，称神明之容。是故内圣外王之道，暗而不明，郁而不发，天下之人各为其所欲焉以自为方。"② 后来儒学道统将"内圣外王"作为重要原则，并把《礼记·大学》中的格物、致知、诚意、正心、齐家、修身、治国、平天下作为其内涵，近年的"新儒家"者流，又打出这个旗号，而其发明权却在庄子。从形式上看，"内圣外王"是讲内在修炼圣道，外可行王道，但庄子所说与儒学道统所讲的有明显区别。如果说将《大学》中的"格物、致知、诚意、修身、齐家"

---

① 《庄子·天道》。
② 《庄子·天下》。

为其"内圣","治国、平天下"为其"外王"的话,《庄子·天下》的"内圣"是由"虚静恬淡寂漠无为"而体道,"外王"则为"以此处上,帝王天子之德也;以此处下,玄圣素王之道也"。概言之"静而圣,动而王"。从这里我们可以看出庄子并非后人所说只是隐而不仕,他也有强烈的将"内圣"所得之道推行于世的愿望,这与老子是相同的。但他并不同意孔子的"知其不可为而为之",不是只把个人意志、学识作为依据去"治"国、"平"天下,而是以"虚静恬淡寂漠无为"去依道"进为而抚世",只有这样,才能做到"功大名显而天下一也"。值得注意的是,他认为"内圣"不仅是士儒,也是帝王的必修课。他以尧、舜为例,尧为君时,舜为臣,但二人都是已修得"内圣"之道,其"外王",则在尧行"帝道",舜则臣助尧行"帝道"。因为舜已具备"圣道",所以尧让位于他后即自行帝道。然而,大多数人都没有尧、舜的德能,不可能去行"帝道",不可能达到"帝王天子之德"的"外王",但也要具备"虚静恬淡寂漠无为"的"圣道","以此退居而闲游,则江海山林之士服"。

庄子所说的"圣道",也就是他以个人主体性所理解的"人道",这与"真人""圣人"之道是相通的。虽然《庄子》可能有他人参与编写,"真人""至人""圣人"的提法可能不出自一个人,但其思想是一致的。从《庄子》关于"真人""至人""圣人"的论述中,我们可以认知其"个人自由主义"人道社会观的大概。其一,人道是天道的展开,是天道在人世的存在,并与天道相呼应。其二,人道是以个体为本位的,道虽然主导每个人,但人并不是生来就知道,只有个体的"真人""至人""圣人"才能知道行道。其三,"真人""至人""圣人"也不是生来就知道,必须经过学习和修炼,才能逐步地知道并依道而行。其四,个体人的生命是有限的,其所处的社会条件也不同,这些都是道的展现,也是个人所不能脱离的,知道首先就要明白这一点。其五,道是自然的,由无而生有,由天而地而人,"天道运而无所积,故万物成",人道是天道在人世的体现,个人不可能,也不应该逆天道之自然而为,只能依天道而无为。其六,人道的基本就在"虚静恬淡寂漠无为",不论至人、真人、圣人都要由此而学道知道行道。其七，若有条件为君为臣，就要像尧舜那样以所知人道"抚世"，使与天道相通的人道成为现实的"世道"。其八，没有条件成为君为臣的大多数至人、真人、圣人，则应安于个人的具体条件，依"虚静恬淡寂漠无为"而"闲游"，"审乎无假而不与利迁"，"万物无足以铙心"，"不忘其所始，不求其所终"，"以游逍遥之虚，食于苟简之田，立于不贷之圃"。其八为庄子本人所依从，也是他知道行道的表现，《庄子》中所论大多在于此。《知北游》篇，又以老子教导孔子说的话，概述了人道社会观要旨：

> 精神生于道，形本生于精，而万物以形相生。……
> 人生天地之间，若白驹之过隙，忽然而已。注然勃然，莫不出焉；油然寥然，莫不入焉。已化而生，又化而死，生物哀之，人类悲之。解其天弢，堕其天袠。纷乎宛乎，魂魄将往，乃身从之。乃大归乎！不形之形，形之不形，是人之所同知也；非将至之所务也，此众人之所同论也。彼至则不论，论则不至。明见无值，辩不若默；道不可闻，闻不若塞：此之谓大得。①

人是由道生化的，每个人的生存时间，如白驹过隙那么短暂，生长、兴盛、演化、消失，都是由道主导的。由道主导的演化而生，也由道主导的演化而死，虽然动物和人都会因死而哀悲，但这是不可避免的，人只能顺从道主导的演化而生而死，由无形而有形再归于无形。没有必要强求不死，突破那些人为的限制，顺天道而生，自然而死。这是人道的基本，要切实体悟道，以个人的小聪明臆想是不可能知道的。知道者不会自诩夸论，自诩夸论者实际上是不知道。个人只有依从道而思想而行为，才是真正的得道。

庄子个人自由主义的人道社会观是诸子思想系统的重要方面。庄子将

---

① 《庄子·知北游》。

其人道社会观展开于法、术、技层次,由此确立了他在人类思想史上的特殊地位。

八 文子对天道观的阐释

经孔子、墨子从社会总体变革角度将老子天道观具体化为人道社会观,并贯彻于他们后学者的思想和实践,庄子又从个体自由角度依天道观发展了人道社会观,在当时兴起的思想和社会变革运动中,天道观作为基本观念的影响日益广大。其间诸子思想注重于术、技层次的具体变革,虽然也有从道、法层次的概述,如孟子、荀子、韩非子等对道的一些论说,但无系统性概论。战国末至秦、汉初,制度变革已基本完成,尤其汉初奉行"黄老之学",在思想上需要对天道观进一步系统阐释,《文子》一书应此而生。中华书局本《文子疏义》作者王利器说:"马骕《绎史》八三曰:'《文子》,《道德》之疏义,语必称老子,尊所闻以立言也。予今将进一解曰:《淮南》,《文子》之疏义。'"[①]

文子及《文子》一书,在战国诸子书中均无提及,《汉书·艺文志》列"《文子》九篇",并注:"老子弟子。与孔子并时,而称周平王问。似依托者也。"[②] 是否有文子其人,是个很难考证的事,但《文子》之书确然存在,就像托名管仲的《管子》,托名黄帝的《黄帝四经》《黄帝内经》等,托一位大人物之名论说自己的思想,是当时学界的一种习惯,不可用现行"版权法"追究之。《文子》书中有多处"文子问老子"的话,以证明文子为老子弟子,这也是一种写作手法。文子,即《文子》一书作者也。《文子》写作可能在汉朝初期,最迟不过《淮南子》之前几十年。由此算来,《文子》距《老子》大约三百多年时间,这期间中国历史上思想和制度的大变革,不仅积累了丰富的思想演化成果和实践经验,而且语言

[①]《文子疏义》,中华书局 2000 年版,第 3 页。
[②]《汉书·艺文志》。

文字也有了很大变化，《文子》对《老子》的阐释，集合了这期间的思想演化成果，并在一定程度上总结了实践经验，而且有了新的语言文字表达方式。汉初奉行"黄老之学"，《文子》在当时影响颇大，淮南子刘安和董仲舒作为诸子思想家群最后两位，都吸收了其中部分思想，尤其刘安的《淮南子》，更是直接承继了《文子》。而董仲舒虽然也在《春秋繁露》中引证了《文子》的某些观点，但其"独尊儒术"的主张，不仅并未说明文子（乃至老子）对他的影响，更阻挡了文子在主流思想中的存在，只有在后来的道教中才有文子的地位。唐玄宗李隆基甚至加"通玄真人"之尊号给文子，《文子》也改名为《通玄真经》。

汉朝初期奉行"黄老之学"，绝非要退回老子理想中"小国寡民"的"大同"，而是以天道观为指导建立统一的社会制度和政治体制。秦由盛极而衰亡，不过十几年，其教训严酷沉重，刘邦以民间一亭长，突然应运而成帝皇，如此剧变，必须找到一个基本观念来解释说明，更要寻找一套与周、秦都不同的制度和体制，以保证刘氏皇朝世代延续。秦灭六国，也就是废除了周代封建制度，周亡上帝死，而秦国只重以法治国御民又迅速灭亡。在这种情况下，深受老子天道观影响的汉朝开国元勋们自然就会想到"执道以御民"，将他们信奉的天道观作为立国建制的基本观念。《文子》作者绝非庄子那样的民间思想家，而是朝廷所倚重的学者，类似后来的董仲舒，虽有官职，但还保有相对独立性，是给统治者提供指导思想，而非为证明统治者旨意的正确性而从"经典"找"理论依据"。当然，其与老子、孔子、墨子、庄子等思想创造者又有很大区别。

《文子》十二篇基本上依循了《老子》的体系，在道、法、术、技四层次均有所论证，既包括对《老子》的一些思想的论述，还有相当一部分内容，是对战国中期以来托名"黄帝"的关于治国理政的法、术、技的总结。在《列子》中就已有将《老子》某些话写成"黄帝曰"。《黄帝四经》《黄帝内经》等，更直接以黄帝名义论说，其要点都在法、术层次并涉及技层次，除《黄帝内经》以医术为主，其他"黄帝之学"所注重的则是如何依天道观论为政之术、技，从而补充了《老子》在这方面的不足。而托名"黄帝",还在于要用最早最大的"帝"政来显示比尧、舜、禹、汤、文、武、周公更具权威性。《文子》可以说是"黄老之学"的比较全面的概述,虽然唐以后将此书中每段话除少数"文子问"之外,全部冠以"老子曰",但其中大部分实则为"黄学"。

《文子》首篇为《道原》,第一段为:

> 老子曰:"有物混成,先天地生,唯象无形,窈窈冥冥,寂寥淡漠,不闻其声。吾强为之名,字之曰道。夫道者,高不可极,深不可测,苞裹天地,禀受无形,原流泏泏,冲而不盈,浊以静之,徐清。施之无劳,无所朝夕。卷之不盈一握,约而能张,幽而能明,柔而能刚,含阴吐阳,而章三光。山以之高,渊以之深,兽以之走,鸟以之飞,麟以之游,凤以之翔,星历以之行。以亡取存,以卑取尊,以退取先。古者三皇,得道之统,立于中央,神与化游,以抚四方。①

前两句摘自《老子》二十五章,余者则是文子以己话说道,其中包括《列子》《庄子》中的文句,意在说道为天地万物之本原,并体现于万物之中。后又引申:

> 天常之道,生物而不有,成化而不宰,万物恃之而生,莫之知德,恃之而死,莫之能怨。收藏畜积,而不加富,布施禀受,而不益贫。忽兮恍兮,不可为象兮。恍兮忽兮,用不诎兮。窈兮冥兮,应化无形兮。遂兮通兮,不虚动兮。与刚柔卷舒兮,与阴阳俯仰兮。②

---

① 《文子·道原》。
② 《文子·道原》。

这是对《老子》二十一章的改写,并加上《易传》阴阳之说,表示道在生物中的存在和作用。下面又发一通议论,"大丈夫恬然无思,惔然无虑,以天为盖,以地为车,以四时为马,以阴阳为御,行乎无路,游乎无怠,出乎无门。"① 这是文子体道而循道之法。先用自己的话说《老子》中某一观点,然后再说如何理解和依从这一观点,或者说这一观点有什么用途及如何用等,这种写法在《文子》中占很大部分,与《韩非子》的《解老》《喻老》类似,但更为铺张,大概这就是"疏义"吧。

> 故道者,虚无、平易、清静、柔弱、纯粹素朴,此五者,道之形象也。虚无者,道之舍也。平易者,道之素也。清静者,道之鉴也。柔弱者,道之用也。反者,道之常也。柔者,道之刚也。弱者,道之强也。纯粹素朴者,道之干也。虚者,中无载也。平者,心无累也。嗜欲不载,虚之至也。无所好憎,平之至也。一而不变,静之至也。不与物杂,粹之至也。不忧不乐,德之至也。夫至人之治也,弃其聪明,灭其文章,依道废智,与民同出乎公,约其所守,寡其所求,去其诱慕,除其嗜欲,捐其思虑。约其所守即察,寡其所求即得,故以中制外,百事不废,中能得之,则外能牧之。中之得也,五藏宁,思虑平,筋骨劲强,耳目聪明。大道坦坦,去身不远,求之远者,往而复返。②

《文子》有强烈的入世佐政意愿,其主题也集中于初期集权官僚制统治者与民的矛盾。它对道的阐释重点不在探求道之本原,而在如何得道而用道,即法、术层次,在道层次则集合老子、孔子、列子、庄子等人的思想,以自己的思考和语言做一概要性论说。这里引的话,基本思想源于《老子》,其目的,在如何"执道以御民",以解决统治者与民的矛盾。在

---

① 《文子·道原》。
② 《文子·道原》。

这段话之前,他明确指出:"执道以御民者,事来而循之,物动而因之。万物之化,无不应也。百事之变,无不耦也。"① 《老子》中确曾有相关思想,但没有《文子》如此强烈的政治意愿,其原因,在于经过几百年的思想和社会变革,集权官僚制已经基本确立,"执道以御民"已成大一统专制政权的根本任务。在老子、孔子、墨子、庄子等人那里,注重的是如何体道、知道、依道,还不曾出现"执道"——利用、使用道——的提法。《文子》之所以明确提出"执道",就在于此时的统治者已经依天道而建立集权官僚专制,掌控了天下大一统,道不仅是其统治的依据,也是其统治的工具了。

为"执道以御民",文子将道规定为"虚无""平易""清静""柔弱""纯粹朴素"五种"形象"。其中,虚无为"道之舍",平易为"道之素",清静为"道之鉴",柔弱为"道之用",纯粹朴素为"道之干"。而柔弱在其用时,即表现为"反者":柔为道之刚,弱为道之强,虚即无嗜欲,平心则无所好憎,静则守一不变,纯粹朴素不掺杂他念,这样就能不忧不乐,达至对道彻底理解的"德之至"状态。"德之至"者为至人,至人之治,就是不突出自己的聪明,不大肆宣传自己正确,而是依道废智,行大道,与民同出乎公,即像孔子所说的"天下为公",约其所守,寡其所求,去其诱慕,除其嗜欲,捐其思虑。由约其所守而明察民情,纠察是非;寡其所求才能使民满足现状。由此而得出结论"以中制外,百事不废",即统治者依道而调理自己的精神,达到中"德",由此而治国御民,就能百事不废,所谓"中能得之,则外能牧之"。这也正是庄子所说的"内圣外王"。由体道到得道,更可以使自己五脏宁,思虑平,筋骨劲强,耳目聪明。大道就在心中身边,不必远求于外,就像老子说的"不出户,知天下;不窥牖,见天道。其出弥远,其知弥少。是以圣人不行而知,不见而名,不为而成。"②

---

① 《文子·道原》。
② 《老子·四十七章》。

为"执道以御民",就要明确道是万物及人事的本原,并由天道而论人道。

> 万物之总,皆阅一孔。百事之根,皆出一门。故圣人一度循轨,不变其故,不易其常,放准循绳,曲因其常。①

这可以说是天下一统,长治久安的基本原则。老子以一"道"字,概括了天、地、人之间所有物事的本原,把握这个本原,既是认识世界的出发点,也是治国御民的纲领。由天道而建制度、立规法,察错纠正。

> 真人者,通于灵府,与造化者为人,执玄德于心,而化驰如神。是故不道之道,芒乎大哉!未发号施令,而移风易俗,其唯心行也。万物有所生,而独如其根;百事有所出,而独守其门。故能穷无穷,极无极,照物而不眩,响应而不知。②

在文子这里,中得与外牧是统一的,而中得是首要,为体,外牧则为用。自得道才可外牧民,因此,论及牧民治国,必然要归结于统治者自己的体道得道,人道就在中得外牧之中。

> 天致其高,地致其厚,日月照,列星朗,阴阳和,非有为焉,正其道而物自然。阴阳四时,非生万物也;雨露时降,非养草木也;神明接,阴阳和,万物生矣。夫道者,藏精于内,栖神于心,静漠恬惔,悦穆胸中,廓然无形,寂然无声。③

老子讲"道法自然",文子这里进一步说"正其道而物自然"。道本

---

① 《文子·道原》。
② 《文子·道原》。
③ 《文子·精诚》。

无为,天高地厚,日月照,列星朗,阴阳和,都是自然,并没有什么目的,阴阳四时不是为了生万物,雨露降也不是为了养草木,神明相通,阴阳交和,万物自然生长。作为本原的天道,并不高于万物,而是蕴藏于万物之中。真正得道的人,也不显现比常人有什么高超之处,而是像天道那样,"藏精于内,栖神于心,静漠恬惔,悦穆胸中"。由得道的真人来御民治国,不是以其个人欲求意愿强加于人,而是依道而"无为",从而达至"大道之行",若这样,

> 官府若无事,朝廷若无人,无隐士,无逸民,无劳役,无冤刑,天下莫不仰上之德,象主之旨,绝国殊俗,莫不重译而至,非家至而人见之也,推之诚心施之天下而已。故赏善罚暴者,正令也,其所以能行者,精诚也。令虽明,不能独行,必待精诚。故总道以被民,而民弗从者,精诚弗至也。①

我们不妨对比一下《礼记·礼运》中孔子所说的"大道之行"的"大同",文子在这里也是在主张"大道之行"于人世,或者说他所理想的人道社会观,其要旨在道本无为,统治者如果真正体道得道,那么,官府就应该像没事可做,朝廷就应该像没人供职,进而无隐士、无逸民、无劳役、无冤刑,这是集权官僚制下民的愿望,与孔子所理想的"天下为公"的"大同"之选贤与能,讲信修睦,人不独亲其亲,不独子其子,老有所终,壮有所用,幼有所长,矜、寡、孤、独、废、疾者皆有所养,男有分,女有归,货不藏于己,力不为己,谋闭不兴,盗窃乱贼不作,外户不闭的状态,已有很大区别,但与"大道既隐"的"小康"也有明显差别。这是几百年社会变革的体现。而握有天下统治权的人,就应依道而精诚,以精诚行道于人世,制度法令都要由精诚而制定才能通行。如果统治者认为是在依道而治民,而民却不服从,那么不要指责民,而应检讨自己

---

① 《文子·精诚》。

是否精诚而体道得道。

> 夫人道者，全性保真，不亏其身，遭急迫难，精通乎天，若乃未始出其宗者，何为而不成？死生同域，不可胁凌。又况官天地，府万物，返造化，含至和而已，未尝死生也。精诚形乎内，而外喻于人心，此不传之道也。圣人在上，怀道而不言，泽及万民，故不言之教，芒乎大哉。①

文子以黄帝为行人道的标准，

> 昔黄帝之治天下，调日月之行，治阴阳之气，节四时之度，正律历之数，别男女，明上下，使强不掩弱，众不暴寡，民保命而不夭，岁时熟而不凶，百官正而无私，上下调而无尤，法令明而不暗，辅佐公而不阿，田者让畔，道不拾遗，市不预贾。故于此时，日月星辰，不失其时，风雨时节，五谷丰昌，凤凰翔于庭，麒麟游于郊。②

行人道必应天道，调日月之行，治阴阳之气，节四时之度，正律历之数。而人道行之，别男女，明上下，强不掩弱，众不暴寡，民保命不夭，岁时熟不凶，百官正而无私，上下调和没有冲突，法令明，辅佐公而不阿谀，田者让畔，道不拾遗，市不诳价，那么天道也会配合人道，日月星辰不失其时，风雨应时节，五谷丰昌，凤凰翔于庭，麒麟游于郊。这正是从天道观推论出的理想人道之世。但文子也明白，这样的理想人道之世已是过去时，于是顺着老子"大道废，有仁义"③的路数，对仁义与道德的关系做了论说，

---

① 《文子·精诚》。
② 《文子·精诚》。
③ 《老子·十八章》。

> 积惠重货,使万民欣欣人乐其生者,仁也。举大功,显令名,体君臣,正上下,明亲疏,存危国,继绝世,立无后者,义也。闭九窍,藏志意,弃聪明,反无识,茫然仿佯乎尘垢之外,逍遥乎无事之际,含阴吐阳,而与万物同和者,德也。是故,道散而为德,德溢而为仁义,仁义立而道德废矣。①

虽然不是理想状态,但能做到仁义也算可以了。这实际上已是退到孔子人道社会观的层次,而这已是经过长期战乱而能达到的最好结果了。

《文子》最后一篇《上礼》的结束部分,写了一段对春秋战国以来历史的概括,以及对汉初新制度的期望,可以视为文子思想的集中表述:

> 世之将丧性命,犹阴气之所起也,主暗昧而不明,道废而不行,德灭而不扬,举事戾于天,发号逆四时,春秋缩其和,天地除其德,人君处位而不安,大夫隐遁而不言,群臣推上意而坏常,疏骨肉而自容,邪人谄而阴谋遽载,骄主而像其意,乱人以成其事,是故君臣乖而不亲,骨肉疏而不附,田无立苗,路无缓步,金积折廉,壁袭无赢,壳龟无腹,蓍筮日施,天下不合为一家,诸侯制法,各异习俗,悖拔其根,而弃其本,凿五刑为刻削,争于锥刀之末,斩刈百姓,尽其大半,举兵为难,攻城滥杀,覆高危安,大冲车,高重垒,除战队,使阵死路,犯严敌,百往一反,名声苟盛,兼国有地,伏尸数十万,老弱饥寒而死者不可胜计。②

这是对春秋以来,尤其战国时混乱社会矛盾和诸侯征战的描写,在文

---

① 《文子·精诚》。
② 《文子·上礼》。

子看来，这悲惨的状况都是由于道废德灭而造成的。然而，天道仍在，德仍在，面对这极端恶劣的人世。

> 贤圣勃然而起，持以道德，辅以仁义，近者进其智，远者怀其德，天下混而为一，子孙相代辅佐，黜谗佞之端，息末辩之说，除刻削之法，去烦苛之事，屏流言之迹，塞朋党之门，消智能，循大常，隳枝体，黜聪明。大通混冥，万物各复归其根。夫圣人非能生时，时至而不失也。是以不得中绝。①

这是对刘邦及其他元勋们建立汉朝的颂扬，也是对他们奉行的"黄老之学"的概述，表明文子对天道观的信从。《文子》法、术层次的思想主要在于如何将仁、义、礼合于德，德再归于道，力求确立由天道观主导的初级集权官僚制的思想系统。后来淮南王刘安承继他的思路，做了更广泛的探讨，但由于不能彻底摆脱封建宗法思想，而且不敢改动老子天道观，只是对德、仁、义、礼、智等具体层次和范畴做了不彻底的改造，因而不能适应高度集权官僚制的需要。而董仲舒则承继文子试图将仁、义、礼统一于道的思路，明确以集权官僚制为本体，以孔子思想为主干，不仅改造诸子们的德、仁、义、礼、智等各具体范畴，更对天道观和人道社会观进行改造，构建了道、法、术、技四层次有机统一的儒学道统，被汉武帝刘彻接受并推行，成为两千多年集权官僚制的指导思想。

---

① 《文子·上礼》。

第三章　诸子思想之法层次

天道观对上帝观的否定，开辟了人类思想的一个新时代，以天道观为基本观念，诸子思想家突破了以上帝观为基本观念的周礼制礼教，从道规定了人和世界的本原，探究新的时代精神，审视并改造人际关系和社会制度，展开了深刻广泛的思想和社会大变革运动。

天道观及其具体化的人道社会观，构成诸子思想系统的道层次，它的形成和规定，是周封建领主制矛盾演化的体现和要求，老子以其创造性思维，概括周初以来几百年制度和思想矛盾及其局部变革，以天道观否定上帝观统治的意识形态，致使这面维护周礼制礼教的天罗地网失去基本支撑，为变革社会制度，解决社会矛盾提供了新的依据和前提。老子是如何规定天道观，如何论证天道观，进而又怎样进一步将天道观展开于社会关系，形成其思想体系的？这是老子思想的法层次，也是诸子思想系统法层次的主干内容。在老子思想之法层次的基础上，孔子、墨子、《黄帝四经》的编写者、庄子、孟子、荀子、韩非子、文子等人，又从理解和论证天道观，实行人道社会观的原则和制度变革，丰富、充实了诸子思想的法层次，不仅使天道观得以展开，更为思想和社会变革的术、技层次提供了方法论，构建了有机统一的诸子思想系统，促进了由这个思想系统导引的社会大变革。

一 老子规定、论证天道观之法：归纳与演绎

思想观念的突破与发展，是对象矛盾演变的体现与要求经人思维的概括、论证而形成的。作为对象的人生社会矛盾演变，对于同一时代的思想者来说，是共同的生存条件，也是普遍感知的，为什么只有少数人，甚至只有一个人能够从所有人共同生存并普遍感知的社会矛盾演变中形成思想观念的突破与创新？除了因阶级利益而固守旧思想者，志愿变革者中只有能在思维形式和方法上有所创造的人，才能提出并规定新的观念。

人类的思维形式并不是在"人之初"就先验地形成并植生于大脑之中的，更不是任何时代的个人都在使用相同的思维形式思考问题。人的思维是随人类社会的进步和认识对象的发展而不断演进的。感性或感觉能力，是人与动物共有的，但因生理构造的区别，人的感觉能力，视、听、嗅、触等，也有其特点和局限，在某些感觉能力上往往低于其他动物，但人有其他动物所不具备的思维能力，思维能力在劳动中形成并作用于劳动及交往、需要等基本活动，是人成为人的要素。思维对感觉到的现象材料进行加工、存储、交流，首要的思维形式就是比较，即将不同对象的形态、行为、声响、颜色等进行对比，认知其相同性和差异，形成初级思想，并以此为进一步感觉的基础和前提。进而在感觉新的事物现象时，与概括了以前感觉的现象的思想相比较，或用既有的经验证过的思想、观念推论新现象，并指导人的劳动和生活、交往。这是最初的思维过程，比较则是最初的，也是最基本的思维形式。比较在人类的原始社会，以及现代人的婴儿时期，都是主要思维形式，而且是所有人思维活动的基本形式，全部思维及其复杂的形式，都是在比较基础上进行的，都包括比较于其中。比较直接针对现象，寻找现象间的同与异，并就此展开联想，进而体现于人的劳动和生活中，如对食物的比较，认知其是否可吃，味道如何，又如何采集或种植、养殖。传说中的"神农尝百草"，就是典型的比较。再就是以比较区分本家族、氏族与外族，维护本族内部关系并对抗外族。比较的内容

是具体的，也是相当细致的，它的形成和保持、交流，是人类得以与其他动物区别，并在几百万年间缓慢发展的内在因素，它产生于劳动和需要，作用于劳动和需要，发展于人际交往。原始社会的"图腾"，可以说是比较的最高总体思维成果。以比较从与本家族、氏族生存密切相关的自然现象或山川河海，乃至动植物中，找出一种或几种作为本家族、氏族的象征和崇拜对象，是个体比较思维的集合，也是进一步比较的前提。

持续不断的比较和由比较指导的劳动和满足需要的生活，以及本家族、氏族内的交流，甚至与外族间的对抗与交往，使个体思维具有社会总体性，形成具有思想的语言。语言积累思想，思想促进语言，总体与个体的统一使思维突破比较达到分类。分类是在比较基础上的进一步思维，是比较的累积和实践经验的总结，它是人类素质技能提高的结果，也是社会交往的体现。由比较形成的对事物和人际关系的认识，集合于语言，作用于新的实践和认识。认识到的现象量的扩展，是比较这个基本思维形式不可能充分加工处理的，诸多的疑问和难题要求人们提升思维能力，改进思维形式。分类就是在这种条件下形成的。分类是扩大了的比较，是在比较的思想成果基础上的再比较，由此得出对众多现象的类的认识，初级的分类还可以通过比较再分类，逐步提升总体性认识，并以语言和初级文字存储、交流，成为特定人群的思想成果，在运用这些成果于生产劳动、生活需要和交往的过程中，提高人的素质技能并相应改变社会关系。大体说来，分类的思维形式突破了原有家族、氏族的界限，与氏族联合体及部族社会存在方式相适应，在部族阶段不断地扩大和提升，成为部族总体思想的内在要素。分类不仅更加明确了本氏族及氏族联合体与外族的区别，而且发现了本族人与外族人的共同点，即劳动能力，从而也就不再把俘虏作为食物而是作为奴隶，通过对奴隶生命的控制而强迫其劳动，生产除其基本生活消费之外的剩余产品。在以劳动力将奴隶与本氏族劳动者分类而认知其相同性质的同时，又将奴隶与牛、马等役畜归于一类，用役使牛、马相同的方式管控奴隶。分类不仅导致社会存在方式和社会关系的变化，更促进了劳动者（奴隶和统治氏族中的平民）素质技能的提高，而这又为统治氏族首领提供了可以不从事劳动就能享受的剩余产品，他们专事统治奴隶和本氏族普通劳动者，并可以使用一部分本氏族成员辅助其统治，以至专业从事思想探讨和意识形态活动，如卜筮和祭祀等，进行针对社会组织和管理方式的思考，其中分类是主要的思维方式。不仅如此，还通过分类而扩展、深化、系统了对于天、地及各种自然存在物的认识。

分类思维形式标志着人类思想的一个新阶段，在这个阶段，比较并没有消失，而是在分类的统率下更为广泛、深入地进行着，从而促成了分类的提升。中国从夏部族开始，分类就成为主导性的思维形式，传说中的禹治水和划九州，都是分类思维的体现。商部族依然延续夏部族的制度，其总体性思维中分类仍是主导形式，特别是龟卜和初级的占筮活动，充分展现着分类思维形式的特点，即通过猜测祖先神对某一事物的意旨，而决断现时遇到的问题。青铜的冶炼与应用，也是对矿物分类筛选及其熔点的经验性认知的体现。而其集体奴隶制，更是将统治氏族与奴隶及外族人分类的结果。这也是商部族衰落并被周部族为首的部族联盟所取代的重要原因。由周文王发起的部族联盟及其封建领主制，是一场社会存在方式和制度的革命，这场革命之所以发生，根本在于部族奴隶制的内在矛盾，而之所以由周文王发起革命，一个重要的主观条件就是他将分类思维提到了极致，形成了远高于商部族首领的方法论，其要点就是提出上帝作为世界的本原和主宰，在观念上高于、大于商部族所崇奉的祖先神以及各部族的祖先神，以上帝观来规定社会关系和制度，号召和组织部族联盟，进而在武王灭商以后实行封建领主制。商时也有关于"天帝"的崇拜，但只是原始社会图腾的遗留，"天帝"只是各种被神化的自然物的一种，或商族祖先神的别称。周文王通过分类，将上帝与各部族的统治氏族的祖先神分开，并树立了上帝的普遍而绝对的权威，把各氏族的祖先神归为一类，它们的权威只在本氏族及其统治的部族。更重要的是，祖先神及其庇护的统治氏族，都受上帝权威的掌控，周文王、武王、周公就是以上帝的名义来组织部族联盟，讨伐和消灭商部族，进而实行封建领主制的。与此同时，周文王还将世界万物和人事做了最高层次的分类，规定了阳和阴两种基本属性，进而列出乾坤两个纯阳纯阴的卦，将阳性和阴性作为爻，以乾坤两卦为始点，通过阳爻与阴爻的不同组合，构成坎、离、震、巽、艮、兑六卦，合乾坤两卦共为八卦，再以八卦为基础，重新排列组合成另外五十六卦，总计六十四卦三百八十四爻，全部贯穿着阳与阴两种基本属性，像一面巨大的思维之网，将天地万物和人事都网罗其中。而阳与阴两种基本属性的本原就是上帝，虽然现存《易经》经后人改造已不显示上帝的本原地位，但其逻辑上必然要有一个本原，孔子及其他《易传》编写者将这个本原说成"道"，是与周文王的本意不符的，他们实际上是用文王后几百年老子提出的新世界本原"道"来解释《易经》。周文王并没有"道"的观念，他的历史地位和思维能力决定了他只能以"上帝"为世界本原，而这在当时已经是思想的革命性突破了。

老子是周文王之后又一位思想革命者，他在思维形式上的创造，就是率先进入归纳，并以归纳的成果进行演绎，重新解释世界万物和人事。老子归纳思维的成果就是以"道"概念为核心的天道观。

归纳是在高度分类基础上规定对象一般性本质的思维形式。分类是将众多现象分出其中的某些共性，根据共性来区分其所属的类，再以类所规定的共性进行演绎推论具体现象。《易经》是分类的典型，阳与阴两种基本属性是高度分类得出的结果，乾坤两卦到坎、离、震、巽、艮、兑六卦再到其他五十六卦，除乾坤两个基本卦为纯阳纯阴，另六十二卦都由阳与阴两种基本属性（爻）组成，这是总体的演绎。老子是在高度分类基础上，以归纳突破分类的局限，解决它自身的矛盾。对于老子及当时的人类而言，归纳是一种全新的思维形式，形成并运用这种思维形式，就是人类智慧的创造和提升。老子具备并充分利用了这种创造思维的条件，他作为"周守藏室之史"的工作就是管理周王室所保存的大量典籍，他对这些典籍的系统研读，不仅继承了既有的思想成果，也发现了其中的矛盾，更从中认知了周代四五百年历史演变中的社会矛盾，结合对现实社会矛盾状况的了解，促使他深入思考思想史、历史、现实三类矛盾中的一般性，而《易经》已有的高度分类所达到的对阳与阴两种基本属性的规定，又为他的归纳提供了必要条件。长期的思考和尝试，使老子形成了归纳这种新的思维形式，并运用归纳探究思想史、历史、现实的矛盾中的一般性，更在《易经》阳与阴两种基本属性规定的基础上，规定一个包含阳与阴两种属性的本质性的一般概念——"道"，进而改造阳与阴两个基本属性，以至提出更为确切的"有"与"无"两个范畴，由此展开"道"，论证"道"，形成取代上帝观的天道观。老子规定天道观之法，即其方法论的关键就是归纳，而展开论证天道观的方法论则以演绎为主线，二者的统一，使老子创立了天道观这个新时代精神的基本观念。

归纳是概括，是从特殊的具体现象和思想中抽象其一般性本质规定的思维过程。老子以归纳对"道"概念和天道观的规定，是在他个人的思考探索中进行的，而《老子》一书主要是展开论证天道观。要考察老子规定"道"概念及其天道观的过程，几乎没有材料，只能从《老子》书中对"道"概念和天道观的展开论证中逆推，上一章我们对老子天道观的考察已涉及这个问题。如四章："道冲而用之或不盈，渊兮似万物之宗，湛兮似或存。吾不知谁之子，象帝之先。"① 这是从形态和作用对道的规定，可以想见老子归纳时的思考，而"吾不知谁之子，象帝之先"，则明显的是以道否定上帝。再如二十五章："人法地，地法天，天法道，道法自然。"② 也可以从中看出归纳思维过程。而四十二章："道生一，一生二，二生三，三生万物。万物负阴而抱阳，冲气以为和。"③ 这是论道如何生一而致万物，如逆推，恰是万物——三——二——一——道的归纳过程，而"万物负阴而抱阳"，又正是从万物组合中的阳阴两种属性归纳道的体现。

《老子》中，还有一些论述体现着归纳思维。十六章：

  致虚极，守静笃。
  万物并作，吾以观复。夫物芸芸，各复归其根。归根曰静，

---

① 《老子·四章》。
② 《老子·二十五章》。
③ 《老子·四十二章》。

是谓复命。复命曰常，知常曰明。不知常，妄作，凶。

知常容，容乃公，公乃王，王乃天，天乃道，道乃久，没身不殆。①

"致虚极，守静笃"是思维所要达到的状态，也是归纳"道"必要的精神境界。"虚极"，并不是什么也不想，而是想，想到虚的极致，即没有任何具体表象的"纯思辨"，还要不断地想，坚守这种"纯思辨"的"静"。于"静笃"中继续思考，就可以达至世界本原之"道"。"道"虽然遍布于万物之中，但又是先于万物的，万物都有各自的特殊形态，很难从这些特殊形态直接认知其本原，必须使思维也回到其本原的"虚极"，从思维的本原思辨万物，在"守静笃"中达致万物本原的认识。"万物并作，吾以观复"，万物是具体的特殊存在，归纳就是从其特殊的"芸芸"具体现象中探究其根本，"归根曰静，是谓复命"，思维只有达至"守静笃"的状态，才能认知芸芸万物的根本，或者说，认知万物根本时思维必须是"静笃"到"虚极"状态。万物的根本也就是其本原之"命"，只有回复到其命的初始，才能认知贯穿万物存在和运动过程的规律，认知了规律，思想才能明确对象万物的演变趋势，如果不依规律而妄作，势必凶险。而认知并依从规律之"道"为人处事，就能在思想上包容万物和众人；从总体性的"公"考虑问题，就能全面而且正确。"公乃王，王乃天"之"王"字，劳健《老子古本考》疑为"全"字之讹，若改为"公乃全，全乃天"，可能易懂，但"王"字本义也有"全"的意思在其中。公正全面的思想之根据在于"天"，即自然之道，依从自然之道思想行为，就可以保持长久，终生没有过错和风险。

从这段话中，还可以看出老子思想与《易经》的联系，"不知常，妄作，凶"是《易经》爻辞类话语，是根据卦象演变的推测，老子从"观复""归根""静""命""常""明"等一系列思想环节来判断：要知道

---

① 《老子·十六章》。

依道而行，否则就"凶"。这一系列思想环节已远非观测卦象，而是思维的归纳过程，是对现象的逐步概括，由此达致本原，进而推论人的行为及其结果，"道乃久，没身不殆"。

关于道的本原存在，十四章这样论说：

> 视之不见，名曰夷；听之不闻，名曰希；搏之不得，名曰微。此三者不可致诘，故混而为一。其上不皦，其下不昧，绳绳不可名，复归于无物。是谓无状之状，无物之象，是谓惚恍。迎之不见其首，随之不见其后。
>
> 执古之道，以御今之有。能知古始，是谓道纪。①

这也是"致虚极，守静笃"的思辨才能达到的状态，是对芸芸万物一般性的归纳。视之不见的"夷"，听之不闻的"希"，搏之不得的"微"，就是"根"，这三者为一，不明不暗，却绵延不绝，归于"无"，是无状之状，无物之象，可以称之为惚恍，迎面不见其首，随之不见其后。这就是自古就恒存的"道"，要依循这个"道"来对待、处理现时事物。道是通古达今的世界本原，也是万物运行的规律，必须以思辨的归纳才能认知，但归纳又不是脱离感知和物象的孤立存在，归纳又应以比较、分类为基础。老子对"道"的规定，看似玄奥，仍有法可循。

> 天下有始，以为天下母。既得其母，以知其子；既知其子，复守其母，没身不殆。②

道世界是本原，故称之为"天下母"，天下万物及人事都是由道生出和主导的，是道之"子"。把握道这个本原，就可以认知它所生出并主导

---

① 《老子·十四章》。
② 《老子·五十二章》。

的万物和人事，而认知万物和人事，又可以再深入认识道这个本原。"母"与"子"相互印证，依道来对待万物，处理人事，毕生都不会出错，也没有风险。归纳性思维，是从各种现象和经验中探究其本原，而本原的认识又要展开于万物和人事，以现象和经验来证明本原，这两个方面是统一的，要在认识和行为中有机结合。

天道观的规定是从具体的特殊事物和经验中发现抽象的一般性本质与规律，这是归纳过程；而对天道观的论证，则是从已得到的一般性本质和规律的抽象认识，具体说明特殊事物和经验，并指导思想和行为，这是演绎过程。

在发达的思维形式中，演绎是与归纳相对应的，但演绎却比归纳先形成，在分类占主导的思维活动中，演绎就已出现，并与分类相对应，从分类的结果来解说具体事物。《易经》可以说是与分类对应的演绎之典型，其六十四卦三百八十四爻都是阳阴两种基本属性的展开与组合，所有卦爻辞也都是从阳阴两种属性对具体的特殊事物的解说，并提供判断的参考意见。老子将抽象思维提升至归纳，由归纳得出规定万物和人事一般性本质与规律的天道观，但这并不是终极目的，还要从天道观说明万物和人事，因而就要进行演绎。原来与分类对应的演绎转变为与归纳对应的演绎，基本形式仍是从一般到特殊，但其内容和环节也要相应改变，以适应对天道观的论证。

《老子》的大部分篇幅，都是对天道观的论证，即通过演绎展开天道观说明万物和人事。虽然老子以归纳将思维形式提升至比《易经》的分类更高一个阶段，但论证其归纳得出的天道观的演绎，却没有《易经》的依阳阴两个基本属性构组六十四卦三百八十四爻那样系统。如果说《老子》规定天道观之法的归纳要旨是"人法地，地法天，天法道，道法自然"，那么其论证天道观之法的演绎要旨则是"道生一，一生二，二生三，三生万物。万物负阴而抱阳，冲气以为和"。道所生的"一"是什么？有人据《易传》认为是"太极"，也有人说是"气"，似乎能解释"万物负阴而抱阳，冲气以为和"。而"太极"一词在《老子》中并未出现，《易传》以

"太极"论阴阳并解释《易经》并无不可，但用来解释《老子》之"道生一"，却显勉强。老子并未说道生的一，一生的二，二生的三是什么，这里的一、二、三可以看成三个步骤或环节，其一是"无"，其二是"有"，其三是无和有的组合，这种组合构成万物，四十章"天下万物生于有，有生于无"① 恰可为此解之佐证。也可以说其一是天，其二是地，其三为天地结合，由天地结合而生成万物。而"万物负阴而抱阳，冲气以为和"，既可理解为万物生成后"负阴而抱阳"，阴阳是万物的两种属性，是其一"无"和其二"有"在万物中的转化形成阴阳两种属性，结合成气和谐地共处于万物之中；也可以理解为阴是其一，阳是其二，阴阳结合生成其三气，万物都是"负阴而抱阳，冲气以为和"的产物。

从步骤或环节来理解"道生一，一生二，二生三，三生万物"，是与论证天道观之法的演绎相通的，而《老子》中也只在这段话中涉及"阴""阳""气"，更多的论证则是从"无"与"有"来展开"道"。因此，我更倾向于道所生的一为无，二为有，三为无与有的结合，但以天地或阴阳来解说其一其二，也并不妨碍论证天道观之法的演绎性。而演绎到"三生万物"，则一散而万，即用无与有或阴与阳来解说本原之天道在万物和人事中的体现与主导作用。对于人来说，更为重要的，就是体道和行道，其法与规定和论证天道观之法既有联系，又有特点，概而论之为德。

二 老子理解、实行天道观之法：德

《老子》一书又名《道德经》，并被分为上、下两篇，传世诸本，尤其影响颇广的王弼《老子道德经注》，上篇为道经，下篇为德经，但1973年湖南长沙马王堆三号汉墓出土的帛书《老子》甲、乙本，均是德篇在前，道篇在后。《史记·老庄申韩列传》说"老子修道德，其学以自隐无名为务"，并在关尹的强迫下"著书上下篇，言道德之意五千余言"，他是

---

① 《老子·四十章》。

否自名其书为"道德经",已不得而知,但有一点是确定的,"德"是老子思想中的重要范畴,对德的论述占《老子》一书的相当大篇幅。

虽然德与道在书名上是并列的,但在逻辑上二者却分属思想的两个层次,德是理解,实行天道观之法,而道则是在道层次规定天道观的核心概念。也可以说,德作为老子思想之法层次的重要范畴,是道展开的第一个范畴,是理解和实行天道观的必要环节。

德,古文为"惪",《说文解字》:"惪,外得于人,内得己也。从直,从心。"《段注》:"外得于人,谓惠泽使人得之也。""内得于己,谓身心所自得也。""俗字德为之。德者,升也。"老子对德的定义更为宽泛,先取其"得"意,表示道的展开和体现于万物与人世,进而以德论对道的体会、遵循、实行。五十一章:

> 道生之,德畜之,物形之,势成之。是以万物莫不尊道而贵德。
>
> 道之尊,德之贵,夫莫之命而常自然。
>
> 故道生之,德畜之:长之育之,亭之毒之,养之覆之;生而不有,为而不恃,长而不宰。是谓玄德。①

道是世界万物之本原,它首先展开于德,德者得道也,是道展开外化的第一个环节。德与道一样也不表现为任何具体物,而是普遍地展示、存在于所有具体物中。《韩非子·解老》说:"德者,内也;得者,外也。"② 从"内"与"外"区别"德"与"得",德为道之贯内,存于内,而非表现于外,更不是从外取得。"道有积而德有功,德者道之功。"③《管子·心术上》:"德者,道之舍。物得以生生,知得以职道之精。"④ 其他诸子也

---

① 《老子·五十一章》。
② 《韩非子·解老》。
③ 《韩非子·解老》。
④ 《管子·心术上》。

都对德有所论说，但与韩非子及《管子》作者一样，或是有所意会而言传不明，或是各执一端专论人事政务。确实，作为抽象概念，德比道更难界说，韩非以"内"与"外"来区别"德"与"得"，是有深意的，但这仍属意会，因为"德"又有"得"之意，其"得"原于道，是道在万物的展现、存在，道内在于万物人事为德，因而道由一、二、三而生万物，就转化为德，德是道展开于万物的具体存在，德蓄养万物，使物有其形，成其势。所以万物都尊道而贵德，而道和德的尊贵，则在于任由万物自然存在演化。德养育和庇护万物，但不会自以为于物于人有功有恩，也不认为万物是属于我的，更不会强迫它们违背自然。这才是真正的"玄德"。

"玄德"之"玄"，表示德可意会却难以言传，《老子》多处论德，也是如此。而上引这段话先是讲万物，而下面的"故道生之，德畜之"后的话已是在论人事了，这是老子的本意所在。他讲道为世界本原，德是本原之道的展开，虽论万物，但目的在于树立一个评判社会制度及统治者的原则和标准。如果按"自然哲学"的路数去考究德如何在自然物中存在，或德如何展现于自然物，就与老子本意脱节，而且几乎不可能有什么结果。老子之所以先说物，就在于将人同于物，物是一般，人是特殊的物，道生万物中就包括人，德对万物的蓄养也包括人。这个一般前提确立之后，再从道与德对万物的养育，庇护而不占有，不居功，不致使其违背自然，表述他的宗旨：人作为万物的一种，是由道生之，德畜之，必须与万物一样尊道而贵德，而道之尊德之贵，就在于"莫之命而常自然"，社会制度要符合道与德，统治者也要尊道贵德，对百姓之民"莫之命而常自然"。

道是万物本原，德则是道这个本原内在于万物的必要环节，并作用于万物之中。而道与德的关系，似可以体与用的关系来说明。道是本原、本体，德是道的展开和运用，因此德就是"得道"，万物得道而成其形与势，人得道而为人处世。

> 昔之得一者：天得一以清，地得一以宁，神得一以灵，谷得一以盈，万物得一以生，侯王得一以为天下贞。

其致之，天无以清将恐裂，地无以宁将恐发，神无以灵将恐歇，谷无以盈将恐竭，万物无以生将恐灭，侯王无以贵高将恐蹶。①

得一之一，为道，得一即得道，为德。自古以来，得道而为德者：天清，地宁，神灵，谷盈，万物生，侯王为天下之正长。否则，天将裂，地将废，神将歇，谷将竭，万物将灭，侯王将从高位跌落。可见德之重要。

德遍布天地万物之中，是人行事的准则，"孔德之容，惟道是从。"② 依德而为人处世者，必须循道而行。

知其雄，守其雌，为天下谿，常德不离，复归于婴儿。
知其白，守其辱，为天下谷。为天下谷，常德乃足，复归于朴。
朴散则为器，圣人用之，则为官长，故大制不割。③

虽然知雄能刚强，但要守雌之柔弱，在意念上保持空虚低下之位，这样，思想就能守住常德的初始状态。虽然明白光亮，但还要安守昏暗，处于天下的川谷，在人世则甘为卑下之位，常德就会充足，复归自然纯朴。具备自然纯朴品性的人可以成为理政之大器，得道圣君会用他们为官长，那样社会的制度就是合乎天道的，而不是由某些无德者任其意而胡管乱治。

德之于万物，是道的自然体现。德之于人，则因人有其个人意志，因而会受欲求驱使，在各种外界事物影响下而不能"常德"，即会产生不合乎道的意念。因此，必须不断地体道守道，克服个人不合于道的欲望和意念，保持德最初展开道的人生之婴儿纯朴状态，并持之以恒，常德不离身。只有用这样具备常德的人作为官长，社会才能保持大道之行所应有的

---

① 《老子·三十九章》。
② 《老子·二十一章》。
③ 《老子·二十八章》。

状态。而能否任用有常德的人为官长,一个必要条件就是要由有常德的圣人为君主,或者说,君主要有常德是大道行世的首要条件。《老子》中关于体道、得道、常道,乃至无为、不争的论说,大都是针对君主的,而社会之混乱,也是由君主未能体道,不具备常德造成的。老子之所以讲道论德,目的就在于教导君主要体道得道,以常德而安排制度,协调社会关系。

> 道常无名,朴虽小,天下莫能臣。侯王若能守之,万物将自宾。
> 天地相合,以降甘露;民莫之令,而自均。始制有名,名亦既有,夫亦将知止,知止可以不殆。譬道之在天下,犹川谷之于江海。①

道是不显示自身的世界本原,它虽然质朴而弱小,但并不臣服于天下任何人。侯王若能体道依道而行,即为德,民众乃至万物都将因其依道行德,而自然地拥护他。天地相合,就会降甘露佳雨,侯王不以自己好恶而随意命令指挥,民众自然依道而和谐生活。国家只要建立制度,就要有一定的名义和章程,制度的名义和章程都要以德依道,对民众的约束要适可而止,有所限度,这样就可以避免动乱危险。依大道而行德政于天下,要像山谷之水汇于江海一样自然通顺。

真正得道行德的人,并不自以为了不起,也不会觉得有恩惠于人,而是依道自然行事。

> 大道汜兮,其可左右。万物恃之以生而不辞,功成而不有。
> 衣养万物而不为主,可名于小;万物归焉而不为主,可名为大。

---

① 《老子·三十二章》。

> 以其终不自为大，故能成其大。①

大道作为世界的本原，是广泛遍存于万物的，万物依道而生，但道并不说万物为我所有。滋养抚育万物之道，并不自认为是万物之主，宁可退居低位，但万物都是在归依大道，因此道实际上是至大的。得道而行德的圣人，也不以主人自居，所以能成其大业。"执大象，天下往。往而不害，安平太。"②在诸侯林立的社会条件下，只有能得道行德的君主，才能以其德政而感召天下人，包括智者贤才去投奔他，君主由德而对待归顺的人，就能强盛并安定太平。

司马迁说："老子修道德，其学以自隐无名为务。"③"自隐"二字常被人理解为"隐而不理世事"，似乎老子是不关心、不过问、不言说世事的"隐者"。这是一大误读。老子之"自隐"，是从德而论的，也就是"不自显"，上述所引的话中都包含这层意思，但他绝对不是不关心世事，也不是不理政治，《老子》相当大的篇幅是关于贯彻天道在人世所体现的人道社会观，以及社会制度和政治方式的论述，他是从道展现于德发表其见解的，强调道法自然，进而主张无为。因此，"隐"在老子那里并不是逃避社会，而是将道"内"在于德，德"内"在于制度和政治方式，更要求统治者不能因为握有权力就违背天道和人道来定制行政。即使能够依道行德政，也不能宣传夸耀自己，而应将德内于己心，内于民众的利益和感受。德政不是宣传口号，而是使民众依天道自然地存在。

> 上德不德，是以有德；下德不失德，是以无德。
> 上德无为而无以为，下德为之而有以为，上仁为之而无以为，上义为之而有以为，上礼为之而莫之应，则攘臂而扔之。
> 故失道而后德，失德而后仁，失仁而后义，失义而后礼。

---

① 《老子·三十四章》。
② 《老子·三十五章》。
③ 《史记·老庄申韩列传》。

夫礼者，忠信之薄而乱之首。

前识者，道之华而愚之始。

是以大丈夫处其厚，不居其薄；处其实，不居其华。故去彼取此。①

这是《老子》"德"篇的第一段话，也是他从法层次对德的概括性论说。真正体道的上德者，并不讲求德的形式，德本身也没有固定的形式，而且也不认为自己是有德者。但未真正体道却自以为有德的人，是下德者，他们只注重德的形式，并反复宣称自己有德，实际上是无德。上德者依道而自然，不以自己的主观意志任意作为，下德者则由自己主观意志不顺道之自然去作为。上仁者对他人的仁爱是出于无意，并不认为是对他人施仁，而上义者对他人施义则是有意为之。上礼者强作为却得不到响应，只能撸起袖子强拽他人服从。从上德、下德的比较，再到上德与上仁、上义、上礼的递次比较，就可以看出其等次优劣。老子认为，最高的境界是道，其次是德，再次是仁，仁后为义，义后为礼。道、德、仁、义、礼是依次递减的。德是从道之本展开于人世的第一环节，德于道，由德行政，是后来孔子所说"大道之行"的"大同"，也是老子所理想的人类社会状况。德虽然比道之本原有所差异，却是最接近道的。但如果社会退落到由礼来维持的状态，也即孔子后来说的"大道既隐"的"小康"，就表明道之本原已丧失殆尽，统治者与民众之间的矛盾激化。礼是忠信淡薄的表现，也是祸乱的起点。那些以礼宣传忠信的所谓"先知"们所讲的是远离道的说辞，是其愚昧的表现。老子强调，统治者要以德体道行道，不能以礼治世，要由德而固守道之本原，不能由礼而进行远离道的华而不实的宣传。老子对礼的贬抑和批评，集中体现了他对周礼制礼教的看法。不仅说明了礼制的实质在"忠信之薄"，更是"乱之首"，也正是在这个意义上，老子主张

---

① 《老子·三十八章》。

> 以正治国，以奇用兵，以无事取天下。吾何以知其然哉？以此：天下多忌讳，而民弥贫，民多利器，国家滋昏；人多伎巧，奇物滋起；法令滋彰，盗贼多有。
>
> 故圣人云："我无为而民自化，我好静而民自正，我无事而民自富，我无欲而民自朴。"①

这是以德政而行天道的原则，也是老子人道社会观所要求的基本制度形式，其要点，就在于彻底改变礼制的弊端。依天道、人道之正而治国定制行政，顺天下民众之自然而非将统治者私欲私利强加于民，就能得到天下民众的拥护。为什么能"以无事取天下"呢，就在于如果设多种禁忌、法令，就会导致民众贫困，民众为了应对统治者强加的限制，势必会多动心思想出各种权谋来应对，从而造成统治者与民众的对立和民众之间的矛盾，以致出现大量盗贼。所以说，圣明的统治者只要不违背天道而行德政，民众就会依天道而自然生存，形成良好公正的社会秩序，富足而纯朴。

这就是老子由德行道的社会观和制度观。从某种意义上说，它与欧洲启蒙运动中以斯密为代表的自由主义政治经济学有相似处，斯密主张政府不要干预经济，只是作为"守夜人"维护市场秩序，任由经济按其规律自然发展。但与老子不同，斯密信奉物质主义，以物质为世界本原，强调财产私有权在经济和政治中的主导，以发财致富为目标，建立以资本为中心的经济政治制度。老子则从天道观出发，力求使社会恢复"大道之行"的"大同"，甚至

> 小国寡民，使有什伯之器而不用，使民重死而不远徙；虽有舟舆，无所乘之；虽有甲兵，无所陈之；使人复结绳而用之。甘

---

① 《老子·五十七章》。

其食，美其服，安其居，乐其俗。邻国相望，鸡犬之声相闻，民至老死不相往来。①

这与《礼记·礼运》中孔子说的"天下为公"的状态相似，其基本在人生之道：人是本原之天道所生万物之一种，人道是天道的具体化，其要点就在于"生"，顺应道法自然而生，也就是依德而建立适宜人生的制度和关系。"甘其食，美其服，安其居，乐其俗"，是人生之德，也是每个人的基本要求，而且是人以自身之力可以达到的，只要每个人都尽其所能而劳作，就能满足人的基本要求。在人与食、服、居这三者的关系中，体现着其统一性，而"俗"则是人的价值观及人际关系，只要依道而法自然就能"乐其俗"，人与人之间和睦相处，"使有什伯之器而不用，使民重死而不远徙；虽有舟舆，无所乘之，虽有甲兵，无所陈之"，以至"复结绳而用之"，进而邻国相望，虽然鸡犬之声相闻，民众之间也不交往，这实际上是退回氏族社会。虽然老子并没有说"小国寡民"状态是否原先的氏族社会，但"复结绳而用之"的"复"字，却表明是要从当前社会回复曾有的"大道之行"的素朴原始社会。这与斯密所理想的自由资本主义社会有着本质差别。但不能因此就断言老子思想是保守的、倒退的，他实际上是在探讨人类初始阶段所体现的天道，由此确立德为人类社会的基本精神，并据此评判改造礼制的现实社会，探讨解决矛盾的标准和原则，进而提出其政治主张，以实现他认为合乎天道的德政。

老子以德体道、行道之法，不仅针对社会总体政治，也适合于个体修养，这二者是统一的。

> 善建者不拔，善抱者不脱，子孙以祭祀不辍。
> 修之于身，其德乃真；修之于家，其德乃余；修之于乡，其德乃长；修之于国，其德乃丰；修之于天下，其德乃普。

---

① 《老子·八十章》。

> 故以身观身，以家观家，以乡观乡，以国观国，以天下观天下。吾何以知天下然哉？以此。①

修德体道者，所建立的德业能够长久保持，并被子孙后代敬仰。修德要自身真正体道得道依道行道，由身而家，由家而乡，由乡而国，由国而天下，将所体之道行于个人力所能及的范围。《礼记·大学》说"古之欲明明德于天下者，先治其国；欲治其国者，先齐其家；欲齐其家者，先修其身；欲修其身者，先正其心；欲正其心者，先诚其意；欲诚其意者，先致其知"。② 这显然是受到《老子·五十四章》这段话的影响。老子强调个人修德，由己身而家而乡而国而天下，乃至以身观身，以家观家，以乡观乡，以国观国，以天下观天下的思路，是依道养德进而改造人世制度政治的途径。虽然能否行之有效尚不可知，但在理论上还是说得通的。

修德体道，不仅可以行德于家、乡、国以至于天下，更能使得道者保持赤子状态，

> 含德之厚，比于赤子。蜂虿虺蛇不螫，猛兽不据，攫鸟不搏。骨弱筋柔而握固，未知牝牡之合而朘作，精之至也。终日号而不嗄，和之至也。③

赤子，婴儿也，天道展示于个体人的初始阶段，修德之厚而真正体道者，就是要不断回复赤子之状，毒虫不蜇咬，猛兽不搏扑。婴儿虽然骨弱筋柔却能紧握拳头；精力充沛，虽不知男女交合之事小生殖器却常勃起；和气淳厚，整日号哭嗓子却不哑。可见，老子并不认为修德体道有什么玄奥，也不宣扬成仙成神、长生不老，只是要保持赤子之心而使道长住于身。

---

① 《老子·五十四章》。
② 《礼记·大学》。
③ 《老子·五十五章》。

> 知和曰常，知常曰明。益生曰祥，心使气曰强。物壮则老，谓之不道，不道早已。①

知和为常，知常就可以明道，依道而自然生活，像赤子那样心平气和。而过分追求享乐就会引来灾病，任由欲念驱动体内之气而行事是逞强、勉强，这样造成的强壮之势并不符合天道，必然导致过早衰亡，因此不能逆道而强行享乐和出人头地，而应依道养德自然生活。

德作为老子理解、实行天道观之法的范畴，是展开天道观的必要环节，其主要内容在于依天道观探讨从总体上改造现行社会制度和政治方式的方法论原则，同时也探讨了个人体道修德之法。老子认为，天道作为世界本原，展现于天、地、人所构成的世界，人类作为世界的必要组成部分，不仅总体上受天道的主导，而且每个个体也受天道的支配。这种主导和支配是自然的，集中表现为德。而人们却往往受欲念驱使而在思想和行为上不守其德，违背天道，导致社会矛盾冲突和个人精神及生命的错乱，为此就要修德体道，从道展开于人生的自然状态来理解天道之本原。"大道之行"的初始社会和"赤子"时正是道展现为德的自然状态，修德就是要认真地思考这种状态中社会和个人存在中的基本精神，进而由这个基本精神评判、改造现实社会和人生。老子要求个人修德体道保持"赤子"之心，"常德不离，复归于婴儿。"② 并不是要成年人退回婴儿，同样，他主张"小国寡民"，也不是要现在社会退回原始社会，而是要从"赤子"和"小国寡民"状态概括其德之基本精神，"常德乃足，复归于朴。"③ 以此为原则来贯彻天道，克服周礼制造成的矛盾和混乱，处理人生和社会的各种问题。老子以德这个范畴，具体化了道的抽象规定，其中体现的方法论原则对孔子、墨子、庄子等后世诸子产生了重大影响，他们从各自角度，不同程度地接受并发展了这个原则，展开了对社会改造和人生自由的

---

① 《老子·五十五章》。
② 《老子·二十八章》。
③ 《老子·二十八章》。

探讨。

三 孔子论证其人道社会观之法：以仁复礼和中庸

孔子的历史地位和作用，主要是在展开老子天道观于人世，形成人道社会观，进而将其"一以贯之"于法、术、技层次，形成实质上变革周礼制礼教的思想体系。

孔子论证其人道社会观之法，集中于以仁复礼和中庸。

"仁"是孔子人道社会观及其思想体系的核心概念。在《易传·系辞》中，孔子就说"立人之道曰仁与义"。① 孔子对"仁"的理解，明显地与老子不同。老子认为，"失道而后德，失德而后仁，失仁而后义，失义而后礼。"② "仁"是失道失德之后才出现的，是"大道既隐"的表现。老子所说的"仁"，还是指周礼制礼教中依附于宗法的统治阶级中的一种观念，它是服从于封建等级的，或者说是一种宣传和维系宗法的手段，其中并不体现德与道。周封建宗法的"仁"及"义"，都是分类思维的结果，即把人按氏族、家族之血缘分为不同的类，其"仁"及"义"只在统治氏族内部，而对统治氏族外其他氏族，则不讲"仁"及"义"。孔子承继老子归纳思维，突破血统之类，将"仁"及"义"一般化，作为全体人关系的内涵，其要点就在于突破宗法等级的人际基本关系。孔子以"爱人"来定义仁，并将仁推广于所有人的关系中，虽然并不是取消等级制度，但要在不同等级中充实进仁这个因素，由此协调社会关系，改良乃至改造制度。

《论语·颜渊》中，四处记孔子答其学生问仁，

> 颜渊问仁。子曰："克己复礼为仁，一日克己复礼，天下归

---

① 《易传·说卦》。
② 《老子·三十八章》。

仁焉。为仁由己，而由人乎哉？"颜渊曰："请问其目。"子曰："非礼勿视，非礼勿听，非礼勿言，非礼勿动。"颜渊曰："回虽不敏，请事斯语矣。"①

仲弓问仁。子曰："出门如见大宾，使民如承大祭。己所不欲，勿施于人。在邦无怨，在家无怨。"仲弓曰："雍虽不敏，请事斯语矣。"②

司马牛问仁。子曰："仁者其言也讱。"曰："其言也讱，斯谓之仁已乎？"子曰："为之难，言之得无讱乎？"③

樊迟问仁。子曰："爱人。"问知。子曰："知人。"樊迟未达。子曰："举直错诸枉，能使枉者直。"樊迟退，见子夏曰："乡也吾见于夫子而问知，子曰：'举直错诸枉，能使枉者直。'何谓也？"子夏曰："富哉言乎！舜有天下，选于众，举皋陶，不仁者远矣。汤有天下，选于众，举伊尹，不仁者远矣。"④

孔子作为创立私学的教育家，很是注重因人施教，颜渊、仲弓、司马牛、樊迟四人都是问仁，回答却各不同，但贯通一个基本观点，即以仁爱为社会总体和个人之间关系的原则。在回答樊迟问仁时所答"爱人"，应为仁的基本定义，而"爱人"与"知人"又是相通的，以仁为知的标准，由知而为仁。像舜和汤那样发现并重用仁者，不仁的人也会有所改正。答仲弓之问时，以"己所不欲，勿施于人"来回答，这八字可以说是"爱人"的展开，己与他人都是人，由己欲推知他欲，由己心推知他心，像对

---

① 《论语·颜渊》。
② 《论语·颜渊》。
③ 《论语·颜渊》。
④ 《论语·颜渊》。

待自己那样对待他人。而司马牛是个"多言而躁"的人，他问仁，孔子答"仁者，其言也讱"，与人交谈，不要急于发表见解，也不要抢话说，而应忍一忍想明白再说。这是人际交往中必须注意的，多言而躁者总是要突出自己，但没想清楚说什么，也不顾他人感受，当然处理不好人际关系。而"讱"，就成为仁者的一个必要处世方式。

颜渊是孔子最中意的弟子，也是寄予厚望的"接班人"，因此当他问仁时，孔子的回答就是总体性、原则性的"克己复礼为仁"。朱熹《四书章句集注》："克，胜也。己，谓身之私欲也。复，反也。礼者，天理之节也。为仁者，所以全其心之德也。盖心之全德，莫非天理而亦不能不坏于人欲。故为仁者必有以胜私欲而复于礼，则事皆天理，而本心之德复全于我矣。"① 朱熹之注与孔子本意不合，颜渊并不是注重私欲私利的"小人"，孔子也不是像告诫司马牛克服自身缺点那样告诫颜渊，而是把自己的理想追求转付给他看中的继承者。如果将"克己"解为克制、去掉私欲，那么"复礼"就很难理解，对一个注重私欲私利的"小人"，还说什么"复礼"？恐怕孔子也不会收这样的徒弟。"克"字，《说文解字》："克，肩也。象屋下刻木之形。"段注："任事以肩，凡物压于上，力能胜任，乃谓之克。"俞樾《儿笘录》："举物高人上，故其义为肩。"罗振玉《增订殷墟书契考释》："象人戴胄形。""克本训胜。"因此，"克己"应理解为"己克"，即要颜渊立大志向、勇于承担、胜任复礼大业于己身，并将仁贯彻于复礼之中。更重要的是下一句"一日克己复礼，天下归仁焉"。如果只是针对某一个人克制其私欲而回复于礼的规范，那又怎么可以做到"天下归仁"？据此，我们只能将"克己复礼"理解为一场伟大的社会改造活动，是由孔子和颜渊这样的思想家所认识到并主导的变革。这场变革以仁为基本观念，也以仁为始点和结果。即由认识到仁的思想家发起，"为仁由己，而由人乎哉？"不断地宣传仁的观念，并将之贯注于礼的改造中。"复礼"之"复"，并不是简单的恢复、回复，而是复兴、革新，"复

---

① 《四书章句·论语集注卷六》。

礼"就是复兴、革新礼制，使人的所有视、听、言、动都纳入所复兴、革新了的礼制中，这样就可以达到"天下归仁"的结果。

礼，在周代是其社会制度的表现形式，周王及封建领主、贵族，以至于士，其权利和地位、相互关系，都是以礼来界定的，政治、军事、经济活动和对上帝、祖先神的祭祀，以及各等级的衣、食、住、行、婚、丧等，都有其礼仪和礼节。虽然《周礼》《仪礼》《礼记》这"三礼"曾经孔子及其后学改编，但仍保留了周礼的基本形式。孔子并不像老子那样直接以"大道之行"来否定礼，也不主张废除礼，而是要以人道社会观来改造礼。他相当重视礼，也就是重视其中体现的社会制度的一般性，"复礼"也就是以新的观念仁从一般意义上规定和改造社会制度建立"继周者"之礼。在孔子思想中，礼是随社会历史而演变的，

> 殷因于夏礼，所损益可知也；周因于殷礼，所损益可知也。其或继周者，虽百世，可知也。①

这里说得很明白，殷礼是继夏礼的，周礼是继殷礼的，此三代之礼有一般性和连续性，更有"损益"，损益就是变革，变革是社会制度连续性的内容，因为变革才有连续性，也是在连续性中进行变革。而孔子之"复礼"，并不是简单地回复周礼，而是"继周者"之礼，这个礼是什么，孔子并没有说，但"虽百世，可知也"，可知什么，当然是"继周者"之礼与周礼有特殊性的区别，因而会有对周礼的损益。其损，即孔子从老子天道观对周礼之上帝观的否定，也就是将礼的根据从上帝变为天道；其益，则是将孔子提出的人道社会观的核心概念仁充实、贯彻于礼制中。依据上帝观的周礼，是以血统宗法为原则的，因而只适用于周王及领主、贵族、士人，"礼不下庶人"，农奴和平民劳动者都不包含于礼的范围之内。在领主的家族、氏族中，也讲"仁""义"，但这都是依从宗法的，对其家族、氏族

---

① 《论语·为政》。

之外的人，都无仁、义可讲。孔子的"仁"，不以宗法为原则，是针对所有人的，是包括"庶人"，即农奴和平民劳动者的，那么，"复礼"也就包括"庶人"在其中，

> 子贡曰："如有博施于民，而能济众，何如？可谓仁乎？"子曰："何事于仁，必也圣乎！尧舜其犹病诸。夫仁者，己欲立而立人，己欲达而达人。能近取譬，可谓仁之方也已。"①

"博施于民，而能济众"，这不仅是仁，而且是圣人之仁了。能够做到"博施于民，而能济众"的，必须是握有统治权的人，他们如果"己欲立而立人，己欲达而达人"，也即从仁的观点而立己立人，由仁的观念达己达人进行统治，将仁"博施"于周礼所"不下"的"庶人"之民，就是至仁而圣的，孔子所理想的礼，也就是这种可以"博施于民"的社会制度及其所达致的状态。

孔子论仁，是多个角度，也有多层含义，但其基本，就在"己欲立而立人，己欲达而达人"，这句话与"己所不欲，勿施于人"是相呼应的，《论语》及《礼记》中，孔子多次论到仁，而从个体关系论仁的次数也最多，涉及人际伦理的所有方面和环节，而这都是礼的内容。也就是说，孔子将以仁复礼作为其思想的主线，从法层次将以仁为核心的人道社会观贯彻于全部社会关系，扩展于周礼所"不下"的"庶人"。在孔子看来，仁是天道具体化于人世的基本社会关系，它应该存在于、表现于各种具体社会关系之中。父子之仁，为孝为慈；君臣之仁，为忠为恕；兄弟之仁，为友为悌；朋友之仁，为信为诚。士庶之仁，见于乡党；天子、诸侯、卿大夫之仁，见于国家臣民。

孔子切身感受并深刻思考当时"礼崩乐坏"的社会矛盾，他的"复礼"，并不是要恢复周初之礼制礼教，虽然他推崇建立周礼的文王、武王、

---

① 《论语·雍也》。

周公，但更认识到必须对周礼加以"损益"，文王、武王、周公之所以值得推崇，就在他们对殷礼进行了"损益"，孔子所要复兴的是"继周者"之礼，因而必须对周礼进行"损益"，才能使社会进入新的和谐状态。而这"损益"的基本，就是在天道观及人道社会观的导引下，将仁贯彻于社会制度和伦理。他要"复礼"，但并不固守周礼。在思想上，孔子已将"礼"的一般与"夏礼""殷礼""周礼"的特殊做了明确区分，他要对一般意义上的"礼"，即社会制度进行"损益"、变革，建立"继周"之新礼。现在一些学者不对礼进行一般与特殊的区分，看到孔子说"克己复礼"，就认为是保守、恢复周初之礼，并由此将他说成"维护奴隶制度"的反动思想家。殊不知，孔子并非周礼的"既得利益者"，他既非王侯，也非贵族，而是一个穷困潦倒的士子，早年甚至被季氏家臣阳虎拒于季氏"飨士"之门外，恢复周初礼制，并不可能因其宗法而给孔子任何利益。孔子既无动机，更没有权力和能力去恢复周初礼制，只有对周礼进行损益，变革其宗法原则，才是他及其所处并代表的士阶层参与和主导政治，实现其价值和理想的途径。孔子毕生努力追求的，就是探索以仁复礼，在对周礼有所损益的过程中，形成"继周"之礼。

也正是基于这样的思想，他对春秋以来颇有争议的管仲，予以高度评价，

> 子路曰："桓公杀公子纠，召忽死之，管仲不死。"曰："未仁乎？"子曰："桓公九合诸侯，不以兵车，管仲之力也。如其仁，如其仁。"
>
> 子贡曰："管仲非仁者与？桓公杀公子纠，不能死，又相之。"子曰："管仲相桓公，霸诸侯，一匡天下，民到于今受其赐。微管仲，吾其被发左衽矣。岂若匹夫匹妇之为谅也，自经于沟渎而莫之知也。"[①]

[①] 《论语·宪问》。

管仲可以说是损益周礼的第一位政治家,《史记·管晏列传》:

> 管仲夷吾者,颍上人也。少时常与鲍叔牙游,鲍叔知其贤。管仲贫困,常欺鲍叔,鲍叔终善遇之,不以为言。已而鲍叔事齐公子小白,管仲事公子纠。及小白立为桓公,公子纠死,管仲囚焉。鲍叔遂进管仲。
>
> 管仲既用,任政于齐,齐桓公以霸,九合诸侯,一匡天下,管仲之谋也。①

子路和子贡问孔子:管仲是公子纠的臣属,按周礼制应当随其主而死,但他却投靠了其主之敌桓公,不能算作"仁"吧。孔子则不依周礼而论管仲,而是以其功业赞赏其仁。至于管仲的"霸诸侯,一匡天下",更是对封建礼制的破坏。也就是说,不论个人品格,还是其事业,管仲都是违背礼制礼教的,因此,那些周礼制的既得利益和维护者,对管仲是抱仇视态度的,子路和子贡之所以会有管仲"未仁""非仁"之问,反映着当时依周礼而对管仲的非议。而孔子却以"九合诸侯,不以兵车","民到于今受其赐"来评论管仲,称他不仅是仁,而且是大仁爱于民。甚至说,如果没有管仲,我们大概要披头散发,袒露左肩,成为夷狄的奴隶了。因此,不能以匹夫匹妇的见识来评价管仲,以致自经于沟渎都不知为什么了。从这里,可以看出孔子是从能否使民"受其赐"来论政治人物的,而管仲正是符合其"克己复礼"的一位政治家。后来司马迁对管仲的评论,也是依孔子的思路而发的,

> 管仲既任政相齐,以区区之齐在海滨,通货积财,富国强兵,与俗同好恶。故其称曰:"仓廪实而知礼节,衣食足而知荣

---

① 《史记·管晏列传》。

辱，上服度则六亲固。四维不张，国乃灭亡。下令如流水之源，令顺民心。"故论卑而易行。俗之所欲，因而予之；俗之所否，因而去之。①

概而言之，孔子推行其人道社会观之法，首要的就是以仁复礼，对周礼进行损益、变革，探索并推行"继周"之礼制。虽然孔子并未像其再传弟子李悝、吴起那样公然反对和变革封建宗法世卿世禄制，但他强调以仁的观念来改进人际关系，主张不按血统为标准区别人的贵贱，而应依品格和才能来确定人的社会地位，更要求统治者及其臣属、民众都要以仁爱之心相待。他特别重视后天的"学"，而且"有教无类"，只要具备一定的"知""勇"之能，就应得到相应的"利""禄""德"。这是一种新的礼制，即从以血统为纽带的部族联盟向集权官僚制的民族国家转化的制度形式。孔子主张"天下有道，则礼乐征伐自天子出"②，这看似维护周礼之说，实则是对"天下无道，则礼乐征伐自诸侯出"，"自大夫出"，"陪臣执国命"③的现状的批评，他所要复的礼，就是维护"天子"对"天下"的专制大一统，以至强调"非天子，不议礼，不制度，不考文。今天下车同轨，书同文，行同伦。"④ 而这正是对已经没落的封建领主制的变革，并在后来李斯创建集权官僚制时得以实现。孔子毕竟处在封建领主制已经衰败，但仍维持其基本框架，封建统治势力仍很强大的时期，他以仁复礼的观念，是对制度变革的一般设想，深刻但不尖锐，经至带有"改良"色彩。后世封建领主制的维护者甚至会用孔子的这种"改良"式说法，反对激烈的变革。而后期以法改制诸子，如韩非、李斯等，也会对孔子以仁复礼及其仁、义等观念进行反思和修正，这是变革大趋势的要求和体现，绝不能以此证明孔子是固守周礼反对变革。

---

① 《史记·管晏列传》。
② 《论语·季氏》。
③ 《论语·季氏》。
④ 《礼记·中庸》。

孔子推行其人道社会观之法还有一个重要方面，就是中庸之法。中庸之法与以仁复礼是相辅相成的，是以仁复礼的必要方式。

对于以仁复礼，曾子有比较深刻的理解，他说："士不可以不弘毅，任重而道远。仁以为己任，不亦重乎？死而后已，不亦远乎？"① 可见他已明确孔子"克己复礼"的意图。虽然孔子"克己复礼为仁"这句话是说给颜渊的，颜渊也答应"请事斯语"，但他英年早逝，孔子学说事业只能由其他弟子承担。曾参在孔子那里远不如颜渊受重视，但他却成为传承孔学的主力之一。《论语》中称曾参为"曾子"，可见是其弟子编辑，而他更大的功劳在于培养了孔子之孙子思，子思门人又培养了孟子，这条线被后儒称为孔学正统。据说集中体现孔子中庸之法的《礼记·中庸》为子思所编，其中也包含着曾子的作用。上引曾子对仁的理解，势必影响子思，并由此将孔子关于中庸的思想系统整理。

《论语·雍也》记：

> 子曰："中庸之为德也，其至矣乎！民鲜久矣。"②

以中庸之法行德政，是政治的最高境界，可惜民已经很久未能接受这样的德政了。那么，什么时候出现过"中庸之为德"呢，是"大道之行"的"三代之英"时期，

> 尧曰："咨！尔舜！天之历数在尔躬，允执厥中。四海困穷，天禄永终。"
> 舜亦以命禹。③

"执其中"，也即依天道而行政，"中庸之为德"的"大道之行"时，"天

---

① 《论语·泰伯》。
② 《论语·雍也》。
③ 《论语·尧曰》。

下为公，选贤与能，讲信修睦"①。在孔子的思想中，"为公"即"中庸"的体现，而"今大道既隐，天下为家，各亲其亲，各子其子。"② "为家"就是非中庸。孔子不像老子那样期望直接回复"大道之行"，他相对比较悲观，也比较现实，认为只能在"大道既隐"的现实社会条件下，仿照禹、汤、文、武、成王、周公"谨于礼"，即依夏礼至商礼，商礼至周礼的"损益"规律，复兴礼制，"夫礼，先王以承天之道，以治人之情，……故圣人以礼示之，故天下国家可得而正也。"③ 中庸是复礼，即将天道贯彻于社会生活，使"天下国家可得而正"的必要方法。"中庸"之"中"，既为"公"，亦为"正"，依公正之法而以仁复礼，是孔子的抱负，曾子承继了这一抱负，并传之子思，这三代人的思想集合于《中庸》。

"中"，《说文解字》："内也，从口丨，上下通。"《尚书·大禹谟》："允执厥中"④，此"中"义为"正"。《孙子·九地》："击其中则首尾俱至"⑤。此"中"义为中间。"庸"，《解文说字》："用也，从用从庚；庚，更事也。"《尚书·益稷》："明庶以功，车服以庸。"⑥ 此"庸"义为"功劳"。《国语·晋语》："无功庸者不敢居高位。"《注》："国功曰功，民功曰庸。"⑦《国语·齐语》："臣，君之庸臣也。"⑧ 此"庸"义为用，或辅助之意。孔子所说"中庸"，当为"用中"之意，他说：

> 舜其大知也与，舜好问而好察迩言。隐恶而扬善，执其两端，用其中于民，其斯以为舜乎！⑨

---

① 《礼记·礼运》。
② 《礼记·礼运》。
③ 《礼记·礼运》。
④ 《尚书·大禹谟》。
⑤ 《孙子·九地》。
⑥ 《尚书·益稷》。
⑦ 《国语·晋语七》。
⑧ 《国语·齐语》。
⑨ 《礼记·中庸》。

"执其两端,用其中于民",是孔子"中庸"的基本含义。"执其两端",掌握不偏不倚、无过无不及,从而达到"中""正""平",用"中道""正道"来治理民众。"中庸"亦即"用中""用正"或"中用""正用"。朱熹《中庸章句》说:"中者,不偏不倚、无过不及之名。庸,平常也。"① "中"字解得准确,但以"平常"注"庸",则大错,不知朱熹如何将这二字连起来解说?难道"中庸"是"不偏不倚、无过不及的平常"人或事吗?而他引程子曰:"不偏之谓中,不易之谓庸。中者,天下之正道,庸者,天下之定理。"② 将"庸"解为"不易""定理",不知依从什么?而其后近一千年以"四书五经"为科举标准的读书人,又都不敢不依程、朱之意来读《中庸》,可见"理学"与"孔学"之差别。

二程与朱熹虽然号称孔子之传人,但其"理学"目的却在巩固已经存在一千多年的集权官僚制,所以把中庸注释为中道之平常、正道之不易。而孔子生于封建领主制衰败期,其学目的在依天道以仁复礼,因而强调正道之用。

> 天命之谓性,率性之谓道,修道之谓教。道也者,不可须臾离也,可离非道也。是故君子戒慎乎其所不睹,恐惧乎其所不闻。莫见乎隐,莫显乎微,故君子慎其独也。喜怒哀乐之未发,谓之中;发而皆中节,谓之和;中也者,天下之大本也;和也者,天下之达道也。致中和,天地位焉,万物育焉。③

《中庸》篇首这段话,并未标"子曰",而此篇各段大都标"子曰""仲尼曰",只有篇首此段及篇末倒数第四、三、二段"仲尼祖述尧、舜,宪章文武"至"《诗》云:'予怀明德,不大声以色'"④ 未标,可认为是子思

---

① 《四书章句·中庸章句》。
② 《四书章句·中庸章句》。
③ 《礼记·中庸》。
④ 《礼记·中庸》。

的概述。当然其中标"子曰"者,也不见得就是孔子原话,而是经加工整理的。《中庸》篇首这段话是对孔子"中庸"之法比较准确的概括。"天命"是孔子常用的术语,是天道主导之意,天命为性,率性为道,修道为教。道是无所不在的,是人必须依从的,因为君子要随时随处慎重行为,即使在独处时也不能违天道而任由己意。所谓"慎独"即由此论之。喜怒哀乐之未发,中于本原之道也,依道而发并合乎道的要求,是为和。中为天下万物人事之本,和则天下之达道。"和"字是孔子多次提到的范畴,《说文解字》:"和,相应也。"谓众声协调。"发而皆中节",即各种音调所体现的喜怒哀乐都要合乎道而和谐。致中而和,天地各安其位,万物得以存在生长。进而论之,人世因中和而建立秩序,即革新礼制。"致中和"为礼的原则,也是仁的根据和展现,使人世"和"于"正道",并由此协调人际关系,纠正过与不及的倾向,"用其中于民",以仁复礼,使社会在天道主导下达至和谐。

中庸作为孔子推行其人道社会观之法,通过仁、礼两范畴而贯彻于他的思想体系,名、义、忠、孝、诚、信、知、勇、利、禄、德等主干范畴,都体现着中庸之法。孔子认识到社会的各种关系,如君臣、官民、父子、兄弟、夫妻、朋友、邻里,都是矛盾的,而且因周礼制的衰败而陷入错乱之中。作为一个有重大社会责任感的思想家,孔子明知推行其人道社会观以仁复礼是相当困难的,他毕生都在困难挫折中努力前行,甚至石门的守城者说他是"知其不可而为之者"[①]。但他坚信天道对人世的主导,只要依从天道而志诚笃行,就可以推行他主张的以仁复礼。

  诚者,天之道也;诚之者,人之道也。诚者,不勉而中,不思而得,从容中道,圣人也。诚之者,择善而固执之者也。[②]

---

① 《论语·宪问》。
② 《礼记·中庸》。

诚为天道的体现，能够遵行诚，是人道的作用，只有切实体天道解人道，以中庸而治理天下，才是圣人之治。为此，就要"博学之，审问之，慎思之，明辨之，笃行之。"①"尊德性而道问学，致广大而尽精微，极高明而道中庸。"② 孔子一生，虽然从政并不顺利，也未能实现其抱负，但他对理想的固执，却形成了系统的社会变革思想，"中庸"之法与以仁复礼之法相辅相成，是展开并推行其人道社会观的关键，进而具体化于术、技层次，经他的弟子及再传人的继承、发扬和实践，逐步作用于日益激进的社会变革运动，展现于新的社会制度中。

四　墨子实行天志和兼爱之法：尚贤与尚同

墨子作为下层劳动者代表，以天志与兼爱继承并发展了老子天道观和孔子人道社会观，在诸子思想系统之道层次具有特殊地位。为了实行天志及其主导的兼爱，他又在法层次提出了尚贤、尚同两个范畴，集中论证了他关于社会制度变革的思想。

老子和孔子思想的主要内容，都是从天道观对当时封建领主制的批判和变革，并提出相应的主张。墨子承继老子和孔子基本思路，更为明确地从他所界定的天志出发，对封建领主制进行批判，并倡导尚贤任能，进而主张建立"天子唯能壹同天下之义"的大一统社会制度，甚至认为天子应当由民选而产生，由此实现其兼爱交利的理想。

墨子对于封建领主制的批判，集中于世卿世禄，即王公大人皆用其亲近者治国，

> 今王公大人其所富，其所贵，皆王公大人骨肉之亲、无故富贵、面目美好者也。今王公大人骨肉之亲、无故富贵、面目美好

---

① 《礼记·中庸》。
② 《礼记·中庸》。

者，焉故必知哉？若不知，使治其国家，则其国家之乱，可得而知也。

……王公大人骨肉之亲、无故富贵、面目美好者，此非可学能者也。使不知辩，德行之厚，若禹、汤、文、武，不加得也；王公大人骨肉之亲，譬喑聋暴为桀、纣，不加失也。是故以赏不当贤，罚不当暴。其所赏者，已无故矣；其所罚者，亦无罪。是以使百姓皆攸心解体，沮以为善；垂其股肱之力，而不相劳来也；腐朽余财，而不相分资也；隐匿良道，而不相教诲也。若此则饥者不得食，寒者不得衣，乱者不得治。①

封建领主制的宗法原则，界定了其富贵者只能是王公大人的亲属以及能够讨其喜欢的人，由此而造成的阶级矛盾，是制度衰败的根本原因。墨子不能从制度矛盾进行批判，但却可以从其矛盾表现论说其弊端，这较孔子已是一大激进。他甚至说：

今王公大人欲王天下、正诸侯，夫无德义，将何以哉？其说将必挟震威强。今王公大人将焉取挟震威强哉？倾者民之死也！②

墨子指出，今王公大人任人唯亲，专享富贵是其国家动乱，乃至贫弱的原因。王公大人骨肉之亲，无故富贵、面目美好者，身居要职，他们的富贵取决于血统和王公大人的偏好，但这些都不是众人通过学习和努力可以达到的，而他们却不必学习和努力就能得到权位和富贵。在这样的制度下，即使德行之厚如禹、汤、文王、武王也不能被任用，而王公大人的亲属，即令跛、哑、聋、瞎，残暴如桀、纣，也依然居权位享富贵。而赏不给贤能有功者，罚不及王公大人所亲近的暴徒罪犯，必然造成百姓民心涣

---

① 《墨子·尚贤下》。
② 《墨子·尚贤中》。

散,不愿为善;宁可闲懒也不去帮助他人;让多余的财物腐烂也不去资助穷人;有道德良知者自隐其学也不去教诲人。因而饥者不得食,寒者不得衣,社会动乱势必不能治理。而"今者王公大人为政于国家者,皆欲国家之富,人民之众,刑政之治。"① 但却任人唯亲近,因此"不得富而得贫,不得众而得寡,不得治而得乱,则是本失其所欲,得其所恶。"②

对于"王公大人为政于国家者,不能以尚贤事能为政"的现状,墨子不仅予以批评,更提出倡议,即以"尚贤"来解决其导致的矛盾。他说:

> 况又有贤良之士,厚乎德行,辩乎言谈,博乎道术者乎!此固国家之珍而社稷之佐也,亦必且富之、贵之、敬之、誉之,然后国之良士,亦将可得而众也。是故古者圣王之为政也,言曰:"不义不富,不义不贵,不义不亲,不义不近。"是以国之富贵人闻之,皆退而谋曰:"始我所恃者,富贵也。今上举义不辟贫贱,然则我不可不为义。"亲者闻之,亦退而谋曰:"始我所恃者,亲也。今上举义不辟疏,然则我不可不为义。"近者闻之,亦退而谋曰:"始我所恃者,近也。今上举义不辟远,然则我不可不为义。"远者闻之,亦退而谋曰:"我始以远为无恃,今上举义不辟远,然则我不可不为义。"逮至远鄙郊外之臣、门庭庶子、国中之众、四鄙之萌人闻之,皆竞为义。③

墨子这个倡议,看起来简单易行,只要专政于国家的"王公大人"能够像"古者圣王"那样,明确尚贤举义,不义者不得富、贵、亲、近,那么,不仅原来的富贵亲近者"不可不为义",就连原来被疏远者及远鄙郊外之臣、门庭庶子、国中之众、四鄙之萌人,也就是不论任何等级的人,都"不可不为义",而且都有富贵的可能。墨子在这里已触及封建宗法原则,

---

① 《墨子·尚贤上》。
② 《墨子·尚贤上》。
③ 《墨子·尚贤上》。

按上帝观所制定的封建宗法，是将农奴和平民排斥于政治之外的，所谓"礼不下庶人"，正是这个原则，才导致王公大人"不能以尚贤事能为政"，如果只以贤能为政，就连国中之众、四鄙之萌人都有因贤能而为政的机会，势必与封建宗法原则相冲突。也正因此，那些固守封建宗法原则的"王公大人"不可能接受这个倡议。

墨子也清楚这一点，虽然他像孔子那样游历诸国，不厌其烦地言讲尚贤的道理，却没有任何领主响应，但他仍要将这个道理讲明白，

> 古者圣王之为政，列德而尚贤。虽在农与工肆之人，有能则举之。高予之爵，重予之禄，任之以事，断予之令。曰：爵位不高，则民弗敬；蓄禄不厚，则民不信；政令不断，则民不畏。举三者授之贤者，非为贤赐也，欲其事之成。故当是时，以德就列，以官服事，以劳殿赏，量功而分禄。故官无常贵而民无终贱。有能则举之，无能则下之。举公义，辟私怨，此若言之谓也。①

并以尧举舜，禹举益，汤举伊尹，文王举闳夭、泰颠为例，证明"古者圣王之为政列德而尚贤"。也就是说，现时的封建宗法并非不可更易，甚至因为它是与古者圣王之政相违背的，所以应当，而且能够依天志之道而更改。"欲祖述尧舜禹汤之道，将不可以不尚贤。夫尚贤者，政之本也。"②

以古论今，是老子、孔子实行天道观和人道社会观之法的要点，墨子继承了此要点，更为明确地从"古者圣王之为政，列德而尚贤"论"尚贤者，政之本"。这样，就使自己站在了一个不可逾越的至高点：古者圣王能做到而且大成功的尚贤，今天的王公大人当然也能做到，如若不尚贤，那么社会的混乱、国家的衰败就不可挽救，而这正是今天的王公大人违背

---

① 《墨子·尚贤上》。
② 《墨子·尚贤上》。

天志之道造成的。这样，就把问题推到制度层面。古者圣王之"举公义，辟私怨"，而且"官无常贵而民无终贱"，不仅是古者圣王个人圣明，也是当时社会制度的体现。现世的王公大人"不识以尚贤为政其国家百姓，王公大人本失尚贤为政之本"①，不仅与古者圣王有明显差别，而且已经违背了"为政之本"，这也就是制度问题了。

墨子进一步以"古者圣王"为依据论说尚贤之法。

> 故古圣王以审以尚贤使能为政，而取法于天。虽天亦不辩贫富、贵贱、远迩、亲疏，贤者举而尚之，不肖者抑而废之。然则富贵为贤以得其赏者谁也？曰："若昔者三代圣王尧、舜、禹、汤、文、武者是也。"所以得其赏何也？曰："其为政乎天下也，兼而爱之，从而利之；又率天下之万民，以尚尊天事鬼，爱利万民。是故天、鬼赏之，立为天子，以为民父母。万民从而誉之'圣王'，至今不已。则此富贵为贤以得其赏者也。"②

这里论到尚贤的依据，古者圣王之所以能够尚贤举能，在于"取法于天"，并行兼爱之人道，爱利万民，而天对他们的奖赏，就是立其为天子，万民则服从他们并誉其为"圣王"。"圣王"之名，并不是自封的，而是万民之誉。

古者圣王也是人，他们虽然贤能，但不可能以一人之力治天下，因此，在"取法于天"的大前提下，还要举一批贤能人才，辅佐圣王。

> 故古者圣王甚尊尚贤而任使能，不党父兄，不偏富贵，不嬖颜色。贤者举而上之，富而贵之，以为官长；不肖者抑而废之，贫而贱之，以为徒役。是以民皆劝其赏，畏其罚，相率而为贤

---

① 《墨子·尚贤下》。
② 《墨子·尚贤中》。

者,以贤者众而不肖者寡,此谓进贤。然后圣人听其言,迹其行,察其所能而慎予官,此谓事能。故可使治国者使治国,可使长官者使长官,可使治邑者使治邑。凡所使治国家、官府、邑里,此皆国之贤者也。①

这可以说是尚贤的典范了,其要旨在于不党父兄,不偏富贵,不嬖颜色,而这正是没有封建领主制的"天下为公"的表现,也是墨子所理想的政治形态。相比老子的以德论政和孔子的以仁复礼,墨子的尚贤直接针对政治体制,不论德还是仁都集合于贤能,由贤能者执政。更重要的是,贤能是后天学得,并非先天由血统确定,所有人都可能由学而成为贤能者,但必须有圣王"尊尚贤而任使能"这个前提并立规矩,劝贤抑不肖,以至"贤者众而不肖者寡",这样就要求破除封建宗法的等级制。依上帝观而建立的封建宗法,是以人的血统为其身份地位根据的,因此才会"党父兄,偏富贵",王公大人的骨肉之亲先天就是富贵者,并由其治国执政。此外就是王公大人依其偏好宠爱"面目美好者"。如果不破除封建宗法制,也就不可能尚贤任能,国家必乱而衰。

以"古者圣王甚尊尚贤而任使能"为典范,墨子对封建领主制下的宗法政治做了进一步批判。他指出,今王公大人中也有想效法古圣王而以尚贤使能为政,但往往只是说说而已,或者对一些名士"高予之爵而禄不从也",

> 事则不予,禄则不分,请问天下之贤人将何自至乎王公大人之侧哉?若苟贤者不至乎王公大人之侧,则此不肖者在左右也。不肖者在左右,则其所誉不当贤,而所罚不当暴。王公大人尊此以为政乎国家,则赏亦必不当贤,而罚亦必不当暴。若苟赏不当贤而罚不当暴,则是为贤者不劝,而为暴者不沮矣。是以入则不

---

① 《墨子·尚贤中》。

慈孝父母，出则不长弟乡里。居处无节，出入无度，男女无别。使治官府则盗窃，守城则倍畔，君有难则不死，出亡则不从。使断狱则不中，分财则不均。与谋事不得，举事不成，入守不固，出诛不强。故虽昔者三代暴王桀、纣、幽、厉之所以失措其国家，倾覆其社稷者，已此故也。①

表面看来，不尚贤使能是今王公大人的个人行为，但归结起来，还应回到古者圣王与今王公大人所处的制度区别上。墨子这里说出一个道理：即使今王公大人有意愿效法古者圣王，也想"以尚贤使能为政"，但却因封建宗法制度而不能落实，因此不能只是劝说今王公大人尚贤使能，而应考虑制度的变革。墨子指出由于不尚贤使能所造成的恶果之严重，已经到了昔三代暴王桀、纣、幽、厉"失措其国家，倾覆其社稷者"的程度，制度变革已成必然。只有变革制度，才能使尚贤使能成为常态。

尚贤是对现实政治混乱的解决，墨子虽然以"古者圣王"和"三代暴王"正反两方面反复论证尚贤使能之必要，但不论从其游说列国领主的教训，还是从逻辑上的深入思考，他都深切认识到其尚贤倡议是很难实行的。与孔子一样，墨子也是一个"知其不可而为之"的思想家，他坚信只有尚贤使能才是最佳政治体制，既然在现行封建领主制的宗法原则下不能实行，那么就应探讨与之适应的社会制度，而这也就是老子和孔子引以为据的"大道之行"的"大同"社会，其政治体制就是"尚同"。《墨子》的"尚同"篇列于"尚贤"篇之后，是展开其天志和兼爱观而对社会制度、国家及政治体制的论证。

墨子从人类初始的混乱而论立政长之必要，再由政长之等次论尚同。

> 古者民始生，未有刑政之时，盖其语，人异义。是以一人则一义，二人则二义，十人则十义。其人兹众，其所谓义者亦兹

---

① 《墨子·尚贤中》。

众。是以人是其义,以非人之义,故交相非也。是以内者父子兄弟作怨恶离散,不能相和合;天下之百姓,皆以水火毒药相亏害。至有余力,不能以相劳;腐朽余财,不以相分;隐匿良道,不以相教。天下之乱,若禽兽然。①

读这段话,很容易地就联想到霍布斯《利维坦》中关于"一切人反对一切人的战争"的论说。霍布斯比墨子晚约两千年,但对"古者民始生"的"自然"状况的设想,几乎完全与墨子相同,好在他活着时《墨子》并未译为英语,否则真可以怀疑他是在剽窃墨子的思想成果了。霍布斯所说自然状况的人际关系是:自然使人在体力和智力上基本相等,

> 由这种能力上的平等出发,就产生达到目的的希望的平等。因此,任何两个人如果想取得同一东西而又不能同时享用时,彼此就会成为仇敌。他们的目的主要是自我保全,有时则只是为了自己的欢乐;在达到这一目的的过程中,彼此都力图摧毁或征服对方。这样就出现一种情形:当侵犯者所引为畏惧的只是另一人单枪匹马的力量时,如果有一个人培植、建立或具有一个方便的地位,其他人就会可能准备好联合力量前来,不但要剥夺他的劳动成果,而且要剥夺他的生命或自由。而侵犯者本人也面临着来自别人的同样危险。②

虽然相距两千年,霍布斯这段话仍可以作为墨子"民始生"状况论述的注释,可见二人的思路基本相通。关于人类摆脱"自然状况"的途径,墨子说得比较简单:

---

① 《墨子·尚同上》。
② (英)霍布斯:《利维坦》,商务印书馆1985年版,第93页。

> 夫明虖天下之所以乱者,生于无政长,是故选天下之贤可者,立以为天子。天子立,以其力为未足,又选择天下之贤可者,置立之以为三公。天子、三公既以立,以天下为博大,远国异土之民,是非利害之辩,不可一二而明知,故画分万国,立诸侯国君。诸侯国君既已立,以其力为未足,又选择其国之贤可者,置立之以为正长。①

这里值得注意的是"选天下之贤可者",立以为天子,但如何"选"出天子却没有说。至于三公和诸侯国君,则由天子"选择"或"立",正长则由国君选择而立。这是一个由民而天子,进而由天子主导的政治制度。

而霍布斯所论路径则复杂得多,先是人们出于对死亡的畏惧和对舒适生活的欲望,以及通过自己的劳动取得这一切的希望,"于是理智便提示出可以使人同意的方便易行的和平条件。"② 这就是自然法,由自然法规定每个人按照自己所愿意的方式,运用自己的力量保全自己生命自由的自然权利。自然权利包括生命权和物的所有权,权利的相互转让是契约,或者说拥有自然权利的个人在发生物的交换关系时,要以契约来界定该物所有权的转让。但生命权是不可转让的。由个人之间自然权利的转让,霍布斯认为国家是个人自然权利的集合,

> 如果要建立这样一种能抵御外来侵略和制止相互侵害的共同权力,以便保障大家能通过自己的辛劳和土地的丰产为生并生活得满意,那就只有一条道路:——把大家所有的权力和力量付托给某一个人或一个能通过多数的意见把大家的意志化为一个意志的多人组成的集体。这就等于是说,指定一个人或一个由多人组成的集体来代表他们的人格,每一个人都承认授权于如此承当本

---

① 《墨子·尚同上》。
② (英)霍布斯:《利维坦》,商务印书馆1985年版,第97页。

身人格的人在有关公共和平或安全方面所采取的任何行为或命令他人做出的行为，在这种行为中，大家都把自己的意志服从于他的意志，把自己的判断服从于他的判断。这就不仅是同意或协调，而是全体真正统一于唯一人格之中……像这样统一在一个人格之中的一群人就称为国家，……这就是一大群人相互订立的契约，每人都对它的行为授权，以便使它能按其认为有利于大家的和平与共同防卫的方式运用全体的力量和手段的一个人格。①

墨子虽然没有明确的关于自然权利、契约和国家的概念，但从上引他关于"选天下之贤可者，立以为天子"的论述中，可以看出其"天子"也就是国家的标志，三公、诸侯国君、正长则是国家必要组成部分。而民个体与天子及三公、诸侯国君、正长之间应保持利益和意志的"同"，墨子称之为"一同天下之义"，

> 明乎民之无正长以一同天下之义，而天下乱也，是故选择天下贤良、圣知、辩慧之人，立为天子，使从事乎一同天下之义。天子既已立矣，以为唯其耳目之请，不能独一同天下之义，是故选择天下赞阅贤良、圣知、辩慧之人，置以为三公，与从事乎一同天下之义。天子、三公既已立矣，以为天下博大，山林远土之民，不可得而一也。是故靡分天下，设以为万诸侯国君，使从事乎一同其国之义。国君既已立矣，又以为唯其耳目之请，不能一同其国之义，是故择其国之贤者，置以为左右将军大夫，以至乎乡里之长，与从事乎一同其国之义。②

这里论证的要点，在于"一同"，天下一同、国一同、乡一同、里一同，

---

① （英）霍布斯：《利维坦》，商务印书馆1985年版，第131—132页。
② 《墨子·尚同中》。

由上而下，由下而上，皆"一同天下之义"。这个"同"字，既包括利益、权利，也包括意志，而其主导者，就是选出来的天子。

> 天子、诸侯之君、民之正长，既已定矣，天子为发政施教，曰："凡闻见善者，必以告其上；闻见不善者，必亦以告其上。上之所是，必亦是之；上之所非，亦必非之。己有善，傍荐之；上有过，规谏之。尚同义其上，而毋有下比之心。上得则赏之，万民闻则誉之。意若闻见善，不以告其上；闻见不善，亦不以告其上。上之所是不能是，上之所非不能非。己有善，不能傍荐之；上有过，不能规谏之。下比而非其上者，上得则诛罚之，万民闻则非毁之。"故古者圣王之为刑政赏誉也，甚明察以审信。是以举天下之人，皆欲得上之赏誉而畏上之毁罚。①

里长顺天子政而一同其里之义，率其里之万民以尚同乎乡长；乡长既已治其乡，率其乡万民以尚同国君；国君既已治其国，率其国万民尚同乎天子，达到"一同天下之义"。但这并不是尚同的终点，还要"尚同乎天"，否则天就会降灾人世。如何"尚同乎天"？古者圣王率天下万民祭祀天、鬼，"其事鬼神也，酒醴粢盛不敢不蠲洁，牺牲不敢不腯肥，珪璧币帛不敢不中度量，春秋祭祀不敢失时几，听狱不敢不中，分财不敢不均，居处不敢怠慢。"② 这样做了，天、鬼会厚待他，万民也会拥护他。"其为政若此，是以谋事得，举事成，入守固，出诛胜者，何故之以也？曰：'唯以尚同为政者也。故古者圣王之为政若此'。"③

在依托"古者圣王之为政"而论尚同之后，墨子又对现实进行了对比批判，

---

① 《墨子·尚同中》。
② 《墨子·尚同中》。
③ 《墨子·尚同中》。

今王公大人之为刑政则反此：政以为便譬、宗於父兄故旧，以为左右，置以为正长。民知上置正长之非正以治民也，是以皆比周隐匿，而莫肯尚同其上。是故上下不同义。若苟上下不同义，赏誉不足以劝善，而刑罚不足以沮暴。①

为了改变这种上下不同义的状况，就要仿照古者圣王以尚同为政。

凡使民尚同者，爱民不疾，民无可使，曰：必疾爱而使之，致信而持之，富贵以道其前，明罚以率其后。为政若此，唯欲毋与我同，将不可得也。②

墨子尚同说是对尚贤说的提升，它触及了社会制度的变革，可见在思想法层次他与孔子以仁复礼的相通处。墨子是以兼爱为前提论尚贤和尚同的，其理想，也是一种"仁政"，是以人群中最优秀者为天子的"一天下"之治，虽然他不能明说应像"古者民始生"时，为治"天下之乱"而再"选"天子，进而由真正代表万民的天子选择三公、立诸侯国君，由国君立里长、乡长，但却明确论证了只有这样的"上下同义"，以至"尚同于天"，才是人类应有的理想境界。墨子强调"尚同，为政之本而治要也"③，是要充分表达其实行天志和兼爱人道观之法，虽然他也知道守旧的"今王公大人"既不会接受他尚贤的倡议，更不可能依尚同而变革封建宗法，但他必须在思想上找到一条可以实行其理想的方法论原则，既展开其道层次的天志和兼爱观，又为其术层次确立必要前导。

---

① 《墨子·尚同中》。
② 《墨子·尚同下》。
③ 《墨子·尚同下》。

五　《黄帝四经》思想之法层次：道生法

"黄老之学"在战国兴起，老子其人其书出于春秋末年，而"黄帝"则是传说中的远古人物，但却有相当多托名"黄帝"的著作和论说，《列子》《庄子》中也多有黄帝行为论事的叙述。而托名"黄帝"的著述又往往以老子天道观为基础，但"黄帝"远先于老子，故有"黄老之学"之称，到汉初，"黄老之学"甚至成为意识形态之主导，在《文子》《淮南子》有突出表现。

《尚书》并无黄帝记载，《左传》《国语》《逸周书》中已出现黄帝传闻记述。概括其记载，有虞氏、夏后氏以祭祀黄帝为上，进而又成为姬周的始祖，"昔少典取于有蟜氏，生黄帝、炎帝，黄帝以姬水成，炎帝以姜水成。成而异德，故黄帝为姬，炎帝为姜。"① 黄帝与炎帝联合，以两族之力，"用师以相济"，打败劲敌蚩尤，随着姬周族发迹并灭商，封建中原，黄帝也就成了华夏人的共同祖先神，而今又被尊为中华民族的始祖。托黄帝之名而著述，起于战国，之所以如此，在于士子学人搬出这位最早也最高的祖先之帝，以他的名义发表天下一统的意愿和方法。《史记》虽在开篇《五帝本纪》汇总了关于黄帝的传说，却没有对托名黄帝之书的详细记载，《汉书·艺文志》则在"道家"类列有关于黄帝之书五种，

《黄帝四经》四篇。

《黄帝铭》六篇。

《黄帝君臣》十篇。起六国时，与《老子》相似也。

《杂黄帝》五十八篇。六国时贤者所作。《力牧》二十二篇。六国时所作。托之力牧。力牧，黄帝相。②

---

① 《国语·晋语四》。
② 《汉书·艺文志》。

另在阴阳家类、小说家类、兵阴阳类、天文类、历谱类、五行类、杂占类、医经类、经方类、房中类、神仙类之下都有以黄帝名义的著述。综《汉书》之载，共计数十种，虽尚不完全，却也可以看出战国时"黄帝之学"的兴旺。汉初因以"黄老之学"主导意识形态，"黄帝书"还有流传，待汉武帝采纳董仲舒建议"独尊儒术"以后，"黄帝书"逐步淡出，大概只有《黄帝内经》作为中医学的基础，流传至今。1973年湖南长沙马王堆3号汉墓出土的《老子》乙本卷前的古佚书，经考古家唐兰考证为《汉书·艺文传》所列"黄帝书"之首的《黄帝四经》，并得到历史学家李学勤赞同。学界也有不同看法，还在讨论，本书依、唐李说。此书的出土，对诸子思想的研究具有重要意义。①

　　长期以来，我在思考诸子思想系统时，总觉得有一个逻辑上的缺环：老子确立了天道观为基本观念，孔子、墨子依天道观展开了对人道社会观的探讨论述，并从法层次进行社会制度变革的探讨，而直接推动社会变革的则是被后人称为"法家"的李悝、吴起、慎到、申不害、商鞅、李斯等诸子，他们与老子、孔子、墨子有什么关系？有史料记载李悝、吴起曾为孔子再传弟子，李斯为荀子弟子，从老子学、孔子学、墨子学到"法家"，其中介环节是什么？"法家"诸子的作用，主要在术、技层次，而老子、孔子、墨子思想的法层次并不能直接展开为"法家"的术层次，这中间必须有一个逻辑上的中介。被列为"法家"的还有慎到、申不害，《史记》称：慎到"学黄老道德之术。"②"申子之学本于黄老而主刑名。"③ 老子之

---

① 马王堆汉墓出土了《老子》及《黄帝四经》，使一些人据此大发"楚文化"与"周文化"或"中原文化"相别之论。说《老子》《黄帝四经》为"楚文化代表"，但如果在西安或邯郸出土了屈原、宋玉的书，是否也可以将其说成"秦文化"或"赵文化"的代表？汉朝天下已一统，初期崇奉"黄老之学"，马王堆墓主为皇家子孙，随葬《老子》《黄帝四经》，已是常理，怎么能说是"楚文化"代表？老子虽生于楚之苦县，但供职于"周守藏室"，至于《黄帝四经》作者为何地之人，已无可考，但其思想与《老子》一样，都是对周礼制礼教批判中形成的。

② 《史记·孟子荀卿列传》。

③ 《史记·老庄申韩列传》。

术是无为，与慎、申的思想作为并不一致，他们的变法政治思想和活动，只能源于"黄学"，而"黄学"之书已不传，因而很难补充这一逻辑缺环。《黄帝四经》出土问世，为补充这一逻辑缺环提供了必要证据，虽然出土时为1973年，但其整理出版已是20世纪八九十年代，而我又是近几年才得读此书。因为"带着问题"，所以读时就把它与原来发现的诸子思想系统逻辑之缺环联系起来，进而将其法层次归结为"道生法"。虽然《黄帝四经》写成的年代还待考，有人说写于战国早期，有人说成于战国中期，其与李悝、吴起、慎到、申不害思想的关系还应继续考证。但从逻辑上看，《黄帝四经》注重法、术层次，是老子天道观和孔子人道社会观的展开，而这是以法改制的前提。当然，《黄帝四经》作者也总结了早期以法改制活动的经验，继承老子、孔子、墨子思想的法、术层次，进一步对以法改制进行了探讨。

"道生法"，为《黄帝四经》第一篇《经法》的第一句。此"法"为令法、法律、刑法，亦"法家"之"法"，并不是我们所讲的思想系统之法层次之"法"。

> 道生法。法者，凵（引）得失以绳，而明曲直者殹（也）。
> 【故】执道者，生法而弗敢犯殹（也）。法立而弗敢废殹（也）。
> □能自引以绳，然后见知天下而不惑矣。①

"道生法"三字，说明法律是依据道而制定的，或者说依据道而制定法律。这是对法之依据的明确规定，以变法来变革封建领主制的诸子们，从老子天道观找到其理论依据，从而也就为老子、孔子、墨子的变革思想落实于变革实践提供了必要中介。在老子、孔子、墨子那里，"法"还不是一个范畴，他们也没有从变法角度论证变革。李悝、吴起、慎到、申不害、商鞅等的变法，实际上都是以天道观为依据的，即从老子学中集成了天道观

---

① 《黄帝四经·经法》。

的基本观念，并接受其祖师孔子和前辈们的经验教训，不再空谈仁义和复礼，而是从具体的刑和法变起，以富强国家来争取领主信任。李悝的《法经》、吴起的兵书，乃至《商君书》中，都体现着天道观的指导。但都未能比较系统地论证道与法的关系。以致至今仍有人对他们从师于孔学抱有怀疑。《经法》篇开宗明义"道生法"，并强调法以道为基本，为衡量得失、曲直的标准，依道而制定的法，任何人不得违犯，也不能因君主或贵族的私意而废。依法而治天下，就有秩序而稳定。据研究，慎到和申不害都读过《黄帝四经》，其著述中都曾部分引用此书言语，他们之"学黄老"之"黄"，应为此书。这样他们变法的理论前提为天道观，也就清楚了。

《黄帝四经》由四篇文章构成：其一《经法》，论治国应依道而变法；其二《十六经》，论政治、军事之策术；其三《称》，论施政、行法之权衡度量；其四《道原》，是对天道观的展开论证。从思想系统说，《道原》和《经法》大体归于法层次；《十六经》和《称》则为术、技层次。从《黄帝四经》可以看出，所谓"黄帝之学"，亦和孔子之学、墨子之学一样，是以老子之天道观为基本观念，其特点在于依道而论法、术，而其法层次的特点，就在论证"道生法"，从天道观论证立法、变法的合理性和必要性。

《道原》篇不过四百多字，集中论证了天道观的要点，并论以天道观为依据治理国家。

> 恒先之初，迥同大（太）虚。虚同为一，恒一而止。湿湿梦梦，未有明晦。神微周盈，精静不巸（熙）。古（故）未有以，万物莫以。古（故）无有刑（形），大迥无名。①

大体上复述了《老子》中有关道生一，一生二，二生三，三生万物的观

---

① 《黄帝四经·道原》。

点，并对太初情况做了描述。进而论说天道在万物及人事中的存在，并指出：

> 故唯圣人能察无刑（形），能听无【声】。知虚之实，后能大虚。乃通天地之精，通同而无间，周袭而不盈。服此道者，是胃（谓）能精。明者固能察极，知人之所不能知，人服人之所不能得。是胃（谓）察稽知○极。圣王用此，天下服。无好无亚（恶）。上用□□而民不麋（迷）惑。上虚下静而道得其正。信能无欲，可为民命。上信无事，则万物周扁（遍），分之以其分，而万民不争。授之以其名，而万物自定。不为治劝，不为乱解（懈）。广大弗务，及也。深微弗索，得也。夫为一而不化。得道之本，握少以知多；得事之要，操正以政畸。前知大古，后□精明。抱道执度，天下可一也。观之大古，周其所以。索之未无，得之所以。①

这里关于天道观的论说，是对《老子》中有关论述的理解整理，并无多少新意，值得注意的是，"信能无欲，可为民命。上信无事，则万物周遍，分之以其分，而万民不争。"统治者只要无欲无事，就可以治理民众，而按道来规定地位、身份，就可使民众不争。"抱道执度，天下可一也。"依照天道来规定法度，就能达至天下一统。

天下一统是从天道观得出的总体性变革目标，老子、孔子、墨子都是向往这个目标的。战国时实践变法的诸子，虽然都在帮助不同诸侯，但也都认定这个目标。可以说，天下一统这个总目标是诸子思想之法中的共同点。《道原》的作者也是如此，他正是从这个目标来论证依道立法度的必要性。

《黄帝四经》不见得一人所写，但其思路是相通的。《经法》篇也是

---

① 《黄帝四经·道原》。

先从简述天道观开始,着重从法层次论证依道而立法变法原则。

> 天地有恒常,万民有恒事,贵贱有恒立(位),畜臣有恒道,使民有恒度。天地之恒常,四时、晦明、生杀、輮(柔)刚。万民之恒事,男农\女工。贵贱之恒立(位),贤不宵(肖)不相放。畜臣之恒道,任能毋过其所长。使民之恒度,去私而立公。变恒过度,以奇相御。正、奇有立(位),而名□弗去。凡事无大小,物自为舍。逆顺、死生,物自为名。名刑(形)已定,物自为正。①

从天地之恒常论万民之恒事、贵贱之恒位,以及役臣下之恒道,使民之恒度。《经法》作者认为,"应化之道,平衡而止。轻重不称,是胃(谓)失道。"② 天道是恒常的,依天道而行政,要在掌握平衡,轻重失衡,也就违背了天道。万民有其自然的恒事,男农女工;贵贱有恒位,以区别贤与不肖;役臣下之恒道,在于用其所长;使民之恒度,则在去私而立公。明确并坚持依天道之"恒",是治国的原则,名与形相统一,治理天下也就能够安定。

战国时征战兼并已成常事,这是公然地对周礼制礼教的破坏,《经法》作者则认为要依天道来看待征伐,

> 天有死生之时,国有死生之正(政)。因天之生也以养生,胃(谓)之文,因天之杀也以伐死,胃(谓)之武。【文】武并行,则天下从矣。③
>
> 故圣人之伐殹,兼人之国,隋(堕)其城郭,棼(焚)其钟鼓,而其齎(资)财,散其子女,列(裂)其地土,以封贤

---

① 《黄帝四经·经法》。
② 《黄帝四经·经法》。
③ 《黄帝四经·经法》。

者，是胃（谓）天功。①

文政即因天道生理而养护民众，武政则是对那些违背天道的国家进行征伐，只要符合天道，天下民众就会拥护。夺取他国领土后，必须给民众以安抚助其生养，也就是行文政，否则，"夺而无予，国不遂亡。不尽天极，衰者复昌。诛禁不当，反受其（央）殃。"② 因此征伐要"能尽天极，能用天当。"③ 对于被占之国，

　　一年从其俗，二年用其德，三年而民有得，四年而发号令，【五年而以刑正，六年而】民畏敬，七年而可以正（政）。④

征伐兼并虽已是战国之常态，但却没有人从理论上予以肯定论证，固守周礼制礼教的王公大夫们还在依上帝观对之谴责和咒骂，虽是绝望的表现，却也给实践变革的诸子及信任他们的领主造成一定思想压力和干扰。《经法》作者从天道观对征伐他国的论证，则为变革诸子及领主提供了理论的依据。对于那些已经违背天道之国进行征伐，是顺应天道的，"国失其次，则社稷大匡。"⑤ 由依天道之国征伐并兼并它，既符合天道，也是有利于民的，因此，对被占之国必须依天道治理，"因天之生也以养生。"

进而，《经法》作者又论证了富国必立行法度，说明了以法治国的合理性与必要性。

　　人之本在地，地之本在宜，宜之生在时，时之用在民，民之用在力，力之用在节。知地宜，须时而树。节民力以使，则财

---

① 《黄帝四经·经法》。
② 《黄帝四经·经法》。
③ 《黄帝四经·经法》。
④ 《黄帝四经·经法》。
⑤ 《黄帝四经·经法》。

生。赋敛有度则民富，民富则有佴（耻），有佴（耻）则号令成俗而刑伐（罚）不犯，号令成俗而刑伐（罚）不犯则守固单（战）朕（胜）之道也。法度者，正之至也。而以法度治者，不可乱也。而生法度者，不可乱也，精公无私而赏罚信，所以治也。苛事，节赋敛，毋夺民时，治之安。无父之行，不得子之用。无母之德，不能尽民之力。父母之行备，则天地之德也。三者备则事得矣。能收天下豪桀（杰）票（骠）雄，则守御之备具矣。审于行文武之道，则天下宾矣。号令阖于民心，则民听令。兼爱无私，则民亲上。①

这可看成以法治国的纲领。在农业文明条件下，土地是主要生产资料，如何有效利用土地，关键在不失农时，而能否适时耕作的关键在民，民的作用在劳力及其适当发挥。"节民力以使，则财生，"这个"节"是相当讲究的，一是适时适度，二是不能以政务军事干扰农时，做到了节民力以使，就可以有好的收成。"赋敛有度则民富"，这又是一个相当重要的观点，战国时某些国家为了君主贵族的享受或应付战争，往往横征暴敛，致使民贫甚至流亡。《经法》作者则强调"民富"，因为民富就有耻辱心，有耻辱心就会遵守法令，不去违反刑罚，当有战事就会听从指挥，取得战争胜利。而民富则取决于在"节民力"的同时，"赋敛有度"。国强与民富是统一的，而且民富是基本，这个道理在诸子思想家那里是基本共识，《经法》作者的论证尤为清晰。进而他认为法度是"正之至"，即最为适当的政治形式。"法度"，一为法，二为度。法即法律、政令，度则是制定、执行法律和政令的标准、尺度，其中"节民力""赋敛有度"是重要内容。不论制定法律，还是执行法律，都要有度，不可乱来。这个"度"，就在天道及其具体化的人道。有度之法，是政治的依据，秉公执法而不以私意进行赏罚，民众就会信从。不随意征用民役，节赋敛，不夺民之农

---

① 《黄帝四经·经法》。

时，社会就能安稳。君主要像父母那样对待子民，这是与天地之德相配的，也是成事的首要条件。能做到这些，就可收纳天下豪杰骠雄，国家之守御就坚固了，同时行文武之道，天下人都会归附。法令合于民心，民就会服从指挥。兼爱无私，民众就会拥护君主。这里所用"兼爱"，可见墨子思想的影响。而墨子的兼爱人道观，在当时的历史条件下，是不可能由他"尚贤""尚同"之法而实现的，就像孔子的以仁复礼，也要适应实际的社会条件才能推行，而《经法》的"法度"，不仅是道生法的体现，也是在当时条件下"兼爱"和以仁复礼的必要途径。

对于依道而生法之度，《经法》进一步论证：

> 道者，神明之原也。神明者，处于度之内而见于度之外者也。处于度之【内】者，不言而信。见于度之外者，言而不可易也。处于度之内者，静而不可移也。见于度之外者，动而不可化也。动而静而不移，动而不化，故曰神。神明者，见知之稽也。①

天道乃万物人事之精神本原，它存在于度之内而表现于度之外，主导着万物和人事变化。制定和执行法律，必须明确此度，也就是依从天道精神。

> 故唯执道者能虚静公正，乃见□□，乃得名理之诚。乱积于内而称失于外者伐亡。刑成于内而举失于外者威（灭），逆则上洫（溢），而不知止者亡。国举袭虚，其事若不成，是胃（谓）得天；其事若果成，身必无名。②

执掌政权的君主们，只有虚静公正，才能依从天道精神而把握其度，否则，动乱因素积累于度内，进而失于度外，就会发生大灾祸。刑法虽合于

---

① 《黄帝四经·经法》。
② 《黄帝四经·经法》。

度，但执行时失于外，也要失败。逆天道行事而又不改正者终将灭亡。举全国之力征伐弱小国家，如果不成功，就是因为违背了天道；如果成功了，也不要夸耀自己，因为这只是合乎了天道。

> 故执道者之观于天下也，必审观事之所始起，审其刑（形）名。刑（形）名已定，逆顺有立（位），死生有分，存亡兴坏有处。然后参之于天地之恒道，乃定祸福死生存亡兴坏之所在。是故万举不失理，论天下而无遗策。故能立天子，置三公，而天下化之，之胃（谓）有道。①

这是在讲天道观的方法论，审慎观察事物的起因和起点，判断它的形状和名称，在形状和名称相符的情况下，也就说明了其在运行中的地位，死与生都有其分，存亡兴坏也有其来由。进而依照天道而判定祸福、死生、存亡、兴坏的原因。这样，做什么事也就不违背天理，论天下大事也就不失误。遵行天道而立天子，置三公，天下一统，达至理想的社会境界。

从《黄帝四经》的《经法》和《道原》篇，可以看到所谓"黄帝之学"的一些特点。其一，"黄帝之学"是以老子天道观为基本观念和大前提的，而且多处引用或表达《老子》中的文句。其二，"黄帝之学"与老子学说的区别在于其以比较积极态度参与现实的政治、军事，力求通过这些活动来实现其变革目的。其三，之所以托名"黄帝"，而非直接以老子名义进行论证，主要是出于政治考虑，"黄帝"是最早也是最大的"帝"，也是最接近天道之初始于人类的统治者，以他的名义既有权威性，又更贴近天道。而老子不过一介文士，在当时也没有政治上的说服力。其四，"黄帝之学"中既包含老子思想，也吸收了孔子、墨子的思想，但又与他们有重大区别。与老子思想的区别不仅在于"黄帝"是积极入世，而且是以向前看的方法对待社会变革；与孔子思想的区别在于黄学抛开礼制礼教

---

① 《黄帝四经·经法》。

于不顾，从"道生法"来论证制度变革；与墨子思想的区别在于"黄学"明确将民众作为统治对象，并强调以法治民。其五，从"道生法"之法层次，论证了法度与法治，以及立法与执法的关系，将法作为人世间的基本规则和制度。其六，由于是以"黄帝"之名进行论述，因而往往以初始大帝身份居高临下的言语训导现世君主。

由于以上这些特点，"黄帝之学"在诸子思想中有相当关键的地位，它不仅是天道观及人道社会观与实际社会变革的必要中介，也为主张变革改制的诸子提供了一个可以压过礼制礼教的靠山，即以周族最早的祖先神黄帝名义来论说变革思想。

六　庄子思想之法层次：乘道德而浮游

庄子注重从个体主体性来体道，他的思想以个人自由主义为道层次，其思想之法层次，则集中于展开个人自由主义，"乘道德而浮游"，"独与天地精神往来"，"无誉无訾"，"与时具化"，以至人、真人、圣人之精神而生乎人世，依天道而自然。

"乘道德而浮游"，出自《庄子·山木》篇。开篇先记庄子行于山中，见一大树枝叶盛茂，但伐木者却不砍伐它，问为什么，伐木者答曰此树"无所可用"。庄子说"这棵树因为不成材而终其天年"。出山借宿于故人之家，故人让家仆杀鹅招待客人，家仆问主人："这两只鹅，一只会鸣叫，一只不会鸣叫，杀哪只？"主人说："杀不会鸣叫的。"

> 明日，弟子问于庄子曰："昨日山中之木，以不材得终其天年；今主人之雁，以不材死；先生将何处？"
> 庄子笑曰："周将处乎材与不材之间。材与不材之间，似之而非也，故未免乎累。若夫乘道德而浮游则不然，无誉无訾，一龙一蛇，与时俱化，而无肯专为。一上一下，以和为量，浮游乎万物之祖。物物而不物于物，则胡可得而累邪！此神农、黄帝之

法则也。若夫万物之情，人伦之传，则不然。合则离，成则毁，廉则挫，尊则议，有为则亏，贤则谋，不肖则欺，胡可得而必乎哉！悲夫！弟子志之，其唯道德之乡乎！"①

"游"，是《庄子》中经常出现的术语，其基本意思是依道而行，不固守于特定时间、地点乃至地位、名誉，任由自然。这里说的"浮游"，即摆脱世俗羁绊的游。本来庄子对不伐之树和不杀之鹅的评说是相左的，其弟子问为什么树因不材而终天年，鹅却因不材而先死，先生你怎样对待材与不材？这个问题是很难回答的，庄子以"材与不材之间"来回答。但又觉得不满意，于是又说不论成材还是不成材，都未免会受到牵累。要彻底避免牵累和危险，只有真正得天道之德而摆脱俗世地位、名誉对精神的羁绊，自由而灵动地对待各种事物，或显为龙或隐为蛇，随时机而变化，不固守某种欲求和名利。不论上下都以中和为原则，依从万物本原的天道。依物之本原而待物、用物，但又不被物支配，这样还有什么牵累和危险？这是神农和黄帝的法则，但万物之情和人伦之传统却相反，联合会分离，成功了会转为失败，廉正者会受挫折，尊贵者会遭人非议，有作为者要吃亏，贤者要受算计，不肖者会被欺侮，无论如何都不能逃脱厄运。怎样才是人应当做的呢？弟子们记着，只有让精神回归道德的本原，才有人生的自由。

"乘道德而浮游"，作为庄子个人自由主义人道观的展开，既是对老子天道观理解之德的体现，也是对现实社会矛盾深刻认识的结果。庄子绝非不食人间烟火的"神人"，也不是远居深山的隐士，而是游于人世，遍观人情伦常，深知生活艰难的思想家，但他以超越的心态和自由的精神观察社会，思考矛盾，由此而德乎天道明白人道。虽人身不可能脱离俗世，精神却可以乘道德而自由地遨游。

《山木》篇又写南市的宜僚见鲁侯，鲁侯面有忧色，宜僚问为什么，

---

① 《庄子·山木》。

鲁侯曰:"吾学先王之道,修先君之业;吾敬鬼尊贤,亲而行之,无须臾离居;然不免于患,吾是以忧。"

市南子曰:"君之除患之术浅矣!夫丰狐文豹,栖于山林,伏于岩穴,静也;夜行昼居,戒也;虽饥渴隐约,犹且胥疏于江湖之上而求食焉,定也。然且不免于罔罗机辟之患,是何罪之有哉?其皮为之灾也。今鲁国独非君之皮邪?吾愿君刳形去皮,洒心去欲,而游于无人之野。"

"南越有邑焉,名为建德之国。其民愚而朴,少私而寡欲;知作而不知藏,与而不求其报;不知义之所适,不知礼之所将。猖狂妄行,乃蹈乎大方;其生可乐,其死可葬。吾愿君去国捐俗,与道相辅而行。"①

鲁君抱怨:我努力学习并依从周王制定的宗法礼制,修习效行鲁国先君之业,并且敬鬼尊贤,事必躬亲,不敢懈怠,却仍然有诸多矛盾和祸患,我不能不忧愁。市南子宜僚对鲁君说:你的忧愁就在于你的防祸除患之术太浅薄!进而举丰狐文豹之例,它们也都小心翼翼躲避,但总不免被人捕猎,为什么?就因为其丰、文之皮毛!你鲁君之皮毛就是鲁国,要想彻底摆脱忧愁,就得刳形去皮,洒心去欲,放弃你的君位,游于无人之野,或者就去南越的建德之国,那里仍保持着人类初始时的愚朴,少私寡欲,知作不知藏,与人物品也不求回报,不用义和礼约束人,从心所欲而自由依乎天道,自然地乐生顺死。你去掉国君之位和相应的荣华富贵,就可以遵从天道而消除忧愁。

庄子在这里是借宜僚和鲁君的对话,论说老子天道观的基本思想,他所描述的"建德之国",正是老子理想中的"大道之行"的"小国寡民",义、礼则是"大道废"的表现。而富贵如鲁君者,虽认真而努力地依从宗

---

① 《庄子·山木》。

法的礼、义，却仍然终日忧愁，足见宗法的礼、义是违背天道人性的。庄子于是得出结论："人能虚己以游世，其孰能害之！"① 他并不像孔子、墨子那样去设想改造社会，而是强调精神上的自我解放，只要放弃俗世的利益权位，不管他人之誉訾，自由地依从天道而生活，就能彻底摆脱烦恼忧愁。

孔子、墨子是从人类总体来理解天道观，进而规定人道社会观的，因而他们所设想的依天道观的变革，也是社会总体性的制度和体制的变革，在他们那里，个体是从属于总体的，个体生存状况的改变，是以总体的社会变革为前提的。相比之下，庄子则注重从个体人来理解天道观，在他看来，天道的本原性是展现于每个个体人的，社会和国家都是个体人组合的形式，而这种组合形式势必改变天道在个体人那里的展现，组合得越密切，也就是社会总体制度形式离原始人类越远，这种改变就越多。庄子与老子所反对的"为"，首先就是社会的组合形式，尤其是他们所生活的没落的封建领主制社会，是对个人所体现的天道的大违背。也正因此，每个个体人都会感到压抑和困惑，为了摆脱压抑和困惑，老子主张社会总体上恢复"大道之行"的状况，庄子则主张个体依从天道而在精神上独立于现实社会，抑制个人的欲求，丢弃社会上的地位和名誉及其利益，"乘道德而浮游"于人世，追求并享受体道得道的自由。

庄子之"乘道德而浮游"与他所处的战国乱世有直接关系，刘向在《战国策书录》中写道：

> 仲尼既没之后，田氏取齐，六卿分晋，道德大废，上下失序。至秦孝公，捐礼让而贵战争，弃仁义而用诈谲，苟以取强而已矣。夫篡盗之人，列为侯王，诈谲之国，兴立为强。是以传相仿效，后生师之，遂相吞灭，并大兼小，暴师经岁，流血满野，父子不相亲，兄弟不相亲，夫妇离散，莫保其命，湣然道德绝

---

① 《庄子·山水》。

> 矣。晚世益甚，万乘之国七，千乘之国五，敌侔争权，盖为战国。贪饕无耻，竞进无厌；国异政教，各自制断，上无天子，下无方伯；力功争强，胜者为右；兵革不休，诈伪并起。当此之时，虽有道德，不得施谋；有设之强，负阻而恃固；连与交质，重约结誓，以守其国。故孟子、孙卿儒术之士，弃捐于世，而游说权谋之徒，见贵于俗。①

这是一个旧制度衰败，新制度诞生的阵痛期，虽然孔子后继者中的孟子、荀子等思想家不被列国任用，但却给因孔、墨私学培养的大批士子提供了参与政事，争取地位和名声的机会，李悝、吴起、慎到、申不害、商鞅、苏秦、张仪为代表的一批策士，积极投身于社会变革运动，从总体上说，他们都是顺应时代精神之潮流，在政治、经济、军事各方面为争强好胜的国君出谋献策，推动了历史的进步，但又都有其个人功利的追求，为了争取国君的认可和任用，往往要揣度对方之意，以致改变自己的理念。《鬼谷子》一书对策术有详细的论说，可见其复杂、艰难。而商鞅说秦孝公，先以帝道，孝公"时时睡，弗听"；又说以王道，"孝公善之而未用"；后说以霸道，孝公大悦，"不自知膝之前于席也。语数日不厌"。② 虽然商鞅成就了变法大业，但"霸道"也许不是他的理想。而且，这些成就功业的策术之士，几乎都未得善终，或被杀被逐，与其个人之功利初心正相反。

庄子在此乱世，了解李悝、吴起、商鞅诸子的经历和结局，虽然大家都是以天道观为基本观念，庄子却得出与李、吴、商等人不同的人生价值观和处世态度。"乘道德而浮游"，并不只是为了避乱求生，更要在乱世中追求精神的自由和升华。为此，必须根除因私欲而形成的功利心，《逍遥游》中说：

---

① 参见（汉）刘向《战国策书录》。
② 《史记·商君列传》。

> 若夫乘天地之正，而御六气之辩，以游无穷者，彼且恶乎待哉？故曰：至人无己，神人无功，圣人无名。①

无己、无功、无名，正是庄子"乘道德而浮游"的基本。因此，当惠施以无用之大树嘲讽庄子时，他却以"无用"而自居。

> 惠子谓庄子曰："吾有大树，人谓之樗。其大本拥肿而不中绳墨，其小枝卷曲而不中规矩，立之塗，匠者不顾。今子之言大而无用，众所同去也。"庄子曰："子独不见狸狌乎？卑身而伏，以候敖者；东西跳梁，不辟高下；中于机辟，死于罔罟。今夫斄牛，其大若垂天之云。此能为大矣，而不能执鼠。今子有大树，患其无用，何不树之于无何有之乡，广莫之野，彷徨乎无为其侧，逍遥乎寝卧其下。不夭斤斧，物无害者，无所可用，安所困苦哉！"②

因为"无用"，所以无己、无功、无名。惠子以无用之大树而讽刺庄子，这是世俗观念的表现。与士人们出于私欲私利急于建功成名而努力学修可为诸侯所用之术、技不同，庄子则从"有用""被用"之中看到其危害：树因中绳墨规矩而被伐，跳梁之狸狌中机辟网罗，那些被诸侯领主赏识重用的士子逃不脱杀身之祸。庄子坚持从道、法层次看待个人与社会，所谓有用与无用，正是个人与社会关系的体现，他认为天道体现于个人，只有无为才是符合天道的，而现实社会则以有为而违背天道，致使士人们为被用而学修有用之术、技，这不仅会因逆天道而丧失个人主体性和精神自由，甚至会失去生命。庄子坚定信念：不仅不会与那些争利逐名者同流合污，而且宁可贫困也要固守精神自由。你惠子不是把我比成无用之大树

---

① 《庄子·逍遥游》。
② 《庄子·逍遥游》。

吗，这又有什么不好，我倒要把那棵大树植于无何有之乡，广漠之野，任其自然生长，而我彷徨乎无为于其侧，逍遥自在躺于树下。这棵大树不受砍伐之害，就在于无所可用，这又有什么不好呢？

惠子对庄子还因有用、被用发生过一次误会，

> 惠子相梁，庄子往见之。
> 或谓惠子曰："庄子来，欲代子相。"
> 于是惠子恐，搜于国中，三日三夜。
> 庄子往见之，曰："南方有鸟，其名为鹓鶵，子知之乎？夫鹓鶵发于南海，而飞于北海，非梧桐不止，非练实不食，非醴泉不饮。于是鸱得腐鼠，鹓鶵过之，仰而视之曰：'吓！'今子欲以子之梁国而吓我邪？"①

一国之相，是最高的官职，也是士人权位名利的顶端，惠子因其有用而被魏王任为相，非常珍惜此官位，但他也知道庄子才学高于他，当听人说庄子来魏都大梁要替代他为国相时，不仅信以为真，还派人在国中搜查了三日三夜。而庄子来梁，不过是拜访老友惠子，当他见到惠子后，以凤鸟鹓鶵从南海飞北海，非梧桐不止，非竹果不食自喻。而你惠施就像一只猫头鹰，好不容易得到国相之位这块腐肉，恐怕我夺这个腐肉相位，但我根本就没有看上它，更不会吃它，我不过来看看你，还要继续遨游于北海呢。

庄子也确有被用为国相的机会。

> 庄子钓于濮水，楚王使大夫二人往先焉，曰："愿以境内累矣！"
> 庄子持竿不顾，曰："吾闻楚有神龟，死已三千岁矣，王以巾笥而藏之庙堂之上。此龟者，宁其死为留骨而贵乎；宁其生而

---

① 《庄子·秋水》。

曳尾于涂中乎？"

二大夫曰："宁生而曳尾涂中。"

庄子曰："往矣，吾将曳尾于涂中。"①

楚国之相位，在旁人看来是高贵的，但我庄子只把它看成楚国庙堂之上的神龟之骨，虽被观赏，却已无生命。二位来使你们说，如果让神龟自己选择，是要死而以其骨供人观赏呢，还是活着曳尾在泥潭中爬？二来使都说，愿活着曳尾在泥潭中爬。庄子说，既然你们也这样认为，那么就请回吧。

在《史记》中，司马迁把庄子拒楚相故事写为，

楚威王闻庄周贤，使使厚币迎之，许以为相。庄周笑谓楚使者曰："千金，重利；卿相，尊位也。子独不见郊祭之牺牛乎，养食之数岁，衣以文绣，以入太庙。当是之时，虽欲为孤豚，岂可得乎？子亟去，无污我。我宁游戏于污渎之中而自快，无有为国者所羁，终身不仕，以快吾志焉。"②

司马迁这段话，可能是对《秋水》篇那段话的改写，虽不及《秋水》篇含蓄，但更为明确地写出了他对庄子志向的理解——"终身不仕，以快吾志焉。"而他以"牺牛"比喻"为仕"，似乎更贴切。

"乘道德而浮游"既是庄子思想之法，也是他的志向。"夫虚静恬淡寂漠无为者，天地之本而道德之至。"③"乘道德而浮游"就是以"虚静恬淡寂漠无为"之精神而坦然为人处世。既要像北冥之鲲化鹏，"背若太山，翼若垂天之云，抟扶摇羊角而上者九万里，绝云气，负青天，然后图南，

---

① 《庄子·秋水》。
② 《史记·老庄申韩列传》。
③ 《庄子·天道》。

且适南冥也。"① 又可以效法庖丁解牛。

> 庖丁为文惠君解牛，手之所触，肩之所倚，足之所履，膝之所踦，砉然向然，奏刀騞然，莫不中音，合于桑林之舞，乃中经首之会。
>
> 文惠君曰："嘻，善哉！技盖至此乎？"庖丁释刀对曰："臣之所好者道也，进乎技矣。始臣之解牛之时，所见无非全牛者。三年之后，未尝见全牛也。方今之时，臣以神遇而不以目视，官知止而神欲行，依乎天理，批大郤，导大窾，因其固然；技经肯綮之未尝微碍，而况大軱乎！良庖岁更刀，割也；族庖月更刀，折也。今臣之刀十九年矣，所解数千牛矣，而刀刃若新发于硎。彼节者有间，而刀刃者无厚。以无厚入有间，恢恢乎其于游刃必有余地矣。"②

"游刃有余"之游，亦游矣。庄子借庖丁解牛之口所说的，恰是"乘道德而浮游"的一种形式。庖丁"所好者道也，进乎技矣"，说明只有依从大道才可精于技，人生于世，如刀解牛，处处会遇到障碍，但其中自有其结构，也有其规律，只要"依乎天理"，辨结构解规律，"以无厚入有间"，障碍自然可解除。可见庄子之游，并不完全是避世，而是依天道而行于世。

而至美至乐之游，是"游心于物之初"。《田子方》篇以老子与孔子的对话，论说了如此至美至乐之游。

> 孔子见老聃，老聃新沐，方将被发而干，慹然似非人。孔子便而待之，少焉见，曰："丘也眩与？其信然与？向者先生形体

---

① 《庄子·逍遥游》。
② 《庄子·养生主》。

掘若槁木，似遗物离人而立于独也。"

老聃曰："吾游心于物之初。"

孔子曰："何谓邪？"

曰："心困焉而不能知，口辟焉而不能言，尝为汝议乎其将。至阴肃肃，至阳赫赫；肃肃出乎天，赫赫发乎地；两者交通成和而物生焉，或为之纪而莫见其形。消息满虚，一晦一明，日改月化，日有所为而莫见其功。生有所乎萌，死有所乎归，始终相反乎无端而莫知其所穷。非是也，且孰为之宗？"

孔子曰："请问游是？"

老聃曰："夫得是，至美至乐也；得至美而游乎至乐，谓之至人。"①

刚洗过澡的老子披头散发，木然不动，形似非人，孔子不敢惊动。过一段时间，才见老子，跟老子说：难道我眼花了？刚才先生好像一根槁木独立在那里。老子说，我是在冥思天道创生万物的初始之境况。孔子又问此境况是怎么样？老子告诉他，这很难说明白，我给你说个大概吧，天地初始，阴气肃肃，阳气赫赫，但阴气生于天，阳气发于地。二者交通成和而生万物，其中或者有其纲纪却不见其形，消亡又生息，由满而虚，一晦一明，日改月化，每日都有其作为，却看不出它的功用。生有开始，死有所归，始与终交替循环而不穷尽。正是由于这样的变化，才体现着世界的本原。孔子又问，您这样神游的感觉如何？老子说，神游到这样的境界，可谓至美至乐，在至美之境得到至乐的享受，才能成为至人。孔子听到这里，追问道，怎样才可以游心于物之本初？

曰："草食之兽不疾易薮，水生之虫不疾易水。行小变而不失其大常也，喜怒哀乐不入于胸次。夫天下也者，万物之所一也。

---

① 《庄子·田子方》。

得其所一而同焉，则四肢百体将为尘垢，而死生终始将为昼夜而莫之能滑。而况得丧祸福之所介乎！弃隶者若弃泥涂，知身贵于隶也。贵在于我而不失于变。且万化而未始有极也，夫孰足以患心！已为道者解乎此。"

孔子曰："夫子德配天地，而犹假至言以修心，古之君子，孰能脱焉？"

老聃曰："不然。夫水之于汋也，无为而才自然矣。至人之于德也，不修而物不能离焉。若天之自高，地之自厚，日月之至明，夫何修焉！"

孔子出，以告颜回曰："丘之于道也，其犹醯鸡与！微夫子之发吾覆也，吾不知天地之大全也。"①

老子说，草食之兽不会因变换草地而生病，水生之虫也不会因水流动而生病。小的局部变化并没有改变基本条件，人的喜怒哀乐往往是局部变化导致的，不应当让局部变化干扰基本的人生态度。天下万物本原于道，得道则同，四肢百体只是道的承载物，任何人都逃不脱天道主宰的昼夜运行规律而生至死，更不必说得失祸福了。应当把所有的财物和名利都弃之泥涂，只有生命和身体才是最可珍贵的。在不断变化的环境中珍贵固守自我的主体性和精神自由，而且世界的运转是不会终结的，何必因外部小环境变化而伤悲呢！只要游心体道就明白这个道理。孔子感叹，先生您已德配天地，还在思考如何以更准确的言语来游心修善，古代的君子们谁能超过您啊！老子答，不能这样说，水的清澈，是因无为而自然，至人之德，也不是修炼才有的，只要认真体悟自身和万物本原之道，就是德，天之高、地之厚、日月之明，都是自然的，并非修炼才有的。孔子告别老子，跟颜回说，我以前对道的理解太浅薄了，就像小飞蛾一样，老子一席话颠覆了我的既有观念，原来我是不能从天地大道考虑问题的啊！

---

① 《庄子·田子方》。

"游心于物之初",是庄子"乘道德而浮游"的最高境界,以德道之精神游历人世万象,还要再回游于大道,将所见万物和所经万事,回宗于其本原,从最基本的天道观思考其初始。这种抽象的冥思似乎已空虚无物,但却可以解开面对具体现象所遇到的疑惑。从前述各种"游"到以老子之口对孔子所说关于"心游"的论说中,可以看到庄子已把握了具体和抽象、特殊与一般的逻辑关系,而这正是其思想之法层次的基干。从这个基干理解庄子思想之法,进而上通其道下达其术、技,可知庄子思想体系之大概。

《天下》篇中,在对墨子、禽滑厘、宋钘,尹文、彭蒙、田骈、慎到、关尹、老子、惠施、桓团、公孙龙等诸子之学进行评论的同时,又对庄子的思想做了概括。此篇或许不为庄子本人所写,但基本上是符合庄子思想之法的。

> 芴漠无形,变化无常。死与生与,天地并与,神明往与!芒乎何之?忽乎何适?万物毕罗,莫足以归,古之道术有在于是者,庄周闻其风而悦之。以谬悠之说,荒唐之言,无端崖之辞,时恣纵而不傥,不以觭见之也。以天下为沉浊,不可与庄语。以卮言为曼衍,以重言为真,以寓言为广;独与天地精神往来,而不敖倪于万物;不谴是非,以与世俗处。其书虽瑰玮而连犿无伤也,其辞虽参差而諔诡可观。彼其充实,不可以已,上与造物者游,而下与外死生无终始者为友。其于本也,弘大而辟,深闳而肆;其于宗也,可谓稠适而上遂矣。虽然,其应于化而解于物也,其理不竭,其来不蜕,芒乎昧乎,未之尽者。①

"独与天地精神往来"正是"乘道德而浮游"的真谛所在。"精神"一词,先见于《列子》,而《庄子》中应用最多,"天地精神"与"道德"基本

---

① 《庄子·天下》。

同义，"独"字则表明庄子的个体主体性，从个体主体性与天地精神往来，正是个人自由意识的集中体现。道作为世界本原，广漠而无形，变化无常。它贯彻于万物之生死，与天地并存，驱动神明之往来。它虚空而没有固定之处，也不知其来往行踪，它展示于万物之中，人们却不知它的归结处。古人有探究世界本原的道术，庄子闻之而喜欢并志趣于此。承续古人思想，庄子以谬悠之说，荒唐之言，无边际之辞表述自己思想。恣意纵论而不偏傥，力求全面准确地论说。今天下污浊混乱，不能用庄严的话表达，而是以卮言为曼衍，以重言为真，以寓言为广，这是庄子之书的特点所在。坚持个人主体性与天地精神的统一，但并不傲视万物，也不评论他人是非，以这样的态度生活于俗世。庄子之书虽奇伟不凡却不诋毁他人，其言辞则参差变幻令人赞赏。庄子思想充实而没有止境，上与造物之天地精神相往来，下与将生死置之度外不求功利者为友。他对天道的论说弘大精辟，深刻而广博；他的宗旨就是真正地理解天道。虽然这样，要以天道来解说万物变化还是有许多话说，其中道理无限，总有茫然不解处，未能穷尽啊！

如此庄子，虽"终身不仕"，不得生时高贵荣华，却在"独与天地精神往来"中游出了精神上的自由，这是与其他士子们不同的追求，但庄子的个人自由主义思想与其他诸子为了功利而从事的总体性变革事业，都是人性升华的必要内容。

七 孟子思想之法层次：心性与民本

在诸子中，孟子与庄子是比较注重对个人价值探讨的。与庄子从主体性论证个人自由主义的人道观和精神追求不同，孟子所注重的则是从人的本性来探讨个人价值与社会秩序的统一。虽然孟子思想在道层次并无建树，但他依从老子天道观和孔子人道社会观，并结合墨子的兼爱人道社会观，提出心性和民本两个重要范畴，在法层次确立了自己的地位，对后世有重大影响。

前述老学、孔学、墨学及《黄帝四经》体现的黄学，都是从总体上探讨天道与社会制度、伦理、道德问题的，对于个体人则往往是以总体性的"民""人民""百姓""万民"等概而言之，并不注意个体人的心性和价值观。庄子侧重于个体的精神自由，因为突出个体人的主体性，以至忽视，甚至回避总体社会的变革。孟子则从个体人的心性和价值观来看待社会制度和秩序，强调从心性出发的社会变革，从心性论说要充分考虑占人口大多数的民作为统治对象的地位和作用，由此丰富了诸子思想系统之法。

《史记·孟子荀卿列传》：

> 孟轲，邹人也。受业子思之门人。道既通，游事齐宣王，宣王不能用。适梁，梁惠王不果所言，则见以为迂远而阔于事情。当是之时，秦用商君，富国强兵；楚、魏用吴起，战胜弱敌；齐威王、宣王用孙子、田忌之徒，而诸侯东面朝齐。天下方务于合从连衡，以攻伐为贤，而孟轲乃述唐、虞、三代之德，是以所如者不合。退而与万章之徒序《诗》《书》，述仲尼之意，作《孟子》七篇。①

按司马迁的说法，孟子是"生不逢时"，没能立功于世，但他恰因"生逢其时"，才得以立言立德于史。孟子（约公元前372年—公元前289年），大体与庄子（约公元前369年—公元前286年）处同一时期，也即矛盾激化、战乱不断的战国。此时周礼制礼教已大衰败，各诸侯国征伐兼并，李悝、吴起、慎到、申不害、商鞅等诸子的变法改制思想为列国领主视为强兵富国之要术，因此不接受孟子"迂远而阔于事情"的游说。但孟子从动乱的社会矛盾中发现了其基本的原因，即人的心性问题，他认为只有改造人的心性，才能使政治安定，经济发展，并由此主张民为国本。这些在战

---

① 《史记·孟子荀卿列传》。

国时不可能收到时效的思想，到秦汉一统天下后，则与孔子思想一并成为董仲舒所倡导并由汉武帝推行的"独尊儒术"的基本内容，而且随着集权官僚制的延续其影响日益扩大，到宋理学，《孟子》与《论语》《大学》《中庸》并为"四书"，是士子学习的教科书和科举考试的依据。"孔孟之道"也就成了儒家道统的别称。

与庄子的"乘道德而浮游"不同，孟子是像孔子那样热衷于"仕"的，

> 周霄问曰："古之君子仕乎？"
>
> 孟子曰："仕。《传》曰：'孔子三月无君，则皇皇如也，出疆必载质。'公明仪曰：'古之人三月无君，则吊。'"
>
> "三月无君则吊，不以急乎？"
>
> 曰："士之失位也，犹诸侯之失国家也。《礼》曰：'诸侯耕助以供粢盛；夫人蚕缫，以为衣服。牺牲不成，粢盛不洁，衣服不备，不敢以祭。惟士无田，则亦不祭。'牺杀、器皿、衣服不备，不敢以祭，则不敢以宴，亦不足吊乎？"
>
> "出疆必载质，何也？"
>
> 曰："士之仕也，犹农夫之耕也；农夫岂为出疆舍其耒耜哉？"
>
> 曰："晋国亦仕国也，未尝闻仕如此其急。仕如此其急也，君子之难仕，何也？"
>
> 曰："丈夫生而愿为之有室，女子生而愿为之有家。父母之心，人皆有之。不待父母之命、媒妁之言，钻穴隙相窥，逾墙相从，则父母国人皆贱之。古之人未尝不欲仕也，又恶不由其道。不由其道而往者，与钻穴隙之类也。"①

---

① 《孟子·滕文公下》。

"士之仕也，犹农夫之耕也"，入仕为官，是士人的本分，"士之失位也，犹诸侯之失国家也"，因此孟子也和孔子一样，于青壮年时出游列国，以求仕于诸侯。虽然未遂其志，但也深知求仕之艰难。即便如此，他还是坚持依正途而仕，就像婚姻要有父母之命、媒妁之言才可成立，不能私奔成婚。

孟子以私奔成婚比喻士人不从正道而仕，所指的是公孙衍、张仪之类人物，

> 景春曰："公孙衍、张仪岂不诚大丈夫哉？一怒而诸侯惧，安居而天下熄。"
>
> 孟子曰："是焉得为大丈夫乎？子未学礼乎？丈夫之冠也，父命之；女子之嫁也，母命之，往送之门，戒之曰：'往之女家，必敬必戒，无违夫子！'以顺为正者，妾妇之道也。居天下之广居，立天下之正位，行天下之大道。得志，与民由之；不得志，独行其道。富贵不能淫，贫贱不能移，威武不能屈，此之谓大丈夫！"①

公孙衍和张仪以纵横游说之术而得秦王重用，官位高权势强，但在孟子看来，他们的"仕"并不是来自正道，就像私奔成婚者不合于礼制，因此不值得称为大丈夫。真正的大丈夫则应居天下之正当的地位，行天下之大道。得志而被任用，就带领民众依大道而行，不得志而未被任用，自己也要独行于大道。"富贵不能淫，贫贱不能移，威武不能屈"这三句后世士子们作为格言的话，就由此而说。只有这样，才是真正大丈夫。而这三句话，作为"不得志"时之"志"，与庄子的"秉道德而浮游"又是相通的。不同的是，孟子始终抱着"入仕"之志，却一直未能"得志"，庄子所理解的"得志"，则"非轩冕之谓也"，② 即便有了"入仕"为相之机会，却因不合其"志"而弃之。

---

① 《孟子·滕文公下》。
② 《庄子·缮性》。

孟子一生不得志，因此独行其道，并恪守其三句格言，称为中国历史上屈指可数的大丈夫。当然，他所瞧不起的公孙衍、张仪及苏秦等纵横游说之术士，虽然行为方式不合于礼，但其术在社会变革中发挥了重大作用，也是当之无愧的大丈夫。

孟子耻于以策术为诸侯服务，坚持以正道规劝君王，其不得"仕"是必然，但他坚持依正道对人心性的探究，却充实了诸子思想系统之法层次的必要一环。

孔子和墨子从老子天道观所具体化的人道社会观，其要点是讲"爱"的，孔子的"仁者爱人"和墨子的"兼爱"，都是破除上帝观主宰的宗法血统论的，是实现"大道之行"的大同理想的基本观念。但他们并未进一步从人道社会观探讨人性，以及个体人如何理解、实践人道的问题。孔子和墨子注重的是从总体上对社会制度的变革，平民则只是这种变革的被动受益者，墨子甚至认为万民是与天志统一的，只要统治者改变其统治方式，得到万民的拥护，就是依天志而行事。孟子虽然称效法孔子，对墨子多有指责，但在基本观念上还是一定程度上接受了墨子的思想，这在他的心性论和民本论中都有展现。

孟子对人性的探讨，集中于"心"，即仁义之心，也是良心。

> 孟子曰："仁，人心也；义，人路也。舍其路弗由，放其心而不知求，哀哉！人有鸡犬放，则知求之；有放心而不知求。学问之道无他，求其放心而已矣。"①

以人心来规定仁，仁在人心中；义为人行路，行由心，心仁则路义。这是对孔子仁义观念的具体化，进一步明确仁义之体现于人心人生中。舍义路的人不能走正道，丢弃了仁心不知道去寻找，真是可悲可哀！人丢了鸡犬都会去寻找，可是丢弃了仁心却不去寻找，这对人来说可是最宝贵的啊！

---

① 《孟子·告子上》。

所谓学问之道,并没有别的,只是把丢弃的仁心找回来。可见,孟子所说的仁,本在人心中,是人将它丢弃了,才会有各种非仁非义的行为,学问之道,就在如何找回本于人心之仁。

孟子以牛山之树比喻放心不仁:现在看到的牛山光秃秃的,但它曾经树木茂盛,经不住人们不断砍伐,又在那里放牧牛羊,小树苗和青草都被毁了。难道牛山本来如此吗?

> 虽存乎人者,岂无仁义之心哉?其所以放其良心者,亦犹斧斤之于木也,旦旦而伐之,可以为美乎?其日夜之所息,平旦之气,其好恶与人相近也者几希,则其旦昼之所为,有梏亡之矣。梏之反覆,则其夜气不足以存;夜气不足以存,则其违禽兽不远矣。人见其禽兽也,而以为未尝有才焉者,是岂人之情也哉?故苟得其养,无物不长;苟失其养,无物不消。孔子曰:'操则存,舍则亡;出入无时,莫知其乡。'惟心之谓与?"①

每个人心都有仁,但每天都用非仁的意念和行为来砍伐它,怎么能做到仁义呢?虽然也会时有良心发现,但个人受群体社会的影响,致使其行为又将良心抹杀,这和禽兽有什么区别?但这并不是人的本性,只是因为人的仁义之心未能得到应有培养和保护,才导致仁义不能表现。所以孔子强调把握住才有,舍弃也就失掉,变化无时无常,不知会到哪里?这难道就是在说人心吗?

孟子认为,仁是人性中本有的,而告子则说性是本有,仁义是后有的,二人就此辩论。

> 告子曰:"性,犹杞柳也;义,犹桮棬也。以人性为仁义,犹以杞柳为桮棬。"

---

① 《孟子·告子上》。

> 孟子曰："子能顺杞柳之性而以为桮棬乎？将戕贼杞柳而后以为桮棬也！如将戕贼杞柳而以为桮棬，则亦将戕贼人以为仁义与？率天下之人而祸仁义者，必子之言夫！"①

杞柳为一种树，桮棬是用杞柳木做的杯盘。告子将树木与杯盘分离，认为性与仁义是分开的，如果说人性本是仁义的，那就等于说杞柳就是杯盘了。孟子则从要依杞柳木的本性做杯盘，不能破坏杞柳木的本性做杯盘来说明人性与仁义是内在统一的。

公都子对孟子说：告子认为，人性本身没有善与不善的区别，还有的人认为性可以为善，也可以不为善。民众之性是随着统治者的，文王、武王为首领，民就好善；幽王、厉王主政，民就好暴。还有人认为，有些人性善，有些人性不善，所以尧为君时有象这样的坏臣，瞽瞍却有舜这样的儿子，纣为暴君却有子启、比干这样的良臣。对于公都子说的告子这三种关于人性的观点，孟子都不同意，坚持人性为善。

> 孟子曰："乃若其情，则可以为善矣，乃所谓善也。若夫为不善，非才之罪也。恻隐之心，人皆有之；羞恶之心，人皆有之；恭敬之心，人皆有之；是非之心，人皆有之。恻隐之心，仁也；羞恶之心，义也；恭敬之心，礼也；是非之心，智也。仁义礼智，非由外铄我也，我固有之也，弗思耳矣。故曰：'求则得之，舍则失之。'或相倍蓰而无算者，不能尽其才者也。②"

从人的本性说，是都可以为善的，如果做了不善的事，并非人性之过。人人都有恻隐之心、羞恶之心、恭敬之心、是非之心。恻隐心为仁，羞恶心为义，恭敬心为礼，是非心为智。仁、义、礼、智是人本性所固有，不是

---

① 《孟子·告子上》。
② 《孟子·告子上》。

由外边强加的，只是因为没有认真思考才不清楚罢了。所以说，只要思考追求，就会有仁、义、礼、智；不思考追求，就会失去仁、义、礼、智。人之间的品德才能相差很多，就因为是否能够有效地思考追求并发挥本性就有的仁、义、礼、智。

恻隐之心、羞恶之心、恭敬之心、是非之心并不是四种心，而是人性本心在不同条件下的体现。仁、义、礼、智是不可以分开的，而是人性在不同的情境中的作用体现。在《公孙丑上》中，孟子对仁、义、礼、智之"四端"作了比较详细的论述。

> 孟子曰："人皆有不忍人之心。先王有不忍人之心，斯有不忍人之政矣。以不忍人之心，行不忍人之政，治天下可运之掌上。所以谓人皆有不忍人之心者，今人乍见孺子将入于井，皆有怵惕恻隐之心。非所以内交于孺子之父母也，非所以要誉于乡党朋友也，非恶其声而然也。由是观之，无恻隐之心，非人也；无羞恶之心，非人也；无辞让之心，非人也；无是非之心，非人也。恻隐之心，仁之端也；羞恶之心，义之端也；辞让之心，礼之端也；是非之心，智之端也。人之有是四端也，犹其有四体也。有是四端而自谓不能者，自贼者也；谓其君不能者，贼其君者也。凡有四端于我者，知皆扩而充之矣，若火之始然，泉之始达。苟能充之，足以保四海；若不充之，不足以事父母。"①

"端"，是发端、初始。仁、义、礼、智是本原并初始于恻隐之心、羞恶之心、辞让（也即恭敬）之心、是非之心的。这四端是人性本有的，就像人有四肢一样。这里孟子举"人乍见孺子入于井，皆有怵惕恻隐之心"，说明恻隐之心为仁之端。这是一个很容易理解的事例，"乍见"一个小孩要掉入井中，人们都会惊恐并担忧，这是一个本能的反应，并不是因为与小

---

① 《孟子·公孙丑上》。

孩父母有多深的交情，也不是要得到乡亲朋友们的称赞，更不是怕因为我没有恻隐之心会受人指责。这种情形下表现的恻隐之心，只能从人之心性来解释，它证明了人性之本善。而那些本有四端却做不到仁、义、礼、智的人，就是他本人自我堕落。说他的国君做不到仁、义、礼、智的人，就会背弃国君。孟子强调，凡是有四端的人，都应将它们发挥、扩充，就像火刚燃烧起、泉刚涌出那样。如果做到这一点，君主就可以保有四海，否则，连父母都供养不了。

人本性之恻隐之心、羞恶之心、辞让（或恭敬）之心、是非之心作为仁、义、礼、智的四端，是人生而具有的，也是人性的基本，"君子所性：仁、义、礼、智根于心，其生色也睟然"。① 问题出在人生活于社会，受各种欲求和名利的制约，个体人能否培养发挥此四端，或培养发挥到什么程度，都会制约甚至决定社会总体状况。因此，孟子强调

> 尽其心者，知其性也。知其性，则知天矣。存其心，养其性，所以事天也。殀寿不贰，修身以俟之，所以立命也。②

当然，孟子所谓尽其心者，主要是指士和领主贵族。与老子、孔子、墨子将天道或天志的实现主要归结于君主之依道行德不同，孟子已经在突出士阶层在社会变革中的作用，虽说这种作用还要得到君主的认可，但孟子已在强调士的主体性和主动性。尽心即可知性，而性为天道所赋予，所以知性也就是知天道。存心养性就是依天道而为事之法，不论生命之长短，只要依天道修身养性，就能明确和实现人生价值。

> 孟子谓宋句践曰："子好游乎？吾语子游。人知之，亦嚣嚣；人不知，亦嚣嚣。"

---

① 《孟子·尽心上》。
② 《孟子·尽心上》。

曰:"何如斯可以嚣嚣矣?"

曰:"尊德乐义,则可以嚣嚣矣。故士穷不失义;达不离道。穷不失义,故士得己焉;达不离道,故民不失望焉。古之人,得志,泽加于民;不得志,修身见于世。穷则独善其身,达则兼善天下。"①

这话应是孟子晚年所说,是对他的尽心知性之"游"的总结。游,在孟子那里主要是指游说,他青壮年时乐于此游,以求为仕,当时不免失望和烦恼,但到了晚年,自己反思尽心知性知天的历程,虽然未遂治国安天下之志,却也明白了人生道理。游说君主,本为使其知我之志、德、才而重用我,如果君主知我用我,我当然心情舒畅,不知我不用我,我仍然心情舒畅。宋句践不解,为什么君主不知不用你还心情舒畅呢?孟子说,只要我是以尊德乐义而游说,不论是否被知被用,都会心情舒畅。士要穷时不失义,被君主任用时不离道。穷不失义,可以保持自己的主体性;被君主任用不离天道而行政,就不失民之所望。古时圣人贤者,得遂其志而为仕,就会给民众带来福祉,不遂其为仕之志,就自行修身知心养性。"穷则独善其身,达则兼善天下。"这里,孟子之"游"与庄子之"游"的相近处,他二人都是"穷则独善其身"。不同的是孟子有"达则兼善天下"的志愿,而庄子则视"达"是"为国者所羁"。在《万章上》,孟子回答万章关于伊尹的问题时说:

万章问曰:"人有言'伊尹以割烹要汤'有诸?"

孟子曰:"否,不然。伊尹耕于有莘之野,而乐尧舜之道焉。非其义也,非其道也,禄之以天下,弗顾也;系马千驷,弗视也。非其义也,非其道也,一介不以与人,一介不以取诸人。汤使人以币聘之,嚣嚣然曰:'我何以汤之聘币为哉?我岂若处畎

---

① 《孟子·尽心上》。

亩之中,由是以乐尧舜之道哉?'汤三使往聘之,既而幡然改曰:
'与我处畎亩之中,由是以乐尧舜之道,吾岂若使是君为尧舜之
君哉?吾岂若使民为尧舜之民哉?吾岂若于吾身亲见之哉?天
之生此民也,使先知觉后知,使先觉觉后觉也。予,天民之先觉
者也;予将以斯道觉斯民也。非予觉之,而谁也?'思天下之民,
匹夫匹妇有不被尧舜之泽者,若己推而内之沟中。其自任天下之
重如此,故就汤而说之,以伐夏救民。吾未闻枉己而正人者也,
况辱己以正天下者乎?圣人之行不同也,或远,或近,或去,或
不去。归洁其身而已矣。吾闻其以尧舜之道要汤,末闻以割
烹也。①

万章是孟子学生,陪孟子晚年时"序《诗》《书》,述仲尼之意,作《孟子》七篇"。《万章》上、下篇,主要记万章就历史和思想问题请教孟子,孟子回答。这里万章是以传说伊尹因为厨艺才得汤的喜欢和重用而发问,孟子否认这种说法,强调伊尹是深通尧舜之道的人,只是因为看不到适当的君王,才耕于有莘之野,汤使人以币聘他,不去,汤再三聘之,才改变态度而应聘。伊尹给自己的理由是:与其我在田亩之间乐尧舜之道,还不如使汤成为尧舜那样的君王,使他所治下的民成为尧舜之民。天生之民众,其先知先觉者应启发引导后知后觉者,而我伊尹是先知先觉者,所以要出来以尧舜之道助汤伐夏救民。孟子以伊尹口气说的正是他本人,从中可以看到他的志向和自视之高。后来罗贯中《三国演义》写刘备"三顾茅庐"请诸葛亮出山,或许就是把《孟子》中这一段作为蓝本的。

孟子的心性论,是从人心人性本善立论的,在他的思想中,所有人都有仁、义、礼、智这"四端",问题只在如何培养、保护、发挥这"四端"。社会的矛盾和战乱,就在于统治者不能从此"四端"去对待民众,从而也使民众本有之"四端"被埋没。圣人贤者的作用,就在于启发导引

---

① 《孟子·万章上》。

领主们本有的"四端",以仁义之政对待民众,由此发挥民众本有之"四端",使社会走向和谐、富足。

基于心性论,孟子提出了民本论,这也是其思想法层次的必要内容。

> 孟子曰:"民为贵,社稷次之,君为轻。是故得乎丘民而为天子,得乎天子为诸侯,得乎诸侯为大夫。诸侯危社稷,则变置。牺牲既成,粢盛既絜,祭祀以时,然而旱干水溢,则变置社稷。"①

"民为贵,社稷次之,君为轻,"短短十个字,集中概述了孟子的民本论,这在诸子中是比较突出的。尤其"君为轻",虽然是诸子的共识,他们在以各种方式与封建领主打交道时,都会体会到这个那个君主的愚钝、荒淫、保守,从心里会瞧不起这些君主,但君主们毕竟握有权力,因而在他们的著述中,都只是委婉地表达此意,唯有孟子在先说"民为贵"之后,又说"社稷次之",进而说"君为轻",君被排在最后。这既是孟子多次游说诸侯君主,君主们认为他的言论"迂远而阔于事情",不予采纳也不任用他而产生的反感,更是对当时诸侯征战给民众的祸害太深而得出的对君主们的认识。而且是在"退而与万章之徒序《诗》《书》"时说的,是他的心性论必然延展,在游说各领主时也不便如此说。

民为贵,民为社稷之本,并不等于说民是社稷之主,更不是像现今某些人所说"孟子主张民主"。民依然是统治的对象,而且是唯一的统治对象,只有得到民的拥护,才能成为天子,得到天子赏识者为诸侯,被诸侯赏识者为大夫。孟子在这里讲的是天子主导的大一统天下,诸侯不过天子的臣属,就像大夫是诸侯的臣属一样,这里讲的"君",是诸侯君主,不包括天子,而"社稷",则是以地神和谷神为标志的国家政权。民、社稷、君三者的关系,是对天子而言的,或者说是从天子角度而论的。民是天子

---

① 《孟子·尽心下》。

统治的对象，也只有得到民的拥护才能成为天子，因而"民为贵"；社稷是天子所依赖的国家政权，统治的工具，因而"社稷次之"；而诸侯之君主，是由天子所封，代天子建国守土的，比起民和社稷来，"君为轻"。以前人们解说"君为轻"时，往往把天子也包含在"君"之中，是与孟子本意不合的，也不解说"诸侯危社稷，则变置"，而这句正是"君为轻"的注释。如果诸侯君主们危及到天子的政权，就应当把它们更换或废掉。"诸侯危社稷"正是战国时总体矛盾的突出表现，孟子与孔子、墨子一样，都主张由天子一统天下，虽然还未能像后来的李斯那样提出"灭诸侯，成帝业，为天下一统"①。但却都要求削弱诸侯势力，将政治权力集中于天子。至于下句因水旱之灾"变置社稷"，是因为虽然按礼制祭祀，仍旱干水溢，就要迁移地神和谷神之庙，也可以解为迁都。

正是从"民为贵""君为轻"出发，孟子对诸侯君主们提出批评，其中对梁惠王的批评尤甚。

> 孟子曰："不仁哉梁惠王也！仁者以其所爱及其所不爱，不仁者以其所不爱及其所爱。"
> 公孙丑曰："何谓也？"
> "梁惠王以土地之故，糜烂其民而战之，大败，将复之，恐不能胜，故驱其所爱子弟以殉之，是之谓以其所不爱及其所爱也。"②

孟子以恻隐之心为仁，这里又进一步说"仁者以其所爱及其所不爱"，就是不仅以仁爱对待自己喜欢的人，也同样对待自己不喜欢的人。而不仁者则相反，不仅以其非仁爱对待不喜欢的人，甚至也以非仁爱对待自己喜欢的人。梁惠王就是这样的不仁者，他为了与别国争夺土地，根本不顾民

---

① 《史记·李斯列传》。
② 《孟子·尽心下》。

众的生死而发动战争，大败，还想再战，又恐怕不胜，就驱使他所亲爱的子弟们去拼命，这是大不仁啊！

梁惠王是孟子多次拜访并交谈的君主，但孟子并没有以仁义之理、尧舜之道说服他，他更没有给孟子一官半职。孟子这样说他，不免带有一些个人私怨，但更多的是出于对他的了解。孟子评价梁惠王之"不仁"这段话，既是其心性论的展开，也是民本论的体现。"不仁"的封建领主，绝非梁惠王一人，几乎所有的领主们都在为自家的权位和势力"糜烂其民而战"，孟子已经意识到要消除不仁之战，必须树立天子的权威，实现天下一统的政治，削弱诸侯权势的必要性，其"民为贵，社稷次之，君为轻"的观点，在一定程度上集合了老子、孔子、墨子道法层次的思想，尤其孔子的以仁复礼和墨子的兼爱、尚贤、尚同观。孟子虽然曾批评墨子的兼爱是"无父"，是不孝，但他的民本观与墨子的兼爱观却有着内在的一致。

孟子的思想并不深奥，其特点是将从孔子、墨子那里承继的天道观和人道社会观集中于心性，由心性之仁、义、礼、智"四端"出发，评论时政和历史，形成其更为明确的民本观，并据此而提出术层次的仁政说。虽说在战国时各诸侯君主不可能用他的思想，甚至秦汉统一后孟子仍未得重视，到唐韩愈那里才认知孟子思想对完善集权官僚制的重要性，并将孟子列于孔子之后，以尧、舜、禹、汤、文、武、周公、孔、孟为道统之"正宗"。后宋朝王安石变法，接受韩愈这个提法，而且将《孟子》列入科举考试，理学家们进一步将之作为"四书"之一。究其原由，在于王安石发起的集权官僚制的阶段性改革，即压抑豪强氏族，强化中央集权，恰可从孟子心性论和民本论中找到依据。这似乎说明孟子思想的"超前性"，也是当时"梁惠王不果所言，则见以为迂远而阔于事情"的原因吧。

八　荀子思想之法层次：隆礼

战国时尚未形成秦汉之后大一统的文化专制，各学派既相互制约又相互吸收，并没有后来儒学道统的门户之见。吸纳以前诸子思想成果，并经系统思考而形成个人思想体系者，以荀子为最有成就。《史记·孟子荀卿列传》：

> 荀卿，赵人。年五十始来游学于齐。驺衍之术迂大而闳辩，奭也文具难施，淳于髡久与处，时有得善言。故齐人颂曰："谈天衍，雕龙奭，炙毂过髡。"田骈之属皆已死，齐襄王时，而荀卿最为老师。齐尚修列大夫之缺，而荀卿三为祭酒焉。齐人或谗荀卿，荀卿乃适楚，而春申君以为兰陵令。春申君死而荀卿废，因家兰陵。李斯尝为弟子，已而相秦。荀卿嫉浊世之政，亡国乱君相属，不遂大道而营于巫祝，信机祥，鄙儒小拘，如庄周等又猾稽乱俗，于是推儒、墨、道德之行事兴坏，序列著数万言而卒。因葬兰陵。①

荀子（约公元前313年—公元前238年）也是像孔子、孟子那样也是有大政治抱负的人，但只是在稷下学宫"最为老师""三为祭酒"，后投奔楚春申君做了一名"兰陵令"，也随春申君去世而失职。"序列著数万言"，《荀子》一书，可能是诸子书中第一本可信是由他本人写成的，另一本是他学生韩非子所著《韩非子》。《荀子》二十四篇不仅有其系统，而且文字风格也一致。更重要的是他培养了韩非子和李斯两个学生，师徒三人在历史上演出了一场思想和政治变革大剧。

司马迁说荀子"推儒、墨、道德之行事兴坏"，是很有见地的，荀子并非偏执的学者，而是兼收并蓄，并有自己主见的思想家，在《非十二子》篇，他逐次批判了它嚣、魏牟、陈仲、史鰌、墨翟、宋钘、慎到、田骈、惠施、邓析、子思、孟轲等诸子，然后说：

> 若夫总方略，齐言行，壹统类，而群天下之英杰，而告之以

---

① 《史记·孟子荀卿列传》。

大道，教之以至顺；奥窔之间，簟席之上，敛然圣王之文章具焉，佛然平世之俗起焉；则六说者不能入也，十二子者不能亲也；无置锥之地，而王公不能与之争名；在一大夫之位，则一君不能独畜，一国不能独容，成名况乎诸侯，莫不愿以为臣。是圣人之不得势者也，仲尼、子弓是也。

一天下，财万物，长养人民，兼利天下；通达之属，莫不从服，六说者立息，十二子者迁化。则圣人之得势者，舜、禹是也。

今夫仁人也，将何务哉？上则法舜、禹之制，下则法仲尼、子弓之义，以务息十二子之说。如是，则天下之害除，仁人之事毕，圣王之迹着矣。①

荀子是从自己的观点批判十二子的，他将十二子两人归为一种学说，记"六说"，这十二子六种学说都各有偏颇，不能"总方略，齐言行，壹统类，而群天下之英杰，而告之以大道，教之以至顺"，能够达到这个程度的，只有孔子和子弓。孔子和子弓虽然不是领主贵族，但在其简平房间的竹席上，考察着礼仪，议论着治理天下大业，没有立锥之封地，但王公不能与之争名；只有大夫名位，但不被某一诸侯国君主所用；其名望类似诸侯，各诸侯君主都不想起用他们，他们是不得势的圣人。荀子从孔子的弟子中单独突出子弓，可能子弓的言行对他有比较明显的影响。子弓即冉雍（仲弓），《论语·雍也》"子曰：雍也可使南面。"可见其德行是被孔子认可的。这里虽将子弓与孔子并列，但主要还是以副孔子。

孔子和子弓作为不得势的圣人，他们的思想是与得势的舜、禹相通的，即"一天下，财万物，长养人民，兼利天下"，这实际上是诸子的共同理想，是自老子提出天道观以来，孔子、墨子两派"显学"的基本理念。但由于各自所处地位、时势的区别，在表述上有所差异。荀子批判墨

---

① 《荀子·非十二子》。

子"不知壹天下、建国家之权称，上功用、大俭约而僈差等。"① 但墨子恰是天下一统的明确主张者，并以尚贤、尚同来实现这一主张，荀子是依其礼仪观念不同意墨子的"上功用、大俭约而僈差等"，认为这样有损于国家政权之威势，而他主张的"一天下"则要隆礼义而治之。司马迁说荀子"推儒、墨、道德"，是看到了荀子在"一天下，财万物，长养人民，兼利天下"这一理念上与墨子的相同点，而"长养人民，兼利天下"在墨子那里论证得最为充分。

荀子把孔子、子弓与舜、禹并列，前者为圣人，后者为圣王，由圣王之行而证圣人之学，明确表达了其以"一天下"为目标的理想，而实现这一理想的途径，就是以孔子仁的观念为前提而隆礼义。荀子所处已近战国晚期，周礼制礼教的衰败不可挽回，因而他说的"礼"，不再是周礼之礼，而是一种新的社会秩序和制度，即孔子所说"继周之礼"，其政治形式就是传说中舜与禹的"一天下"，其内容，就是据孔子以仁革礼的礼义。

荀子虽然强调天人相分，天为自然之天，并由此否认天命和天志，但他却承认并坚持天然之道为主导和规律，进而以人道社会观为基本观念。

> 天行有常，不为尧存，不为桀亡。应之以治则吉，应之以乱则凶。强本而节用，则天不能贫；养备而动时，则天不能病；修道而不贰，则天不能祸。故水旱不能使之饥渴，寒暑不能使之疾，祆怪不能使之凶。本荒而用侈，则天不能使之富；养略而动罕，则天不能使之全；倍道而妄行，则天不能使之吉。故水旱未至而饥，寒暑未薄而疾，祆怪未至而凶。受时与治世同，而殃祸与治世异，不可以怨天，其道然也。故明于天人之分，则可谓至人矣。②

---

① 《荀子·非十二子》。
② 《荀子·天论》。

天是有其运行规律的，不会因为尧而存，也不会因为桀而亡。这里，荀子是将自然之天和主导天运行的规律，即天道分开了，进而又将人与天分开。主导天运行的道，也是主导人生人事的道。道是天、地、人共有的本原，人应当依循道而行事，不是像当时盛行的"五行说"那样把人世一切都归结于天。荀子的《天论》是批判"阴阳""五行"说中残存的上帝观，即人格化的天命论，按照此说，人世的演变是人格化的天决定的，特别是政权和制度的更替，都是高于、外于人的天命在主宰。这种观点，是排斥人的主观能动性，似乎人格化的天可以决定人间祸福，天也可以为人选择制度和统治者。有人认为荀子的"天人之分"是在否认天道观，这也是不确切的。虽然"阴阳"说、"五行"说等也是从天道观衍生出来的，并都打着天道的旗号，有时会给变革运动以合法性论证，比如邹衍等人以"五行"论秦统一天下是合天道的，但其中残存的上帝观一些因素，消极作用也很明显，它会使一部分人不去积极参与社会变革，只是等待天命的主宰。荀子就是针对其消极作用而提出"天人之分"的。天是自然的天，人是社会的人，但都要依从道的主导。天要符合其运行规律，人也按照人道的规律行事。天的运行表现为"列星随旋，日月递炤，四时代御，阴阳大化，风雨博施，万物各得其和以生，各得其养以成"。① 天是人生存的外部条件，但不是人事的主宰。人应当依从主导天与人运行规律之道而行事，"应之以治则吉，应之以乱则凶"。重视农业而节用，天使你不贫穷；注重保养身体适时而动，天使你不生病；专心修养而体道，天就不会降祸给你。所以，水旱不能使人饥渴，寒暑不能使人生病，妖怪也不能给人带来凶险。相反，荒废农业又奢侈浪费，天也不能使你富；不保养身体而乱动，天也不能使你健康；背道而妄行，天也不能使你吉祥。所以，没有水旱也会闹饥荒，没有严寒酷暑也会得病，没有妖怪也会有灾凶。人顺应道而生与治国要顺应道是相同的，但个人的灾祸与治国相反。不应当怨天，天的运行是由道主导的，人间的吉凶祸福乃至社会安定与否，则是人自己

---

① 《荀子·天论》。

行为决定的,使个人行为与国家治理都符合道,才是个人和治国者应当考虑的。

荀子的天人之分,将自然之天与人间祸福分开,批判并一定程度上消减了"阴阳说""五行说"等"天人合一"、人间一切都由天命来主宰的观点,这无疑是一大进步。这对于正在进行的社会变革是必要的,人是有主观能动性的,这种能动性就在于人可以认识并依从主导人世发展的道,处理个人生存乃至社会总体治理问题,如果认为天命在安排人的命运和社会治理,就不能正确发挥人的主观能动性,并会给个人造成疾病灾祸,甚至导致社会动乱。荀子否认天命对人的主宰,并没有否认道的存在,道是自然的、天然的,不仅是天的主导,也是人的主导。道是一般,而它对天运行的主导和对人世的主导则各为特殊,不能混而论之。

> 天不为人之恶寒也辍冬,地不为人之恶辽远也辍广,君子不为小人之匈匈也辍行。天有常道矣,地有常数矣,君子有常体矣。君子道其常,而小人计其功。①

天的运行有其道,它不会因为人怕冷而取消冬天;地有其道,它不会因为人怕远而就缩小;人世也有其道,君子不会因为有小人作恶就不做事。研究人生和社会问题,要以道及其在人世体现的人道为依据,具体地探讨人性及其总体关系。也正是在这个意义上,荀子赞扬并接受孔子以仁为核心的人道社会观为自己思想道层次的基本观念,进而在法层次以仁隆礼,展开对社会矛盾及其变革的探讨。

荀子认为,研究社会矛盾及其治理,要从礼出发,礼是人道的集中体现。"人之命在天,国之命在礼。君人者,隆礼、尊贤而王,重法、爱民而霸;好利、多诈而危;权谋、倾覆、幽险而尽亡矣。"② 这里说的"人之

---

① 《荀子·天论》。
② 《荀子·天论》。

命"即寿命，取决于天然之规律，而国家的命运则取决于制度之礼。统治者隆礼尊贤可以为王，重法爱民能够称霸，好利多诈就会有危难，权谋倾覆必然灭亡。王、霸、危、亡是治世的四种状况，荀子的理想是"一天下"而行王道，因而他强调隆礼尊贤。

> 百王之无变，足以为道贯。一废一起，应之以贯，理贯，不乱。不知贯，不知应变。贯之大体未尝亡也。乱生其差，治尽其详。故道之所善，中，则可从；畸，则不可为；匿，则大惑。水行者表深，表不明，则陷；治民者表道，表不明，则乱。礼者，表也。非礼，昏世也。昏世，大乱也。故道无不明，外内异表，隐显有常，民陷乃去。①

历代百王之治，体现着基本的道，不论废或兴，都可以从道来说明。"道者，非天之道，非地之道，人之所以道也。君子之所道也。"② 道之理贯通于治，就不会乱，不贯通道，也就不知应变。能够贯道之理而治者是不会灭亡的。社会之乱是因为偏离了道，而治则在于依从了道。"中，则可从；畸，则不可为；匿，则大惑。"这是对孔子中庸之法的理解和展开，执其中而用于民，即依道而行，畸则偏离道，惑则不明道。过河时要清楚水的深浅，否则就会被淹没，治民必须明道，道不明必乱。礼就是道之表，非礼就是昏世必大乱。道始终是存在的，必须明道而崇礼，否则世乱而民陷苦难，就要逃离不明道之君的统治。可见明道隆礼之重要。

荀子之"隆礼"，源于孔子之"复礼"。孔子之时，虽"礼崩乐坏"，但周礼制礼教仍有重大作用，孔子还是要以仁的观念充实于改良其形式的周礼制礼教来革新礼制，带有"渐变"式改革之意。孔子到荀子，已过近二百年，其间发生了重大的变化，周礼制礼教一而再三地被诸侯纷争破

---

① 《荀子·天论》
② 《荀子·儒效》。

坏，不仅内容，连形式也难以维持了。荀子的"隆礼"，已并非孔子意义上的"复礼"，更不是隆周礼制礼教，而是根据人情世事的演变，建立"继周"而"一天下"的王道秩序和制度。

周礼的制定是以上帝观为基础的，礼是上帝旨意在人间的制度化，是以血统宗法为依从的。孔子复礼的依据是天道观和人道社会观，因而主张以仁革礼。荀子在孔子的基础上，进一步明确礼是针对人类本性和社会矛盾制定的，是人道主导的集中体现。

> 礼起于何也？曰：人生而有欲；欲而不得，则不能无求；求而无度量分界，则不能不争；争则乱，乱则穷。先王恶其乱也，故制礼义以分之，以养人之欲，给人之求，使欲必不穷乎物，物必不屈于欲。两者相持而长，是礼之所起也。①

礼根据什么而制定，或者说为什么要制定礼？以前诸子都谈礼，不论赞成还是否定，都没有探讨这个问题。荀子的观点很直接，之所以制定礼，就在于人的欲望，这是人生而有之的，欲望不得满足就会形成求，如果不对求加以约束有所度量分界，就不能不发生争斗，争斗就会出现混乱，混乱导致贫穷。荀子将"欲"和"求"分开，欲是人生理上的需要，求则是因生理需要产生的意念。欲是有限度的，而求是无限度的，不对求加以限度，是人与人之间争斗和社会矛盾的根由。正是为了制止人际争斗所导致的混乱，先王制定礼义将人群加以区分，以满足人生理之欲，限制人意念之求，在欲与物之间保持平衡，二者相持而长。因此，"礼者，养也"②，就像牛羊猪肉和稻粱及各种调料是用来养口，椒树兰草的芬芳香气是用来养鼻，在器物上雕琢、刻镂、绣彩色花纹是用来养目，钟鼓、管磬、琴瑟、竽笙是用来养耳，疏房、朝堂、越席、床笫、几筵是用来养体一样，

---

① 《荀子·礼论》。
② 《荀子·礼论》。

礼是用来调整和维持社会秩序的。

荀子又从"别"来论证礼。

> 君子既得其养,又好其别。曷谓别?曰:贵贱有等,长幼有差,贫富轻重则有称者也。①

"别"是"分"的体现,而"分"又是"群"的内在要素,人类只能社会存在,而社会存在必须要有"别"有"分"。

> 水火有气而无生,草木有生而无知,禽兽有知而无义;人有气、有生、有知,亦且有义,故最为天下贵也。力不若牛,走不若马,而牛马为用,何也?曰:人能群,彼不能群也。人何以能群?曰:分。分何以能行?曰:义。故义以分则和,和则一,一则多力,多力则强,强则胜物。故宫室可得而居也,故序四时,裁万物,兼利天下。无它故焉,得之分义也。
>
> 故人生不能无群,群而无分则争,争则乱,乱则离,离则弱,弱则不能胜物。故宫室不可得而居也,不可少顷舍礼义之谓也。②

人之所以能"群"为社会,和合而共生,就在于有"分"和"别",而礼义就是以"别"而协调人际关系,约制个人的性情。也正是在这个意义上,荀子提出了他的"性恶"说。

"性恶"说是针对孟子的"性善"说的,《性恶》篇在阐述"性恶"的同时,对孟子"性善"说予以批驳,是诸子中一篇典范性辩论文章。本篇开宗明义:

---

① 《荀子·礼论》。
② 《荀子·王制》。

> 人之性恶，其善者伪也。
>
> 今人之性，生而有好利焉，顺是，故争夺生而辞让亡焉；生而有疾恶焉，顺是，故残贼生而忠信亡焉；生而有耳目之欲，有好声色焉，顺是，故淫乱生而礼义文理亡焉。然则从人之性，顺人之情，必出于争夺，合于犯分乱理而归于暴。故必将有师法之化，礼义之道，然后出于辞让，合于文理，而归于治。
>
> 用此观之，然则人之性恶明矣，其善者伪也。
>
> 故枸木必将待檃栝烝矫然后直，钝金必将待砻厉然后利。今人之性恶，必将待师法然后正，得礼义然后治。今人无师法则偏险而不正；无礼义则悖乱而不治。古者圣王以人性恶，以为偏险而不正；无礼义而不治，是以为之起礼义，制法度；以矫饰人之情性而正之，以扰化人之情性而导之也。始皆出于治，合于道者也。今人之，化师法，积文学，道礼义者为君子；纵性情，安恣睢，而违礼义者为小人。①

人之性天然成就，是不可学，不可事的，而伪则是人为的。人性恶，其善是伪，也即人为的。人从本性说是好利的，由此而争利，生而有疾恶所以会出现残暴伤害，生有耳目之欲好声色所以才有淫乱。因此，出于人性恶就会有争夺掠杀。礼义是圣人依从道治理因人性恶而造成的混乱，限制乃至教化性恶之人而提出，它是人为的，因人为之礼义而培养的善，是伪而非性。

荀子的"性恶"说是其礼义论的必要内容，它与孟子"性善"说的分歧，不仅关于人性的认识不同，更在如何看待社会变革途径上有明显分歧。孟子强调人心性自有仁、义、礼、智之"四端"，保护、培养这"四端"就可以达致社会总体的和谐；而荀子则从人之欲、求界定人性，人性在他这里是个体利己之性，不同于孟子的总体利他之性。相比起来，荀子

---

① 《荀子·性恶》。

的论据是更为实在的，由此他认为社会变革的主要途径就是隆礼义。

> 性者，天之就也；情者，性之质也；欲者，情之应也。以所欲为可得而求之，情之所必不免也。以为可而道之，知所必出也。故虽为守门，欲不可去，性之具也。①

性、情、欲都是人生命的体现，是天然就有的，正是因为人性恶，古者圣王才"起礼义、制法度"，主君之势以临之，明礼义以化之，立法正以治之，重刑罚以禁之，使天下皆在其治下，"故圣人化性而起伪，伪起而生礼义，礼义生而制法度。"②

以荀子的"性恶"说对比墨子关于"古者民始生，未有刑政之时，善其语，人异义。……天下之百姓，皆以水火毒药相亏害。"③ 以及《黄帝四经·经法》中"生而有害，曰欲，曰不知足。生必动，动有害，曰不知时，曰时而动。"④ 可以看出其相通处，但荀子"性恶"说明显地是更为深刻、系统。而他由此所论隆礼义、重法度之必要性，也确实更适合当时的社会状况，因此比孟子"性善"说的影响广泛得多，孟子"性善"说是一千多年后经宋代儒者倡导才兴时的。

荀子认为，隆礼义并非治乱的权宜之计，而是道主导人世的体现，

> 故绳者，直之至；衡者，平之至；规矩者，方圆之至；礼者，人道之极也。然而不法礼，不足礼，谓之无方之民；法礼足礼，谓之有方之士。礼之中焉能思索，谓之能虑；礼之中焉能勿易，谓之能固。能虑能固，加好者焉，斯圣人矣。故天者，高之

---

① 《荀子·正名》。
② 《荀子·性恶》。
③ 《墨子·尚同》。
④ 《黄帝四经·经法》。

极也；地者，下之极也；无穷者，广之极也；圣人者，道之极也。①

礼是人道的体现，也是人世交往的准绳、规矩，依从并践行礼，是有方之士，有方之士中能思考礼之道理并在固守礼的同时隆礼义，就是圣人，圣人已经达到对道的完满认识，并充分地实现了道对人事的主导。

礼是由圣人为王时据其权势制定的，"凡礼义者，是生于圣人之伪"②，但圣人并不是随意而制定礼义的。在依于道的前提下，

> 礼有三本：天地者，生之本也；先祖者，类之本也；君师者，治之本也。无天地恶生？无先祖恶出？无君师恶治？三者偏亡焉，无安人。故礼，上事天，下事地，尊先祖而隆君师，是礼之三本也。③

因此三本，礼必有别，"郊止乎天子，而社止于诸侯，道及士大夫，所以别；尊者事尊，卑者事卑。"④ 礼之别，首先为尊卑之别，体现在祭祀上，只有天子能在郊外祭天，诸侯只能祭祀地神，而路神为士大夫所祭。别尊卑是周礼制的要旨，而要"复礼"的孔子也坚持尊卑之别，不过要在别尊卑的同时注入仁义。墨子则主张"兼以易别"，"分名乎天下爱人而利人者，别与？兼与？即必曰兼也。……今吾本原兼之所生，天下之大利者也；吾本原别之所生，天下之大害者也。"⑤ 荀子对墨子"兼以易别"之说予以批判，"墨者将使人两丧之也。"⑥ 他所说的别尊卑，既不同于周礼制，也较孔子有所区别。

---

① 《荀子·礼论》。
② 《荀子·性恶》。
③ 《荀子·礼论》。
④ 《荀子·礼论》。
⑤ 《墨子·兼爱下》。
⑥ 《荀子·礼论》。

> 凡礼，始乎梲，成乎文，终乎悦校。故至备，情文俱尽；其次，情文代胜；其下，复情以归大一也。天地以合，日月以明；四时以序，星辰以行；江河以流，万物以昌；好恶以节，喜怒以当；以为下则顺，以为上则明；万物变而不乱，贰之则丧也。礼岂不至矣哉！立隆以为极，而天下莫之能损益也。本末相顺，终始相应；至文以有别，至察以有说。天下从之者治，不从者乱；从之者安，不从者危；从之者存，不从者亡。小人不能测也。①

这是荀子关于礼的原则及实行礼的愿景的设想。礼是从简略而详备的，其原则是情文俱尽，"情者，性之质也"，是人性、情、欲的中间环节。荀子以情文俱尽作为礼的原则，强调礼要与人性、情、欲相统一，充分考虑满足人的生存欲望，注重人的感受之情，抑制人性之恶。这样礼就会得到民的拥护，而天下也就可以大一统了。天下由礼而合，日月昌明，四时依序，星辰以行，江河以流，万物繁荣。人的好恶喜怒都合乎礼的规范。民众顺服，君王通达明正，万物变而不乱，如果背离了礼，这些都要丧失掉。这样情文俱尽的礼是完美无缺的，原则和细节一致，终始相应，以严谨的文字规定等级，并进行明确的论证。从礼，天下治，不从礼则乱；从礼者安，不从礼者危；从礼者存，不从礼者亡。后面这几句话是对当时的领主们讲的，颇带警示之意。

> 礼者，以财物为用，以贵贱为文，以多少为异，以隆杀为要。文理繁，情用省，是礼之隆也。文理省，情用繁，是礼之杀也。②

---

① 《荀子·礼论》。
② 《荀子·礼论》。

这是对礼的概要，礼要将财物之用与别贵贱相统一，以隆重简明为要旨。礼要谨慎处理人的生与死、吉与凶等关系。进而，"礼者断长续短，损有余，达爱敬之文而滋成行义之美者也。"① 对于丧礼，荀子尤为重视，这大概是针对墨子的"节葬"而发的，"丧礼者，以生者饰死者也，大象其生以送其死也。""丧礼者，无它焉，明死生之义，送以哀敬而终周藏也。"② 丧礼的意义在于情，使后代承继前代，"刻死而附生谓之墨，刻生而附死谓之惑，杀生而送死谓之贼。"③ 既不能刻薄死者，也不应损害活人的生计用于死人之葬，更反对以活人殉葬。这实际上一定程度上接受了墨子"节葬"的思想，但不像墨子"节"的那样彻底。丧礼的要旨在"大象其生以送其死，使死生终始莫不称宜而好善，是礼义之法式也"。④ 对于祭祀之礼，荀子也依情文俱尽的原则加以论说：

> 祭者，志意思慕之情也。忠信爱敬之至矣，礼节文貌之盛矣，苟非圣人，莫之能知也。圣人明知之，士君子安行之，官人以为守，百姓以成俗。其在君子，以为人道也；其在百姓，以为鬼事也。⑤

祭祀的对象为天、地神、谷神和祖先，其"志意"是对天、地神、谷神的，将美好的愿望寄托给它们，希求帮助实现。"思慕"则是对祖先的怀念追思，荀子已去除了"祖先神"的观念，因而祭祀祖先只是表达思慕之情，并非诉求祖先神保佑。以"志意思慕之情"来明确祭祀之实质，表明荀子的概括力，而由此所隆之礼，必与周礼有所区别。

荀子以隆礼为思想之法层次，表达了他对社会变革的意愿和原则，其

---

① 《荀子·礼论》。
② 《荀子·礼论》。
③ 《荀子·礼论》
④ 《荀子·礼论》。
⑤ 《荀子·礼论》。

要点,就在从人的基本欲求和属性出发,制定情文俱尽的礼,以为社会基本制度。

> 性者,本始材朴也;伪者,文理隆盛也。无性则伪之无所加,无伪则性不能自美。性伪合,然后圣人之名一,天下之功于是就也。故曰:天地合而万物生,阴阳接而变化起,性伪合而天下治。天能生物,不能辨物也;地能载人,不能治人也;宇中万物,生人之属,待圣人然后分也。①

在荀子的思想中,人性是质朴的存在,是圣人实行礼义教化的对象,只有把握人性的特点来教化、制约人的活动及其关系,才能使社会安定繁荣。因此,他主张的隆礼,绝非推崇周礼制,而是从现实的社会矛盾中,揭示其基础的人性,由此探讨解决矛盾的途径。虽然他所规定的以"恶"为特点的人性并不见得正确,但他确实从中发现了人类存在的相对主体性。人生于天地之间,但天是自然之天,它可以养育万物,却不能辨别万物;地也是自然之地,它可以承载人的活动,却不能治理人。对人的治理不能靠天,也不能由地,而是根据人性特点,由圣人制定礼义教化。隆礼是诸子思想演进的体现,也是社会变革即将完成的要求,以隆礼之法为纲,荀子进一步形成了"重法"之术。

九 韩非子思想之法层次:以理从道行法

荀子的历史功用,不仅在于以自己的思想体系影响了社会变革进程,还在于培养了韩非和李斯两个学生,他们以自己思想实践论证并实现了系统的集权官僚制,基本完成了老子以来诸子所展开的思想变革和社会变革。二人中,韩非在思想上的贡献突出,而李斯不仅是指导秦王统一天下

---

① 《荀子·礼论》。

的政治家，更在废除封建领主制建立集权官僚制的关键时期，将"变法"思想提到最高峰。李斯的思想集中于术、技层次，我们在这里先探讨韩非思想的法层次。

韩非（约公元前280年至公元前233年）。《史记·老庄申韩列传》：

> 韩非者，韩之诸公子也。喜刑名法术之学，而其归本于黄老。非为人口吃，不能道说，而善著书。与李斯俱事荀卿，斯自以为不如非。
>
> 非见韩之削弱，数以书谏韩王，韩王不能用。于是韩非疾治国不务修明其法制，执势以御其臣下，富国强兵而以求人任贤，反举浮淫之蠹而加之于功实之上。以为儒者用文乱法，而侠者以武犯禁。宽则宠名誉之人，急则用介胄之士。今者所养非所用，所用非所养。非廉直不容于邪枉之臣，观往者得失之变，故作《孤愤》《五蠹》《内外储》《说林》《说难》十余万言。
>
> ……
>
> 人或传其书至秦。秦王见《孤愤》《五蠹》之书，曰："嗟乎，寡人得见此人与之游，死不恨矣！"李斯曰："此韩非之所著书也。"秦因急攻韩。韩王始不用非，及急，乃遣非使秦，秦王悦之，未信用。李斯、姚贾害之，毁之曰："韩非，韩之诸公子也。今王欲并诸侯，非终为韩不为秦，此人之情也，今王不用，久留而归之，此自遗患也。不如以过法诛之。"秦王以为然，下吏治非。李斯使人遗非药，使自杀。韩非欲自陈，不得见。秦王后悔之，使人赦之，非已死矣。①

韩非可能是诸子中唯一不出身于士阶层的，他作这韩国"诸公子"之一，却不能担任官职，或与其"口吃，不能道说"有关，更在于其思想不为韩

---

① 《史记·老庄申韩列传》。

王接受。韩非师从荀子，并博览老、孔、墨及其他诸子书，以"智术之士"自居。在《孤愤》中，他写道：

> 智术之士，必远见而明察，不明察不能烛私；能法之士，必强毅而劲直，不劲直不能矫奸。人臣循令而从事，案法而治官，非谓重人也。重人也者，无令而擅为，亏法以利私，耗国以便家，力能得其君，此所为重人也。智术之士明察，听用，且烛重人之阴情；能法之士劲直，听用，矫重人之奸行。故智术能法之士用，则贵重之臣必在绳之外矣。是智法之士与当涂之人，不可两存之仇也。①

智术之士和能法之士都是治国的必要人才，前者侧重于思想上的"远见察明"，后者侧重于行政中的"强毅而劲直"。他们与其对立面"重人"，即位高权重的"当涂之人"，有着"不可两存之仇"。为什么呢？就因为"重人"擅自违法而谋私，损国而利其家，但又能得到君主的信任。智术之士"烛重人之阴情"，能法之士"矫重人之奸行"。如果任用智术之士和能法之士，那么就必然依法惩治"重人"，或者排斥他们于政治之外。但是，智术、能法之士虽然在富国强兵上起到重大贡献，却都遭"重人"迫害，没有善终。

> 昔者吴起教楚悼王以楚国之俗曰："大臣太重，封君太众，若此，则上逼主而下虐民，此贫国弱兵之道也。不如使封君之子孙三世而收爵禄，终灭百吏之禄秩，损不急之枝官，以奉选练之士。"悼王行之期年而薨矣，吴起枝解于楚。商君教秦孝公以连什伍，设告坐之过，燔诗书而明法令，塞私门之请而遂公家之劳，禁游宦之民而显耕战之士。孝公行之，主以尊安，国以富

---

① 《韩非子·孤愤》。

强，八年而薨，商君车裂于秦。①

可见韩非深知社会变革之惨烈。本来他只是智术之士，并未直接参与政治斗争，但却遭有一定权位的智法之士的同学李斯嫉妒其智术陷害，而李斯为保其权位也未得善终。社会大变革往往以人的生命为牺牲，足可证明韩、李二人之师荀子的人性恶论。正是这前仆后继的智法之士的生命，锻造了变革的思想和历史，促进着本恶之人性的升华。

韩非子的思想已成体系，其书为他本人所著也无争议，他何时师从荀子并无记载，但不论师传还自学，他对自老子以来的诸子思想都有所研究，并以独立思考消化改造吸收，进而立足现实，考察历史，构建了以天道观为基本观念的法、术、技层次思想。

韩非子相当重视老子，其《解老》《喻老》是先秦诸子中唯一对老子思想进行系统论证的。也正是在这里体现他思想之法层次，其要点，就在将"理"规定为展开道的范畴，进而由理而论变法的合理性和必要性。

> 道者，万物之所然也，万理之所稽也。理者，成物之文也；道者，万物之所以成也。故曰："道，理之者也。"物有理不可以相薄。物有理不可以相薄，故理之为物之制。万物各异理，万物各异理而道尽稽万物之理，故不得不化。不得不化，故无常操。无常操，是以死生气禀焉，万物斟酌焉，万事废兴焉。②

道是万物的本原，也是万物之理的起始和总括。理是物中的纹理，也是物的构造和运行规律，依从道及其理，万物得以形成。所以说，正是理使道具体化于万物。因为物各有其理所以才各得其所其形，理是物的内在制约。万物之理各异，而道总括万物之理，因而理与物必会依道而变化，没

---

① 《韩非子·和氏》。
② 《韩非子·解老》。

有固定规则和位置,主导生死,所有的智识都是对道及其理的探讨,所有事情的成功与失败也都取决于对道的认识和依从。

> 凡道之情,不制不形,柔弱随时,与理相应。万物得之以死,得之以生;万事得之以败,得之以成。道譬诸若水,溺者多饮之即死,渴者适饮之即生;譬之若剑戟,愚人以行忿则祸生,圣人以诛暴则福成。故得之以死,得之以生;得之以败,得之以成。①

道并不表现为固定形制,柔弱而随时具体化为万物之理,主导着万物之生死,万事之成败。道像就水一样,溺者多饮即死,渴者适量地饮则生。又像剑戟,愚人用它行凶就会造成祸害,圣人用它降暴就可造福于人。这里用水和剑戟比喻道,有人认为是与前面关于"道者,万物之所然"的说法不一致,似乎是将道工具化,以至庸俗化了。实际上韩非并不是认为道像水或剑戟那样是所用之物,而是强调道并不自己表现出对人有利还是有害,这取决于人们对道的认识,对道正确的认识使人依从道及其具体化的理而处理事物,就可以成功,否则就要失败。

韩非子对道的理解,基本上是与老子相同的,他在道层次上也没有什么创见。他的创见在于"理"范畴的规定,理是道的展开,具体化于万物之中,道为一,理为万,万物皆有其理。对事物的认识,不能以一之道来解说万之物事,而应由道而理,由理说明万物万事。道与理是一般与特殊、抽象与具体的关系。老子及其后诸子所说的道,都停留在一的层面,用道的一般性解释、论证万物万事,只能抽象地表达:此物此事本原于道,并受道主导。至于如何具体地从道来说明万物万事,则靠个人的思考领悟了。也正因此,同样以天道观为基本观念,为大前提,诸子却各有其不同的认识和结论。孔子、墨子、庄子、《黄帝四经》作者、荀子,在道

---

① 《韩非子·解老》。

层次是相同的，在法层次就有各自理解和分歧。尤其是李悝、吴起、慎到、申不害、商鞅等主张以法改制诸子，虽然都是以道为大前提，但因各自所接受法层次思想不同，因而只能就富国强兵之术、技发表见解，其主张也往往针对特定一国短期的治理，并没有总体性的关于社会制度变革的论证。韩非子历史地考察了智法之士的成功与失败，认识到要对当时已近尾声的思想变革和社会变革做一总体性的论证，既说明变革本原于道，又有其相应之理，要依道合理地进行变革活动。

道是一般，理是特殊，二者是内在统一的。在道和万物万事之间，规定了理这个中介范畴，就使从抽象到具体的演绎避免了原来以一般的道比较个别物事思维的粗陋性，在老子那里这样演绎的逻辑虽然可以让人意会，却很难理喻言传，其他诸子也有这种情况。他们在讲天道或人道时，都是抽象地议论，很难说明其与所论具体物事的内在联系。就像依上帝观的占筮，只是简单地找出所论物事与某一卦爻象数上的相似，就得出结论一样，因此孔子及其弟子们才会写出从天道观来解说《易经》的《易传》来。由天道之行论说人道社会变革，当然是进步的，但为什么天道能转化为人道，并主导社会变革，而上帝观却反对这种变革？孔子以仁复礼，仁的根据在道，为什么不是上帝？而主张以法改制的诸子，又凭什么将其法与道统一起来，上帝不可以规定法律吗？这个逻辑同样适用于墨子、庄子、《黄帝四经》作者、荀子等人。《黄帝四经》的作者似乎已经发现了老子天道概念与具体的以法改制主张之间的逻辑缺环，但他只在道和法之间加进了"黄帝"这个最大的政治权威，又直接论说"道生法"。

韩非子对"理"的概念规定，为从抽象的道概念说明个别的物事提供了必要中介，更明确了以法改制转变为依法集天下之权而专制大一统的理与道。因此可以说，"理"的概念规定，既是韩非子本人经长期思考而在思想系统上的一个创见，更是二三百年思想和社会大变革的结晶。"理"在逻辑和思想上的重要性，到宋理学家那里达到极致，不知二程、朱子是否知道韩非子对理概念规定的意义？

作为一个术语，"理"在《易传》《庄子》《孟子》《荀子》中已经出现,《易传·系辞上》:"仰以观于天文,附以察于地理。""易简而天下之理得矣。"《庄子·养生主》:"依乎天理",即牛天生之筋骨肉间的联系。《孟子·告子上》:"心之所然者何也?谓理也,义也。"《荀子·解蔽》:"凡以知,人之性也;可以知,物之理也。"《荀子·正名》:"形体、色、理,以目异。"虽然都是对"理"字之义的论说,但并未把"理"作为一个概念加以规定,韩非子从"理者,成物之文也"。这个初步规定开始,进一步论证:

> 凡理者,方圆、短长、粗靡、坚脆之分也,故理定而后可得道也。故定理有存亡,有死生,有盛衰。夫物之一存一亡,乍死乍生,初盛而后衰者,不可谓常。唯夫与天地之剖判也具生,至天地之消散也不死不衰者谓常。而常者,无攸易,无定理。无定理非在于常所,是以不可道也。①

理不仅是对物的文理的规定,还包括其方圆、短长、粗细、坚脆等形式和属性的规定,只有从这些方面对理有明确认知,才能认识其中体现的本原之道。固定的具体的理是有限的,有存亡、死生和盛衰,因此物的一存一亡,乍死乍生,初盛而后衰,都带有偶然性,不能说是常理。只有与天地共生而且天地消散后也不死不衰者才是常理。常理是不变易的,并不固定于某一物某一事之上,也不会停止于特定场所,所以是不可说明的。这个常理,或总的一般性的理,就是老子所说的"道"。

为什么要规定物与事之理呢?就在于要认识其规矩。

> 凡物之有形者易裁也,易割也。何以论之?有形则有短长,有短长则有小大,有小大则有方圆,有方圆则有坚脆,有坚脆则有轻重,有轻重则有白黑。短长、大小、方圆、坚脆、轻重、白

---

① 《韩非子·解老》。

> 黑之谓理。理定而物易割也。故议于大庭而后言则立，权议之士知之矣。故欲成方圆而随其规矩，则万事之功形矣。而万物莫不有规矩，议言之士，计会规矩也。圣人尽随于万物之规矩，故曰："不敢为天下先。"不敢为天下先，则事无不事，功无不功，而议必盖世，欲无处大官，其可得乎？处大官之谓"为成事长"，是以故曰："不敢为天下先，故能为成事长。"①

明辨物体之形状就容易裁割，从短长知其大小、方圆，进而识其坚脆、轻重、颜色，这就是物之理。确定其理，物就容易裁割了。裁割物要依规矩，论议国家大事也要先明事理，依照规矩而发表意见，能正确发表意见的人都懂得规矩。老子是相当清楚要随规矩而发言行事，所以他说"不敢为天下先"。按老子说的不敢为天下先而不乱发议论，那么其所做的事就没有不成功的，所发表的意见也必然会超过他人，这样的话，想不担任重要官职也就不可能了。担任重要官职就是成为事业的领导者，所以说"不敢为天下先，故能为成事长"。

而要切实地依道而理事，就必须保持精神的虚静和思维的谨慎。

> 众人之用神也躁，躁则多费，多费之谓侈。圣人之用神也静，静则少费，少费之谓啬。啬之谓术也，生于道理。夫能啬也，是从于道而服于理者也。众人离于患，陷于祸，犹未知退，而不服从道理。圣人虽未见祸患之形，虚无，服从于道理，以称蚤服。故曰："夫谓啬，是以蚤服。"②

普通人精神浮躁，势必导致精力浪费和思想错误。圣人则能使自己的精神虚静，冷静地对待事物，严肃而谨慎地思考问题，不浪费精力于无关的事

---

① 《韩非子·解老》。
② 《韩非子·解老》。

情上。要做到这一点，就要依从道而服于理，并且在行为之前就想好应对之方。这是一个基本的思维方法，韩非从老子"夫谓啬，是以蚤服"中悟到这一点，把从道而服理作为自己思想之法。

韩非规定"理"的目的，并非只泛泛地为了从逻辑上展开道，而是在由理展开道之后，由理说明立法的根据，以及如何依据理来探讨政策之术。

> 释法术而心治，尧不能正一国。去规矩而妄意度，奚仲不能成一轮；废尺寸而差短长，王尔不能半中。使中主守法术，拙匠守规矩尺寸，则万不失矣。君人者，能去贤巧之所不能，守中拙之所万不失，则人力尽而功名立。①

知理而立规矩，是匠人做工的依据，据理而立法度，是治国的根本。如果不按法术而由心治，尧也不能治理一国；不依规矩，巧匠奚仲也做不成一个车轮；不按尺寸区别长短，能工之王尔也不能量出物的中心。而中等的君主只要能守法度，笨拙的工匠能依照规矩尺寸，也不会有过失。君主像工匠遵守规矩那样据理立法依法治国，就可尽民力而成功业。

"国无常强，无常弱。奉法者强则国强，奉法者弱则国弱。"② 韩非子根据从道而理，理而规矩，规矩对一个国家就是法的逻辑，考察了楚庄王、齐桓公、燕襄王、魏安釐王等曾称霸强国，而现在楚、齐、燕、魏都衰落的事实，说明依法治国的必要性。

> 故当今之时，能去私曲就公法者，民安而国治；能去私行行公法者，则兵强而敌弱。故审得失有法度之制者加以群臣之上，则主不可欺以诈伪；审得失有权衡之称者以听远事，则主不可欺

---

① 《韩非子·用人》。
② 《韩非子·有度》。

以天下之轻重。今若以誉进能,则臣离上而下比周;若以党举官,则民务交而不求用于法。故官之失能者其国乱。以誉为赏,以毁为罚也,则好赏恶罚之人,释公行,行私术,比周以相为也。忘主外交,以进其与,则其下所以为上者薄矣。交众与多,外内朋党,虽有大过,其蔽多矣。故忠臣危死于非罪,奸邪之臣安利于无功。忠臣危死而不以其罪,则良臣伏矣;奸邪之臣安利不以功,则奸臣进矣。此亡之本也。若是,则群臣废法而行私重,轻公法矣。数至能人之门,不一至主之廷;百虑私家之便,不一图主之国。属数虽多,非所以尊君也;百官虽具,非所以任国也。然则主有人主之名,而实托于群臣之家也。故臣曰:亡国之廷无人焉。廷无人者,非朝廷之衰也;家务相益,不务厚国;大臣务相尊,而不务尊君;小臣奉禄养交,不以官为事。此其所以然者,由主之不上断于法,而信下为之也。故明主使法择人,不自举也;使法量功,不自度也。能者不可弊,败者不可饰,誉者不能进,非者弗能退,则君臣之间明辨而易治,故主雠法则可也。①

《有度》可能是韩非子"数以书谏韩王"的一篇,因而写得比较谨慎,上引这段话应是针对韩国当时的情况而写的,其中体现了他的以法改制思想。他强调,能去私曲依公法则民安国治,去私行行公法则兵强敌弱。以审得失有法度之制加于群臣,立审得失有权衡的标准来决定国家大事,君主就不被诈伪所欺,就能正确地处理政务。如只以个人名声来任用官职,群臣就会私下里相勾结;如果任由朋党来举官,那么民就会依附朋党而不守法,这样就导致能人不被任用,国家必乱。如果依赞誉来奖赏,依诋毁来惩罚,好赏恶罚者就会放弃公事规则而按个人意愿办事,而且相互勾结谋取私利,甚至背离君主而与外人结交,结党营私,不去考虑君主的利

---

① 《韩非子·有度》。

益,这些人结交广泛,以朋党为势力,即使有大错,也会相互掩护,不被惩处。致使忠臣无罪却死于非命,奸臣虽无功而得利,这是国家危亡的缘由。任由这种情况发展下去,群臣就会废法而行私,他们就会去依附权贵者,而不忠于君主,只关注私利,不考虑国家利益。臣属虽多并不尊从君主,百官之职虽都有人担任却不是在处理国事,虽然还打着君主名号,实际上归属于几个权贵之家。所以我敢说,即将亡国的政权是无人可任用的,不是此政权没有设官属臣,而是他们都去干家事,不做国事,大臣们相互尊重却不尊重君主,小臣拿俸禄养家,不去做其职务分内之事。之所以造成这种状况,原因就是君主不依公法而轻信臣下之所为。为了改变这种状况,英明的君主要依法而不按自己好恶任用臣属,依法量功过,不按自己私意奖罚。由此达到能者不被陷害,有错者不被掩护,被朋党吹捧者不被重用,被人无端诽谤的人也不被罢免。只要君主能够坚持公法,依从标准明辨臣属,国家就能够治理。这些话虽是建议,也有批评,韩王不难从中看出其"逆耳"之声,却不能体会其"利于病"的道理。不接受韩非子的建议,韩国不久也就灭亡了。

韩非子的由理论法承续了其师荀子人性恶的观点,从"利"来界定社会关系之"理",进而论证法的根由和必要。

人为婴儿也,父母养之简,子长人怨;子盛壮成人,其供养薄,父母怒而谯之。子、父,至亲也,而或谯或怨者,皆挟相为而不周于为己也。夫卖庸而播耕者,主人费家而美食,调布而求易钱者,非爱庸客也,曰:如是,耕者且深,耨者熟耘也。庸客致力而疾耘耕者,尽巧而正畦陌畦畤者,非爱主人也,曰:如是,羹且美,钱布且易云也。此其养功力,有父子之泽矣,而心调于用者,皆挟自为心也。故人行事施予,以利之为心,则越人易和;以害之为心,则父子离且怨。①

---

① 《韩非子·外储说左上》。

荀子认为，人是自私的，以欲求为本能，因而人性为恶，但他还是要以礼义制约、协调人之欲、情，避免人性之恶导致社会混乱。韩非子则在人性恶的基础上，由欲、情而论利，将利视为人际关系的基本属性，进而由利而探讨法之理。父母与儿子的关系是血缘，但也因养幼供老之利而有谯怨；雇工在主人家认真劳作，并不是因为爱主人，而是要换取好的吃食和工钱。这些都是利的作用。

> 医善吮人之伤，含人之血，非骨肉之亲也，利所加也。故舆人成舆，则欲人之富贵；匠人成棺，则欲人之夭死也。非舆人仁而匠人贼也，人不贵则舆不售，人不死则棺不买。情非憎人也，利在人之死也。①

医者吮血疗伤，做车舆者希望人富贵，做棺材者盼望人早死，他们都是出于私利而产生这些做法和想法的。至于君臣关系，也在于利。

> 人臣之情，非必能爱其君也，为重利之故也。②

> 人主者，利害之轺毂也，射者众，故人主共矣。③

> 主卖官爵，臣卖智力。④

多么简单而明白的君臣关系，其唯一的依据和标准，就是由人性恶决定的"利"。

---

① 《韩非子·备内》。
② 《韩非子·二柄》。
③ 《韩非子·外储说右上》。
④ 《韩非子·外储说右下》。

韩非子从利规定人际关系之理,是荀子性恶说的延伸和扩展,以利与理的统一来论证法的合理性和必要性,扫除周礼制礼教据上帝而确定的血统宗法,进而论证了集权官僚制的必然性。在韩非子看来,君与臣的关系不应像周礼所规定的那样以血缘亲情为纽带,而是各为其利,因而,君王必须大一统而集权,

> 诸侯之博大,天子之害也;群臣之太富,君主之败也。将相之管主而隆家,此君人者所外也。万物莫如身之至贵也,位之至尊也,主威之重,主势之隆也。①

韩非是主张天下一统的,因而要削弱诸侯势力,进而压抑群臣的权势和财富。他从人性恶与利看待天子与诸侯、群臣的关系,强调天子要强化自己权势。

> 昔者纣之亡,周之卑,皆从诸侯之博大也;晋之分也,齐之夺也,皆以群臣之太富也。夫燕宋之所以弑其君者,皆此类也。故上比之殷、周,中比之燕、宋,莫不从此术也。是故明君之蓄其臣也,尽之以法,质之以备。故不赦死,不宥刑。赦死、宥刑,是谓威淫。社稷将危,国家偏威。是故大臣之禄虽大,不得藉威城市;党与虽众,不得臣士卒。故人臣处国无私朝,居军无私交,其府库不得私贷于家,此明君之所以禁其邪。②

殷之亡,周之卑,都是因为诸侯势力太大所导致。而晋、齐两国权力被瓜分、篡夺,燕、宋之君被弑,都是由于群臣权大财富所造成。韩非子从历史的教训论证君主集权聚富的必要性,明君蓄役群臣,必须用法律来规范

---

① 《韩非子·爱臣》。
② 《韩非子·爱臣》。

和纠正他们，不应赦免死罪，也不要减轻刑罚。赦死减刑会消减权威，致使社稷受到危害，国家权力被削弱。不能让大臣以其封地与君主抗衡，其党徒再多，也不许掌握军权。还要严禁人臣私下聚会和军官们相互勾结，不许他们将财物贷给别人。

韩非写这些文字时，秦还没有统一天下，但他的主张已涉及大一统后集权专制的基本原则，无怪乎秦王政看到他的文章那么喜爱，而同学李斯也是以相同的观点来指导辅佐秦王政创建集权官僚制的。

十　文子思想之法层次：德贯仁、义、礼

文子生活于集权官僚制已经建立的汉朝初年，此时战国之乱已息，秦末群雄之争始平，汉朝统治者从皇帝到大臣都认为要以"黄老之学"而治世养息。文子汇集老子以来诸子思想，力求概括一个适应当时政治的思想系统。他以老子天道观为基本观念，吸收孔子、墨子的人道社会观，改造老、孔、墨、《黄帝四经》、孟、荀、韩之法，形成其思想的法层次，其要点就是以德贯仁、义、礼，使天道观展现于社会制度和政治。

老子出于对道的理想，对仁、义、礼是贬抑的，"故失道而后德，失德而后仁，失仁而后义，失义而后礼。夫礼者，忠信之薄而乱之首。"① 甚至主张"绝仁弃义，民复孝慈。"② 他的这种观点和主张，给后来依其天道观而论社会变革的诸子提出了一个难题，即如何对待仁、义、礼，若按老子那样绝仁弃义，社会就只能回到"小国寡民"的初始状态，这显然是不可能的。但如果坚持仁、义、礼，又怎样贯彻天道观？孔子对仁概念进行了改造，使其内涵和外延都不同于周礼制礼教中血统宗法之仁。孔子之仁是包括所有人都是人的基本关系的规定，并由此提出其人道社会观和以仁复礼之法，进而从新的观念谈仁、义、礼。墨子进一步将孔子之"仁"扩

---

① 《老子·三十八章》。
② 《老子·十九章》。

展为"兼爱",由此论证其关于社会制度变革的思想。孟子、荀子大体都依孔子思想谈仁、义、礼,而且不回避老子关于仁、义、礼的言论,韩非子则首先在《解老》篇对仁、义、礼做了新的解说,力求将道、德与仁、义、礼相统一。

> 仁者,谓其中心欣然爱人也。其喜人之有福,而恶人之有祸也。生心之所不能已也,非求其报也。故曰:"上仁为之而无以为。"
>
> 义者,君臣上下之事,父子贵贱之差也,知交朋友之接也,亲疏内外之分也。臣事君宜,下怀上宜,子事父宜,贱敬贵宜,知交朋友之相助也宜,亲者内而疏者外宜。义者,谓其宜也,宜而为之。故曰:"上义为之而有以为也。"
>
> 礼者,所以貌情也,群义之文章也,君臣父子之交也,贵贱贤不肖之所以别也。中心怀而不谕,故疾趋卑拜而明之。实心爱而不知,故好言繁辞以信之。礼者,外节之所以谕内也。故曰:"礼以貌情也。"凡人之为外物动也,不知其为身之礼也。众人之为礼也,以尊他人也,故时劝时衰。君子之为礼,以为其身;以为其身,故神之为上礼;上礼神而众人贰,故不能相应;不能相应,故曰:"上礼为之而莫之应。"众人虽贰,圣人之复恭敬尽手足之礼也不衰。故曰:"攘臂而仍之。"①

韩非子把孔子、孟子、荀子关于仁、义、礼的思想融合改造,得出他对这三个范畴的规定,并与老子之道、德相统一,其中关于礼的论证有新意:礼是感情的表达方式,是义的展现,心中的情感不好用言语表示,就以礼拜来传达;对他人的心爱,怕对方不了解,就以好言繁辞表白。因此,礼节是内心的表现。这已经完全去除了周礼的宗法性,从人间感情来规定

---

① 《韩非子·解老》。

礼了。

对于仁、义、礼与道、德的关系，韩非子这样界说：

> 道有积而德有功，德者道之功。功有实而实有光，仁者德之光。光有泽而泽有事，义者仁之事也。事有礼而礼有文，礼者义之文也。故曰："失道而后失德，失德而后失仁，失仁而后失义，失义而后失礼。"①

德为道之功，仁为德之光，义为仁之事，礼为义之文，也就是说，由道而德，由德而仁，由仁而义，由义而礼，是连续的由内而外的展现，也是从抽象到具体的转化过程，因而道、德、仁、义、礼是内在统一的。而他对老子"失道而后德，失德而后仁，失仁而后义，失义而后礼"的解释，不仅在"而后"下加一"失"字，更用"转化"之意来论说。这样就使仁、义、礼与道、德统一起来了。

文子是承续韩非子《解老》篇的逻辑来论证老子思想的，对仁、义、礼与道、德的关系，基本依韩非子的思想，并有所发展。在对天道做了系统论证之后，《文子》在《道德》篇写道：

> 文子问德。老子曰："畜之养之，遂之长之，兼利无择，与天地合，此之谓德。"
>
> "何谓仁？"
>
> 曰："为上不矜其功，为下不羞其病，于大不矜，于小不偷，兼爱无私，久而不衰，此之谓仁也。"
>
> "何谓义？"
>
> 曰："为上则辅弱，为下则守节，达不肆意，穷不易操，一度顺理，不私枉挠，此之谓义也。"

---

① 《韩非子·解老》。

"何谓礼?"

曰:"为上则恭严,为下则卑敬,退让守柔,为天下雌,立于不敢,设于不能,此之谓礼也。"①

进而谈德与仁、义、礼的关系:

> 故修其德则下从令,修其仁则下不争,修其义则下平正,修其礼则下尊敬。四者既修,国家安宁。故物生者道也,长者德也,爱者仁也,正者义也,敬者礼也。不畜不养,不能遂长。不慈不爱,不能成遂。不正不匡,不能久长。不敬不宠,不能贵重。故德者民之所贵也,仁者民之所怀也,义者民之所畏也,礼者民之所敬也,此四者,文之顺也。圣人之所以御万物也。君子无德则下怨,无仁则下争,无义则下暴,无礼则下乱。四经不立,谓之无道。无道不亡者,未之有也。②

虽然仍是从"转化"谈关系,但文子的着眼点明显与韩非子有所区别。韩非子注重的是从人性情来谈道、德与仁、义、礼的关系,而文子则从统治者与臣属、民众的关系来论道、德、仁、义、礼。道为本原,德是道生后之蓄养,德使道展开并体现于万物人事,并由德而生仁、义、礼。文子对仁的规定是从上与下、大与小关系而论的,"为上不矜其功,为下不羞其病,于大不矜,于小不偷,兼爱无私",也就是上下关系和谐,大人物和小人物相互关照,"兼爱"取自墨子,用以界说仁。对义,则从上辅弱,下守节,发达者不肆意妄为,穷困者不改变操守,坚持原则,不做出格的事来规定。对礼,则以为上恭严,为下卑微,退让谦和,以不为、不敢、不能的态度对待人来规定。进而用长、爱、正、敬四字概括德、仁、义、

---

① 《文子·道德》。
② 《文子·道德》。

礼，可谓简约。而长、爱、正、敬又是内在联系的，没有德的蓄养，就不能生长；没有仁的慈爱，就不能长成；没有义的正匡，就不能久长；没有礼的敬宠，就不可能相互尊重。最后又从民的感受来说德与仁、义、礼：德为民所贵，仁为民所怀，义为民所畏，礼为民所敬。如此看，德与仁、义、礼主要是对统治者与民众的关系的界定。德与仁、义、礼是统一的，圣人以它们来掌握万物，君王无德则下怨，无仁则下争，无义则下暴，无礼则下乱。文子将德与仁、义、礼并称为"四经"，即四个统治原则、纲要。由此"四经"，天道得以贯通于世，不由此"四经"，就是违背天道，违背天道的政权势必灭亡。

德居"四经"之首，也是仁、义、礼三经的统领。由德而体道，道由德而达于仁、义、礼。

　　国之所以存者，得道也。所以亡者，理塞也。故圣人见化以观其徵。德有昌衰，风为先萌。故得生道者，虽小必大。有亡徵者，虽成必败。国之亡也，大不足恃。道之行也，小不可轻。故存在得道，不在于小。亡在失道，不在于大。故乱国之主，务于广地，而不务于仁义；务在高位，而不务于道德。是舍其所以存，而造其所以亡也。若上乱三光之明，下失万民之心，孰不能承？故审其己者，不备诸人也。古之为君者，深行之谓之道德，浅行之谓之仁义，薄行之谓之礼智，此六者，国家之纲维也，深行之则厚得福，浅行之则薄得福，尽行之天下服。古者，修道德即正天下，修仁义即正一国，修礼智即正一乡。德厚者大，德薄者小。故道不以雄武立，不以坚强胜，不以贪竞得。立在天下推己，胜在天下自服。得在天下与之，不在于自取。故雌牝即立，柔弱即胜，仁义即得，不争即莫能与之争。故道之在于天下也，譬犹江海也。天之道，为者败之，执者失之。夫欲名之大，而求之争之，吾见其不得已。而虽执而得之，不留也。夫名不可求而得也，在天下与之，与之者归之。天下所归者德也，故云：上德

者天下归之，上仁者海内归之，上义者一国归之，上礼者一乡归
之。无此四者，民不归也。不归用兵，即危道也。故曰：兵者不
祥之器，不得已而用之。杀伤人，胜而勿美，故曰死地，荆棘生
焉。以悲哀泣之，以丧礼居之。是以君子务于道德，不重用
兵也。①

国家政权之所以存在，就在于得道，而其灭亡，又在于失道。因此可以说，国家政权就是道在人世的展现。为什么？国家政权与其统治对象是统一的，"民者，国之基也"，②没有作为统治对象的民，国家政权也就不存在了。怎样保持与民的统一性，或者说使民归服，拥护这个国家政权，不在于如何征战扩地，不在于压制民众，而在于统治者能否得道，如何得道并依道而治理。这里的核心，就是德，以德体道行道，才能得万民之心，受天下人拥护。"文子问治国之本。老子曰：'本在于治身。未尝闻身治而国乱者也，身乱而国治者，未之有也。'故曰：修之身，其德乃真。道之所以至妙者，父不能以教子，子亦不能以受之于父"。③由修身而德，得道并行仁、义、礼，是国家政权的纲维，也是统治者行政之依从。天道展现于天下人，万民地位虽低卑，却也是天道在人世的体现，天道并不像上帝那样只眷顾少数统治者，而是平等地对待所有人。统治者和万民都是人，统治者之所以能够掌控国家政权，就在于能够以德体道行道，"天下所归者得也"。百姓万民所拥护的，不是某个统治者，而是道所展现的德，万民也是由德而体道的。德是万民与统治者统一性的集中体现，统治者只有真正以德体道，由道而德，进而以仁、义、礼（含智）行政，才能与万民保持统一性，其国家政权才有存在的根据。

这个道理，在老子那里发端，经孔子、墨子及其后学诸子几百年的思考和实践，在激烈的战乱和变革中，逐步地推进、修正、改造。文子从其

---

① 《文子·上仁》。
② 《文子·上仁》。
③ 《文子·上仁》。

所处的汉初，不仅可以考察刚刚发生的秦亡汉兴，还可以上溯至战国、春秋、周代、商等一系列历史的国家政权更迭演变。上述一大段议论，绝非他闭门读《老子》就可以写出的，而是考察历史而概括的基本规律。也是对汉朝开国元勋张良、萧何、曹参、陈平等人奉行"黄老之学"而建国行政实践经验的总结。

对于仁、义、礼与道、德的关系，文子的看法与韩非子是有区别的，他更要说明其内在联系，

> 文子问："仁义礼何以为薄于道德也？"
>
> 老子曰："为仁者必以哀乐论之，为义者必以取与明之。四海之内，哀乐不能遍；竭府库之财货，不足以赡万民。故知不如修道而行德，因天地之性，万物自正而天下赡，仁义因附。是以大丈夫居其厚，不居其薄。夫礼者实之文也，仁者恩之效也，故礼因人情而制，不过其实，仁不溢恩。悲哀抱于情，送死称于仁。夫养生不强人所不能及，不绝人所不能已，度量不失其适，非誉无由生矣。①

仁、义、礼作为国家之纲维，是针对统治对象的，既有作为国之基的民众，也有辅佐的臣僚，仁、义、礼都是有形的，并要以一定的财物、形式表现出来，也是有限度的，而德则是无形的，是统治者对道的理解，道之德，德之道都是深而无限度的。只有以道德为基础的仁、义、礼才是久长的。

文子并没有后人所说"家"的门户之见，他在以老子天道观为基本观念的大前提下，广泛吸纳改造诸子之学。在明确道德的大前提下，融孔、孟、荀、韩诸子之说，主张在仁政中加入法治，

---

① 《文子·上仁》。

> 凡学者能明于天人之分，通于治乱之本，澄心清意以存之，见其终始，反于虚无，可谓达矣。治之本仁义也，其末法度也。人之所生者本也，其所不生者末也。本末一体也，其两爱之，性也。先本后末谓之君子，先末后本谓之小人。法之生也以辅义，重法弃义，是贵其冠履而忘其首足也。仁义者，广崇也。不益其厚而张其广者毁，不广其基而增其高者覆。①

治之本仁义也，这是孔、孟仁政说的要点，而"天下之分"则是荀子提出的，看似与老子天道观相违，却也被文子作为其仁政的前导，进而在仁义之上又辅以法度，是韩非子思想的继承。进而以"义"论治国之常。

> 治国有常，而利民为本。政教有道，而令行为古。苟利于民，不必法古，苟周于事，不必循俗。故圣人法与时变，礼与俗化。衣服器械，各便其用。法度制令，各因其宜。故变古未可非，而循俗未足多也。诵先王之书，不若闻其言；闻其言，不若得其所以言。得其所以言者，言不能言也。故道可道，非常道也。名可名，非常名也。故圣人所由曰道，犹金石也，一调不可更。事犹琴瑟也，曲终改调。故法制礼乐者，治之具也，非所以为治也。②

治国之常，即其宗旨，就是以利民为本。"政教有道，而令行为古"之"古"字，注者疑为"上"之误，此句意为：政权之道，令行为上。从利民为本的宗旨出发，政令法度都可随时改变，只要适合政事，不必法古循俗，可以因时因事而出新。圣人之法与时变，礼与俗化。文子在这里明确了一个准则：统治之道与其事是有区别的，道是不可改变的，必须依从

---

① 《文子·上义》
② 《文子·上义》。

的,而事及做事的手段、工具则是可变的,就像琴瑟奏曲,此曲终改他曲。法制礼乐像衣服器械,为统治之工具,都要随事而变。这是文子对"义"的理解,其要点在"宜",即事与做事手段要适宜具体条件而改变、调整,以做成事为宜,不必墨守古法成规。"天下几有常法哉!当于世事,得于人理,顺于天地,详于鬼神,即可以正治矣。"①

相比只从人际关系讲义,文子从"政之宜"解义,大而广也,而且也很容易就将义与仁,进而与德与道,再而与礼相统一,道为本原,德是道的总体性认识和展开,仁则是利民之本,义是由仁本而为政事及其手段的原则,礼为义之文,或形式,使由德贯仁、义、礼的思想之法层次成一系统,这在诸子思想中也是最为明确的。在论义的过程中,文子对作为政治手段的法与义的关系做了进一步论说:

文子问:"法安所生?"
老子曰:"法生于义,义生于众适,众适合乎人心。此治之要也。法非从天下也,非从地出也,发乎人间,反己自正。诚达其本,不乱于末,知其要,不惑于疑。有诸己,不非于人;无诸己,不责于所立。立于下者,不废于上,禁于民者,不行于身。"②

从李悝、吴起、慎到、申不害、商鞅各位以变法而变革者,其思想的基本原则,都在于此,他们之所以理直气壮地宣讲其变法主张,并舍身而践行之,就在于从思想上将其主张与老子之道、孔子之仁相贯通,进而从现实矛盾中提出立法行法主张。但又很少从"法生于义"来论说其思想,后人甚至从"儒法对立""儒法斗争"说将这些诸子关闭于"法家"之门,并称其法治主张是反对"儒家仁义"的。文子"法生于义"的提法,明确

---

① 《文子·上义》。
② 《文子·上义》。

了诸子思想的内在统一性,其要点,就在于界定思想之层次,由层次而归系统。"法生于义"之"义",宜也,以仁为本之宜。法令、法律既不是由天上降下来的,也不是地上长出来的,只能产生于人世,是对人世关系的界定,因而必须明确其本,也不要混乱其末,而且要适时宜人而修正。

文子所处之汉朝初年,集权官僚制已经形成,周礼制礼教基本消除,礼的地位远不如孔子时重要,因而他也不必再像孔子那样强调以仁革礼,而是认为礼是作为义的展现,是政治的一种方式。

> 为礼者雕琢人性,矫拂其情,目虽欲之禁以度,心虽乐之节以礼,趣翔周旋,屈节卑拜,肉凝而不食,酒澂而不饮,外束其形,内愁其德,钳阴阳之和,而迫性命之情,故终身为哀人。何则?不本其所以欲,而禁其所欲,不原其所以乐,而防其所乐。是犹圈兽而不塞其垣,禁其野心;决江河之流,而壅之以手。故曰:开其兑,济其事,终身不救。夫礼者,遏情闭欲,以义自防,虽情心咽喧,形性饥渴,以不得以自强,故莫能终其天年。①

与依从上帝观所制定的别等级、序血统、祭上帝、祀祖神,进而立官职、封诸侯、制万民的制度性周礼相比,文子在这里所说的礼,范围和功能都小多了,只是"遏情闭欲,以义自防"的一种手段。

> 礼者非能使人不欲也,而能止之。乐者非能使人勿乐也,而能防之。夫使天下畏刑而不敢盗窃,岂若使无有盗心哉。故知其无所用,虽贪者皆辞之。不知其所用,廉者不能让之。夫人之所以亡社稷,身死人手,为天下笑者,未尝非欲也。知冬日之扇,夏日之裘,无用于己,万物变为尘垢矣。故扬汤止沸,沸乃益

---

① 《文子·上礼》。

甚，知其本者，去火而已。①

当礼失去其制度性，它在社会上的作用也就很有限了，但还是要依从义的原则，对之加以利用。不过，要想真正解决社会问题，还应从根本上找原因想办法，这就是以德行道。"循性而行谓之道，得其天性谓之德。性失然后贵仁义，仁义立而道德废，纯朴散而礼乐饰"②，因此，必须以德贯于仁、义、礼，使之符合循性而行的道。

文子思想之法层次，虽然论证中有些意思表述得不明确，如关于礼，已经是由义而论礼，但对不再作为社会制度的礼在社会生活中的地位和作用的论述还是不充分的，但这并不影响其思想法层次总的系统性，尤其是以德贯通仁、义、礼，对于新建立的集权官僚制还是相当重要的。从这里我们可以看到汉初"黄老之学"的一些特点，以及它与汉朝统治者的关系。从文子思想的法层次再到术层次，都体现着初级集权官僚制的特点与矛盾，后来淮南子刘安努力依"黄老之学"的逻辑解决这些问题，但也只是将包括《文子》在内的"黄老之学"与集权官僚制的不适应更加突出，而对初级集权官僚制的改革完善的理论指导，却不得不让位于号称"独尊儒术"的董仲舒。

---

① 《文子·上礼》。
② 《文子·上礼》。

第四章　诸子思想系统之术层次

在天道观这个道层次基本观念的大前提下，经过老子及孔子、墨子、《黄帝四经》编写者、庄子、孟子、荀子、韩非子、文子等对法层次的深入探讨，形成了理解和论证天道观、实行人道社会观的原则和制度变革思想，进而在学理性研究和社会变革的实践中，展开于术层次，更为具体地论证人生和社会矛盾，以及变革实践必然涉及的治国理政之学、策、兵、游说、名辩、阴阳五行等各个方面的术层次。

如果说在道、法层次的探讨上有创见性的诸子相对较少，那么在术、技层次进行探讨和实际应用上，则是诸子思想家群的共同性，因为这两个层次的思想内容是相当丰富而充实的。考察诸子思想的术、技层次，既可以具体理解其思想的道、法层次，又能认知两千年前发生于华夏大地上的那场伟大而沉痛的社会变革。正是这场变革，奠定了中华民族得以凝聚的集权官僚制的思想基础。

诸子思想的道、法层次，是基本观念及其展开的关于社会制度变革原则和方法论的探讨，只有经过术层次的具体化才能作用于人们的思想和变革实践。从老子开始的诸子思想大变革，是一个总体性的从抽象到具体的思想运动，但诸子思想的术层次，并非只是被动地接受从道、法层次的一般性观念和社会制度变革原则、方法论对特殊矛盾的演绎和解决，而是在具体的研究和实践中，不断检证、改造充实道、法层次一般性观念和原则、方法论的过程。三百多年诸子思想的演进，就是在总体的从抽象到具体的思想发展中，道、法、术、技四层次相互促进的过程，老子之后在道、法层次有所创见的诸子，其思想的来源就在于术、技层次的具体思想和实践，尤其是那些并未系统论证其道、法层次思想的李悝、吴起、慎到、申不害、商鞅、苏秦、张仪、李斯等在变革前线的政治家，他们的思想大多体现于术、技层次，正是他们术、技层次思想在变革实践中的运用，验证了其所依从的道、法层次的思想，并展示了其中的缺陷，给后来诸子在道、法层次的改造、充实，提出了问题并提供了必要的资料，《黄帝四经》作者、孟子、荀子、韩非子、文子正是在认真研究这些资料及其体现的经验教训的基础上，探讨解决这些问题，对道、法层次进行了创造性的改造和充实。此外，兵、游说、名辩、阴阳五行各派诸子在术、技层次的探索和成果，也都既是道、法层次思想的展开和运用，又都是道、法层次思想改造和充实的必要条件。

一　老子修德行道之术：无为与不争

以归纳和演绎规定并论证天道观，以德理解和实行天道观的老子，相当重视修德行道之术，其要点就是"无为"和"不争"。《老子》中对此有相当充分的论证，构建了老子思想丰厚的术层次。

大体说来，老子的"无为"侧重于依道行政，以"道法自然"为前提；"不争"侧重于修德处世，以"柔弱"为依据。无为与不争是密切相关的，二者内在统一。

无为是老子修德行道之术的基干，也是"上德"之"圣人"必要的行为方式。《老子》中，"圣人"大多是指修就上德的君王，因为其无为，也主要是对政治而言的，在一章将道概念做了初步规定之后，二章就讲到无为。

> 是以圣人处无为之事，行不言之教；万物作焉而不辞，生而

不有，为而不恃，功成而弗居。夫唯弗居，是以不去。①

无为，并不是不作为，而是不妄为。万物和人事都以天道为本原，并由天道主导，修就上德的圣人是依道而行的，因此明确其治下之民并不是因我而生，也不是必须由我掌控和指挥才有其生，他们都是依天道的规律而存在的，我不应以私欲私意而强迫他们做什么、不做什么，而应依天道之规律行事。处无为之事的同时，要以自己依从天道的行为做民的榜样，而不是自以为了不起，事事都要管教民。万物的存在生长都不是由我决定的，也不归我所有。我依天道而非凭自力做成一些事，不能自认为有什么功劳，更不能居功自傲，只有这样，人们才会承认我的功绩。

那么，圣人无为的具体内容是什么，或者说圣人怎样才能无为而治呢？三章接着讲：

不尚贤，使民不争；不贵难得之货，使民不为盗；不见可欲，使民心不乱。

是以圣人之治，虚其心，实其腹；弱其志，强其骨；常使民无知无欲，是夫智者不敢为也。为无为则无不治。②

圣人不以贤能区分民众的高下等级，也不推崇重用贤能者，就可以避免民相互争宠夺利；不看重难得的财货，民就不为盗贼；不嗜好观看那些刺激人的物事，就不会扰乱民心。圣人的政治，是要虚民之心，实民之腹，使民吃饱穿暖。弱化民的私意异志，强壮他们的身体。要使民能依天道自然生存，不产生与天道不合的智能和欲求，这样，即使那些有智能者也不敢做违背天道的事。所以说，圣人只要依天道而无为，就可以使民众也依天道而和谐生活，社会因圣人之无为而达到合乎天道的治理。

---

① 《老子·二章》。
② 《老子·三章》。

作为统治者的圣人,不要在民众面前耀武扬威,也不要整日宣传自己的功绩,而应扎实地依道行政,更要讲信用。

> 太上,下知有之;其次,亲而誉之;其次,畏之;其次,侮之。
> 信不足焉,有不信焉。悠兮其贵言。功成事遂,百姓皆谓:"我自然。"①

最好的统治者,民众只是知道他;其次,与民众亲近并得到民众赞扬;再次,民众畏其威势而怕他;最差的,是因对民众的欺扰,而被民众侮骂。老子在这里所列统治者的四个等级,都是以民的评判为据的,而民的评判又取决于统治者修德行道的程度。其最上者,即切实做到无为的圣人,其最下者,则是违背天道欺扰民依道而生活的人。中二者,为与无为间或有之。这四个等次,具有一般性,可以评判古今中外所有统治者。老子认为,统治者必须言而有信,以诚信治民,如果统治者不守诚信,民也不可能信任他、拥护他。所以统治者必须谨言慎行,依天道而行德政,这样成功的事业,是与百姓之民中体现的天道相一致的,因此百姓会说"我自然",即百姓在这样的统治下能够依自然本性而生活,天道使统治者与民达到了和谐统一。这是老子给统治者提出的行政之标准和原则,他认为百姓之民自然地体现着天道,只要统治者不以自己的私欲私意干扰民天道之自然,就能在"大道之行"主导下达到社会和谐。

自然与无为是相辅相成的,自然是天道的依据,也是天道的体现,只要统治者不人为地干扰"大道之行",百姓民众就能自然地生活。但几乎所有统治者都自以为比民众高明,都要依自己的私欲和私意而做违背自然天道的事。因为他们掌控着统治权,又有人阿谀奉承,就会使他们认为自己高明于天道,只要动用权力就可以建功立业,还可享受荣华。老子对此

---

① 《老子·十七章》。

有深切认识,他认为社会动乱、百姓贫困的根源就在统治者的"为",为了贯彻天道,统治者必须修德以依道,进而抑制自己私欲私意,不做违背天道自然之事。老子虽然看到现行制度与"大道之行"的差距,但它只能要求统治者修德体道,以无为而保证民众自然地生活。他所提出的变革制度之术,在于废除现行宗法礼制,直接依大道之行而使民众与统治者自然相处。

老子从天道观出发评判社会,对于统治者和民众的关系,他认为民众是道行自然的,问题只出在统治者一方,解决问题的关键,也在依道约束统治者。

> 民之饥,以其上食税之多,是以饥。
> 民之难治,以其上之有为,是以难治。
> 民之轻死,以其上求生之厚,是以轻死。
> 夫唯无以生为者,是贤于贵生。①

民之饥贫,原因在统治者收税过多;民不服从管治,原因在于统治者不依天道而按私欲私意行其政;民不怕生命危险也不服从管治,原因在于统治者为了自己活得奢侈豪华而强征暴敛,致民无生路,所以民不畏死而反抗。"民不畏死,奈何以死惧之?若使民常畏死,而为奇者,吾得执而杀之,孰敢?"② 统治者与民的矛盾已经到了民不畏死而反抗的程度,还用死来威吓民已经是无效的了,统治者只有认真地检讨自己的行为,以无为而行天道,减轻税赋,使民生活满意,民就乐生而畏死,服从合乎天道的统治。为了做到这一点,统治者就不能为了自己的奢华贵生而横征暴敛,老子这种从民与统治者的关系论证社会矛盾的观点,是具有普遍意义的,在老子看来,民是自然地体现天道的,是人道的载体,社会矛盾是由统治者

---

① 《老子·七十五章》。
② 《老子·七十四章》。

与民两方面构成的,矛盾的激化与冲突,原因在于统治者违背天道而以自己私欲私意来管治民,导致民不聊生,甚至冒死反抗。民的反抗是天道的展现,解决矛盾的办法只在统治者能否依天道而行无为之治。老子这个观点对以后诸子有深刻影响,几乎所有诸子都以天道为依据,或是劝诫统治者亲民爱民,或是建议改进统治方式,以至变革制度,提升民的社会地位。当然,他们的思想都有一个限度,即民仍是被统治者,改变治理方式和制度,目的只在使民安于被统治地位,并能更有效地为统治者提供财物和兵力。诸子思想家群进行的思想和社会变革运动,集中于从统治意识、社会制度、统治方式的变革,以适应劳动民众素质技能的提高而形成的提高社会地位的要求。老子和其后诸子虽然认为民是天道自然的体现,而且都以天道为大前提发议论,但都不可能形成"民主"社会的主张,包括墨子的"兼爱"和孟子的"民本",仍是就改进统治民的制度和方式而提出的。

与孔子、墨子及其后诸子主张在现有社会条件下改制革法相比,老子的无为之术可能更为简单原则,即通过统治者的无为,就能使社会回归"大道之行"的状态,为此,他提出:

> 绝圣弃智,民利百倍;绝仁弃义,民复孝慈;绝巧弃利,盗贼无有。①

这里说的"圣"与"智",是指统者治民的谋算,正是这种谋算,使民贫苦,老子要求绝弃这样的谋算,使民得到切实利益。而"仁"和"义",又是统治者提出的治民之术,是违背天道自然之孝慈的,绝弃人为的仁义,民就能归复自然的孝慈。这里说的"巧",是指统治者为了奢华生活而役使工匠制造物品,"利"则是对物质利益的追求,绝弃这样的"巧"和"利",也就没有了盗贼。而绝弃了"圣"与"智"、"仁"与"义"、

---

① 《老子·二十九章》。

"巧"与"利",也就等于回归以"大道之行"的"小国寡民"状态。据此,老子又批评那些违道而为者,

> 将欲取天下而为之,吾见其不得已。天下神器,不可为也。为者败之,执者失之。①

天下是由天道主导的,并不是任何个人意志能强行改变的,那些违背道而为者,必然失败。因此,老子强调,

> 道常无为而无不为,侯王若能守之,万物将自化。化而欲作,吾将镇之以无名之朴,夫亦将无欲。不欲以静,天下将自定。②

> 为学日益,为道日损。损之又损,以至于无为。
> 无为而无不为。
> 取天下常以无事,及其有事,不足以取天下。③

天道作为世界本原,是法自然而无为的,但天道的无为又正是无不为,它体现于万物和人事之中。统治者若能明白并保守这个道理,万物和人事都会依天道而自然生化。统治者面对万物人事的自然生化,往往会产生有为的欲望,要以无名的朴素之道来消解、制止这种欲望。只要统治者消除以私欲私意之有为,保持虚静心态,天下自然安定。与为学时不断增长知识不同,对道的领悟和实行则要不断地简单、抽象,消除私欲私意以至于无为。达到无为也就任由自然而无不为了。治理天下应当无为而任自然,否则,由私欲私意而行苛政繁令,就不能治理天下。

---

① 《老子·二十九章》。
② 《老子·三十七章》。
③ 《老子·四十八章》。

老子认为，无为的关键，在于统治者要消除其私欲私意，不自以为是地发号施令。"圣人无常心，以百姓心为心。"① 这句话好说不好做，在今天西方政治制度下，竞选人拉选票时所说的话基本都是这个意思，但其实如何却不得而知。在两千五百多年前的老子当然不是为了竞选，而是教导那些世袭的君主们要无为而治才说的这句话，是很难被自认为血统高贵者所认可的，但却深刻地道出了无为之治的真谛。百姓民众占人口大多数，是人世的主体，也是天道的承载者，他们从生活中自然形成的意识，正是天道具体化于人道的体现。统治者也是人，也有意识，但他只是一个人，他的私欲私意不足以代表整个人道及其中体现的天道，因此要消除私欲私意，以百姓之意识为统治者个人的意识，以百姓的意识来设想社会的制度和政治，就能够与人道及天道相一致，使"大道之行"于天下。"以百姓心为心"这句话能够从老子口中说出，足见其天道观之革命性。老子实际上是认为：每个人都是依天道自然而生的，君主与百姓在天道前是平等的，民众占人口大多数，自然最能体现天道。若依周礼制礼教的上帝观，王侯贵族都是上帝在人间的代表，他们的职责就是依从上帝旨意来治理百姓"下民"的，百姓"下民"只能无条件地服从，统治者是在依循上帝旨意，根本不用考虑"百姓心"，而且百姓"下民"也不应当对统治者提出什么要求，他们的"心"只有一个功能，就是听从、服从统治。老子从天道观对上帝观的否定，首先确立了民与王侯贵族都是人的观念，百姓"下民"虽然是被统治者，但他们是人中大多数，自然地成为天道的承载者。王侯贵族虽然地位高贵，但也是和百姓一样的人，其私欲私意往往与天道相违，因此"以百姓心为心"，就能承德而行道。

道法自然，因为圣人之无为，不以私欲私意而为之，但又要无不为，也就是"以百姓心为心"，为百姓依天道自然而为提供必要条件，而非以私欲私意扰乱百姓自然的生活。老子强调：

---

① 《老子·四十九章》。

> 为者败之，执者失之。是以圣人无为，故无败；无执，故无失。
>
> 民之从事，常于几成而败之。慎终如始，则无败事。
>
> 是以圣人欲不欲，不贵难得之货；学不学，复众人之所过。以辅万物之自然，而不敢为。①

从私欲私意而为者，必然失败，固执从私欲私意而得到的，必然丧失。圣人无为就不会失败，不固执私欲私意也不会有所失。人们做事往往在快完成时因为不谨慎而失败，因此慎终如始，就不会失败。圣人是依天道而消除自身不合自然的欲求，也不珍贵难得的财物，学习常人所不学的道理，总结众人的经验教训。所以说，圣人是在以无为辅助万物的自然生存，不以私欲私意之所为干扰万物人事依天道的运行。

无为，似乎柔弱，但柔弱并不是无能，而是天道赋予生命力的体现。

> 人之生也柔弱，其死也坚强。草木之生也柔脆，其死也枯槁。故坚强者死之徒，柔弱者生之徒。②

人生时柔弱，死后尸体僵硬，草木活着时柔脆，死后的枯槁却似坚强。所以，坚强者归于死亡之类，柔弱者归于生命成长之类。老子从生与死的表象看到柔弱与坚强的本质，由此说明不为与为的区别。进而又从无与有来论柔与坚，

> 天下之至柔，驰骋天下之至坚。
> 无有入无间。
> 吾是以知无为之有益。

---

① 《老子·六十四章》。
② 《老子·七十六章》

> 不言之教，无为之益，天下希及之。①

至柔者无也，驰骋于天下所有至坚的有，无有存在无间之中。这充分说明无为之大益，不用言语而教化和无为之大益，是天道的体现，但很少有人能够领悟遵行。老子以其深入沉静之思辨，认识到无为之术的玄奥，他给世人说明这个道理，但也不见得为人所理解。

老子的无为是与不争相对应的，无为是对事而言，不争则是对人而言的，既是一种价值观，又是为人处世的态度。

无为主要是针对侯王的，不争则从侯王扩展到士，因而更具普遍性。老子论不争，常以水喻之，并以"柔弱胜刚强"立论。"天下莫柔弱于水，而攻坚强者莫之能胜，其无以易之。弱之胜强，柔之胜刚，天下莫不知，莫能行。"② 水是万物中最为柔弱的，但又能攻克坚强之物，人都知道弱胜强，柔胜刚的道理，却没有人能依它行事。老子则由此而论不争之术。

> 上善若水，水善利万物而不争，处众人之所恶，故几于道。
> 居善地，心善渊，与善仁，言善信，正善治，事善能，动善时。
> 夫唯不争，故无尤。③

上善之人的品格像水，水善利万物却不与万物相争，甘愿处于众人不喜欢的低洼处，水是万物中最接近于天道的。也正因此，老子以水的性质来论说善人之不争。上善之人要居善地，心境沉稳似深渊，与善人相交往，为政时要正善治，做事要尽其能，行为要把握时机。上善之人像水那样不争，也正因为不争所以没有过失和灾祸。

不争作为行事的态度，不是做给人看的，而是天道之德的体现，它内

---

① 《老子·四十三章》。
② 《老子·七十八章》。
③ 《老子·八章》。

在于人的价值观，并在各方面表现出来。

> 曲则全，枉则直，洼则盈，敝则新，少则多，多则惑。
> 是以圣人抱一，为天下式。不自见，故明；不自是，故彰；不自伐，故有功；不自矜，故长。
> 夫唯不争，故天下莫能与之争。古之所谓"曲则全"者，岂虚言哉？诚全而归之。①

委曲而保全，屈枉而能直，低洼能盈满，敝旧能更新，少则能多，贪多就会疑惑。这些看似相反的道理，正是天道运行的表现，因此，圣人体道而行德，成为天下人的模范。不自以为聪明，才是真聪明；不自以为是，才会得到别人的赞同；不自我夸耀，他的功劳才能被世人认可；不骄傲自满，所以能不断长进。不自见、不自是、不自伐、不自矜，正是天道之德于心而不争。也正因为不争，天下人也就没有能与他相争的，不争者并不与别人发生冲突，那些要争的人面对不争者，是以有对无，跟不争者争什么？而且，不争这种价值观和处世态度，又是那些争名夺利者不可比争的。

老子又以江海为百谷王论圣人之不争。

> 江海所以能为百谷王者，以其善下之，故能为百谷王。
> 是以圣人欲上民，必以言下之；欲先民，必以身后之。是以圣人处上而民不重，处前而民不害。是以天下乐推而不厌。以其不争，故天下莫能与之争。②

天下所有山谷流水，都要汇于江海，江海为所有山谷之水的归处，也是水

---

① 《老子·二十二章》。
② 《老子·六十六章》。

中之王,之所以如此,就在于它处于低下之位。圣人作为民众之上的统治者,必须像江海那样虚谦低下以容百姓。要率领民众前行,就得把自己的地位摆在民众之后,并让利于民。这样的圣人作为统治者,虽处高位但不会给民众造成压迫感,依天道率领民众而不是给民众造成障碍和伤害,所以天下人都会拥护而不讨厌他。圣人之所以能做到这些,就在于不争。他的不争,导致天下人都不能与他争,也争不过他。

老子还从不争论"善为士者",

> 古之善为士者,微妙玄通,深不可识。夫唯不可识,故强为之容:豫焉若冬涉川,犹兮若畏四邻,俨兮其若客,涣兮若冰之将释,敦兮其若朴,旷兮其若谷,混兮其若浊。
> 孰能浊以静之徐清?孰能安以久动之徐生?
> 保此道者不欲盈,夫唯不盈,故能蔽而新成。①

士是一个特殊阶层,他们能否被封建领主贵族所用和如何用,是每个士人之生计和价值实现的关键,因此大多数士人都努力表现自己的才能以引起领主贵族的注意,而且相互之间也常为此而明争暗斗。老子本人处于士阶层,对于士人的这个特殊性有深刻了解。他从其道、法对士之修德和不争进行论说,由于士阶层的特殊性,德与不争体现于士和体现于领主贵族是有所差异的,其首要一点,就是士并没有领主贵族那样先天的统治地位,能否在一生中表现其价值,取决于是否被领主贵族赏识和任用,因而其体道修德相当重要。领主贵族也是各有特点的,他们评判士人的标准并不一致,这又给士人表现其才能增加了困难。老子在这里讲的,是"善为士者"的一般性,至于面对特殊的领主贵族如何表现,则由士人自己因具体情况灵活运用。老子作为士阶层的一员,尤其注重主体性,这也是他论"善为士者"的首要一点。士虽然没有先天的权位,但却是一个自主的人;

---

① 《老子·十五章》。

士虽然命中注定要给领主贵族做工具，但一定要明确自己的主体性，不论能否被用，又如何被用，都要从主体性出发并保持主体性。在这个前提下体道修德，以不争的心态和行为泰然处世。善为士者，首先要通天道成上德，让人觉得深奥不可识。因其不可识，只能勉强这样形容他：其谨慎，像冬天履冰过河；其警觉，像要提防四邻来侵扰；其庄重，像到别人家做宾客；其涣散，像冰的溶化；其敦厚，像未加工之朴木；其旷达，像空阔山谷；其浑厚，像流动的浊水不见底。这是士人未被领主贵族所任用时的状态。怎么能使混浊流水静下来得到澄清，怎么能使士人心境安稳而发挥其作用？老子作为士人，深切知道士人的处境和心态，他强调士人要在不争中固守天道，不自满，不断地体道修德。对于士人来说，能否被领主贵族所重用，是偶然的，但体道修德却是"善为士者"之必然，以不争的心态坚持必然，就能平静地对待偶然，即使终生不被重用，也要固守体道之德。

老子论不争，是与无为统一的，并以水为参照，以柔弱胜刚强为主旨，不争并非颓废，也不是回避矛盾，而是在天道观指导下的为人处世之术。

> 天之道，不争而善胜，不言而善应，不召而自来，繟然而善谋。天网恢恢，疏而不失。①

不争，并非甘愿失败，而是善胜之术。不夸夸其谈，而能与人思想相通，不召而吸引人才自动聚集，坦然地谋划成事之策。这就是天道的展现，它至大至广，依循天道而行，就不会失误。因此，《老子》终篇之句为

> 天之道，利而不害；圣人之道，为而不争。②

---

① 《老子·七十三章》。
② 《老子·八十一章》。

可见老子绝非畏难避世之"隐士",而是体道为德的思想家,他的不为是为的必要条件,其为在于以天道贯彻人道,进而使天道统一人世。这样的为,并不是私欲私意的展现,而是圣人依道之为,成德之为,因此不争。

二 孔子思想之术层次:正名与忠、恕、义、信

孔子的人道社会观经以仁复礼和中庸之法的展开,具体到术层次,主要为正名与忠、恕、义、信五个范畴,这是他推行其社会变革主张的必要环节。

正名,是孔子思想术层次的首要范畴,是他关于思想和社会变革的主张,集中体现着以仁复礼和中庸之法。

> 子路曰:"卫君待子而为政,子将奚先?"子曰:"必也正名乎!"子路曰:"有是哉,子之迂也!奚其正?"子曰:"野哉,由也!君子于其所不知,盖阙如也。名不正,则言不顺;言不顺,则事不成;事不成,则礼乐不兴;礼乐不兴,则刑罚不中;刑罚不中,则民无所措手足。故君子名之必可言也,言之必可行也。君子于其言,无所苟而已矣。"①

从孔子对子路所说的这段话里,可以看出他是将"正名"作为他所推行的政治主张,也即以仁复礼的纲领。"名",在老子那里主要是指概念、名词,孔子所说的名,不仅有这层意思,但更为丰富,既包括物事之名,还包括礼的各个环节及其对人地位与关系的规定。"正名",既要求主政者明确礼的各个环节及其涉及的人的地位和关系,也要求每个人自己都清楚这一点。在孔子看来,当时的主要问题,在于"礼崩乐坏",不仅臣下不知礼,连统治者也不能依礼而行政。因此,只要由他主政,他首先要做的,

---

① 《论语·子路》。

而且要贯彻始终的，就是"正名"，明确规定礼的仪式和每个人的地位。他的"正名"，不仅在形式，更在内容，即通过正名将以仁复礼的思想注入其政治中。从子路问"卫君待子而为政，子将奚先？"可以看出这是孔子率子路等弟子去卫国时师徒间的谈话，而到卫国之后，卫君并未任用他，这段话也只是他思想的表述。

孔子认为，名是道的展示，是对事物中所体现的道的规定，没有正确的名，我所说言语就不可能顺当，言语不顺也就是不合乎道，不能让君主们信服，所要为政之事也不可能成功。我不能为政，那么就没有机会复兴礼制，不能复兴礼制，刑罚就不合乎道，没有合于道的刑罚，民就不知如何行为，社会就要混乱。所以，君子必须以正名而发表言论，而且言论要能付之行动并取得成功。君子说的话，一定要正名而且严谨。

周礼是以上帝观为基本观念的，其仪式大多是由巫祝史宗在上帝观的大前提下，以比较和分类的思维形式，将自然和人世的典型现象进行初级概括，找到形式上的某种相似点，进而通过演绎来界定人与物的名称及其特点，并依上帝主宰、祖先神保佑来制定祭祀及各种仪式，明确人的等级与关系。周礼的仪式是具有象征性的，从已被孔子改过的《周礼》《仪礼》中仍可明显地看到这一点，而其原来的象征性就更为强烈了。仪式中的色彩、方位、次第、服饰、牺牲、乐舞以及各个环节，都具有隐喻性，是以某种符号表达相应暗示，仪式过程体现着人们的意愿，进而明确人际关系。孔子之"正名"，首先是要依天道观和人道社会观对礼所涉及的人与物做出相对清晰的概念性界定，这是从老子开始的由归纳规定的一般性本原和规律演绎特殊人与物的必要过程，孔子及墨子等以后诸子都在继续这一过程。"正名"是对周礼所体现的由分类而形成的上帝观展开的演绎初步规定的名与人际关系的重新规定，其大前提就是天道观和人道社会观，这种重新规定首先是内容上的，即以天道观和人道社会观取代上帝观。进而是名义和形式上的，即对人、物、事都从名称上进行改造，并对名之义做出新的界定，再从"仁"对人际关系予以界定，改良祭祀及各种仪式。孔子充分认识到"正名"的变革性意义，而要推行"正名"，又必须能得到君主的认可和任用,通过政治权力来达致"复礼"的目标。

虽然孔子并未能如愿利用权力在政治上"正名",但他并不因此而放弃自己的目标,他晚年改编《春秋》等"六经",就是对以前的历史和典籍做"正名"的工作,尤其《易传》的写作,更是对《易经》的全面"正名"。

不能"正名"于现世,就"正名"于历史,"正名"于将来。"正名"历史,就是以自己思想之道、法整理历史文献,编辑历史典籍,孔子在这方面的工作是相当成功的。他对历史的"正名",还包括文字的梳理和修正,致使原来粗陋的文字更具可读性。周初至春秋时的历史文献和典籍,其数量应当是相当大的,但到秦汉以后,能够流传下来的,主要就是经孔子整理、编辑的这几部史书和典籍,其中都体现着孔子"正名"的功效,虽然不利于后人对历史的政治、经济、文化的研究,却是孔子培养其学生及学生再培养学生的必要教材,由此将"正名"历史与"正名"将来统一起来。"正名"将来就是培养学生,在将自己思想之道、法传授给下一代及更后代的同时,贯注着自己变革社会的意愿,由学生及学生的学生世代承续,并利用他们能够把握的时机,参与甚至主导社会的变革。孔子对学生培养成就之伟大,堪称历史第一,他的亲传及再传弟子是诸子思想家群的主干,不仅有曾子、子思、孟子、荀子、韩非子、董子(仲舒)这些时代性的学者,更有李悝、吴起、商鞅、李斯等推动变革阶段性进展的政治家。他们的思想和功绩,都来源于孔子"正名"的思想和"正名"过的历史文献、典籍的教育,而他们本人既是孔子"正名"的成果,又在"正名"他们所处制度、体制的进程中,展开着从天道观和人道社会观为大前提及以仁复礼和中庸之法为原则的历史大变革,这个过程又是一场思想上的大"正名"。

"正名"是孔子思想术层次的基干,与这个基干相配合,孔子提出忠恕和义信范畴来展开其以仁复礼与中庸之法。

子曰:"参乎!吾道一以贯之。"曾子曰:"唯。"子出,门人问曰："何谓也?"曾子曰："夫子之道,忠恕而已矣。"①

曾子对孔子思想的理解,是比较准确的。师生二人这次对话很短,是孔子给曾子出了个题目,让他概括自己思想中"一以贯之"的观点,曾子并未对孔子谈对其"吾道一以贯之"的认识,只是答了一个字"唯",但是对他的学生们则讲"夫子之道,忠恕而已矣"。也就是说,忠恕贯通于孔子的全部思想。这是从术层次对孔子思想的概括,忠恕上达于法层次的以仁复礼和中庸,进而贯通其人道社会观和天道观,并体现于术层次的义信,以至技层次的各范畴。

对于曾子这句话,朱熹注曰:

> 尽己之谓忠,推己之谓恕。而已矣者,竭尽而无余之辞也。夫子之一理浑然而泛应曲当,譬则天地之至诚无息,而万物各得其所也。自此之外,固无余法,而亦无待于推矣。曾子有见于此而难言之,故借学者尽己、推己之目以著明之,欲人之易晓也。盖至诚无息者,道之体也,万殊之所以一本也;万物各得其所者,道之用也,一本之所以万殊也。以此观之,一以贯之之实可见矣。或曰:"中心为忠,如心为恕。于义亦通。②"

尽己、推己是为人的态度,也是仁的展现,正是从这一点,曾子以"忠恕"来概述孔子之道,即他做事为人的基本态度原则及由此而形成的思想。朱熹实际上已看出"忠恕"二字不足以包涵孔子全部思想,"曾子有于此而难言之,故借学者尽己、推己之目以著明之,欲人之易懂也"。我们从孔子思想术层次与法、道及技层次的系统性上,恰可以看出曾子理解的正确性。

---

① 《论语·里仁》
② 《论语集注·卷二》

忠，《说文解字》："忠，敬也，尽心曰忠。"孔子认为，

> 夫仁者，己欲立而立人，己欲达而达人。能近取譬，可谓仁之方也已。①

也就是要尽心尽力地对待他人，像办自己的事那样为他人办事，像对待自己那样对待他人，这就是仁者之"忠"，而且已包含"恕"的意思在其内。

在孔子那里，"忠"更多是用来表示臣下对君主的态度和原则，

> 定公问："君使臣，臣事君，如之何？"孔子对曰："君使臣以礼，臣事君以忠。"②

尽己之心力为君主办事，并维护君主权威，这是几千年来"忠"的基本定义，也是从封建领主制到集权官僚制都通行的臣仆对待君主们的原则，为此，就要"居之无倦，行之以忠"。③

恕，《说文解字》："仁也。推己及人。"孔子对恕相当看重，认为恕是仁者的人生准则。

> 子贡问曰："有一言而可以终身行之者乎？"子曰："其恕乎！己所不欲，勿施于人。"④

子贡是孔子弟子中积极从事商业、政治活动的，如何在其活动中贯彻孔子仁的观念，是他长期思考的问题。这里所问，就是要孔子给他一个简单明确的答案，以为他的行事准则。孔子回答一"恕"字，这或许有针对子贡

---

① 《论语·雍也》。
② 《论语·八佾》。
③ 《论语·颜渊》。
④ 《论语·卫灵公》。

个人特点的意思在内，但也有一般性。恕就是由己心推知他人之心，自己不想要的，也不要给别人。己所不欲的不仅是某些物品，还包括态度、外部环境、思想观念等，欲是人的基本需求，对于所有人都是一样的，后来荀子对"欲"有过详细论说。从自己的欲和感受，来推知他人的欲和感受，就可以"己所不欲、勿施于人"，这就是恕。在《公冶长》中，记

  子贡曰："我不欲人之加诸我也，吾亦欲无加诸人。"子曰："赐也，非尔所及也。"①

这段对话是否与上引那段话相连，子贡所说的"我不欲人之加诸我也，吾亦欲无加诸人"，是否对孔子"己所不欲，勿施于人"的理解，已不可知，但师徒二人的讨论，却使孔子关于"恕"的观点得以展示。子贡所说"不欲人之加诸我"的"加"字，与孔子所说的"施"字有同义也有差义，"加"会有强迫、凌驾的意思。孔子说子贡"非尔所及也"，或许是在批评子贡不够"恕"，也可能是从"加"的特殊含义上说赐你不过一士子，没有强迫他人、凌驾他人之上的条件，也不要有这种想法。

  "恕"是一般性的态度，可以是平辈、同等级的人相互交往的准则，也可以是君主对待臣属的准则。当"恕"与"忠"结合为"忠恕"时，"恕"的第二层意思就比较突出。而在君主对待臣属的准则意义上，子贡所说的"我不欲人之加诸我也，吾亦欲无加诸人"，则是说得通的，意为不能以自己所不愿意承受的，强加于臣属，由此体现君主之仁。

  "忠恕"作为一对范畴，是"正名"的具体化，即通过由仁的观念对礼及人际关系"正名"而明确自己为人处事的准则，依循这个准则是"克己复礼"的必要内容。

  孔子思想之法层次，还有一对范畴，即"义信"，这是"忠恕"的延伸，也是以仁复礼和中庸的具体化。

---

① 《论语·公冶长》。

义,《说文解字》:"宜,所安也。"在周礼制礼教中,"义"是以周王和诸侯领主为本位和标准的,即在上帝观的大前提下,周王和诸侯领主是由上帝赋予权力,代表上帝来管理人间事务的。面对被统治的平民和农奴,他们的利益,是上帝旨意的体现,因而是"公利",符合"公利"的就是"义"。与之相对立的就是"私利","私利"也简称"利",主要体现于平民和农奴。而在周王与诸侯领主的关系上,周王的利益又是"公利"和"义",诸侯领主各自的利益又为"私利"或"利"。孔子说:"君子喻于义,小人喻于利。"① 后人将这话解释为君子是讲义的,小人是讲利的,义与利是人品德的区别。这是集权官僚制稳固以后儒学道统传授者们的说辞,但因与孔子的时代差别,这种解释并不准确。孔子并不是用义和利来区分君子小人的品德,而是以上述第一种含义来说义与利的区别,"君子"即周王、诸侯君主及贵族,是讲义的,而"小人"即平民和农奴们是讲求利的,这是当时社会的现状,或者是周礼教的规定,其中并没有贬抑利的意思。

孔子也不像后来的儒学道统宣传者所说的那样是"去人欲"的,他认为追求富贵、摆脱贫贱是人的本能之欲,

> 子曰:"富与贵,是人之所欲也;不以其道得之,不处也。贫与贱,是人之所恶也;不以其道得之,不去也。"②

要以合于道的方式追求富贵、摆脱贫贱,而不应以不合于道的手段来追求富贵、摆脱贫贱。这里已经涉及"义"了,也就是"以道得之",即以适宜的方式来谋取利益。

> 子曰:"饭疏食饮水,曲肱而枕之,乐亦在其中矣。不义而

---

① 《论语·里仁》。
② 《论语·里仁》。

富且贵，于我如浮云。"①

由不义而得富贵，对我来说就像浮云一样，是不会追求的。即使只吃蔬菜粗粮，弯着手臂当枕头睡觉，我也能体会因为行义而有的乐趣。

这里，孔子又把"义"作为仁所体现的行为准则，"君子义以为上，君子有勇而无义为乱，小人有勇无义为盗"。② 君子应守其义为行为准则，有勇而不遵守义的准则就会作乱，小人有勇而不遵守义的准则就会为盗。"义"不仅是君子，也是小人应守的行为准则，具有一般性。

"信"，在孔子那里与"义"相关，是"义"之宜展开于人际关系，"忠信"，即尽心而信。《说文解字》："信，诚也。"孔子认为信是实行仁的必要条件之一，

> 子张问仁于孔子，孔子曰："能行五者于天下为仁矣。""请问之。"曰："恭、宽、信、敏、惠。恭则不侮，宽则得众，信则人任焉，敏则有功，惠则足以使人。"③

在《学而》篇，连续五节，都在讲"信"。先是记曾子说"吾日三省吾身，为人谋而不忠乎？与朋友交而不信乎？传不习乎？"④ 曾子是把信作为朋友间交往的基本态度，孔子也从这个意义上讲信的重要。

> 子曰："弟子入则孝，出则弟，谨而信，泛爱众，而亲仁。"⑤

> 子曰："君子不重，则不威，学则不固。主忠信，无友不如

---

① 《论语·述而》。
② 《论语·阳货》。
③ 《论语·阳货》。
④ 《论语·学而》
⑤ 《论语·学而》。

己者。"①

还有一节是记子夏说"与朋友交,言而有信"。② 可见,在孔子及其弟子那里,信是与朋友相交的必要态度和准则。在《为政》篇,孔子说:"人而无信,不知其可也。大车无辀,小车无轨,其何以行之哉?"③ 信对人来说,就像大车之辀,小车之轨那样重要。

孔子把"信"从朋友相交的准则,提升为治国的准则。

> 子贡问政。子曰:"足食,足兵,民信之矣。"子贡曰:"必不得已而去,于斯三者何先?"曰:"去兵。"子贡曰:"必不得已而去,于斯二者何先?"曰:"去食。自古皆有死,民无信不立。"④

足食、足兵、民信是为政的三要件,其中最重要的是民信,只有民众信从,才能立国。子贡之问政,也真有其特点,从这三者中非要去掉一、二,孔子的问答也很明确,一去兵,二去食,只要还保住民对政权的信从,国就存在。而要做到民信,就要

> 敬事而信,节用而爱人,使民以时。⑤

以正名为纲,贯彻忠恕义信,是孔子思想的术层次,它展开了以仁复礼和中庸之法,将天道观和人道社会观进一步具体化,并由此论证社会矛盾及其变革,进而体现于其思想的技层次。

---

① 《论语·学而》。
② 《论语·学而》。
③ 《论语·为政》。
④ 《论语·颜渊》。
⑤ 《论语·学而》。

三 墨子思想之术层次：交利和固本

墨子作为下层劳动群众的思想代表，以道层次的天志和兼爱基本观念为大前提，在法层次论证了尚贤与尚同的原则，在术层次，则进一步从"交利"和"固本"具体论证其主张，表达了劳动群众的利益要求。

在《法仪》篇，墨子从"天下从事者，不可以无法仪；无法仪而其事能成者，无有也"①，说明法仪的重要与必要，并指出不论将相还是百工，都有法。百工为方以矩，为圆以规，直以绳，正以悬，不论巧工还是拙工，都以矩、规、绳、悬为法，"故百工从事，皆有法所度"②。由百工之法度，展开而论政治之法度。

> 今大者治天下，其次治大国，而无法所度，此不若百工辩也，然则奚以为治法而可？当皆法其父母，奚若？天下之为父母者众，而仁者寡。若皆法其父母，此法不仁也。法不仁，不可以为法。当皆法其学，奚若？天下之为学者众，而仁者寡。若皆法其学，此法不仁也。法不仁，不可以为法。当皆法其君，奚若？天下之为君者众，而仁者寡。若皆法其君，此法不仁也。法不仁，不可以为法。故父母、学、君三者，莫可以为治法。
>
> 然则奚以为治法而可？故曰："莫若法天。"天之行广而无私，其施厚而不德，其明久而不衰，故圣王法之。既以天为法，动作有为，必度于天。天之所欲则为之，天所不欲则止。然而天何欲何恶者也？天必欲人之相爱相利，而不欲人之相恶相贼也。奚以知天之欲人之相爱相利，而不欲人之相恶相贼也？以其兼而爱之，兼而利之也。奚以知天兼而爱之、兼而利之也？以其兼而

---

① 《墨子·法仪》。
② 《墨子·法仪》。

有之、兼而食之也。①

这里关于"法""法仪"的论说，是以法改制论的源起，不知李悝、吴起、慎到、申不害、商鞅等人是否读过墨子的这些言论，但其基本思路在墨子这里已经形成：天下的人做任何事，都要有法仪为依据和标准，将相的政治和百工的工艺都是依法为度而从事的。现在的政治，大者治天下，次者治大国，都不依法度，而是依据其父母、其所学礼教、其君王个人意志，但这三者中"仁者寡"，故"不仁也"。什么才是政治之法的依据？墨子认为，只有天可以成为政治之法的依据，因为天广而无私，其广泛、平等地施德于人，却不求其所得，而且英明持久，所以天是圣王政治之法的依据，"既以天为法，动作有为，必度于天"。按照天志之所欲而为之，天志之所不欲而止禁之。那么，天的所欲所恶是什么呢？天必欲人们之间相爱相利，而不欲人们之间相恶相贼。怎么能知道并证明这一点呢？在于天对人是兼而爱之、兼而利之的，而天的兼而爱之、兼而利之，就在于兼而有之、兼而食之。

　　昔之圣王禹、汤、文、武，兼爱天下之百姓，率以尊天事鬼。其利人多，故天福之，使立为天子，天下诸侯，皆宾事之。暴王桀、纣、幽、厉，兼恶天下之百姓，率以诟天侮鬼。其贼人多，故天祸之，使遂失其国家，身死为僇于天下。②

墨子关于政治之法依据于天的观点，是他思想道层次天志和兼爱人道社会观的展开，这与后来李悝、吴起、慎到、申不害、商鞅等人的基本思路是一致的，不论他们关于以法改制的思想是否直接受墨子影响，还是孔子的以人道社会观和以仁复礼之法的展开，这个基本思路是当时社会矛盾演化

---

①　《墨子·法仪》。
②　《墨子·法仪》。

的必然,周礼制礼教所遵从的上帝观使政治以血统的父母之意、礼教之学、君王的个人意志为依据,造成严重的社会矛盾和战乱,已经到了必须变革的时候。对于社会矛盾,周礼制礼教的固守者不可能认识不到,但他们从自身利益出发,不会放弃礼制礼教,因而矛盾日益激化。这些矛盾是多方面的,但其基本和主要的矛盾,就是统治者与民众的对立。从老子到孔子,都认识到了这个矛盾,其道层次的天道观和人道社会观及法、术、技各层次思想都是针对这个矛盾的,将如何有利于民众视为天道的基本要求,并从这个基本要求论证改变制度和政治,依天道而利民。墨子是作为下层劳动群众的代表接受并改造老子、孔子思想的,因而他的主张更为直接而明确,在他这里,天道是有意志的,是与民众的生存相一致的,是要兼爱、兼利天下所有百姓之民的,所以政治的法仪、法度只能依据天道、天志。虽然他并没有进一步从以法改制展开其思想,但这个基本点却为主张以法改制论的诸子提供了一个必要前导。

墨子从兼爱观所展开的是兼利、交利,并就此提出了具体主张,成为其思想术层次的内容。交利即"交相利",不是从个人角度谈利,而是从总体角度谈个人相互之间的利,这种利,并不是只利于一方,而是双方、各方相互的利,它既是总体性的公利,又是个人之间交往时的互利原则。墨子认为古者圣王从兼相爱出发,行交相利之治,而现今的统治者却不明白这个道理。

> 今若夫攻城野战,杀身为名,此天下百姓之所皆难也。若君说之,则士众能为之。况于兼相爱、交相利,则与此异!夫爱人者,人必从而爱之;利人者,人必从而利之;恶人者,人必从而恶之;害人者,人必从而害之。①

交相利是兼爱的表现,而"兼,即仁矣,义矣",所以,

---

① 《墨子·兼爱中》。

> 仁人之事者，必务求兴天下之利，除天下之害。今吾本原兼之所生，天下之大利者也；吾本原别之所生，天下之大害者也。①

墨子并不像孔子那样区别义与利，而是将义与利相统一，在论证墨子思想主干范畴的《经上》和《经说上》中，明确说明了这一点。

> 义，利也。②

> 说义，志以天下为芬，而能能利之，不必用。③

> 利，所得而喜也。④

> 说利，得是而喜，则是利也。其害也，非是也。⑤

利与义是相通的，大利于民即为义，

> 所谓贵良宝者，为其可以利民也。而和氏之璧、隋侯之珠、三棘六异，不可以利人，是非天下之良宝也。今用义为政于国家，国家必富，人民必众，刑政必治，社稷必安。所为贵良宝者，可以利民也，而义可以利人，故曰：义，天下之良宝也。⑥

"义可以利人"，或曰利人为义。因而义也就是为政之"良宝"，即法宝、

---

① 《墨子·兼爱下》。
② 《墨子·经上》。
③ 《墨子·经说上》。
④ 《墨子·经说》。
⑤ 《墨子·经说上》。
⑥ 《墨子·耕柱》。

良术。"仁之事者，必务求兴天下之利，除天下之害。将以为法乎天下，利人乎即为，不利人乎即止。"① 以义之大利于民，民也就会拥护统治，由此达致国家富、人民众、刑政治、社稷安。这可以说是统治者与民之间的"交相利"。

交利还有一层意思，就是社会各阶层的分工与交相利。

> 王公大人，早朝晏退，听狱治政，此其分事也；士君子竭股肱之力，殚其思虑之智，内治官府，外收敛关市、山林、泽梁之利，以实仓廪府库，此其分事也；农夫蚤出暮入，耕稼树艺，多聚菽粟，此其分事也；妇人夙兴夜寐，纺绩织纴，多治麻丝葛绪，细布繐，此其分事也。②

分工而事，社会各阶层各尽其所能，从而相互交利，也是大义的要求，

> 譬若筑墙然，能筑者筑，能实壤者实壤，能欣者欣，然后墙成也。为义犹是也，能谈辩者谈辩，能说书者说书，能从事者从事，然后义事成也。③

可见，在兼爱观指导下的交利之术，是当时劳动者所能设想的最好的社会条件，墨子也看到其实行之困难，而且其后两千多年也未能达致其理想，但他毕竟概括了封建领主制下农奴和平民劳动者的利益和意识，对于诸子们的思想都有一定的启迪和约制。

在主张交利的同时，墨子在术层次还提出了固本说。固本之"术"，即发展农业生产。墨子时农业生产已比较发达，但由于封建领主制的矛盾，导致战乱不断，统治者奢侈浪费，横征暴敛，严重干扰了农业生产，

---

① 《墨子·非乐上》。
② 《墨子·非乐上》。
③ 《墨子·耕柱》。

导致农奴和平民劳动者生活极度贫困，

> 虚其府库，以备车马、衣裘、奇怪；苦其役徒，以治宫室观乐；死又厚为棺椁，多为衣裘。生时治台榭，死又修坟墓。故民苦于外，府库单于内，上不厌其乐，下不堪其苦。故国离寇敌则伤，民见凶饥则亡，此皆备不具之罪也。①

墨子在批评社会现状的同时，提出"食者，国之宝也"，"国无三年之食者，国非其国也；家无三年之食者，子非其子也"②。为此，必须重视农业生产，"固本而用财"。

> 故先民以时生财，固本而用财，则财足。故虽上世之圣王，岂能使五谷常收而旱水不至哉！然而无冻饿之民者，何也？其力时急而自养俭也。故《夏书》曰："禹七年水"，《殷书》曰："汤五年旱。"此其离凶饿甚矣。然而民不冻饿者，何也？其生财密，其用之节也。③

农业为本业，本固是强国的保证，必须适当农时，发展生产，积蓄五谷，同时还要节用，以备水旱之灾。圣王如禹、汤，也不能让天风调雨顺，禹时七年水灾，汤时五年旱灾，但却因固本节用，不致使民冻饿而死。足见发展农业生产的重要性。

> 凡五谷者，民之所仰也，君之所以为养也。故民无仰，则君无养；民无食，则不可事。故食不可不务也，地不可不力也，用

---

① 《墨子·七患》。
② 《墨子·七患》。
③ 《墨子·七患》。

不可不节也。五谷尽收，则五味尽御于主；不尽收则不尽御。①

五谷是农业生产的成果，也是国家富强的根本，只有明确这个道理，才能使民有所仰，君有所养。

> 贤者之治邑也，蚤出莫入，耕稼树艺、聚菽粟，是以菽粟多而民足乎食。故国家治则刑法正，官府实则万民富。②

重农，是诸子经济思想的共性，墨子固本论的特点，一是在诸子中比较早提出重农观，其先之老子、孔子，虽也重视农业，但都是在一般意义上论及，并未展开。墨子的固本论，对发展农业生产的重要性和必要性做了比较充分的论证，成为其后主张以法改制诸子及孟子、荀子等人重农思想的必要前导和参照。二是从农奴和平民劳动者的立场来论重农，因而与其交利论是统一的，是将民生放在首位的，并强调民生民富的重要性。这与其后诸子从强国角度论重农，是有所差别的。

也正是因为从农奴和平民劳动者立场论重农，墨子的固本论强调增加与合理使用劳动力，以发展农业生产。由于战乱和统治者的奢侈荒淫，墨子之时劳动人口短缺，为此，他认为增加人口是当务之急，

> 今天下为政者，其所以寡人之道多。其使民劳，其籍敛厚，民财不足，冻饿死者，不可胜数也。且大人惟毋兴师，以攻伐邻国，久者终年，速者数月，男女久不相见，此所以寡人之道也。与居处不安，饮食不时，作疾病死者，有与侵就㹻橐，攻城野战死者，不可胜数。此不令为政者所以寡人之道、数术而起与？圣人为政特无此。不圣人为政，其所以众人之道，亦数术而起与？③

---

① 《墨子·七患》。
② 《墨子·尚贤中》。
③ 《墨子·节用上》。

固本之要，在于人，人口众，则农业劳动力充足，农业就可发展。而"今天下为政者，其所以寡人之道多"，不仅广征赋税，使民财不足，冻饿而死，又兴师征伐邻国，强征青壮年男子为兵卒，致男女分离，不可能生育，而且征战还会死伤大量劳动力。这就是"寡人之道"。墨子主张行"众人之道"，首先是立法强制婚姻，以保证生育，

> 孰为难倍？唯人为难倍。然人有可倍也。昔者圣王为法，曰："丈夫年二十，毋敢不处家；女子年十五，毋敢不事人。"此圣王之法也。圣王既没，于民次也，其欲蚤处家者，有所二十年处家；其欲晚处家者，有所四十年处家。以其蚤与其晚相践，后圣王之法十年，若纯三年而字，子生可以二三年矣。此不为使民蚤处家，而可以倍与？且不然已！①

早婚、早育、多育，这样就可以成倍地增加人口，保证充足劳动力。

为了增加人口，墨子认为要早婚、早育、多育，王公贵族还应该减少其"拘女"，以改变男多无妻，女多无夫的现象。

> 圣人有传：天地也，则曰上下；四时也，则曰阴阳；人情也，则曰男女；禽兽也，则曰牡牝雌雄也。真天壤之情，虽有先王不能更也。虽上世至圣，必蓄私，不以伤行，故民无怨。宫无拘女，故天下无寡夫。内无拘女，外无寡夫，故天下之民众。当今之君，其蓄私也，大国拘女累千，小国累百，是以天下之男多寡无妻，女多拘无夫，男女失时，故民少。君实欲民之众而恶其寡，当蓄私不可不节。②

---

① 《墨子·节用上》。
② 《墨子·辞过》。

封建领主将其统治之民拥为私有，为满足其荒淫无度的腐败生活，广拘民女，大国累千，小国累百，为其一人之纵欲工具，这样势必造成男多寡无妻，而被拘之女亦无夫，不能生育，人口自然减少。墨子虽然无力改变君主之"拘女"行为，但却可以批评这种行为是违背天道人情的，如果君主真的想增加人口，就应节制、减少其拘女数量。

在增加人口的同时，还应尽可能将劳动力用于民生之本的农业，减少用于满足君主贵族奢侈享乐的劳役。

> 凡费财劳力，不加利者，不为也。①

为此，就要去掉宫室非居住功能的"台榭曲直之望，青黄刻镂之饰"；非"适身""和肤"功能的"荣耳目而观"的"锦绣文采靡曼之衣"；非"增气充虚，强体适腹"的"美食刍养"之食物及其烹调工艺；非为"完固轻利，可以任重致远"之用而在舟车上的文采、镂刻。②这些没有实用功能的装饰，往往要浪费大量劳动力，以致减少农业劳动力，损害农业生产。

墨子知道农业之外的手工业是必不可少的，但为了保证农业劳动人口，必须将手工业限制在一定范围。《节用中》以"子墨子言曰"：

> "凡天下群百工，轮车鞼鞄，陶冶梓匠，使各从事其所能。曰：凡足以奉给民用，则止。"诸加费不加于民利者，圣王弗为。③

将手工业限制于"足以奉给民用"这个范围，至于那些装饰性的华而不实用的工艺，则不用，以减少劳动力的浪费，保证从事固本的劳动人口。墨

---

① 《墨子·辞过》。
② 《墨子·辞过》。
③ 《墨子·节用中》。

子虽然还未明确提出"重农抑商",但已有"重本抑末"之初级思想,这是适应当时的劳动者素质技能及其总体生产力水平的,也是以民的消费需要为基本而提出的。

墨子思想术层次的交利与固本,集合春秋战国时期农奴和平民劳动者的利益和意识,虽然不可能被统治者采纳并实行,但他从天道观和人道社会观的论证,不仅理由充分,而且切中当时社会矛盾要害,更为重要的是其中体现的民利民意,是统治者不能不考虑的。这个时期连续出现的小国、弱国被吞并,大国、强国也遭受各种威胁,墨子代表下层劳动者提出的交利固本论,对于那些想保住国土国民的领主来说,还是有影响力的。而主张以法改制的诸子们,也都充分参考墨子的思想,提出利民强国的策术策技,虽然与墨子本意有所差异,但都会把墨子对民利民意的表述作为其立论的重要依据,墨子的交利固本论经他们的吸收改造作用于社会变革,而墨子则进一步在技层次从节用和非攻来展开其思想,直接影响从战国到秦、汉初的社会变革运动与集权官僚制的建立。

四 《黄帝四经》思想之术层次:君主法信,刑德相养

老子以其天道观开创了诸子思想之源,其流大体有四:一为孔子学,二为墨子学,三为"黄帝学",四为庄子学。"黄帝学"在道层次基本上承袭老子天道观,但在法层次则和孔子、墨子相近,其"道生法"观念更注重现实社会制度的变革。由于文献的散佚,我们对其初级形态只能从《黄帝四经》知其一二。其思想术层次,将"道生法"具体化于制度变革和治国理政,《黄帝四经》对此有所论述,但仍不全面,概其要为:君主法信,刑德相养,而其对更具体的技层次论证则很少涉及。

《黄帝四经》作者认为,要贯彻"道生法",首要条件就是君主能够掌控统治权。法是君权的体现,立法是君主的首要权力,也是主要职责,因此,君主必须保证其主位之责,方可立法行法。

> 观国者观主，观家观父。能为国则能为主，能为家则能为父。凡观国，有六逆：其子父，其臣主。虽强大不王。其谋臣在外立（位）者，其国不安，其主不吾（悟），则社稷残。其主失立（位）则国无本，臣不失处则下有根，【国】忧而存。主失立（位）则国芒（荒），臣失处则令不行，此之胃（谓）蘱国。主两则失其明，男女挣（争）威，国有乱兵，此胃（谓）亡国。①

君主能否控制统治权，真正主宰国政，是立国的根本，如果让臣属掌控统治权，那么国家就要颓败，尤其是不能让后妃参与和主导国政，那样就会亡国。

为此，《黄帝四经》作者强调，君主必须不失其位权，这是国家兴盛的根本。在此前提下，

> 主惠臣忠者，其国安。主主臣臣，上下不赹者，其国强。主执度，臣循理者，其国朝（霸）昌。主得□臣楅（辐）属者，王。六顺六逆存亡之分也。主上者执六分以生杀，以赏【罚】，以必伐。天下太平，正以明德，参之于天地，而兼复载而无私也，故王天【下】。王天下者之道，有天焉，有人焉，又（有）地焉。参者参用之，□□而有天下矣。为人主，南面而立。臣肃敬，不敢蔽其主。下比顺，不敢蔽其上。万民和辑而乐为其主上用，地广人众兵强，天下无适（敌）。②

这里讲了由强而霸，由霸而王天下的趋势，而其基本，还在于君主要掌握统治权，并能把握法度，真正成为政治的核心，御使群臣围绕君主这个核心而行政。"王天下者，轻县国而重士，故国重而身安；贱财而贵有知，

---

① 《黄帝四经·经法》。
② 《黄帝四经·经法》。

故功得而财生；贱身而贵有道，故身贵而令行。"①

在《黄帝四经》作者的思想中，"王天下者"并不是上帝所决定的，而是天道主导的。周王的"天子"地位，也非不可更改。一诸侯国君如果能顺应天道而"有玄德"，参天、地、人而用之，就可使其国强而霸，进而王天下。"王天下者"要重士贵智，贱身而贵有道，"诛禁当罪而不私其利，故令行天下而莫敢不听"②。

"王天下者"依天道而发布法令，是其统治权的应用，因此，其法令必须像天的运行一样有其信。

> 天执一以明三。日信出信入，南北有极，【度之稽也。月信生信】死，进退有常，数之稽也。列星有数，而不失其行，信之稽也。天明三以定二，则壹晦壹明。【天】定二以建八正，则四时有度，动静有立（位），而外内有处。天建【八正以行七法。】明以正者，天之道也。适者，天度也。信者，天之期也。极而【反】者，天之性也。必者，天之命也。③

天之所以被人信从，就在于其行有信，"天执一以明三"，日、月、星各按其规律运行，日信出信入，月信生信死，列星有数不失其行。君主制定法令，也要依从天道，并像日、月、星那样有其信。"七法"为正、适、信、极而反、必以及帛书中残缺的二项，

> 七法各当其名，胃（谓）之物。物各【合其道者】，谓之理。理之所在胃（谓）之道。物各有不合于道者，胃（谓）之失理。失理之所在，胃（谓）之逆。逆顺各自命也，则存亡兴坏可知【也。强生威，威】生惠，惠生正，【正】生静。静则平，

---

① 《黄帝四经·经法》。
② 《黄帝四经·经法》。
③ 《黄帝四经·经法》。

平则宁，宁则素，素则精，精则神。至神之极，【见】知不惑。帝王者，执此道也，是以守天地之极，与天俱见，尽□于四极之中，执六枋以令天下，审三名以为万事□，察逆顺以观于朝（霸）王危亡之理，知虚实动静之所为，达于名实应，尽知请（情）伪不惑，然后帝王之道成。①

"七法"各当其名，即合于物之道，这就是理。名当物之道而为理，理由法生，法是理的规定。合于道为理，理顺道；不合于道为失理，失理即为逆道。君主法令必须依理而顺道，由此而强，强生威，威生智慧，智慧生正，正生静，静则平，平则宁，宁则素，素则精，精则神。至神之极，则见知不惑。能够达至神，就可守天地之极，依天道而法令天下，成帝王之道。为此，就要"执六枋"而行天道。

六枋：一曰观，二曰论，三曰僮（动），四曰转，五曰变，六曰化。观则知死生之国，论则知存亡兴坏之所在，动则能破强兴弱，槫（转）则不失讳（韪）非之□，变则伐死养生，化则能明德徐（除）害。六枋备则王矣。②

六枋，即六柄，君主依此六柄而将天道之理贯彻于法令和政治，观知国之死生原因，论明存亡兴坏的规律，适合天道而动而转而变而化，由此而强国兴霸王天下。

《黄帝四经》作者认为，强国兴霸王天下必由法度，法度是天道在人世的体现，因而"正之至也"。"六枋"作为立法的手段，以"七法"为原则，而其执法，必须"精公无私而赏罚信"③。信是法令的内在条件。立法，应信于天道；执法，则取信于民，

---

① 《黄帝四经·经法》。
② 《黄帝四经·经法》。
③ 《黄帝四经·经法》。

> 诺者言之符也，已者言之绝也。已诺不信，则知大惑矣。已诺必信，则处于度之内也。①

为了能达致法信，必须要虚静公正，

> 是非有分，以法断之。虚静谨听，以法为符。审察名理名冬（终）始，是胃（谓）厩（究）理。唯公无私，见知不惑，乃知奋起。故执道者之观于天下也，见正道循理，能与（举）曲直，能与（举）冬（终）始。故能循名厩（究）理。形名出声，声实调和，祸材（灾）废立，如景之隋（随）刑，如向之隋（随）声，如衡之不臧重与轻。故唯执道者能虚静公正，乃见□□，乃得名理之诚。②

公为一般，是理与道的体现，私则是个人私利私意，《黄帝四经》作者认为，君主并不因其个人而成君主，也不应为了个人私利而处其位，他的权力及其展现的法令，都应符合天道。为此，必须由虚静而排除私利私意，"得名理之诚"。法正而信，就能得到民众拥护，由此强霸，进而王天下。

《黄帝四经》作者虽然重视法治，但同时又强调德政，主张刑德相养。

> 作争者凶，不争亦毋以成功。顺天者昌，逆天者亡。毋逆天道，则不失所守。天地已成，黔首乃生。胜（姓）生已定，敌者生争。不谌不定。凡谌之极，在刑与德。刑德皇皇，日月相望，以明其当。望失其当，环视其央（殃），天德皇皇，非刑不行，缪缪天刑，非德必顷。刑德相养，逆顺若成。刑晦而德明，刑阴

---

① 《黄帝四经·经法》。
② 《黄帝四经·经法》。

而德阳，刑微而德章。其明者以为法，而微道是行。①

民众之间的纷争是经常发生的，尤其是各氏族的矛盾由来已久，君主用刑罚来戡乱，是保持安定的必要方式，但绝不能只用刑罚，更应施德惠于民。在《黄帝四经》作者看来，德的作用尤其重要，与刑相比，德是明、阳、彰，而刑是晦、阴、微，因此要突出德的正面作用。刑德相养，二者相互协调，抑恶扬善，促进民众和谐，社会稳定。

数日、厤（历）月、计岁，以当日月之行，允地广裕，吾类天大明。吾畏天爱地亲【民】，□无命，执虚信。吾爱民而民不亡，吾爱地而地不兄（旷）。②

君主要像地那样广阔，像天那样光明，要敬畏天爱护地亲近民众。要保持心境空明宁静，固守法令之信，爱民而保民，使民在我的领土上安居乐业，为我提供财富和兵员。从这段论述可以看出《黄帝四经》作者所受孔子思想影响，其亲民爱民都是孔子倡导的仁政之要点。而其刑德相养之德，也在于亲民爱民，可以说是德政。德政与刑罚对于统治者来说，是相互配合的两手，而德政应优先于刑罚。

不靡不黑，而正之以刑与德。春夏为德，秋冬为刑。先德后刑以养生。姓生已定，而适（敌）者生争，不谋而定。凡谋之极，在刑与德。刑德皇皇，日月相望，以明其当，而盈□无匡。夫是故使民无人执，举事毋阳察，力地无阴敝。阴敝者土荒，阳察者夺光，人执者执兵。是故为人主者，时控三乐，毋乱民功，毋逆天时。然则五谷溜孰（熟），民【乃】蕃滋。君臣上下，交

---

① 《黄帝四经·十六经》。
② 《黄帝四经·十六经》。

得其志。天因而成之。夫并时以养民功，先德后刑，顺于天。①

春夏为德，秋冬为刑，这是阴阳术之说，春夏乃阳，秋冬为阴。以德扶助民生，以刑治理民乱。助民生为主，为先；治民乱为辅，为后。民之所以会有乱，就在民生不保，若民有适宜的生存条件，何来民乱？统治者不扰乱民事其业，顺天时而在春、夏、秋三季使民乐于耕作，五谷丰熟，民衣食无忧，又可上交赋税，怎么会生乱？因此，德政先于刑罚，甚至可以减少刑罚，这才是顺于天道。

《黄帝四经》关于刑德相养的思想，源于老子德的观念，又参照了《易传》的阴阳之说。《十六经》各章，贯通着阴阳观念，并将之提到一个新高度，对此，我们在下面讨论"阴阳五行"说时还要论及。这里着重探讨其从阴阳观而形成的政治思想。

黄帝【问四】辅曰：唯余一人，兼有天下。今余欲畜而正之，均而平之，为之若何？果童对曰：不险则不可平，不谌则不可正。观天于上，视地于下，而稽之男女。夫天有【恒】干，地有恒常。合常，是以有晦有明，有阴有阳。夫地有山有泽，有黑有白，有美有亚（恶）。地俗德以静，而天正名以作。静作相养，德疟相成。两若有名，相与则成。阴阳备物，化变乃生。有【任一则】重，任百而轻。人有其中，物又（有）其刑（形），因之若成。②

阴阳是天道的展现，遍及天地万物，人世亦有阴阳，不仅男女之分，政治也是阴阳相承，先德后刑，就是阴阳两种属性的体现，把握好二者的轻重关系，就可以富而正之，均而平之。

---

① 《黄帝四经·十六经》。
② 《黄帝四经·十六经》。

> 静作得时，天地与之；静作失时，天地夺之。夫天地之道，寒湼（热）燥湿，不能并立。刚柔阴阳，固不两行。两相养，时相成。居则有法，动作循名，其事若易成。若夫人事则无常。过极失当，变故易常。德则无有，昔（措）刑不当。居则无法，动作爽名。是以僇（戮）受其刑。①

善于把握阴阳的平衡，是治国理政的要旨，尤其应突出德阳，此为治国之正，但也不要以为刑阴无用，违背法律"变故易常"的人与事不可能杜绝，即使君主力行德政，也会有违法现象，对此，就应以刑罚处理，不能任其扰乱社会秩序。

《黄帝四经》关于君主法信，刑德相养的思想，还是一般性的论说，并不像李悝、吴起、慎到、申不害、商鞅那样专对某一国而发表以法改制的主张，因而也显得空泛抽象。但《黄帝四经》却是集合了老子、孔子及墨子思想的道、法、术层次，将他们更为一般的论述集中于治国理政这一主题，并根据自己的理解，加以改造，形成了以法为核心的变革制度的观念，虽然《黄帝四经》的作者并未付诸实践，却是老子、孔子、墨子与李悝、吴起、慎到、申不害、商鞅等以法改制诸子必要的思想中介。

五　李悝以法改制之术：尽地力，夺淫民，著法经

自司马迁将其父司马谈《论六家要旨》书于《太史公自序》而广为流传，《汉书·艺文志》又将诸子分家分类，"法家"为其中一家并将李悝、吴起和慎到、申不害、商鞅、韩非等纳入其中，此说已成两千多年来的定论。然而，"法家"是如何产生的，为什么孔子再传弟子的李悝、吴起和"术本黄老"的慎到、申不害同为"法家"？这些问题大家都会想到，但无解，也就不提。我们探讨诸子思想系统，则不能回避这些问题。

---

① 《黄帝四经·十六经》。

所谓"法家"诸子,都处战国时,除韩非为韩国公子,其余都是普通士子,他们没有资格入"官学",只能从民间"私学"修习,并自学所能得到的老子、孔子、墨子等人著作。当时并没有中央政权大一统的意识形态管制,"私学"的管理也相对松散,不可能限制学生受其他学派的影响,而且"私学"既不发毕业文凭,也不能分配工作,学生们根据自己所遇到的具体情况而独立思考问题,都属正常。诸子并不存在严格的"家"的区别,没有什么"儒法对立""儒法斗争"。二十世纪七十年代"批儒评法"中的这些提法,实际上是将固守封建领主制的贵族势力说成了"儒家",孔子及其继承人虽为"儒者",却绝非贵族,也不反对以法改制,这在荀子那里表现得相当明显。而孔子思想道、法层次恰可为以法改制的基本观念和方法论原则,是李悝、吴起、商鞅思想的来源。而"术本黄老"的慎到、申不害,则以老子之道、法为前提,探讨以法改制的术和技,也是顺理成章的。

历代研究"法家"的人,囿于将诸子分家别类的传统,不仅很难理解慎到、申不害和李悝、吴起为什么从"道家""儒家"变成"法家",更忽略了墨子关于"法"的思想对他们的影响。上一节关于墨子思想术层次的探讨中,我们概述了《墨子·法仪》中关于"法度"的思想,其治国治天下必依"法度","治法""莫若法天"的论述,可以看成老子天道观和孔子人道社会观的展开,而墨子又将他的"兼爱"充实于人道社会观。这样,"法"就成了天道观和人道社会观具体化于社会政治的"交利"之术的必要前提和首要内容。李悝、吴起与慎到、申不害等人,都略晚于墨子,而墨学当时已成显学,因而他们有可能受墨子"法度"说的影响,而他们关于以法改制的思想,也正是老子天道观和孔子人道社会观的展开。

法律、法度之"法",与方法之"法"相比,既有治理社会的方法之意,更注重对人们行为的规范,是根据社会制度界定人们的行为准则。周初以礼为基本制度形式,并以刑为辅助,所谓"礼不下庶人,刑不上大夫。"在王公贵族间按氏族血统来界定个人身份地位和相互关系,并约束其行为;刑只是管制庶人的一种方式,但并不规定同一标准,而是由主政

者任意判决。子产在郑国铸刑书,颁布刑法,以改变任意判决所导致的乱象,遭到晋国叔向的反对,

> 叔向使诒子产书,曰:"始吾有虞于子,今则已矣。昔先王议事以制,不为刑辟,惧民之有争心也。犹不可禁御,是故闲之以义,纠之以政,行之以礼,守之以信,奉之以仁,制为禄位,以劝其从;严断刑罚,以威其淫。惧其未也,故诲之以忠,耸之以行,教之以务,使之以和,临之以敬,莅之以强,断之以刚;犹求圣哲之上、明察之官、忠信之长、慈惠之师,民于是乎可任使也,而不生祸乱。民知有辟,则不忌于上。并有争心,以征于书,而徼幸以成之,弗可为矣。①"

叔向的意思很清楚:刑是治民的手段,先王之所以不对刑罚做出标准性的条文规定,就是怕有了这样标准的条文规定,民就可以依据它来与统治者相争,就其判决与统治者论短长,甚至反对统治者不按条文的判决,而是要把刑罚作为随统治者主观意图而施为的手段。在要以义、政、礼、信、仁来加强和协调统治者内部关系,对民则在"严断刑罚,以威其淫"的同时,"诲之以忠,耸之以行,教之以务,使之以和,莅之以强,断之以刚",同时访求圣哲、明察、忠信、慈惠的贵族为官为师,行使统治权力和说教,这样,民就会服从统治,任由役使,不会起来造反。但你子产不仅规定刑罚标准的条文,还把它铸成刑书,如果规定并让民知道了这个标准条文,民就会不怕和不服从统治,形成与统治者相争的思想,依据刑罚条文来争辩判决是否合乎条文,不服从,甚至会推翻判决,这样就会损害统治的权威,因此绝不能规定刑罚标准的条文。你子产铸的刑书使民有了争的依据,"将弃礼而征于书,锥刀之末,将尽争之。乱狱滋丰,贿赂并

---

① 《左传·叔向论刑书(昭公六年)》。

行，终子之世，郑其败乎"！①

　　子产作为郑国相，针对已经变化了社会条件，做了局部的改革，用叔向的话说包括"作封洫，立谤政，制参辟，铸刑书"，其中"作封洫"是水沟划分田界，承认民对私田的一定权利；"立谤政"，是容许民众议论政事；"制参辟"，即制定三种刑罚条文；"铸刑书"，就是把三种刑罚条文铸于鼎上。这是在不改变封建领主制的前提下进行的改革，其要点就是对用于民的刑做出统一标准，而铸于鼎上的条文，是法律的初级形式。从子产铸刑书也可以认识"法"的基本含义：按统一标准界定罪与非罪，为此，就要对法所涉及者的权利和义务有所规定，进而规范其行为和相互关系。子产的"作封洫"，就是对庶民的部分土地权利的规定。近代有人说这是承认"土地私有"，并不准确，中国自古以来就未出现"土地私人所有权"，封建制度下土地所有权是属于天子和诸侯的，统治氏族中的平民和非统治氏族的农奴只是由领主分配部分土地的使用权，二者的区别在于付出的贡赋及劳役量不同。子产的"作封洫"只是将其使用权相对固定，还未达到后来李悝、商鞅等人将土地使用权变为占有权的程度，而且只涉及统治氏族中的平民，其"谤政"大概也限于此。就是这么小的一点改变，就引起保守势力的反对，叔向不是郑国人，但他敏感地意识到子产的改革会动摇已经没落的封建领主制②的根基，尤其是对子产的铸刑书，不仅严肃地依从周礼进行批判，更警告子产，你这样做，必然会导致郑国败亡。而叔向所维护的不立刑罚标准条文的统治，就是不承认民有任何权利，对其罪与非罪，完全由统治者的主观判断决定。

　　墨子之强调"法仪""法度"，是从被统治的民一方提出的，即以天志和兼爱为依据，制定统一的法律，就像"百工为方以矩，为圆为规，直以绳，正以县"那样评判人的行为。这与子产从统治者角度的铸刑书是有所区别的，但其形式却有一般共性。李悝、吴起与慎到、申不害等人，是

---

① 《左传·叔向论刑书（昭公六年）》。
② 对此，叔向有比较深刻的认识，见《左传·晏婴叔向论齐晋季世（昭公三年）》。

承续子产思路的,但墨子从民角度的论说无疑也会对他们有所影响。

李悝(约公元前455—前395年)和吴起(约公元前440—前381年),都是孔子的再传弟子,就学于曾子、子夏。他们是比较早的以法改制思想家和实践者,开启了以法改制的社会变革运动。

关于李悝,《史记》并未单列传,只是在《孟荀列传》中提到"魏有李悝,尽地力之教"。① 《货殖列传》又提"当魏文侯时,李克务尽地力"。② 在《平准书》中还说"魏用李克,尽地力,为强君"。③ 但延伸了一段话:

> 自是之后,天下争于战国,贵诈力而贱仁义,先富有而后推让。故庶人之富者或累巨万,而贫者或不厌糟糠;有国强者或并群小以臣诸侯,而弱国或绝祀而灭世。④

《汉书·艺文志》先在"儒家"部分提到"《李克》七篇。子夏弟子,为魏文侯相"。⑤ 随后在"法家"部分又提"《李子》三十二篇。名悝,相魏文侯,富国强兵"。⑥

《史记》和《汉书》都提到"李悝"和"李克",似乎是两个人,但其时其国又相同,尤其《史记》,不论说"李悝"还是"李克",都以"尽地力"而评价。《汉书》则都说是"魏文侯相""相魏文侯"。不可能在魏文侯为君主的短期内会有两个李姓名相,而且都主张"尽地力"吧。近人章太炎推断李悝、李克"当是一人",得到普遍认同。李悝著《法经》,并率先推行以法改制,因而被说成"法家"之开创者,但他又是"子夏弟子",似乎又属"儒家",《汉书·艺文志》就按分家别类说将

---

① 《史记·孟荀列传》。
② 《史记·货殖列传》。
③ 《史记·平准书》。
④ 《史记·平准书》。
⑤ 《汉书·艺文志》。
⑥ 《汉书·艺文志》。

"李悝"归入法家,"李克"归入儒家。仅从这一点就可看出将诸子分家别类说的偏颇。而《汉书·艺文志》对吴起、慎到、申不害的归"家"也都自相矛盾。

我们不承认将诸子分家别类说,因此不必顾虑李悝是"儒家"还是"法家",而是根据其思想和历史作用对他进行考察。不论《汉书·艺文志》所列"法家"李悝的三十二篇,还是"儒家"李克的七篇,都已不传,《法经》大概应在三十二篇中,其详细内容已不可考。虽然李悝在以法改制的思想和实践上起着重要作用,但却不能对之进行系统研究,这里只能从散见其他文献中的材料,对其思想术层次进行大略考察,概其要为尽地力,夺淫民,立法经。

司马迁在《史记》中三处提到李悝,都概言其"尽地力",《汉书·食货志》对此也有叙述:

> 李悝为魏文侯作尽地力之教。以为地方百里,提封九万顷,除山泽邑居参分去一,为田六百万亩。治田勤谨则亩益三升,不勤则损亦如之。地方百里之增减,辄为粟百八十万石矣。①

这是从总体上对魏国土地进行测量,并对其产量进行估算。"尽地力",是使全部土地都有人耕种,也就是"尽民力",按"一夫百亩"来分配土地的占有权或使用权,使地有所耕。《吕氏春秋·乐成篇》曾记载:"魏氏之行田也以百亩,邺独二百亩,是田恶也。"② 大概是李悝"尽地力之教"的分田情况。在地有所耕的同时,鼓励"治田勤谨",主张"必杂五种,以备灾害;力耕数粒,收获如寇盗之治"。③ 并重视水利建设,李悝当政时名臣西门豹就曾引漳河水灌邺,使粮食增收。

"尽地力"不仅是要使地有所耕和勤谨耕作,还要保证农夫的收入和

---

① 《汉书·食货志》。
② 《吕氏春秋·乐成篇》。
③ 见《太平御览》卷八百二十一。

生活。为此,李悝提出"平籴"的主张。

> 籴甚贵伤民,甚贱伤农。民伤则离散,农伤则国贫。故甚贵与甚贱,其伤一也。善为国者,使民毋伤而农益劝。今一夫挟五口,治田百亩,岁收亩一石半,为粟百五十石,除十一之税十五石,余百三十五石。食,人月一石半,五人终岁为粟九十石,余有四十五石。石三十,为钱千三百五十,除社闾尝新,春秋之祠,用钱三百,余千五十。衣,人率用钱三百,五人终岁用千五百,不足四百五十。不幸疾病死丧之费,及上赋敛,又未与此。此农夫所以常困,有不劝耕之心,而令籴至于甚贵者也。是故善平籴者,必谨观岁有上中下孰。上孰其收自四,余四百石;中孰自三,余三百石;下孰至倍,余百石。小饥则收百石,中饥七十石,大饥三十石,故大孰则上籴三而舍一,中孰则籴二,下孰则籴一,使民适足,贾平则止。小饥则发小孰之所敛,中饥则发中孰之所敛,大饥则发大孰之所敛而粜之。故虽遇饥馑水旱,籴不贵而民不散,取有余以补不足也。行之魏国,国以富强。①

"平籴"的要点,在于由国家根据上、中、下三种收成情况,以平价收购每户三百石、二百石、一百石粮食,"使民适足,贾平则止",既保证非农之民的粮食供应,以及农民的货币收入,国家又可储备一部分粮食,在遇灾荒时,以平价卖出,使民不致因饥饿而逃散。至于这里的一些数字计算上的问题,则不必细究。

"尽地力"的分田和要求民勤谨耕种,势必涉及土地制度,"一夫挟五口,治田百亩",是以一夫为主的家庭单位治百亩田,但这个"一夫"及其所"挟五口",是农民还是农奴,其所治百亩田,是只有使用权,还是包括使用权的占有权,各类文献中都没有记载。而在"夺淫民"的主张

---

① 《汉书·食货志》。

中,却可以看出李悝已经开始对封建领主制进行局部的变革。《说苑·政理篇》有这样的记载:

> 魏文侯问李克曰:"为国如何?"对曰:"臣闻为国之道,食有劳而禄有功,使有能而赏必行,罚必当。"文侯曰:"吾尝罚皆当而民不与,何也?"对曰:"国其有淫民乎?臣闻之曰:夺淫民之禄,以来四方之士。其父有功而禄,其子无功而食之,出则乘车马、衣美裘,以为荣华,入则修竽琴钟石之声,而安其子女之乐,以乱乡曲之教,如此者,夺其禄以来四方之士,此之谓夺淫民也。"①

李悝所说的"淫民",是指曾因战功或其他功劳而获得禄位的中小贵族之后人,他们享受着先父祖的禄位所带来的封地上农奴劳动的成果,过着奢侈荣华的生活,不仅败坏社会风气,还空占禄位而阻碍"四方之士"报效国家。李悝建议"夺其禄以来四方之士",即废除世卿世禄,以吸引真正的人才。而"夺淫民"之禄还会使其封地上的农奴得以解放为农民,他们的生产积极性也会提高,并与非农奴的农民一样"一夫挟五口,治田百亩",为国交纳"十一之税"。

"夺淫民"还从另一个方面有利于农业的发展,废除"淫民"之禄,不仅迫使他们劳而食,更可以使原来为他们奢华生活服务的手工业者转业为农,增加粮食生产。李悝谓之"禁技巧"。

> 魏文侯问李克曰:"刑罚之源安生?"李克曰:"生于奸邪淫泆之行。凡奸邪之心,饥寒而起。淫泆者,久饥之诡也。雕文刻镂,害农事者也;锦绣纂组,伤女工者也。农事害,则饥之本也;女工伤,则寒之源也。饥寒并至而能不为奸邪者,未之有也。男

---

① 《说苑·政理篇》。

女饰美以相矜，而能无淫泆者，未尝有也。故上不禁技巧，则国贫民侈。国贫民侈则贫穷者为奸邪，而富足者为淫泆，则驱民而为邪也。民以为邪，因之法随诛之，不赦其罪，则是为民设陷也。刑罚之起有原，人主不塞其本而替其末，伤国之道乎？"①

"禁技巧"本为老子的思想，老子说"人多伎巧，奇物滋起；法令滋彰，盗贼多有"。② 李悝发挥了老子相关思想，并吸收了墨子"节用"观，将刑罚之源归于奸邪淫佚之行，而"雕文刻镂""锦绣纂组"的技巧是为奸邪淫佚之行服务的，大量的男女劳动力从事这些技巧之劳，势必"害农事""伤女工"，导致"饥寒并至"，由此而"国贫民侈"，贫穷者为奸邪，富足者为淫佚。这样，就不能不以法而施以刑罚。李悝认为，以法刑罚当然必要，但其仍为治标，更重要的是"塞其本而替其末"，"禁技巧"以使男农女织，增加财富，"夺淫民"以杜绝对"雕文刻镂""锦绣纂组"的需求。

李悝的"夺淫民"及相应的"禁技巧"，都是服从于"尽地力"的，以富强国家为目的。与之相应，李悝主张以法治国。这包括两个层次，上述"尽地力""夺淫民"，已涉及制度性的变革，尤其"夺淫民"实则对封建宗法制的变革，当然也属法的范畴。再就是以明确的法律界定罪与罚的标准，依法而治民。而颁布法律于民，使其知罪而不犯罪，或犯罪而服法之刑罚，就可以保证社会安定。为此，李悝经魏文侯同意，编写了《法经》。

李悝《法经》开创了以法治民的先河，与子产的铸刑书相比，《法经》更为详细地规定了罪与非罪，以及刑罚的标准。《法经》已佚，《晋书·刑法志》中对其篇目有所记载：

---

① 《说苑·反质》。
② 《老子·五十七章》。

> 秦汉旧律，其文起自魏文侯师李悝。悝撰次诸国法，著《法经》。以为王者之政，莫急于盗贼，故其律始于盗贼。盗贼须劾捕，故著网、捕二篇。其轻狡越城、博戏、借假不廉、淫侈逾制，以为"杂律"一篇，又以具律"具其加减"。是故所著六篇而已。然皆罪名之制也。商君受之以相秦。汉承秦制，萧何定律，除参夷连坐之罪，增部主、见知之条，益事律兴、厩、户三篇，合为九篇。①

《法经》六篇，分为：盗法、贼法、囚法、捕法、杂法、具法，虽已不得其详，却也可知其纲要。从篇目上看，《法经》的目的在于保护私有财产，规范臣民的行为，并以统一标准对犯罪者予以刑罚。今坊间还流传名为"黄氏逸书考"的丛书，其中有李悝《法经》全文，但其文竟有"盗毁天尊佛像"一目，言"诸盗毁天尊像佛像者徒三年，即道士女冠盗毁天尊像，僧尼盗毁佛像加役流"，以及数罪之罚都有"流三千里""流二千里"。李悝时，道教、佛教尚未出现，何来盗毁"天尊像""佛像"，以及"道士女冠""僧尼"？再者，魏国乃中原一国，哪有"三千里"之领土可以流放犯人？明显是伪造之书。虽不可信以为据，却也能有所参考。

子产铸刑书，标志着对封建领主之礼制局部改变，而李悝著《法经》，则是对封建领主制的更进一步变革。子产铸刑书遭到叔向为代表的守旧势力激烈反对，而李悝《法经》却未见有人批评，而且被商鞅作为其变法的依据，进而为秦、汉两个集权官僚制大一统朝廷所沿用。从这里可以看出，《法经》是与集权官僚制相适应的，是从法律层面对封建领主制的变革。《法经》所确立的法律，是对民的部分人身权和财产权的保护，无疑是一种历史的进步，而它能为集权官僚制的秦、汉及以后的政权所接受，表明其与此制度的内在统一性。虽然李悝所处的魏国还只是战国中的一国，但他的以法改制已率先在魏国进行了局部变革，并为其他诸子的以法

---

① 《晋书·刑法志》。

改制树立了榜样。

六　吴起以法改制之术：明法审令，废爵收禄，强国勇兵

诸子之中，吴起是少有的文武兼修并有大建树之雄才，他的经历也相当曲折，《史记》将他与孙武、孙膑同列一传，视为"兵家"。但吴起不仅是军事家，更是一位以法改制的政治家，其文治武功对于推动社会变革起着重要作用。

吴起著有《吴子》一书，虽流传过程中多有窜改，但基本思想仍有保持。

《史记·孙子吴起列传》记，

> 吴起者，卫人也，好用兵，尝学于曾子，事鲁君。齐人攻鲁，鲁欲将吴起，吴起取齐女为妻，而鲁疑之。吴起于是欲就名，遂杀其妻，以明不与齐也。鲁卒以为将，将而攻齐，大破之。
>
> 鲁人或恶吴起曰："起之为人，猜忍人也。其少时，家累千金，游仕不遂，遂破其家，乡党笑之，吴起杀其谤己者三十余人，而东出卫郭门。与其母诀，啮臂而盟曰：'起不为卿相，不复入卫。'遂事曾子。居顷之，其母死，起终不归。曾子薄之，而与起绝。起乃之鲁，学兵法以事鲁君。鲁君疑之，起杀妻以求将。夫鲁小国，而有战胜之名，则诸侯图鲁矣。且鲁、卫兄弟之国也，而君用起，则是弃卫。"鲁君疑之，谢吴起。①

从这段描写中可以看出，吴起从小就是功名心很强的人，少年时就游仕，不遂，败其家。乡党嘲笑他，他竟杀乡党三十余人，可见其凶残。为避罪

---

① 《史记·孙子吴起列传》。

逃离卫国，与母告别，誓言"不为卿相，不复入卫"。师事曾子，因有誓言在先，母死时不归卫尽孝，被讲求孝道的曾子开除。后来到鲁国，学兵法，齐国攻鲁，鲁君要用吴起将军御敌，但吴妻为齐女，鲁君怀疑他是否忠心为鲁，于是吴起杀妻，取得鲁君信任，命为将军，大破齐军，保住了鲁国。而鲁国那些被吴起保住身家性命的权贵们却容不得他，以他的品行不端、败家、杀乡党、母丧不归、杀妻求将等攻击他，甚至说"鲁小国，而有战胜之名，则诸侯图鲁矣"，好像吴起打了胜仗反倒给鲁国带来更多危险，甚至用"鲁、卫兄弟之国也，而君用起，则是弃卫"这个不成理由的理由迫使鲁君不用吴起。而鲁君也没有雄心大略，只能将吴起辞退，这对于吴起，未尝不是好事，如果委屈于鲁，雄才必不得施展，而对鲁国，则是灾难性的，此等观念和胸怀，势必亡国。

> 吴起于是闻魏文侯贤，欲事之。文侯问李克曰："吴起何如人哉？"李克曰："起贪而好色，然用兵，司马穰苴不能过也。"于是魏文侯以为将，击秦，拔五城。①

魏文侯的心胸大于鲁君，而李悝与吴起都是曾子学生，不见得同时就学，但对吴起还是了解的，并从人品和才能两个方面介绍他，文侯用吴起为将，击秦破五城。

司马迁还写了吴起为将与士卒同甘苦，

> 起之为将，与士卒最下者同衣食。卧不设席，行不骑乘，亲裹赢粮，与士卒分劳苦。卒有病疽者，起为吮之。卒母闻而哭之。人曰："子卒也，而将军自吮其疽，何哭为？"母曰："非然也。往年吴公吮其父，其父战不旋踵，遂死于敌。吴公今又吮其子，妾不知其死所矣。是以哭之。"

---

① 《史记·孙子吴起列传》。

> 文侯以吴起善用兵，廉平，尽能得士心，乃以为西河守，以拒秦、韩。①

司马迁不愧一等大文豪，不过百余字，就把吴起为将亲卒，士兵拼死效命描写得如此深刻，尤其卒母因吴起为其子其夫吮疽而哭，简直神来之笔！而能像吴起这样为将者，古今稀有。

吴起发迹于善用兵，但他绝非一介武夫，而是有变革思想和远大抱负的政治家。《史记·孙子吴起列传》写道：魏文侯死，其子武侯即位，乘船浮西河而下，感叹"美哉乎山河之固。此魏之宝也！"，吴起由此发了一通"在德不在险"的议论。他举曾拥有天险的三苗、夏桀、殷纣都因德义不修而被禹、汤、武王所灭为例，强调"若君不修德，舟中之人尽为敌国也"。武侯曰："善。"②

后来魏国田文为相，设法将吴起赶出魏国，吴起到楚国，

> 楚悼王素闻起贤，至则相楚。明法审令，捐不急之官，废公族疏远者，以抚养战斗之士。要在强兵，破驰说之言从横者。于是南平百越；北并陈蔡，却三晋；西伐秦。诸侯患楚之强。故楚之贵戚尽欲害吴起。及悼王死，宗室大臣作乱而攻吴起，吴起走之王尸而伏之。击起之徒因射刺吴起，并中悼王。③

吴起的以法改制思想和政治才能在楚国得以充分展示。《韩非子·和氏》说：

> 昔者吴起教楚悼王以楚国之俗曰："大臣太重，封君太众，若此，则上逼主而下虐民，此贫国弱兵之道也。不如使封君之子

---

① 《史记·孙子吴起列传》。
② 《史记·孙子吴起列传》。
③ 《史记·孙子吴起列传》。

孙三世而收爵禄，绝灭百吏之禄秩，损不急之枝官，以奉选练之士。"①

从《史记》和《韩非子》的记载中，可以看出吴起以法改制思想的要点，一是明法审令，二是废爵收禄。明法审令应是承继李悝的法治思想并加入军队管制的方式而形成，并贯彻于政治和军事中。《吴子·治兵》载：

> 武侯问曰："兵何以为胜？"
> 起对曰："以治为胜。"
> 又问曰："不在众寡？"
> 对曰："若法令不明，赏罚不信，金之不止，鼓之不进，虽有百万，何益于用。所谓治者，居则有礼，动则有威，进不可当，退不可追，前却有节，左右应麾，虽绝成陈，虽散成行。"②

对吴起来说，军事与政治是统一的，以治军的方式治国，在战国时也是强国拓地的可行之术。法令要明，赏罚更要信，治军如此，治国亦如此。《韩非子·内储说上》记：

> 吴起为魏武侯西河之守，秦有小亭临境，吴起欲攻之。不去，则甚害田者；去之，则不足以征甲兵。于是乃倚一车辕于北门之外，而令之曰："有能徙此南门之外者赐之上田上宅。"人莫之徙也。及有徙之者，还，赐之如令。俄又置一石赤菽东门之外而令之曰："有能徙此于西门之外者赐之如初。"人争徙之。乃下令曰："明日且攻亭，有能先登者，仕之国大夫，赐之上田宅。"人争趋之，于是攻亭一朝而拔之。③

---

① 《韩非子·和氏》。
② 《吴子·治兵》。
③ 《韩非子·内储说上》。

《吕氏春秋·似顺论·慎小》载：

> 吴起治西河，欲谕其信于民，夜日置表于南门之外，令于邑中曰："明日有人偾南门之外表者，仕长大夫。"明日日晏矣，莫有偾表者。民相谓曰："此必不信。"有一人曰："试往偾表，不得赏而已，何伤？"往偾表，来谒吴起。吴起自见而出，仕之长大夫。夜日又复立表，又令于邑中如前。邑人守门争表，表加植，不得所赏。自是之后，民信吴起之赏罚。赏罚信乎民，何事而不成，岂独兵乎？①

这两则故事，都在说明吴起树信于民：一则吴起为西河太守，要攻秦一哨所，但又不值得兴师大战，因而就以一车辕置北门，宣称有将此辕搬到南门外者就赐上田上宅，先是无人相信，后有一人将它搬到南门，吴起即兑现承诺。又置一石红豆于东门，宣称如有搬到西门外者也赐上田上宅，人们争抢来搬，仍兑现承诺。然后又下令，明天攻秦哨所，能先攻上去的，仕之国大夫，赐上田上宅。人们争先攻秦哨所，一下子就攻下了它。二则是在西河太守任上，为了取信于民，立一木表于南门外，下令说如果有人将此木表拔起，就仕长大夫。人们都不相信这个简单的事会有大赏赐，后有一个人去拔了，吴起亲自接见，并仕为长大夫。第二天又立木表，仍下令如前，人们争着去拔木表，但因埋得更深，不能拔起。但人们知道吴起是讲信用的。"赏罚信乎民，何事而不成"，是《吕氏春秋》作者的评论，也是吴起的目的。

废爵收禄是吴起以法改制的要点，也是他在社会变革中所起的主要作用。与李悝的"夺淫民"只对中下贵族不同，吴起废爵收禄所针对的是大臣、封君等上层贵族，在废其世卿世禄的同时，又灭绝百吏之禄秩，并削

---

① 《吕氏春秋·似顺论·慎小》。

减不必要的冗官。同时还令贵族去边远之地垦荒。《吕氏春秋·开春伦·贵卒》：

> 吴起谓荆王曰："荆所有余者，地也；所不足者，民也。今君王以所不足益所有余，臣不得而为也。"于是令贵人往实广虚之地，皆甚苦之。①

吴起以他军事将领之勇略执行政治变革，也是敢作敢当，不管你是大臣还是封君，都在整治之列。而"使封君之子孙三世而收爵禄"，是一个创举，是切实向世卿世禄开刀。至于"绝灭百吏之禄秩"，不仅可减少财政开支，又可收回其所占土地。这两项变革，最大的受益者是大批得以解放的农奴，废除了封君和百吏的爵禄，也就解放了农奴对他们的依附关系，由此可以作为相对自由的农民耕种国家分配的土地，纳税后自食其产品。对于那些被废爵收禄的贵族，则令其"往实广虚之地"垦荒，既可让其以劳力自养，更排除了其对国君的干扰，有利于以法改制和富国强兵。虽然吴起在楚悼王死后被这批贵族所杀害，但他对变革的推动作用却是抹杀不去的。

强国治兵，是作为军事家的吴起的拿手戏，但他绝非单纯的军事将领，而是将以法改制思想贯彻于兵术与战事中，因此在战国时期众多名将中更具特色。《吴子》现存六篇，其一《图国》，其二《料敌》，其三《治兵》，其四《论将》，其五《应变》，其六《励士》，大部分内容是吴起与魏文侯、武侯谈军事，后人多有怀疑其真伪者。应当说明的是，此书非吴起本人著作，而是对话记录，被人修饰改动自不可免，但其基本仍为吴起之军事思想。大体上说，分为兵术、兵技两个层次。这里先探讨其兵术。

兵术，大致与现在人们所说的"战略"相当，而兵技，则与"战术"相当，由于古今军事条件已大不同，这种"相当"也只能是"大致"。

---

① 《吕氏春秋·开春论·贵卒》。

中国系统的兵术思想始于孙子，对此我们下面专门论说。吴起的兵术思想源于孙子，并在长年的军事活动中总结经验教训而形成，但《吴子》所记均为在魏国时的思想，对他到楚国后的军事实践并未涉及，而他在楚国时思想已臻成熟，所立军功最大，"南平百越；北并陈、蔡，却三晋；西伐秦"。仅从这一点说，《吴子》一书，也并不能全面展现吴起的军事思想。

吴起的兵术思想，归总起来就是强国勇兵。强国，是以法改制的目标，是以国富为基础的，吴起所主张的废爵收禄也是以强国为理由的。吴起认为，国之强，不仅在于土地、人口、财政，更在于立国治国的理念，进而以正确的理念统一政治民心，是强国的根本。吴起认为，正确的治国理念应为四德：道、义、理、仁。

> 夫道者，所行反本复始。义者，所以行事立功。谋者，所以违害就利。要者，所以保业守成。若行不合道，举不合义，而处大居贵，患必及之。是以圣人绥之以道，理之以义，动之以礼，抚之以仁。此四德者，修之则兴，废之则衰，故成汤讨桀而夏民喜悦，周武伐纣而殷人不非。举顺天人，故能然矣。①

这基本上是吴起对从曾子和子夏那里所学孔子思想的法和术层次的理解，但更为集中于强国这个目的。其中关于"道"的认识更为直接，"所行反本复始"，道是人们日常所行走的道路，它是可以依据的，能够反复走并回到起点的。吴起由此而论立国必明根本、知大道。而义就是"行事立功"，其要旨是保业守成。所以，明道举义是立国强国的基本理念，要"绥之以道，理之以义"，进而，"动之以礼，抚之以仁"。仁和礼也被吴起工具化，是强国的手段，这与孔子及其弟子的抽象议论有明显不同。

在明确强国理念的前提下，还要亲和万民。

---

① 《吴子·图国》。

> 昔之图国家者，必先教百姓而亲万民。有四不和：不和于国，不可以出军；不和于军，不可以出陈；不和于陈，不可以进战；不和于战，不可以决胜。是以有道之主，将用其民，先和而造大事。不敢信其私谋，必告于祖庙，启于元龟，参之天时，吉乃后举。民知君之爱其命，惜其死，若此之至，而与之临难，则士以进死为荣，退生为辱矣。①

国之实在于民，亲和万民，是强国的实质内容，因此，君主要用其民而战，必以亲和万民为第一要务，只有这样，民为兵时才荣死辱生。

亲和万民而强国之基，在此基础上，还要以礼仪治军，吴起指出："凡制国治军，必教之以礼，励之以义，使有耻也。夫人有耻，在大足以战，在小足以守矣。"② 教之以礼，励之以义，使民众知耻，从而忠勇为国效命。

战争对每个参与者都是拼命的活动，两强相争，勇者胜。吴起充分地认知这个道理，为此，强调在强国的同时，必须"勇兵"，即使兵忠勇奋战。

> 强国之君，必料其民。民有胆勇气力者，聚为一卒。乐以进战效力，以显其忠勇者，聚为一卒。能逾高超远，轻足善走者，聚为一卒。王臣失位而欲见功于上者，聚为一卒。弃城去守、欲除其丑者，聚为一卒。此五者，军之练锐也。有此三千人，内出可以决围，外入可以屠城矣。③

"聚为一卒"，即使众兵士同心共志，团结得像一个人那样。合众人胆勇气

---

① 《吴子·图国》。
② 《吴子·图国》。
③ 《吴子·图国》。

力，乐以进战效力，以显其忠勇；轻足善走，逾高远征；君主有危难，拼命来解救；被敌破城，为了洗失败之耻而奋力反攻。有这样"聚为一卒"的士兵三千，就能守攻俱胜。为了达到"勇兵"目标，君主就要"谨君臣之礼，饰上下之仪，安集吏民，顺俗而教，简募良才，以备不虞。"① 兵者民也，战时为兵，平时为民。战国时，战争频发，大战往往要征发全国之民为兵，为使兵勇，必利其民。为利其民，必革其政，吴起之所以主张以法革礼，以至废爵收禄，目的就在强国勇兵。当武侯问，怎样才能阵必定、守必固、战必胜时，吴起并不是从如何用兵来答，而是从利民安民论，

起对曰："立见且可，岂直闻乎！君能使贤者居上，不肖者处下，则陈已定矣；民安其田宅，亲其有司，则守已固矣。百姓皆是吾君而非邻国，则战已胜矣。"②

吴起并非单纯的军事家，而是军事政治家或政治军事家，在他的思想中，军事即政治，政治亦即军事。战国之国即为军，战国之军亦为国，为胜战勇兵而变革制度，因制度变革而勇兵胜战。"君能使贤者居上，不肖者处下"，是帅兵布阵之要，但吴起不是从军事，而是从社会制度论之。排兵列阵以应敌，讲不得礼制宗法，由不得世卿世禄。战场上的锐戈利剑，并不认血统的高贵低贱。战争要求不仅在战场上，而且在社会关系中，君能使贤者居上，不肖者处下。提高贤者的社会地位，是战争之国的必要，否则，坚持旧的世卿世禄制，使不肖者居上，既不能治国，也不会打仗，国家就会灭亡。这是严酷的现实，吴起的主张是适应战国的特点和需要的，不想灭国丧君的魏国、楚国君主，顾不得周礼制礼教，采纳吴起的建议，从而使其国得以保存。总而论之，战国七雄之所以能长期存续，都在于接

① 《吴子·图国》。
② 《吴子·图国》。

受了以法改制诸子的意见，不同程度地变革了世卿世禄制，而秦能最终并六国统一天下，也在于其变革最为彻底。在以贤与不肖来界定社会地位的同时，还应使民众有稳定的田地和住宅，地方官员也要搞好与民众的关系，这样，国基稳定，守御也就坚固。做好以上两条，百姓民众都拥护本国君主而排斥领国，如果与邻国开战，就已稳操胜券。

国强与兵勇，是统一的，国强为体，兵勇为用。为战而改制强国御敌拓地，是历史大趋势，吴起适应这个大趋势而形成的以法改制之术，统筹军事、政治、经济，主张从制度上进行变革。虽然因其变革损害了贵族利益终被其所害，但吴起的变革思想和实践在中国历史发展中的作用，却是任何人都不能抹杀的。

七　慎到以法改制之术："一于君，断于法"

慎到（约公元前395—前315年）与申不害（约公元前385—前337年）被称为"术学黄老"并主张以法改制的思想家和政治家。其所学"黄老"，大体上应为《老子》和《黄帝四经》之类的"黄帝学"，而其思想创新处，则在提出强化专制和以法变革封建领主制，由此解决当时尖锐的社会矛盾，主要体现在术层次。与他们同时，可能还会有一些思想家和政治家也从"黄老之学"提出或实行的以法改制主张，但已无史料留传，就是他们二人，也只留下很少可靠的思想材料，还有大部分是杂处于其他诸子的言论中。因此，对于以"黄老之学"为依据的以法改制思想，我们只能选取慎、申二子进行探讨。

关于慎子，《史记·孟子荀卿列传》只记：

> 慎到，赵人。田骈、接子，齐人，环渊，楚人。皆学黄老道德之术，因发明序其指意。故慎到著十二论，环渊著上下篇，而

田骈、接子皆有所论焉。①

这里提到的田骈、接子、环渊，虽也在《庄子》《荀子》《韩非子》中不同程度提到，但很难看出其思想大概，慎子的大部分著述也散佚，但还残存一部分，民国时王斯睿著《慎子校正》，参考前人研究成果，分内、外两篇，并附补遗、逸文、校语，由商务印书馆出版，是我们探讨慎子思想的主要依据。

《汉书·艺文志》将慎到和申不害、韩非等列入"法家"，而慎到"先申、韩，申、韩称之"。②《慎子》内篇，集中论证其依天道而尚法治的思想，外篇则是对老子、孔子、墨子等以前诸子思想的引述和吸收，可见慎子思想并非只"道家"一源，而是兼收并蓄。在他看来，老、孔、墨不存在"家"的界限，以老子天道观为基本观念探讨以法改制，解决社会问题，凡是与此相关的孔子、墨子等思想，都是必要的前导。

慎子思想之术层次，以"法"和"君"为基干，其大前提，就是"天道"，

> 天道因则大。化则细。因也者。因人之情也。人莫不自为也，化而使之为我，则莫可得而用。③

> 道行于世，则贫贱者不怨，富贵者不骄，愚弱者不慑，智勇者不陵，定于分也。法行于世，则贫贱者不敢怨富贵，富贵者不敢陵贫贱，愚弱者不敢冀智勇，智勇者不敢鄙愚弱，此法之不及道也。④

---

① 《史记·孟子荀子列传》。
② 《汉书·艺文志》。
③ 《慎子·内篇》。
④ 《慎子·内篇》。

法是道在人世的展现，但与道之自然相比，法则是人依道而制定的，因此带有强制性，限制人行为不得违背天道，"不敢"二字恰可表达法的作用。

慎子指出，"今也国无常道，官无常法，是以国家日缪，教虽成，官不足；官不足则道理匮也"。① 现实社会之混乱，就在于违背了天道，更没有依天道而立常法，不能以法行道。

> 古者立天子而贵者，非以利一人也。曰：天下无一贵，则理无由通，通理，以为天下也。故立天子以为天下，非立天下以为天子也；立国君以为国，非立国以为君也；以官长以为官，非立官以为长也。法虽不善，犹愈于无法，所以一人心也。夫投钩以分财，投策以分马，非钩策为均也，使得美者不知所以德，使得恶者不知所以怨，此所以塞愿望也。故蓍龟，所以立公识也；权衡，所以立公正也；书契，所以立公信也；度量，所以立公审也。法制礼籍，所以立公义也。凡立公，所以弃私也。明君动事分理由慧，定鼎分财由法，行德制中必由礼。故欲不干时，爱不得犯法，贵不得踰亲，禄不得踰位，慧不得兼官，工不得兼事。以能受事，以事受利。若是者，上无羡赏，下无羡财。②

立天子并不是要将天下归属于他，而是要天子明天道之理而通行天下，也就是以天子名义而通天道之理于天下，天子之贵不在于他个人，而在能明道通理。立国君、立官长也都如是。天子、国君、官长都要依天道之理。法是天道之理的体现，虽然并不完备，但胜于无法。法的作用，就在于以统一标准约束人的意识和行为。就像投钩分财、投策分马，并不是因为能够平均，但能使人不至于因所分得的财、马不均而产生德怨。占筮和龟卜是要人达成共识；以权衡度量，是要确立公正的标准；书契是为了立信；

---

① 《慎子·内篇》。
② 《慎子·内篇》。

法制礼籍，是为了立公义。"公"为所有人都认可的普遍性，是共同的认识和标准。人类社会既有个体之私，也有总体之公，治理天下、国家，都要以"公"为准。"公"是通道之理，"立公"以"弃私"，是明君执政的原则，依此原则，分理由慧，就可以分财由法，制中由礼。不能以个人欲求意愿处理政务人事，"爱不得犯法，贵不得逾亲，禄不得逾位，工不得兼官，工不得兼事。"一切都要依"公"的原则来行事，更为重要的，是强调"以能受事，以事受利。"这一点明显地是受墨子尚贤观的影响。

以"公"，亦即总体中的普遍性作为法的依据和政治的原则，不仅是天道的要求和展现，也是民所能够认可和服从的。也正是出于"公"，所以要立君选贤。

> 大君者，太上也，兼畜下者也。下之所能不同，而皆上之用也。是以大君因民之能为资，尽包而畜之，无能去取焉。是故必执于方，以求于人。故所求者，无一足也。大君者，不择其下，故足；不择其下，则易为下矣；易为下，则莫不容；容故多下，多下谓之太上。君臣之道，臣有事而君无事也，君逸乐而臣任劳，臣尽智力，以善其事，而君无与焉，仰成而已，事无不治，治之正道然也。人君自任。而务为善以先下，则是代下负任蒙劳也，臣反逸矣。故曰君人者，好为善以先下，则下不敢与君争善，以先君矣。皆称所知，以自覆掩，有过，则臣反责君，逆乱之道也。君之智，未必最贤于众也，以未最贤，而欲善尽被下，则不赡矣。若使君之智最贤，以一君而尽赡下则劳，劳则有倦，倦则衰，衰则复返于人不赡之道也。是以人君自任而躬事，则臣不事事也。是君臣易位也，谓之倒逆，倒逆则乱矣；人君任臣而勿自躬，则臣事事矣。是君臣之顺，治乱之分，不可不察也。①

---

① 《慎子·内篇》。

君逸臣劳，这是老子无为之术的延伸和补充，同时也在强调：君，不论天子还是国君，都不过是普通人，其中大多数都不是最贤能的，如果这些君主什么事都要管，那么就必然出错而不为臣下所尊重。即使君主是最贤能者，他一个人管所有事，势必疲惫不堪，导致其身体衰弱，以致不能正常理事，而其臣下却无事可做，君臣易位，谓之"倒逆"，从而引发动乱。

慎子强调"治天下及国，在乎定分而已矣"。① 天下及国君与臣属都有其分，不得颠倒错乱，而"定分"的要旨，在于立法，以法而治天下及国。

> 君人者，舍法而以身治，则诛赏予夺，从君心出。然则受赏者虽当，望多无穷；受罚虽当，望轻无已。君舍法，而以心裁轻重，则同功殊赏，同罪殊罚矣，怨之所由生也。是以分马者之用策，分田者之用钩，非以策钩为过人智，所以去私塞怨也。故曰大君任法而弗躬，则事断于法。法之所以加，各以分，蒙赏罚而无望于君，是以怨不生而上下和矣。②

君的基本职能，就在于"任法而弗躬"，而法的作用，就在于"去私塞怨"。慎子在这里清楚地表达了以法治理天下及国家的必要性，而对"舍法而以身治"的周礼制及其导致的动乱的批判，也是相当到位的。

> 法之功，莫大使私不行；君之功，莫大使民不争。今立法而行私，是私与法争，其乱甚于无法；立君而尊贤，是贤与君争，其乱甚于无君。故有道之国，法立，则私善不行；君立，则贤者不尊。民一于君，断于法，国之大道也。③

---

① 《慎子·内篇》。
② 《慎子·内篇》。
③ 《慎子·内篇》。

法作为总体的普遍性体现为"公",其功能和功效,就在"使私不行",而君主的功能和功效,则在"使民不争"。因此,立法必以公,为君必不争,不仅君主以老子不争之术治天下及国,也不能使人与君主相争,这就是"君立,则贤者不尊",保证君主的绝对权威。春秋战国以来的动乱,一在依周礼而无立法;二在诸侯尊贵甚于天子,大夫尊贵甚于国君,慎子强调"民一于君,断于法",是解决当时社会矛盾的必要途径。

这里要说明一点,慎子所说的"贤者不尊",并不是反对墨子的"尚贤"。有些人未识"尊贤"与"尚贤"的区别,说慎子是反对墨子"尚贤"观的,是一个误解。在《慎子·内篇》中,有一大段几乎抄录《墨子·尚贤》中的话,将墨子"尚贤"观做了概要论述。《慎子》校正者王斯睿认为,"慎子之学,本乎黄老,归于刑名,多明不尚贤不使能之道,故其说曰'多贤不可以多君,无贤不可以无君',其意但明得其法,虽无贤亦可为治。……此节乃墨子尚贤之说,与慎子不尚贤之说,意正背驰,显系后人录《墨子》之文,窜入本书,而不知其学说之相左也"。[①]古人以竹木之简册为书,常错简窜简,此说亦通。但慎子反对"尊贤",与墨子之"尚贤",并不冲突,前面我们论到慎子强调由公立法,"以能受事,以事受利"是受墨子影响,而他录墨子"尚贤"观,以证明自己观点,也属顺理成章。《慎子》书中,还有几次引墨子的话,以证自己思想。从思想而论,"尚贤使能"是为"受事",其为"利",并不是"尊贤"。周礼之"尊贤",不仅指尊重贤者,更包括封贤者功臣以土地人民,这样就可能使被尊之贤者与君主分庭抗礼,慎子的"不尊贤"所指在此,不是说任事不用贤者。

慎子不仅重视以法治天下及国,并且强调法随时而变。

> 虑戏、神农,教而不诛;黄帝、尧舜,诛而不怒。及至三王,随时制法,各适其用。故治国无其法则乱,守法而不变则

[①]《慎子》,华东师范大学出版社2010年版,第16页。

衰，有法而行私谓之不法。以力役法者，百姓也；以死守法者，有司也，以道变法者，君长也。①

治理天下国家之法，并非一成不变，而应随时制法，各适其用。君主的职责，就在"以道变法"，而百姓之民则"以力役法"，有司之臣则"以死守法"，天下国家依道之法而治理。

君主虽然不应做具体政务，但必须尽其"以道变法"之责，因此，

故人主者，以天下之目视，以天下之耳听，以天下之智虑，以天下之力动，是以号令能下究，而臣情得上闻，百官修道，群臣辐辏。②

这里的"人主"，是指天子。慎子接受了老子、孔子、墨子的天下一统的思想，虽然有时也会提到"诸侯""国君"，但都要服从于天子。天子作为天下的"人主"，其视、听、智、力，都要合于天下总体大局，由此而成为核心。围绕这个核心，"百官修道，群臣辐辏"，构建一个以法为原则，以天子为核心的运转的车轮，即制度和国家机器。由此，慎子又对仁、义、礼、乐、名、法、刑、赏做了重新规定，

仁以道之，义以宜之，礼以行之，乐以和之，名以正之，法以齐之，刑以威之，赏以劝之。③

仁、义、礼、乐，是孔子之学所主张的，若按诸子分家别类的观点，这是典型的"儒家"思想，与"法家"所主张的名、法、刑、赏是对立的。慎子则从"以道变法"和天子为政治核心出发，将之纳入"一于君，断于

---

① 《慎子·内篇》。
② 《慎子·内篇》。
③ 《慎子·内篇》。

法"的大思路，从而有机统一。在这里，我们可以看出"儒法对立"说之无稽。

在《外篇》，慎子进一步强调了法的性质及其重要，

> 法者，所以齐天下之动，至公大定之制也。故智者不得越法而肆谋，辩者不得越法而肆议，士不得背法而有名，臣不得背法而有功。我喜可抑，可怒可室，我法不可离也。骨肉可刑，亲戚可灭，至法不可阙也。①

"齐天下之动，至公大定之制"，这是从内涵对法的规定，既是慎子对法的性质的认识，也为以后诸子的以法改制思想和实践确立了基本宗旨。

在明确了法为"齐天下之动，至公大定之制"的性质后，慎子又对依法行政进行了论述：

> 为人君不多听，据法依数，以观得失。无法之言，不听于耳；无法之劳，不图为功；无劳之亲，不任于官。官不私亲，法不遗爱，上下无事，惟法所在。②

政治的一切都以法为准则，君主作为"随时制法""以道变法"的统治者，自己也要依法而行其政，"据法依数，以观得失"，不合法的建议，不予采纳；不合法的事务，不要去做；没有能力和功劳的亲人，不能任其官职。这样，就可以做到"官不私亲，法不遗爱"，上下协调而没有动乱，就是因为法在起作用。

《慎子》一书，大部分散佚，因而没有材料考察慎子思想的道、法层次和技层次，所存内、外篇，主要是其思想术层次的内容，用他本人的话

---

① 《慎子·外篇》。
② 《慎子·外篇》。

"一于君，断于法"概括之，可见其思想术层次之大概。虽然如此，也可看出慎子在以法改制论上的创见，为以后持此论诸子，确立了必要前导。

八　申子思想之术层次：君本而明法

申不害与慎到处于同一时期，《史记·老庄申韩列传》：

> 申不害者，京人也，故郑之贱臣。学术以干韩昭侯，昭侯用为相。内修政教，外应诸侯，十五年。终申子之身，国治兵强，无侵韩者。申子之学本于黄老而主刑名，著书二篇，号曰《申子》。①

相比慎子，申子在政治上发挥的作用可能更大，他为韩相十五年，虽没有对外扩张，却使地小土薄的韩国"国治兵强，无侵韩者"，其思想和实践的密切结合，是以法改制论得以确立并应用于现实的重要一环。《申子》全书早已散佚，仅存题为《大体》的残篇和散见于各类文献中的逸文。

《大体》篇所论要在"君本"，即君主如何成为政权的核心，并运用国家机器行使其统治。"大体"也就是政治之纲，是从总体对政治之术的探讨。申子"君本"观源于老子，也是孔子、墨子及慎子相关思想的集合，他以更为明确的语言规定了君为一国之"本"，也是政治核心的观点。在礼崩乐坏更为严重的战国时期，一国所受外部威胁尤其突出，而国内统治阶层之间的矛盾也日益尖锐，如何能保住国家政权，进而外向扩张，已成矛盾的焦点。申子所相之韩国，在"七雄"中处于弱势，内部矛盾和外部威胁并存。而他从郑国一"贱臣"，能被韩昭侯任用为相，主要取决于他以法改制之术在一定程度上解决了韩国内部矛盾，治国强兵，使列强不敢侵韩。

---

① 《史记·老庄申韩列传》。

申子指出，

> 明君如身，臣如手。君若号，臣如响。君设其本，臣操其末。君治其要，臣行其详。君操其柄，臣事其常。为人君者，操契以责其名。名者天地之纲，圣人之符。张天地之纲，用圣人之符，则万物之情，无所逃之矣。故善为主者，倚于愚，立于不盈，设于不敢，藏于无事，窜端匿疏，示天下无为。是以近者亲之，远者怀之。①

君与臣的关系，犹如身与手，手长在身上，为身之伸延和作用。君为号，臣如其响声。对于一个政权而言，君掌控其本，臣只是操其末；君制定大政要略，臣依君之要略而做具体事务；君握权柄，臣做日常工作。君主以契券规定各官职之权能责任，考核各级官员的政绩，决定其任免、升迁。官职之权能和责任要体现天地之纲和圣人思想，以天地之纲和圣人思想考察、管制臣属官员，一切都在君主的掌控之中。善为君主者，在臣下面前，要保持愚拙神态，不自作聪明，不高傲自大，表现出无事无思的样子。深藏自己的意图，给人以无为的印象。这样，就会使身边的臣属亲近他，派往远处任官的臣下敬畏怀念他。这里可以看出申子对老子无为、不敢为天下先等思想的理解和展开。

这里讲的"君本"，是国之本，政权之本，善为君者在明确自己地位的同时，要依"黄老之学"而掌握管控臣属之术，对此，韩非在《外储说右上》曾录申子相关说法：

> 申子曰："上明见，人备之；其不明见，人惑之。其知见，人饰之；不知见，人匿之。其无欲见，人司之；其有欲见，人饵之。故曰：吾无从知之，惟无为可以规之。"

---

① 《申子·大体》。

> 一曰：申子曰："慎而言也，人且知女；慎而行也，人且随女。而有知见也，人且匿女；而无知见也，人且意女。女有知也，人且臧女；女无知也，人且行女。故曰：惟无为可以规之。"①

一段话有两种说法，可见在韩非时申子思想已广为流传，但两种说法的思想是一致的，即为君主者应以"无为"来规范自己管束臣下。这是对老子无为之术的应用，但又与老子之无为有所差异，老子之无为是真无为、全无为，而申子所理解的"无为"主要是面对臣下时的表现，是掌控臣下的一种手段，带有技的含义。

申子认为，在坚持"君本"的前提下，绝对不能让某个臣属"专君"，而应与所有臣下保持一定距离，以确保自己在政权中的核心地位。

> 夫一妇擅夫，众妇皆乱，一臣专君，群臣皆蔽。故妒妻不难破家也，乱臣不难破国也。是以明君使其臣并进辐凑，莫得专君。今人君之所以高为城郭而谨门闾之闭者，为寇戎盗贼之至也。今夫弑君而取国者，非必逾城郭之险而犯门闾之闭也。蔽君之明，塞君之听，夺之政而专其令，有其民而取其国矣。今使乌获、彭祖负千钧之重而怀琬琰之美，令孟贲、成荆带干将之剑卫之，行乎幽道，则盗犹偷之矣。今人君之力，非贤乎乌获、彭祖，而勇非贤乎孟贲、成荆也，其所守者非特琬琰之美、千金之重也，而欲勿失，其可得耶？②

作为政权之本的君，绝不能被某一臣属所控制，这就像多妻的丈夫不能被某一个妻子独占一样。一个妻子独占丈夫势必引起其他妻子的忌恨和混

---

① 《韩非子·外储说右上》。
② 《申子·大体》。

乱，以至败家；一个臣属控制了君主，就会使国家政权败亡。申子在这里进一步阐述了其"君本"之术，强调君主要明确并保持其在政权中的核心地位，协调各臣属的关系，像车轮上的辐条那样集合于君主这个轴心，有机地发挥作用。君主的主要危险，不是来自外敌入侵，而是其身边权臣们对他权力的侵害和篡夺。但普通国君只注意修筑高大坚固的城墙，并关闭城门，以御外敌，却忽略了身边臣属们的篡权夺位阴谋。君主的权位是比任何珍宝都贵重的，必须严加防卫，提防那些"弑君而取国者"。为此，"无为"之术是相当重要的，同时还要充分地发挥"君本"的主动性。

申子进一步指出："君之所以尊者令，令之不行，是无君也。故明君慎之。"① 君的权力和主动性在于发令，必须用好"令"这个工具，这样就可以发挥"君本"作用，来保证"君本"地位。

申子告诫君主：

> 示人有余者人夺之，示人不足者人与之。刚者折，危者覆，动者摇，静者安。名自名也，事自定也。是以有道者自名而正之，随事而定之也。鼓不与于五音而为五音主，有道者不为五官之事而为治主。君知其道也，官知其事也。十言十当，百为百当者，人臣之事，非君人之道也。②

这里又以老子之术来论"君本"：向人显摆自己富裕，就会有人来抢夺；向人表示自己贫穷，就会有人给予帮助。刚硬者会折断，高危者会倾倒，好动者站不稳，清净者平安。事物之名由其性质决定，事也应按其条件来处理。君主要明确自己的地位和功能，使君之"名"符合其"实"。鼓不在五音之列，却是五音之主；有道明君不做五官之事，却是掌握政治的主宰。君主明确其所应坚持的政治纲领，臣属们也就知道在君的指挥下

---

① 见《北堂书钞》卷四十五《刑法部下·律令》。
② 《申子·大体》。

如何办事。君主所说的话句句都明确恰当,臣下做事也都妥帖不犯错。做具体事务是臣属们的职责,并不要君主事必躬亲。

申子对老子关于"名"的观点加以引申,并吸收孔子关于"正名"的思想,论证了"名正"在政治中的意义。

> 昔者尧之治天下也以名,其名正则天下治;桀之治天下也亦以名,其名倚而天下乱;是以圣人贵名之正也。主处其大,臣处其细。以其名听之,以其名视之,以其名命之。镜设精,无为而美恶自备。衡设平,无为而轻重自得。凡因之道,身与公无事,无事而天下自极也。①

"名正"即思想和概念要依从天道,与实际相符合,展现于政治上,就是法令政策是以天道观为大前提,适应现实情况。尧以名正的法令政策治天下,天下大治;桀虽也以法令政策治天下,但他的"名倚",即违背天道,与实际相悖,因而天下大乱。所以圣人要注重依循天道,适应现实来制定法令政策。在正名的前提下,君主掌控大局,臣属们处理具体工作。君主要依正名原则听取意见,观察情况,颁布法令。这样的法令,像铸磨精良的镜子,不带主观成见地鉴别美丑;像公平确当的秤,无为而且不带主观成见地衡量轻重。只要遵行天道而颁布法令政策,君主地位和政治大局就能安稳,天下自然也就不会动乱而太平。

申子对"正名"的观点,源于孔子。孔子以"正名"之术贯彻以仁复礼,申子则由正名而论"明法",这一点,他明显受慎子影响,上引文中以镜精、衡平喻法令之正平,就源于《慎子·内篇》"有权衡者,不可欺以轻重;有尺寸者,不可差以长短;有法度者,不可巧以诈伪"。②

申子认为,在明确"君本"的前提下,必须以明法来建构和控制政

---

① 《申子·大体》。
② 《慎子·内篇》。

治，统御群臣。

> 君必有明法正义，若悬权衡以称轻重，所以一群臣也。①

法令、法度、法律，由"君本"而生，由君主制定并颁发，其要旨在于"明""正"。"明"者，条文明确，明示于天下、国家；"正"者，制定合乎天道的正确稳定的标准。以明法正义，就像用称衡量轻重一样来统一指挥群臣，并考核其功过是非。申子以尧和黄帝为据，论证明法之可行。

> 尧之治，善明法察令而已。圣君任法而不任智，任数而不任说。黄帝之治天下，置法而不变，使民而安不安，乐其法也。②

尧之治天下，在于善"明法察令"，圣君以法治而不仅凭个人智能，依据法律条文而不听空泛的说教。黄帝治天下，不依个人意志改变已制定的法律，从而消除民众中不安定因素，使民乐于遵守法度。

明法的依据，在于天道，申子指出："天道无私，是以恒正。天道常正，是以清明。"③这里我们可以看到申不害与慎到从老子之道、无为等思想对法律、政治的理解。法虽由君主制定和颁发，但不是依据君主的个人意志，而是依据无私的天道。只有依据天道而制定的法律，才是正确的，并可以达到政治清明。君主本人也要依从天道恒常所体现的法律，不能按个人意志和好恶来处理政务。

> 有天下而不恣睢，命之曰：以天下为桎梏。④

---

① 见《艺文类聚》卷五十四《刑法部·刑法》。
② 见《艺文类聚》卷五十四《刑法部·刑法》。
③ 见《艺文类聚》卷一百四十九《天部·上》。
④ 见《史记·李斯传》。

即使身为天子，也不应随心所欲，而应依从天道而对天下负责。

申子认为，君本明法之术，不仅要求臣下遵守，君主本人也要遵守，《韩非子·外储说左上》记：

> 韩昭侯谓申子曰："法度甚不易行也。"申子曰："法者，见功而与赏，因能而受官。今君设法度而听左右之请，此所以难行也。"昭侯曰："吾自今以来知行法矣，寡人奚听矣。"一日，申子请仕其从兄官，昭侯曰："非所学于子也。听子之谒败子之道乎？亡其用子之谒？"申子辟舍请罪。①

韩非将申子教导韩昭侯的话与申子为其从兄请官连起来写，有申子试探、考验韩昭侯之意：我跟你说要明法持度，因功而与赏，因能而任官，不应听从左右亲近者的请求而随意任官。你虽然懂了这个道理并答应不听从左右亲信者请求而任官，是否真能做到？我以给我从兄求官来验证你是否真的明法持度。而韩昭侯的回答，证明了他真的明白了申子所讲的道理：你说不要听左右之请而任官，而你却为你从兄求官，我如果任你从兄官职，就是违背了你说的道理，那这个道理还坚持不坚持？申子慌忙退到宫外请罪。而《战国策·韩一》则只记申子为其兄求官，不像韩非子那样先写申子教韩昭侯不听左右之请。

> 申子请仕其从兄官，昭侯不许也。申子有怨色。昭侯曰："非所谓学于子者也。听子之谒，而废子之请乎？又亡其行子之术，而废子之请乎？子尝教寡人循功劳，视次第。今有所求，此我将奚听乎？"申子乃辟舍请罪，曰："君真其人也！"②

---

① 《韩非子·外储说左上》。
② 《战国策·韩策》。

这样的写法，就不包括申子试探、考验韩昭侯的意思在内，"申子有怨色"，表明他是真心为其从兄求官，而昭侯依申子教他的道理不许其官，并强调"子尝教寡人循功劳，视次第"而行赏任官，这个道理是对的，我怎么敢违背这个道理？而你为从兄求官，也是违背了你教我的道理。申子慌忙退到宫外请罪，并称赞昭侯是"真正的好君主"。从这里可以看出，明法不仅对臣下，对君主，就是对提出明法之术的申子而言，其度都是一样的。

九　商鞅以法改制之术：专权法制，兵农合一

以法改制诸子中，变革最为深刻，成效最为突出者是商鞅，他在秦国推行变法二十一年，使曾被"以夷狄视之"的远离中原的西北之地秦国，一跃跻身"七雄"之列，不仅成为一流富强大国，并且以制度和文化的先进夯实了吞并列强的军事、财政基础，是一百多年后秦统一天下的奠基者。

商鞅（约公元前 390—前 338 年），《史记》专为《商君列传》。

> 商君者，卫之诸庶孽公子也，名鞅，姓公孙氏，其祖本姬姓也。鞅少好刑名之学，事魏相公叔座为中庶子。公叔座知其贤，未及进。会座病，魏惠王亲往问病，曰："公叔病有如不可讳，将奈社稷何？"公叔曰："座之中庶子公孙鞅，年虽少，有奇才，愿王举国而听之。"王默然。王且去，座屏人言曰："王即不听用鞅，必杀之，无令出境。"王许诺而去。公叔座召鞅谢曰："今者王问可以为相者，我言若，王色不许我。我方先君后臣，因谓王即弗用鞅，当杀之。王许我。汝可疾去矣，且见禽。"鞅曰："彼王不能用君之言任臣，又安能用君之言杀臣乎？"卒不去。惠王既去，而谓左右曰："公叔病甚，悲乎，欲令寡人以国听公孙鞅

也，岂不悖哉！"①

"卫之诸庶孽公子"，即周礼制宗法所谓余夫之后代，并非贵族，因而才不得去魏相公孙座那里做家臣。公孙座向魏王荐以鞅为相或杀之，不见得确有其事，却可表现鞅之才学谋略，尤其他对公孙座说："彼王不能用君之言任臣，又安能用君之言杀臣乎？"充分展示其胆识，为其于秦树大历史功勋之引言。

公孙座死后，公孙鞅失业于魏，"闻秦孝公下令国中求贤者，将修穆公之业，东复侵地，乃遂西入秦，因孝公宠臣景监以求见孝公"。②先以帝道说孝公，孝公时时睡，不听，并怒斥景监：你推荐了个什么人？只会夸夸其谈，不过一"妄人"，他有什么用？景监回来指责公孙鞅。鞅说，我讲的是帝王之道，与孝公之志不合，请再荐我见孝公。过了五日，孝公又召见公孙鞅，这次说的是霸道，虽然未用却听完鞅之言语，并略有称赞。之后，公孙鞅又请景监再引见孝公，

鞅曰："吾说公以霸道，其意欲用之矣。诚复见我，我知之矣。"卫鞅复见孝公。公与语，不自知膝之前于席也。语数日不厌。景监曰："子何以中吾君，吾君之欢甚也。"鞅曰："吾说君以帝王之道比三代，而君曰：'久远，吾不能待。且贤君者，各及其身显名天下，安能邑邑待数十百年以成帝王乎？'故吾以强国之术说君，君大悦之耳。然亦难以比德于殷、周矣。"③

帝道、霸道、强国之术，公孙鞅均通，并依次说与秦孝公，而孝公只关注强国之术，并因此重用公孙鞅。后世有人说帝王之道为"儒家学说"，而强国之术为"法家学说"，二者是对立的，并说公孙鞅以"法家学说"变

---

① 《史记·商君列传》。
② 《史记·商君列传》。
③ 《史记·商君书》。

法改制，是反对甘龙等坚持的"儒家学说"的，甚至演绎一段"儒法斗争"故事。这是很难说得通的。公孙鞅所说帝王之道、霸道、强国之术，都是他本人信从的，不仅表明他学识之广博，更说明这三者并非对立的，而是抽象与具体、长远与近期的关系。秦孝公不听帝王之道，不用霸道，并不是反对帝王之道，而是因为"久远，吾不能待。且贤君者，各及其身显名天下，安能邑邑待数十百年以成帝王乎？"，从这句话也可以看孔子、孟子等儒派诸子游说失败的原因。在当时的君主们看来：不是你们说的帝王之道有什么错，但作为一国之君，重要的是保住权位，所需要的是立见成效的"强国之术"，哪有心思听你讲抽象、空泛无实用价值的道理？公孙鞅所学，包括帝王之道，但他与孔子、孟子不同的是，还学了"刑名"，并研究了"强国之术"。从这里我们大体可以看出他的思想是顺李悝、吴起的路数而形成的，既对孔子学说有深刻的把握，又在具体的以法改制之术上认真考察了李悝、吴起等诸子的思想和实践。在他的思想中，孔子的道、法与以法改制的术、技是统一的，"霸道"是帝王之道的具体化，而非与帝王之道相反。至于下文要涉及的甘龙、杜挚等人，都是周礼制的维护者，绝非"儒家学说"的信从者。而由于秦孝公不听帝王之道，也使商君思想的道、法两层次不得展现，我们也只能从其强国之术中考察术、技层次思想。

孝公既用卫鞅，鞅欲变法，恐天下议己。卫鞅曰："疑行无名，疑事无功。且夫有高人之行者，固见非于世；有独知之虑者，必见敖于民。愚者暗于成事，知者见于未萌。民不可与虑始而可与乐成。论至德者不和于俗，成大功者不谋于众。是以圣人苟可以强国，不法其故；苟可以利民，不循其礼。"孝公曰："善。"甘龙曰："不然。圣人不易民而教，知者不变法而治。因民而教，不劳而成功；缘法而治者，吏习而民安之。"卫鞅曰："龙之所言，世俗之言也。常人安于故俗，学者溺于所闻。以此两者居官守法可也，非所与论于法之外也。三代不同礼而王，五伯不同法而霸。智者作法，愚者制焉；贤者更礼，不肖者拘焉。"杜挚曰："利不百，不变法；功不十，不易器。法古无过，循礼无邪。"卫鞅曰："治世不一道，便国不法古。故汤、武不循古而王，夏、殷不易礼而亡。反古者不可非，而循礼者不足多。"孝公曰："善。"以卫鞅为左庶长，卒定变法之令。①

这段话是对《商君书·更法》的节录，司马迁没有摘抄其中关键两句话："法者，所以爱民也；礼者，所以便事也。是以圣人苟可以强国，不法其故；苟可以利民，不循其礼。"② 由利民而界定法，这种观点是与墨子思想相通的，而由便事界定礼，则是公孙鞅的新意。利民与强国是统一的，为了强国就要利民，而利民就要变法，就不能依循旧礼。公孙鞅与甘龙、杜挚的辩论，焦点在于是以法改制还是固守周礼。甘、杜二人绝非孔子之徒，他们所说的也与孔子以仁革礼思想无关，而是代表封建贵族利益反对变法革礼。

强国利民便事，是公孙鞅以法改制的理由，而其术之要在君主专权，立法制国，进而兵农合一，充分利用民力而富国强兵。公孙鞅客卿于秦，故先称之卫鞅，任左庶长，因政绩军功升任大良造，并封地于商、於，号为商君，后人由此称商鞅。

商鞅之所以能以其强国之术取得秦孝公的信任，首要一点，就在于强调君主专权而立法制御民强国，

> 古者未有君臣上下之时，民乱而不治。是以圣人别贵贱，制爵位，立名号，以别君臣上下之义。地广，民众，万物多，故分五官而守之。民众而奸邪生，故立法制、为度量以禁之。是故有君臣之义，五官之分，法制之禁，不可不慎也。处君位而令不

---

① 《史记·商君列传》。
② 《商君书·更法》。

行,则危;五官分而无常,则乱;法制设,而私善行,则民不畏刑。君尊,则令行;官修,则有常事;法制明,则民畏刑。法制不明,而求民之从令也,不可得也。民不从令,而求君之尊也,虽尧舜之知,不能以治。明王之治天下也,缘法而治,按功而赏。凡民之所疾战不避死者,以求爵禄也。明君之治国也,士有斩首、捕虏之功,必其爵足荣也,禄足食也。农不离廛者,足以养二亲,治军事。故军士死节,而农民不偷也。①

主张君主专权,并不为商鞅的先见之明,李悝、吴起等诸子都有论说,但将君主专权与立法制统一起来,却是商鞅的创见。他之前的主张以法改制诸子,还都将法视为统治手段,强调"法治",商鞅首次提出"法制",一字之别,表明以法改制论的大进展。法制者,以法立制,由制而行法执法,并非仅以法律作为统治手段,而是以法律规定制度,常设而通行。君主之专权,不仅要明确君上臣下的关系,更要通过法制而贯彻于民。君臣之义、五官之分,都要体现于法制,由此而君尊官修民从。

> 故明主慎法制。言不中法者不听也,行不中法者不高也,事不中法者不为也。言中法,则辩之;行中法,则高之;事中法,则为之。故国治而地广,兵强而主尊。此治之至也,人君者不可不察也。②

法制的核心在于君主专权,君主依法制而专权,不中法之言不听,不中法之行不予推崇,不中法的事不去做。专权与法制内在统一,君主既以法制官民,也受法律约束而任人行事。"明主在上,所举必贤,则法可在贤。法可在贤,则法在下,不肖不敢为非,是谓重治。"③

---

① 《商君书·君臣》。
② 《商君书·君臣》。
③ 《商君书·画策》。

专权法制之要在于"一",君主治国之赏、刑、教都要在专权法制的前提下,统一标准,严格公开行政。

> 圣人之为国也,壹赏,壹刑,壹教。壹赏,则兵无敌;壹刑,则令行;壹教,则下听上。夫明赏不费,明刑不戮,明教不变,而民知于民务,国无异俗。明赏之尤至于无赏也,明刑之尤至于无刑也,明教之尤至于无教也。①

"壹赏"之"壹",在于利禄官爵都依据战功,"无有异施";"壹刑"之"壹",即所有人在刑法面前一律平等,"刑无等级,自卿相、将军以至大夫、庶人,有不从王令、犯国禁、乱上制者,罪死不赦。有功于前,有败于后,不为损刑。有善于前,有过于后,不为亏法。忠臣孝子有过,必以其数断。守法守职之吏有不行王法者,罪死不赦,刑及三族。同官之人,知而讦之上者,自免于罪,无贵贱,尸袭其官长之官爵田禄"。② 这已经是对"刑不上大夫"的周礼的颠覆。"壹教"之"壹",是与"壹赏""壹刑"统一的,"博闻、辩慧、信廉、礼乐、修行、群党、任誉、请谒,不可以贵富,不可以辟刑,不可独立私议以陈其上。坚者被,锐者挫。虽曰圣知、巧佞、厚朴,则不能以非功罔上利"。③ 教化之功用在于明赏、刑,因而必与赏、刑之"壹"同。教化的内容就是:只有战功可以获赏而富贵,违法者不论何人都要予以刑罚,要让所有人都知道这一点,不仅可以大治,更可以激励战斗之志,"富贵之门必出于兵,是故民闻战而相贺也,起居饮食所歌谣者,战也"。④ 以"壹赏""壹刑""壹教"贯彻于专权法制,锻造一战斗之国,无敌天下矣。

商鞅专权法制之术,目的就在以战争的军事体制改造社会体制以至制

---

① 《商君书·赏刑》。
② 《商君书·赏刑》。
③ 《商君书·赏刑》。
④ 《商君书·赏刑》。

度,这承续了吴起的制国治军一体思路,并有所发展。在商鞅看来,天下诸国,正处于不断的战争状态,能战则存,不能战必亡。而战争不只靠勇气武力,更在经济实力,其根本就在发展农业。为此,他主张专权法制掌控的兵农合一,使全民皆兵,全兵皆农,秦国既是一大"农场",也是一大"军营"。兵而农,农而兵,国富而兵强,以耕战为文化,以军事组织国家。

> 凡将立国,制度不可不察也,治法不可不慎也,国务不可不谨也,事本不可不抟也。制度时,则国俗可化,而民从制;治法明,则官无邪;国务壹,则民应用;事本抟,则民喜农而乐战。夫圣人之立法化俗,而使民朝夕从事于农也,不可不知也。夫民之从事死制也,以上之设荣名、置赏罚之明也,不用辩说私门而功立矣。故民之喜农而乐战也,见上之尊农战之士,而下辩说技艺之民,而贱游学之人也。故民壹务,其家必富,而身显于国。上开公利而塞私门,以致民力;私劳不显于国,私门不请于君。若此而功臣劝,则上令行而荒草辟,淫民止而奸无萌。治国能抟民力而壹民务者,强;能事本而禁末者,富。①

富国强兵,事本禁末,经济、政治、文化都服从战争的需要。商鞅确信,在他所处的战国时期,只有立国于战,才能存续并拓地而兴,否则就会灭亡。春秋以来几百年历史,上千个依周礼宗法封建的国都已消灭,其直接原因就在不能战,而不能战之因在于其国贫国弱,国贫之因在于民不务本,国弱之因在于民不能战。为了富国强国,必使兵农合一,由君主专权法制臣民。

商鞅认为,如不变法改制,仍依周礼宗法而治国,势必灭亡。

---

① 《商君书·壹言》。

> 国有礼、有乐、有《诗》、有《书》、有善、有修、有孝、有弟、有廉、有辩。国有十者，上无使战，必削至亡；国无十者，上有使战，必兴至王。国以善民治奸民者，必乱至削；国以奸民治善民者，必治至强。国用《诗》《书》、礼、乐、孝、弟、善、修治者，敌至，必削国；不至，必贫。国不用八者治，敌不敢至，虽至必却。兴兵而伐，必取，取必能有之；按兵而不攻，必富。①

后人有一种说法，将商鞅关于以《诗》《书》、礼、乐、孝、弟、善、修治国必亡的观点，视为他反对孔子学说，是"法家"与"儒家"的对立。若从治国之术角度说，商鞅不主张孔子关于帝王之道的论说，完全是出于适时适用的考虑，秦孝公就听不进他所讲的帝王之道。而其强国之术，势必冲击，甚至推翻周礼宗法，孔子虽然不主张固守周礼，但他的以仁革礼却是慢而长的变革，并不适用于战国激烈尖锐的形势。商鞅在这里所反对的，是周礼宗法的《诗》《书》、礼、乐、孝、弟、善、修，当然也会涉及孔子一派的相关主张，但并非直接把矛头指向民间孔子一派的学说，因为不论秦还是其他各国，都没有采纳并尊立孔子一派学说为统治文化，其统治文化仍为上帝观主导的周礼教，也是商鞅所要批判和革除的封建宗法制的指导思想，而非仍处民间流传的孔子思想。

在批判周礼宗法，倡导专权法制的前提下，商鞅集中论证了他的兵农合一之术。

> 国无怨民曰强国。兴兵而伐，则武爵武任，必胜。按兵而农，粟爵粟任，则国富。兵起而胜敌，按兵而国富者王。②

---

① 《商君书·去强》。
② 《商君书·去强》。

国富国强之要在兵农，按军功和生产缴纳的粮食而授官爵，由此鼓励战耕。战时为兵，平时为农，民之本业，专心战耕，既是一支强大勇敢的军队，又是一群勤劳的农民。如此国家，必富足而强胜。

> 故圣人之为国也，入令民以属农，出令民以计战。夫农，民之所苦；而战，民之所危也。犯其所苦，行其所危者，计也。故民生则计利，死则虑名。名利之所出，不可不审也。利出于地，则民尽力；名出于战，则民致死。入使民尽力，则草不荒；出使民致死，则胜敌。胜敌而草不荒，富强之功可坐而致也。①

入令民属农，出令民计战，农民即士兵，士兵即农民，必富而强。商鞅认为，为农，是相当辛苦的事；为战，不仅辛苦更有生命危险。为了让民能做辛苦的农业，参加有生命危险的战斗，就要给民以相应利益和名位。勤劳农业，可以得利，勇敢战斗，能够得名，因此，民才能尽力耕作，拼死奋战。

而为了兵农合一，奖励耕战，就要对封建礼教和土地关系进行变革，《史记·商君列传》记商鞅为左庶长时所行"变法之令"：

> 令民为什伍，而相牧司连坐。不告奸者腰斩，告奸者与斩敌首同赏，匿奸者与降敌同罚。民有二男以上不分异者，倍其赋。有军功者，各以率受上爵；为私斗者，各以轻重被刑大小。僇力本业，耕织致粟帛多者复其身。事末利及怠而贫者，举以为收孥。宗室非有军功论，不得为属籍。明尊卑爵秩等级，各以差次名田宅，臣妾衣服以家次。有功者显荣，无功者虽富无所芬华。②

---

① 《商君书·算地》。
② 《史记·商君列传》。

商鞅之变法，涉及民众与贵族两个层面，其宗旨则同为奖励耕战。对民，按军旅编为什伍，平时为农并相互监督，战时即可组成军队，强调"二男以上"分异为家，以扩大耕田户数，解决秦地广人稀的矛盾，增加农产品和赋税。并严禁民间私斗，这是秦人长期的恶习，既不利治安，更有碍战时相互救助、合力杀敌。民有军功者，可以率受官爵，私斗者则处于刑罚。尤为重要的，是勤劳于本业的农奴，如果耕织所得粟帛多者可"复其身"，即解放为平民；而事末利与懒惰致贫者，则官收为孥。对于原贵族，废除其享受的世卿世禄，如果没有军功，"不得为属籍"，沦为庶民。以有功为据，严明尊卑爵佚等级及其待遇，使有功者显荣，无功者虽富也无所芬华。

这样的变革，虽然还未从根本上废除封建领主制，但却改变了周礼宗法的血统传承，主要以军功来封授爵位领地，但如子孙无新功，则收回封爵及领地。而民为农勤劳且成果突出，尤其在战斗中军功卓著，不仅可以解除其奴婢身份，甚至亦可封爵领地。虽说并未全面废除农奴，却以勤劳与否和战斗中的表现，来重新界定自由民和奴婢。如此以法改制之术，目的明确，标准清晰，由专权法制统一操控实行，秦国怎能不富强？

十　《管子》以法改制之术：君主法治，富民强国

管仲（？—前645年）是春秋初期政治家，也是对封建领主制变革的先行者。但《管子》一书并非管仲本人所写，大约是战国至汉初多位学者托管仲之名而写的文章汇编，就像《黄帝四经》《黄帝内经》等托名"黄帝"所写一样。不过，托名"黄帝"的著作几乎很少关于黄帝思想的史料依据，而《管子》则大多是由齐国学者们写作，管仲助齐桓公成就霸业，使齐在春秋至战国一直保持大国地位，其政绩、言论在齐国广泛流传，学者们或依某些史料，或据传说而揣测其思想，编写成文，也是可能的。为此，我们有必要先了解一下管仲其人。

《史记·管晏列传》：

> 管仲夷吾者，颍上人也。少时常与鲍叔牙游，鲍叔知其贤。管仲贫困，常欺鲍叔，鲍叔终善遇之，不以为言。已而鲍叔事齐公子小白，管仲事公子纠。及小白立为桓公，公子纠死，管仲囚焉。鲍叔遂进管仲。①

《论语》曾记孔子与其弟子讨论管仲是否"为仁"时，说过此事，并认为管仲是可以称仁的。

《史记·管晏列传》继续写道：

> 管仲既用，任政于齐，齐桓公以霸，九合诸侯，一匡天下，管仲之谋也。
>
> ……
>
> 管仲既任政相齐，以区区之齐在海滨，通货积财，富国强兵，与俗同好恶。故其称曰："仓廪实而知礼节，衣食足而知荣辱，上服度则六亲固。四维不张，国乃灭亡。下令如流水之原，令顺民心。"故论卑而易行。俗之所欲，因而予之；俗之所否，因而去之。
>
> 其为政也，善因祸而为福，转败而为功。贵轻重，慎权衡。桓公实怒少姬，南袭蔡，管仲因而伐楚，责包茅不入贡于周室。桓公实北征山戎，而管仲因而令燕修召公之政。于柯之会，桓公欲背曹沫之约，管仲因而信之，诸侯由是归齐。故曰："知与之为取，政之宝也。"
>
> 管仲富拟于公室，有三归、反坫，齐人不以为侈。管仲卒，齐国遵其政，常强于诸侯。②

---

① 《史记·管晏列传》。
② 《史记·管晏列传》。

管仲是春秋时期最有影响的政治家，他的成功根本原因在于对封建领主制的变革，而他的影响也在变革上。他助齐桓公称"霸"，"九合诸侯，一匡天下"，就是对周礼宗法的变革，从孔子开始，诸子谈变革、治国，常以管子为榜样。而他死后，"齐国遵其政"，使体现于齐国政治中的管子思想得以继承，《国语·齐语》有管子谈分民治国之策的记载。《管子》一书的作者们，大多数应是齐稷下学宫的学者，因而此书虽不为管子所写，仍在一定程度上反映着管子的思想。与李悝、吴起、慎到、申不害、商鞅等魏、韩、赵、楚、秦"西方"各国以法改制诸子相比，有明显的东方"齐国特色"。

《管子》由多人在不同的时间写出，由刘向编辑成书，其思想不可能系统，《汉书·艺文志》将其列为道家，《隋书·经籍志》又将它列为法家，后人还从中找出兵、农、儒、纵横、阴阳等各"家"的内容，以此"分家"之法，对《管子》的解说越来越混乱。

若从思想层次看，《管子》中也有涉及道、法两层次的内容，但基本是重复老子、孔子等人思想，很少新意。其有特色和价值的，主要在术、技二层次。因无法确定其写作之年代，我们将其列于李悝、吴起、慎到、申不害、商鞅以法改制诸子之后考察，先于以法改制的韩非、李斯。因为韩非曾在《五蠹》写道："今境内之民皆言治，藏商、管之法者家有之。"① 虽然"商、管之法"并不见得就是《商君书》和《管子》，但应与之有关，或其中部分内容。

《管子》思想混杂，我们对其术、技层次的考察，不求其全，而是突出以法改制这一主线。为此，将其以法改制思想之术层次归结为：君主法治，富民强国。

《管子》的作者们，在道层次以老子天道观为基本观念，由天道观来论君主法治。《心术上》写道：

---

① 《韩非子·五蠹》。

> 心之在体，君之位也；九窍之有职，官之分也。心处其道，九窍循理。嗜欲充益，目不见色，耳不闻声。故曰：上离其道，下失其事。毋代马走，使尽其力；毋代鸟飞，使弊其羽翼。毋先物动，以观其则。动则失位；静乃自得。道不远而难极也，与人并处而难得也。虚其欲，神将入舍；扫除不洁，神乃留处。人皆欲智而莫索其所以智。智乎，智乎，投之海外无自夺，求之者不得处之者。夫圣人无求之也，故能虚。虚无无形谓之道。化育万物谓之德。君臣父子、人间之事谓之义，登降揖让、贵贱有等、亲疏之体谓之礼，简物小未一道，杀僇禁诛谓之法。大道可安而不可说，真人之言，不义不顾，不出于口，不见于色。四海之人，又孰知其则？天曰虚，地曰静，乃不伐。洁其宫，开其门，去私毋言，神明若存。纷乎其若乱，静之而自治。强不能遍立，智不能尽谋。物固有形，形固有名，名当谓之圣人。故必知不言之言、无为之事，然后知道之纪。殊形异执，不与万物异理，故可以为天下始。①

从天道观总体看待社会，就像个体之身。个体之身主在于心，社会总体之心就是君，而官则是九窍之职，在心的统率下治社会总体之民。因此，作为社会总体之心的君必须依天道而立其位，行其正，才能成为社会总体之主。君主不应先物而动，要以静而观其规律、趋势。道虽不远却是很难认知的，与人相处也是很难符合道的。为此，就要虚其欲求，探索道之精神。无求而能虚，虚而无形者为道，道化育万物而为德，依道处理君臣父子及人间关系为义，位分上下、贵贱有等、亲疏有别为礼，从复杂的人事关系中界定等一的简单规则，对违背规则者予以杀戮禁诛为法。君主依道而德布天下，以义、礼、法而治理总体社会。君主要静虚体道而不可说，也不表现于形色，这样，所有人就都不知君主内心的道是什么，君主则可

---

① 《管子·心术上》。

去私毋言，通乎神明，知不言之言，行无为之事，知道之要领。虽然人世关系复杂，只要把握天道，就可以依道而知其始原，由此而治理民众。

这是从老子思想对君主的论证，由于是以天道观为基本观念，因而并不承认周礼制依上帝观规定的"君权神授"，也不把君视为因血统而成的神圣，而是将君视为普通人，他的特殊在其位，即作为社会总体之心，为了成为合格的君主，他必须依老子思想之法、术层次的德与无为，虚静地体道，由道而治理社会，担负起社会总体之心的责任。

> 圣人裁物，不为物使。心安，是国安也；心治，是国治也。治也者心也，安也者心也。治心在于中，治言出于口，治事加于民，故功作而民从，则百姓治矣。所以操者非刑也，所以危者非怒也。民人操，百姓治，道其本至也。至不至无，非所人而乱。凡在有司执制者之利，非道也。圣人之道，若存若亡，援而用之，殁世不亡。①

作为社会总体之心，君主是制裁外物，并非被外物役使的，他必须保持其作为心的地位，心安则国安，心治则国治。因此，君主必须安心而治心，由此而治天下。这可以说是将老子"无为"之术具体化于君主之治国。

君主治国，要在正、公。

> 形不正者，德不来；中不精者，心不治。正形饰德，万物毕得。翼然自来，神莫知其极。昭知天下，通于四极。是故曰：无以物乱官，毋以官乱心，此之谓内德。是故意气定，然后反正。气者，身之充也；行者，正之义也。充不美，则心不得。行不正，则民不服。是故圣人若天然，无私覆也；若地然，无私载

---

① 《管子·心术下》。

也。私者，乱天下者也。①

修养心术使君主圣明，因此必须正形精专以内德，不以物欲乱五官，不以五官乱心，以内德昭知天下，通于四极，意静气定心正。气定充身，正心之行则义。圣明的君主要像天地一样没有私意偏心，如果有私意偏心就会导致动乱。万物各有其特点，圣明者要利用它们而治天下，为此，修养心术，就要专意一心，端正视听，察远知近，这是相当高远深奥的精神境界，

> 能专乎？能一乎？能毋卜筮知凶吉乎？能止乎？能已乎？能毋问于人而自得之于己乎？故曰：思之，思之不得，鬼神教之。非鬼神之力也，其精气之极也。一气能变曰精，一事能变曰智。慕选者，所以等事也；极变者，所以应物也。慕选而不乱，极变而不烦，执一之君子，执一而不失，能君万物，日月之与同光，天地之与同理。②

怎样才能专意一心，不必占筮就可知吉凶，又怎样做到当止当终，不必问他人而自得之于己？唯一的路径就是思考，思考到极深刻时仍不明白，鬼神就会来引导。这"鬼神"并不是外在的，而是精气达到的最深奥的境界，达到这个境界，精气就与天道相通。气专一就能精，事专一就能知其变化而达到智。虚心恭敬可以处理任何事，善于变化可以应对万物。君子执一而不失，能够与日月同光、天地同理而统领万物人事。具有这样心术的君主，才能真正成为社会总体之心。

从天道而论心术，由心术而知天道，《管子·心术》作者关于君主为心，以及如何成为合格君主的论说，将老子思想各层次集合于君主这一范

---

① 《管子·心术下》。
② 《管子·心术下》。

畴，从而使天道观对变革封建领主制的指导有了一个落实点，由这个落实点出发而谈法治，既是天道观的具体化，也是君主心术的展开。

> 君之在国都也，若心之在身体也。道德定于上，则百姓化于下矣。戒心形于内，则容貌动于外矣。正也者，所以明其德。知得诸己，知得诸民，从其理也。知失诸民，退而修诸己，反其本也。所求于己者多，故德行立。所求于人者少，故民轻给之。故君人者上注，臣人者下注。上注者，纪天时，务民力；下注者，发地利，足财用也。故能饰大义，审时节，上以礼神明，下以义辅佐者，明君之道也。能据法而不阿，上以匡主之过，下以振民之病者，忠臣之所行也。明君在上，忠臣佐之，则齐民以政刑，牵于衣食之利，故愿而易使，愚而易塞。①

君主要发挥其社会总体之心的作用，必须由臣属辅佐，以其所通道德贯注于社会全体，纪天时，务民力，发地利，足财用，并使君、臣、民和谐相处。这样，法的重要性也就显现出来。君、臣、民都要依从由道德而展现的法。忠臣要据法而不阿，上匡君主之过，下振民众之病。

《任法》篇强调，法是君主统治社会的基本手段，

> 圣君任法而不任智，任数而不任说，任公而不任私，任大道而不任小物，然后身佚而天下治。失君则不然，舍法而任智，故民舍事而好誉；舍数而任说，故民舍实而好言；舍公而好私，故民离法而妄行；舍大道而任小物，故上劳烦，百姓迷惑，而国家不治。②

---

① 《管子·君臣下》。
② 《管子·任法》。

《任法》作者指出，尧之治天下，善明法禁之令而已；黄帝之治天下，置法而不变，使民安其法。接着，又指出："所谓仁义礼乐者，皆出于法，此先圣之所以一民者也。"① 将仁义礼乐都归结于法，是法的具体化，这是对周礼制礼教的颠覆。按周礼制礼教，"礼不下庶人，刑不上大夫"，仁义礼乐是领主贵族所专有，而刑只是针对庶民的，贵族并不受其罚。将法作为仁义礼乐的依据，而且是统一的治国规矩，这本身就已否定了贵族的特权，将其视为受法所制之民。

法并非君主之私意，而是天道在人世的展现，"法者，天下之至道也，圣君之实用也"。② 圣明的君主遵行天道，就必须以法治国，法是实用而有效的治国方式。

> 故明王之所恒者二：一曰明法而固守之，二曰禁民私而收使之，此二者，主之所恒也。夫法者，上之所以一民使下也。私者，下之所以侵法乱主也。故圣君置仪法而固守之，然故谌杆习士闻识博学之人不可乱也，众强富贵私勇者不能侵也，信近亲爱者不能离也，珍怪奇物不能惑也，万物百事非在法之中者不能动也。……卿相不得蔽其私，群臣不得辟其所亲爱，圣君亦明其法而固守之，群臣修通辐凑以事其主，百姓辑睦听令道法以从其事。③

法就是天道在人间的展现，圣明的君主依道生法而固守之，群臣就会像车轮的辐条那样凑紧于君主这个核心而运作政治机器，百姓遵从法律而行事。

> 故曰：有生法，有守法，有法于法。夫生法者君也，守法者

---

① 《管子·任法》。
② 《管子·任法》。
③ 《管子·任法》。

臣也，法于法者民也，君臣上下贵贱皆从法，此谓为大治。①

君主以心术精明天道，据天道以立法，其臣属守护法的执行，而民则在法的规制下行事。所有人都在法的范围，并受法的约束。君主虽有立法权，但不可凭私意，而是从公心体道立法，更不能"离法而听贵臣"，不能由"富人用金玉事主"而离法听之，不能因"贱人以服约卑敬悲色告愬其主"而离法听之，不能由"近者以逼近亲爱有求其主"而离法听之。真正的治世，"不知亲疏远近贵贱美恶，以度量断之。其杀戮人者不怨也，其赏赐人者不德也。以法制行之，如天地之无私也"。②

《明法》篇进一步明确提出"以法治国"，从而确立了其在思想术层次的地位和作用。

> 先王之治国也，不淫意于法之外，不为惠于法之内也。动无非法者，所以禁过而外私也。威不两错，政不二门，以法治国，则举措而已。是故有法度之制者，不可巧以诈伪；有权衡之称者，不可欺以轻重；有寻丈之数者，不可差以长短。③

法是治国的依据和标准，以法治国，依照法度来制约臣民，就可以免受诈伪之害，像用秤称量物之轻重、以标尺衡量长短那样公平而让人心服。而且在使用臣属时，也"使法择人，不自举也。使法量功，不自度也。故能匿而不可蔽，败而不可饰也；誉者不能进，而谤者不能退也。"④ 可见，《管子》作者，已将"以法治国"之术在学理上做了完整的论证，从而在周礼制之外，确立了一个新的社会治理体系，对于战国及秦、汉初的社会变革，有明显的促进作用。

---

① 《管子·任法》。
② 《管子·任法》。
③ 《管子·明法》。
④ 《管子·明法》。

在主张以法治国的同时，《管子》的作者还提出了富国强民之术。以前所论到的商鞅及李悝、吴起、慎到、申不害等以法改制诸子，大都提出过"富国"主张，很少论及"富民"，而是强调用民、制民以富国强兵。《管子·治国》开篇即说：

> 凡治国之道，必先富民。民富则易治也，民贫则难治也。奚以知其然也？民富则安乡重家，安乡重家则敬上畏罪，敬上畏罪则易治也。民贫则危乡轻家；危乡轻家则敢陵上犯禁，陵上犯禁则难治也。故治国常富，而乱国常贫。是以善为国者，必先富民，然后治之。①

治国即治民，为治民而富民，民富安乡重家，敬上畏罪，则易治，这个道理并不深奥，但却很少有人认知，尤其周礼制礼教，将民视为卑贱者，并实行农奴制，民众在封建统治者的观念中只是为其生产财富的工具，只要能活着就可以了，无所谓民富民贫。《管子·治国》作者将富民作为治国之"先"，是对周礼制礼教的突破。治国"必先富民"的提法，与《牧民》篇"国多财则远者来，地辟举则民留处，仓廪实则知礼节，衣食足则知荣辱"②的论断是相呼应的。《牧民》篇虽仍将民作为"牧"的对象，但已认识到民心的重要。

> 政之所兴，在顺民心；政之所废，在逆民心。民恶忧劳，我佚乐之；民恶贫贱，我富贵之；民恶危坠，我存安之；民恶灭绝，我生育之。③

顺民心和富民，是一致的，民能知礼节、知荣辱，就可自觉地遵从法治。

---

① 《管子·治国》。
② 《管子·牧民》。
③ 《管子·牧民》。

治国牧民绝不能只靠刑罚和杀戮,

> 故刑罚不足以畏其意,杀戮不足以服其心。故刑罚繁而意不恐,则令不行矣;杀戮众而心不服,则上位危矣。①

这个道理,在商鞅那里还是不明确的,司马迁说他的"刻薄""少恩",不仅是针对贵族,对民心的忽略也是重要方面。《管子》作者在这个问题上的高明,一者是面对的齐国民众素质技能相对较高,"民心"之向背已影响到统治,二者显现出所受孔子、墨子人道社会观的影响。民心并不是脱离现实的,是与民富内在统一的,因此牧民治国的要点在于富民。

民富,并不是君主给民以财富,而是以正确的统治,使民垦田耕作,多生产粮食,

> 昔者七十九代之君,法制不一,号令不同,然俱王天下者,何也?必国富而粟多也。夫富国多粟生于农,故先王贵之。②

以发展农业为富国强兵的基础,是以法改制诸子的共同点。《管子·治国》的作者不仅强调这一点,还把重点放在先富民上。这是其高明处。更值得注意的是,《治国》篇还对"上征暴急无时"所导致民贫,民不得不借高利贷,导致更加贫困的状况进行了叙述:

> 凡农者月不足而岁有余者也,而上征暴急无时,则民倍贷以给上之征矣。耕耨者有时,而泽不必足,则民倍贷以取庸矣。秋籴以五,春粜以束,是又倍贷也。故以上之征而倍取于民者四,关市之租,府库之税,粟什一,厮舆之事,此四时亦当一倍贷

---

① 《管子·牧民》。
② 《管子·治国》。

矣。夫以一民养四主，故逃徙者刑，而上不能止者，粟少而民无积也。①

民贫到如此境地，强国从何谈起？所以作者建议：

> 使农士商工四民交能易作，终岁之利无道相过也。是以民作一而得均，民作一则田垦，奸巧不生；田垦则粟多，粟多则国富，奸巧不生则民治。富而治，此王之道也。②

"农士商工"四民分业，是管仲相齐时的一项政策，对此，我们在讨论《管子》思想之技层次时详论，这里只是突出其强调"四民"收入要均衡，使农民专心务农，增产粮食，国富民治。

《管子》所言"富民"，其实不过是使农民能够有基本的生活资料，从而可以安心务农，为国家多生产粮食，由此而国富国强。因此，"富民"既是重视农业而富国，也是使民安乡重家易于统治的政策。

> 不生粟之国亡，粟生而死者霸，粟生而不死者王。粟也者，民之所归也；粟也者，财之所归也；粟也者，地之所归也；粟多则天下之物尽至矣。故舜一徙成邑，二徙成都，参徙成国。舜非严刑罚重禁令，而民归之矣，去者必害，从者必利也。先王者善为民除害兴利，故天下之民归之。所谓兴利者，利农事也；所谓除害者，禁害农事也。农事胜则入粟多，入粟多则国富，国富则安乡重家，安乡重家则虽变俗易习，驱众移民，至于杀之而民不恶也，此务粟之功也。上不利农则粟少，粟少则人贫，人贫则轻家，轻家则易去，易去则上令不能必行，上令不能必行则禁不能

---

① 《管子·治国》。
② 《管子·治国》。

必止，禁不能必止则战不必胜，守不必固矣。夫令不必行，禁不必止，战不必胜，守不必固，命之曰寄生之君，此由不利农少粟之害也。粟者，王之本事也，人主之大务，有人之涂，治国之道也。①

在农业为主要生产方式时，有民有粟，是强国的基本条件，富民不过是使民可以吃饱饭，由此就服从统治。服从统治之民从事农业，又能多生产粮食，由此而强国。

为了富民强国，《管子》主张牧民要"务四时""张四维""分四民"。"务四时"即按一年四季管理农业生产和处理相关事务；"张四维"则是以礼、义、廉、耻来配合以法治国；"分四民"是将士、农、工、商分业定居，并明确其人口比例和利益关系，在"务农"的前提下"饬末"。进而还提出从民"四欲"，去民"四恶"，"四欲"为逸乐、富贵、存安、生育，"四恶"为忧劳、贫贱、危坠、灭绝。

以法治国是制度和统治方式的变革，富民则是增加财富和安定民心，二者为强国的前提和基础，《管子》作者们由此而对强国的原则和国际关系进行了论说。《霸言》篇指出：

> 夫霸王之所始也，以人为本，本理则国固，本乱则国危。故上明则下敬，政平则人安土，教和则兵胜敌，使能则百事理，亲仁则上不危，任贤则诸侯服。②

这可以说是春秋、战国特殊历史条件下强国以霸，进而为王的正确途径。"霸"并非只是在国际上以强凌弱，也不只在富国强兵的表层，霸王之所起始，就在明确"以人为本"，合理地治本，政权就稳固，否则就危险。

---

① 《管子·治国》。
② 《管子·霸言》。

在固本理本的基础上，上明而下敬，政治公平则民众安心农业生产，教化和顺则兵士勇敢胜敌，使用能人则政通事理，亲近仁义之士则君主不会有危险，选任贤良则诸侯信服。

真正的强国，就要为霸乃至为王，对于要成就霸、王之业的君主，《霸言》作者建议：

> 霸王之形，象天则地，化人易代，创制天下，等列诸侯，宾属四海，时匡天下，大国小之，曲国正之，强国弱之，重国轻之。乱国并之，暴王残之，僇其罪，卑其列，维其民，然后王之。夫丰国之谓霸，兼正之国之谓王，夫王者有所独明，德共者不取也，道同者不王也。夫争天下者，以威易危，暴王之常也。君人者有道，霸王者有时，国修而邻国无道，霸王之资也。夫国之存也，邻国有焉；国之亡也，邻国有焉。邻国有事，邻国得焉；邻国有事，邻国亡焉。天下有事，则圣王利也。国危，则圣人知矣。①

春秋以后，周礼制礼教已失去对诸侯的控制力，强国之君成霸成王已成趋势，《霸言》认为这个趋势是合乎天道的，霸业、王业就是顺应时代，创立新制度，重新等列诸侯，统领天下。虽然尚未形成大一统的集权专制思想，但却主张强国之君对列国征伐兼并，从而变革周封建宗法的旧体制和秩序。《霸言》似乎是写给齐国君主的，但对所有强国也都适合。霸业和王业，不仅是强国发展的目标，也是当时历史演进的趋势。而要达到这个目标，强国必须适应天道，改进本国的制度和统治方式，在激烈的战国竞争中强上更强。

---

① 《管子·霸言》。

十一　庄子思想之术层次：知道而达生

庄子思想之术是其法"乘道德而浮游"的展开和具体化，"游"什么，怎么"游"，取决于所乘之"道德"，为此，必须体道知道，由体道知道而知我，进而知他、知物，再回归于我，正确地对待我的生命过程。由知道而达生，适应现实条件而自由。

以个体自由为主义的庄子，也和孔子、墨子一样重视理解天道，并在天道观指导下思考，但他关注的重点，却不是像孔子、墨子那样如何从总体上改造社会，而是如何认知人性而改造个体人的观念，为此而观察并适应外部条件，依道而自由地生活。在庄子的思想中，总体社会之所以有那么复杂尖锐的矛盾，就在构成总体社会的个体人不知天道，从而违背人性，为追求不应该追求的名、利而相互斗争。他根据从老子那里所得到的启示，认为只要以天道观为前提，正确地认知人性，依从人性而生，不为名利而斗争，实现个体自由，也就从根本上消除了社会总体矛盾。因此，不能简单地认为庄子不关注社会矛盾，不想改变社会，他是要从改造社会个体细胞做起，来改变总体社会机制。当然，在战国那样激烈的社会矛盾状况中，庄子这种思想几乎对解决社会总体矛盾不起直接作用，只是以他对人性和个人的深刻理解，告诉当时及后世的人：只有实现个人的自由，才能真正地改造社会，解决总体矛盾。那些从总体上说改造社会，造福人类的人，实则仍是在谋求个人名利，只有知道而达生实现自由，才能真正改造总体社会。庄子思想在阶级社会这个"人类史前时期"不可能成为主导，但它却在毫不留情地昭示那些总体"道统"论者是在追求个人名利的同时，告诉人们什么是真正的人生。只有从人性和自由来改造个人，才能改造社会，形成合乎人道的人生存制度。

庄子是从个体"我"来体道知道，并以"我"的生活作为出发点和归结点的。

> 吾生也有涯，而知也无涯。以有涯随无涯，殆已；已而为知者，殆而已矣！为善无近名，为恶无近刑。缘督以为经，可以保身，可以全生，可以养亲，可以尽年。①

我的生命有限，而所要认知的东西却是无限的。以有限的生命去追求知识，是不可能认知无限的。认为已达到的有限知识就是所要认知事物的全部，是错误的，也是危险的。善和恶都是无限中的有限，就像做坏事不见得立即会受到惩罚，做善事也不可能很快获得名誉，因此不要把名誉当成目的。正确认识生命的有限性，及其与所要认知事物无限性的矛盾，把握好人生的基本原则，就可保持身体健康，实现人性，养护亲人，终享天年。这里的关键，在于认识个体生命的有限性与所要认知事物无限性的矛盾，并由此而确定人生的基本原则。个体生命与所要认知的事物，都是由天道主导的，解决这个矛盾的途径，在于要不断地体道而知道，根据对道的知，来正确地生活。

道不仅体现于天、地万物，也体现于人生和人事，因此，知道的重要内容，是知己知人，知己知人与知天知地是统一的。

> 知天之所为，知人之所为者，至矣。知天之所为者，天而生也；知人之所为者，以其知之所知以养其知之所不知，终其天年而不中道夭者，是知之盛也。虽然，有患。夫知有所待而后当，其所待者特未定也。庸讵知吾所谓天之非人乎？所谓人之非天乎？②

知天与知人相统一，是知的最高限度，认知天的运行是自然的，认知人的所为，就是要从自己的智慧已知的知识来培养自己的智慧，认知尚且不知

---

① 《庄子·养生主》。
② 《庄子·大宗师》。

的道理，依此而连续不断地增长知识提升智慧，就可以达到渊博知识和高超智慧。虽然如此，也不可能穷尽对道的认知，因为认识总是后于对象的变化，而对象的变化是不能事先断定的，所以不能肯定我所谓的天自然运行与人行为的区别。可见，人的认知是没有尽头的，为了达到真知，就要修炼而成真人，

> 古之真人，其状义而不朋，若不足而不承；与乎其觚而不坚也，张乎其虚而不华也；邴邴乎其似喜乎，崔乎其不得已乎！滀乎进我色也，与乎止我德也；厉乎其似世乎！謷乎其未可制也；连乎其似好闭也，悗乎忘其言也。以刑为体，以礼为翼，以知为时，以德为循。以刑为体者，绰乎其杀也；以礼为翼者，所以行于世也；以知为时者，不得已于事也；以德为循者，言其与有足者至于丘也，而人真以为勤行者也。故其好之也一，其弗好之也一。其一也一，其不一也一。其一与天为徒；其不一与人为徒。天与人不相胜也，是之谓真人。①

真人即体道、知道之人，由于知道，他能义而不朋，虚怀若谷；高傲却不固执，虚己待人不夸张；面带喜色而和顺，让人觉得和蔼可亲可敬可信。他的气度可以包容世界，没有什么界限可以阻止他的行为，心思深远而无意谈说。慎行刑律，以礼待人，以知应变，以德为循。由于慎行刑律，所以能减少杀戮；以礼待人所以能通行世间；以知应变，不会被俗事所困扰；以德为循，能够在别人帮助下达到目的，而人们还以为他是多么勤苦的人。真人追求的目标是明确的，抛弃的东西也是明确的。他对明确的目标坚定地追求，对抛弃不顾的东西也坚定地不屑一顾。他追求的目标是以天为师而知天道，其抛弃不顾的就是人们所推崇的名利。不把知道与名利混杂，就能成为真人。

---

① 《庄子·大宗师》。

> 古之治道者，以恬养知；知生而无以知为也，谓之以知养恬。知与恬交相养，而和理出其性。夫德，和也；道，道也。德无不容，仁也；道无不理，义也；义明而物亲，忠也；中纯实而反乎情，乐也；信行容体而顺乎文，礼也。礼乐遍行，则天下乱矣。彼正而蒙己德，德则不冒，冒则物必失其性也。①

治道即体道、知道，为知道而以恬养智慧，而有智慧者并不自以为智，是以智养恬。智恬交相养，就可以认识道。德为和，道为理，德之容为仁，合道之理为义，义明而亲为忠，和谐朴实之声反乎情为乐，信行容体顺乎文为礼。而周宗法之礼乐是不合天道的，它通行于世，必然导致天下大乱。有正德者并不显露，故意显露其德是违背德之本性的。因此，知道者必须恬静而不显示其德，也不以有德自居。

庄子认为，最初的人类，生活于混芒之中，大家都恬淡寂寞，"当是时也，阴阳和静，鬼神不扰，四时得节，万物不伤，群生不夭，人虽有知，无所用之，此之谓至一。当是时也，莫之为而常自然"。② 这是对老子道法自然和无为观点的概述。庄子也和老子、孔子一样，将人类初期看成"大道之行"的体现，天道展开的人道在那时直接体现着。但从燧人伏羲开始，德即开始衰落，经神农黄帝到唐虞，人越来越脱离其本性，"离道以为，险德以行，然后去性而从于心。心与心识知，而不足以定天下，然后附之以文，益之以博。文灭质，博溺心，然后民始惑乱，无以反其性情而复其初"。③ 从而导致"世丧道矣，道丧世矣"。④ 因此，要真正体道、知道，就必须消除俗学文博对道的干扰和掩盖，使人心回归人类之初"大道之行"的状态，效法当时古人的思想和行为。

① 《庄子·缮性》。
② 《庄子·缮性》。
③ 《庄子·缮性》。
④ 《庄子·缮性》。

> 古之存身者，不以辩饰知，不以知穷天下，不以知穷德，危然处其所而反其性已，又何为哉！道固不小行，德固不小识。小识伤德，小行伤道。故曰：正己而已矣。乐全之谓得志。①

古代存道于身的人，不以文辞装饰智慧，不以智谋扰乱天下，也不以智谋扰乱德，独立而自然地保持本性。知道就不会谋小利，有德也不表现为小聪明。小聪明会损伤德，谋小利就不能知道。所以说，知道就是端正自我，乐于保全自然本性，就是得志，即实现人生目的。

> 古之所谓得志者，非轩冕之谓也，谓其无以益其乐而已矣。今之所谓得志者，轩冕之谓也。轩冕在身，非性命也，物之傥来，寄者也。寄之，其来不可圉，其去不可止。故不为轩冕肆志，不为穷约趋俗，其乐彼与此同，故无忧而已矣。今寄去则不乐，由是观之，虽乐，未尝不荒也。故曰：丧己于物，失性于俗者，谓之倒置之民。②

古代人实现人生目的，不在于爵禄荣华，而在乐于保全自然本性。但现在的人则以爵禄荣华为追求的目的，可是爵禄荣华都是外在的，并非人本性所有，只是傥来之物，临时寄放于你，并不真正属于你。因此不应把追求爵禄荣华作为志向，不能为了摆脱穷困而趋炎附势。无论爵禄荣华与贫困，都是外部感受，只要保持心性平和无忧就可以了。某些人因为失去爵禄荣华而不乐，那么他得到爵禄荣华时的心乐，也就是丧失本性的表现。所以说，把自己丧失于物，使本性失之于俗，是违背道而本末倒置的人。知道，就是要摆脱现时世俗之见，回归人的本性自然。

---

① 《庄子·缮性》。
② 《庄子·缮性》。

在《秋水》篇，庄子又以北海若教训河伯的口气，说："以道观之，何贵何贱，是谓反衍；无拘而志，与道大蹇。"① 贵与贱是反复转变的，不要用俗世的成见拘束心志，以致与道相脱离。

> 知道者必达于理，达于理者必明于权，明于权者不以物害己。至德者火弗能热，水弗能溺，寒暑弗能害，禽兽弗能贼。非谓其薄之也，言察乎安危，宁于祸福，谨于去就，莫之能害也。故曰：天在内，人在外，德在乎天。知天人之行，本乎天，位乎得。蹢躅而屈申，反要而语极。②

知道者必达理，达理而明权变，明权变就可以避免受外物伤害。有至德的人火不能烧，水不能溺，寒暑不能伤，禽兽不能残，这是因为他能知其危而避其害，谨慎进退去留，所以可以安然对待祸福。人的天性是内在的，人为的社会环境和观念影响是外在的，知道明德的人依其天性而生活，清楚自然与人为的区别，明确既有条件而进退屈伸，言行得当。

可见，庄子所说的"知道"之"真人"，并不是后来道教徒所说的水火不侵、禽兽不伤、长生不老的神仙，而是回归人自然本性的人。人的自然本性是天道的体现，是所有人都具备的，就像"牛马四足，是谓天；落马首，穿牛鼻，是谓人"。③ 人为的社会环境和观念使人迷失了其天性，人被异化成屈从甚至追求社会环境和观念所宣扬的外在名利的工具。知道，就是透过人为社会环境和观念的束缚，明白天道赋予人的本性，依从本性来生活，不去追求人为的社会环境和观念所宣扬的名利，否定异化所带来的工具性，成为真正的人。

为了知道而消除人为之异化，回归天道赋予的本性，庄子认为，由于人为社会环境和观念的影响太深重，因而应当经过三个必要环节的修炼，

---

① 《庄子·秋水》。
② 《庄子·秋水》。
③ 《庄子·秋水》。

即"以明""见独""坐忘"。

以明,即透过人为世俗环境和观念来体道、明道。《齐物论》中说:

> 道恶乎隐而有真伪?言恶乎隐而有是非?道恶乎往而不存?言恶乎存而不可?道隐于小成,言隐于荣华。故有儒墨之是非,以是其所非而非其所是。欲是其所非而非其所是,则莫若以明。①

现世似乎大道已隐而无真伪,言语也因为没有道的标准不能辨其是非。之所以会这样,就在于人们只追求当下小的成功和名利。儒者和墨者所论是非是不同的,二者的争论就在以我之所是攻彼之所非,造成是非辨别的混乱。为了消除这种混乱,就要以明大道。

> 物无非彼,物无非是。自彼则不见,自知则知之。故曰:彼出于是,是亦因彼。彼是,方生之说也。虽然,方生方死,方死方生;方可方不可,方不可方可;因是因非,因非因是。是以圣人不由而照之于天,亦因是也。是亦彼也,彼亦是也。彼亦一是非,此亦一是非。果且有彼是乎哉?果且无彼是乎哉?彼是莫得其偶,谓之道枢。枢始得其环中,以应无穷。是亦一无穷,非亦一无穷也。故曰莫若以明。②

以明即排除世俗成见而明白地认识事物之本性。物本身并无彼此,事也无是非。但人站在不同立场从不同角度看物,就有了物之彼此,也有了事的是非。各从自己角度辩彼此、是非,谁也说服不了谁,也不能真正认知物与事的本性。庄子认为,由以明而回归天道,从天道的角度认知物与事,就可以透过从各自角度所导致的彼此、是非之混乱,而认知其本性,再由

---

① 《庄子·齐物论》。
② 《庄子·齐物论》。

本性来规定物与事，知道而依道认识错综复杂的现象，就不会被世俗环境和观念所迷惑。

> 可乎可，不可乎不可。道行之而成，物谓之而然。恶乎然？然于然。恶乎不然？不然于不然。恶乎可？可于可。恶乎不可？不可于不可。物固有所然，物固有所可；无物不然，无物不可。故为是举莛与楹、厉与西施、恢恑憰怪，道通为一。其分也，成也；其成也，毁也。凡物无成与毁，复通为一。唯达者知通为一，为是不用而寓诸庸。庸也者，用也；用也者，通也；通也者，得也；适得而几矣。因是已。已而不知其然，谓之道。①

道是事物的本性，知道就能以明判断事物是非的依据，确定可行与不可行。依从道而行之、用之，就可通有得。这样，就能够"不从事于务，不就利，不违害，不喜求，不缘道；无谓有谓，有谓无谓，而游乎尘垢之外"。②

见独，即以空明之心而知道。在《大宗师》中以女偊答南伯子葵之问，讲其知道的体会：

> 南伯子葵问乎女偊曰："子之年长矣，而色若孺子，何也？"
> 曰："吾闻道矣。"
> 南伯子葵曰："道可得学邪？"
> 曰："恶！恶可！子非其人也。夫卜梁倚有圣人之才而无圣人之道，我有圣人之道而无圣人之才，吾欲以教之，庶几其果为圣人乎！不然，以圣人之道告圣人之才，亦易矣。吾犹守而告之，参日而后能外天下；已外天下矣，吾又守之，七日而后能外

---

① 《庄子·齐物论》。
② 《庄子·齐物论》。

物；已外物矣，吾又守之，九日而后能外生；已外生矣，而后能朝彻；朝彻，而后能见独；见独，而后能无古今；无古今，而后能入于不死不生。杀生者不死，生生者不生。其为物，无不将也，无不迎也；无不毁也，无不成也。其名为撄宁。撄宁也者，撄而后成者也。"①

由外天下、外物、外生而朝彻，即忘掉天下、物和生命，就可以达到忘我的境界，这样就能够见独大道，见独大道也就能忘古今，于是也就无所谓生死，以宁静心态应对万物万事生成灭毁的演变。我与道相合，道导我，我知道。

坐忘，即通过忘却丢弃世俗观念，以至忘我而体道、知道，《大宗师》以颜回的坐忘过程说之，

颜回曰："回益矣。"

仲尼曰："何谓也？"

曰："回忘仁义矣。"

曰："可矣，犹未也。"

他日复见，曰："回益矣。"

曰："何谓也？"

曰："回忘礼乐矣。"

曰："可矣，犹未也。"

他日复见，曰："回益矣。"

曰："何谓也？"

曰："回坐忘矣。"

仲尼蹴然曰："何谓坐忘？"

颜回曰："堕肢体，黜聪明，离形去知，同于大通，此谓

---

① 《庄子·大宗师》。

坐忘。"

仲尼曰:"同则无好也,化则无常也。而果其贤乎!丘也请从而后也。"①

以崇尚仁义礼乐的孔子和颜回师徒名义而说忘仁义礼乐,并把这作为知道的两个步骤,也只有庄子想得出来。这里坐忘的主体是颜回,在他忘仁义,进而忘礼乐时,孔子不仅认可,还说"犹未"达到忘的最高境界,而当颜回说他已经坐忘,即连身体、思维都忘了,"离形去知,同于大通"时,孔子不仅惊奇,甚至表示"请从而后",也要坐忘。

以明、见独、坐忘,都是知道的修炼方式,也可以看成三个环节。在道教徒那里,曾把这三种方式神化成修仙成道的秘方,但在《庄子》中,这三种方式仍是静虚心思的过程,抛弃社会观念和环境对思想的束缚,以悟知未异化状态的道所决定的人性,再由道之人性思考纯粹人的生活,由此而"独与天地精神往来","乘道德而浮游",这样的人生,庄子谓之为"达生"。

达生之情者,不务生之所无以为;达命之情者,不务知之所无奈何。养形必先之以物,物有余而形不养者有之矣;有生必先无离形,形不离而生亡者有之矣。生之来不能却,其去不能止。悲夫!世之人以为养形足以存生,而养形果不足以存生,则世奚足为哉!虽不足为而不可不为者,其为不免矣。②

达生,就是知道并依道而通达人生意义。达生者首要是明确自己生命的有限性,以主体生命的实际需求来看待人生和外界事物,不去追求那些不可能达致,也与生命活动没有意义的东西。生命以保养身体为基本,为此要

---

① 《庄子·大宗师》。
② 《庄子·达生》。

有一定的生活资料，但那些有富余生活资料的人却不一定能保养好身体。生命的有限是主观意愿所不能决定的，"生之来不能却，其去不能止"，这是天道之自然的表现，不要以为用各种方法保养身体就可以长生不死。明白了这一点，在有限的生命活动中做可以做的事，以有限的资料养护身体。

庄子认为，要想在有限时间内通达而生，就要舍弃对功名利禄的追求，

> 夫欲免为形者，莫如弃世。弃世则无累，无累则正平，正平则与彼更生，更生则几矣。事奚足弃而生奚足遗？弃事则形不劳，遗生则精不亏。夫形全精复，与天为一。天地者，万物之父母也，合则成体，散则成始。形精不亏，是谓能移。精而又精，反以相天。①

为了达生，就应该在以基本生活资料维持生命的情况下，摆脱对功名利禄的追求，弃世并弃事，就可以达到"形全精复，与天为一"。"形精不亏，是谓能移"，知道全性而适应天地人事之变。"精而又精，反以相天"，体道知道达致精而又精的程度，就可帮他人来理解天道了。

"弃世""弃事"，常有人据庄子此说而判定他是在逃避现实，也有人说庄子思想是"隐士哲学"。庄子之弃世、弃事，并不是脱离社会，而是抛弃世俗追求功名利禄的观念，其隐，也只是"不当时命"的一种达生方式。

> 隐，故不自隐。古之所谓隐士者，非伏其身而弗见也，非闭其言而不出也，非藏其知而不发也，时命大谬也。当时命而大行乎天下，则反一无迹；不当时命而大穷乎天下，则深根宁极而

---

① 《庄子·达生》。

待；此存身之道也。①

隐并不是隐藏起来。古代的隐士，并非藏着不见人，不是闭口不说话，也不是藏着智慧不发挥作用，而是由于时命大谬而不得不隐。一旦得其时命就会行大道于天下，他本人就会依道而行并不显示踪迹。不当时命，大道不行，他就深隐而不发，以待时命之行。这是他保存生命的方式。这段话，也可以说是庄子的自我人生价值观念的表达。由此，我们也就理解了他宁愿像楚之龟那样"曳尾于涂中"，也不去当楚相似神龟被"巾笥而藏之庙堂之上"了。

庄子之达生，由于知道；庄子之知道，必而达生。每个人的生命都是天道自然的体现，因而必须依从天道而自由，不能为了个人的名利，就屈从"大道既隐"的世事，放弃自己的主体和自由而去做君主、权贵的工具。在庄子的观念中，为暂时名利而放弃自由，不仅是违背了天道，更是放弃了生命。"乘道德而浮游"的庄子，以其知道而达生之术，构建了人类史上第一个个人自由主义思想体系，为后世万亿个人提供了自我意识的启示。

十二 孟子思想之术层次：施仁政于民

与庄子注重个人知道而达生不同，孟子更为注重从社会总体的改造来贯彻其法层次心性和民本思想，因而其思想术层次也相对简明和集中，即将心性和民本之法具体化为仁政的主张。

《孟子》首篇《梁惠王上》中，梁惠王问孟子，魏国屡受齐、秦、楚三国的欺凌侵掠，怎样才能强国以御敌？

孟子对曰："地方百里而可以王。王如施仁政于民，省刑罚，

---

① 《庄子·缮性》。

薄税敛，深耕易耨；壮者以暇日修其孝悌忠信，入以事其父兄，出以事其长上，可使制梃以挞秦楚之坚甲利兵矣。"

"彼夺其民时，使不得耕耨以养其父母，父母冻饿，兄弟妻子离散。彼陷溺其民，王往而征之，夫谁与王敌？故曰：'仁者无敌。'王请勿疑！"①

在孟子的思想中，国家之本在于民，国富为民富，国强为民心拥护君主，君民一体足以御敌。君主要想强国，就必须施仁政于民，仁政使君与民联系起来，君与民同为其国，怎能不强大呢？

富强，是战国时各国统治者共同关注的问题，关乎着每个国家的存亡。与李悝、吴起、慎到、申不害、商鞅等以法改制诸子不同，孟子更注重从民本民心论制度改革，主张以仁政将民与国统一起来，本固则国强。从这个意义上说，孟子的仁政思想，也是一种变革封建领主制的必要方式，其要旨就是改变将国与民对立，民只是君主和贵族的统治对象与工具的周礼制礼教，从统治方式和制度上，使民认知国家兴衰与他们的利害关系，从内心自觉地拥护君主统治。

民心，在孟子思想中是一个重要范畴，这是他心性之法层次的展现。与以法改制诸子强调以法治民不同，孟子更强调收拢民心，而仁政就是收拢民心的主要方式，收拢民心又是仁政的内容和验证标准。

桀纣之失天下也，失其民也；失其民者，失其心也。得天下有道：得其民，斯得天下矣；得其民有道：得其心，斯得民矣；得其心有道：所欲与之聚之，所恶勿施，尔也。民之归仁也，犹水之就下、兽之走圹也。故为渊驱鱼者，獭也；为丛驱爵者，鹯也；为汤武驱民者，桀与纣也。今天下之君有好仁者，则诸侯皆为之驱矣。虽欲无王，不可得已。今之欲王者，犹七年之病求三

---

① 《孟子·梁惠王上》。

年之艾也。苟为不畜,终身不得。苟不志于仁,终身忧辱,以陷于死亡。①

一个成功的统治者,就在于有民众拥护,民众是一群个体人,要想使他们拥护统治,就必须收拢其心。而收拢民心的方式,就是仁政,民之所欲与之聚之,所恶勿施。在诸侯竞战的条件下,一个君主如果能在本国施仁政,而别国施暴政,那么民众就会像水向低处流,野兽向圹野跑那样投奔于仁政之君的国。但仁政并不是一种临时的手段,忽用忽弃是不行的,就像病七年只三年用艾药那样,不可能见效,必须持之以恒,真正实行仁政,才能收到良好效果。否则,不志于仁,不行仁政,国君就要终身忧患,忍受诸侯凌辱,以致亡国。

孟子见梁襄王,襄王突然发问:"天下恶乎定?"孟子答曰:"定于一。"襄王又问:"孰能一之?"孟子答:"不嗜杀人者能一之。"襄王再问:"孰能与之?"孟子讲了一番以仁政定天下的道理:

天下莫不与也。王知夫苗乎?七八月之间旱,则苗槁矣。天油然作云,沛然下雨,则苗浡然兴之矣。其如是,孰能御之?今夫天下之人牧,未有不嗜杀人者也。如有不嗜杀人者,则天下之民皆引领而望之矣。诚如是也,民归之,由水之就下,沛然谁能御之?②

这里孟子讲出了他的基本政治理念,即天下应"定于一",建立统一的专制制度。这与以法改制诸子是相同的,但如何使天下"定于一"?孟子与以法改制诸子却有不同看法,他不同意以武力征服他国君主,而是主张以仁政吸引他国民众。孟子或许看出梁襄王并不是能统一天下的君主,"望

---

① 《孟子·离娄上》。
② 《孟子·梁惠王上》。

之不似人君，就之而不见所畏"①，他只是对他讲了基本缘由，并未深谈具体措施。而"不嗜杀人者能一之"，也只是仁政的一个方面，大概梁襄王有"嗜杀人"的恶行，所以专说这一方面。而"嗜杀人"，在当时诸侯那里是个普遍现象，是封建领主制的表现，只要某一国君真正做到不"嗜杀人"，民众就会认为他是个好君王。孟子以七八月天旱逢沛雨，庄稼勃然兴之做比喻，说明民心所向，谁也阻挡不了。如果有某国君行仁政，那时民众就会投奔于他，像"水之就下"，谁也阻止不住。天下之民都归附这个国君，那不就是"定于一"了吗？

　　孟子以仁政使天下一统的思想，在战国时确乎不切实际，而他所说的"民归之"，或许在小范围内会出现，但全天下之民如何归于某一诸侯国呢？且不论这一国如何容得天下之民，就是各国不同程度实行的什伍制及其他御民措施又如何使民可逃离其国？相比之下，以法改制诸子及兵学诸子的强制性御民、富民政策，要比孟子仁政的主张更适宜当时的情况，而他们都把严明刑罚作为强国的必要手段，民众只能屈从。但他们又都设法改变制度和政策，以利民、富民，保证民的基本生活，以民为兵，强国而伐国，使诸侯国不断被兼并，以致天下被强秦的暴力统一。在这个过程，孟子仁政之术是没有得到任何一个国君认可的，因而也没有形成政策付诸实践。反倒是天下"定于一"以后，孟子仁政之术才逐步被大一统的皇帝及其臣属看出其合理性、可行性，不仅一定程度上体现于政策，更用来作为政治思想宣传和管束的工具。

　　与齐宣王的对话中，孟子则不厌其烦地劝他施仁政，大概齐宣王比梁襄王更"似人君"吧。齐宣王先问："齐桓、晋文之事可得闻乎？"孟子说我们孔子一派不讲他们的事，所以我也不能回答你的问题。我们来谈一下王道吧。齐宣王问："德何如则可以王矣？"孟子答："保民而王，莫之能御也。"宣王问："若寡人者，可以保民乎哉？"孟子答："可。"宣王问："何由知吾可也？"孟子举宣王不忍看牛被杀时因害怕而颤抖的样子，

---

① 《孟子·梁惠王上》。

就以杀羊代替牛来祭钟，说你有怜悯之心，可以为王。但是百姓们却认为你是因为爱财以羊换牛的。宣王说，我不是爱财，只是不忍看到牛临死前哆嗦的样子。孟子说，百姓怎么看不重要，重要的是你有怜悯之心，这就足以为仁了，只是你顾了牛没有顾羊。孟子这话让宣王很高兴，就问你怎么知道我的心思呢？孟子顺势说下去：如果有人说我有百钧之力却举不起一根羽毛，眼力能看细小毛发，却看不见一车木柴，你相信吗？宣王说"否"。往下的话就切入主题了，孟子说：

> "今恩足以及禽兽，而功不至于百姓者，独何与？然则一羽之不举，为不用力焉；舆薪之不见，为不用明焉；百姓之不见保，为不用恩焉。故王之不王，不为也，非不能也。"
>
> 曰："不为者与不能者之形何以异？"
>
> 曰："挟太山以超北海，语人曰'我不能'，是诚不能也。为长者折枝，语人曰'我不能'，是不为也，非不能也。故王之不王，非挟太山以超北海之类也；王之不王，是折枝之类也。"①

你有怜悯之心，是为王的基本条件，但是没有行仁政，就像不为长者折枝一样，是能而不为。行仁政并不复杂，

> 老吾老，以及人之老；幼吾幼，以及人之幼。天下可运于掌。《诗》云："刑于寡妻，至于兄弟，以御于家邦。"言举斯心加诸彼而已。故推恩足以保四海，不推恩无以保妻子。古之人所以大过人者，无他焉，善推其所为而已矣。今恩足以及禽兽，而功不至于百姓者，独何与？权，然后知轻重；度，然后知长短。物皆然，心为甚。王请度之。②

---

① 《孟子·梁惠王上》。
② 《孟子·梁惠王上》。

孟子继续与齐宣王对话,当他试探出齐宣王"欲辟土地,朝秦楚,莅中国而抚四夷也"后,即刻说,如果以征伐的办法统一天下,"犹缘木求鱼",齐国只占海内地方九分之一,以一敌八,不能胜,必有穷。但孟子并不否认宣王统一天下的志向,并强调只有施仁政才能达到统一的目的。

> 今王发政施仁,使天下仕者皆欲立于王之朝,耕者皆欲耕于王之野,商贾皆欲藏于王之市,行旅皆欲出于王之涂,天下之欲疾赴愬于王。其若是,孰能御之?①

仁政是合乎民心的,以仁政收拢民心,不仅本国民众拥护你,其他国家的民众也都因为盼望仁政而向往你,这样,你要统一天下有谁能阻拦?

孟子的思路很清楚,也很简单:民为国本,也是天下之本,不论王还是霸,其统治都是以民为对象的,没有民的拥护,任何统治都是空的。以暴力压制民众,只能压服一时,不能长久,而以仁政收拢民心,使民真心拥护,不用暴力压制,也不用暴力征伐,民众就会拥护并向往你的统治,你不仅可以牢牢掌握本国统治权,还可以让各国民众都归附你。虽然这个思路忽略了诸侯对立时暴力所起的主要作用,因而不可能被任何一个君主所接受,但当天下因暴力征伐而统一后,其适用性却显示出来,这是孟子后来名显天下的原因。

孟子所说的施仁政,并不只是发仁心,讲仁义,而是有实质内容的,这包括以恒产拢民心、尊贤使能为政、广行礼义之教三个方面。

以恒产拢民心。孟子认为,民的基本利益是生存,民心与其收入和产业直接相关,因而主张使民有恒产,利于民而民心服。

> 无恒产而有恒心者,惟士为能。若民,则无恒产,因无恒心。苟无恒心,放辟邪侈无不为已。及陷于罪,然后从而刑之,

---

① 《孟子·梁惠王上》。

是罔民也。焉有仁人在位罔民而可为也？是故明君制民之产，必使仰足以事父母，俯足以畜妻子，乐岁终身饱，凶年免于死亡；然后驱而之善，故民之从之也轻。①

恒心，即持久地拥护君主统治之心，这是任何君主都希求的，但是，恒心并非凭空而起，要想得到民众持久的拥护，必须使民有足够赡养父母、抚育妻儿的生活资料。这些生活资料并不需要君主来供给，只要君主使民有能够长期稳定的产业，他们自己生产自己的生活资料，就足够了，而且还能给君主提供税赋，

王欲行之，则盍反其本矣：五亩之宅，树之以桑，五十者可以衣帛矣。鸡豚狗彘之畜，无失其时，七十者可以食肉矣。百亩之田，勿夺其时，八口之家可以无饥矣。谨庠序之教，申之以孝悌之义，颁白者不负戴于道路矣。老者衣帛食肉，黎民不饥不寒，然而不王者，未之有也。②

民自己完全能够养活自己，统治者只要施仁政于民，民因有恒产而有恒心，那么你统一天下的愿望还能不实现？

尊贤使能为政。君主统治民众必须有助手，这些助手的品德行为，直接关乎仁政能否实行，因此，尊贤使能为政，是施仁政的必要条件。

在《公孙丑上》孟子指出：

仁则荣，不仁则辱；今恶辱而居不仁，是犹恶湿而居下也。如恶之，莫如贵德而尊士，贤者在位，能者在职。国家闲暇，及是时，明其政刑。虽大国，必畏之矣。③

---

① 《孟子·梁惠王上》。
② 《孟子·梁惠王上》。
③ 《孟子·公孙丑上》。

若要贤能之士辅佐,就必须以仁心贵德尊士,尊贤使能而为政,不仅可以明其政刑,又可以收拢民心,国家安宁。

接着,孟子又说,

> 尊贤使能,俊杰在位,则天下之士悦服,而愿立于其朝矣;市,廛而不征,法而不廛,则天下之商悦服,而愿藏于其市矣;关,讥而不征,则天下之旅皆悦,而愿出于其路矣;耕者,助而不税,则天下之农皆悦,而愿耕于其野矣;廛,无夫里之布,则天下之民皆悦,而愿为之氓矣。信能行此五者,则邻国之民仰之若父母矣。率其子弟,攻其父母,自生民以来未有能济者也。如此,则无敌于天下。无敌于天下者,天吏也。然而不王者,未之有也。①

贤能出于士,尊贤使能,即可辅佐君主实施仁政,又可以使天下之士悦服,拥护君主。在仁政的治理下,减少税赋,市场繁荣,边境通顺,农业发达,安居乐业。邻国之民也会从心里向往这等同于"天吏"的政治,即使其君主要带他们攻打我国,他们也不会听命的。施行仁政,难道还能不王天下吗?

广行礼义之教,既是仁政的必要环节,也是对仁政的宣传教育。孟子也与《管子》作者一样,都秉承孔子"富之教之"的思想,认为民在生活富足之后,可以教知礼义,《管子·牧民》说"仓廪实则知礼节,衣食足则知荣辱"。孟子在《梁惠王上》中,在说仁政可使"八口之家可以无饥"后,即说"谨庠序之教,申之以孝悌之义,颁白者不负戴于道路矣"。

在《滕文公上》,孟子强调,

---

① 《孟子·公孙丑上》。

> 人之有道也，饱食、暖衣、逸居而无教，则近于禽兽。圣人有忧之，使契为司徒，教以人伦，父子有亲，君臣有义，夫妇有别，长幼有叙，朋友有信。放勋曰："劳之来之，匡之直之，辅之翼之，使自得之，又从而振德之。"圣人之忧民如此，而暇耕乎？①

人与动物的区别，就在于明人伦，知礼义，因此，仁政的重要环节就在广行礼义之教。为此，孟子主张要广泛推行学校教育，以此来教化民众，收拢民心。

> 设为庠序学校以教之。庠者，养也；校者，教也；序者，射也。夏曰校，殷曰序，周曰庠，学则三代共之，皆所以明人伦也。人伦明于上，小民亲于下。有王者起，必来取法，是为王者师也。②

广行礼义之教，使民众能够自觉地服从统治，处理好社会关系，仁政不仅得以顺利施行，而且可以收拢民心。

> 仁言不如仁声之入人深也，善政不如善教之得民也。善政，民畏之；善教，民爱之。善政得民财，善教得民心。③

政教并举，可以王天下矣！孟子说的这个道理，被其后的集权官僚制两千多年一贯遵行。

---

① 《孟子·滕文公上》。
② 《孟子·滕文公上》。
③ 《孟子·尽心上》。

十三　孙子为首的兵学诸子思想之术层次

春秋、战国时期的社会大变革，不仅体现于政治、经济、文化，更体现于军事。战争是社会矛盾激化的集中体现，也是解决矛盾的一种形式，它集合了经济、政治、文化各种因素，在生死对决中验证并改变社会制度。诸子思想家几乎无人不涉及战争，战争是他们思想变革不可回避的重要课题。战争关乎着各国领主的生死存亡，早已没有权威的周礼制礼教根本不可能保佑其统治地位，为了生存，必须重视战争；为了战争胜利，必须改变制度和统治方式；为了战争胜利，必须强化军队建设和军事术、技的研究。春秋"五霸"、战国"七雄"的形成，都是制度变革和战争胜利的结果，而以法改制诸子也大都在这些国家发挥其历史功用。李悝、吴起、慎到、申不害、商鞅等人，也都是将制度变革与战争统一起来研究，并都不同程度地形成了其军事思想。与此同时，还有一些专门研究军事的思想家，他们总结自己和其他将领的经验、教训，形成了一套兵学之术、技，成为诸子思想系统的必要组成部分。这类兵学著述当时可能很多，在两千多年历史的进程中，能够保存至今并有价值的，主要有《孙子兵法》《吴子兵法》《孙膑兵法》《六韬》《尉缭子》等，我们这里集中考察这些著述包含的兵学思想之术与技。

1. 孙武兵学之术：察慎智算

孙武（约公元前540—约前470年）是诸子中最早论述兵学的军事思想家，《史记·孙子吴起列传》记孙武为齐人，以兵法见吴王阖庐。阖庐让他操练宫女百八十人，他杀了吴王两个不服从命令的"爱姬"，令众女唯命是从，

　　于是阖庐知孙子能用兵，卒以为将。西破强楚，入郢，北威

齐、晋，显名诸侯，孙子与有力焉。①

《孙子兵法》十三篇基本流传至今，为历代治兵学者所必读。

孙武兵学之术主要体现在察慎和智算。察，就是全面考察本国的综合国力和军队组织，以及敌国情况；慎是在察的基础上，慎重决策，明确必胜之条件和时机，再决定开战。《孙子兵法》第一篇为"计"，起首就讲：

> 兵者，国之大事，死生之地，存亡之道，不可不察也。故经之以五，校之以计，而索其情：一曰道，二曰天，三曰地，四曰将，五曰法。道者，令民与上同意也，故可以与之死，可以与之生，而不畏危。天者，阴阳，寒暑，时制也。地者，远近、险易、广狭、死生也。将者，智、信、仁、勇、严也。法者，曲制、官道、主用也。凡此五者，将莫不闻，知之者胜，不知者不胜。故校之以计，而索其情。曰：主孰有道？将孰有能？天地孰得？法令孰行？兵众孰强？士卒孰练？赏罚孰明？吾以此知胜负矣。②

战争对于一个国家来说是生死存亡的大事，握有决定权的君主必须与其大臣全面考察，以道、天、地、将、法"五经"为依据慎重地反复谋划。如果这"五经"中有所欠缺，就不应轻易出战，而应等待时机和创造条件，"五经"具备时再发动战争。

在最后一篇《用间》则从统军将领角度，论其察慎的必要，

> 凡兴师十万，出征千里，百姓之费，公家之奉，日费千金；内外骚动，怠于道路，不得操事者七十万家。相守数年，以争一

---

① 《史记·孙子吴起列传》。
② 《孙子兵法·计》。

> 日之胜,而爱爵禄百金,不知敌之情者,不仁之至也,非人之将也,非主之佐也,非胜之主也。故明君贤将,所以动而胜人,成功出于众者,先知也。先知者,不可取于鬼神,不可象于事,不可验于度,必取于人,知敌之情者也。①

既然决定发起战争,那么领军之将必须充分认识自己责任之重大,必须在知己的同时知敌。这里,孙武坚决排斥了卜筮测算吉凶及"观天象"等办法,而这些办法则是西周以来诸侯们常用的,是上帝观在军事上的体现。他明确战争是人的行为,既没有鬼神保佑,也不能靠筮卜之象或星辰之"天象"来指示,"必取于人,知敌之情者也"。

察慎是战争胜利的前提,要想取得胜利,还要智算。

> 夫未战而庙算胜者,得算多也;未战而庙算不胜者,得算少也。多算胜,少算不胜,而况于无算乎?吾以此观之,胜负见矣。②

"庙算",即在庙堂上由君主与大臣、将领们对即将展开的战争进程谋算和预测,制定战略和应对变化的方案。战争是敌我财力、兵力、勇气、装备及运用各种物质自然条件的对抗,但这些条件都要在统一的筹划下综合运用,并根据具体情况做出相应调整。因此庙算是相当重要的,只有在庙算中明确了胜利的把握,才可以决定出战。

战争不可能完全按庙算谋划而进行,还会因各种条件而发生变化,领军之将必须根据具体情况谋算应对之策,

> 凡用兵之法,将受命于君,合军聚众,圮地无舍,衢地合

---

① 《孙子兵法·用间》。
② 《孙子兵法·计》。

交,绝地无留,围地则谋,死地则战;涂有所不由,军有所不击,城有所不攻,地有所不争,君命有所不受。故将通于九变之地利者,知用兵矣;将不通于九变之利者,虽知地形,不能得地之利矣。治兵不知九变之术,虽知五利,不能得人之用矣。①

将军,不是以武勇带兵拼命,而是作为全军的头脑,以智慧谋算每一次行动,充分考虑可能的利与害。

> 是故智者之虑,必杂于利害。杂于利而务可信也;杂于害而患可解也。②

战争以获利避害为目的,因此君主和将军的谋算,必基于利害的考虑,每一次战役、每一步军事行动,都要理智地计划,不能轻举妄动。

> 夫战胜攻取,而不修其功者凶,命曰费留。故曰:明主虑之,良将修之。非利不动,非得不用,非危不战。主不可以怒而兴师,将不可以愠而致战。合于利而动,不合于利而止。③

"上兵伐谋"④,指挥战争是高超的思维活动,能否取得胜利,取决于智算的系统和精准。善战者必有其独特的思辨能力,而他的智算,势必超乎常人想象,

> 见胜不过众人之所知,非善之善者也;战胜而天下曰善,非善之善者也。故举秋毫不为多力,见日月不为明目,闻雷霆不为

---

① 《孙子兵法·九变》。
② 《孙子兵法·九变》。
③ 《孙子兵法·火攻》。
④ 《孙子兵法·谋攻》。

聪耳。古之所谓善战者，胜于易胜者也。故善战之胜也，无奇胜，无智名，无勇功。故其战胜不忒，不忒者，其所措必胜，胜已败者也。故善战者，立于不败之地，而不失敌之败也。是故胜兵先胜而后求战，败兵先战而求胜。善用兵者，修道而保法，故能为胜败之政。①

像举起一根秋毫那样就可以轻易地取得胜利，这是智算的结果，并没有什么值得夸耀和自豪的。战争完全掌控在智算之中，善战者，也就是智算者，他们可以立于不败之地，而其基础，又在修道而使君民相通，并确保法令的执行，由此而主宰战争。

孙武从察慎和智算论兵学之术，可谓抓住了战争的本质，进而又从此术展开其兵学之技，由此而为历代兵学家们所推崇。

2. 吴起兵学之术：治兵聚一，慎智知机

吴起是诸子中少有的文治武功显著者，他以法改制之术前文已论及，这里专论其兵学之术。由于《吴子》一书严重缺佚，因而对吴起兵学的研究不可能系统全面，仅就残存的文字探讨。

对于当时频繁发生的战争，吴起对其起因和性质做了概括：

凡兵之所起者有五：一曰争名，二曰争利，三曰积恶，四曰内乱，五曰因饥。其名又有五：一曰义兵，二曰强兵，三曰刚兵，四曰暴兵，五曰逆兵。禁暴救乱曰义，恃众以伐曰强，因怒兴师曰刚，弃礼贪利曰暴，国乱人疲、举事动众曰逆。五者之服，各有其道，义必以礼服，强必以谦服，刚必以辞服，暴必以诈服，逆必以权服。②

---

① 《孙子兵法·形》。
② 《吴子·图国》。

虽然吴起尚不能明确战争体现的历史发展趋势，但他关于战争起因和性质的概括，在当时来说，仍属很有见地，这与"内修文德，外治武备"的强国之术有着密切关系。

吴起的兵学思想，并非单独研究军事和战争，而是与政治、经济统一考察，因此，其术在于治兵聚一和慎智知机两个环节。

治兵是"武备"的主要内容，吴起强调，要想在战国之乱中处于不败之地，必须把治兵与治国统一起来。兵来自民，民即战时之兵，因而治兵要以"教百姓而亲万民"的"文德"为前提，"安集吏民，顺俗而教，简募良材，以备不虞"。①

> 强国之君，必料其民。民有胆勇气力者，聚为一卒。乐以进战效力、以显其忠勇者，聚为一卒。能逾高超远、轻足善走者，聚为一卒。王臣失位而欲见功于上者，聚为一卒。弃城去守、欲除其丑者，聚为一卒。此五者，军之练锐也。有此三千人，内出可以决围，外入可以屠城矣。②

将一群人"聚为一卒"，这可以说是治兵的最高境界，能凝聚得像一卒那样奋战的万千士兵，是必胜的军队。

"聚为一卒"的军队，是"以治为胜"的，

> 若法令不明，赏罚不信，金之不止，鼓之不进，虽有百万，何益于用。所谓治者，居则有礼，动则有威，进不可当，退不可追，前却有节，左右应麾，虽绝成陈，虽散成行。与之安，与之危，其众可合而不可离，可用而不可疲，投之所往，天下莫当，名曰父子之兵。③

---

① 《吴子·图国》。
② 《吴子·图国》。
③ 《吴子·治兵》。

一支军队能治到"父子"那样的密切程度,其威力之大,确实"天下莫当"。

而要将兵治得"聚为一卒",必须加强平时的教戒,

> 夫人尝死其所不能,败其所不便。故用兵之法,教戒为先。一人学战,教成十人。十人学战,教成百人。百人学战,教成千人。千人学战,教成万人。万人学战,教成三军。以近待远,以佚待劳,以饱待饥。圆而方之,坐而起之,行而止之,左而右之,前而后之,分而合之,结而解之。每变皆习,乃授其兵。是为将事。①

"教戒"是对训练更为准确的规定,其一为教,步法、阵形、用械,使每个人都能战斗,其二为戒,即纪律,为了达到使众人"聚为一卒"的程度,必须严明纪律,养成服从指挥的习惯,这样,战时才能,

> 麾左而左,麾右而右。鼓之则进,金之则止。一吹而行,再吹而聚,不从令者诛。三军服威,士卒用命,则战无强敌,攻无坚陈矣。②

治兵是成军作战的基础,为了胜利,更要选择任用统率军队的将领。吴起相当强调将之智及其如何知机而战。

> 夫总文武者,军之将也。兼刚柔者,兵之事也。凡人论将,常观于勇。勇之于将,乃数分之一尔。夫勇者必轻合。轻合而不

---

① 《吴子·治兵》。
② 《吴子·应变》。

知利，未可也。故将之所慎者五：一曰理，二曰备，三曰果，四曰戒，五曰约。理者，治众如治寡。备者，出门如见敌。果者，临敌不怀生。戒者，虽克如始战。约者，法令省而不烦。受命而不辞，敌破而后言返，将之礼也。故师出之日，有死之荣，无生之辱。①

将军乃"总文武者"，兵事"兼刚柔"，这是从对战争本质的深刻认识而做出的规定。吴起强调将要具备"总文武"之德才，绝非仅看其勇，勇只是将的一个条件，如果只从勇来选将，那么这样选出的将就会轻率地与敌开战，不能全面考虑利害得失。因此，不能任用一介勇夫为将。能为将的人必须慎重对待理、备、果、戒、约五个方面，理是条理清晰地治理和指挥，备是保持高度警觉随时可应敌，果是作战不考虑个人生死，戒是虽已打败敌人仍要像开战时那样戒备，约是法令简明。

吴起承继孙武关于察慎智算之术的思想，在强调为将者必"慎五"的同时，要求将必"智"，以智知机而用兵。

> 凡兵有四机：一曰气机，二曰地机，三曰事机，四曰力机。三军之众，百万之师，张设轻重，在于一人，是谓气机。路狭道险，名山大塞，十夫所守，千夫不过，是谓地机。善行间谍，轻兵往来，分散其众，使其君臣相怨，上下相咎，是谓事机。车坚管辖，舟利橹楫，士习战陈，马闲驰逐，是谓力机。知此四者，乃可为将。然其威、德、仁、勇，必足以率下安众，怖敌决疑。施令而下不敢犯，所在而寇不敢敌。得之国强，去之国亡。是谓良将。②

---

① 《吴子·论将》。
② 《吴起·论将》。

指挥作战,就是知机而用兵击敌,因此,将军者必须智而知机,相机而动。上述气、地、事、力"四机"是从己方所说的,知机不仅要知己,还要知敌,从敌方的破绽中发现战机。

> 凡战之要,必先占其将而察其才。因形用权,则不劳而功举。其将愚而信人,可诈而诱;贪而忽名,可货而赂;轻变无谋,可劳而困。上富而骄,下贫而怨,可离而间。进退多疑,其众无依,可震而走。士轻其将而有归志,塞易开险,可邀而取。进道易,退道难,可来而前。进道险,退道易,可薄而击。居军下湿,水无所通,霖雨数至,可灌而沈。居军荒泽,草楚幽秽,风飙数至,可焚而灭。停久不移,将士懈怠,其军不备,可潜可袭。①

敌将愚,其军必然会在各方面出现可攻之机,智将要认真观察敌方破绽,相机而破之。此论亦可反过来说我军之将,若选择愚将,也会给敌方造成可乘之机,敌将智而知此机,同样能相知而破我。因此,将智与否,的确关乎战事之成败。

3. 孙膑兵学之术:知道、恒胜、权衡、将领

孙膑(约公元前380—约前320年),齐国阿城人,为孙武之后。相传曾师从鬼谷子,与庞涓同学。庞为魏惠王将军,忌孙之才,骗其至魏,处以膑刑,故称"孙膑"。由齐国使臣秘密偷运回齐,为齐威王军师,以"批亢捣虚"之策围魏救赵,用"减灶诱敌,设伏歼灭"之计大破魏军,擒庞涓。《史记·孙子吴起列传》记孙膑事迹,并曰"世传其兵法"②。《汉书·艺文志》记"《齐孙子》八十九篇",以别其先祖孙武之《吴孙子》。但《齐孙子》汉后失传,1972年山东临沂银雀山汉墓出土了《孙膑

---

① 《吴起·论将》。
② 《史记·孙子吴起列传》。

兵法》竹简三十篇。由于缺损，孙膑兵学之术、技不可能在竹简本中系统探知，只能从残存文字中述其部分内容。

竹简本《孙膑兵法》关于兵术论说，有知道、恒胜、权衡、将领四点。

知道，即知晓并掌握战争的一般规律，

> 孙子曰：智不足，将兵，自恃也。勇不足，将兵，自广也。不知道，数战不足，将兵，幸也。夫安万乘国，广万乘王，全万乘之民命者，唯知道。知道者，上知天之道，下知地之理，内得其民之心，外知敌之情，陈则知八陈之经，见胜而战，弗见而诤，此王者之将也。①

知道是胜利的前提，也是为将的必要条件，孙膑尤其强调"民心"的重要。

> 孙子曰：间于天地之间，莫贵于人。战不□□□□单。天时、地利、人和，三者不得，虽胜有央。是以必付与而□战，不得已而后战。故抚时而战，不复使其众。②

只有知道得道之战，才能获得全胜。

> 故战之道，有多杀人而不得将卒者，有得将卒而不得舍者，有得舍而不得将军者，有覆军杀将者。故得其道，则虽欲生不可得也。③

---

① 《孙膑兵法·八阵》。
② 《孙膑兵法·月战》。
③ 《孙膑兵法·月战》。

天时、地利、人和三者适当,才是得道之战,得道之战才能保国利民。

恒胜,即常胜之术。取胜是战争目的,所有君主和将军,乃至士卒,都是为胜而战的,怎样才能常胜不败呢?孙膑认为,

> 兵之胜在于篡卒,其勇在於制,其巧在于势,其利在于信,其德在于道,其富在于亟归,其强在于休民,其伤在于数战。孙子曰:德行者,兵之厚积也。信者,兵【之】明赏也。恶战者,兵之王器也。取众者,胜□□□也。孙子曰:恒胜有五:得主剸制,胜。知道,胜。得众,胜。左右和,胜。量敌计险,胜。孙子曰:恒不胜有五:御将,不胜。不知道,不胜。乖将,不胜。不用间,不胜。不得众,不胜。孙子曰:胜在尽……明赏,撰卒,乖敌之□。是谓泰武之葆。①

战争胜利的基本条件是精选士卒,以有效的组织纪律激发其勇,以指挥的灵活机动发挥其势,赏罚有信军队就勇敢锐利,军队胜利取决于得道,速战速胜损耗少缴获多用度足,军队的实力强取决于养精蓄锐,而频繁征战军队实力就会削弱。因此,要对兵民施之以德,赏罚有信,组建一支常胜的军队,而君主并不能轻易发动战争,要以战止战,得到民众和士兵的拥护,才能取得胜利。由此,孙膑认为常胜应有五个必要因素:君主绝对信任将并赋予其指挥的全权,将知道依道指挥,并得到士兵拥护,将的辅吏们团结,知己知彼掌握并利用时机地形。相反,君主不信任并干预、牵制将的指挥,将不知道,将与辅吏们不团结,不能离间敌人,将得不到士兵拥护,那就不可能取胜。

孙膑关于恒胜五要素的论证,是其兵术的精髓和特点,也是对既有兵学和战争经验的概括,不仅适用于战国时特殊战争,且有普遍性。

权衡,比较选择平衡之意,孙膑所说的权衡,主要是指比较和选拔

---

① 《孙膑兵法·篡卒》。

人才。

> 用兵移民之道，权衡也。权衡，所以篡贤取良也。阴阳，所以聚众合敌也。正衡再累……既忠，是谓不穷。称乡县衡，虽（唯）其宜也。私公之财壹也。夫民有不足于寿而有余于货者，有不足于货而有余于寿者，唯明王、圣人智之，故能留之。死者不毒，夺者不愠。此无穷……民皆尽力，近者弗则远者无能。货多则辨，辨则民不德其上。货少则□，□则天下以为尊。然则为民赇也，吾所以为赇也。①

用兵役民的原则，在于权衡，权衡的目的在于选择提拔贤良人才。为了阴阳合配聚众对敌，就要反复地权衡，准确地发现各类人才的特点，并相应地任用。不论公、私的财产，都是属于国家的，要统一使用。民众中有人把财产看得比寿命重，有人把寿命看得比财产重，对这两类人要区别对待，用其所长，避其所短，让贪财为财而拼命者其死而无怨，让贪生的人舍弃其财也不会生气。权衡民众的特点而用不同方式对待他们，使之为国家尽其力。适当的统治使与君主亲近者不敢违犯法纪，与君主关系疏远的人也不至于消极懈怠。向民间征收的财物多，民众就会与君主离心离德；少向民间征收，民众就会感激君主，并尊重拥护君主。明白这个道理，就要权衡财富在国家与民众间的分配存储，既然民众的财产也属于国家，那么，存储财物于民间，让民众拥戴君主，等到发生战争的时候再征用，不是很适当的吗？

孙膑的权衡之术，是以战争胜利为宗旨的，选择人才是为了治国强军，储财于民，也是为使民众拥护君主并且为了保卫自己的利益而抗敌。

将领，是军队的首领和核心，历来兵学都相当重视重视将领的研究，孙膑也把将领作为其兵术的要点。

---

① 《孙膑兵法·行篡》。

在封建领主制下，将是作为君主全权委托指挥战时军队的人，为此，将必须是君主所信任，而且忠于君主的人。如果将非君主信任并且是不忠于君主的人，那么他掌控的军队就有可能反叛，甚或反过来进攻君主，其后果不堪设想。为此，孙膑认为，将的首要条件，就是忠。"不忠于王，不敢用其兵。"①

在具备忠这个首要条件的前提下，将还要具有义、仁、德、信、智、决等条件。

> 将者，不可以不义，【不】义则不严，【不严】则不威，【不威】则卒弗死。故义者，兵之首也。将者不可以不仁，不仁则军不克，军不克，则军无功。故仁者，兵之腹也。将者，不可以无德，无德则无力，无力则三军之利不得。故德者，兵之手也。将者不可以不信，不信则令不行，令不行则军不抟，军不抟则无名。故信者，兵之足也。将者，不可以不智胜，不智胜……则军无□，故决者，兵之尾也。②

将者，领也，一支万千个体人组成的军队，要形成总体的战斗力，必须以将为其领，而能够为将者之"领"，就在于以人共同认可的义、仁、德、信、智、决贯彻于军队的组织和运作机制中，使千万人成为一个人，也就是吴起所说的"聚为一卒"，为将者要有统合以上各方面的素质，才能领军而胜战。

孙膑认为将对士卒要"爱之若狡童，敬之若严师，用之若土芥"，③"将军之惠也，赏不揄（逾）日，罚不还面，不维其人"。④而君主必须保

---

① 《孙膑兵法·篡卒》。
② 《孙膑兵法·将义》。
③ 《孙膑兵法·将德》。
④ 《孙膑兵法·将德》。

证对将的绝对信任,"君令不入军门,将军之恒也"。①

对将之败和将之失,孙膑也做了论说,以从反面证明将的重要性。

> 将败:一曰不能而自能。二曰骄。三曰贪于位。四曰贪于财。[五曰□]六曰轻。七曰迟。八曰寡勇。九曰勇而弱。十曰寡信。十一……十四曰寡决。十五曰缓。十六曰怠。十七曰□。十八曰贼。十九曰自私。廿曰自乱。多败者多失。②

而将之失表现得更多:失所以往来,收乱民用之,止逃卒还斗之,是非争,谋事辩讼,令不行,众不一,下不服,众不为用,民苦其师,师老,师怀,兵遁,军数惊,兵道足陷,众苦,军事险固,众荸,暮路远,众有至气,令数变,众偷,军淮,众不能其将更,多幸,众怠,多疑,众疑,恶闻其过,与不能,暴露伤志,期战心分,恃人之伤气,事伤人,恃伏诈,下卒,众之心恶,不能成阵,出于夹道,前后之兵不参齐于阵前,战而忧前者后虚。在这么多方面或环节上的失误,都会导致失败。可见,将领对于军队来说是多么重要。

4.《六韬》兵学之术:道、将、威、势

《六韬》是一部托名姜太公的书,其作者及年代均没有明确记载,考据者比较认可的是其为战国后期齐国稷下学者所编撰,从其文字及思想内容看,这种说法比较可靠。

《六韬》由文韬、武韬、龙韬、虎韬、豹韬、犬韬六部分构成。文韬讲治民强国,基本是对老子、孔子、墨子及《管子》等思想的简述,武韬和龙韬论及兵学之术,虎韬、豹韬、犬韬主要为兵学之技。

《六韬》兵学之术新意并不多,主要是对孙武、吴起、孙膑等相关思想的整理,可概括为道、将、威、势四个范畴。

---

① 《孙膑兵法·将德》。
② 《孙膑兵法·将败》。

道,《六韬》之道是从老子、孔子、墨子等关于道的观点具体论证王道和兵道。

> 太公曰:"天下非一人之天下,乃天下之天下也。同天下之利者,则得天下;擅天下之利者,则失天下。天有时,地有财,能与人共之者,仁也。仁之所在,天下归之。免人之死,解人之难,救人之患,济人之急者,德也。德之所在,天下归之。与人同忧同乐,同好同恶者,义也。义之所在,天下归之。凡人恶死而乐生,好德而归利,能生利者,道也。道之所在,天下归之。"①

这是王道,兵道则是用兵的规律和原则,

> 凡兵之道,莫过乎一。一者、能独往独来。黄帝曰:"一者,阶于道,几于神。"用之在于机,显之在于势,成之在于君。……
> 兵胜之术,密察敌人之机,而速乘其利,复疾击其不意。②

兵道的要旨在于一,即军事指挥要统一,使整个军队像一个人那样主动,独往独来。能做到指挥统一,就合乎道,接近于神了。统一的军队能够把握和利用战机,发挥其优势,击敌于其不意,而能够统一指挥,取决于君主的英明。

《六韬》的道在于利民强国,这是战争胜利的基础,在这个基础上,由君主任用适当的将领,统一指挥,抓住战机,发挥优势,就能取胜,也是兵道。

---

① 《六韬·文师》。
② 《六韬·兵道》。

将,是受命于君主统一指挥军事的人,是战争胜败的关键,兵学者对此都有论证,《六韬》也相当重视将的选择和作用。

> 故兵者、国之大事,存亡之道,命在于将。将者,国之辅,先王之所重也。故置将不可不察也。故曰,兵不两胜,亦不两败。兵出逾境,期不十日,不有亡国,必有破军杀将。①

战争,对于一个国家来说,是关乎存亡的大事,只要开战,军队出了国境,不过十天,胜负可见,不是败而亡国,就是破敌而杀其将。因此,将是多么重要!国家的命运就在他的手上。所以必须重视选将而且要谨慎。

> 武王问太公曰:"论将之道奈何?"
> 太公曰:"将有五材十过。"
> 武王曰:"敢问其目?"
> 太公曰:"所谓五材者:勇、智、仁、信、忠也。勇则不可犯,智则不可乱,仁则爱人,信则不欺;忠则无二心。
> "所谓十过者:有勇而轻死者,有急而心速者,有贪而好利者,有仁而不忍人者,有智而心怯者,有信而喜信人者,有廉洁而不爱人者,有智而心缓者,有刚毅而自用者,有懦而喜任人者。"②

"五材十过",是《六韬》提出的合格之将的标准。勇、智、仁、信、忠,以勇为"五材"之首,是针对将的特点而言的,与《孙膑兵法》将忠放在将"材"之首不同,《六韬》将忠作为第"五材",并不是说忠不重要,而是把忠看成臣的一般条件,勇则是为将的首要条件,其次是智,这是将

---

① 《六韬·论将》。
② 《文韬·论将》。

的特殊性要求的,而仁、信、忠则是一般条件。《六韬》关于为将"十过"的论说,是它的特色,强调不仅要从正面,还要从反面考察将的素质,无五材者不可为将,但有五材却又有十过或其中一过、几过者,都不可选为将。

那么,怎样才能选任合格的将呢?《六韬》提出,绝不能以貌或外部表现取人,而应全面考察,认真判断。

> 夫士外貌不与中情相应者十五:有严而不肖者,有温良而为盗者,有貌恭敬而心慢者,有外廉谨而内无至诚者,有精精而无情者,有湛湛而无诚者,有好谋而不决者,有如果敢而不能者,有悾悾而不信者,有恍恍惚惚而反忠实者,有诡激而有功效者,有外勇而内怯者,有肃肃而反易人者,有嗃嗃而反静悫者,有势虚形劣而外出无所不至、无所不遂者。天下所贱,圣人所贵,凡人莫知,非有大明,不见其际,此士之外貌不与中情相应者也。①

这里所说的,不仅对将,而且包括所有人才的识别,《六韬》说出了一个相当重要的道理:人的品质、才能不应从其外貌、形象来判断。为了避免因貌取人的错误,选择真正的将才,

> 知之有八征:一曰问之以言,以观其辞;二曰穷之以辞,以观其变;三曰与之间谋,以观其诚。四曰明白显问,以观其德;五曰使之以财,以观其廉;六曰试之以色,以观其贞;七曰告之以难,以观其勇;八曰醉之以酒,以观其态。八征皆备,则贤不肖别矣。②

---

① 《文韬·选将》。
② 《六韬·选将》。

经多方考察，选择了为将者，还要以严肃、认真的态度和仪式，命将帅师。"凡国有难，君避正殿，召将而诏之曰：'社稷安危，一在将军。今某国不臣，愿将军帅师应之。'"① 进而，

> 将既受命，乃命太史卜。斋三日，之太庙，钻灵龟，卜吉日，以授斧钺。君入庙门，西面而立；将入庙门，北面而立。君亲操钺持首，授将其柄，曰："从此上至天者，将军制之。"复操斧持柄，授将其刃，曰："从此下至渊者，将军制之。见其虚则进，见其实则止，勿以三军为众而轻敌，勿以受命为重而必死，勿以身贵而贱人，勿以独见而违众，勿以辩说为必然。士未坐勿坐，士未食勿食，寒暑必同。如此，则士众必尽死力。"②

除了仪式，这里以君主口气对将的告诫，恰是《六韬》作者所概括的合格将领的必备条件，也是将领作战的必然要求。而将领接受任命后，在誓言表示忠君之命，效死完成任务后，还要向君主提出要求："愿君亦垂一言之命于臣。君不许臣，臣不敢将。"即要求授以全权。

> 君许之，乃辞而行，军中之事，不闻君命，皆由将出。临敌决战，无有二心。若此则无天于上，无地于下，无敌于前，无君于后。是故，智者为之谋，勇者为之斗，气厉青云，疾若驰骛，兵不接刃，而敌降服。③

君主对将的绝对信任，即授全权，就不能干涉将的指挥，让将充分地发挥其智谋，有效地调动军队的战斗力，相机处理各种问题，才能取得胜利。"军中之事，不闻君命，皆由将出"，这是从孙武以来兵学诸子的共同

---

① 《六韬·立将》。
② 《六韬·立将》。
③ 《六韬·立将》。

思想，也可能在当时已形成制度。而授将全权的前提，则在选将的正确，否则，战败亦由此起。但把军事全权授予将并不等于与君主不联系，《六韬》认为要以阴符、阴书保持将与君主的沟通。

威，将之威，也是军之威，《六韬》作者并不是从军队兵力来说军威，而是从将威来论军威，颇有特点。

春秋战国时并未组建常备军，只有一个由军吏和少数士组成的军备机构，遇有战争，临时召集兵卒，组建或大或小的军队，并选人将领。因此，将威及其与军的结合是军势的内在必要条件。《六韬》从两个方面来论将威、军威。其一是运用赏、罚手段，

> 武王谓太公曰："将何以为威？何以为明？何以为禁止而令行？"
>
> 太公曰："将以诛大为威，以赏小为明，以罚审为禁止而令行。故杀一人而三军震者，杀之；赏一人而万人悦者，赏之。杀贵大，赏贵小。杀及当路贵重之臣，是刑上极也；赏及牛竖、马洗、厩养之徒，是赏下通也。刑上极，赏下通，是将威之所行也。"①

以赏、罚两个手段明军令、严军纪，使松散的个体凝结为一个总体，这样，将有其威，军有其威。值得注意的是，杀不仅是对士卒，对犯纪的身居要职的辅佐尉吏，也要杀；赏则包括军中最下等的牧牛、养马的奴仆。

其二是将要与士卒同甘共苦，周武王问，怎样才能使三军之众"攻城争先登，野战争先赴，闻金声而怒，闻鼓声而喜"？

> 太公曰："将，冬不服裘，夏不操扇，雨不张盖，名曰礼将。将不身服礼，无以知士卒之寒暑。出隘塞，犯泥涂，将必先下

---

① 《六韬·将威》。

步,名曰力将。将不身服力,无以知士卒之劳苦。军皆定次,将乃就舍;炊者皆熟,将乃就食;军不举火,将亦不举,名曰止欲将。将不身服止欲,无以知士卒之饥饱。将与士卒共寒暑、劳苦、饥饱,故三军之众,闻鼓声则喜,闻金声则怒。高城深池,矢石繁下,士争先登。白刃始合,士争先赴。士非好死而乐伤也,为其将知寒暑、饥饱之审,而见劳苦之明也。"①

战场不同于官场,剑戈不论贵贱,城池不认等级。战争的残酷性和单一性将生命与精神统一起来,战场破除了人为的礼制和等级。以杀人为特征的战争对文明的促进,很重要一点就是它还原了人本质的一致性。兵学研究者从战争经验中概括出这一点,进而又体现于政治、经济变革的思想中。战国历史之所以贯彻着从集权官僚制对封建领主制的否定,战争的这一作用是相当重要的因素。《六韬》作者强调的"将与士卒共寒暑、劳苦、饥饱",不仅是在鼓励士气、壮大军威,而且也是一种精神,它不仅体现于战时军中,还会对整个社会文化和制度形成巨大的影响。

势,军势是军力、军威的发挥,也是将智谋的集中展现。

> 古之善战者,非能战于天上,非能战于地下,其成与败,皆由神势。得之者昌,失之者亡。②

"神势",即神奇莫测之势,是军队在将的指挥之下主动、机动地发挥其军力。

> 势因于敌家之动,变生于两陈之间,奇正发于无穷之源。故至事不语,用兵不言。且事之至者,其言不足听也;兵之用者,

---

① 《六韬·励军》。
② 《六韬·奇兵》

其状不足见也。倏而往，忽而来，能独专而不制者，兵也。夫兵、闻则议，见则图，知则困，辨则危。故善战者，不待张军；善除患者，理于未生；善胜敌者，胜于无形。上战，无与战。①

能以军势压倒敌军，牢牢地掌握战斗的主动权，是将的功用所在，"争胜于白刃之前者，非良将也"。②"夫先胜者，先见弱于敌而后战者也，故事半而功倍焉。"③未与敌兵接战之前，就以军势压制敌人，并发现敌军之弱势，由主动而取胜。军势的具体运用，则是兵技，《六韬》对此有详细探究。

5. 尉缭兵学之术：贵人事，明制度，重将领，胜权谋，强兵威

对尉缭其人，学界也有争议，据《史记·秦始皇本纪》记秦始皇十年：

> 大梁人尉缭来，说秦王曰："以秦之强，诸侯譬如郡县之君，臣但恐诸侯合从，翕而出不意，此乃智伯、夫差、湣王之所以亡也。愿大王毋爱财物，赂其豪臣，以乱其谋，不过亡三十万金，则诸侯可尽。"秦王从其计，见尉缭亢礼，衣服食饮与缭同。缭曰："秦王为人，蜂准，长目，挚鸟膺，豺声，少恩而虎狼心，居约易出人下，得志亦轻食人。我布衣，然见我常身见下我。诚使秦王得志于天下，天下皆为虏矣。不可与久游。"乃亡去。秦王觉，固止，以为秦国尉，卒用其计策，而李斯用事。④

尉缭虽"布衣"，但得秦王如此尊重，并依其计谋而吞并六国，足见其学识之高，而被任为秦国尉后，再无他的记载，有人推测其时他年纪已经很

---

① 《六韬·军势》。
② 《六韬·军势》。
③ 《六韬·军势》。
④ 《史记·秦始皇本纪》。

大了，所以伐六国之事由李斯帮他策划，王翦等领军立功。也可能他任国尉后不久就已亡故。据考证，现开封（大梁）市尉氏县为尉缭故乡，然而先有尉氏县生尉缭，还是因尉缭而县名尉氏，还待考。《汉书·艺文志》记《尉缭子》于"兵形势家类"有三十一篇，"杂家类"有二十九篇，而今传《尉缭子》二十四篇，为兵书。

《尉缭子》对战争与国家、人民的关系，以及制度、将领、权谋的论证，都有其独到之处，其中多次提到吴起，颇有敬意，其兵学之术，也受吴起影响，概括为：贵人事、明制度、重将领、胜权谋、强兵威。

贵人事。战国时，某些诸侯国对于战争还沿袭周初卜龟以求神鬼，筮《易》以测吉凶，观天象以判胜负的办法，对此，尉缭明确反对，强调战争是人世矛盾的展现，胜负取决于战争主体的人。因为，要从"人事"来对待战争，从民心士气和将领权谋来探讨战争的规律及其术、技。

> 梁惠王问尉缭子曰："吾闻黄帝有《刑德》，可以百战百胜，其有之乎？"
>
> 尉缭子对曰："不然，黄帝所谓'刑德'者，以刑伐之，以德守之，非世之所谓《刑德》也。世之所谓《刑德》者，天官、时日、阴阳、向背者也。黄帝者，人事而已矣。何以言之？今有城于此，从其东西攻之不能取，从其南北攻之不能取，此四者岂不得顺时乘利者哉？然不能取者何？城高池深、兵战具备、谋而守之也。若乃城下池浅、守弱，可取也。由是观之，天官、时日，不若人事也。故按《刑德》天官之陈曰：'背水阵者为绝地，向阪陈者为废军。'昔武王之伐纣也，背清水，向山之阪，以万二千人击纣之亿有八万人，断纣头悬之白旗，纣岂不得天官之陈哉！然不得胜者何？人事不得也。昔楚将子心与齐人战，未合，初夜彗星出，柄在齐。'柄所在胜，不可击。'公子心曰：'彗星何知！以彗斗者，固倒而胜焉。'明日与齐战，大破之。'黄帝

曰："先神先鬼，先稽己智者。谓之天官。"以是观之，人事而已矣。'"①

《天官》篇是《尉缭子》首篇，上面抄其全文。至于是否梁惠王问（因此问而导致关于尉缭子其人、其时的争议），无关紧要，要在此篇明确地论证了战争及人事，必须从人事的角度来对待，绝不能迷信神鬼、阴阳、星象等。先是以攻城为例，此城能不能攻下，取决于城、池、兵战，与天象、时日毫无关系。对于流传的《刑德》所说背水阵为绝地、向坡布阵会失败，可是武王伐纣，正是背水向坡，而以一万二千人击败纣王十八万人。楚将子心与齐人战，初夜现彗星，其柄指向齐军，如果按天官之象"柄所在胜，不可击"。但子心说：彗星知道什么！坚决于第二天攻齐，大胜。尉缭也用黄帝的话说：信神信鬼，不如依靠自己的智能，这才是真正的天官！也就是说，所谓天官，不过是人事。

在《武议》篇，尉缭又谈及武王伐纣，

> 武王不罢士民，兵不血刃，而克商诛纣，无祥异也，人事修不修而然也。今世将考孤虚，占咸池，合龟兆，视吉凶，观星辰风云之变，欲以成胜立功，臣以为难。②

> 举贤用能，不时日而事利；明法审令，不卜筮而事吉；贵政养劳，不祷祠而得福。③

战争是人事，与神鬼、天象、阴阳无关，这种观点在吴起那里已经提出，尉缭将这个观点说得更为明确。这表明老子天道观已深入兵学思想，也正是从天道观和人道社会观出发，尉缭子认为，人事中的战争，其胜利

---

① 《尉缭子·天官》。
② 《尉缭子·武议》。
③ 《尉缭子·战威》。

的根本在于"人事修不修而然也",武王伐纣的胜利,原因就在武王人事之修,即合民心、顺民意。由此,他又对战争性质做了规定。

> 凡兵不攻无过之城,不杀无罪之人。夫杀人之父兄,利人之货财,臣妾人之子女,此皆盗也。故兵者,所以诛暴乱、禁不义也。兵之所加者,农不离其田业,贾不离其肆宅,士大夫不离其官府,由其武议在于一人,故兵不血刃而天下亲焉。①

尉缭主张"挟义而战",反对"争私结怨"之战,虽然这样的规定,性质尚不明确,但比起以战谈战者先进多了。

明制度,尉缭所论主要是兵制,即军队的组织、纪律,以及相应的赏罚。

> 凡兵,制必先定。制先定则士不乱,士不乱则刑乃明。金鼓所指,则百人尽斗;陷行乱阵,则千人尽斗;覆军杀将,则万人齐刃。天下莫能当其战矣。②

把万千个体人组成军队,又要让这支军队有战斗力,能打胜仗,靠什么?首要的是制度,由制度将众人组织成一个有机体,进而在统一意志的指挥下,奋勇拼命。以什伍为单位依战车排列组成的军队编制,是兵制的形式,但更重要的是有严明的纪律和相应的赏罚。"民非乐死而恶生也,号令明,法制审,故能使之前。明赏于前,决罚于后,是以发能中利,动则有功。"③

兵制亦民制,这在战国时是相当突出的,什伍不仅是军队的基层组织,也是对民众的管理方式,而兵同时也是民,因此治兵之制要与治民之

---

① 《尉缭子·武议》。
② 《尉缭子·制谈》。
③ 《尉缭子·制谈》。

制统一。

> 量吾境内之民,无伍莫能正矣。经制十万之众,而王必能使之衣吾衣,食吾食。战不胜,守不固者,非吾民之罪,内自致也。天下诸国助我战,犹良骥駥駬之驶,彼驽马鬐兴角逐,何能绍吾气哉?吾用天下之用以为用,吾制天下之制以为制。修吾号令,明吾赏罚,使天下非农无所得食,非战无所得爵,使民扬臂争出农战而天下无敌矣。①

以什伍将民组织起来,建立十万人的军队,君主供其衣食,如果不能打胜仗,并非民之罪,而是制度缺陷导致的。不能依靠别国军队助我取胜,只能靠我选用天下各国先进的制度组织民众,这样才能用天下之用以为我用。这先进制度的要点,就是"非农无所得食,非战无所得爵",加上号令明确,赏罚公正,就可以"使民扬臂争出农战而天下无敌矣"。

重将领,重视将领在军中的地位和作用,强调选择将领的重要性,并警示将领要慎重。这是兵学的一个基本问题,尉缭于此有进一步认识。

> 将帅者,心也。群下,支节也。其心动以诚,则支节必力;其心动以疑,则支节必背。夫将不心制,下不节动,虽胜为幸。②

以将为核心,群下为肢节,将与群下构成一个有机体的军队。这个观点,是尉缭首次提出,从而把前人相关思想提到一个新高度。

> 凡将死其道者,吏畏其将也;吏畏其将者,民畏其吏也;民畏其吏者,敌畏其民也。是故知胜败之道者,必先知畏侮之权。

---

① 《尉缭子·制谈》。
② 《尉缭子·兵权》。

夫不爱说其心者，不我用也；不严畏其心者，不我举也。爱在下顺，威在上立，爱故不二，威故不犯。故善将者，爱与威而已。①

作为军队核心的将，既要立威以让军吏畏服，进而军吏让兵民畏服，又要爱抚吏兵，使他们悦服，这样就可以使军队服从指挥，形成统一的战斗力。

要使将发挥其核心作用，君主就要选择适当的人为将，这对君主来说是首要问题，周文王任太公望为将，是周胜商的关键，而吴起更是将的典范，"吴起与秦人战，舍不平陇亩，朴樕盖之，以蔽霜露。如此何也？不自高人故也"。②

将是一个特殊的职位，需要特殊的素质和才能，"将受命之日忘其家，张军宿野忘其亲，援枹而鼓忘其身"。③ 为使将能真正作为军队之"心"统率指挥军队，君主必须委之以全权，

夫将者，上不制于天，下不制于地，中不制于人。故兵者，凶器也；争者，逆德也；将者，死官也。故不得已而用之。无天于上，无地于下，无主于后，无敌于前，一人之兵，如狼如虎，如风如雨，如雷如霆，震震冥冥，天下皆惊。④

为将者，作为一支军队的核心，要严明法令而公行赏罚，"凡将，理官也，万物之主也，不私于一人。夫能无私于一人，故万物至而制之，万物至而命之"。⑤ 做到这一点，全军就能成为有机协调的统一体，形成与敌军作战的优势，将也能自如地运用其权谋指挥作战。

胜权谋，权者衡也，以对"形"的全面把握而有效发动其"势"，以

---

① 《尉缭子·兵权》。
② 《尉缭子·武议》。
③ 《尉缭子·武议》。
④ 《尉缭子·武议》。
⑤ 《尉缭子·将理》。

智谋权衡形势、时机、布置、调动兵力以攻敌、拒敌。谋以权为要，权因谋而发。历来兵学都重权谋，尉缭集前人之所长，把权谋作为胜敌的关键。

> 兵法曰：千人而成权，万人而成武。权先加入者，敌不力支；武先加入者，敌无威接。故兵贵先。胜于此，则胜彼矣；弗胜于此，则弗胜彼矣。①

以权制衡军队，充分地调动其战斗力，先行于敌而取得主动。能否掌握运用权衡之术，要在智谋。

> 凡我往则彼来，彼来则我往，相为胜败，此战之理然也。夫精诚在乎神明，战权在乎道之所极。有者无之，无者有之，安所信之？先王之所传闻者，任正去诈，存其慈顺，决无留刑。故知道者，必先图不知止之败，恶在乎必往有功？轻进而求战，敌复图止，我往而敌制胜矣。故兵法曰："求而从之，见而加之，主人不敢当而陵之，必丧其权。"②

由精诚而达神明，神明并不是外在的，而是经过认真思考而形成的智慧，以智慧理解战争规律，就可以权衡而制敌取胜。

> 兵有去备撤威而胜者，以其有法故也。有器用之早定也，其应敌也周，其总率也极。故五人而伍，十人而什，百人而卒，千人而率，万人而将，已周已极，其朝死则朝代，暮死则暮代，权敌审将，而后举兵。③

---

① 《尉缭子·战权》。
② 《尉缭子·战权》。
③ 《尉缭子·兵权》。

对敌作战可以表面上去备撤威来迷惑敌人，这是权谋的作用，也是取胜的一种方式。之所以这样做，是事先谋划好的，并组建了系统的指挥机制，准备足够的武器。军队中的伍长、什长、卒长、帅、将，也都有了备用人选，可以及时递补。在与敌开战前必须对其军其将有全面了解，权衡其优势、劣势，然后再发起进攻。运用权谋而致敌，必获全胜，"曲胜，言非全也。非全胜者无权名"。① 权谋策划必须周全、详细，偶然之胜、勉强之胜都不是全胜，不能取得全胜，也就不能称得上会运用权谋。因此，尉缭强调，"凡兴师，必审内外之权，以计其去"。②

兵威，即军队的威力，兵威是国家强大的表现，如何强兵威，是尉缭对其兵学之术的集合性规定，前面各范畴都归总于强兵威。

> 兵者，凶器也；战者，逆德也；争者，事之末也。王者伐暴乱而定仁义也。战国所以立威侵敌，弱国之所不能废也。③

尉缭关于兵者凶器，战者逆德，争者事末的规定，是受老子、墨子思想影响而提出的，但他并不同意老子之"不争"和墨子之"非攻"，而是主张"王者伐暴乱而定仁义"，即以王者之兵消除暴乱而行仁义之政。因此，强国要以军立威侵敌，弱国也不能不保持其军。

尉缭认为，兵威并不只是武力，还是文武统一的总体表现。

> 兵者，以武为栋，以文为【植】；以武为表，以文为里；以武为外，以文为内。能审此三者，则知所以胜败矣。武者所以凌敌分死生地，文者所以视利害观安危；武者所以犯敌也，文者所

---

① 《尉缭子·兵权》。
② 《尉缭子·兵教下》。
③ 《尉缭子·兵令上》。

以守也。兵之用文武也，如响之应声，如影之随身也。①

兵"以武为栋，以文为植；以武为表，以文为里；以武为外，以文为内"，能从这样的层次来概括兵威，在兵学诸子中足显尉缭思想的高度，而这也正是兵学诸子思想的集中概括。

尉缭所说的"文"，即一国之政治、经济、文化的综合，是国之文治。政治、经济、文化关乎每个将士的生存、命运，能够拼死而战，就在士卒们是否知道战与其之切身利益。

> 兵以专一胜，以离散败。陈以密必固，以疏则达。将有威则生，失威则死，有威则胜，无威则败。卒有将则斗，无将则北，有将则死，无将则辱。威者，赏罚之谓也。卒畏将于敌者，战胜；卒畏敌于将者，战北。未战所以知胜败，固称将于敌也，敌之于将犹权衡也。②

在士卒们从国之文治而认识其利益的基础上，武将之威得以充分展示。将威即兵威，即以明令赏罚和智谋聚集和发挥兵的战斗力。

为了聚集和发挥士卒战斗力，将必须冷静沉稳，将的暴躁会导致混乱。要以恒令、恒法、明赏、严刑来制军对敌。军队的战斗力不在士卒数量，而在纪律严明，指挥得当。清查军籍，禁止逃兵，什伍连保，卒吏相救，将能立威，卒能节制，号令明信，攻守皆得，是兵胜的保证。能够做到这一点，就可以裁减士卒，仍能保证其兵之威。

> 古之善用兵者，能杀士卒之半，其次杀其十三，其下杀其十一。能杀其半者，威立海内；能杀其十三者，力加诸侯；能杀其

---

① 《尉缭子·兵令上》。
② 《尉缭子·兵令上》。

十一者，令行士卒。臣闻：百万之众而不战，不如万人之尸；万人而不死，不如百人之鬼。赏明如日月，信比四时；令严如斧钺，利于干将。而士卒有不死用者，未尝之闻也。①

裁员一半或十分之三、十分之一，取决于将的赏罚和智能。百万人不奋勇，不如一万人拼命；一万人不拼命，不如一百人以死相搏。只要赏明如日月，信比四时，令严如斧钺，利于干将，士卒虽少仍英勇奋战，兵威强矣。

十四　鬼谷师徒纵横游说之术：量权，揣情，谋策

"纵横"被《汉书·艺文志》列为"家"，并说"纵横家"有："《苏子》三十一篇。名秦，有《列传》。《张子》十篇。名仪，有《列传》。"②以下还有"十家"。其评论说："从横家者流，盖出于行人之官。……其当权事制宜，受命而不受辞，此其所长也。乃邪人为之，则上诈谖而弃其信。"③

《史记》虽未列"纵横"为一家，却为苏秦、张仪各列传，详述其事迹。"纵横"即取名于苏秦之"合纵"和张仪之"连横"。据《史记》苏、张二《列传》，二人均出自鬼谷先生门下。

> 苏秦者，东周洛阳人也。东事师于齐，而习之于鬼谷先生。④
> 张仪者，魏人也。始尝与苏秦俱事鬼谷先生学术，苏秦自以不及张仪。⑤

---

① 《尉缭子·兵令下》。
② 《汉书·艺文志》。
③ 《汉书·艺文志》。
④ 《史记·苏秦列传》。
⑤ 《史记·张仪列传》。

而作为苏、张二人老师的"鬼谷先生",史籍中却没有任何记载,但有《鬼谷子》一书传世,更重要的是有苏、张两位弟子曾以纵横之游说术、技左右战国几十年,因而鬼谷子的名声颇响,以至唐之后还有人将孙膑、庞涓也说成是他的弟子,虽无证据,却也显示其在战国诸子中的地位。

我们这里重点探讨鬼谷子与苏秦、张仪师徒的"纵横"游说术、技,从《鬼谷子》及《史记》苏、张二人列传,以及《战国策》等考察。

"纵横"为苏、张二子之事功,但用以表示鬼谷师徒之学却不准确。其学作用于以言论说服君主并委任其事,说只是形式,如果仅有说的功夫,那些割据一方的君主不可能言听计从于游荡各国的"布衣之士",必须有内容,有思想,有计谋,并切中要害,行之成效。否则,谁个听你扯淡!

因此,鬼谷师徒之学实为计谋之学、策略之学,但名为"纵横"已成习惯,故沿用之,并以"游说"二字示其特点。

鬼谷师徒之学的道、法层次,原于老子,与慎到、申不害类似。《鬼谷子·捭阖》曰:

> 捭阖者,天地之道。捭阖者,以变动阴阳,四时开化,以化万物。纵横反出,反覆反忤,必由此矣。
>
> 捭阖者,道之大化,说之变也。①

即游说之学要在计谋,计谋并不是凭空设想,而是在天道观的指导下,根据事物的变化而明形势,由对形势的权衡而探求矛盾的趋势,形成利用形势的计谋。在这个过程中,老子之法中的德是相当重要的,

> 阳动而行,阴止而藏,阳动而出,阴隐而入。阳还终阴,阴极反阳。以阳动者,德相生也;以阴静者,形相成也。以阳求

---

① 《鬼谷子·捭阖》。

阴，苞以德也；以阴结阳，施以力也。阴阳相求，由捭阖也。此天地阴阳之道，而说人之法也。①

对老子思想术层次的"无为""阴柔""虚静"等范畴，鬼谷师徒都有深入探究并应用于实践。

与此同时，鬼谷师徒对于孔子一派思想也有研究，并辩证而用。

由夫道德、仁义、礼乐、忠信、计谋，先取《诗》《书》，混说损益，议论去就。欲合者用内，欲去者用外。外内者必明道数。揣策来事，见疑决之。策而无失计。立功建德。②

可见，鬼谷子本身对老子及孔子思想是有深厚造诣的，其徒苏秦、张仪从师所学，基础亦此，绝非仅习游说之技，正因如此，他们游说列国，才能以先进的思想和方法简明地概述形势，并提出切实可行的谋划和策略。

概而论之，鬼谷师徒纵横游说之术为：量权、揣情、谋策。

量权，即对当时"天下"各国的地理、物产、人口、兵力等各种情况，进行总的概括，并论其优势、劣势，说明演变的可能性，以为谋划策计的依据。"权"是秤锤、秤砣，为了计量物重，先人们运用杠杆原理发明了秤，将物吊起，横之于木杆，以"权"称之，左右移动权绳，以达平衡，即可由秤杆上所刻量度而知物重。权量形势，就是不断地由形的考量而察其势，由此做出判断。

揣情，即揣摩所游说君主的特点、志向，以及他对本国情况的掌握，对各国形势的了解，对国际关系的认识等。因为游说者只是一外国客人，揣情的要旨，就是站在此国君的立场，从他的欲求来谈量权，出谋策，因

---

① 《鬼谷子·捭阖》。
② 《鬼谷子·内揵》。

此，揣情这个环节是相当关键的。

谋策，就是在量权、揣情的基础上，探讨并提出解决问题的总方略和具体政策、计谋。鬼谷师徒以各国君主为游说对象，其量权就是从所游说国君的角度，从他的目的出发对本国现状和国际关系进行评判，找出对其利与害两个方面，进而推论可能的演变趋势。谋策则是为国君所设想的以达其目的，趋利避害，扬己之长克彼之短，抓住或等待时机，调动本国的兵力、财力，或以其他方式对敌进行攻击、防御、贿赂、离间，以及与相关国家联盟等各种方式，化解危机或主动进攻或保持暂时平衡。谋策是纵横游说术的直接应用，鬼谷子两位弟子苏秦、张仪在这方面做出了显著的成绩，几十年时间内战国七雄的军国大计基本上都由这师兄弟二人谋划，而这又与其师鬼谷子的教导密切相关。

虽无史料记载鬼谷子曾游说某国君，但他却为量权、揣情、谋策之术做了原则性论证。

关于量权、揣情，鬼谷子有一个概论：

> 古之善用天下者，必量天下之权而揣诸侯之情。量权不审，不知强弱轻重之称；揣情不审，不知隐匿变化之动静。①

对于量权，他还写道：

> 何谓量权，曰：度于大小，谋于众寡，称货财有无之数，料人民多少，饶乏有余不足几何；辨地形之险易，孰利孰害；谋虑孰长孰短；揆君臣之亲疏，孰贤孰不肖；与宾客之智慧，孰少孰多；观天时之祸福，孰吉孰凶；诸侯之交，孰用孰不用；百姓之心，去就变化，孰安孰危，孰好孰憎。反侧孰辩，能知如此者，

---

① 《鬼谷子·揣》。

是谓量权。①

关于揣情，鬼谷子说：

> 揣情者，必以其甚喜之时，往而极其欲也，其有欲也，不能隐其情；必以其甚惧之时，往而极其恶也，其有恶也，不能隐其情。情欲必出其变。感动而不知其变者，乃且错其人，勿与语而更问其所亲，知其所安。夫情变于内者，形见于外。故常必以其见者而知其隐者，此所谓测深揣情。②

"量天下之权而揣诸侯之情"，这可以说是鬼谷师徒之术的要领。鬼谷子以天道观为前提，是从总体上思考问题的，其量权揣情是为了"善用天下"，而非为一己之名利而委身于君主。这一点是理解鬼谷师徒之术的关键，他们并不只是为了谋取名利才去投靠某位君主的，他们是有其理念并将诸侯作为实现其理念的条件的，这与孔子、孟子及以法改制诸子相似，而与秦汉以后至今遍布中华大地的求官、跑官者有本质区别。司马迁看到了这一层，在苏、张二人列传结束部分各写了一段评语：

> 苏秦兄弟三人，皆游说诸侯以显名，其术长于权变。而苏秦被反间以死，天下共笑之，讳学其术。然世言苏秦多异，异时事有类之者皆附之苏秦。夫苏秦起闾阎，连六国从亲，此其智有过人者。吾故列其行事，次其时序，毋令独蒙恶声焉。③

> 夫张仪之行事甚于苏秦，然世恶苏秦者，以其先死，而仪振

---

① 《鬼谷子·揣》。
② 《鬼谷子·揣》。
③ 《史记·苏秦列传》。

暴其短以扶其说，成其衡道。要之，此两人真倾危之士哉！①

鬼谷子虽然未成就功名，但有此二弟子，足见其道、法之正博深矣。

因为是要说服某君主采取行动，因而量权和揣情只是谋策之前提，因揣情而打动君主，使他从己之情理解了游说者的量权判断，就会要求游说者为他谋策。为此，鬼谷子认为，

故谋莫难于周密，说莫难于悉听，事莫难于必成：此三者，唯圣人然后能任之。故谋必欲周密，必择其所与通者说也，故曰或结而无隙也。夫事成必合于数，故曰道数与时相偶者也。②

只有当你的计谋被君主认可，并付诸应用时，游说才算告一段落。但君主们往往是要游说者亲自去执行其计策，此时游说者的身份已变成执行者，他又可以根据具体情况而灵活机动地应对，从而使其谋策成功。

鬼谷子对量权、揣情、谋策之术的原则性论证，被苏秦、张仪理解和掌握，充分体现于他们游说和为政的实践中，并得以丰富和发展。

关于苏秦合纵、张仪连横事迹，《战国策》有记载，司马迁在《史记》为二人列传时又做了整理。我们择其要而考其术。

苏秦初出，游说秦惠王，

秦四塞之国，被山带渭，东有关河，西有汉中，南有巴、蜀，北有代、马，此天府也。以秦士民之众，兵法之教，可以吞天下，称帝而治。③

此说，量权可矣，但未有揣情，因而

---

① 《史记·张仪列传》。
② 《鬼谷子·摩》。
③ 《史记·苏秦列传》。

秦王曰："毛羽未成，不可以高飞；文理未明，不可以并兼。"方诛商鞅，疾辩士，弗用。①

第一次游说，苏秦在量权上是有充分准备的，《战国策·秦一》记得更为详细，而且记他给秦惠王连上十书，均未得到秦王认可。这是一次失败的游说，其错就在未能充分地揣情，不清楚秦惠王的性格和志向，只是以量权对形势作出判断，并以"吞天下，称帝而治"来诱导，秦惠王不为所动。而且，当时秦刚诛杀商鞅，对外来的辩士极度不信任，这也是苏秦没有考虑到的。

初说失败，苏秦资用乏绝，形容枯槁地回到家乡，"妻不下纴，嫂不为炊，父母不与言"。② 苏秦自尊心大受伤害，发愤读书。

乃夜发书，陈箧数十，得太公《阴符》之谋，伏而诵之，简练以为揣摩。读书欲睡，引锥自刺其股，血流至足。曰："安有说人主不能出其金玉锦绣，取卿相之尊者乎？"期年，揣摩成，曰："此真可以说当世之君矣！"③

这里所说"太公《阴符》"，在《鬼谷子》中有《本经阴符七术》，不知是否此篇。而苏秦"期年，揣摩成"，"揣"为《鬼谷子》中揣情之术，"摩"是揣情的具体化。

强化了自身修养，苏秦又踏上游说之路，先到赵国，未果。又到燕国，一年后才得见燕文侯。苏秦在燕一年中对文侯的情况已有充分了解，因而他的量权之说能够说服文侯。

---

① 《史记·苏秦列传》。
② 《战国策·秦一》。
③ 《战国策·秦一》。

> 燕东有朝鲜、辽东，北有林胡、楼烦，西有云中、九原，南有滹沱、易水，地方二千余里，带甲数十万，车六百乘，骑六千匹，粟支数年。南有碣石、雁门之饶，北有枣栗之利，民虽不佃作而足于枣栗矣。此所谓天府者也。①

这是对燕国基本情况的概括，以让文侯知"我"了解燕国情况。往下即指出燕与秦赵的关系，陈说其患赵不患秦，为保无患必须亲赵。

> 夫燕之所以不犯寇被甲兵者，以赵之为蔽其南也。秦赵五战，秦再胜而赵三胜。秦赵相毙，而王以全燕制其后，此燕之所以不犯寇也。且夫秦之攻燕也，逾云中、九原，过代、上谷，弥地数千里，虽得燕城，秦计固不能守也。秦之不能害燕亦明矣。今赵之攻燕也，发号出令，不至十日而数十万之军军于东垣矣。渡滹沱，涉易水，不至四五日而距国都矣。故曰秦之攻燕也，战于千里之外；赵之攻燕也，战于百里之内。夫不忧百里之患而重千里之外，计无过于此者。是故愿大王与赵从亲，天下为一，则燕国必无患矣。②

燕国在战国中战事最少，因而忧患意识淡薄，苏秦如此说，是要让燕文侯感到危险，而苏秦的谋策恰在"亲赵"，以此解除燕的威胁。

> 文侯曰："子言则可，然吾国小，西迫强赵，南近齐，齐、赵强国也。子必欲合从以安燕，寡人请以国从。"
> 于是资苏秦车马金帛以至赵。③

---

① 《史记·苏秦列传》。
② 《史记·苏秦列传》。
③ 《史记·苏秦列传》。

苏秦说燕告捷,其量权、揣情、谋策之术得以验证,于是再去赵国。前次苏秦游说赵未果,原因是作为国相的赵肃侯之弟奉阳君阻拦,这次来奉阳君已死,苏秦又是奉燕侯之命而来,因此得见赵肃侯,但说服赵肃侯却比燕文侯困难。苏秦先是说了一通恭维的话,说天下卿相人臣乃至布衣之士,都赞扬大王您行仁义,要来投奔您,但奉阳君嫉妒贤能,从中作梗,他们不能前来投奔,今奉阳君已死,我才能得见大王,敢"效愚忠"。

> 为大王计,莫若安民无事,请无庸有为也。安民之本,在于择交。择交而得则民安,择交不得则民终身不得安。请言外患:齐、秦为两敌,而民不得安;倚秦攻齐,而民不得安;倚齐攻秦,而民不得安。故夫谋人之主,伐人之国,常苦出辞断绝人之交,愿大王慎无出于口也。①

赵国与燕国不同,它所面临的威胁主要来自齐、秦,因而要由此说安民择交的重要性。接下来,他"请屏左右",谈至关键。

> 大王诚能听臣,燕必致毡裘狗马之地,齐必致海隅鱼盐之地,楚必致桔柚云梦之地,韩、魏皆可使致封地汤沐之邑,贵戚父兄皆可以受封侯。夫割地效实,五伯之所以覆军禽将而求也;封侯贵戚,汤、武之所以放杀而争也。今大王垂拱而两有之,是臣之所以为大王愿也。大王与秦,则秦必弱韩、魏;与齐,则齐必弱楚、魏。魏弱则割河外,韩弱则效宜阳。宜阳效则上郡绝,河外割则道不通。楚弱则无援。此三策者,不可不熟计也。夫秦下轵道则南阳动,劫韩包周则赵自销铄,据卫取淇则齐必入朝。秦欲已得行于山东,则必举甲而向赵。秦甲涉河逾漳,据番吾,

---

① 《战国策·赵二》。

则兵必战于邯郸之下矣。此臣之所以为大王患也。①

如此宏大严谨的量权之论，赵肃侯怎么能不动心？而他本人也常有此忧患，不过不清楚而已。苏秦高谈而阔论，正中其下怀。往下，他又论说赵国及各国的实力对比，说明赵及其他五国的共同敌人应为秦，建议"六国并力为一"；"一韩、魏、齐、楚、燕、赵，六国从亲，以傧畔秦"。②六国都在秦之东，从地图上看，其盟似为"合纵"。苏秦将合纵拒秦于赵国之利讲得如此透彻，赵肃侯不能不服，事关赵国长远利害，于是"封苏秦为武安君，饰车百乘，黄金千镒，白璧百双，锦绣千纯，以约诸侯"。③苏秦由韩至魏、齐、楚四国游说，加上已说成的燕、赵，六国合纵之大策告成。苏秦说韩、魏、齐、楚，都充分展示了量权、揣情、谋策之术。"于是六国从合而并力焉。苏秦为从约长，并相六国。"④合纵六国，成一大势力，并"投从约书于秦，秦兵不敢窥函谷关十五年"。⑤《战国策》作者感叹："不费斗粮，未烦一兵，未战一士，未绝一弦，未折一矢，诸侯相亲，贤于兄弟。夫贤人在而天下服，一人用而天下从。"⑥足见鬼谷师徒之术伟力哉！

鬼谷子另一徒弟张仪的游说活动，与苏秦受赵肃侯之命出使韩国密切相关。

苏秦已说赵王而得相约从亲，然恐秦之攻诸侯，败约后负，念莫可使用于秦者，乃使人微感张仪曰："子始与苏秦善，今秦已当路，子何不往游，以求通子之愿？"张仪于是之赵，上谒求见苏秦。苏秦乃诫门下人不为通，又使不得去者数日。已而见

---

① 《战国策·赵二》。
② 《战国策·赵二》。
③ 《战国策·赵二》。
④ 《史记·苏秦列传》。
⑤ 《史记·苏秦列传》。
⑥ 《战国策·秦一》。

之，坐之堂下，赐仆妾之食。①

如此慢待同门师兄弟，让张仪愤恨不已，苏秦还明确说不能收留他，张仪"遂入秦"。苏秦暗中派人与他同行，并为其支付旅途费用。张仪得见秦惠王，为客卿。此时苏秦派来的人才将苏秦暗中资助告诉张仪。张仪曰：

> 嗟乎，此在吾术中而不悟，吾不及苏君明矣！吾又新用，安能谋赵乎？为吾谢苏君，苏君之时，仪何敢言。②

苏秦此计不仅助张仪得以相秦，也延滞了秦之攻赵，为他游说韩、魏、齐、楚提供了时间。而张仪相秦，当然得站在秦王立场考虑问题。面对苏秦构建的合纵联盟，张仪则量权谋策，提出"连横"之策，即以战或贿赂或割地等方式离间、破坏东方六国的联盟，连此攻彼，或连彼攻此，使秦日益强大。

张仪在游说秦惠王时，也充分地表现了量权、揣情、谋策之术。他先对秦国的国情、国力做了概括评述，然后依他对秦惠王的了解，大胆地指出秦国缺陷，

> 今秦地形，断长续短，方数千里，名师数百万，秦之号令赏罚，地形利害，天下莫如也。以此与天下，天下不足兼而有也。是知秦战未尝不胜，攻未尝不取，所当未尝不破也。开地数千里，此甚大功也。然而甲兵顿，士民病，蓄积索，田畴荒，囷仓虚，四邻诸侯不服，伯王名不成，此无异故，谋臣皆不尽其忠也。③

---

① 《史记·张仪列传》。
② 《史记·张仪列传》。
③ 《战国策·秦一》。

秦国有这么好的资源,但却国贫民病,诸侯不服,原因只有一个:"谋臣皆不尽其忠。"这话可谓险语,但张仪敢说,秦惠王又能听得进去,可见张仪揣情之功效。言外之意是我张仪不仅有谋,且能尽忠,王若用我,当使秦国富强,威震天下。然后,又对六国形势进行度量,指出其强弱处,说明攻击之策,并主张破其合纵,连横分而击之。

> 臣昧死望见大王,言所以举破天下之从,举赵亡韩,臣荆、魏,亲齐、燕,以成伯王之名,朝四邻诸侯之道。大王试听其说,一举而天下之从不破,赵不举,韩不亡,荆、魏不臣,齐、燕不亲,伯王之名不成,四邻诸侯不朝,大王斩臣以徇于国,以主为谋不忠者。①

张仪连横之谋策虽为秦惠王采纳,但并未立即实行,秦惠王听从司马错之计,先行伐蜀,未采纳张仪攻韩之策。因此,苏秦的合纵联盟才得以建立,并通行十五年。其间,张仪出计或亲带兵,对韩、魏发动局部战争,并以"献商於之地六百里"诈骗楚王使之背齐,破坏合纵之盟。待苏秦死,张仪量权判断合纵之盟无主,开始推行其连横之策。其间他还为楚所囚,虽礼遇而却不能回秦,所以先为楚王谋策联秦,又说服韩王与秦结盟,然后回到秦国,秦惠王封张仪五邑,号曰武信君。再作为秦使说齐、赵、燕,以量权、揣情、谋策之术各个击破,毁坏了苏秦结构的合纵联盟。然而,当张仪从燕国回秦,未到咸阳,秦惠王死,武王立,而武王为太子时就讨厌张仪,加上他人谗言,欲害张仪。张仪设法说服武王,派他出使魏国,后数经周折而入魏,为相一年死于魏。其脱身逃命之谋亦险亦奇,但毕竟终天年。而苏秦之死,则甚悲惨。因他谋划的合纵联盟各国之君都各有算计,加上秦国的外部干扰,导致内部矛盾不断,而齐国大夫们又与苏秦争宠,派人刺杀苏秦,但他临死前仍谋一计,

---

① 《战国策·秦一》。

苏秦且死，乃谓齐王曰："臣即死，车裂臣以徇于市，曰'苏秦为燕作乱于齐'，如此则臣之贼必得矣。"于是如其言，而杀苏秦者果自出，齐王因而诛之。①

车裂死尸而使凶手暴露，由齐王杀之为己报仇。苏秦之谋至绝矣。

十五 《墨经》之名辩术：名类故理

"名家"被司马谈列为"六家"之一，"名家使人俭而善失真；然其正名实，不可不察也"。"名家苛察缴绕，使人不得反其意，专决于名而失人情，故曰'使人俭而善失真'。若夫控名责实，参伍不失。"②《汉书·艺文志》列"名七家，三十六篇"，计《邓析》二篇、《尹文子》一篇、《公孙龙子》十四篇、《成公生》五篇、《惠子》一篇、《黄公》四篇、《毛公》九篇。今仅存《公孙龙子》十篇。由于将"墨家"单列一家，因而《墨子》中专论名辩的《经上》《经下》《经说上》《经说下》《大取》《小取》未归入"名家"，而这六篇实则名学之始，晋鲁胜将《经上》《经下》和《经说上》《经说下》四篇合为《墨辩》，近人谭戒甫著《墨辩发微》又将《大取》《小取》收入其中，计六篇。

本节写作原计划取"墨辩"之提法，又觉不妥，主要原因是如何看待《经上》《经下》和《经说上》《经说下》。依鲁胜及谭戒甫的观点，这四篇均是论"辩"，胡适也主张用《墨辩》，并说"这六篇《墨辩》乃中国古代名学最重要的书"③。从严复以《名学》译约翰·穆勒的逻辑学以来，近现代学者将中国古代关于名辩之学都等同于西方"逻辑"，因而也就将《墨辩》视为"墨子逻辑学"或"墨家逻辑学"而相对独立研究。但实际

---

① 《史记·苏秦列传》。
② 引自《史记·太史公自序》。
③ 胡适：《中国哲学史大纲》，中州古籍出版社2016年版，第165页。

上，《墨子》中的《经上》《经下》及《经说上》《经说下》，并非西方的"逻辑学"，而是墨子及其弟子思想和方法的集中概括，尤其《经上》，是对墨子学说主要概念（名）的定义性规定，《经说上》则是对《经上》各概念（名）的展开论说。这实际上是墨子学派教授弟子的教科书，因而名之为《经》。由于定义，必然涉及方法，但不是专论方法或"逻辑"。学者们大都认为《经上》为墨子所著，《经说上》为其弟子所写，虽无证据，却也说得通。而《经下》及《经说下》论及辩，包括如何理解概念（名）和论证、辩论，也是教育学生的教科书。而"墨经"的提法，最早出现于《庄子·天下》篇：

> 相里勤之弟子，五侯之徒，南方之墨者苦获、己齿、邓陵子之属，俱诵《墨经》而倍谲不同，相谓别墨，以坚白同异之辩相訾，以觭偶不仵之辞相应，以巨子为圣人，皆愿为之尸，冀得为其后世，至今不决。①

虽然并未指明哪几篇文章为"墨经"，但在《墨子》中，唯有四篇以"经"名，考其内容，其"经"义确然。晋人鲁胜称之"墨辩"应为不当。而《大取》《小取》虽专论辩，但在《墨子》中是独立成篇的。后人将其结合"经"与"经说"研究，本是"依附"，不应以这两篇而改变"经"的性质。

关于墨子思想道、法、术层次前面已讨论，这里探讨《墨经》中的名辩之术，集中于名、类、故、理四范畴，下章再论其技。

名辩之术首在其"名"。名，《说文解字》："名，自命也。从口，从夕。夕者，冥也。冥不相见，故以口自名。"原意为人名，后衍指称物、事，以至观念、位次等。名的最高层次为概念，即从内涵和外延对特定对象的规定。而其初始，则在指称人或物、事，以别其他。从老子开始，诸

---

① 《庄子·天下》。

子思想家就高度重视名的探讨，展开了从名称到概念的演化进程。《老子》开篇即讲："道可道，非常道；名可名，非常名。"孔子讲"必也正名乎"，把"正名"看成以仁复礼的重要内容。老、孔二人都将"名"的探讨贯彻其思想始终。墨子不仅注重"名"的规定和使用，更对如何规定"名"进行了深入研究，形成了"取实予名"的观点，强调要根据实际观察来规定物事所以然之理而予以名。如果《经上》篇是墨子亲著，则可以看作他对名的规定之系统论证，若不是他所写，也是切实理解了墨子思想及方法的弟子所为。

《经上》一百条（《墨辩发微》列九十八条）是对墨学基干之名的规定，《经说上》则是对这一百个名的展开说明。其中第八十二条是对"名"的规定和解说。

八二、名，实、合、为。①

说：所以谓，名也。所谓，实也。名实耦，合也。志行，为也。②

名是物事观念的称谓，其所称谓的对象是实。名是实之称，因此，名要当实，名实相耦为合。为是由名而实行，要有明确目的和动机，而且要切实去做，这样才是名实相合。由实、合、为三者规定的名，就不仅是物或事，也包括观念，如仁、义、忠三个名，都要合于实见于行。

关于仁。《经上》与《经说上》对仁的定义和说明是：

七、仁，体爱也。③

说仁：爱民者，非为用民也，不若爱马者，若明。④

---

① 《墨子·经上》。
② 《墨子·经说上》。
③ 《墨子·经上》。
④ 《墨子·经说上》。

仁，是爱心的展现。《大取》篇说"仁而无利爱"①，仁并不是出于利而爱，而是出于自体本性之爱，爱人当体诸己身，由爱己而爱人。《兼爱中》：

> 今人独知爱其身，不爱人之身；是以不惮举其身以贼人之身。人与人不相爱，则必相贼。……凡天下祸篡怨恨所以起者，是以不相爱生也。是以仁者非之。②

《兼爱下》：

> 为人之家，若为其家，夫谁独举其家以乱人之家者哉？为彼犹为己也。③

体爱，即为彼犹为己之爱。《经说上》的解说则更明确指仁为"爱民"，即统治者体爱于民，这与他的爱马是不同的，爱马是"利爱"，马是财产，爱护马就是爱护财产，而民与君主同为人，因而要体爱，爱民犹爱己。

"仁"作为一种观念之名，不仅要明其实，更要为之行，见于行。《公孟》篇：

> 公孟子曰："君子必古言服，然后仁。"子墨子曰："昔者商王纣、卿士费仲为天下之暴人，箕子、微子为天下之圣人，此同言而或仁不仁也。周公旦为天下之圣人，关叔为天下之暴人，此同服或仁或不仁。然则不在古服与古言矣。"④

---

① 《墨子·大取》。
② 《兼爱中》。
③ 《兼爱下》。
④ 《墨子·公孟》。

仁与不仁，不能取古服古言，而应取其实际作为，来规定仁或不仁。

  仁人之事者，必务求兴天下之利，除天下之害。①

关于义。《经上》与《经上说》的规定和解说为：

  八、义，利也。②
  说义：志以天下为芬，而能能利之，不必用。③

"芬"为分字繁文，职分或分内之意。"义"即利，利天下而志之则为义，尽自己之所能而利天下，不必非得求官被君主所用。这是墨子本人的志向，也是他对义之名的规定。是否为义，不在说辞，而在实为。《鲁问》篇：

  吴虑谓子墨子曰："义耳义耳，焉用言之哉？"子墨子曰："子之所谓义者，亦有力以劳人，有财以分人乎？"④

有力以劳助人，有财以分人，即义，不是空口宣传我义，而有力不劳人，有财不分人。

关于忠。《经上》与《经说上》的规定和解说为：

  一二、忠，以为利而强低也。⑤

---

① 《墨子·兼爱下》。
② 《墨子·经上》。
③ 《墨子·经说上》。
④ 《墨子·鲁问》。
⑤ 《墨子·经上》。

说忠：不利弱子亥足将入止容。①

墨子说的忠首先不是臣下对君主之忠，而是以利天下为忠。其强为勇于任事，其弱抑然自下。而《经说上》的解说，则以禹为忠的标志，禹为治水，以利天下人，过家门而不入，不利弱子，不顾其家。禹之忠，大忠也。《鲁问》记墨子与鲁阳文君论忠，这已是臣之忠君，但也要以实取名。

鲁阳文君谓子墨子曰："有语我以忠臣者，令之俯则俯，令之仰则仰，处则静，呼则应，可谓忠臣乎？"子墨子曰："令之俯则俯，令之仰则仰，是似景也；处则静，呼则应，是似响也。君将何得于景与响哉？若以翟之所谓忠臣者，上有过则微之以谏，己有善则访之上，而无敢以告。外匡其邪，而入其善，尚同而无下比，是以美善在上而怨雠在下，安乐在上，而忧戚在臣。此翟之所谓忠臣者也。"②

这里所论的忠，是狭义的臣对君的忠，墨子也是强调取其实，而非形式上的俯仰、处静、呼应。

仁、义、忠三名，已非指称物事，而是抽象的观念，对这类名的规定，比对物事之名的规定要难得多，《墨经》尝试以更为精准的方法来规定，虽然尚未明确内涵与外延的界说，却摸索出类、故两种方式。

《经上》一百条，是对墨子思想基干观念之名的规定，并有内在的系统性，之所以能对这些抽象的观念之名做出规定，并有内在的系统性，类和故两个范畴的提出至为关键。

《经上》有两条对"名"的规定，上文我们引了"八二、名、实、合、为"。另一条是

---

① 《墨子·经说上》。
② 《墨子·鲁问》。

七九、名,达、类、私。①

说名:物,达也;有实,必待之名也命之。马,类也;若实也者,必以是名也命之。臧,私也;是名也,止于是实也。声出口,俱有名,若姓字俪。②

名分达名、类名、私名,各以其实而名之。达名、类名、私名为名的三类或三个层次,其中,达名为"大共名",如"物"名万物,是万物之共名。类名,是某一类物事之名,如马,凡是有马之实者都可以名之马。私名,是专对一物一人之名,如某人名臧,臧只是他的私名。具体到人,类名如姓,私名为名,称呼某人,姓名相俪,例"孔丘""墨翟",即可知其人。

"类"是人类思维发展的体现,是在多次反复比较的基础上形成分类的体现。中国古人早在夏、商两代已有分类思维,到周文王将分类演用到极致,他以阴阳两种基本属性规定万物万事,并制八卦、六十四卦而演《易经》,使分类思维和应用达一新阶段。周代封建领主制及部族联盟就是分类思维的体现。老子在思维方式上的革命,是将分类提升为归纳,规定了道概念,形成了天道观这个基本观念。但分类并未因此而消失,而是在归纳和演绎统一运用的过程中更为充实。类的界定也不再仅以比较为基础,而是由归纳对类之名做出更为准确的规定,并随之以类来演绎推论相关物事。老子和孔子虽有关于类的界说,但都不系统,墨子第一次将类作为规定名的重要范畴,进而又用之于辩,使名辩之术、技大兴。

类是对众多名的界定,即将名分类,由名类而论物事。墨子强调知类察类,以类说理。《公输》篇中,墨子为阻止楚伐宋,对为楚王造了云梯的公输盘说:我给你十金,请你帮我杀了我的仇人。公输盘说:"吾义固不杀人!"墨子顺这句话说:"宋何罪之有?荆国有余于地,而不足于民,

---

① 《墨子·经上》。
② 《墨子·经说上》。

杀所不足，而争所有余，不可谓智；宋无罪而攻之，不可谓仁；知而不争，不可谓忠；争而不得，不可谓强；义不杀少而杀众，不可谓知类。"①你公输自称"义"而不为我去杀一仇人，但却要帮着楚王去杀宋国万千无辜之人，难道这是义吗？这是从"义"之名推而论"不杀少而杀众"，说明你公输盘根本就不知义之类。再如《贵义》篇记，

> 子墨子说穆贺，穆贺大说，谓子墨子曰："子之言则成善矣！而君王，天下之大王也，毋乃曰'贱人之所为'，而不用乎？"子墨子曰："唯其可行。譬若药然，草木之本，天子食之，以顺其疾，岂曰'一草之本'而不食哉？今农夫入其税于大人，大人为酒醴粢盛，以祭上帝鬼神，岂曰'贱人之所为'而不享哉？故虽贱人也，上比之农，下比之药，曾不若一草之本乎？且主君亦尝闻汤之说乎？昔者，汤将往见伊尹，令彭氏之子御，彭氏之子半道而问曰：'君将何之？'汤曰：'将往见伊尹。'彭氏之子曰：'伊尹，天下之贱人也。若君欲见之，亦令召问焉，彼受赐矣。'汤曰：'非女所知也。今有药此，食之则耳加聪，目加明，则吾必说而强食之。今夫伊尹之于我国也，譬之良医善药也。而子不欲我见伊尹，是子不欲吾善也。'因下彭氏之子，不使御。彼苟然，然后可也。"②

这是知类察类的又一典型。穆贺虽然赞同墨子的主张，但又担心墨子为"贱人"，楚王不会采纳他的主张。穆贺也是在以类思考：人身份之贵贱是周代分类思维的体现，人们的言论主张也以身份贵贱来界定高低。楚王只会采纳身份高贵者的主张，不会采纳低贱者的主张。墨子则谈另二种类：药虽草本，却可治所有人的病；农夫以谷物为税赋，大人以谷物酿酒祭上

---

① 《墨子·公输》。
② 《墨子·贵义》。

帝鬼神，却不论其是贱人农夫生产的。君主贵族身份虽贵，但也是人，所有人都为人类之一员，其生理疾病不因身份差别而不同，药虽草本，却可治所有人的病，君主贵族不会因为草本贱物而不吃药治病。药和病都是类，是不分病人身份高低的，只有知类察类，才能服药医病。农夫虽为贱人，但他生产的谷物可以酿酒，虽然农夫没有祭上帝鬼神的权利，但君主贵族却要以农夫生产的谷物酿的酒来祭上帝鬼神，不会因酿酒的谷物是贱人生产的而不祭祀。我墨子虽然身份低贱，但我的主张与药和酒类似，可以治你楚国之病，为什么不采纳？又举汤访伊尹的古例，从汤之口说出不以身份地位之类，而以贤能功用之类看伊尹，所以他要亲自拜访伊尹，以治商国之病。

关于察类，《非攻下》：

> 今遝夫好攻伐之君，又饰其说，以非子墨子曰："以攻伐之为不义，非利物与？昔者禹征有苗，汤伐桀，武王伐纣，此皆立为圣王，是何故也？"子墨子曰："子未察吾言之类，未明其故者也。彼非所谓'攻'，谓'诛'也。"①

这里墨子是将"攻"与"诛"分为两类，"攻"类之征伐，"其为不利于人也，天下之害厚矣"②，是不义之战，而禹征有苗、汤伐桀、武王伐纣，则都是因为所征伐的对象已经成为"天下之害"，他们是为了除害而征伐之，因而应天利人，与"今天下好战之国齐、晋、楚、越"的攻战在类上有本质区别，是义战，为"诛"类而非"攻"类。"若以此三圣王者观之，则非所谓'攻'也，所谓'诛'也。"③

在知类察类基础上，《经下》又提出"推类"，

---

① 《墨子·非攻下》。
② 《墨子·非攻下》。
③ 《墨子·非攻下》。

一、止类以行人。说在同。①

说：止，彼以此其然也，说是其然也；我以此其不然也，疑是其然也。②

二、推类之难，说在之大小。③

说：谓四足兽，与牛马，与物尽与大小也。此然是必然，然俱为麋。④

"止"为稳、定，止指类的属性是稳定的，而人的认识则是变化、流动的，因而其感知有别，要达成共识，就要由知类、察类而推类。类的规定是一般性的，推类可以使不同人的感知趋同，或从推类而相互辩说。但是天下物事纷繁，类亦多杂，推类虽是知识的必要方式，但人众而类杂多，推类又有诸多困难，往往出现错误。类亦有大小之别，推类必须明确这一层，如物、四足兽、牛马，都为类，但所指外延范围却不同，若不别其外延，势必混乱。物的范围最大，四足兽次之，牛、马又次之，牛、马类属四足兽类，四足兽类属物类。这里已经看到了一般、特殊、个别的关系，是推类的必要因素，但只用"大小"的外延来区别，又不明确。

"故"是《墨经》名辩之术的又一重要范畴。《经上》起首即为"故"，

一、故，所得而后成也。⑤

说故：小故，有之不必然，无之必不然，体也，若有端。大故，有之必然，无之必不然，若见之成见也。⑥

---

① 《墨子·经下》。
② 《墨子·经说下》。
③ 《墨子·经下》。
④ 《墨子·经说下》。
⑤ 《墨子·经上》。
⑥ 《墨子·经说上》。

所得之成为故。《经说上》七八："故也，必待所为之成也。"① 将"所得"与"所为"联系起来，更好理解。"故"即果成之因，或原因。"故"字还可表示"过去"或"故意"，《经上》将"故"作为第一个名而界定，其意为原因，可见其重要。《大取》"夫辞以故生"，《小取》"以说出故"，均为故之展开。小故，是小部分原因，有之不必然结果，但无之必不然结果；大故，是全部或大部分原因，有之其果必然，无之必不然其果。

《经上》以故起首，其二为体，其三为知，其四为虑，其五又为知，其六为智，其七为仁，其八为义，其九为礼，其十为行，其十一为实，其十二为忠，其十三为孝，其十四为信，依次展开，至九九止，一〇〇缶，是墨学思想基干之名的规定。故为首，亦为起，表明墨学是从既成结果探讨原因，从原因论证结果，对因果关系的辩证贯彻于全部名之系统。这在《墨子》全书都有体现，《兼爱中》：

> 然而今天下之士君子曰："然！乃若兼则善矣；虽然，天下之难物于故也。"子墨子言曰："天下之士君子，特不识其利，辩其故也。今若夫攻城野战，杀身为名，此天下百姓之所皆难也。苟君说之，则士众能为之。况于兼相爱、交相利，则与此异！夫爱人者，人必从而爱之；利人者，人必从而利之；恶人者，人必从而恶之；害人者，人必从而害之。此何难之有？特上弗以为政，士不以为行故也。"②

之所以不能兼相爱、交相利，原因就在"上弗以为政，士不以为行"。若从原因论之，只要"上以为政，士以为行"，就可以实现兼相爱、交相利。

对于明察其故，《公孟》篇记墨子在与"儒者"对话中曾有一段精彩

---

① 《墨子·经说上》。
② 《墨子·兼爱中》。

表述：

> 子墨子曰问于儒者："何故为乐？"曰："乐以为乐也。"子墨子曰："子未我应也。今我问曰：'何故为室？'曰：'冬避寒焉，夏避暑焉，室以为男女之别也。'则子告我为室之故矣。今我问曰：'何故为乐？'曰：'乐以为乐也。'是犹曰'何故为室'？曰'室以为室也'。"①

建房室之故在避寒暑、别男女，乐之故是什么，儒家所答"乐以为乐"，等于问房室之故答曰"室以为室"，也就是没有回答。墨子在这里展示了明察其故的具体方式。

明故与知类是统一的，既是规定名的必要方式，也是展开名说明现象的过程。"有故无故"还起着评判"合理与不合理"标准的作用。《尚贤下》所指责的"无故富贵"者，就是因君主个人所好而无能无功者，其富贵因"无故"而不合理。《非儒下》：

> 仁人以其取舍是非之理相告，无故从有故也，弗知从有知也，无辞必服，见善必迁，何故相？②

故不仅表示理，还包含知。无理要服从有故，无知要听从有知，辩论中无辞者要服从有故为辞者。可见，故这个范畴的重要性和多样性。

正是在名、类、故的统一中，体现着"理"。作为一个范畴，"理"是总体性的，是由名、类、故三范畴所集中体现的思维和辩说过程的内在联系，进而表达物事及观念之名的性质与规律。《大取》中说：

---

① 《墨子·公孟》。
② 《墨子·非儒下》。

> 夫辞以故生，以理长，以类行者也。立辞而不明其所生，妄也。今人非道无所行，唯有强股肱，而不明于道，其困也，可立而待也。夫辞以类行者，立辞而不明于其类，则必困矣。①

理是道在物事中的展现，辞则为所立论。辞以故生，以理长，以类行。就像人之行，若不明于道，虽有强股肱，也必困矣，因此必先明道，道明理长依类而行。下文举例说明"辞以故生，以理长，以类行"：

> 故浸淫之辞，其类在于鼓栗。
> 圣人也，为天下也，其类在于追迷。
> 或寿或卒，其利天下也相若，其类在誉石。
> 一日而百万生，爱不加厚，其类在恶害。
> 爱二世有厚薄，而爱二世相若，其类在蛇文。
> 爱之相若，择而杀其一人，其类在阮下之鼠。
> 小仁与大仁，行厚相若，其类在申凡。
> 兴利除害也，其类在漏雍。
> 厚亲不称行，而类行，其类在江上井。
> "不为己"之可学也，其类在猎走。
> 爱人非为誉也，其类在逆旅。
> 爱人之亲，若爱其亲，其类在官苟。
> 兼爱相若，一爱相若。一爱相若，其类在死（宛）也。②

这里所说"其类"，以简单明了之物事证故之所生，理之所长的品德行为，说其所行。如"圣人也，为天下也，其类在于追迷"，"追迷"是寻找、导引迷径之义，圣人探讨和践行大道之理，就是为天下迷途的人导引明

---

① 《墨子·大取》。
② 《墨子·大取》。

路。再如,"爱之相若,择而杀其一人,其类在阮下之鼠",由于爱众,不得不杀一恶害之人,其类杀院中老鼠。这里所举的例,其理都在墨子思想之道的兼爱,也是其"以理长"的根据。

"理"作为一个范畴,并没有列在《经上》一百条关于名的规定中,而是体现于所论各名的定义和解说中,表现为不矛盾和排中等思维规则,论理、辩理的过程,就要发现对方论证的矛盾,击破其论点,这在《墨子》中多有展现。

> 公孟子曰:"无鬼神。"又曰:"君子必学祭祀。"子墨子曰:"执无鬼而学祭礼,是犹无客而学客礼也,是犹无鱼而为鱼罟也。"①

论理、辩理,也就是名的展开,是以类和故两个范畴说明物事,分辨利害,解除怀疑,为此,墨子提出了"三表"。墨子思想的宗旨,即批判和变革封建领主制以上帝观所建立的血统宗法制,其集中表现就是"命",墨子要以"理"否定"命","三表"就是说理的依据。

> 子墨子言曰:"执有命者以杂于民间者众。执有命者之言曰:'命富则富,命贫则贫;命众则众,命寡则寡;命治则治,命乱则乱;命寿则寿,命夭则夭;命虽强劲,何益哉?'以上说王公大人,下以驵百姓之从事,故执有命者不仁。故当执有命者之言,不可不明辨。"②

上帝观的要旨是人间一切都由本原之上帝所决定,人们必须依从上帝所安排的封建宗法制度,每个人的富与贫、生与死,以至国家人口的众与寡、

---

① 《墨子·公孟》。
② 《墨子·非命上》。

治与乱,都是不可改变的。墨子"非命"说就是要以人世之"理"破除上帝之"命","三表"是"非命"的必要方法。

> 然则明辨此之说,将奈何哉?子墨子言曰:"必立仪。"言而毋仪,譬犹运钧之上而立朝夕者也。是非利害之辨,不可得而明知也。故言必有三表。何谓三表?子墨子言曰:"有'本之'者,有'原之'者,有'用之'者。于何'本之'?上本之于古者圣王之事;于何'原之'?下原察百姓耳目之实;于何'用之'?废以为刑政,观其中国家百姓人民之利。此所谓言有三表也。"①

"本""原""用",都是人间所有,与天命无关。"本"于古圣王之事,"原"察百姓耳目之实,"用"观国家百姓人民之利。而古圣王之事也在察民、利民,因此"三表"正是墨子兼爱观的展开和运用。以"三表"论理,进而知类明故,是《墨经》名辩之术的纲领。近人常有用亚里士多德名义的形式逻辑和印度佛教瑜伽行派"因明"解说《墨经》名辩者,在一般的形式上,三者有相通处,但《墨经》之名辩不仅先于以亚里士多德名义的形式逻辑和印度佛教瑜伽之"因明",而且其所论内容,与以亚里士多德名义证基督教教义的形式逻辑和证佛之因明有本质区别。更为重要的是,《墨经》与《墨子》其他篇中的名辩,都是形式与内容密切统一的,虽有时代局限,却比现世流行的形式逻辑有其高明处。这对于我们研究现代思维方式是有重要借鉴意义的。

十六 阴阳五行思想之术层次:万物人事基本属性和形态

阴阳和五行是春秋战国时通行的两种密切相关的思想观念,诸子几乎都有涉猎,其中突出者为孔子及其弟子编写的《易传》,以及他们所编辑

---

① 《墨子·非命上》。

的《尚书》中的相关篇章；《管子》中也有相关篇章；尤为重要的是邹衍，他是专注于阴阳、五行研究的思想家，可惜其著作已散佚，只能从其他诸子的引证和史书记载中窥其一二。

阴阳、五行的观念，形成于商末周初。阴阳作为世界万物两种基本属性的规定，在周文王编的《易经》中得以充分体现，而《易经》之前的"八卦"中已有阴阳的划分，传说其为伏羲所画，但实际上其成形应在商中、晚期，但筮占只是商人龟卜的一种辅助形式，因而阴阳观念并不系统。周文王的创造，在于将思维形式的分类用到极致，将世界万物分为阳和阴两种基本属性，而其本原，就是上帝，这是高于商族所崇奉的祖先神的大神，是世界本体和本原，上帝通过阳阴两种属性来构造万物、主导人事，万物人事由阳阴两种属性的不同结合及演变而呈现不同状态。《易经》以纯阳之乾卦和纯阴之坤卦为基始，由阳爻和阴爻推演出震、巽、坎、离、艮、兑六卦，与乾、坤合为"八经卦"，再演变出五十六卦，总计六十四卦三百八十四爻，以此表示万物人事的构成和变化。《易经》就是由高度分类所规定的阳阴两个基本属性对万物人事的总演绎。正是依从这种演绎思维，周初建立了以血统为依据的宗法封建领主制，阴阳观念也随之贯彻于社会制度和社会生活中。

老子以他高超深刻的思维探究了归纳这一新思维形式，在《易经》高度分类的基础上，从阴阳两基本属性概括出"道"这一新的规定世界本原概念，并以天道观取代了周礼制礼教所依从的上帝观，由此开启了变革封建领主制的思想大潮。在老子的思想中，天道所展开的基本属性，是无和有，但他并未抛弃阴阳观念，而是在更具体的层面以雌雄、柔刚、弱强等体现阴阳观念。孔子在天道观的大前提下，将以仁复礼作为宗旨，他并未彻底否定周礼制礼教，而是从天道论人道，把"仁"作为人道的基本范畴，由此而改造义、忠、孝、礼、智等各范畴，企图从内容上变革，而在形式上仍有选择地采用周礼。也正是这样的宗旨，使他对周初传下来的典籍《易》《书》《诗》等加以修正，在这个过程中，编写了《易传》，以解释《易经》。虽然《易传》有其弟子和再传弟子们参与，但其基本思想还是孔子规定的。正是在《易传》中，阴阳的观念得以系统规定和阐述。不过，《易传》中的阴阳，不再是《易经》中上帝的展现，而是天道的展现，"一阴一阳之谓道"①，明确《易经》中"—"为阳爻，"--"为阴爻，并从阴阳交和变化来解说《易经》，从而也就将阴阳观念系统化于万物人事之中。

广大配天地，变通配四时，阴阳之义配日月，易简之善配至德。②

乾，阳物也；坤，阴物也。阴阳合德，而刚柔有体。以体天地之撰，以通神明之德。③

昔者圣人之作《易》，将以顺性命之理，是以立天之道曰阴与阳，立地之道曰柔与刚，立人之道曰仁与义。兼三才而两之，故《易》六画而成卦。分阴分阳，迭用柔刚，故《易》六位而成章。④

正是通过《易传》，使阴阳观念通行于孔子学派及其衍生的墨子学派、以法改制派及兵学、纵横学之中，而托名"黄帝"作的《黄帝四经》则依《易传》的思路，进一步阐述了阴阳观念。

夫天有【恒】榦，地有恒常。合□□常，是以有晦有明，有阴有阳。夫地有山有泽，有黑有白，有美有亚（恶）。地俗德以静，而天正名以作。静作相养，德虐相成。两若有名，相与则

---

① 《易传·系辞上》。
② 《易传·系辞上》。
③ 《易传·系辞下》。
④ 《易传·说卦》。

成。阴阳备物，化变乃生。①

这还是以阴阳观来演绎，"阴阳备物，化变乃生"，天地万物，都由阴阳两属性构成。

> 凡论必以阴阳大义。天阳地阴。春阳秋阴。夏阳冬阴。昼阳夜阴。大国阳，小国阴。重国阳，轻国阴。有事阳而无事阴。信（伸）者阳而屈者阴。主阳臣阴。上阳下阴。男阳【女阴】。【父】阳【子】阴。兄阳弟阴。长阳少【阴】，贵【阳】贱阴。达阳穷阴。娶妇生子阳，有丧阴。制人者阳，制与人者阴。客阳主人阴。师阳役阴。言阳黑【默】阴。予阳受阴。诸阳者法天，天贵正，过正曰□□□诡祭乃反。诸阴者法地，地德安徐正静，柔节先进，善予不争。此地之度而雌之节也。②

阴阳两属性遍布万物人事，遇物处事都可先将之归其属性，得出基本认识，明确态度，进而再具体对待。这是将阴阳观普遍化的过程，也是构建以天道为本原的世界体系的尝试。虽然简单而抽象地规定阴阳两属性并不能解决具体问题，但却是思维系统化的一个必要环节。《黄帝四经》阴阳观对慎到、申不害等以法改制论诸子影响颇深。

对阴阳观，虽然诸子均有涉及，但大部分是"用"，《黄帝四经》之后，对阴阳观系统阐发者，是文子，其后淮南子刘安和董仲舒又做了总结。这里先谈文子，刘安和董仲舒在本书第六章探讨。

《文子》一书是展开论证老子天道观，并从天道观说明万物人事的。他所理解的阴阳，就是天道的具体表现。

---

① 《黄帝四经·十六经》。
② 《黄帝四经·称》。

> 夫道者，高不可极，深不可测，苞裹天地，禀受无形，原流泏泏，冲而不盈，浊以静之，徐清。施之无穷，无所朝夕。卷之不盈一握，约而能张，幽而能明，柔而能刚，含阴吐阳，而章三光。①

阴阳是道化的天地人的基本属性，

> 天地未形，窈窈冥冥，浑而为一，寂然清澄。重浊为地，精微为天。离而为四时，分而为阴阳。精气为人，粗气为虫。刚柔相成，万物乃生。精神本乎天，骨骸根于地。精神入其门，骨骸反其根，我尚何存。故圣人法天顺地，不拘于俗，不诱于人，以天为父，以地为母，阴阳为纲，四时为纪。②

"阴阳为纲，四时为纪"，万物人事都要遵循本原于其中的天道所展现的阴阳属性。

《文子》认为，万物之生在于阴阳和合，"神明接，阴阳和，万物生矣"。③ 并将天地分为二气，"气"是道的转化，天地二气为阴阳，阴阳交接，以成万物。

> 天地之气，莫大于和。和者，阴阳调，日夜分。故万物春分而生，秋分而成；生与成，必得和之精。故积阴不生，积阳不化，阴阳交接，乃能成和。④

"气"的提出，使道与天地、阴阳的关系得以系统，由阴阳而展开天道于

---

① 《文子·道原》。
② 《文子·九守》。
③ 《文子·精诚》。
④ 《文子·上仁》。

万物人事，进而论制度和政治，也就相通。

作为天道观展开的阴阳观念，并不是像司马谈所说的在儒、墨、道、法、名各"家"之外的另一"家"的思想，而是诸子思想所依从天道观的展开，是从天道观论证社会矛盾及其变革的一个必要环节。并不存在一个独立的"阴阳家"或"阴阳五行家"，阴阳和五行作为诸子思想的术、技层次，是其道、法的具体化，由于法层次对社会矛盾及其变革认识的差异，因而对阴阳观的认识和应用程度也有不同，但并不妨碍阴阳作为其思想术、技层次的必要因素。若按司马谈的"分家"观，从其他各"家"之外去专论"阴阳家"，不仅很难找到代表人物和著述，而且不可能明确其思想系统。

当然，司马谈之所以在将众多诸子分为"六家"时，单列"阴阳"为一家，也不是凭空臆造，这是阴阳观念重要性的表现，"阴阳之术，大祥而众忌讳，使人拘而多所畏"，在当时的知识水平下，阴阳观念之重要是普遍的。

> 夫阴阳四时、八位、十二度、二十四节各有教令，顺之者昌，逆之者不死则亡，未必然也，故曰"使人拘而多畏"。夫春生夏长，秋收冬藏，此天道之大经也。弗顺则无以为天下纲纪，故曰"四时之大顺，不可失也"。①

司马谈此说，同样适用"五行"观。

"五行"说作为一种思想观念，是周初以来逐步成形的。其初期为"六府"和"五材"说，《左传·文公七年》"郤缺说赵盾"时说到《夏书》九歌，

> 九功之德皆可歌也，谓之《九歌》。六府、三事，谓之九功。

---

① 《史记·太史公自序》。

水、火、金、木、土、谷，谓之六府；正德、利用、厚生，谓之三事。①

《大戴礼·四代》以"六材"说"六府"：

水、火、金、木、土、谷，此谓六府，废一不可，进一不可，民并用之。②

"材"为基本的物质材料，而"府"，可能是指对"材"的开发、利用和管理。将人生产的"谷"列为"六府"或"六材"之一，显然与原生的水、火、金、木、土有所不同，《国语·郑语》记史伯答郑桓公问时说：

夫和实生物，同则不继。以他平他谓之和，故能丰长而物归之；若以同裨同，尽乃弃矣。故先王以土与金木水火杂，以成百物。③

不再将谷与土、金、木、水、火列在一个等次，而是土与金、木、水、火"杂"而成的"百物"之一。

从"六府""六材"到"五材"，是讲与人密切相关的物质形态，在《左传·襄公二十七年》中宋大夫子罕说道："天生五材，民并用之，废一不可。"④《国语·鲁语》记鲁大夫展禽论祀典时说："及天之三辰，民所以瞻仰也，及地之五行，所以生殖也。"⑤"五材"转变为"五行"，其含义仍为土、金、木、水、火五种基本物质形态。但"行"有动之义，"五

---

① 《左传·文公七年、八年》。
② 《大戴礼·四代》。
③ 《国语·郑语》。
④ 《左传·襄公二十七年》。
⑤ 《国语·鲁语》。

行"已涉物质形态的相关和演化。

《尚书·洪范》中箕子对周武王讲的"洪范九畴"中的第一条,就是"五行",

> 五行:一曰水,二曰火,三曰木,四曰金,五曰土。水曰润下,火曰炎上,木曰曲直,金曰从革,土爰稼穑。润下作咸,炎上作苦,曲直作酸,从革作辛,稼穑作甘。①

这可以说是对"五行"的第一次明确论述,其要点还是讲五种物质形态,与后来的"五行相生"和"五行相胜"说有明显区别。但"五行"说的提出,以及"尚五"的思维习惯,如"洪范九畴"中除"五行"之外,还有"五事""五纪""五福"的提法,却是"五行相生"和"五德"观之渊源。

初期的"五行"说主要是指物质的基本形态,还很少与人的社会活动和生命过程联系起来。到子思、孟子,则将五行作为人的品行论说,使之成为政治伦理范畴。《荀子·非十二子》指出:

> 略法先王而不知其统,然而犹材剧志大,闻见杂博。案往旧造说,谓之五行,甚僻违而无类,幽隐而无说,闭约而无解,案饰其辞而祗敬之曰:"此真先君子之言也。"子思唱之,孟轲和之,世俗之沟犹瞀儒,嚾嚾然不知其所非也,遂受而传之,以为仲尼、子游为兹厚于后世。是则子思、孟轲之罪也。②

荀子所非子思、孟轲的,就是他们打着孔子的旗号,编造了"五行"之说。但其"五行"与《洪范》中的"五行"是否相同?若同,则不是

---

① 《尚书·洪范》。
② 《荀子·非十二子》。

"往造旧说",若不同,又是什么内容?荀子在这里并未说明。唐杨倞注《荀子》时称荀子指责思、孟的"五行",就是"五常",但也没有说清其与表示物质形态的"土、金、木、水、火"的关系。或许因为董仲舒在《春秋繁露·五行相生》中以"仁智信义礼"配"木火土金水",班固在《白虎通义·情性》中断言"仁智信义礼"为"五常",由此经学家们一路传承,到唐时已成常识,所以杨倞只是注明而已。但对于今人,思、孟之"五行"与《洪范》之"五行"的关系,特别是其含义的区别,还有必要厘清。

二十世纪七十年代湖南马王堆和湖北郭店出土的帛书《五行》、楚简《五行》,为解说上面疑问提供了必要证据。依庞朴考证,这两部出土文献,应为荀子所批评思、孟的"五行"。从其内容看,也与思、孟的思想相合。我们这里暂不论这两部《五行》的作者,仅从其内容探讨"五行"观的演化过程。

马王堆帛书《五行》:

【仁刑(形)于内】胃(谓)之德之行,不刑(形)于【内胃(谓)】之行。义刑(形)于内胃(谓)之德之行,不刑(形)于内胃(谓)之行。知刑(形)于内胃(谓)之德之行,不刑(形)于内胃(谓)之行。礼刑(形)于内胃(谓)之德之行,不刑(形)于内胃(谓)之行。圣刑(形)于内【胃(谓)之德之行,不刑(形)于内胃(谓)】之行。德之行五和胃(谓)之德,四行和胃(谓)之善。善,人道也;德,天道也。①

郭店楚简《五行》:

---

① 国家文物局古文献研究室:《马王堆汉墓帛书》(壹),文物出版社1974年版,第17页。

> 五行：仁形于内谓之德之行，不形于内谓之行。义形于内谓之德之行，不形于内谓之行。礼形于内谓之德之行，不形于内谓之【行。智】形内谓之德之行，不形于内谓之行。圣形于内谓之德之行，不形于内谓之德之行。德之行五，和谓之德。四行和谓之善。善，人道也。德，天道也。[①]

帛书与简书的《五行》，虽有少许区别，但可以互证互补，从中能够得知思、孟五行思想的大概。

在《周礼·地官·师氏》注中，郑志说："德行，内外之称。在心为德，施之为行。"《五行》中所说的"形于内谓之德之行，不形于内谓之行"，其"德"其"行"，意亦"在心"与"施之"。仁、义、礼、智、圣在心为德，施之为行。这与孟子关于"君子所性，仁、义、礼、智，根于心"[②]是相通的。子思、孟子的"五行"是讲人的心性和品德，与初期表示物质五种形态的"五行"是如何连接起来的？这只能从其所信从的天道观与人道社会观的统一中去探讨。在帛书《五行》和《四行》中，有"仁气""义气""礼气""圣气"的提法。《四行》中还概括性地指出："四行成，善心起；四行形，圣气作。五行形，德心起，和谓之德，其要谓之一。"[③] "气"被认为是天道的具体表现，这在孔子一派思想中是共识，《小戴礼记·乡饮酒义》中，有关于"仁气""义气"的论说：

> 宾主，象天地也；介僎，象阴阳也；三宾，象三光也；让之三也，象月之三日而成魄也。四面之坐，象四时也。天地严凝之气，始于西南，而盛于西北，此天地之尊严气也，此天地之义气也。天地温厚之气，始于东北，而盛于东南，此天地之盛德气

---

① 荆门市博物馆：《郭店楚墓竹简》，文物出版社1998年版，第31页。
② 《孟子·尽心上》。
③ 国家文物局古文献研究室：《马王堆汉墓帛书》，文物出版社1974年版。

也，此天地之仁气也。①

《大戴礼记·文王官人》说：

> 心气华诞者，其声流散；心气顺信者，其声顺节；心气鄙戾者，其声斯丑；心气宽柔者，其声温好。信气中易，义气时舒，智气简备，勇气壮直。②

"气"是道的展现，"气"体现于阴阳、天地，具体化于万物和人间。"元气""精气"分化出阴阳，阴阳的交互作用，形成天地万物，而五行则是阴阳二气具体化的物质形态和人的精神品性，其中都贯彻着"气"，由"气"而五而行。关于"气"的思想，在汉以后的中国思想界占有相当重要的地位。刘安、董仲舒之前诸子对"气"的论证还是比较初级的，思、孟将"气"用于人心性和品德，由此为从天道观论证社会问题提供了必要中介，这也是其五行说的特点所在。

五行说在邹衍那里得到比较突出的论证和应用，在《史记·孟子荀卿列传》中，有一大段论邹衍，说他"后孟子"，这里先录一部分：

> 邹衍睹有国者益淫侈，不能尚德，若《大雅》整之于身，施及黎庶矣。乃深观阴阳消息而作怪迂之变，《终始》《大圣》之篇十余万言。其语闳大不经，必先验小物，推而大之，至于无垠。先序今以上至黄帝，学者所共术，大并世盛衰，因载其禨祥度制，推而远之，至天地未生，窈冥不可考而原也。③

以下述及邹衍思想之技与应用，相关内容我们在论阴阳五行思想之技时

---

① 《小戴礼记·乡饮酒义》。
② 《大戴礼记·文王官人》。
③ 《史记·孟子荀卿列传》。

再谈。

《汉书·艺文志》在"阴阳家"中列"《邹子》四十九篇。名衍,齐人,为燕昭王师,居稷下,号谈天衍。《邹子终始》五十六篇"。① 可见他在当时影响很大,但邹衍的书已经全部散佚,很难探讨其术层次,《史记》中的记载,以及相关文献中涉及邹衍的材料,主要表现的是其思想之技和应用,从中可以概括其术承续了思、孟心性德行观,并从天道及人道的运行来推论政权演变。

十七　荀子思想之术层次：正法

诸子都是相对自由的思想家,不像后来传入中国的佛教各宗教徒那样,在各种律戒的管束下必须信从本宗教条。诸子并无"家"的束缚,他们是依从自己的志愿而学而著述而行事的,对于后起的荀子来说,他在道层次接受老子天道观和孔子人道社会观,并继承发展孔子思想法层次的以仁复礼,在自己思想之法层次主张隆礼,并不是因为有什么外在约束迫使他这样,而是他在对封建领主制的变革接近结束的条件下,从已经丰富复杂的诸子思想的评判取舍中的自主决定。他并没有将他尊重的孔子思想作为教条,而是视为基本观念和方法论原则,在法层次上他以隆礼充实并发展了孔子的以仁复礼,在术层次,则评判性地吸收、借鉴了以法改制诸子的思想,提出了"正法""重法"以实行"隆礼"的观点。

荀子隆礼之"礼",与周礼之"礼"已有实质区别,周礼之"礼",是依血统而确定的统治贵族的关系,孔子以仁复礼就是以仁爱的一般性充实礼的形式,使之成为普遍的社会制度与体制,而荀子隆礼之"礼",则明确突破原统治贵族的界限,使之成为社会基本制度,其中,已吸收了以法改制诸子废除世卿世禄的思想。虽然还用"礼"之名,但其实已大变。正如他在《正名》篇中所说：

---

① 《汉书·艺文志》。

> 名无固宜，约之以命，约定俗成谓之宜，异于约则谓之不宜。名无固实，约之以命实，约定俗成谓之实名。①

春秋、战国以来封建领主制内在矛盾导致的社会大变革冲毁了传统的周礼，到荀子时，原来上千诸侯国只剩秦、齐、赵、韩、燕、魏、楚"七雄"，这七国都不同程度地以集权官僚制取代了封建领主制，并在相互竞争中向着天下一统的集权官僚制演进。虽说"礼"之名还保持着，但其实已变。以法改制诸子强调法的实用功能，批判并冲击过时的周礼，但其法治思想所针对的主要是政策，对于废除周礼制以后的社会基本制度如何建设，他们考虑得很少。到荀子时这个问题已经不可回避，它不仅摆在思想家面前，更是那些力求统一天下的国君们必须明确的方向。如果不从本质上改变周礼所规定的基本制度，即使统一了天下，又如何行使统治？或者说，如果还像周武王那样分封诸侯，杀死百千万人的征战还有什么意义？荀子率先思考并尝试解决这个问题，"隆礼"是他在思想法层次所提出的关于新制度的基本观点，虽然它还没有摆脱周礼的形式，还在一定程度延续着孔子以仁复礼的思路，但他概括、吸收了以法改制诸子的实践和思想，其隆礼之"礼"，已是对新社会制度的基本设想，由此，他也就对礼与法进行层次区别，法是礼所规定的基本制度的展开，是对臣、民地位和行为的规范，它由君主颁发，由政权机构执行。这样，"正法""重法"也就是"隆礼"得以实施统治的必要方式。

在《强国》篇，记荀子去秦考察，秦相范雎问他"入秦何见"时，荀子回答：

> 其固塞险，形势便，山林川谷美，天材之利多，是形胜也。入境，观其风俗，其百姓朴，其声乐不流污，其服不挑，甚畏有

---

① 《荀子·正名》。

司而顺，古之民也。及都邑官府，其百吏肃然，莫不恭俭、敦敬、忠信而不楛，古之吏也。入其国，观其士大夫，出于其门，入于公门，出于公门，归于其家，无有私事也；不比周，不朋党，倜然莫不明通而公也，古之士大夫也。观其朝廷，其间，听决百事不留，恬然如无治者，古之朝也。故四世有胜，非幸也，数也。是所见也。故曰："佚而治，约而详，不烦而功，治之至也。"秦类之矣。虽然，则有其諰矣。兼是数具者而尽有之，然而县之以王者之功名，则倜倜然，其不及远矣！①

荀子所面对的是经商鞅变法之后的秦国，也是当时法治最为充分的国家，他对秦国的评价，表明他对法治的赞成，但却认为秦国远未达到"王"之程度，范雎问为什么？荀子答：

则其殆无儒邪！故曰："粹而王，驳而霸，无一焉而亡。"此亦秦之所短也。②

没有实行儒者所主张的王道，正是秦国之所缺。而荀子所说的王道，首要就是礼，即以仁义为内容的基本社会制度。

上面这段对话，往往被人解释为荀子是在以儒者之说否定秦变法成果。但从荀子对秦国社会和政治的评价来看，并没有否定其法治之意，他只是指出秦之所缺，即没有建立比法更为基本和久远的社会制度，而他作为儒者，是对"王天下"的礼有深入研究的。荀子这段话，可以从《史记·商君列传》得到佐证：商鞅初见秦孝公，说以王道，孝公时时睡，弗听；二次见，说以霸道，才稍微听得进去；三次见，说以强国之术，孝公听得专注，"不自知膝之前于席也。语数日不厌"。引见者景监问商鞅，你

---

① 《荀子·强国》。
② 《荀子·强国》。

说了什么，让吾主君如此欢甚？商鞅回答：

> 吾说君以帝王之道比三代，而君曰："久远，吾不能待。且贤君者，各及其身显名天下，安能邑邑待数十百年以成帝王乎？"故吾以强国之术说君，君大悦之耳。然亦难以比德于殷、周矣。①

也就是说，从秦孝公依商鞅之策变法以来，秦国就忽略基本社会制度建设，其法治立足于急功近利，而没有以"王天下"的社会制度为基础。荀子对秦国的评论，正是指出了这一根本性的缺陷，而秦始皇统一天下后，依然没有很好地克服这一缺陷，所以秦朝才十几年就灭亡了。

而荀子与孟子及孔子不同的是，他不仅看到了礼作为基本制度的作用，也从以法改制诸子的思想和实践，特别是对秦国的考察中，认识了法的重要，并明确了法与礼的关系。这是诸子思想发展的重大成果，是集权官僚制得以建立并延续的必要环节。在《王霸》篇，荀子写道：

> 国者，天下之大器也，重任也。不可不善为择所而后错之，错险则危；不可不善为择道然后道之，涂薉则塞，危塞则亡。彼国错者，非封焉之谓也，何法之道，谁子之与也。故道王者之法与王者之人为之，则亦王；道霸者之法与霸者之人为之，则亦霸；道亡国之法与亡国之人为之，则亦亡。三者，明主之所以谨择也，而仁人之所以务白也。②

立国之法依其道，法是以君主名义而颁发，但他们所依循的道不同，所颁发的法也不同，不同的法决定君主是王是霸，或是亡国之君。可见法之重要。

---

① 《史记·商君列传》。
② 《荀子·王霸》。

> 故国者，重任也，不以积持之则不立。故国者，世所以新者也，是惮；惮，非变也。改王改行也。故一朝之日也，一日之人也。然而厌焉有千岁之固，何也？曰：援夫千岁之信法以持之也。安与夫千岁之信士为之也？人无百岁之寿，而有千岁之信士，何也？曰：以夫千岁之法自持者，是乃千岁之信士矣。故与积礼义之君子为之，则王；与端诚信全之士为之，则霸；与权谋倾覆之人为之，则亡。①

"积礼义之君子"所为之法，是王道的体现，也是荀子所主张的"正法"。

荀子重视法的作用，是以隆礼为前提的，"礼者，法之大兮，类之纲纪也"。② 法是礼的具体形式，而非与礼相排斥的另一种统治方式，更不是可以高于礼的唯一政治形式。荀子将礼视为法之纲纪，法是礼的展开，这一认识解决了变革周礼制进程中的核心问题。孔子的思路集中于从仁对礼制原则和内容的改造，但却不能落到实处，各国君主也不可能听从他这"久远，吾不能待"的说教；而以法改制诸子，又往往急功近利，忽略基本制度的变革，虽说可以短期内富强某一国，却不能指导"王天下"的大业。荀子的"隆礼"，承继孔子思路，从仁义观对礼进行了重新界定，形成了取代周礼制的新礼制初级内涵，在这个前提下，重视法在治国强国中的作用，就是贯彻新的礼制观于社会变革的必要环节。

> 至道大形，隆礼至法则国有常，尚贤使能则民知方，纂论公察则民不疑，赏克罚偷则民不怠，兼听齐明则天下归之。然后明分职，序事业，材技官能，莫不治理，则公道达而私门塞矣，公义明而私事息矣。如是，则德厚者进而佞说者止，贪利者退而廉节者起。《书》曰："先时者杀无赦，不逮时者杀无赦。"人习其

---

① 《荀子·王霸》。
② 《荀子·劝学》。

事而固，人之百事如耳目鼻口之不可以相借官也。故职分而民不
探，次定而序不乱，兼听齐明而百姓不留。如是，则臣下百吏至
于庶人莫不修己而后敢安正，诚能而后敢受职，百姓易俗，小人
变心，奸怪之属莫不反悫。夫是之谓政教之极。①

这里所提到的社会秩序和官民状况，与《强国》篇所说秦国的情况有些相似，但不同的是"隆礼至法"，荀子认为这是天道的展现。"至法"即"正法"，不是短期的法令，而是"隆礼"的具体形式。只有在隆礼的前提下实行正法，才能使国有常规，尚贤者而尽其能，民安生而知其本分，服从公正的统治，"天下归之"。

荀子认为，正法的关键，在于君主之隆礼亲民，"君者，民之原也；原清则流清，原浊则流浊。故有社稷者而不能爱民，不能利民，而求民之亲爱己，不可得也"。② 只有爱民利民的君主，才能以正法治民。

> 有乱君，无乱国；有治人，无治法。羿之法非亡也，而羿不
> 世中；禹之法犹存，而夏不世王。故法不能独立，类不能自行。
> 得其人则存，失其人则亡。法者，治之端也；君子者，法之原
> 也。故有君子则法虽省，足以遍矣；无君子则法虽具，失先后之
> 施，不能应事之变，足以乱矣。不知法之义而正法之数者，虽
> 博，临事必乱。故明主急得其人，而暗主急得其势。急得其人，
> 则身佚而国治，功大而名美，上可以王，下可以霸；不急得其人
> 而急得其势，则身劳而国乱，功废而名辱，社稷必危。③

这里讲出了正法与正君的关系，在当时的社会条件下，法是君主统治的手段，法令是君主意志的展现，因此，要正法而治民，必须由明主立法，并

---

① 《荀子·君道》。
② 《荀子·君道》。
③ 《荀子·君道》。

有"知法之意而正法之术者"负责施行。"上好礼义,尚贤使能,无贪利之心,则下亦将綦辞让,致忠信而谨于臣子矣"。① 做到这一点,法令自可通行。

> 如是则虽在小民,不待合符节、别契券而信,不待探筹、投钩而公,不待衡石、称县而平,不待斗斛敦槩而啧。故赏不用而民劝,罚不用而民服,有司不劳而事治,政令不烦而俗美。百姓莫敢不顺上之法,象上之志而劝上之事,而安乐之矣。②

荀子指出,现实中的君主往往不依正道而隆礼,不分贤与不肖,不明智与愚,不辨品行修与污,因而也不能正法。他说:

> 故古之人为之不然。其取人有道,其用人有法。取人之道,参之以礼;用人之法,禁之以等。行义动静,度之以礼;知虑取舍,稽之以成;日月积久,校之以功。③

以隆礼正法而尚贤使能,是君道的重要环节,以礼取人,即可明贤与不肖之别,又可使贤者感到其价值和责任;以法用人,则可为施法者提供准绳,依法而行而止。这样,就能够达到政治公正。

荀子认为,君主行君道,隆礼而正法,是强国而王天下的途径。

> 无国而不有治法,无国而不有乱法;无国而不有贤士,无国而不有罢士;无国而不有愿民,无国而不有悍民;无国而不有美俗,无国而不有恶俗。两者并行而国在,上偏而国安,在下偏而国危;上一而王,下一而亡。故其法治,其佐贤,其民愿,其俗

---

① 《荀子·君道》。
② 《荀子·君道》。
③ 《荀子·君道》。

美，而四者齐，夫是之谓上一。如是，则不战而胜，不攻而得，甲兵不劳而天下服。①

法治并不是独立的，是在隆礼前提下，通行于政治和社会生活的各个方面，臣佐贤，民众愿，风俗美，则国强。"君臣上下，贵贱长幼，至於庶人，莫不以是为隆正，然后皆内自省以谨于分，是百王之所以同也，而礼法之枢要也。"②

正法即法正，法以礼为纲，法由礼而正，正者政也，依正法以行政。在《王制》篇，荀子提出以能否遵行礼义而任用官职，区分贵贱，他认为这是为政的首要原则。

> 请问为政。曰：贤能不待次而举，罢不能不待须而废，元恶不待教而诛，中庸民不待政而化。分未定也则有昭缪。虽王公士大夫之子孙，不能属于礼义，则归之庶人。虽庶人之子孙也，积文学，正身行，能属于礼义，则归之卿相士大夫。③

这是对以法改制诸子废除世卿世禄思想的改造吸收，也是荀子隆礼正法之要点。荀子所隆之礼，已不是周初按血统宗法界定贵贱等级的礼，而是以仁义为标准，以智能为要件评判人才等级的礼，举贤能者罢不能者，是为政以行王制的必要选择。王公士大夫子孙不属于礼义，归于庶人，庶人子孙有才干能属于礼义，则任用为卿相士大夫。这个原则，是隆礼与正法的依据。在这个原则下，

> 听政之大分：以善至者待之以礼，以不善至者待之以刑。两者分别则贤不肖不杂，是非不乱。贤不肖不杂则英杰至，是非不

---

① 《荀子·王霸》。
② 《荀子·王霸》。
③ 《荀子·王制》。

乱则国家治。①

身份地位之贵贱，只取决于个人的贤与能，对任何人都不应规定先天的贵贱等级，这是集权官僚制与封建领主制的本质区别，也是春秋战国时期社会大变革的核心，从老子到孔子再到墨子，都在主张这一点，但他们还是一般性地论这个道理，以法改制诸子则将之付诸实践，从而引发新旧势力的尖锐冲突，虽然吴起、商鞅等被世卿世禄的贵族反动势力迫害致死，但能否废除世卿世禄却成了国家盛衰的重要原因，那些固守封建宗法的国家不断被以法改制的国家消灭兼并，使周礼制名存实亡。但以法改制诸子并没有进一步从礼的层次论证、规定其变革，往往将礼与法对立起来，没有看到礼的一般性，认为周礼就是礼，礼就是周礼，礼只是周礼，废除世卿世禄就是废除礼。新制度只有法，只靠法，而没有礼，也不必行仁义。荀子认为这是偏，是缺，一个长期稳定的社会必须有礼、法两层次，他对秦国的批评，就是由此而发的。同时，也从这个意义上批评了慎到和申不害，"慎子蔽于法而不知贤，申子蔽于势而不知智。……由法谓之道，尽数也；由势谓之道，尽便矣"。② "蔽"就是认识的片面性，慎子只注重法，而不知从礼义判断人的贤能；申子只注重势，却忽略了智。荀子并不是全面否定慎子和申子，只是批评其片面性导致的以偏概全。在《非十二子》篇，进一步指出慎到及田骈的错误：

> 尚法而无法，下修而好作，上则取听于上，下则取从于俗，终日言成文典，反纠察之，则倜然无所归宿，不可以经国定分。③

只注重短期目标，强调法的实用性、工具性，顺从君主意愿，依从世俗观念，但所制定的法令并没有深厚的法理依据，因而杂乱无系统。这是慎子

---

① 《荀子·王制》。
② 《荀子·解蔽》。
③ 《荀子·非十二子》。

之法的缺陷，也是以法改制诸子急功近利特点的表现。荀子并没有否定他们的以法改制，但强调法必须以礼为依据，只有隆礼，才能正法。这既是对以法改制诸子的批评，也是对其促成的社会变革中所提出问题的回答。荀子正法之术，在一定意义上说就是总结以法改制进程的经验教训，使法建立于更为深厚的思想基础上，由此进一步变革社会制度。

荀子认为，法之必要在于人性恶，法正就要以礼义为前提，以刑罚为手段。

> 古者圣人以人之性恶，以为偏险而不正、悖乱而不治，故为之立君上之势以临之，明礼义以化之，起法正以治之，重刑罚以禁之，使天下皆出于治、合于善也。是圣王之治而礼义之化也。今当试去君上之势，无礼义之化，去法正之治，无刑罚之禁，倚而观天下民人之相与也；若是，则夫强者害弱而夺之，众者暴寡而哗之，天下悖乱而相亡不待顷矣。①

由人性之恶论法正之必要，可以说是通达根本了，这样的法正，就不是权宜之计，而是一个社会长期通行的政治制度和体制、机制的必要内容。只要在隆礼的前提下坚持法正之治，就可改造人性。

> "涂之人可以为禹。"何谓也？
> 曰：凡禹之所以为禹者，以其为仁义法正也。然则仁义法正有可知可能之理。然而涂之人也，皆有可以知仁义法正之质，皆有可以能仁义法正之具，然则其可以为禹明矣。今以仁义法正为固无可知可能之理邪，然则唯禹不知仁义法正，不能仁义法正也？将使涂之人固无可以知仁义法正之质，而固无可以能仁义法正之具邪？然则涂之人也，且内不可以知父子之义，外不可以知

---

① 《荀子·性恶》。

君臣之正。今不然。涂之人者，皆内可以知父子之义，外可以知君臣之正，然则其可以知之质，可以能之具，其在涂之人明矣。今使涂之人者，以其可以知之质，可以能之具；本夫仁义法正之可知之理，可能之具，然则其可以为禹明矣。①

由人性恶而论"涂之人可以为禹"，这对荀子来说是个难题，他是从"知"而非"性"来回答的，"涂之人"，即随便一个路人，都有可以知仁义法正之质，也有可以行仁义法正的能力，所以只要"伏术为学，专心一致，思索孰察，积善而不息，则通于神明，参于天地矣"。② 为此，就要强化隆礼法正，改造性恶之人为善，遵行仁义。

荀子强调君主颁布法令要听取臣属意见，并适当地修正，但所颁之法，又必须严格执行。

故法法而不议，则法之所不至者必废；职而不通，则职之所不及者必队。故法而议，职而通，无隐谋，无遗善，而百事无过，非君子莫能。故公平者，职之衡也；中和者，听之绳也。其有法者以法行，无法者以类举，听之尽也。③

法令的权威性一定要明确，这是法正的必要条件，"百吏畏法循绳，然后国赏不乱"。④ 法令必须公平严正，才可以成为人们行为的规范。而正法又要以隆礼为原则，由此使社会达成统一之治。

故绳墨诚陈矣，则不可欺以曲直；衡诚县矣，则不可欺以轻重；规矩诚设矣，则不可欺以方圆；君子审于礼，则不可欺以诈

---

① 《荀子·性恶》。
② 《荀子·性恶》。
③ 《荀子·王制》。
④ 《荀子·王霸》。

伪。故绳者，直之至；衡者，平之至；规矩者，方圆之至；礼者，人道之极也。然而不法礼，不足礼，谓之无方之民；法礼，足礼，谓之有方之士。①

正法就像绳墨、规矩、衡秤那样，规范并检量人们的行为，因而法律就要贯彻隆礼的精神，由此而使仁义通行于国，国由是而富强，进而可以王天下。

十八　韩非子思想之术层次：抱法处势而治

荀子之正法观是隆礼的展开，具有原则性，到他弟子韩非则进一步强调法在国家政权系统的主导作用，主张"抱法处势"而治。

韩非处于封建领主制即将被集权官僚制取代的历史时期，秦并六国一统天下的大趋势已成必然，但封建旧势力依然存在，并以各种方式阻扰变革。他的"抱法处势"说，不仅意在为变革势力提供斗争武器，更是即将组建的大一统集权官僚制的必要环节。

韩非之前慎到是重势而言法的，荀子曾批评"慎子蔽于法而不知贤"②，而韩非则针对慎到的势说而论法。

> 慎子曰："飞龙乘云，腾蛇游雾，云罢雾霁，而龙蛇与蚓蚁同矣，则失其所乘也。贤人而诎于不肖者，则权轻位卑也；不肖而能服于贤者，则权重位尊也。尧为匹夫不能治三人，而桀为天子能乱天下，吾以此知势位之足恃，而贤智之不足慕也。夫弩弱而矢高者，激于风也；身不肖而令行者，得助于众也。尧教于隶属而民不听，至于南面而王天下，令则行，禁则止。由此观之，

---

① 《荀子·礼论》。
② 《荀子·解蔽》。

贤智未足以服众，而势位足以诎贤者也。"①

这段话大概是对慎到所说"贤不足以服不肖，而势位足以屈贤矣"②的引申。以法改制诸子中，慎到重"势"，申不害重"术"，商鞅重"法"，但这不是绝对的，他们的基本观念都在法，只是各有所侧重。慎到对势的重视，表明他对权力的深入理解。"势"，类似物理学中所讲的"场"，是由"位""力"相结合而形成的。在政治上，"势"相当于权力之权威，也可以说是权势，是权利之位、能、力的结合而导致的威势。韩非认为，"君执柄以处势，故令行禁止。柄者，杀生之制也；势者，胜众之资也"。③权位不是由个人之能力决定的，而是社会政治地位的展现，权位高的人即使不肖又无能，也可以以其势压制权位低的人。势就像飞龙所乘的云，腾蛇所游的雾，龙蛇乘之游，而云罢雾霁，龙蛇没有势可依托，与蚯蚓蚂蚁一样委身于地。尧作为匹夫不能治三人，而桀作为天子可以乱天下，这说明势位的重要。尧在为天子之前教导民众，没人听他的话，但王天下后令则行、禁则止。所以说，贤智未足以服众，势位足以诎贤者。

有人不赞同慎子的话，说：虽然飞龙乘云，腾蛇游雾是依托云雾之势，但他们还需要"材美"，"今云盛而蚓弗能乘也，雾醲而蚁不能游也"④，因其"材薄"。所以说，仅靠权势，也不能治天下。桀、纣虽有天子之威，但其"材薄"，只能乱天下。而尧之权势与桀、纣没有什么区别，因其材美，所以能使天下治。所以说，"夫势者，便治而利乱者也"。⑤势也可相比为车马，良马固车，不同的驾驭者效果是不同的，国之权位也是如此。韩非对此提出不同看法，认为不能将贤与势对立起来，

---

① 《韩非子·难势》。
② 《慎子·内篇》。
③ 《韩非子·八经》。
④ 《韩非子·难势》。
⑤ 《韩非子·难势》。

故曰:"势治者,则不可乱;而势乱者,则不可治也。"此自然之势也,非人之所得设也。若吾所言,谓人之所得势也而已矣,贤何事焉?何以明其然也?客曰:"人有鬻矛与楯者,誉其楯之坚,物莫能陷也,俄而又誉其矛曰:'吾矛之利,物无不陷也。'人应之曰:'以子之矛陷子之楯何如?'其人弗能应也。"以为不可陷之楯,与无不陷之矛,为名不可两立也。夫贤之为势不可禁,而势之为道也无不禁,以不可禁之势,此矛楯之说也;夫贤势之不相容亦明矣。且夫尧、舜、桀、纣千世而一出,是比肩随踵而生也,世之治者不绝于中。吾所以为言势者,中也。中者,上不及尧、舜,而下亦不为桀、纣。抱法处势则治,背法去势则乱。今废势背法而待尧、舜,尧、舜至乃治,是千世乱而一治也。抱法处势而待桀、纣,桀、纣至乃乱,是千世治而一乱也。①

这一大段议论是韩非发表的本人思想,他以"矛盾"之说,批驳了反对慎子观点的人,并进一步提出"抱法处势则治"的观点。韩非认为,尧、舜和桀、纣,是贤与不肖的极端,不能只以他们来说势与贤的关系。人世大部分的统治者,是由处于尧、舜之贤与桀、纣之不肖中间的,在这种情况下,"抱法处势而治,背法去势则乱",也就是说,论证社会的治与不治,不能拿尧、舜与桀、纣的极端说事,而应探讨其中间状态,这是社会的一般情况。在这种情况下,以法为依据的权位之势,就能使社会治理得正常安定,而背离法失去权位之势,社会就会乱。废势背法的乱世有尧、舜出现,也可以治,但这只是千世之一治;抱法处势的治世出现了桀、纣也会乱,这是千世之一乱。这些都是特别的极端,不应以此立论。所以,正常的统治,应当抱法处势而治,就像"良马固车,五十里而一置,使中手御

---

① 《韩非子·难势》。

之，追速致远，可以及也，而千里可日致也，何必待古之王良乎"！① 王良是传说中的善御者，没有他，中手御车是正常的情况，问题的关键在良马固车，中手同样可以日致千里。抱法处势是政权之良马固车，绝大多数君主都是中手，只要从制度上确立抱法处势的基础，就可避乱达治。

韩非这里集合了以法改制的法、术、势三个要素，并把法作为基干，而势则为法制权力体现的权威，术是法制的必要条件。这是以法改制思想的一大进展，从以前诸子的"法治"阶段提升至"法制"阶段。"抱法处势"是长期的制度性建设，而非靠某一特殊贤才，如慎到、申不害、商鞅带有偶然性地出现，以其先进的观念和优异的才干推行其法治。抱法处势是必然性制度建设，只要有中等人才就可以实行，只有实现了法制，社会才能常治不乱。

在《定法》篇，韩非从对申不害、商鞅的评论中，探讨了术与法的关系。

> 问者曰："申不害、公孙鞅，此二家之言孰急于国？"应之曰："是不可程也。人不食，十日则死；大寒之隆，不衣亦死。谓之衣食孰急于人，则是不可一无也，皆养生之具也。今申不害言术，而公孙鞅为法。术者，因任而授官，循名而责实，操杀生之柄，课群臣之能者也，此人主之所执也。法者，宪令著于官府，刑罚必于民心，赏存乎慎法，而罚加乎奸令者也，此臣之所师也。君无术则弊于上，臣无法则乱于下，此不可一无，皆帝王之具也。"②

将术与法比为食与衣，食与衣都是人生必要条件，术与法都是帝王统治的必要手段，不能缺其一。

---

① 《韩非子·难势》。
② 《韩非子·定法》。

问者曰："徒术而无法，徒法而无术，其不可何哉？"对曰："申不害，韩昭侯之佐也。韩者，晋之别国也。晋之故法未息，而韩之新法又生；先君之令未收，而后君之令又下。申不害不擅其法，不一其宪令，则奸多。故利在故法前令则道之，利在新法后令则道之。利在故新相反，前后相勃，则申不害虽十使昭侯用术，而奸臣犹有所谲其辞矣。故托万乘之劲韩，七十年而不至于霸王者，虽用术于上，法不勤饰于官之患也。"①

申不害以其术佐韩昭侯，但韩国既有承续晋国的旧法，又有新立之法，二者混杂，甚至相悖，申不害未能统一其法，只以术选用旧、新之法中对己有利的条款，而奸臣也可以选用旧、新之法中对其有利的条款反对他，所以申不害虽然擅长其术，却不能整饬吏治，韩国也没有强霸于诸侯。而商鞅虽然注重统一法令，却忽略术，因而也有大缺陷。

公孙鞅之治秦也，设告相坐而责其实，连什伍而同其罪，赏厚而信，刑重而必。是以其民用力劳而不休，逐敌危而不却。故其国富而兵强。然而无术以知奸，则以其富强也资人臣而已矣。及孝公、商君死，惠王即位，秦法未败也，而张仪以秦殉韩、魏。惠王死，武王即位，甘茂以秦殉周。武王死，昭襄王即位，穰侯越韩、魏而东攻齐，五年而秦不益尺土之地，乃成其陶邑之封。应侯攻韩八年，成其汝南之封。自是以来，诸用秦者皆应、穰之类也。故战胜则大臣尊，益地则私封立，主无术以知奸也。商君虽十饰其法，人臣反用其资。故乘强秦之资，数十年而不至于帝王者，法不勤饰于官，主无术于上之患也。②

---

① 《韩非子·定法》。
② 《韩非子·定法》。

韩非所说的"术",是政治的智谋,虽然法为基干,术也是必不可少的。商鞅变法,确立了秦强国之基,但却忽略了政治智慧,不能知奸防奸除奸,因而在孝公死后被奸人所害。秦承商鞅之法制而强霸天下,却不能成帝王一统之业,与后来君主的缺乏智谋有直接关系。这里隐含着一层意思:以秦之法制,只要强化政治智谋,是可以王天下的。韩非有此意此能,他师兄弟李斯也有此意此能,秦王政或许看到了这一点,因而请韩非入秦,但韩非因阴秦伐韩,上书秦王"存韩",李斯并未为韩非辩护,致其服毒自杀,此历史功业只由李斯成就。

从对申不害和商鞅之术、法的评论中,韩非实际上表达了术在抱法处势中的作用。在《难三》篇,他写道:"法者,编者之图籍,设之于官府,而布之于百姓者也。术者,藏于胸中,以偶众端而潜御群臣也。故法莫如显,而术不欲见。"① 法是成文规定,它的执行,需要智谋,以法为基干的智谋,是抱法处势的必要内容。

韩非抱法处势而治的思想,不仅是对慎到、申不害、商鞅等以法改制诸子思想和经验的总结与提升,也是对当时激烈的变革与保守势力矛盾的概括。他认为,智术之士和能法之士代表的变革势力,必须坚持以法改制思路,与保守封建宗法制度的"贵重之臣"进行斗争。

> 智术之士,必远见而明察,不明察不能烛私;能法之士,必强毅而劲直,不劲直不能矫奸。人臣循令而从事,案法而治官,非谓重人也。重人也者,无令而擅为,亏法以利私,耗国以便家,力能得其君,此所为重人也。智术之士明察,听用,且烛重人之阴情;能法之士劲直,听用,且矫重人之奸行。故智术能法之士用,则贵重之臣必在绳之外矣。是智法之士与当涂之人,不可两存之仇也。②

---

① 《韩非子·难三》。
② 《韩非子·孤愤》。

贵重之臣、重人、当涂之人，都是世卿世禄封建宗法制度的既得利益者，他们与以法改制的智术之士、能法之士是"不可两存之仇"。韩非认为，这些与君主有血缘关系的贵重之臣，实际上是与君主相对立的，君主的利益是富国强国，而他们却"无令而擅为，亏法以利私，耗国以便家，力能得其君"。因此，有远见的君主应重用智术之士和能法之士，以防备和惩治贵重之臣和当涂之人。

当涂之人对君主构成直接威胁，君主必须明白这一点，

> 当涂之人擅事要，则内外为之用矣。是以诸侯不因则事不应，故敌国为之讼；百官不因则业不进，故群臣为之用；郎中不因则不得近主，故左右为之匿；学士不因则养禄薄礼卑，故学士为之谈也。此四助者，邪臣之所以自饰也。重人不能忠主而进其仇，人主不能越四助而烛察其臣，故人主愈弊，而大臣愈重。①

然而，君主往往因亲缘而信爱当涂之人，当涂之人又懂君心理，投其所好，更得君主信任，他们广结朋党，声势浩盛。而法术之士并非君主亲属，也不清楚君主之好恶，还要以法术之言批评君主的偏僻意向，他们处势卑贱，又无党朋，孤自抗争。

> 夫以疏远与近爱信争，其数不胜也；以新旅与习故争，其数不胜也；以反主意与同好争，其数不胜也；以轻贱与贵重争，其数不胜也；以一口与一国争，其数不胜也。法术之士，操五不胜之势，以岁数而不得见；当涂之人，乘五胜之资，而旦暮独说于前。故法术之士，奚道得进，而人主奚时得悟乎？故资必不胜而势不两存，法术之士焉得不危？其可以罪过诬者，以公法而诛之；其不可被以罪过者，以私剑而穷之。是明法术而逆主上者，

---

① 《韩非子·孤愤》。

不僇于吏诛，必死于私剑矣。①

君主若不能明白当涂之人实际上是与自己利益相反对，必然导致"主上愈卑，私门益尊"②。只有重用法术之士，君主才能富强其国。这也是韩非提出抱法处势而治的原因。

> 万乘之患，大臣太重；千乘之患，左右太信；此人主之所公患也。且人臣有大罪，人主有大失，臣主之利与相异者也。何以明之哉？曰：主利在有能而任官，臣利在无能而得事；主利在有劳而爵禄，臣利在无功而富贵；主利在豪杰使能，臣利在朋党用私。是以国地削而私家富，主上卑而大臣重。故主失势而臣得国，主更称蕃臣而相室剖符，此人臣之所以谲主便私也。故当世之重臣，主变势而得固宠者，十无二三。是其故何也？人臣之罪大也。臣有大罪者，其行欺主也，其罪当死亡也。智士者远见，而畏于死亡，必不从重人矣；贤士者修廉，而羞与奸臣欺其主，必不从重人矣。是当涂者之徒属，非愚而不知患者，必污而不避奸者也。大臣挟愚污之人，上与之欺主，下与之收利侵渔，朋党比周，相与一口，惑主败法，以乱士民，使国家危削，主上劳辱，此大罪也。臣有大罪而主弗禁，此大失也。使其主有大失于上，臣有大罪于下，索国之不亡者，不可得也。③

韩非在韩国，虽出身贵族，但并未因此而成为"重人"，其原因虽不可得知，然而他是自觉以"法术之士"的身份来思考问题的。或许他因其所学而不愿屈从当涂之人，或因对韩国君有所建议而受贵重之人阻挠、迫害，他这篇《孤愤》，不仅深切地表达了以法改制的"法术之士"的困难和愤

---

① 《韩非子·孤愤》。
② 《韩非子·孤愤》。
③ 《韩非子·孤愤》。

情，更准确地揭示了当时政治状况和统治集团的矛盾。也正因此，他认识到君主要保住并富强其国——这是他唯一切实的利益，就要疏远，以至摆脱由封建宗法规定的血缘近亲关系，使这些人不能占据权位和结党营私，同时重用法术之智士、贤士，因为只有他们与君主有共同利益。辅佐君主富强国家，以至王天下，不仅是"法术之士"的利益，更是他们的理念。君主如果不明白这一层，仍将权力交由贵重之人，任其惑主败法，以乱士民，必然国家危削，君主劳辱，以致亡国。

也正是基于对统治集团矛盾的深刻认识，韩非认为解决政治乃至社会矛盾的唯一出路，就是在前人已有成果的基础上，进一步深化以法改制的变革。韩非的以法改制变革既不是梦想，也不是口号，而是深入扎实的思想和主张。抱法处势而治，就是其集中体现。其要点是，君主为了保住权位并富强国家，以至王天下，就要广泛地重用以法改制的智术之士和能法之士，应用智谋推行变革，壮大和展示以法制为基干的权力之权威，冲破并克服封建宗法束缚，清除因血统而居高位的贵重之人对政权的掌控，使抱法处势成为主导，促动政治、经济发展。

韩非思想之术层次，较其他诸子都更为明确，而且理念与主张密切地统一，既有理论性，又有实用性，是老子以来诸子思想变革运动成果的集中概括。虽然他没有条件将之付诸实践，但却贯彻于他思想之技层次，并对其师兄弟李斯有重大影响。

十九　李斯之术：一统集权，废除封建

自老子开启的诸子思想变革大潮，到李斯（约公元前280年—前208年）有了一个大成果，他教助秦王嬴政并六国一统天下，废封建，置郡县，建立了人类历史上第一个集权官僚制皇朝，终止了周封建领主制八百多年的统治和战乱，是历史上一个里程碑式的人物。然而，由于后来儒学道统的偏见，以及李斯在秦始皇去世后的不当作为，两千年来对李斯的评价与他实际的功绩相去甚远，尤其思想史上，几乎不把李斯作为一个人

物,似乎他只是一个辅臣政客而已。司马迁为李斯立传,概述了他的思想和事迹,并评论说:

> 李斯以闾阎历诸侯,入事秦,因以瑕衅,以辅始皇,卒成帝业,斯为三公,可谓尊用矣。斯知六艺之归,不务明政以补主上之缺,持爵禄之重,阿顺苟合,严威酷刑,听高邪说,废适立庶。诸侯已畔,斯乃欲谏争,不亦末乎!人皆以斯极忠而被五刑死,察其本,乃与俗议之异。不然,斯之功且与周、召列矣。①

司马迁的评价虽有失偏颇,却也表现出历来治史者重品德轻思想的特点,按他的意思,如果李斯品德高尚,可与周公、召公列在一个等级。李斯思想才干之功用,主要体现在嬴政当权时,其死后李斯"听高邪说,废嫡立庶",铸成大错,不仅自身一步步被赵高欺骗陷害以致身死,更是断送了秦朝一统大业。从这一点论,李斯确实没有像周公、召公建立周封建领主制那样完美,但他在秦统一天下,废除封建领主制,创建集权官僚制的关键作用,却是周公、召公远远不及的。由李斯主导建立的集权官僚制并未因秦朝灭亡而消失,延续两千多年而成中国的基本社会制度。

李斯在被赵高陷害入狱后,给秦二世胡亥上书,以"自罪"的口气概述其事功:

> 臣为丞相,治民三十余年矣。逮秦地之狭隘,先王之时,秦地不过千里,兵数十万。臣尽薄材,谨奉法令,阴行谋臣,资之金玉,使游说诸侯,阴修甲兵,饰政教,官斗士,尊功臣,盛其爵禄,故终以胁韩弱魏,破燕、赵,夷齐、楚,卒兼六国,虏其王,立秦为天子。罪一矣。地非不广,又北逐胡、貉,南定百越,以见秦之强。罪二矣。尊大臣,盛其爵位,以固其亲。罪三

---

① 《史记·李斯列传》。

矣。立社稷，修宗庙，以明主之贤。罪四矣。更剋画，平斗斛、度量、文章，布之天下，以树秦之名。罪五矣。治驰道，兴游观，以见主之得意。罪六矣。缓刑罚，薄赋敛，以遂主得众之心，万民戴主，死而不忘。罪七矣。若斯之为臣者，罪足以死固久矣。上幸尽其能力，乃得至今，愿陛下察之！①

这是以"自罪"为名表"自功"，或许李斯知道此文不可能被秦二世见到，但临死时对自己毕生功绩做一概述，以使世人知己，也是要写的。果然，"赵高使吏弃之不奏"，李斯终被赵高杀害。

这份"自罪书"虽不免自夸，但其事迹却是实际，从李斯自述之"七罪"，我们可以大概看出他在建立集权官僚制过程中的思想和实践。由于李斯主要工作是从政，并无多少著述，他的文章也以奏书为主，并有所拟圣旨、刻石等，在《史记》的《李斯列传》《秦始皇本纪》有所记载。李斯思想的道、法层次，源于其师荀子所宗孔子，由孔子可上溯老子，其术层次既受荀子影响，也承继了以法改制诸子，并与韩非相关联，概其要为：一统集权，废除封建。

天下为一这个观念在老子那里就已明确，更早还可上溯至周初，周王是以天子名义组织部族联盟的，封建领主制就是多合为一、一分为多的制度。诸子思想的形成和演变，则是由分而合、由多而一的过程，这与春秋、战国的历史是一致的。邹衍"五德相胜"说集合了诸子思想的大趋势：以一个新的王朝统一天下。但是，从老子、孔子、墨子开始，虽然都在论证"一天下"的必要和必然，但统一以后应建立什么样的社会制度，并对社会存在方式进行怎样的变革，却是诸子思想一直未解决的问题。老子的"小国寡民"说似乎是要在天下大一统的前提下建立更多有相对独立性的部族或氏族国；孔子"以仁复礼"说则在保留封建领主的同时强化天子的权力；墨子虽主张"尚同""尚贤"，要求提升平民和农奴社会地位，

---

① 《史记·李斯列传》。

却未消除封建领主，也和孔子一样主张强化天子权力。其后诸子，随战国形势的演变，很少再提周天子，他们所说的"一天下"，往往是由新的强国为王，但都没有想到废除封建领主，只是强调要加强中央天子的权力。这个思路到荀子和韩非那里仍在继续。

李斯在人类思想史上的创见，就是明确了集权一统废除封建，这是诸子思想演进的集中体现，也是对秦灭六国后历史大势的高度概括。

李斯为楚上蔡人，年少时为郡之小吏，从厕鼠与仓鼠之别悟到"人之贤不肖譬如鼠矣，在所自处耳！"。于是，

> 乃从荀卿学帝王之术。学已成，度楚王不足事，而六国皆弱，无可为建功者，欲西入秦。辞于荀卿曰："斯闻得时无怠，今万乘方争时，游者主事。今秦王欲吞天下，称帝而治，此布衣驰骛之时而游说者之秋也。处卑贱之位而计不为者，此禽鹿视肉，人面而能强行者耳。故诟莫大于卑贱，而悲莫甚于穷困。久处卑贱之位，困苦之地，非世而恶利，自托于无为，此非士之情也。故斯将西说秦王矣。"①

这既是对天下大势的准确认识，也是对自己人生观的明确表述。李斯的人生观与庄子恰成鲜明对照，其强旺的功利心是他能投身秦统一天下并创集权官僚制的内在动因。

李斯来到秦国，为吕不韦舍人，经吕得见秦王，首次发表"灭诸侯，成帝业，为天下一统"的主张，

> 昔者秦穆公之霸，终不东并六国者，何也？诸侯尚众，周德未衰，故五伯迭兴，更尊周室。自秦孝公以来，周室卑微，诸侯相兼，关东为六国，秦之乘胜役诸侯，盖六世矣。今诸侯服秦，

---

① 《史记·李斯列传》。

譬若郡县。夫以秦之强，大王之贤，由灶上骚除，足以灭诸侯，成帝业，为天下一统，此万世之一时也。今怠而不急就，诸侯复强，相聚约从，虽有黄帝之贤，不能并也。①

此说正中秦王下怀，坚定了兼并六国的决心，并拜李斯为长史，听其计，"阴遣谋士赍持金玉以游说诸侯。诸侯名士可下以财者，厚遗结之；不肯者，利剑刺之。离其君臣之计，秦王乃使其良将随其后"。② 因计谋成功，秦王拜李斯为客卿。

"灭诸侯，成帝业"的提法，由李斯第一次提出，也正是秦王嬴政的心愿，李斯与嬴政是千古绝妙的合作伙伴，正是二人的协同，成就了以集权官僚制取代封建领主制的大业。但因一偶然事件，差一点就毁掉了二人的合作，其事为"韩人郑国来间秦，以作注溉渠，已而觉。秦宗室大臣皆言秦王曰：'诸侯人来事秦者，大抵为其主游间于秦耳，请一切逐客。'李斯议亦在逐中"。③ 这是秦国贵族势力反对变革的又一次行动，他们为了保住既得利益，以郑国修渠削弱秦兵战能力为由，建议驱逐一切外国客臣，李斯若被驱逐，不仅他本人功业无成，秦之一统也必滞后。为此，李斯写了《谏逐客书》，从"灭诸侯，成帝业"的理念，以历史为据，论证秦国强盛离不开客臣，客臣为秦做了巨大贡献，尤其商鞅变法奠定了秦强国根基，再从秦用各国物产、珠宝、女子、乐曲却只逐客臣，是"所重者在乎色乐珠玉，而所轻者在乎人民也。此非所以跨海内制诸侯之术也"。④ 进而，从天下一统的角度说明逐客之误：

> 臣闻地广者粟多，国大者人众，兵强则士勇。是以泰山不让土壤，故能成其大；河海不择细流，故能就其深；王者不却众

---

① 《史记·李斯列传》。
② 《史记·李斯列传》。
③ 《史记·李斯列传》。
④ 《史记·李斯列传》。

> 庶，故能明其德。是以地无四方，民无异国，四时充美，鬼神降福，此五帝、三王之所以无敌也。今乃弃黔首以资敌国，却宾客以业诸侯，使天下之士退而不敢西向，裹足不入秦，此所谓"藉寇兵而赍盗粮"者也。
>
> 夫物不产于秦，可宝者多；士不产于秦，而愿忠者众。今逐客以资敌国，损民以益仇，内自虚而外树怨于诸侯，求国无危，不可得也。①

以秦国人为主，他国人为客，这是囿于传统的旧观念，如果设想秦已统一天下，秦王就是天下之主，哪里还有什么"客"？如果囿于传统的"秦国""秦人"观念，将非秦人都逐出，使之成为敌国的人才，如何能够统一天下？用人不应以其籍于何处，而应以忠于秦王为标准，这是一统天下的根本。秦王是胸有大志的，读过李斯此书，即废除逐客令，并仍任用他，后升任廷尉，二十余年竟并天下，以李斯为丞相。

秦吞并六国后，关于国家制度和君主名号已成一大新问题，李斯等建议：

> 昔者五帝地方千里，其外侯服夷服诸侯或朝或否，天子不能制。今陛下兴义兵，诛残贼，平定天下，海内为郡县，法令由一统，自上古以来未尝有，五帝所不及。臣等谨与博士议曰："古有天皇，有地皇，有泰皇，泰皇最贵。"臣等昧死上尊号，王为"泰皇"。命为"制"，令为"诏"，天子自称曰"朕"。②

对此，嬴政基本同意，但

---

① 《史记·李斯列传》。
② 《史记·秦始皇本纪》。

去"泰"，著"皇"，采上古"帝"位号，号曰"皇帝"。他如议。……自今已来，除谥法，朕为始皇帝，后世以计数，二世三世至于万世，传之无穷。①

名号问题比较顺利地解决了，但在封建问题上却有了分歧。王绾等人建议分封皇子到燕、齐、荆等地，秦始皇令群臣商议，大多数人都同意，只有李斯反对，

廷尉李斯议曰："周文、武所封子弟同姓甚众，然后属疏远，相攻击如仇雠，诸侯更相诛伐，周天子弗能禁止。今海内赖陛下神灵一统，皆为郡县，诸子功臣以公赋税重赏赐之，甚足易制。天下无异意，则安宁之术也。置诸侯不便。"始皇曰："天下共苦战斗不休，以有侯王。赖宗庙，天下初定，又复立国，是树兵也，而求其宁息，岂不难哉！廷尉议是。"②

号称"皇帝"，只是名义上的，而是否分封诸侯，则是实质性的。封建领主制的本质就在分封诸侯，如果只是改一名号，仍实行分封诸侯，就没有变革基本制度，那么周王封建后的诸多矛盾就依然会出现，天下一统也就名存实亡。李斯建议海内之地皆为郡县，由皇帝派官管制，并规定官期，不使其形成与中央对抗的势力。秦始皇同意李斯建议，"分天下以为三十六郡，郡置守、尉、监"。③ 从而建立了中央集权的官僚制度。这是对封建领主制的革命，李斯在这个革命中起了关键作用，这充分显示了他思想的先进与深远。在他撰写的《琅琊台刻石》上写道"六合之内，皇帝之土。西涉流沙，南尽北户。东有东海，北过大夏。人迹所至，无不臣者"。④ 在

---

① 《史记·秦始皇本纪》。
② 《史记·秦始皇本纪》。
③ 《史记·秦始皇本纪》。
④ 《史记·秦始皇本纪》。

这广大的"天下"置郡县而治，确乎前无古人之伟业。

但事情仍有反复，秦始皇三十四年，博士七十人为始皇祝寿，仆射周青臣进颂，赞"以诸侯为郡县，人人自安乐，无战争之患，传之万世"，而博士齐人淳于越又提封建之事：

> 臣闻殷周之王千余岁，封子弟功臣，自为枝辅。今陛下有海内，而子弟为匹夫，卒有田常、六卿之臣，无辅拂，何以相救哉？事不师古而能长久者，非所闻也。今青臣又面谀以重陛下之过，非忠臣。①

可见，对于是否封建诸侯，臣佐们的意见还是不统一的，而淳于越对废封建的批评，直指秦始皇，是"陛下之过"，可见问题依然严重。秦始皇命众臣议此题，其时已为丞相的李斯说：

> 五帝不相复，三代不相袭，各以治，非其相反，时变异也。今陛下创大业，建万世之功，固非愚儒所知。且越言乃三代之事，何足法也。②

秦始皇赞同李斯的说法，至此，关于是否仍行封建诸侯的议论不再是秦皇朝的问题。

在废除封建诸侯的同时，也把与封建领主制相生的农奴制予以废除。但由于帝王将相历史观的作用，史书对此并没有充分记载，只是在《史记·秦始皇本纪》中记有"更民名曰'黔首'"③，"黔首改化，远迩同度，

---

① 《史记·秦始皇本纪》。
② 《史记·秦始皇本纪》。
③ 《史记·秦始皇本纪》。

临古绝尤。"①《资治通鉴·秦纪》曰："使黔首自实田。"② 从中可以看出废除农奴，使所有民都名之"黔首"，并自实田而耕，即由朝廷分配土地占有权给黔首。这是与集权官僚制内在统一的土地制度和阶级演变。

李斯在集权一统废除封建的制度变革中起的关键作用，是应当充分肯定的，这是中国也是人类历史上的创举。当然，秦始皇的赞成也是至关重要的，以他的权威确立的集权官僚制，集合各部族为统一的民族国家，开创了人类文明的一个新时代。

二十　《文子》思想之术层次：由仁义立法度治国利民

《文子》虽然几乎每段话之前都以"老子曰"开讲，但其思想主线是"黄帝学"，与《黄帝四经》的关系更为密切，同时力求将"黄"与"老"统一，并吸收孔子及以法改制诸子的思想，形成与集权官僚制相适应的思想体系。这可能是汉初政治环境和思想氛围的要求与体现。作为法层次德贯仁、义、礼的展开，《文子》思想术层次集中关注"治国"这个集权官僚制建立之初的主要问题，在以德所理解的老子天道观对仁、义、礼范畴的改造之后，又从仁、义来解说法度，进而主张以法度、法制来治国利民。

秦朝的成功与失败，对于汉初的统治者及其臣属来说是时刻在思考的问题，如何继承秦之成功，避免其失败，是他们思考的重点与难点。《文子》作者所要回答的，也是这个问题。我们研究《文子》，不仅要考察其与以前诸子的渊源，更要将汉初建制治国的实际需要作为出发点。由于托名"老子"，因而不可能直接论说老子之后三百多年的汉朝政事，这是《文子》思想技层次欠缺的缘由，但在行文中却不可避免地面对天下一统，所论治国之"国"，并非春秋、战国时的"诸侯国"，而是集权一统天下的"帝国"。也会说到"诸侯"，但并不是各自为政的"七雄"或"五

---

① 《史记·秦始皇本纪》。
② 《资治通鉴·秦纪》。

霸"，而是由朝廷分封的皇子皇孙的领地。《文子》术层次的主张，是说给汉朝皇帝及其大臣的，建议其如何建制治国，长安久统。

目的明确，论证也就相对清晰，对以前诸子思想的取舍改造也都服从这个目的。那种将《文子》列入"道家"，并从老子—列子—庄子—文子这条单线，加上写过《解老》《喻老》的韩非子为佐证考察的思路，是不可能全面理解《文子》思想的。道教徒将《文子》称为"通玄真经"，尊文子为"通玄真人"，或许可以壮其思想势场，却完全曲解了《文子》的宗旨和思想内容。而《文子》与列子、庄子的路数也大相径庭，若从道层次论，都源于老子天道观，分歧并不大，在法层次已现明显区别，庄子"乘道德而浮游"，意在个人自由，而《文子》则承续孔子，推崇黄帝，以德贯仁、义、礼，意在总体政治变革，这种区别到术层次更加突出，庄子强调知道而达生，《文子》则由仁义立法度治国利民。

《上义》篇论证了关于治国与利民的统一性，

> 老子曰："治国有常，而利民为本。政教有道，而令行为古。苟利于民，不必法古；苟周于事，不必循俗。故圣人法与时变，礼与俗化。衣服器械，各便其用。法度制令，各因其宜。故变古未可非，而循俗未足多也。诵先王之书，不若闻其言；闻其言，不若得其所以言。得其所以言者，言不能言也。故道可道，非常道也。名可名，非常名也。故圣人所由曰道，所为曰事。道犹金石也，一调不可更。事犹琴瑟也，曲终改调。故法制礼乐者，治之具也，非所以为治也。①"

这段话可以说是《文子》思想之术层次的集中论证。治国之"常"，即其原则，是"利民为本"，这个提法，先秦诸子都未有过，其意更接近墨子的"兼爱交利"。以法改制诸子都将民视为国的工具，主张治民以利国，

---

① 《文子·上义》。

《文子》反而讲治国以利民为本，似乎将民视为目的，国为手段，但其"利民为本"，并不是以民为本位，还是强调民是国的主要统治对象，是国的手段、工具。相较墨子"兼爱交利"还有主体性上的差别，《文子》是站在统治者立场讲治国的，治国的对象和内容，就在治民，但不主张严厉地榨取民力、民财，而是顺着孟子的思路，强调"民为贵"，利民而富民，使民从心里拥护统治，这样，治国与利民就统一了。《文子》充分认识到法度制令在治国中的作用，他总结以法改制诸子思想及相应的制度变革经验，指出"政教有道，而令行为古"，这个"古"字，疑为"右"之误，《淮南子》改"古"为"上"，就说得通了。政教之道，以令行为上，"苟利于民，不必法古"，只要有利于民，就不必依从古制古训。利民已成治国的要旨、原则，法度制令都可据此而"各因其宜"。圣人治国之"常"，亦即其"道"，就是"利民"，这是不可动摇之"本"，而政治之事，就像琴瑟是在依圣人所由之"道"弹奏不同曲调。"法制礼乐者，治之具也"，治国以法度制令为工具，而其原则是"圣人之道"，要点就在仁、义。所以，由仁、义立法度治国利民，是《文子》思想之术层次的基干。

《文子》对仁、义、法度的认识，受到孟子性善观的影响，并对性善做了发挥。"心反其初，则民性善，民性善，则天地阴阳从而包之，则财足而人赡，贪鄙忿争之心不得生焉。仁义不用，而道德定而天下，而民不淫于采色。"① 之所以要行仁义，就在"德衰"，就像琴瑟失和需要调声，行仁义是因为民之人性善受到了干扰，行仁义的目的，还在于使民回归本性之善。《文子》虽然主张治国要有法度，但他并不赞同严刑峻罚，而是强调德政，以仁义来调节民心。

> 地广民众，不足以为强；甲坚兵利，不可以恃胜；城高池深，不足以为固；严刑峻罚，不足以为威。为存政者，虽小必存焉，为亡政者，虽大必亡焉。故善守者无与御，善战者无与斗，

---

① 《文子·下德》。

乘时势，因民欲，而天下服。故善为政者积其德，善用兵者畜其怒。德积而民可用也，怒畜而威可立也。故文之所加者深，则权之所服者大；德之所施者博，则威之所制者广，广即我强而敌弱。善用兵者，先弱敌而后战，故费不半而功十倍。故千乘之国行文德者王，万乘之国好用兵者亡。①

"乘时势，因民欲，而天下服。"这是《文子》以仁义治国的出发点。"德积而民可用"，这是"治国有常，而利民为本"的注脚。国是属于君王的，民是国存续的必要条件，与山川河流等自然物不同，民是人，是有情感和利益的，民对君王拥戴与否，是其被用、可用的主观条件，为使民可用，就要施仁德于民，使民服从统治，并为君王提供财物和兵力。所以，"贵以身治天下，可以寄天下；爱以身治天下，所以托天下"。②

文子问治国之本。老子曰：本在于治身。未尝闻身治而国乱者也，身乱而国治者，未有也。故曰：修之身，其德乃真。③

能否以德贯仁义而治国，首要也是根本的，是君王要治其身，依天道而德行仁义，国可治，民服从治且为君王用。

进而，《文子》又进一步论证了治国利民的内在统一性。

老子曰：食者，人之本也，民者，国之基也。故人君者，上因天时，下尽地理，中用人力。是以群生以长，万物蕃殖。春伐枯槁，夏收百果，秋蓄蔬食，冬取薪蒸，以为民资。生无乏用，死无传尸。先王之法：不掩群而取鴳鶂，不涸泽而渔，不焚林而猎，豺未祭兽，罝罘不得通于野，獭未祭鱼，网罟不得入于水，

---

① 《文子·下德》。
② 《文子·上仁》。
③ 《文子·上仁》。

> 鹰隼未击，罗网不得张于皋，草木未落，斤斧不得入于山林，昆虫未蛰，不得以火田，育孕不杀，鷇卵不探，鱼不长尺不得取，犬豕不期年不得食，是故万物之发生，若蒸炁出。先王之所以应时修备，富国利民之道也。非目见而足行之也，欲利民者也不忘乎心，则民自备矣。①

利民，是保证统治的基础，君王要上因天时，下应地理，中用人力，在天道观的指导下，顺适天、地、人的自然规律。利民并不是由君王给民提供生活资料，而是给民提供利用天时和地上万物的条件。民之利，食为本，利民，首要在于使民之力合于天时、地理、物产的自然之道而用之，从而可以保证民有充足的生活资料。指导并限制民众适天时而种植、渔猎，既可足民食，又能维护植物、动物的生长繁育，这可以说是农业文明时的"可持续发展"。君王为保证其国基牢固，就要在指导民适天时地利的同时，以法度对民的行为有所限制，这里提到的"不涸泽而渔，不焚林而猎"等，都要明法严令，并对违背者予以惩罚。"应时修备，富国利民之道也。"《文子》这种思想，是天道观在农业文明时期形成和作用的原则，既包括天、地、人的统一，又注重君、国、民的协调，概括了基本的"大道之行"的简单再生产的状态。

作为合乎天道的统治者，在指导和限制民众生产生活时，更要注重处理好与民的关系，

> 明君取下有节，自养有度，必计岁而收，量民积聚，知有余不足之数，然后取奉，如此，即得承所受于天地，而离于饥寒之患。其僭怛于民也，国有饥者，食不重味，民有寒者，冬不被裘。与民同苦乐，即天下无哀民。闇主即不然，取民不裁其力，求下不量其积。男女不得耕织之业，以供上求，力勤财尽，有旦

---
① 《文子·上仁》。

无暮,君臣相疾。且人之为生也,一人蹠耒而耕,不益十亩,中田之收不过四石,妻子老弱仰之而食,或时有灾害之患,无以供上求,即人主愍之矣。贪主暴君,涸渔其下,以适无极之欲,则百姓不被天和、履地德矣。①

利民的目的还是取民力所生产的财物,为了可以持续地取,必须采用利民的政策,君王要依天道而体民情,不能涸渔于民。为此,就应节制欲求,根据民的收成情况收取税赋。

《文子》从阴阳交合而论治国,强调"和"为天道的展现,治国既要宽,也要严;既要柔,也要猛。必须把握好其"和"之度,此度即法度的依据,法度之要在于和。

> 天地之气,莫大于和。和者,阴阳调,日夜分。故万物春分而生,秋分而成;生与成,必得和之精。故积阴不生,积阳不化,阴阳交接,乃能成和。是以圣人之道,宽而栗,严而温,柔而直,猛而仁。夫太刚则折,太柔则卷,道正在于刚柔之间。夫绳之为度也,可卷而怀也,引而申之,可直而布也,长而不横,短而不穷,直而不刚,故圣人体之。夫恩推即懦,懦即不威;严推即猛,猛即不和;爱推即纵,纵即不令;刑推即祸,祸即无亲。是以贵和也。②

由贵和而治国利民,其集中体现就是仁义与法度的统一。"治之本仁义也,其末法度也。"③ 所谓"本",即人之所生者,也就是源于人本性的,仁义是人本性所生,所以是治之本,而法度并非本性,是人为的。人为的法度要以人本性的仁义为依据,由仁义而立法度以治国利民。

---

① 《文子·上仁》。
② 《文子·上仁》。
③ 《文子·上义》。

> 治人之道，其犹造父之御驷马也，齐辑之乎辔衔，正度之乎胸膺，内得于中心，外合乎马志，故能取道致远，气力有余，进退还曲，莫不如意，诚得其术也。①

这里更明白地说出"治国"实为治人，治人之道与御马之道是相通的，即对应所治对象的特点，让其感到舒适，从而乐意为所治。"故有道以御人，无道则制于人矣。"②

由仁义立法度，也就是以仁爱之心来考虑所治对象，在治的范围内，尽可能地照顾他们的特点和利益，选择适宜的方式来管束被治者。法度之"度"，就是仁义的体现，"法生于心，义生于适众，众适合乎人心"。法并不是从天落下，也非由地生出，而是"发乎人间，反己自正"。法是治国的基本规则，是由君王根据对天道和人之性情的了解而制定的，是所有人都要遵守的，法不讲人身份之贵贱，"立于下者，不废于上；禁于民者，不行于身"。上下等级的人都要依法，禁止民所做的，君王自己也不要做。

> 故人主之制法也，先以自为检式，故禁胜于身，即令行于民。夫法者，天下之准绳也，人主之度量也；县法者，法不法也。法定之后，中绳者赏，缺绳者诛。虽尊贵者不轻其赏，卑贱者不重其刑。犯法者虽贤必诛，中度者虽不肖无罪。是故公道行而私欲塞也。……法度道术，所以禁君，使无得横断也。人莫得恣，即道胜而理得矣。故反朴无为。无为者，非谓其不动也，言其莫从己出也。③

这里关于立法、执法的论说，在以法改制诸子那里都有展现，《文子》的

---

① 《文子·上义》。
② 《文子·上义》。
③ 《文子·上义》。

新意，是明确以仁义为立法的依据，从利民的角度来讲治国，由此而将孔、孟之"仁政"与以法改制诸子"法治"思想统一起来。在《文子》中，"仁政"以道和德为前提，是"法治"的基础，而"法治"则是"仁政"的展开，与汉初统治者的观念大体一致。先秦诸子思想在《文子》的道、法、术层次得以系统化，成为刘安和董仲舒进一步概括诸子思想，探索集权官僚制所需要的系统思想体系之前导。

第五章 诸子思想之技层次

诸子思想之技层次是其术层次的展开，也是道、法层次的进一步具体化，是认识和处理思想与社会变革中各具体问题的态度、方式的探究，直接作用于人们的学识和政治行为。诸子思想之技层次的内容相当丰富，是春秋末至汉初三百多年社会变革历史进程的缩影。

相比之下，在道、法层次有创造性见解的思想家，如老子、孔子、墨子、《黄帝四经》作者、庄子、孟子、荀子、韩非子等，他们思想的技层次主要体现于为学和处世的态度、方式上，因而显得比较空泛。而那些直接从事变法改制的诸子，如李悝、吴起、慎到、申不害、商鞅、李斯等，其思想之技是解决具体的实际社会矛盾的计谋和手段，而这些解决矛盾的计谋和手段，正是对社会变革关节点的突破，其所涉及的人际关系、利害冲突，是复杂而尖锐的，这些诸子以其理解的天道观、人道社会观及相应的法层次思想为前提，确立了其思想之术，他们思想之技层次的计谋和手段，都是其思想之术的展示和验证，因而也都更为实在。与之相应的以"纵横"术串联国际关系的苏秦、张仪及其师鬼谷子，在技层次的计谋和辩说，也是相当丰富多彩的，颇具故事性。而兵、名辩、阴阳五行各派诸子思想之技层次，也都内容充实并具特色。

诸子思想之技层次是其思想系统最具体的层次，也是"用"的环节，但它绝非孤立存在的，而是天道观和人道社会观经法、术层次的逐步展开的具体化。越是往后的诸子，其技层次所体现的，都不是被将诸子分"家"别类观所限定的某一"家"法、术思想层次的单线演绎，而是融汇了各派法、术思想，并在具体的思想研究和变革实践中改造而形成的术层次思想的具体化。

在诸子思想演进的逻辑中，其技层次为总体演绎过程的最后一个环节，但诸子思想之技并不是单纯的演绎之末端，还是在总体演绎过程中局部归纳的起点和依据。最为突出的就是李悝、吴起、慎到、申不害、商鞅的变法改制之技，经术层次提升，为《黄帝四经》作者、孟子、荀子、韩非子、文子在道、法层次的充实和改造提供了必要的实际问题和材料，更是吕不韦、淮南子、董仲舒等概述诸子思想系统的必要依据。而变法改制诸子中的后起者对先行者的借鉴、吸收，则是更为扎实而明确的。

一 老子思想之技层次：守弱，用无，不敢为天下先

老子从天道观对其所处社会矛盾的深刻探究，发现了社会变革的必然性和必要性，但他尚未发现可以推动这场社会变革的势力，不对他所服务的周王室及各诸侯抱什么希望，他也没有后来孔子那种"知其不可而为之"的精神和强旺的为政欲望，也不像孔子那样办"私立管理干部学院"以培养从政人才。他的目的是将所发现的天道观论证给世人，并对君王们有所告诫，进而对士子们做一般性的指导。因此，其术层次的无为和不争展开于技层次，就表现为守弱、用无、不敢为天下先。这并非为政之技，而是认识和处理矛盾的态度和方式。

近年来，有人提出"道学渊源于先民母系氏族社会的原始宗教的女性生殖崇拜文化"的观点，是值得注意的。虽然不能说老子思想就是母系氏族的原始宗教的女性生殖崇拜文化的展现，但他思想中却包含着对女性、雌、母的推崇，这不仅表现于道、法层次，也表现于术、技层次。术层次的无为和不争，明显带有女性意识的因素，而技层次的守弱、用无、不敢为天下先也受女性意识的影响。这一点，是与其他诸子不同的。

老子的"守弱",并不是简单地用辩证法的"对立统一"就可以证明的,更不是一些人所认为的是"阴谋"的体现。老子思想技层次的"守弱",以及"用无""不敢为天下先",都是他天道观的具体化,是其思想法层次之德展开的术层次无为和不争的再展开,表明老子处理现实事物的态度和方式。

> 天下有始,以为天下母。既得其母,以知其子;既知其子,复守其母,没身不殆。
> 塞其兑,闭其门,终身不勤。开其兑,济其事,终身不救。
> 见小曰明,守柔曰强。用其光,复归其明,无遗身殃。是为习常。①

"守柔曰强",是从天下万物本原于道说起,道是天下万物之母,万物由道而生,体道明道依道就能认知万物,认知万物还要回归于道,道与物,母与子内在统一。达到这样的认识,就可以避免犯错和危险。也正是"天下有始"道生万物的第一步,道所转化的是"无",由"无"再生"有",无与有相结合,才生出万物。万物之中都有两个基本属性,一是无,二是有,无先于有,大于有,弱是无的具体表现,因而"守弱曰强"。守弱,就是明确地守住无先于有,无大于有这个道之基本,闭塞感官,控制情欲,终身都不必受劳苦。如果背离此道,任由感官之引诱,放纵追求情欲之满足,一辈子都不得安宁。闭塞感官,控制情欲,无欲而无求,似乎是柔,但其结果却是强。能够体察细微才是明,坚守柔弱才是真的坚强。从细微中认知道,依从道之常明白事情物理,就不会有祸灾。

守弱就是知无,只有明白无先于有,大于有,才能清楚一味地从有来追求感官享受和欲望的满足对人生来说是有祸害的,闭塞感官,控制情欲则是回归无的状态,才是合乎天道的,才能平安和长生。这个道理,不仅

---

① 《老子·五十二章》。

个体人必须知道，总体性的治国更要明确。

> 大国者下流，天下之交，天下之牝。牝常以静胜牡，以静为下。
> 故大国以下小国，则取小国；小国以下大国，则取【于】大国。故或下以取，或下而取。
> 大国不过欲兼畜人，小国不过欲人事人。夫两者各得其所欲，大者宜为下。①

柔弱表现为低下，但低下的川谷正是水流归之处。大国之所以能成为大国，就在于它的统治者知道水流于下，以谦和低下的姿态对待小国，就能使小国归顺。大国以谦和低下的姿态存在，就会成为天下的归依，从而守住天下之雌的位置，以柔弱待刚强。雌性常以其柔静胜雄性之刚强。大国谦和低下地对待小国，小国会归附大国；小国以谦和低下的姿态对待大国，也会为大国接纳并护卫。可见，不论大国还是小国，都要保持柔弱谦和低下的姿态相待，大国更应如此。

用无是守弱的延伸，天道所先生的无，并不是空，更不是无用，它是构成万物的基本属性，也是万物之用的展现。

> 三十辐共一毂，当其无，有车之用。
> 埏埴以为器，当其无，有器之用。
> 凿户牖以为室，当其无，有室之用。
> 故有之以为利，无之以为用。②

用三十根木辐做车轮，只有恰当地拼摆其与毂的空无间隔，才能成轮而行

---

① 《老子·六十一章》。
② 《老子·十一章》。

车。和土为泥做陶器，能够用来盛物的是它的空无之处。盖房子要造出门窗，只有门窗的空无，才使房子可以进出通风而居住。"当其无"为用，这是最为简单的道理，也是人们每时每刻都在践行的，但又是最容易被人忽略，甚至从相反的角度认为有是有用的，无是无用的。老子则从实用性说明无的重要：如果只有三十条车辐，或者不按适当的空无间隔来拼摆，是不可能成为车轮的；泥土做陶器，都要先设计好其所用的空间，依空间来造型才是有用的；"凿户牖以为室"，可以说是盖房子，但老子所指更可能是凿挖窑洞，这在他任职的周王室所在的洛阳附近是通常的民居，当时可能是普遍性的。在一面黄土高坡下凿挖"有"之土，开出门窗及洞内空"无"之处，才是可供居住的。

世上万物都是无与有两种属性结合而成，人所用的物品，不论车轮、陶器、房屋（窑洞），还是其他各种器物，都是无与有的结合，而其用则在"当其无"。并非只要是无就可用，可用与否在于"当"，也就是主体的需要与客体构造的统一，这种统一是由无和有的有机结合构成的。人以其有用物之无，满足生活的需要。当然，老子绝非只是从常识意义上说明"无"之为用的重要性，他是从这样简单的道理来论证处世为人，乃至治国安天下的一般规律。

> 持而盈之，不如其已；揣而锐之，不可长保。
> 金玉满堂，莫之能守。富贵而骄，自遗其咎。
> 功遂身退，天之道。①

追求占有欲的满足，不如停止这种追求。刀剑之锋锐利，但不可保持久长。拥有满屋的金玉，却不可能永远守住；富贵者骄傲自满，势必自招灾祸。事业成功而身退，是天道的体现。"持而盈之"，是对有的追求，一味地追求占有总会觉得贫穷，停止这种追求而知足，才是真正的富。

---

① 《老子·九章》。

> 罪莫大于多欲，祸莫大于不知足，咎莫大于欲得。故知足之足，常足矣。①

老子深入地考察了人的欲求与所得的矛盾。欲求之多往往是不可能充分满足的，在欲求的驱使下不断追求所得之有，就会招致外来或自身的灾祸。因此，最大的罪是多欲，最大的祸来自不知足，最大的错在于欲得到更多的有。而从无的角度知道满足，不因多欲、不知足、欲得而导致祸害，是真正的满足。因此，人生处世，必须用无的观念考虑问题，"知足者富"②。

用无之技，不仅体现于财富，还体现于名位上。财富和名位，都是有，对它们的追求，都是受自身欲望的驱使，但人们却往往忘了一个基本道理，

> 名与身孰亲？身与货孰多？得与亡孰病？
> 是故甚爱必大费；多藏必厚亡。
> 知足不辱，知止不殆，可以长久。③

名位与身体相比，哪个与我更亲近？财货与身体相比，哪个对我最重要？一味追求名利者，往往忽略了身体对我的重要，也就是忽略了我的主体性，把本来是身外的名利看得比主体我更重要。而追求名利势必给身体造成损害，直接伤了主体之我。因此，必须明白失去一些名利比获得它们更有利于我的身体和主体性。知足就不会受屈辱，适可而止可以避免危险，从而使我身保持久长。

用无，是以德体道而明无为不争之术的体现，而非无能无知就可以达到的。

---

① 《老子·四十六章》。
② 《老子·三十三章》。
③ 《老子·四十四章》。

> 知人者智,自知者明。
> 胜人者有力,自胜者强。
> 知足者富。
> 强行者有志。
> 不失其所者久。
> 死而不亡者寿。①

知人者为智,自知才可为明;胜人者有力,自胜者才可为强;知足者为富;以自胜之力强行者为有志;不离天道根基者可以长久;身虽死而精神仍存者为长寿。自知、自胜、知足、强行,都是用无的表现,其根据就在于依道而行为,这样的人虽然死了但精神却长存人们的记忆中。

能够无为处世者,其表现往往是

> 大成若缺,其用不弊。
> 大盈若冲,其用不穷。
> 大直若屈,大巧若拙,大辩若讷。
> 躁胜寒,静胜热。清静为天下正。②

有大成就者似乎有缺陷,但其功用持久。有大智能者似乎虚弱,而其功用无穷。大正直者似乎弯曲,大巧者似乎笨拙,大辩者似乎口吃。这些都是用无的表现,正是因为用无,他们才有大智能和大成就,而其表现出来的缺陷、虚弱、弯曲、笨拙、口吃,正是无的功用,他们充分把握了有与无的有机统一。用无是以有为条件的,如果没有大成、大盈、大直、大巧、大辩之有,就是真的缺、冲、屈、拙、讷,而非"若"了,也就确实无用

---

① 《老子·三十三章》。
② 《老子·四十五章》。

了。燃火可以驱走寒冷，心情清静可以耐得炎热。能保持心情清静者可以成为真正的君长。保持心情清静，是用无之技的集中体现。

老子进而主张以用无之技治国理政，

> 其政闷闷，其民淳淳；其政察察，其民缺缺。
> 祸兮福之所倚，福兮祸之所伏。孰知其极？其无正。正复为奇，善复为妖。人之迷，其日固久。
> 是以圣人方而不割，廉而不刿，直而不肆，光而不耀。①

善为政者对民间事务似乎不清楚，任民自为之，这样民风就纯朴淳厚，如果什么事都要立规矩，细致地监察管制，破坏民众自然生存之德，他们势必以狡诈的心智来应对统治。老子在这里强调民众是依天道而自然生活的，为政者用无而治，不破坏民众的淳厚纯朴，这样的政治才是合乎天道的，也是安定平稳健康的。用无正是无为的具体化。福与祸是相倚附的，并没有固定不变的福或者祸，只有认知其相互的转化，不要一味求福，忽略祸会随之而来。这与正会变为奇，善会变为怪异是相似的，这是由来已久就困惑人的问题，必须充分注意这种转化关系，以用无来对待这种变化。掌握了用无之技的圣人，精神方正而不会伤人，思想锐利却不害人，品行正直却不放肆，有智慧却不去显耀，这三点恰是对用无之技的概括。

"不敢为天下先"是守弱和用无的集合和延伸，老子说：

> 天下皆谓我大，似不肖。夫唯大，故似不肖。若肖，久矣其细也夫！
> 我有三宝，持而保之：一曰慈，二曰俭，三曰不敢为天下先。慈，故能勇；俭，故能广；不敢为天下先，故能成器长。
> 今舍慈且勇，舍俭且广，舍后且先，死矣！

---

① 《老子·五十八章》。

夫慈，以战则胜，以守则固。天将救之，以慈卫之。①

"不敢为天下先"，常被人说成是保守、不敢闯、不敢创新。这只是字面上的解释，若从老子的思想体系看，"不敢为天下先"正是他道、法、术、技层次思想的具体展现。这里老子以第一人称"我"阐述说：天下人都说我大，与普通人不同，正是因为我大，才与普通人不同，如果相同，我也就成为细小了。我之所以大，是因为有三个法宝，一直在保全着，其一是慈，其二是俭，其三是不敢为天下先。由于慈，所以有勇气；由于俭，所以有充足的财物可供消费；由于不敢为天下先，不将自身私利摆在第一位，所以能够增长才智成为做大事业的人。如果舍慈而勇，舍俭而侈费，舍后而将自身私利先于天下，那就必死无疑了。因为君主慈爱兵民，所以攻敌则胜，卫御而不可破。天道保护的，就是慈爱民众的人。

从文中可以看出，老子说的"我"，实际是指明道之圣人君主，其三宝，也都是从治国待民而说的。慈，是以慈爱之心对待民众，俭，是节俭君主和国政之开支，不敢为天下先，也就是不为一己之私而争斗。

不敢为先天下，也就是修德体道者的处世方式。

天长地久。天地之所以能长且久者，以其不自生，故能长生。

是以圣人后其身而身先，外其身而身存。非以其无私邪？故能成其私。②

这个世界上，最为久长的是天地，之所以如此，就因为天地不是为自私之利而生，而是自然地作为万物的生存条件。圣人效法天地，将自己私利放在众人利益之后，因而才能成为众人的首领，不注重自己身体和利

---

① 《老子·六十七章》。
② 《老子·七章》。

益，却保重了身体得到了利益。圣人并非无私，但他以其无私成就了他自己的名与利。

"不敢为天下先"是"无为""不争之术"的具体化，也是"用无"之技的延伸。"无"作为天道展开的第一种属性，不仅存在于外在的万物人事之中，也体现于内在的自我主体存在。对无的观念性认识，不仅要用在万物人事上，更要用于自我认识和约束上。我作为一个生物个体，是有欲求的，普通人也都把自己欲求的满足放在"天下先"的位置。圣人之所以成为不同于普通人的"大"，就在于以无的观念来约束自己，他不是没有欲求和私利，但"不敢为天下先"，即不将自己的私利摆在"天下"人利益之先，因而能慈爱他人，俭朴生活，并因为优先考虑天下人的公利，所以成为天下人的领导者，而这又使他成就了"大"的个人利益。

"不敢为天下先"，以"无"的观念来看待自己，约束自己的私利和行为，是老子技层次对其思想系统的集合性论述。从天道观规定世界本原，以无私为天地万物人事的基本属性，以德体道行道，势必以无为和不争为术，无为和不争展开于守弱、用无，以至"不敢为天下先"，即将自我的私利放在天下人公利之后，这样，就将抽象的天道观展现于我的思想和行为中，不仅泰然处事，而且能带领天下人遵行天道。

> 宠辱若惊，贵大患若身。
> 何谓宠辱？宠为下。得之若惊，失之若惊，是谓宠辱若惊。
> 何谓贵大患若身？吾所以有大患者，为吾有身，及吾无身，吾有何患？
> 故贵以身为天下，若可寄天下；爱以身为天下，若可托天下。[①]

人会因受宠而惊喜，因受辱而惊怕，其原因是身份低卑，而且从低卑角度

[①] 《老子·十三章》。

考虑自身之得失，所以会得宠惊喜，失宠受辱惊怕。从自身利益看待宠辱，总会觉得有重大危难，忧患不已。老子认为，这是不能用无于己的表现。之所以会忧患危难，就在于追求自身利益，如果我不考虑自身利益，还有什么危难？因此，将自身利益后于并服从天下公利的人，天下人才能将公利希望于他；像爱护自己生命那样爱护天下人的人，天下人才会将天下公利之权事委托给他。这种"贵以身为天下""爱以身为天下"的人，就是真正修德体道行道的人，是不为自己私利而为而争的人，是守弱用无不敢为天下先的圣人。至此，老子思想系统的基本观念得以具体展示，而那些关于老子思想"保守""倒退"及望文生义的注释，亦可休矣。

二 孔子思想之技层次：学思、知勇、孝悌与利禄德

孔子一生主要是研究学问和授徒，他思想的技层次，是术层次正名主张和忠恕、义信的具体化，其内容是相当丰富的，要点为学思、知勇、孝悌与利禄德。

孔子作为一个士人，并没有从政的先天优势，所教的学生，绝大多也和他一样，为了取得社会地位并推行其政治主张，唯一途径就是学，他的一生，也可以说是学的一生。

> 子曰："吾十有五而志于学，三十而立，四十而不惑，五十而知天命，六十而耳顺，七十而从心所欲，不逾矩。"①
>
> "我非生而知之者，好古，敏以求知者也。"②

从学中孔子领悟了道理，学使他感到生活的愉快，"学而时习之，不亦说

---

① 《论语·为政》。
② 《论语·述而》。

乎"!①孔子所学范围包括从政所需要的全部知识和方法,《论语》多次提到"博学",以及"学礼""学道""学易""学诗""学文"。"志于道,据于德,依于仁,游于艺。"②其中"艺"为礼、乐、射、御、书、数"六艺"。他所教学生的,就是其所学和思想的成果,"学而不厌,诲人不倦"③。但对于农业技艺,他却排斥于学的范围,

> 樊迟请学稼。子曰:"吾不如老农。"请学为圃。曰:"吾不如老圃。"
>
> 樊迟出。子曰:"小人哉,樊须也!上好礼,则民莫敢不敬;上好义,则民莫敢不服;上好信,则民莫敢不用情。夫如是,则四方之民襁负其子而至矣,焉用稼。"④

为政是统治民的,而不是如何为民,民之技艺不论稼,还是其他工艺,都不是孔子所学所教的内容。

> 子曰:"由也!女闻六言六蔽矣乎?"对曰:"未也。""居!吾语女。好仁不好学,其蔽也愚;好知不好学,其蔽也荡;好信不好学,其蔽也贼;好直不好学,其蔽也绞;好勇不好学,其蔽也乱;好刚不好学,其蔽也狂。"⑤

仁、知、信、直、勇、刚,是六种品德,但如果只是追求这六种品德,不学以明其道理,那么就会出现与之相反的弊端:好仁不好学者愚,好知(智)不好学者荡,好信不好学者贼,好直不好学者绞,好勇不好学者乱,

---

① 《论语·学而》。
② 《论语·述而》。
③ 《论语·述而》。
④ 《论语·子路》。
⑤ 《论语·阳货》。

好刚不好学者狂。这段话可能是孔子发现了子路的缺点,专对他讲的,但也有一般性,强调好的品德必须经过学习才能得到。

孔子强调学与思相统一,

> 子曰:"学而不思则罔,思而不学则殆。"①

> "季文子三思而后行。"子闻之,曰:"再,斯可矣。"②

> 孔子曰:"君子有九思:视思明,听思聪,色思温,貌思恭,言思忠,事思敬,疑思问,忿思难,见得思义。"③

作为一个学者,孔子深知学与思的内在关系,只学不思,不能理解所学的内容,就会产生众多疑惑,通过思考来理解则不会有疑惑,但如果思而不学,则会误入迷途。思又是行的前提,但凡要做一件比较重大的事情,不仅要像"季文子三思而后行",还要"再"思。而思,就是思考所见、所听的准确性,思考以温和的神色、庄重恭敬的态度对待他人,思考用忠实的言语与人交谈,思考敬业行事,遇到疑难要想去问明白人,发怒时要想到如不慎行为而带来的后患,有利可图时要考虑合乎义。在孔子看来,这九思涉及人生活的各个方面,不仅要思,还要学习前人的经验和一般性道理。

> 子曰:"吾尝终日不食,终夜不寝,以思,无益。不如学也。"④

---

① 《论语·为政》。
② 《论语·公冶长》。
③ 《论语·季氏》。
④ 《论语·卫灵公》。

这是关于思而不学则殆的经验之谈，从自己的体验进一步说明学与思的统一性。孔子在教导学生时，也是学思并举，尤其注重启发学生思考。

学与思的目的都在于"知"。知者，既包括知识和技能，也包括智慧。孔子认为，"知"首要是对天道、人道的领悟，是对以仁复礼的认识和中庸之法的把握，进而是对具体事物的知识和处理问题的技能。孔子的"知"是有目的的，要服从正名的主张和以仁复礼的宗旨，而非泛泛的掌握知识。

> 孔子曰："不知命，无以为君子也；不知礼，无以立也；不知言，无以知人也。"①

> 樊迟问知。子曰："务民以义，敬鬼神而远之，可谓知矣。"②

求知，要有一个正确的态度，

> 子曰："由，诲女知之乎？知之为知之，不知为不知，是知也。"③

通过对子路的教训，说明真正的知，就是要知道自己知了什么不知什么，不要把不知认为知。

孔子强调，知要归于仁，要依仁而把握和发挥。

> 知及之，仁不能守之，虽得之，必失之。知及之，仁能守之，不庄以莅之，则民不敬。知及之，仁能守之，庄以莅之，动

---

① 《论语·尧曰》。
② 《论语·雍也》。
③ 《论语·为政》。

之不以礼，未善也。①

知，不论知识还是智慧，都属"用"的范畴，有了知，不能将它归结于仁，用于以仁复礼，那么虽然得到知也就会失去。有了知，也要将它归结于仁，如果不严肃地对待它，也得不到民的尊敬。有了知，又将它归结于仁，并严肃对待它，但不用于复礼，也达不到至善的程度。可见，在孔子那里，知是实行其以仁复礼宗旨和正名主张之技，只有服从于这个宗旨和主张的知，才是真知。

"勇"，往往与知相对应，也是孔子思想技层次必要的环节。《说文解字》："勇，气也。从力，甬声。勇或从戈用，古文勇从心。"勇既指勇力，更指人的意志、气魄、胆量。孔子认为，勇必须与知相结合，而且要归结于仁和礼。他告诫子路："好勇不好学，其蔽也乱。"②勇可以体现于武力，在"御""射"中展示，但孔子更强调勇与知结合，作用于以仁复礼。

> 子曰："君子道者三，我无能焉：仁者不忧，知者不惑，勇者不惧。"子贡曰："夫子自道也。"③

"勇者不惧"，勇作为一种素质，不仅体现于武力，更要体现于思想，对于错误的观念，要勇于辩驳，对于错误的行为，要勇于批评。仁之不忧，知之不惑，勇之不惧三者在孔子那里是统一的。

孔子也注意到，勇作为技，不仅可以统一于知和仁，也会脱离知和仁，那时勇的作用就是负面的，

> 子曰："有德者必有言，有言者不必有德；仁者必有勇，勇

---

① 《论语·卫灵公》。
② 《论语·阳货》。
③ 《论语·宪问》。

者不必有仁。"①

虽说勇者可以不必有仁,但仁者必须有勇。仁者之勇是与知与义相通的,

> 子路问成人。子曰:"若臧武仲之知,公绰之不欲,卞庄子之勇,冉求之艺,文之以礼乐,亦可以为成人矣。"曰:"今之成人者何必然?见利思义,见危授命,久要不忘平生之言,亦可以为成人矣。"②

"成人"是指有成就、成功了的人,孔子认为勇与知、不欲、艺都是成功的必要素质,但什么是有成就的人?有成就的人就是在以仁复礼的大事业中有所作为的人,有某一方面优良素质的人,必须在礼乐的约束下,见利思义,见危授命,遵从总的宗旨,就是有成就的人。

孔子对学生的培养,注重品德和能力,强调要通过学与思而有所成就,并相应地提升社会地位。孔子出生不久父亲就死了,少年时母亲也亡故。正是这困难时期,有一事是令他终生难忘的大刺激。

> 孔子要绖,季氏飨士,孔子与往。阳虎绌曰:"季氏飨士,非敢飨子也。"孔子由是退。③

心怀丧母之痛的孔子,在季氏飨士时被阳虎拒之门外,说他不是"士",这使孔子在众士面前相当尴尬,羞愧之余发愤立志要努力有所成就。他自己说"吾十有五而志于学",大概就是由此而生发。他培养学生,也把成为士作为一个基本目标,但他不是像阳虎那样只看出身,而是强调品德能力。

---

① 《论语·宪问》。
② 《论语·宪问》。
③ 《史记·孔子世家》。

> 子贡问曰："何如斯可谓之士矣？"子曰："行己有耻，使于四方，不辱君命，可谓士矣。"曰："敢问其次。"曰："宗族称孝焉，乡党称悌焉。"曰："敢问其次。"曰："言必信，行必果，硁硁然，小人哉！抑亦可以为次矣。"曰："今之从政者何如？"子曰："噫！斗筲之人，何足算也？"①

这里引出了士的三个等次，第一等为行己有耻，使于四方，不辱君命，第二等为宗族称孝，乡党称悌，第三等为言必信，行必果。至于现在那些从政者，气度狭见识短，配不上士的称谓。

孔子的后继者，曾子一支相当注重"孝"，世传《孝经》即其托孔子名义写作。《论语》中，孝和悌都是技层次的必要环节，是成为士应有的素质。孝是与忠相对应的，并为忠的论据。忠为"敬""尽心"，往往特指臣下对君主的关系，而孝则是子与父关系的界定。子孝父是天然的，以孝证忠，是天道观的展现。对此，《孝经》有比较清楚的说明：

> 子曰："夫孝，德之本也，教之所由生也。复坐，吾语女。身体发肤，受之父母，不敢毁伤，孝之始也。立身行道，扬名于后世，以显父母，孝之终也。夫孝，始于事亲，中于事君，终于立身。"②

> 子曰："君子之事上也，进思尽忠，退思补过，将顺其美，匡救其恶，故上下能相亲也。"③

子孝父母，是由于父母给了生命和身体，臣忠君，则因为君主给了你权

---

① 《论语·子路》。
② 《孝经·开宗明义》。
③ 《孝经·事君》。

位。臣要像子孝父那样忠于君主。

对于"孝",孔子强调要遵"父之道",

> 子曰,"父在,观其志;父没,观其行;三年无改于父之道,可谓孝矣"。①

> 孟懿子问孝。子曰:"无违。"樊迟御,子告之曰:"孟孙问孝于我,我对曰:无违。"樊迟曰:"何谓也?"子曰:"生,事之以礼;死,葬之以礼,祭之以礼。"
> 孟武伯问孝。子曰:"父母唯其疾之忧。"
> 子游问孝。子曰:"今之孝者,是谓能养。至于犬马,皆能有养;不敬何以别乎?"
> 子夏问孝。子曰:"色难。有事,弟子服其劳;有酒食,先生馔,曾是以为孝乎?"②

对于如何尽孝,《论语》中孔子论说得已经很详细了,加之《孝经》的更为全面的论说,使"孝"成为一个相当充分的范畴,而以孝证忠,又是后来集权官僚制和官文化的必要内容。

"悌"是孝的延伸,它表示在孝的前提下,依仁的观念来处理兄弟之间的关系。"悌"不仅要求弟敬兄,更要求兄对弟的亲,《白虎通》云:"昆弟有亲",强调以亲情维系兄弟及家族间的关系。孔子对"悌"的重视,是以仁复礼的必要环节,在当时是有进步意义的。周礼制宗法规定"大宗(长子)继承制",从周王到诸侯、大夫、士,都由长子继承权位和土地、财产,次子及以后各子,都要从家中分出去,开始时还能分得一部分土地和财产,经时长久,他们的后代只能成为庶人。孔子就是这样的

---

① 《论语·学而》。
② 《论语·为政》。

贵族后代。孔子强调"悌",虽然没有针对权位、土地和财产,但主张兄弟都是一父之子,在亲情上应是平等的,弟敬兄,兄爱弟,大家共同孝事父母。进而从"悌"又可衍生出与社会上其他人的和睦相处。

> 子曰:"弟子入则孝,出则弟,谨而信,泛爱众,而亲仁。"①

孝、悌、信、爱、仁是内在相通的,孔子重视以孝悌考察人,也以孝悌为基本来培养学生。对此,有若体会较深:

> 有子曰:"其为人也孝弟,而好犯上者,鲜矣;不好犯上,而好作乱者,未之有也。君子务本,本立而道生。孝弟也者,其为仁之本与!"②

而子夏则从另一角度说对孝悌的看法,

> 子夏曰:"贤贤易色;事父母,能竭其力;事君,能致其身;与朋友交,言而有信。虽曰未学,吾必谓之学矣。"③

只有在家中能行孝悌者,才可以尽忠君主,与朋友交往才能言而有信。

在孔子思想中,孝悌不仅在理论上是忠恕的展开和支撑,也是他要求和培养学生所必备的品德,只有具备这个品德,才可以成士并从政。

诱以利、禄、德是孔子关于培养、利用从政人才的重要方式,也是其思想技层次的结点。章太炎曾指出:

> 儒家之病,就在于以富贵利禄为心。盖孔子当春秋之季,世

---

① 《论语·学而》。
② 《论语·学而》。
③ 《论语·学而》。

卿熏政，贤路壅塞，故其作《春秋》也，以非世卿见志；其教弟
子也，惟欲成就吏材，可使从政。……是儒家之湛心荣利，较然
可知。①

孔子及其弟子（除个别者如孟懿子）都是平民出身，也都是冀由求学而为仕者，而利、禄既是必要的生活来源，也是其身份的象征，德则是精神层面的追求。

利，益也，功用也。《说文解字》："利，铦也。从刀。和然后利，从和省。《周易》曰：利者，义之私也。"孔子并不反对利，但强调利要合于义。在孔子那里，利包含两方面的含义，一是从政者的个人利益，但从政者不能把追求个人利益放在第一位，而应依义而利。二是要充分考虑民众的生存利益，"小人喻于利"，只有认真对待民之利，才能得到民众拥护。

"因民之利而利之，斯不亦惠而不费乎？"②从仕为政者，既要考虑己之利，也要考虑民之利，二者应当统一起来，民因利而拥护政，政和而从者才有利，且可长远。从政者的利，主要体现于禄上。

禄是利的展开和具体形式，主要指官位和俸资。《说文解字》："禄，福也。从示，录声。"孔子的弟子，绝大多数是学而求仕者，其利就在于禄，为此，孔子认为君主要合适地运用禄这个手段，而他则教导学生正确地对待禄与道的关系。

> 子曰："君子谋道不谋食。耕也，馁在其中矣；学也，禄在其中矣。君子忧道不忧贫。"③

孔子反对"君子"和想要成为"君子"的人为谋食而从事农业，因为从

---

① 章太炎：《诸子学略说》，《章太炎政论选集》上册，中华书局1977年版，第289页。
② 《论语·尧曰》。
③ 《论语·卫灵公》。

事农业虽生产粮食，却吃不饱肚子。只有谋道而"学"，才有禄福。子夏说："学而优则仕"①，可见他是切实理解了孔子"学也，禄在其中"之意。学可以为政得禄，但为政却不是一件简单的事，不仅要知仁明义达礼，要有知有勇，还必须小心谨慎。对此，孔子从他短期的从政经验中深有体会。

  子张学干禄。
  子曰："多闻阙疑，慎言其余，则寡尤。多见阙殆，慎行其余，则寡悔。言寡尤，行寡悔，禄在其中矣。"②

自古官场是非多，孔子以自己从政经验告诫子张：要多了解情况，对疑难不解的事不要过问，对与己无关的事不要发表意见，这样就会减少麻烦。要增长见识，避免冒险，谨慎地办自己分内的事，必不致后悔。只要做到言寡尤，行寡悔，职位就可以保住，禄也就能拿到了。

  在求利谋禄的基础上，士之为政还要达德。德，古字悳，《说文解字》："悳，外得于人，内得于己也。"在《老子》中"德"是"道"的展开，而在孔子这里，其意更为具体，一是指为政的标准、原则，"德政"是为政的最高境界，是以仁复礼的实现。二是指为政者个人的品德和政绩，以及民众对他的拥戴，这是为政者价值的体现，也是其在利、禄基础上的更高追求。这两个方面是统一的，只有实行德政，才有为政者个人的价值和荣誉。

  子曰："为政以德，譬如北辰，居其所而众星共之。"③

  子曰："道之以政，齐之以刑，民免而无耻；道之以德，齐

---

① 《论语·子张》。
② 《论语·为政》。
③ 《论语·为政》。

之以礼，有耻且格。"①

这里讲了以德行政的必要性，对民施以德政，民因其所得而拥戴统治，就像众星都朝向北斗那样。而德政就是以仁复礼的表现，同时也要制定刑罚，德刑相配，民就会不违背刑而遵礼，并以此为标准形成羞耻心，自觉地不去触犯刑罚。

> 季康子问政于孔子曰："如杀无道，以就有道，何如？"
> 孔子对曰："子为政，焉用杀？子欲善而民善矣。君子之德风，小人之德草；草上之风必偃。"②

孔子认识到政治的基本关系是统治者与民的矛盾，这个矛盾中统治者是矛盾的主要方面，统治者为"风"，被统治者为"草"，统治者行德之风，自然会得到民众拥戴，而只会用杀，势必激化与民的矛盾。

《论语·颜渊》篇还记有子张和樊迟问"崇德"。孔子对子张的回答是"主忠信，徙义，崇德也。"对樊迟的回答是"先事后得，非崇德与？"③，以忠信为主导而行义，做好事然后必有所得，不应把得放在事先。这既是品德之德，也是有所得之德，孔子教导其学生要从德而得，既包括利、禄，又因合乎道、义而被他人拥护和赞誉。

孔子思想之技层次，由学而始，至德而成，其内容相当丰富，是在天道观和人道社会观的前提下，行正名之术，贯彻以仁复礼和中庸之法的具体环节和手段。孔子思想由此而自成一系统。

---

① 《论语·为政》。
② 《论语·颜渊》。
③ 《论语·颜渊》。

三　墨子思想之技层次：节用与非攻

墨子思想的系统性是比较清晰的，其术层次的交利与固本，展开于技层次，就是节用与非攻，这是农奴和平民劳动者利益和意识的具体展现。

节用是固本的具体化和必要环节，

> 圣人为政一国，一国可倍也；大之为政天下，天下可倍也。其倍之，非外取地也，因其国家去其无用之费，足以倍之。圣王为政，其发令、兴事、使民、用财也，无不加用而为者。是故用财不费，民德不劳，其兴利多矣。①

圣人为政，不必攻城略地，只要去掉无用之费，就可以增加一倍财利。墨子看到当时诸侯国的浪费，只要节省这些无用的浪费，就等于增加了财利。

> 去无用之费，圣王之道，天下之大利也。②

"节用"的关键，在于如何明确"用"。节用并不是不用，而是去掉"无用之费"，将之用于当用处。墨子的"节用"，主要指君主贵族的"无用之费"，民本来就连"用"都不足，也就没有"节用"问题，而君主贵族"节用"省下的财物和人工，则都应用于民之大利。墨子指出：

> 古者明王圣人所以王天下、正诸侯者，彼其爱民谨忠，利民谨厚，忠信相连，又示之以利，是以终身不餍，殁世而不卷。③

---

① 《墨子·节用上》。
② 《墨子·节用上》。
③ 《墨子·节用中》。

墨子以"古者圣王"为据,在《节用中》从工、食、衣、行、居、葬几个方面对"用"做了规定,在《辞过》中则在规定"用"之后,重点论如何"节用",其次序也略有变化,这里将两篇结合探讨。

工,是总体性的,是农之外的各种手工业,也是君主贵族"无用之费"的主要来源,墨子认为工之"用"的标准,在"足以奉给民用",其余"诸加费不加于民利者",都在"节"的范围。食、衣、行、居、葬几方面,在周礼中都有规定,墨子的"节用"直接针对周礼而发。

食,是人生的基本需要,也是君主贵族"无用之费"的重要方面,《节用中》云:

> 古者圣王制为饮食之法,曰:"足以充虚继气,强股肱,耳目聪明,则止。不极五味之调、芬香之和,不致远国珍怪异物。"①

《辞过》篇论说得更为详细:

> 古之民未知为饮食时,素食而分处。故圣人作,诲男耕稼树艺,以为民食。其为食也,足以增气充虚、强体适腹而已矣。故其用财节,其自养俭,民富国治。②

食是补充人体营养的,增气充虚、强体适腹,使耳目聪明即可。因此并不用太多的财物和劳力。但是,

> 今则不然,厚作敛于百姓,以为美食刍豢,蒸炙鱼鳖,大国

---

① 《墨子·节用中》。
② 《墨子·辞过》。

累百器，小国累十器，前方丈，目不能遍视，手不能遍操，口不能遍味，冬则冻冰，夏则饰饐，人君为饮食如此，故左右像之。是以富贵者奢侈，孤寡者冻馁，虽欲无乱，不可得也。君实欲天下治而恶其乱，当为食饮不可不节。①

如此奢侈之食。远远超出人体需要，精美食品累至百器、数十器，摆成方丈，"目不能遍视，手不能遍操，口不能遍味"，以致冬天冻冰，夏天馊臭。不仅君主如此，其左右贵族官员也效法，浪费大量食物和人工。这是造成民众饥寒的重要原因，君主如果不想发生动乱而保住国家，就必须节制自己和贵族、官员的食饮。

衣，是遮体御寒的需要，《节用中》：

> 古者圣王制为衣服之法，曰："冬服绀緅之衣，轻且暖；夏服絺绤之衣，轻且清，则止。"诸加费不加于民利者，圣王弗为。②

《辞过》先论圣王如何教妇人纺织丝麻布绢，以为民衣：

> 故圣人为衣服，适身体、和肌肤而足矣，非荣耳目而观愚民也。③

进而说，

> 当今之主，其为衣服，则于此异矣。冬则轻煖，夏则轻清，皆已具矣。必厚作敛于百姓，暴夺民衣食之财，以为锦绣文采靡

---

① 《墨子·辞过》。
② 《墨子·节用中》。
③ 《墨子·辞过》。

䩅曼之衣。铸金以为钩，珠玉以为佩，女工作文采，男工作刻镂，以为身服。此非云益煖之情也，单财劳力，毕归之于无用也。以此观之，其为衣服，非为身体，皆为观好。是以其民淫僻而难治，其君奢侈而难谏也。夫以奢侈之君御好淫僻之民，欲用无乱，不可得也。君实欲天下之治而恶其乱，当为衣服不可不节。①

君王之衣服，"非为身体，皆为观好"，说的是多么精准！这种"锦绣文采䩅曼之衣"，不仅浪费大量材料人工，更造成追求奢华虚荣的社会风气，以致"其民淫僻而难治"。君王如不想乱国丧国，必须节用其衣。

行，利行之工具为车舟，《节用中》：

车为服重致远，乘之则安，引之则利，安以不伤人，利以速至，此车之利也。古者圣王为大川广谷之不可济，于是利为舟楫，足以将之，则止。虽上者三公、诸侯至，舟楫不易，津人不饰，此舟之利也。②

车舟为代步工具，以利远行，以利渡江河，此其"用"也。《辞过》篇说：

圣王作，为舟车，以便民之事。其为舟车也，完固轻利，可以任重致远。其为用财少，而为利多，是以民乐而利之。③

舟车之"用"在利行，因而"完固轻利""任重致远"足矣，且又不必费财力，但是，

当今之主，其为舟车与此异矣。完固轻利皆已具，必厚作敛

---

① 《墨子·辞过》。
② 《墨子·节用中》。
③ 《墨子·辞过》。

于百姓，以饰舟车，饰车以文采，饰舟以刻镂。女子废其纺织而脩文采，故民寒；男子离其耕稼而脩刻镂，故民饥。人君为舟车若此，故左右象之，是以其民饥寒并至，故为奸邪。奸邪多则刑罚深，刑罚深则国乱。君实欲天下之治而恶其乱，当为舟车不可不节。①

作为行的工具，舟车之"完固轻利"是其基本，"任重致远"为其功能，而"饰车以文采，饰舟以刻镂"并无实用价值，却耗费大量人工，以致女子为修车之文采而废纺织，男子为修车之刻镂而废耕稼，由此"饥寒并至"，以致造成社会的奸邪动乱。保留舟车之"完固轻利"，去掉文采刻镂，并不影响其"任重道远"功能，却可使大量的女子从事纺织，男子从事耕稼，民无饥寒，亦无奸邪动乱，天下可以大治。

居，是人生存之所，宫室为必要的生活资料，也是人类进步的表现，《节用中》：

> 古者人之始生，未有宫室之时，因陵丘堀穴而处焉。圣王虑之，以为堀穴，曰冬可以避风寒，逮夏，下润湿上熏烝，恐伤民之气，于是作为宫室而利。然则为宫室之法，将奈何哉？子墨子言曰："其旁可以圉风寒，上可以圉雪霜雨露，其中蠲洁，可以祭祀，宫墙足以为男女之别，则止。"诸加费不加民利者，圣王弗为。②

"宫室"原为房屋，是古之圣王指导民所建，其基本功能就是御风寒雪霜雨露，以及祭祀和别男女。《辞过》对宫室基本功能的论说与《节用中》相同，进而说：

---

① 《墨子·辞过》。
② 《墨子·节用中》。

> 是故圣王作，为宫室，便于生，不以为观乐也；作为衣服带履，便于身，不以为辟怪也。故节于身，诲于民，是以天下之民可得而治，财用可得而足。
>
> 当今之主，其为宫室则与此异矣。必厚作敛于百姓，暴夺民衣食之财，以为宫室台榭曲直之望、青黄刻镂之饰。为宫室若此，故左右皆法象之，是以其财不足以待凶饥，赈孤寡，故国贫而民难治也。君实欲天下之治，而恶其乱也，当为宫室不可不节。①

相比于食、衣、行，君王之居浪费更大，其宫室"台榭曲直之望，青黄刻镂之饰"，都与居的基本功能无关，而是"以为观乐"。也正因满足君主及其左右贵族、高官的观乐之欲求，大量役用民力，"暴夺民衣食之财"，导致"国贫而民难治"。《辞过》篇将"为宫室不可不节"作为"辞过"之首，可见统治者为其"观乐"之欲在宫室上的浪费对民危害之大，而其国乱乃至败亡，都与此密切相关。墨子从民的角度深刻认识到这种危害，其节制宫室基本功能之外"加费"的说法，虽然对统治者也是有利的，但却不可能得到其赞同。

葬，是对人死后尸体的处理，墨子从天道观出发，认为人生自然，死也自然，《节用中》：

> 古者圣王制为节葬之法，曰："衣三领，足以朽肉；棺三寸，足以朽骸；堀穴，深不通于泉，流不发泄，则止。"死者既葬，生者毋久丧用哀。②

这是合乎天道的节葬之法，也是庶民劳动者主张的葬法，但周礼制却从上

---

① 《墨子·辞过》。
② 《墨子·节用中》。

帝观出发,将葬礼作为礼制的重要内容。墨子对"节葬"尤为重视,并以三篇专文系统论述,可惜《节葬上》《节葬中》已阙,仅余《节葬下》。但也可看出其观点之要。对于当时通行的"厚葬久丧",墨子指出:

> 此存乎王公大人有丧者,曰棺椁必重,葬埋必厚,衣衾必多,文绣必繁,丘陇必巨;存乎匹夫贱人死者,殆竭家室;存乎诸侯死者,虚车府,然后金玉珠玑比乎身,纶组节约车马藏乎圹,又必多为屋幕、鼎、鼓、几、梃、壶、滥、戈、剑、羽、旄、齿、革,寝而埋之,满意。若送从,曰天子杀殉,众者数百,寡者数十;将军、大夫杀殉,众者数十,寡者数人。①

这样的厚葬,不仅浪费巨额财物,甚至还使用人殉。王公大人虽有财可葬,但如此浪费,势必贫国贫家,而贱人平民,则"殆竭家室"。而处丧的活人,则应:

> "哭泣不秩,声翁,缞绖,垂涕,处倚庐,寝苫枕块;又相率强不食而为饥,薄衣而为寒。使面目陷䐄,颜色黧黑,耳目不聪明,手足不劲强,不可用也。"又曰:"上士之操丧也,必扶而能起,杖而能行,以此共三年。"②

如此处丧,就是折磨活人,不停地哭泣,"不食而为饥,薄衣而为寒",以致面目干瘦,颜色黧黑,耳目不聪明,手足无力。墨子批评道:

> 若法若言,行若道,使王公大人行此,则必不能蚤朝五官六府,辟草木,实仓廪。使农夫行此,则必不能蚤出夜入,耕稼树

---

① 《墨子·节葬下》。
② 《墨子·节葬下》。

艺。使百工行此，则必不能修舟车、为器皿矣。使妇人行此，则必不能夙兴夜寐，纺绩织纴。细计厚葬，为多埋赋之财者也；计久丧，为久禁从事者也。财以成者，扶而埋之；后得生者，而久禁之。①

久丧不仅折磨死者亲人，更会严重影响政治和经济生活，不能生产财物，还会减少人口，所以，

今唯无以厚葬久丧者为政，国家必贫，人民必寡，刑政必乱。②

对于这种状况，墨子举尧、舜、禹皆节葬而论曰："若以此若三圣王者观之，则厚葬久丧，果非圣王之道。"③进而指出，"故衣食者，人之生利也，然且犹尚有节；葬埋者，人之死利也，夫何独无节于此乎"？④这两个论据，都是很有力的，厚葬久丧既与古圣王相违，更不利于国计民生，所以，

今天下之士君子，中请将欲为仁义，求为上士，上欲中圣王之道，下欲中国家百姓之利，故当若节丧之为政，而不可不察此者也。⑤

墨子对节葬的论证，即使《节葬》篇上、中已阙，也可以看出其是代表下层劳动者的，而其论据充分，但只能被无权无势的劳动者接受，统治者以

---

① 《墨子·节葬下》。
② 《墨子·节葬下》。
③ 《墨子·节葬下》。
④ 《墨子·节葬下》。
⑤ 《墨子·节葬下》。

至孔子儒派士子,都不同意节葬,而《淮南子·要略》说墨子初学儒业,受孔子之术,"以为其礼烦扰而不说,厚葬靡财而贫民,服伤生而害事,"由此另立学说学派。

节葬作为节用的最后一个环节,对于浪费财物人力最多的厚葬久丧的批判,是墨子思想道、法、术的具体展现,充分表达了当时下层劳动者的利益和要求,虽然不为统治者所接受,却也给其后两千多年的厚葬久丧恶习确立了一个评判标准。而这两千多年统治者在葬及食、衣、居、行上财物和人力的浪费,正是中国文明停滞,劳动群众饥寒贫苦的重要原因。

非乐,既是节用的延伸,也是墨子反对周礼的又一体现,是其思想技层次的一个必要环节。

乐与礼,都是封建统治者标志其地位身份的一种形式,"礼乐"并称,而乐是礼的辅助,又是统治者的享受。墨子之非乐,也是对周礼的批判。

> 子墨子言曰:"仁之事者,必务求兴天下之利,除天下之害,将以为法乎天下,利人乎即为,不利人乎即止。且夫仁者之为下天度也,非为其目之所美,耳之所乐,口之所甘,身体之所安,以此亏夺民衣食之财,仁者弗为也。"是故子墨子之所以非乐者,非以大钟、鸣鼓、琴瑟、竽笙之声,以为不乐也;非以刻镂、华文章之色,以为不美也;非以犓豢煎炙之味,以为不甘也;非以高台、厚榭、邃野之居,以为不安也,虽身知其安也,口知其甘也,目知其美也,耳知其乐也,然上考之,不中圣王之事;下度之,不中万民之利。是故子墨子曰:"为乐,非也!"①

这里明确地论说了非乐的理由:"不利人乎即止。"君主贵族们为了其"目之所美,耳之所乐,口之所甘,身体之所安",而"夺民衣食之财",这是大不利人的,仁者必须"弗为"之。墨子主张节用,而乐是用于悦耳的手

---

① 《墨子·非乐上》。

段，墨子非乐，并不是说乐声不悦耳，看到刻镂、文采为不美，煎烤犓豢之味为不甘，高台、厚榭、邃野之居为不安，而是认为它们"不中万民之利"，因而非之。

对于"今王公大人"所说的造乐器、兴乐事是"为事乎国家"，墨子批驳道：制造乐器，"非直接潦水，折壤坦而为之也，将必厚敛乎万民，以为大钟、鸣鼓、琵琶、竽笙之声"。① 大钟、鸣鼓、琵琶、竽笙都要费工费物，并不像掊路上积水，拆一段土墙那么容易，而其所费工物，都厚敛于民，因而要反对。

除造乐器费工费物，乐器的演奏也要用人工，而且不能用老年与迟钝者，只能：

> 必使当年，因其耳目之聪明，股肱之毕强，声之和调，眉之转朴。使丈夫为之，废丈夫耕稼树艺之时；使妇人为之，废妇人纺绩织纴之事。今王公大人，唯毋为乐，亏夺民衣食之财，以拊乐如此多也。是故子墨子曰："为乐，非也！"②

不仅大量的青壮年劳动力被用来奏乐，而且王公大人还要找人陪同听乐，

> 今大钟、鸣鼓、琴瑟、竽笙之声，既已具矣，大人铺然奏而独听之，将何乐得焉哉？其说将必与贱人，不与君子。与君子听之，废君子听治；与贱人听之，废贱人之从事。③

如果养成拊乐的喜好，沉湎于听乐，那么，王公大人，就会不理国事，士君子不管政事，不去收税敛利，农夫不事耕稼，妇人不事纺织，这样，势必造成国弱民贫，

---

① 《墨子·非乐上》。
② 《墨子·非乐上》。
③ 《墨子·非乐上》。

是故子墨子曰:"今天下士君子请将欲求兴天下之利,除天下之害,当在乐之为物,将不可不禁而止也。"①

在墨子看来,乐是"不利人"的,不仅是"节"的问题,而应"非"而"禁"之。"非乐"与"节用"所涉及的食、衣、居、行、葬在周礼中都有所规定,是封建领主制的必要因素。墨子从"利民"与否批判这些奢靡现象,虽不直接针对制度,但不论"节用"和"非乐",都势必涉及制度的改变,只有按他的"尚贤""尚同"之法和"交利""固本"之术进行变革,才能实现。虽然当时并没有实现的条件,但墨子思想的系统性却是明确而充分的。

"非攻"是墨子思想技层次又一具体内容,是"非乐"和"节用"的延伸。墨子所处的春秋末战国初,诸侯间的征战频仍,这是封建领主制内在矛盾的集中体现,大国争霸称雄,就是对周礼制的破坏,墨子的非攻并不是要维护周礼的封建领主制,而是从下层劳动者的角度反对战争。《墨子》中以"非攻"为题的三篇文章,雄辩地论证了其"非攻"主张,是他思想系统的具体展现。《非攻上》从一个基本常识论起:

今有一人,入人园圃,窃其桃李。众闻则非之,上为政者得则罚之。此何也?以亏人自利也。至攘人犬豕鸡豚者,其不义又甚入人园圃窃桃李。是何故也?以亏人愈多,其不仁兹甚,罪益厚。至入人栏厩、取人马牛者,其不仁义又甚攘人犬豕鸡豚。此何故也?以其亏人愈多。苟亏人愈多,其不仁兹甚,罪益厚。至杀不辜人也,拖其衣裘、取戈剑者,其不义,又甚入人栏厩取人马牛。此何故也?以其亏人愈多。苟亏人愈多,其不仁兹甚矣,

---

① 《墨子·非乐上》。

罪益厚。①

窃桃李、盗犬豕鸡豚、抢牛马、杀无辜人，是逐次加重的不仁不义，

> 当此天下之君子皆知而非之，谓之不义。今至大为攻国，则弗知非，从而誉之，谓之义。②

墨子先从常识确立仁、义概念的基本内涵，进而从外延上逐步展开。既然窃桃李、盗犬豕鸡豚、抢牛马、杀无辜人都是不仁不义，那么"大为攻国"，则是外延扩大了的杀无辜人，还包括占他国土地、财物、人口，其性质与抢牛马、盗犬豕鸡豚、窃桃李是一样的，也是违背仁、义基本内涵的，因而是大不仁、大不义的。"天下之君子"既知窃桃李、盗犬豕鸡豚、抢牛马、杀无辜人为不义，也应知"大为攻国"为不义，然而，他们却违反自己知道的仁、义概念内涵，将扩大外延的"攻国"之大不仁、不义说成是"义"。墨子之非攻，就从对"天下之君子"的自我悖论的辩驳论起。

> 杀一人，谓之不义，必有一死罪矣。若以此说往，杀十人，十重不义，必有十死罪矣；杀百人，百重不义，必有百死罪矣。当此天下之君子皆知而非之，谓之不义。今至大为不义攻国，则弗知非，从而誉之，谓之义。③

这是延伸上面的论断，进而从"君子皆知而非之"的杀一人、十人、百人逐步加重的不义，推广至杀千人、万人的"攻国"，其性质是一样的。而"君子"却"从而誉之"，这不是自相矛盾吗？

---

① 《墨子·非攻上》。
② 《墨子·非攻上》。
③ 《墨子·非攻上》。

> 今有人于此，少见黑曰黑，多见黑曰白，则以此人不知白黑之辩矣；少尝苦曰苦，多尝苦曰甘，则必以此人为不知甘苦之辩矣。今小为非，则知而非之；大为非攻国，则不知非，从而誉之，谓之义。此可谓知义与不义之辩乎？是以知天下之君子也，辩义与不义之乱也。①

少见黑曰黑，多见黑曰白，少尝苦曰苦，多尝苦曰甘，这样的人是不辨白黑、甘苦的。见人做小的坏事，知道是坏事，但对坏到攻人之国的大坏事，却不知是坏事，甚至加以赞誉，称其为义事。可见天下之君子并不懂义的内涵和性质，导致他们做出如此混乱的认识。

墨子将义的内涵规定为"利"，这是其思想术层次交利观的展开，只有"其上中天之利，而中中鬼之利，而下中人之利"，才是值得称誉的。天之利、鬼之利都是体现于人的，而人中又以民为众，所以义与不义的标准，就在于是否利民。而攻他国，"夺民之用，废民之利"，虽发动战争者"贪伐胜之名，及得之利"，但此名此利是以"废民之利"，并且杀人万千为代价的，因而不应赞誉，而应非之。

墨子从发动战争之国和被攻之国两方面的民被损害的情况，论说攻人之国为不义。

> 今师徒唯毋兴起，冬行恐寒，夏行恐暑，此不以冬夏为者也，春则废民耕稼树艺，秋则废民获敛。今唯毋废一时，则百姓饥寒冻馁而死者，不可胜数；今尝计军上：竹箭、羽旄、幄幕、甲盾、拨劫，往而靡弊腑冷不反者，不可胜数；又与矛、戟、戈、剑、乘车，其列住碎折靡弊而不反者，不可胜数；与其牛马，肥而往，瘠而反，往死亡而不反者，不可胜数；与其涂道之修远，粮食辍绝而不继，百姓死者，不可胜数也；与其居处之不

---

① 《墨子·非攻上》。

安,食饭之不时,饥饱之不节,百姓之道疾病而死者,不可胜数;丧师多不可胜数;丧师尽不可胜计;则是鬼神之丧其主后,亦不可胜数。①

可见攻人之国的战争是多么残酷,其所害,首先就是本国之民,即使战争获胜,也只是为君主争得城郭,对民的损害却是不可挽回的。而且,战争使青壮男女分离,不得生育,加上战死,人口必大减。而且发动攻伐之国,

上不暇听治,士不暇治其官府,农夫不暇稼穑,妇人不暇纺绩织纴。则是国家失卒,而百姓易务也。然而又与其车马之罢弊也,幔幕帷盖,三军之用,甲兵之备,五分而得其一,则犹为序疏矣。然而又与其散亡道路,道路辽远,粮食不继,傺食饮之时,厕役以此饥寒冻馁疾病而转死沟壑中者,不可胜计也。此其为不利于人也,天下之害厚矣,而王公大人乐而行之,则此乐贼灭天下之万民也,岂不悖哉?②

那些侥幸取胜之国,如齐、晋、楚、越,虽取得了他国土地,却因"贼灭天下之万民"而"未能食其地也"。

而那些无端被攻伐之国的民众,损害就更大。攻伐之国以坚甲利兵,

往攻伐无罪之国,入其国家边境,芟刈其禾稼,斩其树木,堕其城郭,以湮其沟池,到杀其牲牷,燔溃其祖庙,到杀其万民,覆其老弱,迁其重器,卒进而柱乎斗,曰:"死命为上,多杀次之,身伤者为下;又况失列北桡乎哉?罪死无赦!"以谆其

---

① 《墨子·非攻中》。
② 《墨子·非攻下》。

众。夫无兼国覆军,贼虐万民,以乱圣人之绪。意将以为利天乎?夫取天之人,以攻天之邑,此刺杀天民,剥振神之位,倾覆社稷,攘杀其牺牲,则此上不中天之利矣。意将以为利鬼乎?夫杀之人,灭鬼神之主,废灭先王,贼虐万民,百姓离散,则此中不中鬼之利矣。意将以为利人乎?夫杀之人为利人也博矣!又计其费,此为周生之本,竭天下百姓之财用,不可胜数也,则此下不中人之利矣。①

墨子又以利民为义,对于那些为征伐之战辩护的各种说法,予以批驳。为征伐辩护者说,伐胜可占他国土地,征伐可以证明君主有能力"收用我众",墨子认为不论占地,还是证明统治者地位,都是君主个人之利,而非万民之利,因此为不义。还有人以禹征有苗、汤伐桀、武王伐纣论证征伐之为义,墨子指出,禹、汤、武王"非所谓'攻',谓'诛'也"。②"诛"是对不义者的征伐,与对"无罪之国"的征伐性质是完全不同的,不可混淆。对于"我欲以义名立于天下,以德求诸侯"③的说法,墨子说,如果真的想以义名立于天下,那就更不应征伐,天下之民已被频繁的战争害苦了,如果"欲求兴天下之利,除天下之害,当若繁为攻伐,此实天下之巨害也"。④ 如果真的是

  欲为仁义,求为上士,尚欲中圣王之道,下欲中国家百姓之利,故当若非攻之为说。⑤

墨子不仅倡导"非攻"之说,而且与其徒众力行"止攻"之为,《公输》

---

① 《墨子·非攻下》。
② 《墨子·非攻下》。
③ 《墨子·非攻下》。
④ 《墨子·非攻下》。
⑤ 《墨子·非攻下》。

一文,记载了墨子劝止公输盘和楚王伐宋的故事:公输盘为楚造云梯之械,将以攻宋,墨子知道后紧急赶到楚都郢,见公输盘,对他说北方有人侮辱我,请你帮我杀了他,并许以十镒黄金,公输盘说:"我义固不杀人"。墨子抓住这句话,说你既然知道杀人为不义,却为楚造云梯攻宋,就是大量杀人,这是不智、不仁、不忠、不强,你的义只是"不杀少而杀众"①。公输盘承认墨子说的对,但说,伐宋已不可止,楚王决定了。墨子请公输盘引见楚王,墨子说:"今有人于此,舍其文轩,邻有敝舆,而欲窃之;舍其锦绣,邻有短褐,而欲窃之;舍其粱肉,邻有糠糟,而欲窃之——此为何若人?"楚王说:"必为有窃疾矣。"②墨子顺楚王这句话说楚王伐宋就像那位有窃疾的人一样,楚王同意墨子说的道理,但还是要伐宋,理由是公输盘已造好了云梯。墨子又当着楚王之面与公输盘展开一场战局推演:墨子解带为城,以木片为械,公输盘九设攻城之机变,墨子拒敌,公输盘攻城不下,对墨子说:我知道怎样对付你,但我不说。墨子也说:我也知道你要怎样对付我,我也不说。

  楚王问其故,子墨子曰:"公输子之意,不过欲杀臣,杀臣,宋莫能守,可攻也。然臣之弟子禽滑厘等三百人,已持臣守圉之器,在宋城上而待楚寇矣。虽杀臣,不能绝也。"楚王曰:"善哉。吾请无攻宋矣。"③

墨子以其智勇为宋解除灭国之祸,可是,

  子墨子归,过宋。天雨,庇其闾中,守闾者不内也。故曰:"治于神者,众人不知其功;争于明者,众人知之。"④

---

① 《墨子·公输》。
② 《墨子·公输》。
③ 《墨子·公输》。
④ 《墨子·公输》。

《公输》篇不过数百字，清楚的描述了墨子其人之智勇，说理性极强，有声有色，读之如临其境，是诸子文中少有的妙文。

墨子之所以脱离孔学之派，除不满其厚葬久丧及各种仪礼，还有一个更重要的原因，就是他并不想为诸侯贵族所用。这在诸子中是很少的，与后来的庄子相似。但墨子并不是追求个人主体性和自由，而是从利民之大义出发，宣传其代表下层劳动者利益的道、法、术、技思想，不求报答，也不求人知，就连被他解救了的宋守城者都不许他在城门洞避雨。这也是对自由的一种追求。

四 商鞅以法改制之技层次：信法、制民、算地、抑末

商鞅之前的以法改制诸子李悝、吴起、慎到、申不害等，虽然变革思想和实践成就相当突出，但其著述大多散佚，相关记载也不详，所能概括的主要在其术层次，技层次的思想和实践几无可考材料。商鞅既是一位成功变革的政治家，也是一位军事家，他以法改制之术、技层次的资料都还有所留传，尤其《商君书》，虽其中个别篇为后人所加，但大部分内容还都是他思想的体现，因而我们可以考察其术、技两层次。

商鞅以法改制之技，大体可以概括为：信法、制民、算地、抑末，是其思想术层次的具体化。

信法，既是以法改制的重要内容，也是其实行的必要方式。信法，就是使民众相信变法的决心和诚意，以及所变之法的权威性与不可动摇。商鞅的变法，是对通行的周礼之颠覆，是一种新型社会关系和制度的展现，其实行的第一步就是让民众相信，然后逐步宣传推广。《史记·商君列传》记秦孝公任卫鞅为左庶长，制定了变法之令，

> 令既具，未布，恐民之不信，已乃立三丈之木于国都市南门，募民有能徙置北门者予十金。民怪之，莫敢徙。复曰："能

徙者予五十金。"有一人徙之，辄予五十金，以明不欺。卒下令。①

这是重复吴起在魏西河郡赏"偾表""徙车辕"故事，在当时历史条件下，这样做确实可以起到取信于民的功效。

当然，在一国行新法改旧制，并非一次"徙木"就可完全取信于民，还必须在现实的立法、执法、行政过程中坚持法令权威，每一个环节都要明信，才能使民众确信变法的决心和必然。信植于法，法以信行。法必取信于民，民之所以信法，不仅在于法的强制性，更在于法可以给民带来利益，由信法而拥法、守法。当法律条文已成民众日常意识，不必故意守法而遵行时，法之信才真正确立。

> 国之乱也，非其法乱也，非法不用也。国皆有法，而无使法必行之法。国皆有禁奸邪刑盗贼之法，而无使奸邪盗贼必得之法。为奸邪盗贼者死刑，而奸邪盗贼不止者，不必得也。必得，而尚有奸邪盗贼者，刑轻也。刑轻者，不得诛也。必得者，刑者众也。故善治者，刑不善，而不赏善，故不刑而民善。不刑而民善，刑重也。刑重者，民不敢犯，故无刑也。而民莫敢为非，是一国皆善也。故不赏善而民善。赏善之不可也，犹赏不盗。故善治者，使跖可信，而况伯夷乎？不能治者，使伯夷可疑，而况跖乎？势不能为奸，虽跖可信也；势得为奸，虽伯夷可疑也。②

在一国立法并不难，难在如何使所立之法实行。虽有禁邪恶、罚盗贼的法律，却因没有切实的执法机制和手段，邪恶、盗贼仍不断发生，这样法律也就失去效力了，导致邪恶、盗贼普遍出现，即使要惩处也很困难了。因

---

① 《史记·商君列传》。
② 《商君书·画策》。

此，要突出执法的重点，不必奖赏守法的善人，而是严惩犯法者，这样，不用刑罚民众也守法为善。只要治国者信守法律权威，严格执法，即使像跖那样的人也会守法诚信，何况像伯夷那样的贤人？如果治国者不信守法律权威，不严格执法，像伯夷那样的人也会犯法，何况像跖那样的人？为此，不仅要立法，更要建立一套严格的执法机制，切实地惩罚违法者，才能真正做到法治。

商鞅的变法过程，面对各种阻力，他都以坚定的意志贯彻信法原则。相比之下，对民众违法行为的惩罚，是比较容易的，而贵族，甚至太子犯法时，则需要大勇气予以处罚。《史记·商君列传》：卫鞅变法之

> 令行于民期年，秦民之国都言初令之不便者以千数。于是太子犯法。卫鞅曰："法之不行，自上犯之。"将法太子。太子，君嗣也，不可施刑，刑其傅公子虔，黥其师公孙贾。明日，秦人皆趋令。行之十年，秦民大说，道不拾遗，山无盗贼，家给人足。民勇于公战，怯于私斗，乡邑大治。秦民初言令不便者有来言令便者，卫鞅曰："此皆乱化之民也。"尽迁之于边城。其后民莫敢议令。①

卫鞅以法改制，以君主专政统一法制为宗旨，其所颁法令，强调"壹刑"，"刑无等级，自卿相、将军以至大夫、庶人，有不从王令，犯国禁，乱上制者，罪死不赦"。② 这是对"刑不上大夫"的周礼的颠覆，其执法过程中，高官、贵族等周礼的既得利益者的阻碍肯定不少，但他都能以法令之权威处理。而太子犯法，确是一大难题，变法之令以秦孝公名义发布，唯一不受法令约束者只有孝公一人，太子只是君嗣，只有继承孝公之位后才不受法令约束，因而也在依法惩处之列，但又不能对太子施刑，只能采取

---

① 《史记·商君列传》。
② 《商君书·赏刑》。

折中办法惩罚其傅公子虔、其师公子贾。这样的惩罚，最大限度地表明了法的权威，清楚地告诉官民变法的坚定信念。法信而民从，取得显著效果，并将反对变法者迁于边城，以示惩戒。后来，公子虔又犯法，处以劓刑，足显卫鞅之信法严格，而这又再次得罪了公子虔等贵族守旧势力。秦孝公任命卫鞅为大良造，将兵围魏、攻魏，立下大军功，依法封于商、於之地十五邑，至此号为"商君"。"商君相秦十年，宗室贵戚多怨望者。"① 但由于秦孝公对他的信任，没人敢公开对抗，商鞅又不听赵良劝告而功成身退，于是，到秦孝公死，太子继位，

> 公子虔之徒告商君欲反，发吏捕商君。商君亡至关下，欲舍客舍。客人不知其是商君也，曰："商君之法，舍人无验者坐之。"商君喟然叹曰："嗟乎，为法之敝一至此哉！"②

其法之信由此而验证，被客舍主人以"商君之法"拒之门外的商君，为露宿野外而悲乎？为其法被民间信守而喜乎？司马迁评商鞅为"天资刻薄"，"且所因由嬖臣，及得用，刑公子虔，欺魏将卬，不师赵良之言，亦足发明商君之少恩矣"。③ 就像商鞅将国家民众一统于兵，他也将自己一并于法，其刻薄、少恩均是为了信法，他发动了变法，由此强秦，但终为信法而为旧礼所害。

商鞅明确地认识到国家富强在于制民、用民，他的变法改制，重要内容是制民，作为秦孝公信赖的执政者，他不仅规定了制民之法，更在执政中强化制民之技。《商君书》有多处论及制民、用民、徕民，

> 昔之能制天下者，必先制其民者也；能胜强敌者，必先胜其民者也。故胜民之本在制民，若冶于金，陶于土也。本不坚，则

---

① 《史记·商君列传》。
② 《史记·商君列传》。
③ 《史记·商君列传》。

民如飞鸟走兽，其孰能制之？民本，法也。故善治者，塞民以法，而名地作矣。名尊地广以至王者，何故？战胜者也。名卑地削以至于亡者，何故？战罢者也。不胜而王，不败而亡者，自古及今，未尝有也。民勇者，战胜；民不勇者，战败。能壹民于战者，民勇；不能壹民于战者，民不勇。圣王见王之致于兵也，故举国而责之于兵。入其国，观其治，民用者强。奚以知民之见用者也？民之见战也，如饿狼之见肉，则民用矣。凡战者，民之所恶也；能使民乐战者，王。强国之民，父遗其子，兄遗其弟，妻遗其夫，皆曰："不得，无返。"又曰："失法离令，若死我死，乡治之。行间无所逃，迁徙无所入。"行间之治，连以五，辨之以章，束之以令，拙无所处，罢无所生。是以三军之众，从令如流，死而不旋踵。①

制民以战，是商鞅所认识的战国之本质，如何使民勇敢地作战，是治国要领。制民之本在于法，以相应的法律治理民众，并依民在战斗中的表现来界定名位、分配土地，民就可以像"饿狼之见肉"那样拼死战斗。商鞅也清楚，战争是要死人的，民并非天生乐战，而是恶战的。能使民乐战，是制民之技的目的和能达到的最高境界。制民也是一种战斗，是统治之技的核心，"能胜强敌者，必先胜其民者"，这话说得已经很到位了。君与民战，民与敌战，全赖于变法改制。

> 凡人主德行非出人也，知非出人也，勇力非过人也。然民虽有圣知，弗敢我谋；勇力，弗敢我杀；虽众，不敢胜其主；虽民至亿万之数，县重赏而民不敢争，行罚而民不敢怨者，法也。②

---

① 《商君书·画策》。
② 《商君书·画策》。

君主也是普通人，之所以能够制民，就在于他掌握立法权，并依法而行政，智谋、勇力超过君主的人不敢造反，众多的民都要服从君主，听任其赏罚，都是因为法。法不仅是君主护身捍位之保证，也是他以普通人之智、勇、力统治民众的依据。商鞅所说的这段话，充分表明周礼所依赖的上帝观的没落。按上帝观制定的周礼宗法，是把君主看成上帝神意神力的体现，而信从天道观的诸子则视君主为普通人，商鞅在这里讲的更为直白。一个普通人之所以能够为君主并制万民，就在于他可以运用法为制度手段。为了有效地运用法，君主必须在胜其臣民之先而胜己。"得天下者，先自得者也；能胜强敌者，先自胜者。"① 自胜者明，"明者，无所不见，则群臣不敢为奸，百姓不敢为非。是以人主处匡床之上，听丝竹之声，而天下治"。②

商鞅的制民之说，充分体现了他对专制国家本质的认识，欧洲大概在近两千年之后，才有马基雅弗利《君王论》关于专制国家的论证，这是其集权官僚制初级形态的表现，而其认识深度尚不及商鞅。也正是在对专制国家本质认识的基础上，商鞅批评了以仁义治国的观点，强调法制之必要。

> 圣人知必然之理，必为之时势。故为必治之政，战必勇之民，行必听之令。是以兵出而无敌，令行而天下服从。……圣人见本然之政，知必然之理，故其制民也，如以高下制水，如以燥湿制火。故曰：仁者能仁于人，而不能使人仁；义者能爱于人，而不能使人爱。是以知仁义之不足以治天下也。圣人有必信之性，又有使天下不得不信之法。所谓义者，为人臣忠，为人子孝，少长有礼，男女有别。非其义也，饿不苟食，死不苟生。此乃有法之常也。圣王者，不贵义而贵法。法必明，令必行，则

---

① 《商君书·画策》。
② 《商君书·画策》。

已矣。①

商鞅所说的"圣人有必信之性,又有使天下不得不信之法",可谓君主制民必备的两个要件,其一为性,其二为法,都立足于信。信以持之,民可以制矣。而他关于"仁者能仁于人,而不能使人仁;义者能爱于人,而不能使人爱",也是颇有深意的,"仁义之不足以治天下","圣王者,不贵义而贵法"的观点,恰可说明像他曾对秦孝公讲帝、王之道那样只讲仁、义的孔子、孟子等,之所以不被各国君主采纳的原因。

商鞅认为,君主制民的目的,一是用民,二是徕民。用民,首要是以民为兵,出战守国,进而是以民为农,耕地垦荒,富国强军。"国之所以兴者,农战也。"② 农战都要用民来从事,当时的秦国,人口还比较少,因此如何用民于农战,是富国强兵的重要问题。商鞅指出:"国之所以重、主之所以尊者,力也。于此二者本于力,而世主莫能致力者,何也?使民之所苦者无耕,危者无战。"③ 民因怕苦而不耕,怕死而不勇于战斗,国力怎么强呢?为了用民以耕战,

> 故吾教令:民之欲利者,非耕不得;避害者,非战不免。境内之民莫不先务耕战,而得其所乐。故地少粟多,民少兵强。能行二者于境内,则霸王之道毕矣。④

而要以耕战强国,仅靠秦国原有之民是远远不够的,商鞅主张算地分民,并且招徕三晋之民入秦。

> 凡世主之患:用兵者不量力,治草莱者不度地。故有地狭而

---

① 《商君书·画策》。
② 《商君书·农战》。
③ 《商君书·慎法》。
④ 《商君书·慎法》。

民众者，民胜其地；地广而民少者，地胜其民。民胜其地者，务开；地胜其民者，事徕。开徕，则行倍。民过地，则国功寡而兵力少；地过民，则山泽财物不为用。夫弃天物遂民淫者，世主之务过也。而上下事之，故民众而兵弱，地大而力小。故为国任地者：山林居什一，薮泽居什一，溪谷流水居什一，都邑蹊道居什一，恶田居什二，良田居什四，此先王之正律也。故为国分田数：小亩五百，足待一役，此地不任也。方土百里，出战卒万人者，数小也。此其垦田足以食其民，都邑遂路足以处其民，山林、薮泽、溪谷足以供其利，薮泽堤防足以畜。故兵出，粮给而财有余；兵休，民作而畜长足。此所谓任地待役之律也。①

商鞅的"算地"，是以劳动人口为分母的，按当时农业劳动人口数量除以可耕之田亩，算出还有多少可耕地无人耕种，进而根据战国之需粮兵，规划全国土地人口的分配，所谓"任地待役"。这里他先提出了一般标准，为了"入使民属于农，出使民壹于战"②，就要在算地的基础上，对全国之民进行重新分布：按一成年男劳力五百小亩计算，将民多地少之处多出之民迁至地多民少处，以保证民有足够其务农纳税养家的土地，或者说使土地都有人耕种，以产粮备战。商鞅强调，"地大而不垦者，与无地同；民众而不用者，与无民同"。③ 因此更在将民以军队方式进行组织，并强制家有二男者另立其家等统一管制的同时，对民进行重新分布，以建立兵民合一的耕战体制，使全国之民都成为国家之农兵，平时务农，战时为兵。

利出于地，则民尽力；名出于战，则民致死。入使民尽力，则草不荒；出使民致死，则胜敌。④

---

① 《商君书·算地》。
② 《商君书·算地》。
③ 《商君书·算地》。
④ 《商君书·算地》。

通过对秦国土地人口的统计，商鞅认为秦国是地广人少，因此建议徕三晋之民。

> 今秦之地方千里者五，而谷土不能处二，田数不满百万，其薮泽、溪谷、名山、大川之材物货宝又不尽为用，此人不称土也。秦之所与邻者三晋也；所欲用兵者，韩、魏也。彼土狭而民众，其宅参居而并处。其寡萌贾息民，上无通名，下无田宅，而恃奸务末作以处。人之复阴阳泽水者过半。此其土之不足以生其民也，似有过秦民之不足以实其土也。意民之情，其所欲者田宅也。而晋之无有也信，秦之有余也必。如此而民不西者，秦士戚而民苦也。①

"三晋"为战国初期原晋国的韩、赵、魏各自立之国，在秦之东，韩、魏两国与秦相邻，其国土少而人口多，且秦多次伐韩、魏夺其领土，但"秦能取其地，而不能夺其民也"。② 原因就在"秦士戚而民苦"，可是秦国有人认为"三晋之所以弱者，其民务乐而复爵轻也。秦之所以强者，其民务苦而复爵重也"。③ 即三晋之弱在民追求安乐，而国家又经常减免赋税，秦之强在民甘愿劳苦，国家不轻易减免赋税。商鞅不同意这种看法，"意民之情，其所欲者田宅也"，没有哪一国的民是甘愿劳苦而给国家缴纳重赋的，如果只是夺其地而不能夺其民，所夺之地也无所用。为此，他主张，

> 今王发明惠，诸侯之士来归义者，今使复之三世，无知军事。秦四境之内陵阪丘隰，不起十年征，者于律也。足以造作夫百万。……今利其田宅，复之三世，此必与其所欲而不使行其所

---

① 《商君书·徕民》。
② 《商君书·徕民》。
③ 《商君书·徕民》。

> 恶也。然则山东之民无不西者矣，且惠之谓也。不然，夫实旷虚，出天宝，而百万事本，其所益多也，岂徒不失其所以攻乎？①

从法律上规定：对于各诸侯国归附秦国的人，免除他们三代人的徭役税赋，也不参加战争。对移居于秦国境内丘陵、坡地、洼地上的外来人口，十年不征税赋。这样，就能招徕并生育百万劳动力。实行这样的政策，用各国移民耕作荒芜土地，秦国也就不再是只夺其地不夺其民了。

> 今以草茅之地，徕三晋之民而使之事本，此其损敌也，与战胜同实。而秦得之以为粟，此反行两登之计也。②

秦国以前对韩、魏之战的胜利，斩首夺地而其民大多逃至其东部，商鞅的徕民之技，首先针对的就是现已归属秦国之地的原住民，以优惠的政策吸引他们回归故土，从事农业，又不让他们参军打仗，这也是对他们仍存戒心，所以"复之三世"，三世之后其民心归秦，亦可为兵。与此同时，还要广徕其他各国之民，同样予以优惠。商鞅认为，战争不仅要掠地，更要夺民，他所建议的"徕民"，功效与战争胜利是一样的。

商鞅的思路是简单明确的：为了强国，就要在兵民合一之术的导引下，由君主专权而行法制，在信法、制民、算地的同时，还要抑制与耕战无关的商业、手工业等"末业"。

商鞅承继以前诸子的农本商末思想，并将之纳入兵民合一之术，

> 故民之喜农而乐战也，见上之尊农战之士，而下辩说技艺之民，而贱游学之人也。故民壹务，其家必富，而身显于国。上开公利而塞私门，以致民力；私劳不显于国，私门不请于君。若此

---

① 《商君书·徕民》。
② 《商君书·徕民》。

而功臣劝,则上令行而荒草辟,淫民止而奸无萌。治国能抟民力而壹民务者,强;能事本而禁末者,富。①

在商鞅看来,唯一对国家富强起正作用的,就是农战,"技艺之民""游学之人"不仅对国家富强无益,而且有碍于农战。

农战之民千人,而有《诗》《书》辩慧者一人焉,千人者皆怠于农战矣。农战之民百人,而有技艺者一人焉,百人者皆怠于农战矣。国待农战而安,主待农战而尊。夫民之不农战也,上好言而官失常也。②

因此,君主必须抑制"技艺者",更要鄙视游学"辩慧者"。

游学"辩慧者"虽然可鄙,但其人数毕竟不多,而其所求在于官禄,为此君主应不听他们的游说,阻断其官禄之途。而手工业和商业,则是经济的一部分,不可能禁绝,只能加以抑制。对此,商鞅提出了几种措施。

其一,不许商人卖粮、农民买粮。

使商无得籴,农无得粜。农无得粜,则窳惰之农勉疾。商无得籴,则多岁不加乐。多岁不加乐,则饥岁无裕利。无裕利,则商怯。商怯,则欲农。③

其二,取缔旅馆。

废逆旅,则奸伪、躁心、私交、疑农之民不行。逆旅之民无

---

① 《商君书·壹言》。
② 《商君书·农战》。
③ 《商君书·垦令》。

所于食，则必农。①

旅馆主要是为商人开设的，取缔了旅馆，商人外出贩卖购买无住所，也就不去经商了，而开旅馆的商人失业，只能从事农业。

其三，抬高酒肉之价。

贵酒肉之价，重其租，令十倍其朴。然则商贾少，民不能喜酣奭，大臣不为荒饱。商贾少，则上不费粟；民不能喜酣奭，则农不慢；大臣不荒饱，则国事不稽，主无过举。②

其四，整顿军市。

令军市无有女子，而命其商令人自给甲兵，使视军兴。又使军市无得私输粮者，使奸谋无所于伏。盗粮者无所售，输粮者不私稽，轻惰之民不游军市。盗粮者无所售，送粮者不私稽，轻惰之民不游军市，则农民不淫，国粟不劳，则草必垦矣。③

军中女子应为军妓，可见秦军中妓女曾通行，经营军妓的商人由此而获利，只许他们根据军队需要准备铠甲兵器。再者，军市中不许私输粮食，盗取粮食者也就没处出售，送军粮的人不能私藏粮食，轻惰之民不能游荡于军市，这样农民就不会被商人及盗粮藏粮的轻惰之民所获高利而诱惑，专心务农，国家的粮食就不会亏空，荒芜之地也就得到开垦了。

其五，加重关市赋税。

重关市之赋，则农恶商，商有疑惰之心。农恶商，商疑惰，

---

① 《商君书·垦令》。
② 《商君书·垦令》。
③ 《商君书·垦令》。

则草必垦矣。①

加重赋税，商人的利润就减少，那么农民就不会弃农经商，商人也怀疑商业能否获利，以致弃商为农。

其六，按商人家中人数派其徭役。

> 以商之口数使商，令之厮、舆、徒、童者必当名，则农逸而商劳。农逸则良田不荒，商劳则去来赍送之礼无通于百县。则农民不饥，行不饰。农民不饥，行不饰，则公作必疾，而私作不荒，则农事必胜。②

商人之家有众多厮、舆、徒、童等仆役，按以前的规定，这些人不必服徭役。商鞅主张将这些仆役都登记为商人家的人口，并按照登记人口服劳役，这样就可以减少农民所服的劳役。商人仆役服徭役，还可阻抑原来在各县之间送礼的风气，而农民不饥饿，不装饰，就会加强在公田劳作，更有时间耕作私田，这样农业就会发展。

以上六项措施，都是抑制商业及与之相关的手工业的，目标都是一个："则草必垦矣。"这与秦国当时的地广人稀有关，大量荒芜土地无人耕种，抑制商业和手工业，促使其从业者垦荒事农，是富国强兵的必要手段。但总体上看，商鞅并不是要"禁商"，因为他认识到商业和手工业还是经济中的必要环节，为此只是抑其利，而非禁其业。

五 《管子》以法改制之技层次：务本饬末、权衡轻重

《管子》内容庞杂，涉及术、技层次的论说相当丰富，我们着重探讨

---

① 《商君书·垦令》。
② 《商君书·垦令》。

其以法改制思想。虽然《管子》各篇处于不同时期不同作者之手，但在以法改制这个主题下，其术、技层次的逻辑关系还是可以梳理的，由术层次"君主法治，富民强国"而展开的技层次，要点在务本饬末、权衡轻重。

管仲在先秦政治家思想家中，是比较注重商业和手工业的，这也是齐国长期富强的重要因素。《管子》的作者继承了管仲这一特点，在论证强国主张时，并不像其他以法改制诸子那样"重本抑末"，而是认为要"务本饬末"，保持商业手工业在经济中的适当存在，进而又从"权衡轻重"角度探讨了商品流通、货币、税收等具体问题。

"务本饬末"这一提法出现在《幼官》篇，

> 凡物开静，形生理，常至命。尊贤授德则帝，身仁行义、服忠用信则王，审谋章礼、选士利械则霸，定生处死、谨贤修伍则众，信赏审罚、爵材禄能则强，计凡付终、务本饬末则富，明法审数、立常备能则治，同异分官则安。通之以道，畜之以惠，亲之以仁，养之以义，报之以德，结之以信，接之以礼，和之以乐，期之以事，攻之以官，发之以力，威之以诚。一举而上下得终，再举而民无不从，三举而地辟散成，四举而农佚粟十，五举而务轻金九，六举而絜知事变，七举而外内为用，八举而胜行威立，九举而帝事成形。①

对《幼官》篇名，历来学界多有争议，甚至有人认为抄写错误。按"幼"字可解为"初"，衍义为基本，"官"与"管"通，"初官"即"官初"，设立官制或管制、统治的初始之意。此篇所论大意在于治理国家、管制民众的基本原则，涉及内容颇多，本节从论帝、王、霸、众四个等次的本分职能，到如何强国、富国、治国、安国。"计凡付终、务本饬末"为富国之要旨。"计凡付终"意为对国家财政收入和支出的预算统计，而"务本

---

① 《管子·幼官》。

饬末"则是在注重发展农业的同时,整顿商业和手工业。

《管子》的作者们沿承管仲对商业和手工业的看法,不是要一味强"抑",而是要在有利于农业发展的前提下容许其存在,但又不能过分,以免影响农业,因此要"饬"。

管仲承认商业和手工业的必要性和正当性,《国语·齐语》记他与齐桓公对话:

> 桓公曰:"成民之事若何?"管子对曰:"四民者,勿使杂处,杂处则其言咙,其事易。"公曰:"处士、农、工、商若何?"管子对曰:"昔圣王之处士也,使就闲燕;处工,就官府;处商,就市井;处农,就田野。"①

随后,管仲谈了"定四民"的好处:将士、工、商、农四民分处集中居住,世代承继其业,"不见异物而迁"②。唯有农民中"其秀民之能为士者,必足赖也。有司见而不以告,其罪五"。③ 进而又向桓公建议:将国都划为二十一乡,其中工商之乡六;士乡十五,分而居处,农则处田野。

这种"定四民"的分法,在管仲时是有其合理性的,而且明确了商业和手工业各自的必要性:商则"察其四时,而监其乡之资,以知其市之贾,负、任、担、荷、服牛、轺马,以周四方,以其所有,易其所无,市贱鬻贵。"④ 工则:"审其四时,辩其功苦,权节其用,论比协材,旦暮从事,施于四方。"⑤ 与农业相呼应,成为经济生活的重要方面。《管子》的作者们受管仲的影响,在传承"定四民"政策的齐国探讨富民强国,也就不可能像商鞅在秦国那样偏重农业,压抑工商业了。

---

① 《国语·齐语》。
② 《国语·齐语》。
③ 《国语·齐语》。
④ 《国语·齐语》。
⑤ 《国语·齐语》。

不论管仲还是《管子》作者们，也都和其他以法改制诸子一样重视农业，将农业作为国之"本"业，商业、手工业为"末"业。管仲对农业是这样论述的：

> 察其四时，权节其用，耒、耜、枷、芟，及寒，击菒除田，以待时耕；及耕，深耕而疾耰之，以待时雨。时雨既至，挟其枪、刈、耨、镈，以旦暮从事于田野。脱衣就功，首戴茅蒲，身衣被襏，沾体涂足，暴其发肤，尽其四支之敏，以从事于田野。①

可见农业之重要和艰辛。

《国语·齐语》中关于管仲定民分业的记述，在《管子·小匡》篇经修改后抄录，可见其对管仲思想的继承，并由此演化出"务本饬末"之技。《管子》作者关于"务本饬末"的思想，是其富国强民之术的具体化，他们坚持管仲分四民的思想，以协调国用民生。

> 圣人之所以为圣人者，善分民也。圣人不能分民，则犹百姓也。于己不足，安得名圣？是故有事则用，无事则归之于民，唯圣人为善托业于民。②

分民定业并不是没有本末之别，农、商、工三业，农为本，商、工为末，治国就要务本而饬末，"使农士商工四民交能易作，终岁之利无道相过。"③既保持四民之间互通有无，满足生活之必需，又不能造成其相互贫富悬殊。为此，就要利用赋税、流通管制等各种手段，保证出力多得利少的农民的权益。

为了使农民稳定于其业，管仲曾向齐桓公提出"相地衰征"的建议，

---

① 《国语·齐语》。
② 《管子·乘马》。
③ 《管子·治国》。

《国语·齐语》记：

> 桓公曰："伍鄙若何？"管子对曰："相地而衰征，则民不移。政不旅旧，则民不偷。山泽各致其时，则民不苟。陆阜陵墐井田畴均，则民不憾。无夺民时，则百姓富。"①

"相地衰征"即根据土壤的肥力而有差别地征收赋税，从而保证耕种差等地的农民可以留下必要的粮食。这与英国古典经济学家李嘉图的"级差地租"有相似之处，不同的是管仲之时土地为国有，是由国家向农民（及农奴）征收赋税，而非私有地主收取地租。"相地衰征"既可保证耕种差等地的农民（及农奴）的生活，又可使更多土地得到耕种，增加国家的粮食总产量和赋税。管仲这一建议得以实施，《管子》作者据"相地衰征"的既成事实，进一步提出"相壤定籍"。在《地员》篇探讨了土地肥力差别，为"相壤定籍"提供依据。《乘马数》中，就此进行论说，

> 公曰："筴乘马之数奈何？"管子对曰："郡县上臾之壤守之若干，闲壤守之若干，下壤守之若干。故相壤定籍，而民不移。振贫补不足，下乐上。故以上壤之满，补下壤之众。章四时，守诸开阖，民之不移也。"②

"相壤定籍"可以使民稳定于不同肥力的土地上，并按劳动力分配土地，

> 均地分力，使民知时也，民乃知时日之蚤晏，日月之不足，饥寒之至于身也。是故夜寝蚤起，父子兄弟，不忘其功，为而不

---

① 《国语·齐语》。
② 《管子·乘马数》。

倦，民不惮劳苦。故不均之为恶也，地利不可竭，民力不可殚。不告之以时，而民不知；不道之以事，而民不为。与之分货，则民知得正矣，审其分，则民尽力矣。①

民尽其劳而使地尽其力，务本则民富国强。

《管子》作者强调，在"务本"的同时，还要注意"饬末"，即对处于末业的手工业和商业进行整顿。《治国》篇指出：

> 凡为国之急者，必先禁末作文巧；末作文巧禁，则民无所游食；民无所游食则必农。民事农则田垦，田垦则粟多，粟多则国富，国富者兵强，兵强者战胜，战胜者地广。是以先王知众民、强兵、广地、富国之必生于粟也，故禁末作，止奇巧，而利农事。今为末作奇巧者，一日作而五日食，农夫终岁之作，不足以自食也。然则民舍本事而事末作，舍本事而事末作，则田荒而国贫矣。②

"饬"为整治、清理、整顿，在重视和发展农业的同时，整顿末业，禁止其中与实际生产和生活没有紧密关系的"末作文巧"，即"雕文刻镂"的工事与"锦绣綦组"的女织。《重令》篇指出：

> 菽粟不足，末生不禁，民必有饥饿之色，而工以雕文刻镂相稚也，谓之逆。布帛不足，衣服毋度，民必有冻寒之伤，而女以美衣锦绣綦组相稚也，谓之逆。③

《管子》作者对于禁止"末作文巧"的思路，显然受到《墨子》中《辞

---

① 《管子·乘马》。
② 《管子·治国》。
③ 《管子·重令》。

过》《节用》等篇的影响,但其目的在于"强国",与《墨子》的"利民"有所区别。

"饬末"并非全面禁止商业和手工业,只是针对"无用"之工巧。《五辅》篇指出:

> 明王之务,在于强本事,去无用,然后民可使富。论贤人,用有能,而民可使治。薄税敛,毋苟于民,待以忠爱,而民可使亲。……今工以巧矣,而民不足于备用者,其悦在玩好。农以劳矣,而天下饥者,其悦在珍怪,方丈陈于前。女以巧矣,而天下寒者,其悦在文绣。是故博带梨,大袂列,文绣染,刻镂削,雕琢采。关几而不征,市鄽而不税。古之良工,不劳其知巧以为玩好。是故无用之物,守法者不失。①

《管子》作者从管仲思想和政策的传续中,知道手工业和商业的必要性,《小匡》篇在几乎抄写《国语·齐语》中管仲关于工、商二业的论说时,又作进一步阐发。关于工,

> 相良材,审其四时,辨其功苦,权节其用,论比计制断器,尚完利。相语以事,相示以功,相陈以巧,相高以知事。②

关于商,

> 观凶饥,审国变,察其四时,而监其乡之货,以知其市之贾。负任担荷,服牛辂马,以周四方。料多少,计贵贱,以其所有,易其所无,买贱鬻贵。是以羽旄不求而至,竹箭有余于国,

---

① 《管子·五辅》。
② 《管子·小匡》。

> 奇怪时来，珍异物聚。①

因此，对于"无刻镂"的工事和"无文章"的女织，以及农业生产工具，尤其兵器、兵车等"工"，以及互通有无的必要之"商"，还是要容许其在"有用"的范围内活动，同时加强财政和货币政策的管制。

"权衡轻重"主要是指国家的财政和货币政策。对这个问题的探讨，是《管子》在诸子书中的一大特色。

"轻与重"是表示物品重量的两个术语，二者只能相较而言才可成立，从触觉感知和据特定标准计量，都可以比较两个物品的轻重。《史记·管晏列传》说管仲"贵轻重，慎权衡"，而《管子》中涉及"轻重"问题的，有十九篇（佚二篇）（近人马非百将之单独成书《管子轻重篇新论》，由中华书局出版）。由于其所论"轻重"涉及几乎全部经济、政治问题，而且也没有一个明确的定义，因此很难把握，致使注释者说法各异。我们先从一般意义上说，"轻重"从比较重量关系的术语，可衍义为对相关事物、局势的对比判断，并由这种判断得出平衡处理的办法、政策。在《管子》中所论经济、政治问题都包含"轻重"的对比判断，因而可以看成其思维方法的必要因素。而其集中探讨的，则是国家运用财政和货币政策行使统治的问题，这是初级集权专制国家的基本权力，也是关乎政权存亡的大问题。对于集权专制国家来说，财政政策和货币政策既有差别，又是统一的，是一个权力的两个方面，运用这个权力来保证财政收支平衡和经济的稳定运行，是《管子》关于"轻重"问题论述的重点。现代一些中国经济思想史的研究者力求用西方传来的经济学解读《管子》中关于"轻重"的思想，不能说没有见解，但由于忽略了集权专制国家与资本制国家的本质区别，因此其关于流通、分工、价值、价格、货币等范畴的解说，仍离《管子》本意较远，而且支离不清。

作为展现集权专制国家权力的财政和货币政策，也要受各种条件的制

---

① 《管子·小匡》。

约,《管子》的作者们对此有充分的考虑,并将之作为"轻重"的必要因素。由于"轻重"各篇的作者并非一人,因而其思想也比较杂乱,但从中我们仍可以发现其共同的宗旨:运用专制国家的权力来权衡财政收支与经济运行中各方面的关系,巩固政权,稳定社会秩序。

《国蓄》篇论述曰:

> 凡将为国,不通于轻重,不可为笼守民;不能调通民利,不可以语制为大治。是故万乘之国有万金之贾,千乘之国有千金之贾,然者何也?国多失利,则臣不尽其忠,士不尽其死矣。岁有凶穰,故谷有贵贱;令有缓急,故物有轻重。然而人君不能治,故使蓄贾游市,乘民之不给,百倍其本。分地若一,强者能守;分财若一,智者能收。智者有什倍人之功,愚者有不赓本之事。然而人君不能调,故民有相百倍之生也。夫民富则不可以禄使也,贫则不可以罚威也。法令之不行,万民之不治,贫富之不齐也。且君引鉌量用,耕田发草上,得其数矣。民人所食,人有若干步亩之数矣,计本量委则足矣。然而民有饥饿不食者何也?谷有所藏也。人君铸钱立币,民庶之通施也,人有若干百千之数矣。然而人事不及、用不足者何也?利有所并藏也。然则人君非能散积聚,钧羡不足,分并财利而调民事也,则君虽强本趣耕,而自为铸币而无已,乃今使民下相役耳,恶能以为治乎?①

集权专制国家的权力几乎是无所不包、无所不及的,管仲思想的先进性,就在于他率先认识到这个权力,并经齐桓公认可而将这种权力运用于齐国,齐国由此而称霸兼并他国。后来的以法改制诸子,也都从管仲治齐的经验得到启发,沿着强化国家权力的路数改变制度和体制,"法"不过是国家权力的一种形式。《管子》作者进一步深化集权专制国家权力的探

---

① 《管子·国蓄》。

究，从齐及各以法改制而强之国的经验，以及不改制或改制不彻底而亡之国的教训中强化了对国家权力的认识，并将这种权力运用于以财政货币政策管控政治经济。

《国蓄》篇的这大段论述，表明其作者已认识国家权力的机理和运行机制，主张要充分地运用国家权力而强国治民。这里的论述是先从反面入手，即国家权力控制经济不当，导致少数大商贾之手聚集大量财富，不仅造成贫富悬殊，而且国家权力弱化，民众不听从号令论起，以说明强化和运用国家权力的必要性。作者认为，对于大商巨贾聚积财富而导致的各种祸国害民现象，不是没法整治，而是没有切实去整治。之所以出现这些现象，原因就在国家权力的弱化，但国家权力本来是很强大的，只要强化国家权力，并合理有效地运用它，那么各种乱象都能整治，以至杜绝。

> 故善者委施于民之所不足，操事于民之所有余。夫民有余则轻之，故人君敛之以轻；民不足则重之，故人君散之以重。敛积之以轻，散行之以重，故君必有什倍之利，而财之櫎可得而平也。①

以税收和货币购买的方式，将民之余粮收蓄于国库，到民缺粮时再出卖给民。买时价低为"轻"，卖时价高为"重"，不仅国家可以获利，还能平衡市场价格。

> 夫物多则贱，寡则贵，散则轻，聚则重。人君知其然，故视国之羡不足而御其财物，谷贱则以币予食，布帛贱则以币予衣，视物之轻重而御之以准。故贵贱可调，而君得其利。②

---

① 《管子·国蓄》。
② 《管子·国蓄》。

国家既可以用税收，又能以交易者身份用自己特有的造币权所造货币收购粮食、丝帛织物，其优势是绝对的，必须充分利用这个优势，权衡轻重，保证国家对民的优势和主动权，有效地统治民众。

国家的权力首先体现于税收上，土地的所有权是属于君主的，君主将土地分配给民耕种，是把土地占有权或使用权分给了民，民也就有义务向拥有所有权的君主缴纳作为土地使用权和占有权代价的税赋。这是农业文明条件下国家与民的基本经济关系，土地的所有权作为国家权力的基础，其运用既保证了国家的财政收入，又体现了对民的控制。国家与民也就形成了一对矛盾，其主要方面在国家，民是次要方面，但也是不可忽略的方面。怎样合理有效地分配土地所有权派生的占有权和使用权，进而收取民使用或占有土地的税赋，同时还要保证民的基本生活，使国家有足够的财物和提供税赋的民众，而且又不至于导致民众之间的贫富悬殊，是权衡轻重的第一要务。前面所论到的"相地衰征"主张，就是权衡轻重的集中体现。虽然从管仲开始就逐步改变土地制度，但并没有充分的资料证明其具体改革措施，《管子》作者面对的是君主土地所有权日益强化的状况，"相地衰征"表明国家直接分配土地并收取赋税，而贵族在其中是什么地位并未论及。即使还有少量贵族，但他们也只是拥有土地占有权。以相地衰征为基始，《管子》作者进一步提出"富上而足下"。《小问》篇桓公问：

"牧民何先？"管子对曰："有时先事，有时先政，有时先德，有时先恕。飘风暴雨不为人害，涸旱不为民患，百川道，年谷熟，籴货贱，禽兽与人聚食民食，民不疾疫。当此时也，民富且骄。牧民者，厚收善岁，以充仓廪，禁薮泽，此谓先之以事，随之以刑，敬之以礼乐，以振其淫。此谓先之以政。飘风暴雨为民害，涸旱为民患，年谷不熟，岁饥，籴货贵，民疾疫。当此时也，民贫且罢。牧民者，发仓廪、山林、薮泽以共其财。后之以事，先之以恕，以振其罢。此谓先之以德。其收之也，不夺民财；其施之也，不失有德。富上而足下，此圣王之至事也。"桓公曰："善"。①

没有涝旱之灾的年份，收成好，粮价贱，国君要多征赋税，禁山林湖泊的采伐渔猎，并随之以刑、敬之礼乐，整顿淫邪风气。涝旱之灾年，粮食歉收，粮价贵，民饥且病，国君要开仓放粮于民，并容许到山林湖泊采伐渔猎，以度灾荒。即使丰年收税，也要有其限度，"不夺民财"；灾年发赈，也要"不失其德"，由此而笼络民心。以财政的"富上足下"，保证国家对民众的统治。

对于赋税征收的标准，《禁藏》篇由权衡轻重而提出：

夫民之所主，衣与食也；食之所生，水与土也。所以富民有要，食民有率，率三十亩而足于卒岁。岁兼美恶，亩取一石，则人有三十石；果蓏素食当十石，糠秕六畜当十石，则人有五十石；布帛麻丝，旁入奇利，未在其中也。故国有余藏，民有余食。夫叙钧者，所以多寡也。权衡者，所以视重轻也；户籍田结者，所以知贫富之不訾也。故善者必先知其田，乃知其人，田备然后民可足也。②

这里说的"食民有率"，即按基本生活资料而计算的民可以保持其家人维持生命的标准，以当时通行"百亩一夫"的配地，那么可征赋税的就有七十亩，或依晏婴所说"民参其力，二入于公"的三分之二收成是征赋税的额度。这种说法与通常说的"什一之税"是有差距的，其原因可能是"什一之税"是指领主对占有土地的贵族所征，而贵族将其占有土地的使用权再分配给农奴时，其向农奴征收的要超过于"什一之税"。也可能是对平民只征田税十分之一，另有其他贡赋。《禁藏》篇在这里所论重点并不是

---

① 《管子·小问》。
② 《管子·禁藏》。

要征多少赋税，只是从权衡轻重之技计算了"食民有率"，并建议不能多于此率而征收赋税，以使在"国有余藏"的同时"民有余食"。

权衡轻重之技的应用，更多地体现在货币政策上，这也是《管子》一书的特色。中国经济思想史的一些研究者依据二十世纪五十年代苏联政治经济学教科书的货币概念来研究《管子》的轻重思想，他们都遇到一个不可克服的困难，按教科书的说法，货币是具有使用价值和价值的"特殊"商品，是在商品流通中自然形成的以其价值充当"价值尺度"和一般等价物的特殊商品，是流通手段，但《管子》中论及货币时却将国家或君主作为铸币及货币发行的主体，并以此来掌控商品流通和财富分配。从这些研究者的著述中，都可以感到其困惑：为什么国家对于货币发行和商品流通有如此强大控制权？从教科书的货币概念来看是几乎不可能解释的，但如果说当时的铸币不是货币，它又是什么？在教条主义思维框架内，将教科书作为真理，不仅要求现实，还要求历史都符合教科书的定义或公式，一旦发现现实或历史与教科书定义和公式不符，并不是怀疑、修改教科书，而是要求现实和历史如何去符合教科书。对于现实，他们可以依教科书制定政策从而导致经济、社会发展的停滞和混乱，最终毁灭了"苏联模式"，但对于中国思想史的研究，却只好依教科书的定义来取舍史料了。

实际上，苏联教科书的货币概念忽略了货币本质的一个基本要素——国家的权力。在英国古典经济学家那里，出于其排斥国家干预经济的主张，不承认国家权力在货币中存在，将货币看成商品流通中自然形成的，马克思继承了这种观点，将货币定义为充当价值尺度和一般等价物的特殊商品。苏联教科书进一步将这个定义教条化，这对依照它的教条对中国经济及经济史、经济思想史的研究造成了极大的负作用。货币绝非在摆脱了国家控制的商品流通中自然形成的，而是在国家或准国家的权力认可和控制下出现的。国家权力从一开始就是货币的内在本质要素。忽略或故意不顾这个要素，就不可能规定货币的本质。我在几十年的政治经济学研究中对此有所认知，并对货币概念做了新的规定："国家的权威认可并保证的特殊商品或信用的购买力。"展开的论证为：

货币是商品经济矛盾的体现和需求，国家是代表居统治地位的主导势力一方协调矛盾，建立并稳定秩序的机构。国家的权威实际上是商品经济矛盾中主要矛盾方面和次要矛盾方面制衡态的政治表现，它对商品经济的干预和调整的首要环节，就是对货币的规定，不论是选择金属铸造，还是纸张印刷，以至电子磁卡，货币都是以国家的权威为依据。但国家权威的作用，又受到商品经济发展及其矛盾关系的制约，它对货币的规定和发行，必须充分考虑商品生产和交换的状况，以及商品经济关系中矛盾各方面的势力对比。①

国家自其产生以来，就把控制经济作为基本的政治活动，这种控制直接体现在货币的铸造和发行中，也就是说，只要有货币，就有国家的控制。资产阶级古典经济学家企图排斥国家对经济的控制，是根本不可能实现的，而凯恩斯在经济大危机中承认国家控制，并倡导以货币和财政政策干预经济的主张，已成为近一个世纪以来资产阶级经济学的主流。最近十多年来，世界各国"量化宽松"地发行货币，导致货币数量天文数字般增长，充分证明了货币本质中国家权力的存在，而统治者为了自己利益以国家权力对货币的掌控和滥发，是当今人类面对的最主要经济灾难。

当我们从"国家的权威认可并保证的特殊商品或信用的购买力"的货币定义研究《管子》权衡轻重之技中的货币政策时，不仅可以清楚地看到这种政策的实在性，更会感叹《管子》作者在两千多年前就如此深刻地认知了货币的本质，并充分地利用货币的本质来制定干预、掌控经济的政策。

《管子》权衡轻重的货币政策，主要体现于五个方面：

其一，国家垄断货币铸造和发行。《国蓄》篇说："五谷食米，民之司

---

① 刘永佶：《中国政治经济学方法论》，中国社会科学出版社 2015 年版，第 149 页。

命也；黄金刀币，民之通施也。故善者执其通施以御其司命，故民力可得而尽也。""人君铸钱立币，民庶之通施也。"① 《山至数》篇："君有山，山有金，以立币。"② 《轻重戊》篇："君其率白徒之卒铸庄山之金以为币，重莱之柴贾。""令左司马伯公将白徒而铸钱于庄山。"③

其二，由国家确定货币的三种币材，即珠玉、黄金、铜。

    玉起于禺氏，金起于汝汉，珠起于赤野，东西南北距周七千八百里，水绝壤断，舟车不能通。先王为其途之远，其至之难，故托用于其重，以珠玉为上币，以黄金为中币，以刀布为下币。三币握之则非有补于暖也，食之则非有补于饱也，先王以守财物，以御民事，而平天下也。④

珠玉是稀少难得之物，主要用于朝贡和领主贵族间的馈赠，但也可与黄金、刀布交易，并有其价，因而常用为上币贮藏。黄金是贵金属，主要用于国与国之间贸易和国内大宗支付，并用于贮藏货币。刀与布是用铜铸造的货币，主要用于国内流通手段。"先王善高下中币，制下上之用，而天下足矣。"⑤ "黄金刀币，民之通施也。"⑥ 也就是说在这三种币材中，黄金和铜是用得最多的，尤其是铜铸之刀布，既为流通手段，铸币又可使铜有了超过其本身价值的价格，国家在将铸币发放于市场时又可以大获其利。《管子》货币政策的重点也在铸币上。

其三，根据国家财政及市场流通的需要规定铸币数量。《山国轨》：

    田有轨，人有轨，用有轨，乡有轨，人事有轨，币有轨，县

---

① 《管子·国蓄》。
② 《管子·山至数》。
③ 《管子·轻重戊》。
④ 《管子·国蓄》。
⑤ 《管子·轻重乙》。
⑥ 《管子·国蓄》。

有轨，国有轨，不通于轨数，而欲为国，不可。……某县之人若干，田若干，币若干而中用？谷重若干而中币？终岁度人食，其余若干？①

"轨"为轨迹、车辙，衍意统计、计算，"币有轨"，即要计算铸币数量，根据从县至国的耕地、生产谷物的总量，除农业人口食用外还有多少余粮，以及粮价，计算粮食流通所需货币量，同时计算布帛流通所需货币量。与此同时，还要计算士、大夫及国家行政、军事等用币量。在《山至数》篇这样写道：

桓公问管子曰："请问币乘马？"管子对曰："始取夫三大夫之家，方六里而一乘，二十七人而奉一乘。币乘马者，方六里。田之美恶若干，谷之多寡若干，谷之贵贱若干，凡方六里用币若干，谷之重用币若干，故币乘马者，布币于国，币为一国陆地之数，谓之币乘马。"②

"乘马"，就是计算，"马"即计算用的筹码。依据统计既有的流通及国家财政支出，来计算所需要的货币量，减去余存于流通和国库中的货币量，再决定增加铸币之量。以上计算方法虽不精细，但作为国家规定铸币量的原则，却是实用的。

其四，国家以货币作为财政支出的手段，

桓公曰："行币乘马之数奈何？"管子对曰："士受资以币，大夫受邑以币，人马受食以币，则一国之谷在上，币赘在下。国谷什倍，数也。万物财物去什二，策也。皮革、筋角、羽毛、竹

---

① 《管子·山国轨》。
② 《管子·山至数》。

箭、器械、财物，苟合于国器君用者，皆有矩券于上。君实乡州藏焉。"①

国家的财政支出主要源于赋税，但货币也是一个重要方面。铸币本身就会带来多于币材之利，国家可以利用其垄断的铸币权获利。而以货币作为财政支出的手段，既方便快捷，又可以掌握平衡，如果财政出现亏空，则可以铸币弥补。

其五，国家以货币交换粮食和货物，掌控商品流通，并由此而获利。在《管子》中，国家不仅是一个政治统治机构，也是一个垄断性商业集团，它不仅以货币作为财政支出的手段，用货币来掌控商品流通，更要以它绝对的权力，运用货币来参与粮食和商品交换，由此而获利，进一步强化国家权力。《管子》中关于权衡轻重之技的论说，有很大一部分就是关于国家如何运用货币来操纵市场，获取利润的。《山至数》中说：

> 国策出于谷轨，国之策货，币乘马者也。今刀布藏于官府，巧币、万物之轻重，皆在贾之。彼币重而万物轻，币轻而万物重，彼谷重而谷轻。人君操谷、币、金衡，而天下可定也。此守天下之数也。②

如果让货币藏于官府之库，那么市场上的粮价、物价就由商人们操控，这对于国君的统治是不利的。因此，不能让货币在官库闲存，而应把它们投放市场，由国君来权衡谷、币、金的轻重。

《管子》作者强调，用好国家掌控货币的权力，就可以保证国君与民、大夫以及外国关系上的优势。

---

① 《管子·山至数》。
② 《管子·山至数》。

> 君有山，山有金，以立币，以币准谷而授禄，故国谷斯在上。谷贾什倍，农夫夜寝蚤起，不待见使；五谷什倍，士半禄而死君，农夫夜寝蚤起，力作而无止。彼善为国者，不日使之，使不得不使；不日贫之，使不得不用，故使民无有不得不使者。①

如果国君不能利用货币政策掌控谷价，那么大夫们就会勾结商人在谷价贱的时候囤积粮食，在谷价贵时卖出，赚回货币，这样货币和粮食的盈余就掌控在他们手中，形成与君主对立的势力。而当君主失去对国家控制的时候，那些商人为了赚钱又会投靠外部诸侯，进一步威胁君主的统治。为此，君主必须运用货币政策掌控谷价，在谷价贱的时候由国家买进粮食，谷价贵时卖出，既可以获利，又可以操纵市场，不致造成混乱和饥饿。

《山至数》作者还以管仲之口建议：

> 国之广狭，壤之肥硗有数，终岁食余有数。彼守国者，守谷而已矣。曰：某县之壤广若干，某县之壤狭若干，则必积委币，于是县州里受公钱。泰秋，国谷去参之一，君下令谓郡县属大夫，里邑皆籍粟入若干。谷重一也，以藏于上者。国谷参分，则二分在上矣。泰春，国谷倍重，数也。泰夏，赋谷以市櫎，民皆受上谷以治田土。泰秋，田谷之存予者若干，今上敛谷以币，民曰：无币，以谷，则民之三有归于上矣。重之相因，时之化举，无不为国策。君用大夫之委，以流归于上。君用民，以时归于君。藏轻，出轻以重，数也。则彼安有自还之大夫独委之？彼诸侯之谷十，使吾国谷二十，则诸侯谷归吾国矣。诸侯谷二十，吾国谷十，则吾国谷归于诸侯矣。故善为天下者，谨守重流，而天下不吾泄矣。彼重之相归，如水之就下，吾国岁非凶也，以币藏之，故国谷倍重，故诸侯之谷至也。是藏一分以致诸侯之一分，

---

① 《管子·山至数》。

利不夺于天下，大夫不得以富侈。以重藏轻，国常有十国之策
也。故诸侯服而无正，臣橼从而以忠，此以轻重御天下之道也，
谓之数应。①

充分利用县这个政权机构，由它在春天时向农民发放贷款，秋天粮价下降三分之一，国君令郡县属大夫按贷款数计价收粮，这样就可将少用三分之一货币购买的粮食存于国库。待谷价上涨时再投放市场，既可获利，又可抑制谷价。以货币对应季节谷价变化，就可以贱买贵卖，使民的余粮都掌控于国家，并能阻止大夫们囤积粮食。再就是利用粮价的波动而吸纳外国的粮食，诸侯也就会臣服于我君，臣属们也会忠诚。这就是"以轻重御天下之道"。

《管子》关于权衡轻重之技的论证，虽然有些杂乱，但其基本思路却是清晰的，即充分认识并运用集权专制国家的权力来制定财政和货币政策，全面地管控和操纵经济。此技不仅思想深刻，更适宜实用，是中国集权官僚制形成和巩固的必要机制。

六　庄子思想之技层次：任情适性，开放心胸，纯素贵精，乐道安贫

知道而达生的庄子思想之术，具体化于技层次，内容相当丰富，其主线，仍是贯彻其个人自由主义和"乘道德而浮游"的道、法，概其要为：任情适性，开放心胸，纯素贵精，乐道安贫。

任情适性，人与万物有自然之情性，任其情适其性，不能人为地破坏情性之自然，是道的体现和要求。

骈拇枝指，出乎性哉！而侈于德。附赘县疣，出乎形哉！而侈于性。多方乎仁义而用之者，列于五藏哉！而非道德之正也。

---

① 《管子·山至数》。

> 是故骈于足者，连无用之肉也；枝于手者，树无用之指也；骈枝于五藏之情者，淫僻于仁义之行，而多方于聪明之用也。①

骈拇，是脚大指与二指连长一起；枝指，是手上多长一指，为"六指"，二者都自然生成，与常足常手不同。肉瘤附于身体，是非正常人的本性。一些人从"五行说"将仁义等的作用比附为人的五脏，却是不合乎正道常德的。骈拇枝指虽然无用，还是天生，而仁义等说教则是自作聪明者强加于人的。这里所批评的仁义，不仅是指孔子学说，更指封建领主制的礼教传统。

庄子认为，仁义的说教并非原于人的性命之情，是后天由外部强加于人的。

> 彼至正者，不失其性命之情，故合者不为骈，而枝者不为跂；长者不为有余，短者不为不足。是故凫胫虽短，续之则忧；鹤胫虽长，断之则悲。故性长非所断，性短非所续，无所去忧也。意！仁义其非人情乎！彼仁人何其多忧也。
>
> 且夫骈于拇者，决之则泣；枝于手者，龁之则啼。二者或有馀于数，或不足于数，其于忧一也。今世之仁人，蒿目而忧世之患；不仁之人，决性命之情而饕贵富。故曰：仁义其非人情乎！自三代以下者，天下何其嚣嚣也？②

天然生长的，是合乎性命之情的，因此，骈拇枝指虽然比常人之足手有所不同，却是天然的，不必因之而忧愁。而仁义等礼制礼教却像把野鸭的腿加长，把鹤腿截断一样，是违背其天性的。仁义并非人性命之情，何必硬要强加于人呢？那些自以为高明的人在那里为世事忧患，可是那些不仁的

---

① 《庄子·骈拇》。
② 《庄子·骈拇》。

人却违背性命之情而奢享贵富，仁义的说教对他们丝毫没有作用。所以说，仁义并非人性命之情，但从夏、商、周三代以来，却有那么多人在嚣嚣说教。

在庄子看来，以钩绳规矩校正木材，削损了木的本性；以绳索胶漆将木材拼合固定，侵害了木的自然形状。那些企图以仁义说教来束缚人观念和行为的，也是不合人性命之情的。

> 天下诱然皆生而不知其所以生，同焉皆得而不知其所以得。故古今不二，不可亏也。则仁义又奚连连如胶漆缠索而游乎道德之间为哉，使天下惑也！①

道为本原，德得道而生，在道的本原与德之间，并没有什么仁义。道生人，人性并不受仁义之说教束缚，又为什么用这和道德无关的仁义说教来束缚人依其本性的存在呢？自从有虞氏以仁义说教扰乱人性以来，"天下莫不奔命于仁义，是非以仁义易其性与？故尝试论之，自三代以下者，天下莫不以物易其性矣"。②庄子依从老子无为观念，认为自从虞舜开始就以仁义礼教束缚人性，致使"以物易其性"。小人以身殉利，士人以身殉名，大夫以身殉家，圣人则以身殉天下。这四类人事业不同，名声异号，但"其于伤性以身为殉，一也"。③而臧与穀二人放羊时都把羊丢了，臧是因读书，穀是因游戏，但他们都丢了羊。伯夷死于名，盗跖死于利，虽有区别，但都是残生损性。仁义说教者说伯夷为名而死赞他为君子，盗跖为利而死就贬他为小人，但从残生损性来说，"则盗跖亦伯夷已，又恶取君子小人于其间哉"！④

因此，庄子强调，仁义之礼教不合乎人性命之情，并非善好也，不值

---

① 《庄子·骈拇》。
② 《庄子·骈拇》。
③ 《庄子·骈拇》。
④ 《庄子·骈拇》。

得推崇，

> 吾所谓臧者，非仁义之谓也，臧于其德而已矣；吾所谓臧也，非所谓仁义之谓也，任其性命之情而已矣。吾所谓聪者，非谓其闻彼也，自闻而已矣；吾所谓明者，非谓其见彼也，自见而已矣。夫不自见而见彼，不自得而得彼者，是得人之得而不自得其得者也，适人之适而不自适其适者也。夫适人之适而不自适其适，虽盗跖与伯夷，是同为淫僻也。余愧乎道德，是以上不敢为仁义之操，而下不敢为淫僻之行也。①

应当而且值得推崇的，是依天道之德的性命之情而任情适性，并不是以非原于道生于德的仁义礼教来束缚人。需要强调的是，庄子所批评的仁义，虽然包括孔子一派的思想，但主要还是三代以来的礼制礼教，即《礼记·礼运》中所说的"大道既隐"后的社会制度及其意识形态。孔子虽然主张以仁复礼，但他的仁义和礼，都与既有周礼制礼教有所区别，庄子或许看到了这一点，因此他的批评并非针对孔子，而是针对曾参、史鰌。即使庄子不清楚孔子之仁义与周礼教之仁义的区别，也不能认为他的矛头是指向孔子学说的，从上文至下文，都清楚表明他是对既有礼制礼教的批评。而这种思想能够形成并得以扩展于社会，不仅说明庄子思想的激进，也表明当时意识形态的宽松。而大一统专制以来，像庄子这样公开批评既有制度的言论，是断然被封杀的。

对性命之情的损害，不仅在礼制礼教，还通行于各种技艺中。伯乐治马，就是典型。

> 马，蹄可以践霜雪，毛可以御风寒，龁草饮水，翘足而陆。此马之真性也。虽有义台路寝，无所用之。及至伯乐，曰："我

---

① 《庄子·骈拇》。

善治马。"烧之，剔之，刻之，雒之，连之以羁馽，编之以皂栈，马之死者十二三矣；饥之、渴之、驰之、骤之、整之、齐之，前有橛饰之患，而后有鞭策之威，而马之死者已过半矣。①

伯乐治马，破坏了马的本性，而马为了适应其治，"知介倪、闉扼、鸷曼、诡衔、窃辔。故马之知而态至盗者，伯乐之罪也"。② "介倪"是斜视驭者，"闉扼"是弯头排斥马轭限制，"鸷曼"是撞车篷，"窃辔"是偷偷咬断缰绳，这些盗贼式的行为都不是出自马的本性，而是伯乐这些治马人造成的。

治马如此，那么治人呢？

夫赫胥氏之时，民居不知所为，所不知所之，含哺而熙，鼓腹而游，民能以此矣。及至圣人，屈折礼乐以匡天下之形，县跂仁义以慰天下之心，而民乃始踶跂好知，争归于利，不可止也。③

正是由于用礼乐限制人的行为，用仁义说教惑乱人的心智，才使人用心思考争夺功利，导致社会的矛盾和混乱。

在庄子看来，任情适性的人类生活，也就是"大道之行"时的状态：

彼民有常性，织而衣，耕而食，是谓同德；一而不党，命曰天放。故至德之世，其行填填，其视颠颠。当是时也，山无蹊隧，泽无舟梁；万物群生，连属其乡；禽兽成群，草木遂长。是故禽兽可系羁而游，鸟鹊之巢可攀援而窥。

夫至德之世，同与禽兽居，族与万物并，恶乎知君子小人

---

① 《庄子·马蹄》。
② 《庄子·马蹄》。
③ 《庄子·马蹄》。

哉！同乎无知，其德不离；同乎无欲，是谓素朴；素朴而民性得矣。①

这比老子的"小国寡民"还更符合人本之性情，但这样的理想人类生活又怎么能实现呢？

庄子也认识到在他当时的条件下，要使全社会都任情适性地依从天道自然而生活是不可能的，但这并不能阻止他本人任情适性地思想和生活。他的"乘道德而浮游"，他的"知道达生"，都是任情适性的前提，而他在以任情适性批评现实社会的同时，又倡导开放心胸和纯素贵精，并乐道安贫地度过一生。

开放心胸是庄子展示知道而达生的又一环节，是他对待人生，认知世界的必要态度和方式。在《秋水》篇，他以河伯的遭遇及北海若对河伯的教导，说明了这个道理。

> 秋水时至，百川灌河，泾流之大，两涘渚崖之间，不辩牛马。于是焉，河伯欣然自喜，以天下之美为尽在己。顺流而东行，至于北海，东面而视，不见水端。于是焉，河伯始旋其面目，望洋向若而叹曰："野语有之曰：'闻道百，以为莫己若'者，我之谓也。且夫我尝闻少仲尼之闻而轻伯夷之义者，始吾弗信，今我睹子之难穷也，吾非至于子之门，则殆矣，吾长见笑于大方之家。"②

河伯见了北海若，方知己小，对他这种"知丑"的态度，北海若还是肯定的，并对他讲："井蛙不可以语于海者，拘于虚也；夏虫不可以语于冰者，笃于时也；曲士不可以语于道者，束于教也。"③ 庄子之所以用北海若的口

---

① 《庄子·马蹄》。
② 《庄子·秋水》。
③ 《庄子·秋水》。

气说话，就是批评那些不可"语于道"的"曲士"们，他们被自己接受的教训束缚，根本不知道之原，天之大，地之广。接着又以北海若之口说，你河伯以我为大，但是

> 吾未尝以此自多者，自以比形于天地而受气于阴阳，吾在天地之间，犹小石小木之在大山也，方存乎见少，又奚以自多？计四海之在天地之间也，不似礨空之在大泽乎？计中国之在海内，不似稊米之在大仓乎？号物之数谓之万，人处一焉；人卒九州，谷食之所生，舟车之所通，人处一焉；此其比万物也，不似毫末之在于马体乎？五帝之所连，三王之所争，仁人之所忧，任士之所劳，尽此矣。伯夷辞之以为名，仲尼语之以为博，此其自多也，不似尔向之自多于水乎？"①

这一通排山倒海式的言辞，说明了一个基本道理：世界是无限的，以任何一个有限比无限，都显得那么渺小，必须开放心胸，扩展眼界，不能囿于一隅而自我封闭，更不能有一点知识就觉得了不起。你所说的伯夷，不过因其辞让王位而得名，仲尼以他说的话而让人觉得知识广博，但这和你之前以为自己水多而满足是一样的。

开放心胸和视野不仅是对大小，更要对时、分、得、失、生、死等。庄子还是以北海若的口气说：

> 夫物，量无穷，时无止，分无常，终始无故。是故大知观于远近，故小而不寡，大而不多，知量无穷；证曏今故，故遥而不闷，掇而不跂，知时无止；察乎盈虚，故得而不喜，失而不忧，知分之无常也；明乎坦涂，故生而不悦，死而不祸，知终始之不可故也。计人之所知，不若其所不知；其生之时，不若未生之

---

① 《庄子·秋水》。

时；以其至小求穷其至大之域，是故迷乱而不能自得也。由此观之，又何以知毫末之足以定至细之倪？又何以知天地之足以穷至大之域？①

物之至大至小都是无限的，也是不断运动变化的，时间是永不停息的，人不过这无限运动变化的物质世界的一分子，他也在不断变化，有生有死，"生而不悦，死而不祸"，"得而不喜，失而不忧"。人所能认知的绝对不如没有认知的广大，他所生存的时间远不及他未生及死后的时间多，因而想要以有限生存的知穷尽无限世界的认识，只能是"迷乱而不能自得也"。所以，必须开放心胸，扩展视野，精细思考，不能以既有成见来约束自己，也不能以所在位置之经验界定世界的大小、多少。"可以言论者，物之粗也；可以意致者，物之精也；言之所不能论，意之所不能致者，不期精粗焉。"②

纯素贵精，纯素是为体道而排除杂念，贵精则是贵守道之精神。开放心胸是知道达生的必要前提，纯素贵精是在开放心胸的前提下，进一步知道而达生。

在《刻意》篇，先论世上有所追求的五种人：其一山谷之士，其二平世之士，其三朝廷之士，其四江湖之士，其五导引之士。

> 刻意尚行，离世异俗，高论怨诽，为亢而已矣；此山谷之士，非世之人，枯槁赴渊者之所好也。语仁义忠信，恭俭推让，为修而已矣；此平世之士，教诲之人，游居学者之所好也。语大功，立大名，礼君臣，正上下，为治而已矣；此朝廷之士，尊主强国之人，致功并兼者之所好也。就薮泽，处闲旷，钓鱼闲处，无为而已矣，此江湖之士，避世之人，闲暇者之所好也。吹呴呼

---

① 《庄子·秋水》。

② 《庄子·秋水》。

吸，吐故纳新，熊经鸟申，为寿而已矣；此导引之士，养形之人，彭祖寿考者之所好也。①

这是对当时士人之志向和行为的概括，庄子认为，虽然这五种人都自以为在追求高尚目标，并由此而达生，但他们都偏离了天道，也不可能达生。只有

> 不刻意而高，无仁义而修，无功名而治，无江海而闲，不导引而寿，无不忘也，无不有也，澹然无极，而众美从之。此天地之道，圣人之德也。②

天道本质上是恬淡寂寞，虚静无为的，知道的圣人，不会因己意己利而为，只是顺从天道，平易恬淡地处事，这样，就不会招来忧患，也不受邪气侵袭，"故其德全而神不亏"。③

知道而达生的圣人，并不需要什么刻意，也不会追求名利地位、长生不老，

> 圣人之生也天行，其死也物化；静而与阴同德，动而与阳同波；不为福先，不为祸始，感而后应，迫而后动，不得已而后起。去知与故，循天之理，故无天灾，无物累，无人非，无鬼责，不思虑，不豫谋。光矣而不耀，信矣而不期。其寝不梦，其觉无忧。其生若浮，其死若休。其神纯粹，其魂不罢。虚无恬惔，乃合天德。④

---

① 《庄子·刻意》。
② 《庄子·刻意》。
③ 《庄子·刻意》。
④ 《庄子·刻意》。

悲与乐是背离德的邪行,喜与怒是违背天道的表现,好与恶是心的错误。知道之达生,就要虚无恬淡,无忧乐,无喜怒,无好恶。"纯粹而不杂,静一而不变,惔而无为,动而以天行,此养神之道也。"①

养神就是体悟纯素之天道。纯素即排除各种刻意追求的名利地位和长寿等俗念、妄念。

> 纯素之道,惟神是守;守而勿失,与神为一;一之精通,合于天伦。野语有之曰:"众人重利,廉士重名,贤人尚志,圣人贵精。"故素也者,谓其无所与杂也;纯也者,谓其不亏其神也。能体纯素,谓之真人。②

就庄子本人来说,纯素贵精作为知道而达生之技,并不是要教训他人,而是将之作为自己思想和行为的准则。他的一生,就是纯素贵精的过程,其表现就是乐道安贫。

庄子并非贵族,他一生不做官,不经商,虽曾一度做过漆园小吏,却不足以摆脱贫困。

《外物》篇记:

> 庄周家贫。故往贷粟于监河侯。
> 监河侯曰:"诺。我将得邑金,将贷子三百金,可乎?"③

监河侯应当是庄子比较熟悉的人,庄子才去向他借贷,但他不说不借,而是要我拿到"邑金"后再借给你。庄子气愤地对监河侯说:在我来你这儿的路上,突然有声音喊我,我见车辙之中有一条鲫鱼。我问它你为什么喊我,鲫鱼说我是洪水冲到这里的,请你拿斗升之水救我。我跟鲫鱼说,我

---

① 《庄子·刻意》。
② 《庄子·刻意》。
③ 《庄子·外物》。

即将到南方吴越之地,从那里引长江之水来接你脱此困境,鲫鱼愤然作色曰:

> 吾失我常与,我无所处。吾得斗升之水然活耳,君乃言此,曾不如早索我于枯鱼之市!①

庄子以鲫鱼的话告诉监河侯:我只是需要眼下的一点救命粮,你却用得邑金后再借我三百金支应我,这与要饿死我有什么两样?

借贷不成而发此议论,可见庄子贫困之窘状。《山木》篇记:"庄子衣大布而补之,正緳系履而过魏王。"②《列御寇》篇中又记:

> 宋人有曹商者,为宋王使秦。其往也,得车数乘;王说之,益车百乘。反于宋,见庄子曰:"夫处穷闾陋巷,困窘织屦,槁项黄馘者,商之所短也;一悟万乘之主而从车百乘,商之所长也。③

这个曹商,平时可能对庄子有所敬畏,也可能二人有过关于人生观的争论,当他作为宋使到秦国,秦王赏他百乘车,于是他忘乎所以,赶过来戏弄庄子。曹商这样的势利之徒,今古多矣,本不足奇,但可贵的是他总结了庄子的贫困状况:"处穷闾陋巷,困窘织屦,槁项黄馘",这十三字写照了庄子的处境和形象。

但庄子丝毫不羡慕曹商之得百车,以轻蔑的口气说:

> 秦王有病召医,破痈溃痤者得车一乘,舐痔者得车五乘,所

---

① 《庄子·外物》。
② 《庄子·山木》。
③ 《庄子·列御寇》。

治愈下,得车愈多。子岂治其痔邪,何得车之多也?子行矣!①

你得秦王这么多车,谁知道你为他做了什么?难道是舐痔治愈了他的痔疮?你走吧。这既是对曹商,也是对所有以得到君王权势者奖赏为荣者的评价。他们所做的,不见得都是舐痔,但其性质都是一样的。也正是基于这样的观念,庄子连楚王请他做国相都不去,何况曹商之辈的低劣行径?

虽然贫困不堪,但"槁项"之上的那颗蜡黄面皮包着的脑壳中,有一个古今绝少的大脑,不仅有博渊的知识,更有德于道的理解和信念,它主导着庄子贫困而乐观的达生。

七 孟子思想之技层次:分田制禄,农工交易,薄税取助

孟子思想之技层次是其术层次施仁政于民的展开,主要涉及分田制禄,农工交易,薄税取助。

分田制禄。以农业为主的战国时期,基本生产资料是土地,实行什么样的土地制度,直接关乎民的地位和利益。周初封建领主制的土地所有权名义上属于周天子,"溥天之下,莫非王土",但周王这种名义上的所有权到战国时已荡然无存,各国君主是其领地土地所有权的拥有者,由他分封土地占有权给贵族,并分配给统治氏族中平民一定的土地,被分封占有权的贵族土地一部分由贵族自己经营管理,其劳作基本上由依附于他的农奴来从事;另一部分则将使用权分配给农奴,由农奴从其收获物中交一定份额的贡赋给贵族。由分封取得土地占有权的贵族和由分配取得小块土地占有权的统治氏族中平民,也要向拥有土地所有权的领主缴纳贡赋。这是封建领主制的基本形式,到孟子时期,已有相当多的变化,李悝、吴起、慎到、申不害、商鞅等以法改制诸子所进行的变革,已经大大削弱了贵族世卿世禄制,贵族的土地占有权已有相当一部分被收归国(领主),而非统

---

① 《庄子·列御寇》。

治氏族的农奴的身份也随着时间的演进,而逐步淡化,尤其是因战功等还有部分农奴获得了相对的人身权,因此,在孟子的论述中,已经不再谈及农奴这个阶层,而是笼统地说民众之"农"了。孟子关于分田的思想,就是在这样背景下提出的。

《滕文公上》记,文公"使毕战问井地"。

> 孟子曰:"子之君将行仁政,选择而使子,子必勉之!夫仁政,必自经界始。经界不正,井地不钧,谷禄不平,是故暴君污吏必慢其经界。经界既正,分田制禄可坐而定也。"
>
> "夫滕,壤地褊小,将为君子焉,将为野人焉。无君子,莫治野人;无野人,莫养君子。请野九一而助,国中什一使自赋。卿以下必有圭田;圭田五十亩;余夫二十五亩。死徙无出乡,乡田同井,出入相友,守望相助,疾病相扶持,则百姓亲睦。方里而井,井九百亩,其中为公田。八家皆私百亩,同养公田;公事毕,然后敢治私事,所以别野人也。此其大略也。若夫润泽之,则在君与子矣。"①

"经界既正,分田制禄"是孟子施仁政于民的切入点,也是基本点。"经界"是什么,"井"又何指?是后人探讨的焦点,分歧由此而生。

孟子认为,"经界不正,井地不均,谷禄不平"是施仁政必须首先解决的问题。有人认为"经界"就是"井"界,而"井"是井田,这不无道理。但"经界"并不只是"井"界,还应包括其上的行政单位的界限。孟子对此并没有详细论说,因而使人忽略了这一层。在《周礼·地官·小司徒》记周制的"经地":

> 乃经土地,而井牧其田野:九夫为井,四井为邑,四邑为

---

① 《孟子·滕文公上》。

丘，四丘为甸，四甸为县，四县为都，以任地事而令贡赋，凡税敛之事。

乃分地域而辨其守，施其职而平其政。①

这里说的"井"，正好是九块相等的田地，按周代的说法，一个成年男劳动力（一夫）及其家人可分一百亩田地，那么"九夫为井"，即基本的经济和行政单位，其上为邑、丘、甸、县、都，按上一层单位为下一层单位四倍计，并依次而"任地事而令贡赋"，即管理农业活动和收取贡赋。其"经土地"不仅包括井，也包括其上的邑、丘、甸、县、都。

孟子时的土地制度较周初已有大变化，但"井"这个基本单位还存在，其上的邑、丘、甸、县、都也应保存，但已经相当混乱，所以孟子才说"经界不正，井地不均"，他所说的"仁政，必自经界始"，就是要首先整顿经界的混乱问题。在此基础上，以井为单位分田，一平方里为一井，一井九百亩，中间那块一百亩为公田，另八块各一百亩分于八家为私田。八家先共同耕作公田，公田的耕作结束后再耕作各自私田，以此来界定"国"之外的"野人"。

这里谈到的"君子"和"野人"，常被解释为"贵族"与"农奴"或"奴隶"，但从孟子这段话中，却很难将"野人"等同于"农奴"或"奴隶"。周时领主和贵族居住之地称为"都"或"城"，其周边为"郊"，再外为"野"。"野人"即居于野地之人。周初大部分的"野人"应为农奴，并分派大夫或士来管制"野人"。但到孟子时，在"野"居住的人则既有农奴，也有解除农奴身份的平民，以及原统治氏族中的平民，他们之间的差别已经不明显。以法改制诸子的耕战强国主张中，都强调将农奴解放为平民，条件是其耕战有功。孟子这里讲的"野人"，应是"居野之人"，而不仅是农奴，而他所倡导的"井"地制，也没有考虑"野人"的身份，因此可以理解为"农民"。

---

① 《周礼·地官·小司徒》。

需要说明的是，周初分封诸侯，"溥天之下，莫非王土；率土之滨，莫非王臣。"从法理上说，天下所有土地的所有权都属于周王，即天子，他将土地的占有权分封给诸侯，诸侯定期向周王纳贡就是土地占有权对土地所有权的义务。但这种土地制度并没有强大的武力保证，很快就被势力强大的诸侯所否定，他们不再承认日益脆弱的周王的土地所有权，而是直接作为本国土地的所有者，并再次分封土地占有权给贵族和士及本氏族平民，贵族和士则将其占有土地的使用权"承包"给农奴，收取其贡赋。这种土地关系到战国时也已受到很大破坏，孟子说的"暴君污吏必慢其经界"，虽然所指不清，但应是针对因旧土地制度的破坏而导致的混乱现象。

孟子主张的"经界"，实际上要国君强化其土地所有权，明确各层次行政关系，进而按井的形式重新分配土地给"野人"，即居于野业于农的人。至于"野人"分到的是一百亩土地的占有权还是使用权，孟子没有说，但这却关乎"野人"是农奴还是农民的界定。由于是国君直接通过行政官吏代表他从土地所有权来分派土地给"野人"，并不是先分给贵族和士，再由他们分，因此可以说就是分土地占有权及其包含的使用权。这与秦朝以后的均配土田已没有多大区别了。

"制禄"，界定贵族和士的职位和俸禄。在说给毕战的这段话中，只是将"分田制禄"并提，但对"制禄"并没有说明。在《万章下》孟子回答北宫锜问"周室班爵禄"时，说的一段话或可为其"制禄"主张的参考。

> 其详不可得闻也，诸侯恶其害己也，而皆去其籍。然而轲也尝闻其略也。天子一位，公一位，侯一位，伯一位，子、男同一位，凡五等也。君一位，卿一位，大夫一位，上士一位，中士一位，下士一位，凡六等。天子之制，地方千里，公侯皆方百里，伯七十里，子、男五十里，凡四等。不能五十里，不达于天子，附于诸侯，曰附庸。天子之卿受地视侯，大夫受地视伯，元士受地视子、男。大国地方百里，君十卿禄，卿禄四大夫，大夫倍上

士,上士倍中士,中士倍下士,下士与庶人在官者同禄,禄足以代其耕也。次国地方七十里,君十卿禄,卿禄三大夫,大夫倍上士,上士倍中士,中士倍下士,下士与庶人在官者同禄,禄足以代其耕也。小国地方五十里,君十卿禄,卿禄二大夫,大夫倍上士,上士倍中士,中士倍下士,下士与庶人在官者同禄,禄足以代其耕也。耕者之所获,一夫百亩。百亩之粪,上农夫食九人,上次食八人,中食七人,中次食六人,下食五人。庶人在官者,其禄以是为差。①

在这里孟子只是根据他所"尝闻其略"而说周礼制的爵禄,其中值得注意的是"下士与庶人在官者同禄,禄足以代其耕",庶人之"一夫百亩",也就是说下士及庶人在官者食禄一百亩,也可以理解为一百亩的收获物,并且不包含贡赋,大体能养活八九口之家。中士、上士、大夫、卿、君之禄都以下士为基准,小国是按级别高一等倍增,只是到国君要等于十卿之禄;中国之卿禄三倍于大夫,大国之卿禄四倍于大夫,大夫以下与小国同。其国君也是十卿禄,但由于中、大国之卿禄不同,因而中、大国之君禄也不同。

孟子对毕战说的"制禄",是否与他所"略闻"的周禄制一样,不得而知,但从他关于"井九百亩,其中为公田"可以看出,他基本上还是以这一百亩公田作为下士之禄的,至于其上分几级禄位及各禄位之禄是多少,他并没有说。但可以肯定的是,他的"制禄"建议,是要重新整顿爵禄制的,此举可减少冗员及其禄,又可以改进行政管理,落实仁政的各项措施。

农工交易,是孟子关于手工业及商业的思想,与那些重本抑末论者不同,孟子认为手工业和商业都是国民经济的必要部分,发展手工业和商业,不仅不会损害农业,还可能有助于农业。

① 《孟子·万章下》。

《滕文公上》记有一位自称研究神农学说的许行，从楚国来到滕国，对文公说，您在推行仁政，我要投奔您，请您给我一块土地。文公给一块地于许行，他带领几十个信徒，"衣褐，捆屦，织席以为食"。另一位叫陈相的人与其弟陈辛，"负耒耜而自宋之滕"，效法许行。下面一段陈相与孟子的对话，展示了孟子农工交易的思想。

> 陈相见孟子，道许行之言曰："滕君则诚贤君也；虽然，未闻道也。贤者与民并耕而食，饔飧而治。今也滕有仓廪府库，则是厉民而以自养也，恶得贤？"
> 孟子曰："许子必种粟而后食乎？"
> 曰："然。"
> "许子必织布而后衣乎？"
> 曰："否。许子衣褐。"
> "许子冠乎？"
> 曰："冠。"
> 曰："奚冠？"
> 曰："冠素。"
> 曰："自织之与？"
> 曰："否。以粟易之。"
> 曰："许子奚为不自织？"
> 曰："害于耕。"
> 曰："许子以釜甑爨，以铁耕乎？"
> 曰："然。"
> "自为之与？"
> 曰："否。以粟易之。"
> "以粟易械器者，不为厉陶冶；陶冶亦以其械器易粟者，岂为厉农夫哉？且许子何不为陶冶，舍皆取诸其宫中而用之？何为纷纷然与百工交易？何许子之不惮烦？"

曰："百工之事，固不可耕且为也。"

"然则治天下独可耕且为与？有大人之事，有小人之事。且一人之身，而百工之所为备。如必自为而后用之，是率天下而路也。故曰：或劳心，或劳力；劳心者治人，劳力者治于人；治于人者食人，治人者食于人：天下之通义也。"①

孟子与陈相辩论的是许行主张的"贤者与民并耕而食，饔飧而治"，即贤能的统治者与民共同耕作，亲自做饭而食。陈相据此说滕文公未闻道，不为贤。孟子在问陈相一长串问题时，实际上已从陈相之口说出了"百工之事，固不可耕且为也"，也就是农工交易之必要性，而他这里说的"交易"，不仅是交换，还包括"互易"之意，但这在孟子与陈相的辩论中还只是一个论据，他要以此论据驳倒许行的主张，进而又举禹、尧、舜之"不耕"，说明其"劳心者治人，劳力者治于人"的观点。虽然如此，孟子关于农工交易的说法还是有其新意的。

在《滕文公下》中，孟子还在与彭更的对话中，论说了农工因其"功"交易的必要性，

子不通功易事，以羡补不足，则农有余粟，女有余布；子如通之，则梓匠轮舆皆得食于子。②

薄税取助。"薄税敛"是孟子施仁政于民之技的又一要点，在《滕文公上》，孟子说："是故贤君必恭俭礼下，取于民而有制。"③ 这里的"制"，一为节制，二为制度。在《尽心上》中，孟子说：

易其田畴，薄其税敛，民可使富也。食之以时，用之以礼，

---

① 《孟子·滕文公上》。
② 《孟子·滕文公下》。
③ 《孟子·滕文公上》。

财不可胜用也。①

薄税敛不仅是对农，还包括商业，在这方面孟子的主张在诸子中是相当独特的，即"市，廛而不征，法而不廛"；"关，讥而不征"。不仅对市场上的货物不征税，还要给商人提供场地和方便；对通行国关的人，也只是检查身份，并不收税，这样势必有利于国际贸易。同时，孟子还提出"廛，无夫里之布"，即房产和居住也不收税。孟子认为，不对商业（包括国际贸易）征税，就能助长商品流通，从而有利于推行仁政。而不征收房产和居住税，则可使"天之民皆悦，而愿为之氓"，即吸引外国之民来本国，以此增加人口。

薄税敛的重点在于农，对此，孟子建议"助而不税"，即以"助"取代"贡"来交。

> 夏后氏五十而贡，殷人七十而助，周人百亩而彻，其实皆什一也。彻者，彻也；助者，藉也。龙子曰："治地莫善于助，莫不善于贡。"贡者，校数岁之中以为常。乐岁，粒米狼戾，多取之而不为虐，则寡取之；凶年，粪其田而不足，则必取盈焉。为民父母，使民盻盻然，将终岁勤动，不得以养其父母，又称贷而益之。使老稚转乎沟壑，恶在其为民父母也。夫世禄，滕固行之矣。《诗》云："雨我公田，遂及我私。"惟助为有公田。由此观之，虽周亦助也。②

贡、助、彻是三种耕地收税方式，"贡"是按若干年的平均收成收税，"助"是以劳力在公田劳动代税，"彻"是按耕地亩数收税。孟子主张废除贡，采取助。他的理由很明确：若按贡收税，丰年民交税后还有比较充

---

① 《孟子·尽心上》。
② 《孟子·滕文公上》。

裕的生活资料，但灾年民交税后所剩无几，不足以养家中老小，只得借贷，以后的生活都大受影响。而助则是八户劳力先在井地中一百亩公田上耕作，然后耕作私田，公田的收获全部归公，私田的收获全部归私，虽然民要多付出一些劳力，但却可以保住一百亩的收获物。不论贡或彻都要从一百亩地的收获物交十一之税，助可以使民留下一百亩全部收获物，但国家却没有少收入，甚至还会多收一些。

孟子废贡取助的建议是与分田制禄相统一的，周初井田分由九夫耕作，而孟子主张井田虽也分九块一百亩的地，却分给八家耕作，其中一百亩作为公田，"野九一而助"，八家先耕作公田，以劳力作为税。他又以《诗经》的诗句"雨我公田，遂及我私"为据，说周初也曾取助。但从他给滕文公的建议中，可以看出当时滕国是以贡为税的，他的建议是否被接受，则没有记载。

关于孟子废贡取助，现在有学者说助是"劳役地租"或"劳务地租"，这是不准确的。租与税的区别在周代虽不明确，但用租表示税的很少，通常用以表示税的就是孟子所说到的贡、助、彻。秦以后，租与税的区别清晰，租是指土地占有权与土地使用权间的义务关系，没有土地占有权的农民从拥有土地占有权的官僚地主手里租来一块土地，并将收获物的一部分作为地租交给地主。而税则是国家土地所有权与土地占有权的义务关系，取得土地占有权的人，不论地主还是农民，都要向国家交一定份额的粮食或货币或其他实物的税。"助"既然是由国家直接收取，那么它所表示的就是土地所有权与占有权的关系，因而其性质为"税"，而非表示土地占有权与使用权关系的"租"。不过，孟子并没有对"助"如何实行，以及所助一百亩土地的收获物如何收缴做出论说，而是认为这些细节应由具体负责的毕战及其君主"润泽之"。

八 孙武为首的兵学诸子思想之技层次

兵学之术主要论证战争的本质和军事与经济、政治、文化的关系，以及战略等,其在实际中的运用,体现于战役和战斗的具体指挥技能,对此所做的总结概括,构成兵学思想之技层次。以孙武为首的诸子兵学思想在这个层次是相当丰富的。

1. 孙武兵学之技:形、势、虚、实、正、奇、诡、变

以察慎智算之术为纲,孙武兵学之技涉及从练兵组军到行军作战、敌我形势、把握战机、攻城守御、随机应变,乃至火攻和惑敌、间敌等各个方面,我们这里提其要,从形、势、虚、实、奇、正、诡、变做一概说。

形,即敌我双方力量的对比,"强弱,形也"。① 是否与敌交战,必要先明确敌我双方的强弱,"知彼知己者,百战不殆;不知彼而知己者,一胜一负;不知彼,不知己,每战必殆"。② 形是既有的可用于战争的条件,

> 兵法:一曰度,二曰量,三曰数,四曰称,五曰胜。地生度,度生量,量生数,数生称,称生胜。故胜兵若以镒称铢,败兵若以铢称镒。胜者之战民也,若决积水于千仞之溪,形也。③

战争是实力与智慧的对决,孙武在兵术上主张要充分运用智慧这个主观因素,但智慧只能使实力得到有效发挥,智慧并不能取代实力。而真正的智慧,首先体现在如何正确地认知敌我双方实力的对比。这也是他在兵技层次首要强调"形"的用意所在。基本的形由五点构成:一是国土面积,二是资源物产,三是兵员数量,四是可用于战争的力量,五是取胜的可能性。对此必须进行实事求是的考察和评估,以明"形"。

> 孙子曰:昔之善战者,先为不可胜,以待敌之可胜,不可胜在己,可胜在敌。故善战者,能为不可胜,不能使敌之可胜。故曰:胜可知而不可为也。

---

① 《孙子兵法·势》。
② 《孙子兵法·谋攻》。
③ 《孙子兵法·形》。

> 不可胜者，守也；可胜者，攻也。守则不足，攻则有余。善守者，藏于九地之下；善攻者，动于九天之上，故能自保而全胜也。①

这也就是在明"形"的基础上，来确定战与不战，是攻战还是守战，以确保胜利。

势，形之动，是形的基本条件的发挥。《势》篇以激水漂石形象地比喻"势"。

> 激水之疾，至于漂石者，势也；鸷鸟之疾，至于毁折者，节也。是故善战者，其势险，其节短。势如彍弩，节如发机。②

激流之水势可漂石，指挥作战也要发己形之势击敌，同时还要把握"节"，就像兀鹫迅速捕捉猎物那样置敌于死地。

战场上双方混战，必须保证自己部队组织有序，将军能够有效指挥。强弱为形，勇怯为势，要取胜就要激发己方士兵之勇势，并根据形之变化，先示弱形于敌，诱其进攻，再以重兵歼灭他们。战场上局面混乱，将军要保持头脑清醒，利用形与势来指挥战斗。

> 故善战者，求之于势，不责于人，故能择人任势。任势者，其战人也，如转木石。木石之性，安则静，危则动，方则止，圆则行。故善战人之势，如转圆石于千仞之山者，势也。③

将军指挥作战，就是以其智慧和组织来发动形之势，以势取胜。

虚与实，是对形和势的进一步掌握运用，由此而掌握主动权。

---

① 《孙子兵法·形》。
② 《孙子兵法·势》。
③ 《孙子兵法·势》。

> 夫兵形象水，水之形，避高而趋下；兵之形，避实而击虚。水因地而制流，兵因敌而制胜。故兵无常势，水无常形；能因敌变化而取胜者，谓之神。故五行无常胜，四时无常位，日有短长，月有死生。①

孙武相当清楚把握战斗主动权的重要，其要点，就在掌控敌我形势的变化，在战场上我方要先占有利地形，诱敌而击或以我之形势逼退敌人。敌人休息，我去袭扰使其疲劳；敌人要吃饭，我去进击迫使他饥饿应战；敌人要安定，我则设法使他动起来。掌握主动权，

> 出其所不趋，趋其所不意；行千里而不劳者，行于无人之地也；攻而必取者，攻其所不守也；守而必固者，守其所必攻也。故善攻者，敌不知其所守；善守者，敌不知其所攻。微乎微乎！至于无形；神乎神乎！至于无声，故能为敌之司命。②

可见，利用虚实对于战争是多么重要，而虚实之技的功效又如此神妙！

进攻时，要选择敌守御空虚之处，撤退时，要迅速使敌人追不上。我欲战，敌人虽然高垒深沟守御，我攻击必取之处，敌不得不与我战。而我不欲战时，设法改变敌之进攻方向，敌人也不能与我开战。要设法使敌暴露其军形并隐藏我军之形，这样我军兵力集中而敌军兵力分散，并分割包围以十击一。我军进攻的方向不能让敌人知道，这样敌军就会多处防御，兵力分散，其中每一部分兵力就少，我则以多击寡，使敌防不胜防。

> 故策之而知得失之计，作之而知动静之理，形之而知死生之

---

① 《孙子兵法·虚实》。
② 《孙子兵法·虚实》。

地，角之而知有余不足之处。

　　故形兵之极，至于无形；无形，则深间不能窥，智者不能谋。因形而措胜于众，众不能知，人皆知我所以胜之形，而莫知吾所以制胜之形。故其战胜不复，而应形于无穷。①

以虚实灵活地运用、变化形势，是战场取胜必要之技，"兵之所加，如以碫投卵乱者，虚实是也"。②

正与奇，是用兵的两种方式，按曹操的解释："先出合战为正，后出为奇。"正，正面对敌，奇则是正面之外所出兵。

　　孙子曰：凡治众如治寡，分数是也；斗众如斗寡，形名是也；三军之众，可使必受敌而无败者，奇正是也。③

与敌交战，必须系统组织，号令严明，统一指挥，分兵御敌，奇正配合，就可保证胜利。

　　凡战者，以正合，以奇胜。故善出奇者，无穷如天地，不竭如江河。终而复始，日月是也。死而复生，四时是也。声不过五，五声之变，不可胜听也。色不过五，五色之变，不可胜观也。味不过五，五味之变，不可胜尝也。战势不过奇正，奇正之变，不可胜穷也。奇正相生，如循环之无端，孰能穷之？④

奇正是形势虚实的灵活运用，在以兵力正面御敌的同时，要保留相当兵力以作为奇兵随时随地出击。奇兵不仅是敌人不能预见的，就是我方将军也

---

① 《孙子兵法·虚实》。
② 《孙子兵法·势》。
③ 《孙子兵法·势》。
④ 《孙子兵法·势》。

没有事先预定其攻击方向，而是根据战役具体情况随机而发。就像五声、五色、五味之变化无穷，战势之奇正相生，正可为奇，奇亦可为正，"如循环之无端，孰能穷之"？

孙武指出，战场形势不断变化，敌我虚实在不断调整，因此奇正是将军所要掌握的必要之技。

诡，对我方势和动向的掩饰伪装，使敌不了解我之虚实和意图，并设法扰乱敌人形势，探知其虚实，制造以奇正之兵胜敌的条件。《计》篇指出，

> 计利以听，乃为之势，以佐其外；势者，因利而制权也。
> 兵者，诡道也。故能而示之不能，用而示之不用，近而示之远，远而示之近；利而诱之，乱而取之，实而备之，强而避之，怒而挠之，卑而骄之，佚而劳之，亲而离之；攻其无备，出其不意。此兵家之胜，不可先传也。①

将军打仗，必须运用智算造成有利之势，掌握战役的主动权。这样，诡就是造势的具体方式。要以各种手段给敌方造成假象，使其不知我方之兵力、目标及远近。同时，以小利诱敌，给敌方制造混乱而攻之，敌兵力充实要加强防备，敌强避其锋芒，要设法激怒敌人，要使谨慎之敌骄纵，敌军休整时要不断袭扰使之疲劳，要以离间破坏敌军团结。进攻要趁敌无准备之时机和地点，使其想不到我会于此时此地展开进攻。

诡是智算的具体化，是与敌将斗智的过程，敌将也非木偶呆瓜，他也在用智谋算我，因此，必须有超过敌将之智谋，才能使诡计得逞。

变，是诡的延伸，也是兵技之集成，"兵以诈立，以利动，以分合为变者也"。② 根据战役进展的具体情况而变化指挥，使己方处于主动和不败

---

① 《孙子兵法·计》。
② 《孙子兵法·军争》。

之地。

> 孙子曰：凡用兵之法，将受命于君，合军聚众，圮地无舍，衢地交合，绝地无留，围地则谋，死地则战；涂有所不由，军有所不击，城有所不攻，地有所不争，君命有所不受。故将通于九变之地利者，知用兵矣；将不通于九变之利者，虽知地形，不能得地之利矣。治兵不知九变之术，虽知地利，不能得人之用矣。①

"九变"为多变之意，将率军出征，会遇到多种事先不可预想的情况，要随时应变，对不同的处境予以不同的处理。有的道路不能行走，有的敌人军队不能攻击，有的地方不应争夺，君主有的命令也不必接受。只有知变会变而掌握地利的将领，才是会用兵的，而不知变不会变的将领，虽知地形却不能得地之利。治兵者不知变不会变，虽知利用地形却不能充分发挥士兵的功用。

孙武强调，将领必须以其智慧充分考虑利害关系，因时因地因人而变。

> 是故智者之虑，必杂于利害。杂于利而务可信也；杂于害而患可解也。②

变的原则在于趋利避害，必须对各种情况可能造成的利害认真思考，适地适时变化行军路线、作战目标、兵力部署等。

变是兵技之综合，孙武从行军、地形、九地、火攻、用间几个环节对变及其集合的全部兵技进行了具体论证。

孙武兵技作为其术的展开运用，要领在于智谋，虽有若干环节，但归

---

① 《孙子兵法·九变》。
② 《孙子兵法·九变》。

结而论,"用兵"而已。不论审时度势,还是知敌闻敌,都要以"用兵"而取得胜利。"善用兵者,携手若使一人"①,将军就是整个军队的头脑,要根据各种具体情况,率领全军就像一个人那样有机协调。

> 将军之事,静以幽,正以治。能愚士卒之耳目,使之无知;易其事,革其谋,使人无识;易其居,迂其途,使人不得虑。帅与之期,如登高而去其梯。帅与之深入诸侯之地,而发其机。焚舟破釜,若驱群羊,驱而往,驱而来,莫知所之。聚三军之众,投之于险,此谓将军之事也。九地之变,屈伸之利,人情之理,不可不察。②

2. 吴起兵学之技:料敌、领军、应变、励士

吴起兵学之技由治兵聚一、慎智知机之术展开,体现于料敌、领军、应变、励士几个环节。

料敌,战国七雄互为敌国,魏国居七国之中。吴起在魏时,武侯问他秦、楚、赵、齐、燕、韩六国的特点,及其对魏的威胁和应对之策。吴起对七国做了一个概括:"齐陈重而不坚,秦陈散而自斗,楚陈整而不久,燕陈守而不走,三晋陈治而不用。"③"三晋"包括魏国,这里专指韩、赵两国。进而展开:

> 夫齐性刚,其国富,君臣骄奢而简于细民,其政宽而禄不均,一陈两心,前重后轻,故重而不坚。击此之道,必三分之,猎其左右,胁而从之,其陈可坏。秦性强,其地险,其政严,其赏罚信,其人不让,皆有斗心,故散而自战。击此之道,必先示之以利而引去之,士贪于得而离其将,乘乖猎散,设伏投机,其

---

① 《孙子兵法·九地》。
② 《孙子兵法·九地》。
③ 《吴子·料敌》。

将可取。楚性弱,其地广,其政骚,其民疲,故整而不久。击此之道,袭乱其屯,先夺其气。轻进速退,弊而劳之,勿与战争,其军可败。燕性悫,其民慎,好勇义,寡诈谋,故守而不走。击此之道,触而迫之,陵而远之,驰而后之,则上疑而下惧,谨我车骑必避之路,其将可虏。三晋者,中国也,其性和,其政平,其民疲于战,习于兵,轻其将,薄其禄,士无死志,故治而不用。击此之道,阻陈而压之,众来则拒之,去则追之,以倦其师。此其势也。①

吴起不愧为大军事家,他对六国特点的概括及应对之策,显现出总体思维的功用。而料敌,即在战前就对敌方情况的了解,作为战争之技的首要环节,吴起是充分掌握了,他与秦、韩之战和对抗,展示了此技之重要。

料敌是在对敌情的侦察、观察基础上的判断,吴起也反对传统的出战之前的龟卜,而是强调对敌情的判断。他认为,对敌在八种情况下可"击之勿疑":一是疾风大寒,长途艰苦行军;二是盛夏炎热,忍饥渴而远来;三是长期驻扎,粮食无有,百姓怨怒,灾祸和谣言不断发生;四是军资耗尽,柴草短缺,天又多阴雨;五是兵力不足,水土不服,人马患疾疫,又无援军;六是长途跋涉后的傍晚,士卒疲劳饥饿,解甲休息;七是将佐没有威望,军心动摇,又无援兵;八是阵势还没有摆好,爬山涉险只达一半。这八种情况下的敌军,是缺少战斗力的,明确了敌情,就可以下决心发动进攻。

当魏武侯"问敌必可击之道"时,吴起回答说:

> 用兵必须审敌虚实而趋其危。敌人远来新至,行列未定可击,既食未设备可击,奔走可击,勤劳可击,未得地利可击,失时不从可击,旌旗乱动可击,涉长道后行未息可击,涉水半渡可

---

① 《吴子·料敌》。

击，险道狭路可击，陈数移动可击，将离士卒可击，心怖可击。
凡若此者，选锐冲之，分兵继之，急击勿疑。①

这些可击之机，都是以充分的料敌为前提的。

领军，即带领兵卒行军，这是战技中必要一环。魏武侯问："进兵之道何先？"吴起答："先明四轻、二重、一信。"

> 使地轻马，马轻车，车轻人，人轻战。明知险易，则地轻马。刍秣以时，则马轻车。膏铜有余，则车轻人。锋锐甲坚，则人轻战。进有重赏，退有重刑。行之以信。审能达此，胜之主也。②

选择平坦道路，喂饱战马，经常给车轴涂抹膏油，兵器锋利，甲胄坚固，以保证行军速度和士兵战斗力。同时要重赏先进，重罚后退，将军要严明号令，保证信用。这是领军的要点。

吴起还对行军中的各种注意事项做了具体规定：

> 凡行军之道，无犯进止之节，无失饮食之适，无绝人马之力。此三者，所以任其上令。③

关于军队驻扎，吴起认为必须选好位置，不能在大谷之口的"天灶"和大山之顶的"龙头"之地驻军，扎营后，树立左青龙，右白虎，前朱雀，后玄武四色军旗，审侯风所从来，顺风攻敌，逆风坚守。

对于车马行进和养保，吴起也有讲究：

---

① 《吴子·料敌》。
② 《吴子·治兵》。
③ 《吴子·治兵》。

> 夫马，必安其处所，适其水草，节其饥饱。冬则温厩，夏则凉庑。刻剔毛鬣，谨落四下。戢其耳目，无令惊骇。习其驰逐，闲其进止。人马相亲，然后可使。车骑之具，鞍、勒、衔、辔，必令完坚。凡马不伤于末，必伤于始；不伤于饥，必伤于饱。日暮道远，必数上下。宁劳于人，慎无劳马。常令有余，备敌覆我。能明此者，横行天下。①

吴起不愧为善战之将，对于领军之技的细节有如此精到的了解。

应变，战场上敌我双方形势变化，如何应对？这是兵技上一个基本问题，孙武对此曾有探究，吴起又有独到见解。《吴子·应变》中魏武侯提问：突然遇敌，乱而失行；敌众我寡；遇到强大敌军，且其地势有利、防御坚固；敌军逼近，我撤退无路，军心恐惧；与敌在山间、溪谷遭遇，且敌多我少；左右高山，地甚狭迫，突然遇敌，击之不敢；与敌相遇大水之泽，车骑被淹，又无舟楫，进退不得；天久连雨，马陷车止，四面受敌；暴寇突袭，掠我田野、牛羊。对于这些战场上经常出现的变化，吴起一一予以回答，说明了其应变之技。下面举两例。

其一，关于敌众我寡，

> 起对曰："避之于易，邀之于阨。故曰：以一击十，莫善于阨；以十击百，莫善于险；以千击万，莫善于阻。今有少卒卒起，击金鸣鼓于阨路，虽有大众，莫不惊动。故曰：用众者务易，用少者务隘。"②

其二，关于左右高山，地甚狭迫，突然遇敌，击之不敢，

---

① 《吴子·治兵》。
② 《吴子·应变》。

起对曰:"此谓谷战,虽众不用。募吾材士与敌相当,轻足利兵以为前行,分车列骑隐于四旁,相去数里,无见其兵,敌必坚陈,进退不敢。于是出旌列旆,行出山外营之,敌人必惧。车骑挑之,勿令得休。"①

吴起在鲁、魏、楚三国将军,所遇敌情多矣,其应变之技灵活使用,是他认真思考总结经验的体现。

励士,军心士气是战争的主观条件,这在战国时以人力为主的战争中尤其重要,吴起作为领军之将,于此深有体会。《史记·孙子吴起列传》记他"与士卒最下者同衣食。卧不设席,行不骑乘,亲裹赢粮,与士卒分劳苦。卒有病疽者,起为吮之"。② 这是他将军常胜的法宝之一。

《吴子·励士》记:

> 武侯问曰:"严刑明赏,足以胜乎?"
> 起对曰:"严明之事,臣不能悉。虽然,非所恃也。夫发号布令而人乐闻,兴师动众而人乐战,交兵接刃而人乐死。此三者,人主之所恃也。"
> 武侯曰:"致之奈何?"
> 对曰:"君举有功而进飨之,无功而励之。"③

武侯依言在宫廷设宴,分三排飨士大夫:上功前排,上等酒食;中等二排,中等酒食;无功后排,普通酒食。宴席结束,又在宫门赏有功者父母妻子,对阵亡将士每年派使者慰劳其父母。"行之三年,秦人兴师,临于西河,魏士闻之,不待吏令,介胄而奋击之者以万数。"④

---

① 《吴子·应变》。
② 《史记·孙子吴起列传》。
③ 《吴子·励士》。
④ 《吴子·励士》。

励士就是激发将士们的斗志，这是打胜仗的必要条件，吴起不同意以严刑逼迫将士，而是主张以奖赏和鼓励激发荣誉感，形成制胜必要的士气。这是吴起兵学之技中特有的重要环节。

3. 孙膑兵学之技：官、教、气、地、阵、战

从残存竹简本看，《孙膑兵法》是比较注重细节的，若按《汉书·艺文志》所说"《齐孙子》八十九篇"，则其兵技思想应当很详细，可惜缺佚太多，我们能从竹简本概括出来的相关思想，只有官、教、气、地、阵、战六点。

官，即军队的官及其管理职能。孙膑认为，要把成千上万由民构成的兵组织成统一的军队，官是一个关键。

> 凡处卒利陈体甲兵者，立官则以身宜，贱令以采章，乘削以伦物，序行以□□，制卒以州间，授正以乡曲。辨疑以旌舆，申令以金鼓，齐兵以从迹，庵结以人雄。遝军以索陈，茭肆以囚逆。陈师以危□，射战以云陈，御裹以嬴渭，取喙以阖燧，即败以包□，奔救以皮傅，燥战以错行。①

军队是一个整体，但它遇到的各种战况是多样的，因而就要像人身体各部分各有其功能一样，在军队中设立各种官职，并选择合适的人担负其任，在军队的行军、宿营、冲锋、布阵、防御、侦察等各个环节，都有专门的官负责。官是一个系统，由这个系统而将军队集合为一体，并从容应对各种情况。

教，是对士卒的教戒，这对于一支众人组成的军队来说，是非常必要的，

> 善教者于本，不临军而变，故曰五教：处国之教一，行行之

---

① 《孙膑兵法·官一》。

教一，处军之〔教一，处阵之教一，隐而〕不相见利战之教一。①

处国之教是指在国内时的教戒，包括（缺二）孝、弟、忍五种美德，训练步、车、射等各种武艺，以及熟悉士兵所在的部队及其组织系统。行行之教，即行军时的教戒，要保证战车坚固，军马强壮，如有废车瘦马的情况，就要责罚相应官兵。处军之教（缺）。处阵之教，即对处于士兵战阵时的教戒，要把兵革车甲排列得有利对敌的阵势。隐而不相见利战之教（缺）。

虽然竹简本缺了五教中两教的具体论述，但也可看出孙膑对教戒的重视和其大概。五教中尤以处国之教为重，也就是强化战前在国内的思想纪律教育和军事训练。

气，即士气、军气，这是军力发挥其势的内在条件，历来兵学都十分注重气的发挥，孙膑对此有自己的见解。

> 合军聚众，【务在激气】。复徙合军，务在治兵利气。临竞（境）近适（敌），务在疠（厉）气。战日有期，务在断气。今日将战，务在延气。……以威三军之士，所以敦（激）气也。将军令……其令，所以利气也。将军乃……短衣絜裘，以劝士志，所以厉气也。将军令，令军人人为三日粮，国人家为……【所以】断气也。将军召将卫人者而告之曰：饮食毋……【所】以延气……也。②

看来孙膑对士气颇有探讨，他对激、利、合、断、延五气的区分和论说，从成军、出征、临国境、战前、即战五个环节，谈对士气的要求，由此激励斗志。

---

① 《孙膑兵法·五教法》。
② 《孙膑兵法·延气》。

地，即地形。战国之战地，除少数在江河之外，大部分是在陆地，因此对地形及江河与战斗的关系，兵学是相当重视的，孙膑之兵技也包括对地形的研究。

凡地之道，阳为表，阴为里；直者为刚（纲），术者为纪。纪刚（纲）则得，陈乃不惑。直者毛产，术者半死。凡战地也，日其精也，八风将来，必勿忘也。绝水、迎陵、逆溜（流）、居杀地、迎众树者，钧举也，五者皆不胜。南陈（阵）之山，生山也；东陈之山，死山也。东注之水，生水也；北注之水，死水。不留（流），死水也。五地之胜曰：山胜陵，陵胜阜，阜胜陈丘，陈丘胜林平地。五草之胜曰：藩、棘、椐、茅、莎。五壤之胜：青胜黄，黄胜黑，黑胜赤，赤胜白，白胜青。五地之败曰：溪、川、泽、斥、□。五地之杀曰：天井、天宛、天离、天隙、天招。五墓，杀地也，勿居也，勿□也。春毋降，秋毋登。军与陈皆毋政前右，右周毋左周。①

关于地的论说，要与下面关于阵的论说结合，更能显示其用意。

阵，即布阵、阵战，这在战国时是常用的战斗之技，兵学者均重视阵技，孙膑也有其独到见解。

用八陈战者，因地之利，用八陈之宜。用陈参分，诲陈有蜂锋，诲逢锋有后，皆侍（待）令而动。斗一，守二。以一侵敌，以二收。敌弱以乱，先其选卒以乘之。敌强以治，先其下卒以诱之。车骑与战者，分以为三，一在于右，一在于左，一在于后。易则多其车，险则多其骑，厄则多其弩。险易必知生地、死地，

---

① 《孙膑兵法·地葆》。

居生击死。①

这里所说为阵战之一般，其要在因地之利而用八阵之宜，"八阵"是指"多"种阵，布阵时兵力要适当布置，可守可攻，前后左右，相互照应。在一般原则下，阵形应有变化：

> 凡陈有十：有枋陈，有员陈，有疏陈，有数陈，有锥形之陈，有雁行之陈，有钩行之陈，有玄襄之陈，有火陈，有水陈。此皆有所利。枋陈者，所以刲也。员陈者，所以栟也。疏陈者，所以吴也。数陈者，为不可掇。锥行之陈者，所以决绝也。雁行之陈者，所以椄射也。钩行之陈者，所以变质易虑也。玄襄之陈者，所以疑众难敌也。火陈者，所以拔也。水陈者，所以伥固也。②

随天时、地利、敌我形势而布阵列兵，以守为基，以战为利，孙膑之阵技多变而实用，其所列阵形，均以发势胜敌为目的，因而灵活宜战。

战，即作战、战斗，官、教、气、地、阵各技都以战为目的，战技是此五技之集合和验证，又有其特殊性。

孙膑认为，在充分备战基础上的作战，要做好权、势、谋、诈的必要准备，

> 田忌曰："权、势、谋、诈，兵之急者邪？"孙子曰："非也。夫权者，所以聚众也。势者，所以令士必斗也。谋者，所以令敌无备也。诈者，所以困敌也。可以益胜，非其急者也。"田忌忿然作色："此六者，皆善者所用，而子大夫曰非其急者也。然则

---

① 《孙膑兵法·八阵》。
② 《孙膑兵法·十阵》。

其急者何也？"孙子曰："缭敌计险，必察远近……将之道也。必攻不守，兵之急者也。"①

权、势、谋、诈对于战都是相当重要的，但它们是战的准备，并非作战的环节。田忌分不清这一点，所以"忿然"不同意孙膑对这四个环节的论说。这也是后来孙膑与其弟子说田忌"几知兵矣，而未达于道也"的缘由。不论田忌是否听得懂，孙膑关于"权者，所以聚众"，"势者，所以令士必斗"，"谋者，所以令敌无备"，"诈者，所以困敌"的规定，确有深意并可用。

在《威王问》篇，先记威王问："两军相当，两将相望，皆坚而固，莫敢先举""用众用寡，有道乎""我强敌弱，我众敌寡""敌众我寡，敌强我弱""我出敌出，未知众少""击穷寇""以一击十""地平卒齐，合而北者""其陈无锋""令民素听"等各种情况下如何与敌作战。后又记田忌问"患兵者何也？困敌者何也？壁延不得者何也？失天者何也？失地者何也？失人者何也？"以及赏、罚、权、势、谋、诈。接着又问"敌众且武，必战，有道乎"？

孙子曰："有。埤垒广志，严正辑众，辟而骄之，引而劳之。攻其无备，出其不意，必以为久。"②

下面田忌又问："锥行者何也？雁行者何也？篡卒力士者何也？劲弩趋发者何也？飘风之陈者何也？众卒者何也？"③孙膑一一作答。

在《陈忌问垒》中，孙膑讲了作战时兵器的使用，可见他对战技研究之深入细致：

---

① 《孙膑兵法·威王问》。
② 《孙膑兵法·威王问》。
③ 《孙膑兵法·威王问》。

疾利（蒺藜）者，所以当沟池也。车者，所以当垒。□□
者，所以当堞也。发者，所以当俾倪也。长兵次之，所以救其隋
也。从（钑）次之者，所以为长兵□□也。短兵次之者，所以难
其归而徼其衰也。弩次之者，所以当投几也。中央无人，故盈之
以……卒已定，乃具其法。制曰：以弩次疾利（蒺藜），然后以
其法射之。垒上弩戟分。法曰：见使鍱来言而动……去守五里直
候，令相见也。高则方之，下则员之。夜则击鼓，昼则举旗。①

在《十阵》篇，对于十种阵形在战时的用法、变化，也有具体说明，尤其关于火战、水战之技，论说尤为详细，从中不仅可以看出孙膑思维的特点，也可体会战国时人们是如何将智慧应用于残酷的战争。

4.《六韬》兵学之技：军备、应敌、鸟云、必出、分兵、练教

《六韬》兵学重点和新意在其技，主要体现于"虎韬""豹韬""犬韬"中，以军备、应敌、鸟云、必出、分兵、练教为要点。

军备，包括兵器和战前装备。

武王问太公曰："王者举兵，三军器用，攻守之具，科品众寡，岂有法乎？"

太公曰："大哉！王之问也。夫攻守之具，各有科品，此兵之大威也。"②

下面就列举了：小战车、强弩、矛戟、绞车、铁棓、大柯斧、铁槌、飞钩、剑、铁蒺藜、锁链、飞桥、铁螳螂、铁锁、伐木大斧、棨钁刃、铁耙、铁叉、大镰、铁杙、矛、盾等，不仅说明了其形状、重量、尺寸，还谈了具体用法。其中大部分器械，都是铁制，需要使用大量的铁，由此可看出

---

① 《孙膑兵法·陈忌问垒》。
② 《六韬·军用》。

《六韬》不可能是仅知铜器的姜太公所写，而是战国后期著作。从这些器械的使用来看，各式战车仍为进攻的主要武器，应是在赵武灵王"胡服骑射"改革之前。

《六韬》作者强调，军用器械都要在战前备好，并训练其使用，

> 凡师师将众，虑不先设，器械不备；教不素信，士卒不习。若此，不可以为王者之兵也。①

接着，又对各种器械的用途做了说明。

应敌，即与敌军交战，这部分内容是《六韬》兵技的要点，着重论说了与敌军临近相拒、设伏、应伏、侦察地形、攻城、火战、探垒、林战、突战、敌强、敌武等各种战技。虽然对这些战技的论说比较详细，但总体看来还都是一般性的构想，即预设一种情况，由武王发问，再由太公针对这个情况回答应对办法，或许其中会有一些实战经验的成分，但战场千变万化，敌军兵力、将领、地形、天气等各种因素交互作用，是很难规定出普遍适用之战技的。在孙武、吴起、孙膑等将兵打仗的兵学者那里，类似的描写是很少的，从这一点也可以看出《六韬》关于应战的论说，更像是没有实战经验的参谋人员编写的。

鸟云，是我军处于高山或被河水阻挡，类似鸟云变化的战技，"所谓鸟云者，鸟散而云合，变化无穷者也"。② 有关这部分的论说有其特点，分为鸟云山兵和鸟云泽兵二种：

> 鸟云山兵，引兵深入诸侯之地，遇高山磐石，峰顶耸峙，无有草木，四面受敌，我军恐惧，士卒迷惑，如何应对？

> 既以被山而处，必为鸟云之陈。鸟云之陈，阴阳皆备。或屯

---

① 《六韬·军略》。
② 《六韬·鸟云泽兵》。

其阴，或屯其阳。处山之阳，备山之阴；处山之阴，备山之阳。处山之左，备山之右；处山之右，备山之左。其山，敌所能陵者，兵备其表。衢道通谷，绝以武车。高置旌旗，谨敕三军，无使敌人知吾之情，是谓"山城"。行列已定，士卒已陈，法令已行，奇正已设，各置冲陈于山之表，便兵所处。乃分车骑为鸟云之陈。三军疾战，敌人虽众，其将可擒。①

冷静地应对，在面临困境的情况下沉着应战。这种态度是好的，可疑的一点是：在这样的高山之顶，战车是怎么上去的，又怎么冲击敌人？

鸟云泽兵，武王问：引兵深入诸侯之地，与敌临水相拒，敌富而众，我贫而寡，逾水击之不能前，欲久其日则粮少。我军驻扎于盐碱地，既无城邑又无水草，也无处掠取，牛马也无处放牧，为之奈何？太公先答，"如此者，索便诈敌而亟去之，设伏兵于后"。②武王说，如敌不被诈欺，越我前后，我军败乱，如之奈何？太公说，这时要对敌使以金玉贿赂，此事要精微处置。武王又问：敌人知我有伏兵，只派一小部队渡河，我军恐惧，怎么办？

> 太公曰："如此者，分为冲陈，便兵所处，须其毕出，发我伏兵，疾击其后。强弩两旁，射其左右。车骑分为鸟云之陈，备其前后，三军疾战。敌人见我战合，其大军必济水而来。发我伏兵，疾击其后，车骑冲其左右，敌人虽众，其将可走。凡用兵之大要，当敌临我，必宜冲陈，便兵所处。然后以军骑分为鸟云之陈，此用兵之奇也。"③

鸟云泽兵之技，相对来说还是比较可行的。

---

① 《六韬·鸟云山兵》。
② 《六韬·鸟云泽兵》。
③ 《六韬·鸟云泽兵》。

必出,即突围。武王问:敌四面围我,断我归道,绝我粮食,敌众粮多,又拒险阻,我要突围,怎么办?这是一种极其不利的处境。《六韬》以太公口气答:

> 必出之道,器械为宝,勇斗为首。审知敌人空虚之地,无人之处,可以必出。将士人持玄旗,操器械,设衔枚夜出。勇力、飞足、冒将之士居前,平垒为军开道。材士、强弩为伏兵居后,弱卒、车骑居中。陈毕徐行,慎无惊骇。以武冲扶胥前后拒守,武翼大橹以备左右。敌人若惊,勇力、冒将之士疾击而前,弱卒、车骑以属其后,材士、强弩隐伏而处。审候敌人追我,伏兵疾击其后,多其火鼓,若从地出,若从天下,三军勇斗,莫我能御。①

武王又问:前有大水、广堑、深坑,我欲逾渡,无舟楫之备。敌人屯兵筑垒限我军前,塞我归道,侦察兵又保持警戒,所有险要都守住了,车骑在我前面阻截,勇士在后面袭击,为之奈何?

> 太公曰:"大水、广堑、深坑,敌人所不守,或能守之,其卒必寡。若此者,以飞江、转关与天潢以济吾军。勇力材士从我所指,冲敌绝陈,皆致其死。先燔吾辎重,烧吾粮食,明告吏士,勇斗则生,不勇则死。已出者,令我踵军设云火远候,必依草木、丘墓、险阻,敌人车骑,必不敢远追长驱。因以火为记,先出者令至火而止,为四武冲陈。如此,则吾三军皆精锐勇斗,莫我能止。"②

---

① 《六韬·必出》。
② 《六韬·必出》。

突围是生死之战,也是从死地求生,因而名之曰"必出"。这里所说必出之技,虽是设想性的,但其中关于如何利用不利地形,在夜晚将我方兵士、器械有效分配运用,并励之以死地求生之意志等,还是比较切合实际的。

分兵,军队的分布组织与各兵种兵力配合。在以人力为主的战争中,军队的分布及各兵种相互的配合,是一个必要的因素。武王之问为:三军分为数处,将要集合分散的部队作战,怎么才能统一号令,有效指挥?

> 太公曰:"凡用兵之法,三军之众,必有分合之变。其大将先定战地、战日,然后移檄书与诸将吏期:攻城围邑,各会其所,明告战日,漏刻有时。大将设营布陈,立表辕门,清道而待。诸将吏至者,校其先后,先期至者赏,后期至者斩。如此,则远近奔集,三军俱至,并力合战。"①

分布而合战,其要在将之策划准、号令明、赏罚严。而要做到对军队进行适当的组织,使乌合之众结成一体。同时,还要把当时车、骑、步三兵种的战斗力有效配合,并任命相应的军官,统一辖制。

《六韬》对车、骑、步三兵种的战斗力,分"易战"和"险战"两种估算:

> 易战之法:一车当步卒八十人,八十人当一车;一骑当步卒八人,八人当一骑;一车当十骑,十骑当一车。险战之法:一车当步卒四十人,四十人当一车;一骑当步卒四人,四人当一骑;一车当六骑,六骑当一【车】。夫车骑者、军之武兵也。十乘败千人,百乘败万人;十骑败百人,百骑走千人,此其大数也。②

---

① 《六韬·分兵》。
② 《六韬·均兵》。

"易战"是在有利的平坦之地作战,"险战"是在不利的险隘之地作战。军队战斗力是以步兵为基本单位,以"当"多少步兵来计算车、骑两兵种。依车、骑数而置官:五车一长,十车一吏,五十车一率,百车一将;五骑一长,十骑一吏,百骑一率,二百骑一将。没有说步兵官长,大概步兵要纳入车、骑统一管辖。

在对车、骑、步三兵种的战斗力进行估算,并配置相应军官组织和指挥之后,《六韬》又对这三兵种在战斗中的作用,及其相互的配合进行了探讨,并谈了选车士、骑士的条件。

练教,练士和教战。练为训练和挑选,将士卒中有共同特点的人挑选出来,加以专门训练,使之"聚为一卒",在战斗中发挥特殊作用。计为:有大勇、敢死、乐伤者,聚为一卒,名曰"冒刃之士";有锐气、壮勇、强暴者,聚为一卒,名曰"陷阵之士";有奇表、长剑、接武齐列者,聚为一卒,名曰"勇锐之士";有拔距伸钩、强梁多力、溃破金鼓、绝灭旌旗者,聚为一卒,名曰"勇力之士";有逾高绝远、轻足善走者,聚为一卒,名曰"冠兵之士";有王臣失势、欲复见功者,聚为一卒,名曰"死斗之士";有死将之子弟,欲为其将报仇者,聚为一卒,名曰"敢死之士";有赘婿人虏,欲掩迹扬名者,聚为一卒,名曰"励钝之士";有贫穷愤怒、欲快其心者,聚为一卒,名曰"必死之士";有胥靡免罪之人,欲逃其耻者,聚为一卒,名曰"幸用之士";有材技兼人,能负重致远者,聚为一卒,名曰"待命之士"。将这些人聚合起来,依其特点而训练,使之在战斗中发挥特有的战斗力。

教战则是依战时需要,训练其战斗技能和纪律,并熟悉组织、号令。

凡领三军,有金鼓之节,所以整齐士众者也。将必先明告吏士,申之以三令,以教操兵起居、旌旗指麾之变法。故教吏士,使一人学战,教成,合之十人;十人学战,教成,合之百人;百人学战,教成,合之千人;千人学战,教成,合之万人;万人学战,教成,合之三军之众;大战之法,教成,合之百万之众。故能成其大兵，立威于天下！①

强化平时之训练，战时方可服从命令，在将的统一指挥下发挥军队的战斗力。

5. 尉缭兵学之技：治气、伍制、制卒、兵教

尉缭兵学之术要在贵人事，明制度，重将领，胜权谋，由此而展开兵学之技，把治气、伍制、制卒、兵教作为重点，强调全军一体，指挥自如。

治气，即激励士气，战斗是人与人以性命相搏，气可使潜在战斗力勃发，勇敢奋战。士气的作用，为历来兵学所重视，尉缭从贵人事之术出发，提出"战在于治气"②，"将之所以战者，民也；民之所以战者，气也。气实则斗，气夺则走"。③ 从人心理而言，勇气是与人相斗的内在因素，尉缭认为，一个勇霸之气的人可以吓退众人，如果使一支成千上万人的军队形成统一的勇霸之气，就可以战无不胜。

> 一武夫仗剑击于市，万人无不避之者，臣以为非一人之独勇，一市万人皆不肖。何则？必死与必生，固不触也。听臣之术，足使三军之众为一死贼，莫敢当其前，莫敢随其后，而能独出独入焉。独出独入者，王霸之兵也。④

怎样才能为军治气？尉缭认为不能简单以战前训话或行赏等临时办法，而应从基本制度做起，使民切实认知战争对自己的利益，君主和将领要从人事民生做起。

---

① 《六韬·教战》。
② 《尉缭子·十二陵》。
③ 《尉缭子·战威》。
④ 《尉缭子·制谈》。

民死其上如其亲,而后申之以制。古为战者,必本气以励志,励志以使四肢,四肢以使五兵。故志不励,则士不死节,士不死节,虽众不武。励士之道,民之所以生,不可不厚也;爵列之等,死葬之礼,民之所以营也,不可不显也;田禄之实,饮食之粮,亲戚同乡,乡里相劝,死丧相救,丘墓相从,民之所归,不可不速也。必因民之所生以制之,因其所营以显之,因其所归以固之,如此,故什伍如亲戚,阡陌如朋友,故止如堵墙,动如风雨,车不结轨,士不旋踵,此本战之道也。①

治气,在兵学中属技层次,如果仅是临战激励士气,既不容易,也不可持久。尉缭治气之论,则由技而术,由术而法、道。道法术技四层次于此而统一。道则天道观,由此而将战争归于人事,否定神鬼、阴阳、天象等上帝观之说。进而从人道社会观论制度变革,强调法层次的民生民利。再以术层次之贵人事、明制度、重将领、胜权谋为前提,治气以励志,使士兵切实认知战争为自己的利益所在,由此激发的勇气必是深厚久长的。

伍制,什伍制,是春秋、战国以来形成的基本军事组织形式,《尉缭子》对此做了梳理,并说明如何发挥其作用。

军中之制,五人为伍,伍相保也;十人为什,什相保也;五十人为属,属相保也;百人为闾,闾相保也。伍有干令犯禁者,揭之,免于罪;知而弗揭,全伍有诛。什有干令犯禁者,揭之,免于罪;知而弗揭,全什有诛。属有干令犯禁者,揭之,免于罪;知而弗揭,全属有诛。闾有干令犯禁者,揭之,免于罪;知而弗揭,全闾有诛。

吏自什长以上,至左右将,上下皆相保也。有干令犯禁者,

---

① 《尉缭子·战威》。

揭之，免于罪；知而弗揭者，皆与同罪。①

什伍制既是军队的组织形式，又是一种连保制度。如果说治气是从正面激励士卒之勇战之气，什伍制则是从负面对士卒及其官长的管束，而且只要一人干令犯禁，其他人没有揭举，就要诛全伍、什、属、闾；什长以至左右将，上下皆相保，有干令犯禁者知而弗揭，皆同与罪。其目的是"什伍相结，上下相联，无有不得之奸，无有不揭之罪"。② 以此保证军令贯通。

制卒，是在伍制连保的基础上进一步对士卒的管制，分束伍、经卒、勒卒三个环节。

束伍，即对伍卒的约束。五人为伍，共签一份连保书，收存将吏那里。作战时本伍死者与斩敌相等，不赏不罚；斩敌而本伍无死者，奖赏；本伍有死者而没有斩敌，杀头抄家；本伍死伍长而斩敌伍长，不赏不罚；杀敌伍长己方无死者，奖赏；本伍亡伍长又未能杀敌伍长，杀头抄家，但再战时杀敌伍长及以上官，可免处罚。本军将吏战死，又杀了敌将吏，不赏不罚；杀敌将吏而己方未死将吏，奖赏；本军将吏战死又没有斩敌将吏，按弃地遁逃治罪。同时规定：

> 战诛之法曰：什长得诛十人，伯长得诛什长，千人之将得诛百人之长，万人之将得诛千人之将，左右将军得诛万人之将，大将军无不得诛。③

经卒，即对士卒的管理，

> 经卒者，以经令分之为三分焉：左军苍旗，卒戴苍羽；右军

---

① 《尉缭子·伍制令》。
② 《尉缭子·伍制令》。
③ 《尉缭子·束伍令》。

白旗，卒戴白羽；中军黄旗，卒戴黄羽。①

还规定士卒分别戴五色标章，并戴在身体不同部位，按标章列队行进，不得越次。与敌交战，"前行进为犯难，后行退为辱众。逾五行而前进者有赏，逾五行而后者有诛"。②

勒卒，以金、鼓、铃、旗统一号令，

> 金、鼓、铃、旗四者各有法：鼓之则进，重鼓则击。金之则止，重金则退。铃，传令也。旗麾之左则左，麾之右则右。奇兵则反是。

> 一鼓一击而左，一鼓一击而右。一步一鼓，步鼓也；十步一鼓，趋鼓也；音不绝，骛鼓也。商，将鼓也；角，帅鼓也；小鼓，伯鼓也。三鼓同，则将、帅、伯其心一也。奇兵则反是。鼓失次者有诛，喧哗者有诛，不听金鼓铃旗而动者有诛。③

以金、鼓、铃这三种可听见的声响和可看见的旗帜指挥战斗，统一进退，并规定具体的步伐、急缓，使千万士卒组成的军队像一个士兵那样按令有序战斗。为此，将领就要加强战前训练，并确立胜利信心，权谋进攻策略。而"将军受命，君必先谋于庙，行令于廷"。④ 并严令明纪，指挥全军。

兵教，对士兵的教训操练，以形成一支纪律严整、步伐统一的强大军队。

> 臣闻人君有必胜之道，故能并兼广大，以一其制度，则威加

---

① 《尉缭子·经卒令》。
② 《尉缭子·经卒令》。
③ 《尉缭子·勒卒令》。
④ 《尉缭子·将令》。

天下。有十二焉：一曰连刑，谓同罪保伍也；二曰地禁，谓禁止行道，以网外奸也；三曰全车，谓甲首相附，三五相同，以结其联也；四曰开塞，谓分地以限，各死其职而坚守也；五曰分限，谓左右相禁，前后相待，垣车为固，以逆以止也；六曰号别，谓前列务进，以别其后者，不得争先登不次也；七曰五章，谓彰明行列，始卒不乱也；八曰全曲，谓曲折相从，皆有分部也；九曰金鼓，谓兴有功，致有德也；十曰陈车，谓接连前矛，马冒其目也；十一曰死士，谓众军之中有材力者，乘于战车，前后纵横，出奇制敌也；十二曰力卒，谓经旗全曲，不麾不动也。此十二者教成，犯令不舍。兵弱能强之，主卑能尊之，令弊能起之，民流能亲之，人众能治之，地大能守之。国车不出于闉，组甲不出于橐，而威服天下矣。①

这"十二教"，是尉缭所概括的兵教主干内容，当时各国的军队，也都是以其中某些条例来训导士兵的。这里，既有为应战而作的培训，也有政治思想教育的内容，因此，重视兵教，是强国立威的基本。

尉缭兵学，很少谈及与敌交战之技，这可能与他没有将兵作战经验有关，或许已经散佚，但他对治气的观点却颇有新意，对伍制、制卒、兵教的论说，都有助于我们了解当时军队组织、纪律、训练等具体情况。

九　鬼谷师徒纵横游说之技层次：捭阖、箝摩、应揵、忤合、盛神、养志

游说既是语言艺术，更是心理素质和思辨才能的展现。诸子中大部分都有游说经历，有成有败，失败的典型为孔子、孟子，他们的高谈阔论，虽有思想价值，却没有得到游说对象的认可，因而不能转化为政策。成功

---

① 《尉缭子·兵教下》。

的典型则是鬼谷师徒,虽无鬼谷子成功游说的记载,但他对游说术、技的专门研究,不仅培养了苏秦、张仪两位高徒,更使心理思辨的研究达一高峰。对比孔、孟及其他游说失败者,其不能成功说服君主,缺乏游说之术、技研究,不能说不是一个原因。

《鬼谷子》一书,可谓游说之术、技的专论,苏秦、张仪二人的游说实践不仅验证更发展、充实了其术、技。鬼谷师徒纵横游说之技是其术的展开,大体包括捭阖、箝摩、应揵、忤合、盛神、养志几个环节。

捭阖,开与合,以言语开启对方,使之对所说话题感兴趣,观察对方的真实意图,进而把握好该说什么不说什么。捭阖之技是量权和揣情之术的展开。《鬼谷子·捭阖》说:"是故圣人一守司其门户,审察其所先后,度权量能,校其伎巧短长。"① 游说者要面对不同的对象,他们有贤或不贤、智或愚、勇或怯等差别,要了解每个人的特点,采用不同的说话方式和所说内容,由此掌握说的主动性。

> 审定有无与其虚实,随其嗜欲以见其志意。微排其所言而捭反之,以求其实,实得其指;阖而捭之,以求其利。②

游说就是要让对方接受自己的观点,对初次相识的对象,要采取试探性的言语,再根据对方的反应,逐步摸清其各方面特点和意图,为此,既要捭而示之,也要阖而闭之。

> 开而示之者,同其情也;阖而闭之者,异其诚也。可与不可,审明其计谋,以原其同异。离合有守,先从其志。即欲捭之贵周,即欲阖之贵密。周密之贵微,而与道相追。③

---

① 《鬼谷子·捭阖》。
② 《鬼谷子·捭阖》。
③ 《鬼谷子·捭阖》。

鬼谷子把捭作为"料其情"的方式,而阖,则是"结其诚",二者的作用,

> 皆见其权衡轻重,乃为之度数,圣人因而为之虑;其不中权衡度数,圣人因而自为之虑。①

捭与阖只是说话的技巧和形式,不论运用哪种技巧和形式,都要注重其内容,即权衡度数,根据内容而不断调整形式和技巧。

鬼谷子进一步将所说的话分为阳、阴两类,再对捭与阖从"始""终"做了界定。

> 捭之者,开也,言也,阳也;阖之者,闭也,默也,阴也。阴阳其和,终始其义。故言长生、安乐、富贵、尊荣、显名、爱好、财利、得意、喜欲,为阳,曰始。故言死亡、忧患、贫贱、苦辱、弃损、亡利、失意、有害、刑戮、诛罚,为阴,曰终。诸言法阳之类者,皆曰始,言善以始其事;诸言法阴之类者,皆曰终,言恶以终其谋。②

随说话的进程,对方的意图已有所显示,或以"法阳之类"言辞鼓励对方说下去,或以"法阴之类"言辞批评阻止对方思路,再以"法阳之类"言辞将其引导到自己的思路上来,说明本人的主张于对方之利,进而明确与本人主张的不同思路于对方之利害。

箝摩,箝,以飞箝之语赞扬对方,以获取好感,吸引其注意力,由此把握主动权;摩,更为细致地揣度对方。箝摩为量权、揣情术的具体运用。

鬼谷子对飞箝的定义为"引钩箝之辞,飞而箝之"。③ 苏秦从燕至赵,

---

① 《鬼谷子·捭阖》。
② 《鬼谷子·捭阖》。
③ 《鬼谷子·飞箝》。

开始他的合纵谋策，

> 说赵王曰："天下之卿相人臣，乃至布衣之士，莫不高贤大王之行义，皆愿奉教陈忠于前之日久矣。"①

这是典型的飞箝之语，当以飞箝引起对方好感后，又将他第一次入赵被奉阳君阻挡的情况说出，因为奉阳君与赵王有矛盾，如此说，又可拉近与赵王的情感。

鬼谷子认为飞箝之技的应用，要适当而为，吹捧对方时，要根据其好恶，不能用一般性的赞誉话。发现对方不愿意听，即改变话题和方式，总之要投其所好，避其所恶。

> 钩箝之语，其说辞也，乍同乍异。其不可善者，或先征之而后重累，或先重以累而后毁之。或以重累为毁，或以毁为重累。其用或称财货、琦玮、珠玉、璧帛、采邑以事之，或量能立势以钩之，或伺候见涧而箝之，其事用抵巇。②

抵巇，也是鬼谷子游说之技的必要因素，就是发现和利用对方的缺点，与捭阖、飞箝结合而用。

飞箝并不是只说好话，而是在通过赞誉对方建立良好的氛围，进而就要通过发现对方的缺点，并依对方的欲求、志向展开进一步的论说，说明对天时、地形、人口、货财、诸侯关系等的量度，让对方知我之才能。

> 审其意，知其所好恶，乃就说其所重，以飞箝之辞，钩其所好，以箝求之。③

---

① 《战国策·赵二》。
② 《鬼谷子·飞箝》。
③ 《鬼谷子·飞箝》。

顺对方之意，表明自己有助其实现其欲求、志向的能力，以此吸引对方依从自己的思路。

摩，是揣情的细化，是与飞箝同时进行的。鬼谷子说：

> 微摩之，以其所欲，测而探之，内符必应。其所应也，必有为之。故微而去之，是谓塞窌、匿端、隐貌、逃情，而人不知，故能成其事而无患。摩之在此，符应在彼，从而用之，事无不可。①

通过摩细察对方。善摩者如善钓者那样，既要有饵，又要谨慎小心，认真地观察对方反应并随时调整言谈方式和内容。

> 其摩者，有以平，有以正，有以喜，有以怒，有以名，有以行，有以廉，有以信，有以利，有以卑。平者，静也；正者，直也；喜者，悦也；怒者，动也；名者，发也；行者，成也；廉者，洁也；信者，明也；利者，求也；卑者，谄也。②

这些都是常人所知所能的，能否用得好，就在把握其规律和技巧，当用而用，不当用则不用，拿捏好分寸。

应捭，应是反应，在言谈的进程中不断了解对方意图，并由此而反思和调整自己的思路；捷是抓住对方内心的真实意图，由此与之达成共识，并使对方从内心认可游说者。应捭之技在量权和揣情达到一定程度时应用，也是谋策的基础和起点。

游说是一个不断试探、深入的过程，游说的对象是一国之君，他不会

---

① 《鬼谷子·摩》。
② 《鬼谷子·摩》。

像一个小学生那样听你讲课，他是主，他又有权，说者只是客，只是用言语打动他，并表明能够做成他所愿意的事。为此，在游说的过程中，要仔细观察君主态度和言语，反之于说者之心，设想如何应对。应，就是对方的表现反归于己后的应对之技。"反以观往，覆以验来；反以知古，覆以知今；反以知彼，覆以知己。"① 从对方言语之象中观察其态度，从态度的比较中知其所思，审之其情，"以象动之，以报其心，见其情，随而牧之。己反往，彼覆来，言有象比，因而定基。重之袭之，反之覆之，万事不失其辞"。② 经过不断地反应，就可明确对方的志向和态度，以此为谋策的基础。

内揵，是从量权揣情向谋策转化的关键。通过反应已确定了谋策基础，内揵则是进一步与君主达成共识，并建立互信，以使谋策成功。

> 内者，进说辞也；揵者，揵所谋也。欲说者，务隐度；计事者，务循顺。阴虑可否，明言得失，以御其志。方来应时，以合其谋。详思来揵，往应时当也。③

揵指锁，内揵即以合适的钥匙打开锁，二者相合以谋策。内揵要达到与君主在志向、心思上都相合的程度，才能进入谋策。"遥闻声而相思者，合于谋待决事也。"④ 苏秦之于六国之君，张仪之于秦君，都是通过内揵而取得信任，并出谋划策而行其事的。

忤合，"忤"为相背，"合"为相向。游说者与君主之间有忤有合，不仅与不同君主会有忤合，同一君主也会时忤时合，为此，游说者必须根据对方的变化而选择去留。

---

① 《鬼谷子·反应》。
② 《鬼谷子·反应》。
③ 《鬼谷子·内揵》。
④ 《鬼谷子·内揵》。

> 凡趋合倍反，计有适合。化转环属，各有形势。反覆相求，因事为制。是以圣人居天地之间，立身、御世、施教、扬声、明名也，必因事物之会，观天时之宜，因知所多所少，以此先知之，与之转化。①

能够得到君主信任，"成于事而合于计谋，与之为主"。② 但合于此君主并不见得合于彼君主，忤是必然的，因此游说者必须观察形势而转化。"自度材能智睿，量长短远近孰不如。乃可以进，乃可以退，乃可以纵，乃可以横。"③ 苏秦、张仪都长于此技，二人虽为同门师兄弟，但各事其主，苏秦合纵六国抗秦，张仪连横以破其纵，此大忤也，但与所事君主仍为合。待赵、秦两国之君更替，二人与新君都相忤，但他们仍能以计脱身。

盛神和养志，是游说者内在修养之技。以上各技，都是外向的，是对游说对象之各国君主施用的。关于游说者的内在修养，《鬼谷子》专以一篇论说，题为《本经阴符七术》，这或许就是苏秦在游说秦惠王不成后，发愤研读一年的"太公《阴符》"。"阴"者，内也，"阴符"即内在修炼，通过内修而达外用。本篇共论及七个方面：盛神、养志、实意、分威、散势、转圆、损兑。其要旨在盛神和养志，其余五者为盛神和养志的展开。

盛神，强盛精神，游说者身份低微，又是客游诸国之君，二者地位、条件悬殊，要想使君主听从其量权和谋策，最重要的是以强盛精神制抑对方，由此取得主动权。虽然言谈要注意尊重对方，但在精神上一定要居高临下。这是游说的基本，也是"阴符"之核心。

> 盛神者中有五气，神为之长，心为之舍，德为之大，养神之所归诸道。道者，天地之始，一其纪也，物之所造，天之所生，包宏无形，化气，先天地而成，莫见其形，莫知其名，谓之神

---

① 《鬼谷子·忤合》。
② 《鬼谷子·忤合》。
③ 《鬼谷子·忤合》。

> 灵。故道者，神明之源，一其化端，是以德养五气，心能得一，乃有其术。术者，心气之道所由舍者，神乃为之使。九窍十二舍者，气之门户，心之总摄也。生受于天，谓之真人。真人者与天为一。①

游说者要以天道为据，以得道真人自居，这样，精神的高位就能够确立。我不是以卑微的游士身份，而是以得道真人的精神来与你讲解天道的。天道为天地之原，你这个国家及你的君位，都是天道的体现，你现在所面临的矛盾，只能依从天道来解决。我量权、谋策于你，就是指导你顺应天道。

以这样的精神境界面对君主，绝非我一介游士求你赏我一职位，我为此职位就作为你的臣仆忠心服务，而是向你宣讲天道之大势，你若顺势则强而胜，否则必弱而亡。以上论说，足见鬼谷子对老子天道观的深刻理解，同时也接受了列子关于"真人"的思想。

> 内修炼而知之，谓之圣人，圣人者，以类知之。故人与一生，出于物化。知类在窍，有所疑惑，通于心术，心无其术，必有不通。其通也，五气得养，务在舍神，此谓之化。化有五气者，志也、思也、神也、德也，神其一长也。静和者养气，气得其和，四者不衰，四边威势，无不为存而舍之，是谓神化。归于身，谓之真人。②

神是五气化通于心的集中体现，志、思、德统于神，是神的具体化，因而盛神是"内修炼"的关键。

养志，是盛神展开的第一环节，鬼谷子将志与欲、心、气、思结合，

---

① 《鬼谷子·本经阴符七术》。
② 《鬼谷子·本经阴符七术》。

从而使养志得到明确界定。

> 养志者，心气之思不达也。有所欲，志存而思之。志者，欲之使也。欲多则心散，心散则志衰，志衰则思不达。故心气一，则欲不惶；欲不惶，则志意不衰；志意不衰，则思理达矣。理达则和通，和通则乱气不烦于胸中。故内以养气，外以知人。养志则心通矣，知人则职分明矣。①

之所以要养志，就在心气之思不达，养志是使心气之思通达为一。志是对欲的思念，因为受欲的支使，欲多心散，心散志衰，志衰思就不能通达。养志，就是使心气专一，这样就不会因为受多欲支使而惶惶不安，由此而志意不衰，思理通达，气和而不乱。

养志对于游说者是至关重要的，只有志意不衰，才能使心气之思通达天道，由道而量权、揣情、谋策。养志并没有什么玄奥，只是使心气合一，节制欲求，使欲与志相通，集中心气而思其志。养志，使人心固，思虑达，志意实，应对快捷，盛神之功可以通用。因此，"养志之始，务在安己。己安则志意实坚，志意实坚则威势不分，神明常固守，乃能分之"。②

养志是游说者基础性的内功修炼，是盛神的初步展开，由养志再展开于实意，使"心欲安静，虑欲深远。心安静则神策生，虑深远则计谋成"。③ 进而分威，"静意固志，神归其舍，则威覆盛矣"。④ 由分威而散势，由散势而转圆，由转圆而损兑。内功修炼由此而通达于外延之用，贯之于游说乃至为政之全过程。

盛神养志之技，是鬼谷师徒纵横游说之技的基本和主旨，即以内在修

---

① 《鬼谷子·本经阴符七术》。
② 《鬼谷子·本经阴符七术》。
③ 《鬼谷子·本经阴符七术》。
④ 《鬼谷子·本经阴符七术》。

炼为始，又贯彻于上述各技的运用全程。苏秦、张仪之所以纵横列国几十年，虽主要在国际关系层面施其术、技，却也是历史大变革必要一环。

十 《墨经》名辩之技层次：以名举实，以辞抒意，以说出故

对于《墨经》名辩之技，《小取》篇论曰：

> 夫辩者，将以明是非之分，审治乱之纪，明同异之处，察名实之理，处利害，决嫌疑焉。摹略万物之然，论求群言之比。以名举实，以辞抒意，以说出故。以类取，以类予。有诸己不非诸人，无诸己不求诸人。①

"辩"并不是只争口舌之胜，也不是只求形式上功败胜负，辩是有内容的，是观念的展开，因为名辩之"辩"，与思考之"辨"是统一的，既是通过辩而说服人，更是由辩而自明。明是非之分，不仅对他，也是对己。而明是非之分的目的，在于审治乱之纪，明同异之处，察名实之理，进而判断利与害，解除嫌疑。由此而探讨万物之规律，论析群言诸说的正确与否。

明确名、类、故、理四范畴内在统一之名辩术所具体化的技层次，正是依名辩宗旨的"以名举实，以辞抒意，以说出故"，其要点，则是"以类取，以类予"。名、故、类展开运用于辞、说，而理贯于其中。由思辨而系统，严谨名实、辞意、说故之类与理，那么在与人论辩时就不会有缺漏，进而可以说服人。

以名举实，是名辩的第一要务，也是首要标准。《经上》八二"名、实、合、为"，《经说上》对名的解释是"所以谓，名也"，而实，是"所谓"，只有名实耦合，才可以志行为为。《经上》与《经说上》之十和十一，对于行、实做了规定和解说：

---

① 《墨子·小取》。

十、行，为也。

说行：所为不善名，行也；所为善名，巧也，若为盗。

十一、实，荣也。①

说实：其志气之见也，使人如己，不若金声玉服。②

行，即名实相合而志于为。而不善名，就是不修缮、不张扬其名，而志于实，墨子主张兼爱，不图虚名，"摩顶放踵利天下"（孟子句），因而《墨经》强调行之实。实，即务实，务实是名实相合之志气的体现，以行为表率，使人和自己一起志于行，而不是以金声玉服来显摆。由此可见，《墨经》以名举实之技，绝非只从抽象意义上论说名实关系，而是包含着墨子思想主张，是其行为风格的展现。

《大取》篇对以名举实还做了这样的论说：

名，实名。实不必名。苟是石也白，败是石也，尽与白同。是石也唯大，不与大同。是有便谓焉也。以形貌命者，必智是之某也，焉智某也，不可以形貌命者，唯不智是之某也，智某可也。诸以居运者，苟人于其中者，皆是也；去之，因非也。诸以居运命者，若乡里齐荆者，皆是。诸以形貌命者，若山丘室庙者，皆是也。③

名为实之名，有实可以不必名。这也是墨子思想行为风格的要求，只要切实"利天下"，没有名声，不为人所知，也要志行之。从这里也可以看到墨子与老子在思想上的相通处，老子强调"道常无名"。④ "大丈夫处其

---

① 《墨子·经上》。
② 《墨子·经说上》。
③ 《墨子·大取》。
④ 《老子·三十二章》。

厚，不居其薄；处其实，不居其华。"① 墨子以"利天下"为己任，故求实而不慕名。以白石为例，白石粉碎了，也是白的。大石之中也大小之分，但都可名之大石。以形貌而命其名，如山丘、室庙，知其形貌可以命其名；不可以形貌命其名者，如仁、义等，则应察其实而判断其名当否。居住在某地者同名之某地之人，迁徙的人，如原为齐人迁入楚，即名为楚人。这些都是以名取实。

《经下》《经说下》之三三，论"或"，强调据实而名。

三三、或，过名也，说在实。②

说或：知是之非此也，有知是之不在此也，然而谓此。南北过，而以已为然。始也，谓此南方，故今也谓此南方。③

"或"为"域"，迁徙者从此地域到彼地域，其对方位之名往往还以旧地所判方位名之，这是以过去、过时之名说今之实，非实也。如居北方者徙于南方，还以"南方"名所徙之地，而其身已处此"南方"，"南方"之名与其所处之实不合矣。由此而说明名应随实之变而变。这里已涉及名实关系中一个重要因素，就是认识主体在规定名实关系时的地位，客体之为"客"，在于主体与之相对，主体变化了，客体也相应变化了，以名取实必须考虑这个因素。

《经下》《经说下》之六八进一步探讨因主体与客体关系变化而引起的名实之变。

六八、彼彼此此，与彼此同，说在异。④

说彼：正名：彼此彼此可，彼彼止于彼，此此止于此。彼此

---

① 《老子·三十八章》。
② 《墨子·经下》。
③ 《墨子·经说下》。
④ 《墨子·经下》。

不可，彼且此也。彼此亦可，彼此止于彼此，若是而彼此也，则彼亦且此此也。①

彼此是相对而言，是主体与客体关系的体现。物自然存在，并无彼此之分，之所以分名彼此，就在主体与客体之关系。与主体当时相对应之物，或主体所发起、处其中之事，名此，否则为彼。彼此也是不断转变的，彼物为未与主体发生关系，主体并不与之对应之物，但主体与之发生关系并相对应，彼即转变为此；彼事是与主体无关之事，当主体因故而介入其中，成为当事者，彼事亦转变为此事。主体不再与此物发生关系，也不再对应之，此即转变为彼；主体脱离此事，并不是当事人了，此也就转变为彼。人生时常变动，物事之此彼也在不断变化，以名举实之技就是要适应这种变化，明辨彼此，对实之此名此，对实之彼名彼。实者，现实的主客体关系也。

以辞抒意，这是《墨经》名辩之技的主干。辞是名的展开，是思想的论证，"以故生，以理长，以类行"。"抒意"即以辞表述、辩论思想，既要注重内容，也要讲究形式。

辞是从故、理、类的相互关系论证或辩说名，是以名举实的延伸。以辞抒意的内容，就在名之故、理、类的相互关系，墨子思想之道、法、术、技体系，以及其他诸子的思想体系，都是以此为内容的以辞抒意。《墨经》所探讨的，是由墨子及其后学者思想为内容的以辞抒意的形式。

实是存在的，不同的人面对存在之实，若交流看法和思想，必以名举实，名为实的主观表达，因而名就带有普遍性，也因主体所处条件、方位、时间的差别而要反复说辩，方可达成共识。辞即对以名举实之说辩，不仅要论名实关系，还会涉及与其他名实之联系，因而以辞抒意就比以名举实更为复杂，或者说是若干以名举实的统一应用，因而要辩证处理各名之故、理、类的关系。《小取》指出：

---

① 《墨子·经说下》。

夫物有以同而不率遂同。辞之侔也，有所至而正。其然也，有所以然也；其然也同，其所以然不必同。其取之也，有所以取之；其取之也同，其所以取之不必同。是故辟、侔、援、推之辞，行而异，转而危，远而失，流而离本，则不可不审也，不可常用也。故言多方，殊类异故，则不可偏观也。夫物或乃是而然，或是而不然，或不是而然，或一周而一不周，或一是而一非也，不可常用也。故言多方，殊类异故，则不可偏观也。①

物事有相同点也有相异处，以辞说其相同是要有限度的，其辞正确处在于规定了相同点，但不能说已经包含了相异处。其辞所取的是相同点，可以不必考虑其相异处。所以辟、侔、援、推之辞，行而异，转而危，远而失，流而离本，必须慎重。所辞物事有多方面，不同类各有原因，说论不能片面。物事各有其因，也有不同的形成和演化条件，必须考虑周全，不能以偏概全，以辞抒意，要正确应用辟、侔、援、推。辟、侔、援、推，作为以辞抒意的形式，各有侧重和特点，应用时要充分考虑其效。

效者，为之法也；所效者，所以为之法也。故中效，则是也；不中效，则非也。此效也。②

"法"者依故而行也，《经上》七一"法，所若而然也"。③《经下》六五"一法者之相与也尽类，若方之相台也，说在方"。④《经说下》六五"一方尽类，俱有法而异，或木或石，不害其方之相台也。尽类，犹方也，物

---

① 《墨子·小取》。
② 《墨子·小取》。
③ 《墨子·经上》。
④ 《墨子·经下》。

俱然"。① 法使物事然，如为方之法，不论用之木用之石，均可为方，木方石方，大方小方俱为方类。方之法效，效以为法，可施之也。经验证法之效则可效之为法，也就是以辞抒意的论说的必要前提，这里所论辟、侔、援、推，都是经过验证的中效之法。

> 辟也者，举也物而以明之也。
> 侔也者，比辞而俱行也。
> 援也者，曰：子然，我奚独不可以然也。
> 推也者，以其所不取之，同于其所取者，予之也。是犹谓也者同也，吾岂谓也者异也。②

辟，譬也；"也物"即"他物"。举已知、遍知之他物喻此物。侔，齐等，相齐，辞义处于同一层次、层阶，以与此辞相齐之他辞比较此辞，或相比较而互证。援，引，即引彼以例证此，你能够做到，我也能够做到，彼然此亦然。推，从若干个体物事中取其共同点，由这个共同点再推论同类物事。

辟、侔、援、推既是辩辞形式，也是思维形式，这种辩辞形式，是对墨子思维形式，也是对老子以来春秋、战国时期诸子思维形式的概述。辟在辩辞中为譬喻，在思维中则为比较，是思维的基本形式。侔，在辩辞中是以相等、相齐物事归于同类，从类论具体物事，在思维形式则为分类，找出同类物事之共同点，再从分类判断具体物事。这种思维形式的典型是《易经》，其阳阴两属性、乾坤二卦至八卦至六十四卦，都是分类的体现，并从类的共性判断所发生和所要发生的具体物事。墨子及其他诸子，乃至现今人们的思维，都不同程度地进行分类。但分类只是从具体物事的某一或某些相同点来界定类，既没有考虑具体物事的特殊性，也不可能规定本

---

① 《墨子·经说下》。
② 《墨子·小取》。

质属性，如《易经》的阴阳两属性，虽是最一般的基本属性，可以用来界说所有物事，但却将所有物事的特殊性都忽略了。乾坤二卦至八卦至六十四卦，乃至其三百八十四爻，似乎是要照顾特殊性，但仍用分类的形式，只是将一般性析分细化，再从历史上个别经验对这些一般性进行规定，通过偶然性的占筮碰到某一卦，以曾有的经验来判断现在发生或即将发生物事的吉凶、当否，是可以得出结论，也会有偶然撞对必然的情况，但其局限却是相当明显的。《小取》篇注意到了辩辞中侔的局限，"其然也，有所以然也"，之所以归于某类，在于物事有相齐、相同点，只要抓住这相同点，就可以分为一类，"其然也同，其所以然不必同"，至于为什么有这相同点，以及各物事的相异处，是可以不考虑的，所以"其取之也同，其所以取之不必同"。因此，侔也就只能从一般的相同点来分类进而推论物事。

分类形式虽有局限，但在人类思想史上却曾一度起主导作用。周礼制礼教的基本思维形式，就是分类，《易经》是这种思维形式的极致和系统，而周礼制礼教的宗法，则是分类思维形式的制度化和社会化。变革周礼制礼教的一个内在条件，就是在思维形式上突破分类的局限。老子的伟大革命就在以归纳突破了分类的局限，并在分类的基础上进一步探讨和规定物事的一般性，这就是道的概念和天道观，并由此否定了周礼制礼教所依奉的上帝观，开启了诸子主导的思想和制度大变革。墨子及其后学承继了老子归纳思维形式，其兼爱、尚贤、尚同等观念都是归纳思维的体现。《墨经》的一个特殊价值，在于从辩辞提出了"推"这个形式，对归纳思维进行了论说。而老子虽然创造性地发现并应用了归纳，但他却未从思维形式上予以论说。孔子思想中也有归纳，他也没有对这种思维形式的说明。《墨经》虽不见得都是墨子本人所写，但其注重辩辞和思维形式，从而对归纳进行了初步探讨。

援是分类的展开，也是表示归纳的推的转化。侔是以同类共同点的规定判断论说，而援则是从彼与此共同点来演绎此会有与彼相同的结果。

《经下》五十"攫虑不疑,说在有无"。① "说:攫疑无谓也。臧也今死,而春也得之又死也,可。"② 攫即援,臧与春是两个人,援臧之死因(如某病、毒),而春亦由此因而死,结论为有此因者会死。这是由分类判断的延伸,是分类与归纳的中介环节。推是多次的援,从若干物事中发现其一般性,取同不取异,或求同存异。进而再从同之一般性演绎说明个别物事。

以推辞抒意,即从若干个别中归纳一般,再从一般规定演绎个别。墨子思想中兼爱、尚贤、尚同等观点的形成和论证,都体现着推之归纳形式。仅举"兼爱观"为例。墨子先从"察乱"之因的"不相爱"论起:

> 今诸侯独知爱其国,不爱人之国,是以不惮举其国,以攻人之国。今家主独知爱其家,而不爱人之家,是以不惮举其家,以篡人之家。今人独知爱其身,不爱人之身,是以不惮举其身,以贼人之身。是故诸侯不相爱,则必野战;家主不相爱,则必相篡;人与人不相爱,则必相贼;君臣不相爱,则不惠忠;父子不相爱,则不慈孝;兄弟不相爱,则不和调。天下之人皆不相爱,强必执弱,富必侮贫,贵必敖贱,诈必欺愚。凡天下祸篡怨恨,其所以起者,以不相爱生也。③

归纳了诸侯、家主、个人,以至君臣、父子、兄弟、天下人的"不相爱",得出不相爱为"天下之害"的原因,进而论"兼相爱、交相利"而除其害。

> 视人之国,若视其国;视人之家,若视其家;视人之身,若

---

① 《墨子·经下》。
② 《墨子·经说下》。
③ 《墨子·兼爱中》。

视其身。①

进而由"兼相爱、交相利"而演绎:

> 是故诸侯相爱,则不野战;家主相爱,则不相篡;人与人相爱,则不相贼;君臣相爱,则惠忠;父子相爱,则慈孝;兄弟相爱,则和调。天下之人皆相爱,强不执弱,众不劫寡,富不侮贫,贵不敖贱,诈不欺愚。凡天下祸篡怨恨可使毋起者,以相爱生也。②

由当时各种社会关系的矛盾归纳其"不相爱"的一般性,再由"不相爱"反证"兼爱"的一般性,由"兼爱"一般性演绎各种社会关系的改变,是孔子以仁复礼的宗旨,墨子接受并发扬了孔子"仁"的观念,以"相爱"来论诸侯、家主、人与人及君臣、父子、兄弟的关系。这虽然只是一种理想,但却是以辞抒意的典范。相应的以推为特点的归纳思维形式,在老子、孔子,以及庄子、孟子、荀子等诸子那里也都有所体现,这也可以说是诸子思想中的共同思维形式。

"推"作为辞辩及思维的一种形式,是一大历史进步,但它也有其局限性,一是只能从若干物事中归纳某一种抽象的一般性,二是不能概括物事之特殊性;三是所推之物事不可能完全,即做不到"完全归纳"。对此,《墨经》作者也注意到了:"辟、侔、援、推之辞,行而异,转而危,远而失,流而离本,则不可不审也,不可常用也。"③辟、侔、援、推等形式,都因其局限而只能在特定、有限条件下使用,否则就会导致错误。《小取》中所举白马、骊马、乘马、获、臧等人,以及乘车、乘船、盗人等例都在说明这一点。

---

① 《墨子·兼爱中》。
② 《墨子·兼爱中》。
③ 《墨子·小取》。

获之亲，人也；获事其亲，非事人也。其弟，美人也；爱弟，非爱美人也。车，木也；乘车，非乘木也。船，木也；乘船，非乘木也。盗人，人也；多盗，非多人也；无盗，非无人也。①

获之亲，是人，获事其亲，不能用事一般性的"人"来表示；获之弟是美人，获爱其弟，不能说是爱一般性的"美人"；车和船都是木做的，不能将乘车和乘船说成是乘一般性的"木"。可以由推而将获之亲、之弟归纳为一般性的"人""美人"，但这一般性的"人"和"美人"不等于获之亲之弟。车和船的一般性是木做，但"木"的一般性并不能表达车、船的特殊性。

以说出故，是《墨经》名辩之技的第三环节，是以辞抒意的延伸和具体化。

说，解说，展开说明。《经上》《经下》各配其《经说》，每条均有其说，而《大取》《小取》也可以看成对《经上》《经下》及其《经说》之说，是总体的概述和补充性解说。《经下》八二条，每条出一辞后，均以"说在"论其解，《经说》再细说之，这是"以说出故"的表述。举几例：

一、止，类以行之，说在同。②
说止：彼以此其然也，说是其然也；我以此其不然也，疑是其然也。③

"同"字表示"止"之故，而"止"是类似行之，达到类的规定就可以止息辩争。而《经说》所言之"其然"，也就是"说故"。

---

① 《墨子·小取》。
② 《墨子·经下》。
③ 《墨子·经说下》。

七、异类不比，说在量。①

说异：木与夜孰长？智与粟孰多？爵、亲、行、贾四者孰贵？麋与霍孰高？麋与霍孰霍？蚓与瑟孰瑟？②

异类不比，不同类物事不能比，其解在类异而比量没有意义。如木与夜之长，智与粟之多，爵、亲、行、贾之贵，都是不可比，不必比的。

九、假必悖，说在不然。③

说假：假必非也，而后假。狗假霍也，犹氏霍也。④

假必悖这个辞意，其解在不然。《经说》进一步展开，假者必非，就像狗非鹤，说狗为鹤，其故不然。

二六、贞而不挠，说在胜。⑤

说贞：衡木如重焉而不挠，极胜重也。右校交绳，无加焉而挠，极不胜重也。衡加重于其一旁，必捶。权重相若也。相衡则本短标长，两加焉，重相若，则标必下，标得权也。⑥

贞，正也，贞而不挠，其说在胜，即由胜故而说正。《经说下》以衡木加重不挠，说胜重之故，阐释了杠杆平衡之理。

---

① 《墨子·经下》。
② 《墨子·经说下》。
③ 《墨子·经下》。
④ 《墨子·经说下》。
⑤ 《墨子·经下》。
⑥ 《墨子·经说下》。

三五、谓辩无胜，必不当，说在辩。①

说谓：所谓非同也，则异也。同则或谓之狗，其或谓之犬也；异则或谓之牛，或谓之马也。俱无胜。是不辩也。辩也者，或谓之是，或谓之非，当者胜也。②

所谓当即所辩之物，辩必有胜，无胜就是因为所辩不当，其解在于如何看待辩。所谓或同或异，名与物同，如或谓之狗或谓之犬，"狗""犬"异名同物。异则或谓此物为牛或谓此物为马，如果说二谓均可，则是不辩，辩必以物证名，当者是，不当者非，当者为胜。

七六、仁义之为内外也，孛，说在仵颜。③

说仁：仁，爱也。义，利也。爱利，此也。所爱，所利，彼也。爱利不相为内外，所爱利亦不相为外内。其为仁内也，义外也，举爱与所利也，是狂举也。若左目出，右目入。④

此辩"仁内义外"论之不当，说其故为"仵颜"，"颜"字应为顾，若"左目出，右目入"。仁义均为主观意识，仁表现为爱，义表现为利。仁义者内也，爱利者外也。"仁内义外"论不当也。

以上所举各例，表明"说"在《墨经》名辩之技中的重要性。说是辩的具体化，辩是名的具体化，名由辩而展开，以说而出辞之故，达其类、理，使名辩之术、技系统而行之，是而"明是非之分，审治乱之纪，明同异之处，察名实之理"。⑤ 名辩并非空谈玄论，而是处世治乱的必要思维论说形式，深入系统的辩，将助人"处利害，决嫌疑"，正确对待和处

---

① 《墨子·经下》。
② 《墨子·经说下》。
③ 《墨子·经下》。
④ 《墨子·经说下》。
⑤ 《墨子·小取》。

理各种问题,不仅是墨子学派之所必学,也对以法改制、纵横游说各派有重大影响。

十一　公孙龙名辩之技层次：白马、坚白、指物、通变

墨子学派作为"显学",一直延续至战国末,后期墨学以《墨经》为基本教材,于名辩之术、技多有造诣。《汉书·艺文志》列"名七家,三十六篇",其中《邓析》《尹文子》《成公生》《惠子》《黄公》《毛公》已都不传,《公孙龙子》十四篇尚存五篇(另有《迹府》一篇,疑为后人补作,不知是否包括于"十四篇"中),可以看成《墨经》的延伸。

公孙龙(约公元前330—前242年),赵国人,曾为平原君门客。《迹府》记:

> 公孙龙,六国时辩士也。疾名实之散乱,因资材之所长,为"守白"之论。假物取譬,以"守白"辩。
>
> 谓白马为非马也。白马为非马者：言白所以名色,言马所以名形也；色非形,形非色也。夫言色则形不当与,言形则色不宜从；今合以为物,非也。如求白马于厩中,无有,而有骊色之马；然不可以应有白马也。不可以应有白马,则所求之马亡矣；亡则白马竟非马。欲推是辩,以正名实,而化天下焉。①

公孙龙信从墨子兼爱观,游说诸侯非攻,先后说赵惠王以兼爱,说燕昭王以息兵,虽然不能阻止战乱,却也展示其理念。其名辩术源于《墨经》,主要创新在技层次,以"白马非马""离坚白"而著称,并涉指物、通变、名实等论。后人或称其为"形名家",与"名辩家"析分,不当也。"名实"之论,应为"名辩"的一部分,这种分法,进一步说明将诸子分

---

① 《公孙龙子·迹府》。

"家"观所造成的混乱。若按此分法,公孙龙与墨子学派的关系被切割,很难知晓其思想之源。

公孙龙名辩之技是对《墨经》名辩之术的具体化,他关于名的思想来自《墨经》,而《墨经》之术层次的"名",又是墨子及其承继、改造、发展的老子、孔子相关思想的体现,由此可见其思想源流。关于名,公孙龙从"实谓"说之:

> 天地与其所产者,物也。物以物其所物而不过焉,实也。实以实其所实,不旷焉,位也。出其所位,非位;位其所位焉,正也。以其所正,正其所不正,疑其所正。其正者,正其所实也;正其所实者,正其名也。其名正,则唯乎其彼此焉。谓彼而彼不唯乎彼,则彼谓不行。谓此而行不唯乎此,则此谓不行。其以当不当也,不当而当乱也。故彼,彼当乎彼,则唯乎彼,其谓行彼。此,此当乎此,则唯乎此,其谓行此。其以当而当也,以当而当,正也。故彼彼止于彼;此此止于此,可;彼此而彼且此,此彼而此且彼,不可。
>
> 夫名,实谓也。知此之非此也,知此之不在此也,则不谓也。知彼之非彼也,知彼之不在彼也,则不谓也。
>
> 至矣哉!古之明王。审其名实,慎其所谓。至矣哉!古之明王!①

这是《墨子》中《经上》八二及《经说上》关于名实关系规定的展开,

> 八二、名、实、合、为。②
> 说:所以谓,名也。所谓,实也。名实耦,合也。志行,

---

① 《公孙龙子·名实论》。
② 《墨子·经上》。

为也。①

公孙龙的《名实论》，基本点就源于《墨子》的《经上》八二和《经说上》八二的规定，其展开论证，不仅丰富了"所以谓，名也。所谓，实也"这一抽象规定，而且以"天地与其所产者，物也"出发，对"实"进行了论证，"物以物其所物而不过"为实，而"实以实其所实，不旷焉，位也"。物各实其实而位，为正。实，正其所实，即正其名。而名之正，在于别彼此，彼当乎彼，此当乎此，也即"名实耦，合也"，当而正，正而行。这既是对物之名实关系的论证，也是对人观念、品行的论说，其中孔子的"必也正名乎"的观点得以展示。"审其名实，慎其所谓"，是古之明王所达到的政治境界，不仅值得赞赏，更应由今之君王所效法。从《名实论》中可以看出，公孙龙绝非只是为"辩而辩"，而是有明确政治理念，为"正名"而辩者。可惜其书大部分散佚，不能充分考察他关于名辩之术的思想。

正是基于《墨经》名实观和类、故、理的思想，公孙龙在名辩之技上展开了深入探讨，其"白马""坚白""指物""通变"思想，都颇有新意和广泛影响。

"白马非马"之辩，可以说公孙龙思想的标志。在《迹府》篇中，记

> 龙与孔穿会赵平原君家。
> 穿曰："素闻先生高谊，愿为弟子久，但不取先生以白马为非马耳！请去此术，则穿请为弟子。"
> 龙曰："先生之言悖。龙之所以为名者，乃以白马之论尔！今使龙去之，则无以教焉。且欲师之者，以智与学不如也。今使龙去之，此先教而后师之者也。先教而后师之者，悖。"②

---

① 《墨子·经说上》。
② 《公孙龙子·迹府》。

孔穿虽口称"先生高谊",并称要为公孙龙弟子,但他有一个先决条件,让公孙龙放弃"白马非马"论。这明显就是来挑战。公孙龙的回答,不仅表明"白马非马"是他的成名之论,更指出孔穿的悖论:既然要拜师,就是因为智与学不如所拜之人,但你却先要我放弃我成名之论,是"先教后师",哪有教训人的人拜被教训者为师的呢?

在《白马论》中,公孙龙对"白马非马"做了几层阐述:

"白马非马",可乎?
曰:可。
曰:何哉?
曰:马者所以命形也;白者所以命色也。命色者非命形也。故曰:"白马非马。"①

这是第一层阐述:"白马非马"这个命题之所以成立,是"马"和"白"都为"类"的一般之名:马是命形的,白是命色的,"马"和"白"是两个不同的类名,"白"和"马"是两个类,并不等于"马"这一个类,二非一,所以"白马非马"。

第二层又进一步说明:

曰:求马,黄黑马皆可致。求白马,黄黑马不可致。使白马乃马也,是所求一也;所求一者,白者不异马也。所求不异,如黄黑马有可有不可,何也?可与不可,其相非明。故黄黑马一也,而可以应有马,而不可以应有白马;是白马之非马,审矣!②

如果求一般的"马",不计马之"色",黄黑马都符合所求,但若求"白

---

① 《公孙龙子·白马论》。
② 《公孙龙子·白马论》。

马",黄黑马都不符合要求。所以"白马非马"。这里讲了一般与特殊的区别:"马"为一般之名,"黄马""黑马"是特殊之名,如果是求一般之名的"马",那么"黄马""黑马"都是符合要求的。但"白马"是特殊之名,求"白马","黄马""黑马"都不符合要求,所以"白马"之特殊不等于"马"之一般。

第三层进一步说:

> 曰:马固有色,故有白马。使马无色,如有马如已耳,安取白马?故白者非马也。白马者,马与白也;马与白马也,故曰:"白马非马也。"①

所有的马都有色,所以有"白马"。如果马无色,只有"马",就不会有"白马"之名。所以说"白"非"马","白马",是"马"与"白","马"不等于"白马","白马"也不等于"马"。

第四层又说:

> 曰:马未与白为马,白未与马为白。合马与白,复名白马。是相与以不相与为名,未可。故曰:"白马非马未可。"②

反对者提出辩难:马并不因为白而为马,白也不因为马而为白。合马与白,复名为马,但马是马,白是白,怎么可以复名为"白马",所以说"白马非马"的论点是不能成立的。进而反对者又问:"以有白马为有马,谓有马为有黄马,可乎?"③ 不在论"是"与"非",而说"有"与"无",既然不论什么色的马都为马,有白马为有马,那么,有白马为有黄马是否可以?公孙龙并不上圈套,明确答:"未可",进而论说:

---

① 《公孙龙子·白马论》。
② 《公孙龙子·白马论》。
③ 《公孙龙子·白马论》。

以有马为异有黄马，是异黄马于马也。异黄马于马，是以黄马为非马。以黄马为非马，而以白马为有马，此飞者入池，而棺椁异处，此天下之悖言乱辞也。①

"有马"异于"有黄马"，是异"黄马"于"马"，也就是以黄马为非马，但却以白马为有马，这样的悖论，就像说鸟飞池中翔，棺与椁异处一样。

以上辩说，都是在展开《墨子·经上》七九"名，达、类、私"的规定。达、类、私是名的层次，达为最一般的名，如"物"；在达名之下的类名，是第二层一般的名，如"马"；类名之下为私名，即个别的物事或人之名。《白马论》是将"白马""黄马""黑马"定位于"私名"，而"马"为"类名"。但私名之"白马"其"白"又是一"类名"，因而有此一辩，不仅延伸了《经上》关于"名"的规定，更探讨了以两"类名"构成的"私名"与"类名"的关系。这是《墨经》未涉及的问题，却容易产生名与实的混淆。公孙龙的"白马非马"论看似悖论，却是名实论的发展。

经过几层阐述，结论为：

曰：有白马不可谓无马者，离白之谓也。不离者，有白马不可谓有马也。故所以为有马者，独以马为有马耳，非有白马为有马。故其为有马也，不可以谓马马也。

曰：白者不定所白，忘之而可也。白马者，言白定所白也。定所白者，非白也。马者，无去取于色，故黄黑皆所以应。白马者，有去取于色，黄黑马皆所以色去，故唯白马独可以应耳。无去者非有去也；故曰："白马非马。"②

---

① 《公孙龙子·白马论》。
② 《公孙龙子·白马论》。

"白"与"马"皆类名,作为类名是不特指个别之物,"白马非马"也可以说"马非白马",或"白非白马"。"马非白马""白非白马"是常人容易理解的,"白马非马"则引起怀疑。公孙龙并不是单指一匹白色的马说"非马",而是说"白马"之名非"马"之名。其说在名辩之技层次是很有意义的,与"白马"相似的以两个类名构成的"名"是相当多的,如"好人""恶人""仁人""坏人",若单指特定个别人,无可非议,可是作为"名",却可以说"好人""恶人""仁人""坏人"是"非人",即不等于"人"这个类名。因此思想上必须明确名的层次,不可混用。公孙龙"白马非马"之所以影响颇广,就在于它将名辩之技提到了一个新的境界。

"坚白"论是"白马"论的延伸,也是辨类名之间的关系。"坚白"之辩,在《墨子·经下·经说下》一五、一六就已提出:

一五、不坚白,说在无久与宇。①
说:无坚得白②

一六、坚白,说在因。③
说:必相盈也。④

《庄子·天下》说:"相里勤之弟子五侯之徒、南方之墨者苦获、己齿、邓陵子之属,俱诵《墨经》,而倍谲不同,相谓别墨,以坚白同异之辩相訾。"⑤ 这表明"坚白"之辩是当时墨子学派所经常讨论的问题。公孙龙正是在这样的环境下与人争辩,并写下《坚白论》的。

公孙龙认为"坚白"是石的二种属性之名,但不能说坚白与石为三,

---

① 《墨子·经下》。
② 《墨子·经说下》。
③ 《墨子·经下》。
④ 《墨子·经说下》。
⑤ 《庄子·天下》。

坚白石三，可乎？

曰：不可。

曰：二，可乎？

曰：可。

曰：何哉？

曰：无坚得白，其举也二；无白得坚，其举也二。

曰：得其所白，不可谓无白；得其所坚，不可谓无坚；而之石也之于然也，非三也？

曰：视不得其所坚而得其所白者，无坚也。拊不得其所白而得其所坚。得其坚也，无白也。①

石、坚、白都为名，但不能共称为三，只能称二，为什么？目视曰白，手拊曰坚，但目手不能与共，目得白而无坚，手得坚而无白，因此只有二，无三。这是所辩之第一步，明确论点：石、坚、白为二不为三。

所辩的第二步，对方又提出："天下无白，不可以视石；天下无坚，不可以谓石。坚白石不相外，藏三可乎？"②虽然目视见白而无坚，但坚是石的属性，目不见不等于没有坚，说"藏三"是否可以？公孙龙答道："有自藏也，非藏而藏也。"③坚这种属性是石自藏的，并不是视者藏的。反对者又说，

曰：其白也，其坚也，而石必得以相盈。其自藏奈何？

曰：得其白，得其坚，见与不见离。不见离，一一不相盈，故离。离也者，藏也。④

---

① 《公孙龙子·坚白论》。
② 《公孙龙子·坚白论》。
③ 《公孙龙子·坚白论》。
④ 《公孙龙子·坚白论》。

反对者仍坚持认为坚白相盈于石，即使是不自藏其坚，也不影响坚与白的相盈。公孙龙则说：白由见而得，坚由不见而离。不见而离之坚为一，不见之坚与见之白各为一，坚之一离也，而离就是藏。

以下辩论的焦点就集中于坚白之于石是"与"还是"离"上。公孙龙坚持从认识主体角度的视不得坚、拊不得色，强调"离坚白"，而反对者则从认识客体石的角度说坚白为石之本有，不论你目视、手拊是否得色、得坚，坚白都"得以相盈"于石。

> 曰：目不能坚，手不能白。不可谓无坚，不可谓无白。其异任也，其无以代也。坚白域于石，恶乎离？
>
> 曰：坚未与石为坚，而物兼未与为坚。而坚必坚，其不坚石物而坚。天下未有若坚，而坚藏。白固不能自白，恶能白石物乎？若白者必白，则不白物而白焉。黄、黑与之然。石其无有，恶取坚白石乎？故离也。离也者因是。①

上段为反对者之说，下段为公孙龙之意。这里，公孙龙已将坚、白与石离得更为彻底：坚和白是抽象的，并不因为表现于石或他物而坚而白，难道没有石，就没有坚、白了吗？所以坚、白离石仍为坚、白，坚、白也不必然只存在于石上。因此，

> 且犹白——以目、以火见。而火不见；则火与目不见，而神见。神不见，而见离。
>
> 坚——以手，而手以捶；是捶与手知而不知，而神与不知。神乎，是之谓离焉。离也者天下，故独而正。②

---

① 《公孙龙子·坚白论》。
② 《公孙龙子·坚白论》。

公孙龙的"离坚白",不仅将坚、白两类名与特殊的石分开,更探讨了从感觉到知觉到理性(神)的认识之阶段性差异,而其反对者只从常识来强调"坚白盈于石",不知主体在认识客体过程中的阶段性,因而不能明白"离坚白"之深意。

指物,指定,特指某物,即明确认识对象,这在名辩之技中是相当重要的,既是名之所故,也是辩之所类的起始。《墨子·经下·经说下》三八、三九对指有所论证,公孙龙的指物论是其展开。

三八、有指于二,而不可逃,说在以二桼。①

说有指。子智是,有智是吾所无举,重。则子智是,而不智吾所无举也,是一。谓有智焉,有不智焉也。若智之,则当指之智告我,则我智之。兼指之以二也,衡指之,参直之也。若曰必独指吾所举,毋举吾所不举,则者固不能独指,所欲指不传。意若未校,且其所智是也,所不智是也,则是智是之不智也,恶得为一?谓而有智焉,有不智焉。②

认识必须有所指,针对所指对象进行深入考察,并命之以名,指是名与实之间的必要环节。只有指智与智指的统一,才能达到名实相耦。

三九、所知而弗能指,说在春也、逃臣、狗犬、贵者。③

说所:春也,其执固不可指也。逃臣,不智其处。狗犬,不智其名也。遗者,巧弗能网也。④

虽知而不能指,如对春天不知如何指,知逃臣但不知其处,知狗犬不知其

---

① 《墨子·经下》。
② 《墨子·经说下》。
③ 《墨子·经下》。
④ 《墨子·经说下》。

名，丢的东西找不到，这都是知而不指的表现。因此说明指在认识中的必要性。

公孙龙的指物论是延伸《墨子》的《经下》《经说下》关于"指"的观点，并有所深入。

> 物莫非指，而指非指。天下无指，物无可以谓物。非指者天下，而物可谓指乎？指也者，天下之所无也；物也者，天下之所有也。以天下之所有为天下之所无，未可。天下无指而物不可谓指者，非有非指也。非有非指者，物莫非指也。物莫非指者而指非指也。①

天下之物如果没有人认知，只是原始存在，而不名其为何物，只有通过人有目的的认识，才能成为特定对象并名之，从而有物之差别。并非因为人的指才有物，但无指物亦不可知也。指并不是天下万物自生的，而是人的主观认识，不能因为指的重要，就以为指是决定物的。虽然物不由指生，但所有可名之物，又都是由指而被认识，人们才知有此物。

> 天下无指者，生于物之各有名，不为指也。不为指而谓之指，是兼不为指。以"有不为指"之"无不为指"，未可。②

物之名原于其实，并不因为指而有实，但不指则不名。主观认识与客体之实在应当统一，则指有所物，指物之实而名之。

> 且指者天下之所兼。天下无指者，物不可谓无指也。不可谓无指者，非有非指也；非有非指者，物莫非指，指非非指也，指

---

① 《公孙龙子·指物论》。
② 《公孙龙子·指物论》。

与物非指也。①

人知天下之物皆因有指，如果不将某物作为特定对象加以认知，则不知有此物，人所知万物，皆有指，但指并不等于物。

通过以上论说，公孙龙对指与物的关系做了一个总结：

> 使天下无物，谁径谓非指？天下无物，谁径谓指？天下有指无物指，谁径谓非指？径谓无物非指？
> 且夫指固自为非指，奚待于物而乃与为指？②

指是人主观的认识，必以天下之物为对象，天下无物，也就不能有指。所指均有对象，无对象之指为"非指"，只有以物为对象的指才是指。而对象之物因指而为人所认知，也是人的主动性的展现。公孙龙在这里说出了主观认识与客体对象的辩证关系，既强调了物为自然，又说明主观认识的必要性。

通变，是从类的角度探讨名之变化，与"白马非马""离坚白"等论相连。其"通"为共相或共名，是物之实、材决定的类名，是不变的。"变"则指个别物，个别物的位置和关系会发生变化，但并不改变类之"通"名。《通变论》篇起首即明论点："二无一"，即任何二物不可能纯合为一。依次以左右为二，无一；羊牛为二，非马；牛羊为二，非鸡；青白为二，非黄；白青为二，非碧等为例，说明"二无一"的论点。其关于"羊合牛非马，牛合羊非鸡"的论证较为详当。

> 曰：羊与牛唯异，羊有齿，牛无齿；而牛之非羊也、羊之非牛也，未可。是不俱有，而或类焉。羊有角、牛有角；牛之而羊

---

① 《公孙龙子·指物论》。
② 《公孙龙子·指物论》。

也、羊之而牛也，未可。是俱有而类之不同也。羊牛有角，马无角；马有尾，羊牛无尾。故曰："羊合牛非马也。"

非马者，无马也。无马者，羊不二，牛不二，而羊牛二。是而羊而牛，非马可也。若举而以是，犹类之不同。若左右，犹是举。①

羊与牛不同类，羊有上齿，牛无上齿，羊非牛。羊有角，牛也有角，但不能因有角说羊是牛，牛是羊，虽然羊牛都有角，但其类不同。羊牛有角，马无角，马有鬃尾，羊牛无鬃尾，所以羊合牛非马，这也是类不同。

牛羊有毛，鸡有羽。谓鸡足一，数足二，二而一，故三。谓牛羊足一，数足四，四而一，故五。羊牛足五，鸡足三。故曰："牛合羊非鸡"。"非"，有以非鸡也。

与马以鸡，宁马。材不材，其无以类，审矣。举是谓乱名，是狂举。②

"牛合羊非鸡"，也在类不同，牛羊有毛，鸡有羽。谓鸡足一，数鸡足二，二加一为三；谓牛羊足一，数牛羊足四，四加一为五，足亦不同。如果必须与牛羊合，那么马比鸡还更近似。类以材为据，不以材为据而举是乱名，是狂举。青白非黄、白青非碧，其所论与牛羊非马、非鸡大致相同，不详述。

公孙龙通变之论也源于《墨经》，《经下》《经说下》六六，

六六、狂举不可以知异，说在有。③

说狂：牛与马唯异，以牛有齿、马有尾，说牛之非马也，不

---

① 《公孙龙子·通变论》。
② 《公孙龙子·通变论》。
③ 《墨子·经下》。

可。是俱有，不偏有、偏无有。曰："牛与马不类，用牛有角、马无角"，是类不同也。若举牛有齿、马有尾，以是为类之不同也，是狂举也，犹牛有齿、马有尾，或不非牛而非牛也可，则或非牛或牛而牛也可。①

不能用形式上的某一两点相同就将物分为一类，也不能只从形式上某一两点不同来界定不同的类。如说牛与马不同类，只用牛有下齿（无上齿）和马有鬃尾表示其异，是远远不够的。类的划分是以内容上的区别，也就是公孙龙所说的"材"来界定的。虽然公孙龙《通变论》关于牛马之异的论说与《经说下》有所差异，但其宗旨是相通的。

公孙龙名辩思想仅存五篇，可能其关于名辩术的思想在于散佚诸篇中。从这五篇所显示的公孙龙名辩之技，可以看出他对《墨经》的继承发展，而其在当时的影响也是相当突出的。《庄子》《荀子》等都对公孙龙有所评说，虽带有贬义，但也能看出其对当时人们思维和辩说的促进。

十二　阴阳五行思想之技层次：对天象、地域、政权、农事、医养的推测

人的思想就是从已有知识中概括一般性道理，并从一般性道理来推论、预测人生命活动所要经历的物事。思想的过程是从有限向无限的拓展，在这个过程中，正确与谬误是交织在一起的，不仅尚未经历的物事有诸多不确定性，就是对已经的物事之感受和概括，也不可能是全面、准确的。人类就是以这并不全面准确的认识处理所遇到的各种矛盾。矛盾的处理既是已有认识的验证，也是反思和深化认识，以求更准确地认识物事，少犯错误，减少损失的依据。认识的正确程度，取决于感知的现象及对它的概括，而作为认识主体的人如何确定自己的利益和认识的目的，在认识

---

① 《墨子·经说下》。

中起着主导作用。也正因此，对相同物事的认识才会得出不同的结论，由此也就形成了各种观念和思想的论争。诸子思想家群作为社会变革的思想代表，从思想的道、法、术、技各层次批判和否定集中体现封建领主制的周礼制礼教，诸子在总目标上是一致的，由于所处具体时期和国度，其思想差异和分歧是明显的，但这并不妨碍他们从自己所依从的一般观念来解释所遇到的具体矛盾，说明相应的物事，以求更好处理矛盾的努力。也正是在这个意义上，诸子思想之技层次的特点及其功用得以展现。以上我们所论到的诸子思想之技，都带有其特殊性，而这里探讨的阴阳五行思想之技，却并不是只由某一"家"或某一派思想家所特有的。司马谈将"阴阳"列为六家中的一家，似乎是专指那些从事天文、历法、地域等工作的人，但这些人只是在从事某种职业，他们是阴阳五行思想之技的应用者，其中卓越者会对术、技层次有所概括，但我们在对阴阳五行思想之术层次的考察中发现，几乎诸子中所有重要的思想家，都涉及并论证了其术层次，并将之贯穿思想技层次中，因此并不能将阴阳五行思想单独列为"一家"，但那些专职从事天文、历法、地域、农事、医药工作的人，对阴阳五行思想之技的应用更显突出。

  对天象的推测，包括对天的构造及其运行规律两个方面。经过长期的观察积累，古代中国人意识到天象是人类生存的必要条件，天道观提出之前，周文王为代表的封建统治者以上帝为本原，上帝存在于天上，上帝也就是天帝，天象则是上帝主宰的天的构造和运行，日和月是天象中阳和阴的代表，众星的排列也都体现着上帝的意志。天道观的提出，否定了人格化的上帝，天已是自然之天，其所具有的阴阳两属性，不再是上帝意志的展现，而是天道的具体形式，虽然春秋、战国时期从事天象观测和编制历书的人并不是积极投身社会变革者，但天道观对其工作思维的影响也促进了他们对天象的推测。这集中表现于两个成果，一是对星象的推测，二是对历法的编制。司马迁在《史记·天官书》中对星象推测的成果，做了相应的概述：以五行说将星象分为中、东、南、西、北五宫，中宫为核心区，东、南、西、北四宫分列其旁，再将五宫中各星排列定位，进而从其变化中推测人间政事、兵战、灾祸、疫疾等，其复杂程度足以显示当时星象工作者的专业水平。关于中宫：

> 中宫天极星，其一明者，太一常居也；旁三星、三公，或曰子属。后句四星，末大星，正妃；余三星后宫之属也。环之匡卫十二星，藩臣。皆曰紫宫。
>
> 前列直斗口三星，随北端兑，若见若不，曰阴德，或曰天一。紫宫左三星曰天枪，右五星曰天棓，后六星绝汉抵营室，曰阁道。
>
> 北斗七星，所谓"旋玑玉衡以齐七政"。杓携龙角，衡殷南北，魁枕参首。用昏建者杓；杓，自华以西南。夜半建者衡；衡，殷中州河、济之间。平旦建者魁；魁，海岱以东北也。斗为帝车，运于中央，临制四乡。分阴阳，建四时，均五行，移节度，定诸纪，皆系于斗。
>
> 斗魁戴匡六星曰文昌宫：一曰上将，二曰次将，三曰贵相，四曰司命，五曰司中，六曰司禄。在斗魁中，贵人之牢。魁下六星，两两相比者，名曰三能。三能色齐，君臣和；不齐，为乖戾。辅星明近，辅臣亲强；斥小，疏弱。①

东、南、西、北四宫同样昭示人世政治、经济、军事及灾、疫等。"东宫苍龙，房、心。""南宫朱鸟，权、衡。""西宫咸池，曰天五潢。""北宫玄武，虚、危。"② 五宫之星对应地上各州，从其变化可以推论人世政权及灾祸等。

> 太史公曰：自初生民以来，世主曷尝不历日月星辰？及至五

---

① 《史记·天官书》。
② 《史记·天官书》。

家、三代，绍而明之，内冠带，外夷狄，分中国为十有二州，仰则观象于天，俯则法类于地。天则有日月，地则有阴阳。天有五星，地有五行。天则有列宿，地则有州域。三光者，阴阳之精气本在地，而圣人统理之。①

仅以肉眼所见的星象为据，按阴阳五行说推测天之构造，进而推论人间政事及各种变化，其间的差距是明显的，谬误之处比比皆是，但却是当时中国知识界依天道观和"天人合一"说所得出的对天象的规定。不要因其有谬误而轻视它，这是那个时代的特征所在。如果两千年后的人类，当他们有兴趣回顾今天的我们仅依各式望远镜和短程航天器拍摄的零星图像，以及用计算机构建宇宙图景，假设"大爆炸"的模式说明宇宙演化规律时，他们也会发现我们这个时代的谬误，而我们却正在依照这些知识生存于宇宙的这一角落。

诸子时代天象推测的另一成果，是依太阳和月亮运行而计算的历法，《尚书·尧典》就记载"朞三百有六旬有六日，以闰月定四时成岁。"②《尚书》是经孔子及其弟子们修改过的，这段记载或许不是尧时就有，但在春秋、战国却是无疑的。以三百六十六日为一年，三年一闰月，一年中分四季、十二月、二十四节气，却是当时通行的阴阳合历。这是在日常的实践中，根据天上日月和星的运行，地上寒来暑往和昼夜更迭进行归纳而得出的天地关系的一般规定，作为历法而通行，是人们生产和生活的基本依循。相比对星象的推测，历法的错误较小，因为这更接近人们的实践和观察。

对地域的推测看起来比天象容易，但在没有卫星和飞机从高空的拍照，仅靠行走于大地的人自己的感受，也是一件相当困难的事。传说禹为治水足迹遍中原大地，并据此而划九州，后历代征战、商旅不断丰富对地

---

① 《史记·天官书》。
② 《尚书·尧典》。

域认识，到战国时地域的界定已逐步完整。邹衍从既有的地域知识进一步推测"大九州"的地域观。按司马迁的说法，邹衍是"先验小物，推而大之，至于无垠"。即从已知的中原九州，推测天下大地域的存在。

> 先列中国名山大川，通谷禽兽，水土所殖，物类所珍，因而推之，及海外人之所不能睹。称引天地剖判以来，五德转移，治各有宜，而符应若兹。以为儒者所谓中国者，于天下乃八十一分居其一分耳。中国名曰赤县神州。赤县神州内自有九州，禹之序九州是也，不得为州数。中国外如赤县神州者九，乃所谓九州也。于是有裨海环之，人民禽兽莫能相通者，如一区中者，乃为一州。如此者九，乃有大瀛海环其外，天地之际焉。①

邹衍的"大九州"说，是从五行（德）的推测，他实际所知道的，也只是"中国"之"赤县神州"，但将之扩展为"大九州"，即"赤县神州"之外还有类似的八州，以突破固守"天下"仅"中国"一域的思想。《盐铁论·论邹》指出：

> 邹子疾晚世之儒墨，不知天地之弘，昭旷之道，将一曲而欲道九折，守一隅而欲知万方，犹无准平而欲知高下，无规矩而欲知方圆也。于是推《大圣》《终始》之运，以喻王公。②

可见，邹衍也并未"验"其他八州，但推测这八州在"赤县神州"之外的存在，就是要开扩思路，并论证五德之普遍性，进而由五行相胜推测"五德终始"的政权更迭。

政权更迭是诸子关注的核心，是制度变革的形式。致力于制度变革的

---

① 《史记·孟子荀卿列传》。
② 《盐铁论·论邹》。

诸子，都论说变革是天道和人道的要求，并对其内容进行了反复探讨和实践。邹衍则从五行说对制度变革的政权更迭形式进行了必然性的推测。《史记·孟子荀卿列传》对此只做了概要性论说："先序今以上至黄帝，学者所共术，大并世盛衰，因载其禨祥度制，推而远之，至天地未生，窈冥不可考而原也。"① 也就是推测从黄帝以来政权的更迭规律，"然要其归，必止乎仁义节俭，君臣上下六亲之施，始也滥耳。王公大人初见其术，惧然顾化，其后不能行之"②。这表明邹衍的思想源于子思、孟子的五行观，并将之用于论说政权更迭，其要义为：天道之五行与人的品德五行是统一的，如果统治者不能依品德五行，就会像天道之五行相胜那样导致政权更迭。由于邹衍著作散佚，其思想的全体已难知晓，只能从有关文献中了解一二。

《史记·封禅书》有两段可以印证的记载：

> 秦始皇既并天下而帝，或曰："黄帝得土德，黄龙地螾见。夏得木德，青龙止于郊，草木畅茂。殷得金德，银自山溢。周得火德，有赤乌之符。今秦变周，水德之时。昔秦文公出猎，获黑龙，此其水德之瑞。"于是秦更命河曰"德水"，以冬十月为年首，色上黑，度以六为名，音上大吕，事统上法。③

这里明确地从土、木、金、火、水五德之演变推测黄帝、夏、商、周至秦的政权更迭之必然，将秦统一天下归因于五德相胜。但"或曰"者谁人，却没有指明。不过，《封禅书》在记秦始皇封禅泰山、游齐名山大川之后，又写道：

> 自齐威、宣之时，驺子之徒论著终始五德之运，及秦帝而齐

---

① 《史记·孟子荀子列传》。
② 《史记·孟子荀子列传》。
③ 《史记·封禅书》。

人奏之，故始皇采用之。而宋毋忌、正伯侨、充尚、羡门子高最后皆燕人。为方仙道，形解销化，依于鬼神之事。邹衍以阴阳主运显于诸侯，而燕、齐海上之方士传其术不能通，然则怪迂阿谀苟合之徒自此兴，不可胜数也。①

从这里可以看出，邹衍在战国末年齐、燕等地有很大影响，他的"阴阳主运"说"显于诸侯"，并有众多弟子，从其师而"记著终始五德之运"，上文所记"或曰"者，应为邹衍之徒。

唐朝司马贞在注《史记·封禅书》"或曰"句时，说"出《吕氏春秋》"，即《吕氏春秋·有始览·应同》第一段：

> 凡帝王者之将兴也，天必先见祥乎下民。黄帝之时，天先见大螾大蝼，黄帝曰："土气胜。"土气胜，故其色尚黄，其事则土。及禹之时，天先见草木秋冬不杀。禹曰："木气胜。"木气胜，故其色尚青，其事则木。及汤之时，天先见金刃生于水。汤曰："金气胜。"金气胜，故其色尚白，其事则金。及文王之时，天先见火赤乌衔丹书集于周社，文王曰："火气胜。"火气胜，故其色尚赤，其事则火。代火者必将水，天且先见水气胜。水气胜，故其色尚黑，其事则水。水气至而不知，数备，将徙于土。②

吕不韦主持编写《吕氏春秋》，就是为秦王嬴政统一天下提供理论依据，五德相胜说恰可证秦取代周的必然，因而收录之。这段话可能是吕不韦广揽之士中邹衍弟子所写，也可能是他人集邹衍五德相胜说而写。

邹衍五德相胜说形成于战国之末，其时名义上的周王朝已濒临灭亡，秦并六国成必然之势，以五德相胜说论其合理性，即合乎天道，是有进步

---

① 《史记·封禅书》。
② 《吕氏春秋·有始览·应同》。

意义的，但所逆推的黄帝为土、夏为木、商为金、周为火，则无任何事实根据，只是依五行说的猜测，但在当时却是可以自圆其说的。后来董仲舒进一步将五德相胜说与"天人合一""天人感应"结合，使之更有说服力。

农事是春秋、战国时期最重要的生产活动，重视农业，也是诸子思想的共性。《汉书·艺文志》列"农九家，百一十四篇"。对农事的研究在诸子中不占主流，"农家者流，盖出于农稷之官"。① 相对而言，农事是实在活动，因此对农事的研究，不可能广泛推测，但由于其与天象、地域有着密切关系，而"农稷之官"的指导又有总体性，所以阴阳五行之技在农事上也有其应用。虽然有"农家"一说，但《汉书·艺文志》所载书均佚，我们只能从诸子著述和其他文献中略知其一二。

农事是在天地之间从事植物的种植栽培，因而与天气和土壤成分密切相关。诸子重农，虽对农事不见得有专门研究，却也都有粗略了解，并强调"顺天时，行农事"。孔子说："使民以时。"② 孟子主张"不违农时"。③《黄帝四经·经法》更明确提出：

> 人之本在地，地之本在宜，宜之生在时，时之用在民，民之用在力，力之用在节。知地宜，须时而树，节民力以使，则财生。④

"时"即天时，是一年季节和节气的界定，这是阴阳五行说的基本内容，司马谈说阴阳家"序四时之大顺，不可失也"。

> 夫阴阳四时、八位、十二度、二十四节各有教令，顺之者

---

① 《汉书·艺文志》。
② 《论语·学而》。
③ 《孟子·梁惠王上》。
④ 《黄帝四经·经法》。

昌，逆之者不死则亡，未必然也，故曰"使人拘而多畏"。夫春生夏长，秋收冬藏，此天道之大经也。弗顺则无以为天下纲纪，故曰"四时之大顺，不可失也"。①

《汉书·艺文志》说：

> 阴阳家者流，盖出于羲和之官，敬顺昊天，历象日月星辰，敬授民时，此其所长也。②

可见，出于"羲和之官"的"阴阳家"们，其主要任务就是"敬授民时"，以指导农事活动。从这个意义上可以说，农事是阴阳五行之技应用的必要领域。

农事不仅要关注天时，更要注重地利，《管子·地员》概述了当时地学关于土壤和植物的关系，其中贯彻着阴阳五行之技的应用。《地员》先论地下水位与土壤植物的关系，再论植物在不同高低土地上的分布，进而依五行对土壤的上中下三大类各分赤、青、白、黑、黄五种，并与五音配合，构成一个"土壤五行图式"。其上土分为粟、沃、位、浮；中土分为怸、垆、㩻、沙、塥；下土分为犹、殖、壡、凫。举上土之粟土为例，

> 群土之长，是唯五粟。五粟之物，或赤、或青、或白、或黑、或黄。五粟五章。五粟之状，淖而不肕，刚而不觳，不泞车轮，不污手足。其种大重、细重、白茎、白秀，无不宜也。五粟之土，若在陵在山，在隧在衍。其阴其阳，尽宜桐柞，莫不秀长。其榆其柳，其檿其桑，其柘其栎，其槐其杨，群木蕃滋，数大条直以长。其泽则多鱼。牧则宜牛羊。其地其樊，俱宜竹箭，

---

① 《史记·太史公自序》。
② 《汉书·艺文志》。

> 藻龟楢檀，五臭生之，薛荔白芷，蘪芜椒连，五臭所校。寡疾难老，士女皆好，其民工巧，其泉黄白，其人夷姤。五粟之土，乾而不格，格，湛而不泽，无高下，葆泽以处。①

对其他土壤的描述，与此类似，这里不一一录述。

《地员》关于土壤分类及其与植物关系的论说，应是对当时管理农事官员整理的资料的概述，这在战国时是一创举，虽然不可能全面，但能成此系统，则是阴阳五行说功用的体现。至于有人批评以五行分类土壤会把"次序搞乱"，这有其道理，但在当时条件下，这又是一个可行的系统思维，我们不能苛求古人。

农事的主干活动是耕作，《吕氏春秋》之《上农》《任地》《辩土》《审时》各篇，从阴阳观对之进行了概括，其中《任地》篇写道：

> 凡耕之大方：力者欲柔，柔者欲力。息者欲劳，劳者欲息。棘者欲肥，肥者欲棘。急者欲缓，缓者欲急。湿者欲燥，燥者欲湿。上田弃亩，下田弃甽。五耕五耨，必审以尽。②

《辩土》篇写道：

> 所谓今之耕也，营而无获者，其早者先时，晚者不及时，寒暑不节，稼乃多菑实。其为亩也，高而危则泽夺，陂则埒，见风则偃，高培则拔，寒则雕，热则脩。③

耕种技能是农夫经验的积累，以阴阳观对其总结，从两方面论说利弊，强调适时、应土、德利，是农事管理的必要内容。

---

① 《管子·地员》。
② 《吕氏春秋·士容论·任地》。
③ 《吕氏春秋·士容论·辩土》。

医养关乎人身体健康和寿命长短，是每个人都关注的，阴阳五行说在这方面发挥着重要作用。《汉书·艺文志》列"医经七家，二百一十六卷"，包括："《黄帝内经》十八卷。《外经》三十七卷。《扁鹊内经》九卷。《外经》十二卷。《白氏内经》三十八卷。《外经》三十六卷。《旁篇》二十卷。"① 并指出：

> 医经者，原人血脉经落骨髓阴阳表里，以起百病之本，死生之分，而用度箴石汤火所施，调百药齐和之所宜。至齐之得，犹慈石取铁，以物相使。②

"医经"是关于医病和养生的学问，从上列医经书中，可见春秋、战国的医养之发展水平。但除《黄帝内经》之外的其他著作，已都散佚，《黄帝内经·素问》也已散乱不全，唐王冰搜集、整理了《黄帝内经·素问》后由宋高保衡、林亿等人编注，流传至今。虽不免后人增添，但基本思想应为战国时形成。

《黄帝内经·素问》可以说是阴阳五行说在医养方面的充分应用，其中既包括对医养经验的总结，也包括对人体构造和运行的推测性论说。其《阴阳应象大论》开篇写道：

> 黄帝曰：阴阳者，天地之道也，万物之纲纪，变化之父母，生杀之本始，神明之府也。治病必求于本。故积阳为天，积阴为地。阴静阳躁，阳生阴长，阳杀阴藏。阳化气，阴成形。寒极生热，热极生寒。寒气生浊，热气生清。清气在下，则生飧泄，浊气在上，则生䐜胀。此阴阳反作，病之逆从也。③

---

① 《汉书·艺文志》。
② 《汉书·艺文志》。
③ 《黄帝内经·素问·阴阳应象大论》。

《黄帝内经·素问》以精气为生命之源，精气化生阴阳五行之气，身体状况取决于阴阳二气升降交感，五行之气的掺杂合成。医病养生，首要知阴阳，进而从五行而察五脏及身体系统。病，就是阴阳不调所致，医病就是以药或针刺、推拿之技助病者调和其阴阳；而养生，则是人自我调和阴阳。对于人来说，养生比医病更为重要，

> 黄帝曰：余闻上古有真人者，提挈天地，把握阴阳，呼吸精气，独立守神，肌肉若一，故能寿敝天地，无有终时。此其道生。中古之时，有至人者，淳德全道，和于阴阳，调于四时，去世离俗，积精全神，游行天地之间，视听八达之外，此盖益其寿命而强者也，亦归于真人。其次有圣人者，处天地之和，从八风之理，适嗜欲于世俗之间，无恚嗔心，行不欲离于世，被服章，举不欲观于俗，外不劳形于事，内无思想之患，以恬愉为务，以自得为功，形体不敝，精神不散，亦可以百数。其次有贤人者，法则天地，象似日月，辩列星辰，逆从阴阳，分别四时，将从上古合同于道，亦可使益寿而有极时。①

人是由天道的真气分化的阴阳两种属性构成的，阴阳平衡是生命的根据和标准。这里所说的"真人"，是与天道相合，"把握阴阳，呼吸精气"的最标准的人，因此能"寿敝天地，无有终时"，也是天道在人生命充分的体现。"真人"是阴阳完全协调的标志，是与"天地参"的人，是"天人合一"的理论标本。《黄帝内经》的作者也并不认为现实中确有"真人"，而是从观念上确立人生命可能的极限，进而以"真人"的标准，推论现实人的生命状况。阴阳在"真人"那里是绝对平衡的，而现实的人总会有阴阳失衡，这就是病的原因，医病，就是平衡协调阴阳。对于人来说，更基本，更重要的是养生，即自己体验天道，自觉地平衡阴阳，"至

---

① 《黄帝内经·素问·上古天真论》。

人""圣人""贤人"是养生的三种标志和状态。《黄帝内经》所说的养生，并不只是注意饮食起居，更包括处世为人，其核心在于"精神"。精气乃天道生化之元，也是生命之本，养生就是保养精气。而影响精气存续于身的，不仅有天时之寒暑和衣食住行，更有社会地位和名誉等。神者就是明白地位和名誉等世俗观念并非天道之德，"去世离俗，积精全神"，是至人的境界。圣人则是仍处俗世的人，但他能依从天道，保持生命与精神相对平衡，从八风之理，适当地嗜欲于世俗之间，无恚嗔心，虽行于俗，但不追求俗世的地位权势，因此也就不劳行于俗事之争，保持思想清净，以心态恬愉为目标，"以自得为功，形体不敝，精神不散"。贤人是又次一等的，但也能遵循天地法则，协调阴阳，分别四时，努力追随真人之道。《黄帝内经》作者认为，养生，就是以真人为标准，以圣人为榜样，即使达不到圣人程度，达到贤人则是可能的。在这里我们可以体会到列子、庄子的观念，而其原则，就是"生"。以"生"为原则，就可以明确世俗之地位权势名誉是没有价值的，为它们而耗费心志形体是对生的损害。养生之要务，就在从心神明白"生"的原则，淡化，乃至消除世俗观念的影响，合时适当地饮食穿住行，调和身心之阴阳。而病则是阴阳不调的表现，其因或在世俗观念，或在生活环境和习惯，医病，既要以药物和针刺、推拿等助人阴阳协调，又要告人去俗养生之原则。

当然，只讲"生"的原则并不能医病，而且病在人身各个部位，如何辨治其因，还要具体考究病的各种阴阳失调症状。这是《黄帝内经·素问》的主干内容，以阴阳说贯彻于病的诊断治疗，由此而成一系统。

五行是阴阳的具体化，《黄帝内经·素问》依五行说而论证了人体五脏及经络、脉象的关系，为医治各种病症之基本依据。五行相生相克的原由是阴阳关系的变化，人体的主要构造是五脏，即心、肝、脾、肺、肾，这是五行在人身的展现，人体的其他器官都与五脏内在联系，因此以五行为框架，联系其他器官和皮、肉、骨、发等部位，规定人体结构的系统。在五脏和其他器官、部位之间，有内在的经络相连。经络是看不见、摸不着的，但又是实在的。人身结构及其经络的提出，充分显示了以阴阳五行说推测的功效。如果说对天象的推测只是以肉眼所能观察的遥远天空的群星为依据，因此很少实证性，而对人体结构及其经络的推测，则是以对自身状况和长期医病经验的总结。五脏的构造是可以通过解剖看到的，其相互关系，又由病症来显示，虽然没有现在各种工业化的仪器来检测，但医者是能够从五脏之构成及其表象的病症对其大概规定的。最难的是看不见、摸不着的经络，必须经过系统而严肃认真的思辨才能了解。与血液在全身的分布并随心脏跳动而表现于脉搏不同，经络是五脏与各器官、部位的内在联系，不可能像号脉那样通过感觉来诊断身体状况，只能从医者自身体会及治疗患者时的表现为依据，进行思辨性的推测。经络关系是需要多人世代相继才完成的认识，而其基本思路的形成，就在阴阳五行说，沿着这个基本思路，世代相继的医学者不断修正、充实、丰富，到《黄帝内经》时，已大体完成。这是中华医学的一大成就，也是诸子思想所共有的阴阳五行说的历史功效。

以五脏为基干的人体生命结构是内在联系，相互制约的，其变化还受外部天时、物事、地域影响，由此而导致阴阳不调，五脏及各器官失和。下面引几段例说。

> 天有四时五行，以生长收藏，以生寒暑燥湿风。人有五藏，化五气，以生喜怒悲忧恐。故喜怒伤气，寒暑伤形。暴怒伤阴，暴喜伤阳。厥气上行，满脉去形。喜怒不节，寒暑过度，生乃不固。故重阴必阳，重阳必阴。故曰：冬伤于寒，春必温病；春伤于风，夏生飧泄；夏伤于暑，秋必痎疟；秋伤于湿，冬生咳嗽。①

> 心之合脉也，其荣色也，其主肾也。肺之合皮也，其荣毛也，其主心也。肝之合筋也，其荣爪也，其主肺也。脾之合肉也，其荣唇也，其主肝也。肾之合骨也，其荣发也，其主脾也。

---

① 《黄帝内经·素问·阴阳应象大论》。

是故多食咸，则脉凝泣而变色；多食苦，则皮槁而毛拔；多食辛，则筋急而爪枯；多食酸，则肉胝䐢而唇揭；多食甘，则骨痛而发落，此五味之所伤也。①

东方之域，天地之所始生也，鱼盐之地，海滨傍水，其民食鱼而嗜咸，皆安其处，美其食，鱼者使人热中，盐者胜血，故其民皆黑色疏理，其病皆为痈疡，其治宜砭石，故砭石者，亦从东方来。

西方者，金玉之域，沙石之处，天地之所收引也，其民陵居而多风，水土刚强，其民不衣而褐荐，其民华食而脂肥，故邪不能伤其形体，其病生于内，其治宜毒药，故毒药者，亦从西方来。

北方者，天地所闭藏之域也，其地高陵居，风寒冰冽，其民乐野处而乳食，藏寒生满病，其治宜灸焫，故灸焫者，亦从北方来。

南方者，天地所长养，阳之所盛处也，其地下，水土弱，雾露之所聚也，其民嗜酸而食胕，故其民皆致理而赤色，其病挛痹，其治宜微针，故九针者，亦从南方来。

中央者，其地平以湿，天地所以生万物也众，其民食杂而不劳，故其病多痿厥寒热，其治宜导引按蹻，故导引按蹻者，亦从中央出也。②

天之四时五行，影响人之五脏；五脏通人体各器官、皮发毛，食之五味皆影响五脏；地有五方，寒、热、湿、风及其物产、食物不同，也对人身体五脏有所影响。这里只举三例，表明《黄帝内经·素问》对内外病因的辩

---

① 《黄帝内经·素问·五藏生成》。
② 《黄帝内经·素问·异法方宜论》。

证判断。

辩证判断是辨证施治的首要环节,《黄帝内经·素问》对辨证施治进行了深入探讨,这是在阴阳五行说的思维框架内对医者长期实践经验的总结,涉及各种病症的特殊诊断和治疗,这里只论其一般要领。

> 善诊者,察色按脉,先别阴阳;审清浊,而知部分;视喘息,听音声,而知所苦;观权衡规矩,而知病所主。按尺寸,观浮沉滑涩,而知病所生;以治无过,以诊则不失矣。①

中医强调对病人病情的特殊性进行具体诊断,察、审、视、听、观等一般技能,都要具体施之,灵活运用。在明确病症、病因的基础上,再根据病情逐步施治。

> 病之始起也,可刺而已;其盛,可待衰而已。故因其轻而扬之,因其重而减之,因其衰而彰之。形不足者,温之以气;精不足者,补之以味。其高者,因而越之;其下者,引而竭之;中满者,泻之于内;其有邪者,渍形以为汗;其在皮者,汗而发之;其慓悍者,按而收之;其实者,散而泻之。审其阴阳,以别柔刚,阳病治阴,阴病治阳,定其血气,各守其乡,血实宜决之,气虚宜掣引之。②

这些要领,应为医者所掌握,但必须针对个别病人病情而多方辩证施治,其中经验相当重要,不能对所有病人一概而论。

《黄帝内经·素问》所体现的阴阳五行之技,对于医病养生有一般指导意义,但也因此,若将其视为教条,则会引发各种问题。所以《汉书·

---

① 《黄帝内经·素问·阴阳应象大论》。
② 《黄帝内经·素问·阴阳应象大论》。

艺文志》告诫说："拙者失理，以愈为剧，以生为死。"①

十三　荀子思想之技层次：富国、义兵、王天下

荀子虽然也曾游历多国，但他并没有像孔子、孟子那样强烈的从政意愿，也不像以法改制诸子和纵横策士们那样为国君出谋划策，而是更多地进行考察，以为思想研究寻找素材并验证既有观点。如去秦国游历，并未见秦王，只是对秦相范雎谈了其观感，而他对秦的批评，也表明他既不想在秦国从政也不能在秦国从政。在赵国，荀子虽然与赵孝成王及临武君议过兵事，但他"仁义之兵"的主张，绝非是要成为赵王之将领兵出征，而是以赵孝成王为对象，发表他的军事思想。也正因为没有求某一国君任用的意愿，所以荀子思想之技层次是针对天下之共事的，不像以法改制诸子及纵横策士那样具体，也很少关注其施行的实用性。

概括说来，荀子思想之技集中于富国、义兵、王天下，由此展开他隆礼和正法之法、术层次。富国、义兵、王天下是连贯的三个环节，在这三个环节中贯穿着仁义观念。

富国，是各诸侯国共同的愿望，也是诸子思考的问题，但如何富国，诸子却有不同的主张，这在前面所论以法改制诸子之术、技中已有涉及。荀子与他们有相同点，如重农、四民分业等，而他富国主张的重点和特点，在于礼义之用。

> 足国之道，节用裕民而善臧其余。节用以礼，裕民以政。彼裕民，故多余；裕民则民富。民富，则田肥以易；田肥以易则出实百倍。上以法取焉，而下以礼节用之。余若丘山，不时焚烧，无所臧之。夫君子奚患乎无余？故知节用裕民，则必有仁义圣良之名，而且有富厚丘山之积矣。此无它故焉，生于节用裕民也。

---

① 《汉书·艺文志》。

> 不知节用裕民则民贫；民贫，则田瘠以秽；田瘠以秽，则出实不半。上虽好取侵夺，犹将寡获也；而或以无礼节用之，则必有贪利纠谇之名，而且有空虚穷乏之实矣。此无他故焉，不知节用裕民也。①

荀子所说的富国、强国，并不仅仅针对物质财富，更强调节用裕民，善藏多余。节用，包括君主贵族的生活支出和国家财政开支，他所说的"节"，并不是单纯减少开支，而是要有计划合理地使用，与墨子的节用有相同点，也有明显区别。裕民则是使民能有较富裕的生活资料，这和节用是统一的，为此就要减轻征收于民的税赋。荀子从节用裕民来谈富国，而不是先谈如何发展生产以增加财富，似乎把关系颠倒了，这在他那里却有其道理。他观念中的"富国"，并非只是财政丰足，而是隆礼行仁义使民因有充裕的生活资料而拥戴君主统治。在这个前提下，民就会安居乐业，生产自会发展，财物也就增加，国与民所用之余，要能妥善贮藏。如果统治者"好取侵夺"，以无礼节用之，民必贫，民贫就不能发展生产，而且不会拥护统治，这样的国家不可能富。

荀子"节用裕民"的观点，其着眼点不是在"国"，而在"民"，这与孟子的"民为贵，社稷次之，君为轻"的观点有相通处。在荀子看来，真正的富国、强国，是民众拥戴统治者，统治者与民众由隆礼正法而结成一体。

> 礼者，贵贱有等，长幼有差，贫富轻重皆有称者也。故天子袾裷衣冕，诸侯玄裷衣冕，大夫裨冕，士皮弁服。德必称位，位必称禄，禄必称用。由士以上则必以礼乐节之，众庶百姓则必以法数制之。量地而立国，计利而畜民，度人力而授事；使民必胜事，事必出利，利足以生民，皆使衣食百用出入相揜，必时藏

---

① 《荀子·富国》。

余，谓之称数。故自天子通于庶人，事无大小多少，由是推之。故曰："朝无幸位，民无幸生。"此之谓也。

轻田野之税，平关市之征；省商贾之数，罕兴力役，无夺农时，如是，则国富矣。夫是之谓以政裕民。①

一个国家就是一个有机体，礼是其基本制度构造，依礼而明确等级贵贱富贫，由此建立上下一体的管制系统，但个人身份并不是由先天血统，而是后天形成的品德才能来确定，这基本与秦汉以后的集权官僚制相当。对于民众则应以法数制之，使之服从统治，安分守己，事其业，生其财，并能保证基本生活。量地立国，计利富民，同时轻税平征，减少商贾，罕兴力役，无夺农时。这是富国之原则，亦即以政裕民。

这里涉及五个关于经济民生的范畴：一是义，二是利，三是税，四是商，五是农。这五个范畴是关乎国家富强的重点，荀子在以前诸子已有认识的基础上，提出了自己的看法。

义、利是孔子以来诸子们几乎都要涉及的基本范畴。荀子将义提到一个更高程度，义，不仅为"宜"，更为"理"，"义，理也，故行"。② 不仅谈"仁义"，还谈"礼义"，"故用国者，义立而王，信立而霸，权谋立而亡"。③ "朝廷必将隆礼义而审贵贱，若是，则士大夫莫不敬节死制者矣。百官则将齐其制度，重其官秩，若是，则百吏莫不畏法而遵绳矣。"④ 礼义即贯彻仁的基本制度，因而义是君主首先要考虑的，能够做到礼义，就可以为王。荀子并不否认利的重要，但认为应"先义而后利"⑤，也就是说二者只有位置先后的区别，而不是对立关系。

---

① 《荀子·富国》。
② 《荀子·大略》。
③ 《荀子·王霸》。
④ 《荀子·王霸》。
⑤ 《荀子·王霸》。

> 义与利者，人之所两有也。虽尧、舜不能去民之欲利，然而能使其欲利不克其好义也。虽桀、纣不能去民之好义；然而能使其好义不胜其欲利也。故义胜利者为治世，利克义者为乱世。上重义则义克利，上重利则利克义。①

义不仅先于利，而且是对待利的原则，以义制利，以义用利，"夫义者，内节于人而外节于万物者也，上安于主而下调于民者也"。② 以隆礼而明确义利关系，是富国强国的必要途径。否则，

> 挈国以呼功利，不务张其义，齐其信，唯利之求；内则不惮诈其民而求小利焉，外则不惮诈其与而求大利焉。内不修正其所以有，然常欲人之有。如是，则臣下百姓莫不以诈心待其上矣。③

在主张"以政裕民"的荀子看来，君主以权谋对待臣民，臣民百姓以诈心对待其君主，这样的国必衰而亡。

税，是国家财政的主要来源，荀子主张"轻田野之税，平关市之征"，这是与他"节用裕民"思想相一致的，在《王制》篇中，他写道：

> 王者之等赋、政事，财万物，所以养万民也。田野什一，关市几而不征，山林泽梁以时禁发而不税。相地而衰政，理道之远近而致贡。④

"田野什一"之税，是当时的通例，荀子只是强调不能加税。至于《富国》篇所说"轻田野之税"，是低于"什一"，还是因有高于"什一"征

---

① 《荀子·大略》。
② 《荀子·强国》。
③ 《荀子·王霸》。
④ 《荀子·王制》。

税,要"轻"回"什一"?并没有细讲。而"平关市之征"与"关市几而不征"似乎冲突,也可能写《富国》篇时他的思想有些变化,其主要是针对"厚刀布之敛以夺之财,重田野之税以夺之食,苛关市之征以难其事"。① 与税同时征于民的是"役",不论劳役、兵役,都对民生有重大影响,荀子不可能主张不征役,但强调"罕兴力役,无夺农时",即使征役,也要避开农时。

商,商业和手工业的统称,荀子也主张重农,但不抑制商业和手工业,只是要"省商贾之数"。在他的观念里,上农工商各有本业。"农农,士士,工工,商商一也。"② "仁人在上,则农以力尽田,贾以察尽财,百工以巧尽械器,士大夫以上至于公侯,莫不以仁厚知能尽官职,夫是之谓至平。"③ 商贾对富国有着特殊作用,"通流财物粟米,无有滞留,使相归移也"。④ 荀子对工、商的态度,接近《管子》的思想,与那些"重本抑末"论者有明显区别。

农,荀子也和其他诸子一样主张重农,《大略》篇指出:

> 不富无以养民情,不教无以理民性。故家五亩宅,百亩田,务其业而勿夺其时,所以富之也。⑤

一家五亩宅,百亩田,这也是当时各国通例,荀子尤其强调要保证农人务其业,勿夺农时,也就是征役要避开农时。不仅不能夺农时,还要根据天时及动植物生态来砍伐渔捕。

> 圣王之制,草木荣华滋硕之时则斧斤不入山林,不夭其生,

---

① 《荀子·富国》。
② 《荀子·王制》。
③ 《荀子·荣辱》。
④ 《荀子·王制》。
⑤ 《荀子·大略》。

不绝其长也；鼋鼍、鱼鳖、鳅鳝孕别之时，罔罟毒药不入泽，不夭其生，不绝其长也。春耕、夏耘、秋收、冬藏，四者不失时，故五谷不绝而百姓有余食也；污池、渊沼、川泽谨其时禁，故鱼鳖优多而百姓有余用也；斩伐养长不失其时，故山林不童而百姓有余材也。①

与之相应，他还提倡兴修水利设施，"修堤梁，通沟浍，行水潦，安水臧，以时决塞；岁虽凶败水旱，使民有所耘艾"。② 同时指导农民加强农田管理。

> 兼足天下之道在明分。掩地表亩，刺草殖谷，多粪肥田，是农夫众庶之事也。守时力民，进事长功，和齐百姓，使人不偷，是将率之事也。高者不旱，下者不水，寒暑和节而五谷以时孰，是天下之事也。若夫兼而覆之，兼而爱之，兼而制之；岁虽凶败水旱，使百姓无冻馁之患，则是圣君贤相之事也。③

农为本业，统治者隆礼义以政裕民，可使农业稳定发展，由此民心拥戴君主，"使民必胜事，事必出利，利足以生民"，而且"仁人在上，百姓贵之如帝，亲之如父母，为之出死断亡而愉者"。④ 这是义所导致的大利。义、利、税、商四者，都要归于农，由此国富国强。

节用是荀子以政裕民思想的必要内容，其节用观受到墨子的启发，但他的节用，是以隆礼为前提，也是以隆礼为标准的，因而与墨子的节用观有所不同。墨子主张的节用，是要君主贵族从食、衣、住、行、葬各环节都消除奢侈，以此来保证民之用、国之用。墨子显然将君主贵族之奢侈与

---

① 《荀子·王制》。
② 《荀子·王制》。
③ 《荀子·富国》。
④ 《荀子·富国》。

民之用、国之用对立起来，是国"财不足"、民"食不足"①的原因。荀子认为墨子的节用观会导致统治者与民众的对立，影响隆礼之制，为此，他一方面接受墨子"节用"的提法，认为"以无礼节用之，则必有贪利纠譑之名，而且有空虚穷乏之实"②，为此提倡"节用裕民"。另一方面则反对墨子认为将君主贵族之奢侈说成国家"财不足"、民"食不足"的原因，认为君主贵族之"雕琢刻镂，黼黻文章"，是"诚养其德也""以养其德也"。隆礼必须"藩饰"统治者的形象，维护其权威。荀子认为，只要隆礼而治，"夫天地之生万物也，固有余足以食人矣。麻葛、茧丝、鸟兽之羽毛齿革也，固有余足以衣人矣。"③墨子所忧之"不足"，只是"墨子之私忧过计也"。

> 墨子大有天下，小有一国，将蹙然衣粗食恶，忧戚而非乐。若是则瘠，瘠则不足欲；不足欲则赏不行。墨子大有天下，小有一国，将少人徒，省官职，上功劳苦，与百姓均事业、齐功劳。若是则不威，不威则罚不行。赏不行，则贤者不可得而进也；罚不行，则不肖者不可得而退也。贤者不可得而进也，不肖者不可得而退也，则能不能不可得而官也。若是则万物失宜，事变失应，上失天时，下失地利，中失人和；天下敖然，若烧若焦。墨子虽为之衣褐带索，啜菽饮水，恶能足之乎？既以伐其本，竭其原，而焦天下矣。④

在荀子看来，墨子只是从民的角度来考虑问题，完全没有认识到治国王天下的大道理和难度，即使让你墨子大有天下或小有一国，用你的节用观来治理，你衣粗食恶，忧戚而非乐，那样就会导致贫瘠，不能满足人欲，不

---

① 《墨子·七患》。
② 《荀子·富国》。
③ 《荀子·富国》。
④ 《荀子·富国》。

能赏功；你少人徒，省官职，上功劳苦，却与百姓均事业、齐功劳，这样，政权就没有权威，没有权威就不能惩罚不肖者。不赏不罚，使贤者不得进，不肖者不得退，怎么能管制社会？依你墨子的主张，势必使万物失宜，事变失应，上失天时，下失地利，中失人和，天下就像熬干的锅，烧焦的山，枯萎的树，哪还有生机？你墨子虽然衣褐带索，啜菽饮水，怎么能改变这种状态？所以说墨子的主张是在毁国家之本，竭生活之源，若行之，必使天下焦枯无生气。

墨子的节用观，是从下层劳动者角度对统治者的批评与要求，而荀子是从统治者角度来看待国家及其社会治理的，因而注重礼制的权威性，为了维护礼制权威，必要的等级、富贵装饰是不可少的。按他的性恶说，人是从欲求而为事的，如果彻底压抑人的欲求，就不能激发人行为的努力，因此，节用必须有一定限度，那些出于隆礼的奢华和装饰还是必要的。

> 夫为人主上者，不美不饰之不足以一民也，不富不厚之不足以管下也，不威不强之不足以禁暴胜悍也，故必将撞大钟，击鸣鼓，吹笙竽，弹琴瑟以塞其耳；必将錭琢刻镂，黼黻文章以塞其目；必将刍豢稻粱，五味芬芳以塞其口。然后众人徒，备官职，渐庆赏，严刑罚以戒其心。使天下生民之属皆知，己之所愿欲之举在是于也，故其赏行；皆知己之所畏恐之举在是于也，故其罚威。赏行罚威，则贤者可得而进也，不肖者可得而退也，能不能可得而官也。若是，则万物得其宜，事变得应，上得天时，下得地利，中得人和，则财货浑浑如泉源，汸汸如河海，暴暴如丘山，不时焚烧，无所臧之。夫天下何患乎不足也。[①]

只有隆礼，才是从统治者角度认可的富国之道，而墨子的"节用"主张，不过下层民众的意愿而已，之所以两千多年来不可能付诸实施，就在于它

[①] 《荀子·富国》。

不合于统治之礼,如果王公贵族的生活要节俭得像平民那样,谁会做社会管理?后世的刘邦和朱元璋发家于底层,当了皇帝还不照样奢侈豪华?虽然荀子也说节用,但是在维护隆礼前提下的节制,而不是改变礼的贵贱贫富差距。他认为只有这样才能富国,也只有这样的富国才是有意义的。

有国就有兵,富国与强兵在以前诸子那里是统一而论的。荀子也谈兵,但他对兵及其战的看法确有其鲜明特点。

> 陈嚣问孙卿子曰:"先生议兵,常以仁义为本。仁者爱人,义者循理,然则又何以兵为?凡所为有兵者,为争夺也。"
>
> 孙卿子曰:"非汝所知也。彼仁者爱人,爱人,故恶人之害之也;义者循理,循理,故恶人之乱之也。彼兵者,所以禁暴除害也,非争夺也。故仁人之兵所存者神,所过者化;若时雨之降,莫不说喜。是以尧伐驩兜,舜伐有苗,禹伐共工,汤伐有夏,文王伐崇,武王伐纣,此四帝两王,皆以仁义之兵行于天下也。故近者亲其善,远方慕其德;兵不血刃,远迩来服;德盛于此,施及四极。"①

荀子是从王天下的角度来论兵的,"兵者,所以禁暴除害也,非争夺也",因此,兵必以仁义为本,他对兵性质的这种规定,可概括为"仁义兵"或"义兵"。他所引以为据的"两帝四王",都是名义上的天下之主,而非某一诸侯国君,所以他在兵的性质和用途上与从某一诸侯国出发的论兵、将兵者有明显区别。荀子认为,"王者有诛而无战"②,王所发之义兵,是诛乱而非争地夺民,所以"城守不攻,兵格不击,上下相喜则庆之;不屠城,不留众,师不越时"③。

对于世称"善用兵者"齐之田单、楚之庄蹻、秦之卫鞅、燕之缪虮,

---

① 《荀子·议兵》。
② 《荀子·议兵》。
③ 《荀子·议兵》。

荀子认为他们"是其巧拙强弱则未有以相君也，若其道，一也，未及和齐也。掎契司诈，权谋倾覆，未免盗兵也"。① 而齐桓公、晋文公、楚庄王、吴阖闾、越勾践所领之兵，虽然达到上下和齐，接近仁义之境，却没有达到义兵程度，所以只能为霸不能王天下。

荀子认为，用兵的最高境界在"壹民"，以仁义聚附万千民众为一，此义兵也。

> 凡用兵攻战之本在乎壹民。弓矢不调，则羿不能以中微；六马不和，则造父不能以致远；士民不亲附，则汤、武不能以必胜也。故善附民者，是乃善用兵者也。故兵要在乎善附民而已。②

对于荀子义兵之说，临武君表示不赞成，他认为"兵之所贵者，势利也；所行者，变诈也。善用兵者，感忽悠暗，莫知其所从出。孙、吴用之，无敌于天下。岂必待附民哉"？③ 荀子回答说：我所说的"仁人之兵，王者之志也。君之所贵，权谋势利也；所行，攻夺变诈也；诸侯之事"。④ 你临武君和我所说的兵，不是同一层次，我所说的是仁义之兵，为"王者之志"，而你说的权谋势利、攻夺变诈，是"诸侯之事"。仁人之兵，不可诈。诈者或许对君王离德、怠慢疏忽者有效，但对仁人之兵是无效的。"以桀诈桀，犹巧拙有幸焉；以桀诈尧，譬之若以卵投石，以指挠沸，若赴水火，入焉焦没耳！"⑤ 仁义之兵是不可战胜的，

> 仁人上下，百将一心，三军同力；臣之于君也，下之于上也，若子之事父，弟之事兄，若手臂之捍头目而覆胸腹也；诈而

---

① 《荀子·议兵》。
② 《荀子·议兵》。
③ 《荀子·议兵》。
④ 《荀子·议兵》。
⑤ 《荀子·议兵》。

袭之与先惊而后击之，一也。且仁人之用十里之国，则将有百里之听；用百里之国，则将有千里之听；用千里之国，则将有四海之听。必将聪明警戒，和传而一。故仁人之兵，聚则成卒，散则成列，延则若莫邪之长刃，婴之者断；兑则若莫邪之利锋，当之者溃；圜居而方止，则若盘石然，触之者角摧，案角鹿埵、陇种、东笼而退耳。且夫暴国之君，将谁与至哉？彼其所与至者，必其民也。而其民之亲我欢若父母，其好我芬若椒兰，彼反顾其上，则若灼黥，若雠仇。人之情，虽桀、跖，岂又肯为其所恶，贼其所好者哉？是犹使人之子孙自贼其父母也，彼必将来告之，夫又何可诈也！故仁人用，国日明，诸侯先顺者安，后顺者危，虑敌之者削，反之者亡。①

荀子这是站在天下之王的角度来谈兵，他并不是像孙武、白起那样为某一国君出谋划策、率兵征战，而是从兵的最高层次来论如何以仁义统兵，如此之兵，万千人为一机体，与敌战"若手臂之捍头目而覆胸腹"，对这样的军队，攻夺变诈都不起作用，而且敌方的非仁义之兵，其民早已"好我芬若椒兰"，与其暴国之君如同仇雠，战时必来投降我仁义之兵。仁义之兵战无不胜，由仁义而成兵，可谓兵之大原则。

在仁义之兵的大原则下，军队之将应无限忠于君主，并慎行六术、五权、三至。

> 制号政令，欲严以威；庆赏刑罚，欲必以信；处舍收藏，欲周以固；徙举进退，欲安以重，欲疾以速；窥敌观变，欲潜以深，欲伍以参；遇敌决战，必道吾所明，无道吾所疑。夫是之谓六术。无欲将而恶废，无急胜而忘败，无威内而轻外，无见利而不顾其害，凡虑事欲孰而用财欲泰。夫是之谓五权。所以不受命

---

① 《荀子·议兵》。

于主有三：可杀而不可使处不完，可杀而不可使击不胜，可杀而不可使欺百姓。夫是之谓三至。①

关于军制纪律，也应行仁义，荀子提出：

> 将死鼓，御死辔，百吏死职，士大夫死行列。闻鼓声而进，闻金声而退；顺命为上，有功次之；令不进而进，犹令不退而退也，其罪惟均。不杀老弱，不猎禾稼，服者不禽，格者不舍，犇命者不获。凡诛，非诛其百姓也，诛其乱百姓者也；百姓有扞其贼，则是亦贼也。以故顺刃者生，苏刃者死，犇命者贡。②

荀子是从王天下角度论兵，要在组兵之原则，以仁义组兵选将制军，是战争胜利之本。他强调，仁义之兵的最大优势，在于合乎天道，"坚甲利兵不足以为胜，高城深池不足以为固，严令繁刑不足以为威。由其道则行，不由其道则废"。③依天道而隆礼正法，可使兵坚凝而王天下。

> 兼并易能也，唯坚凝之难焉。齐能并宋而不能凝也，故魏夺之。燕能并齐，而不能凝也，故田单夺之。韩之上地，方数百里，完全富足而趋赵，赵不能凝也，故秦夺之。故能并之，而不能凝，则必夺；不能并之又不能凝其有，则必亡。能凝之，则必能并之矣。得之则凝，兼并无强。古者汤以薄，武王以滈，皆百里之地也，天下为一，诸侯为臣，无它故焉，能凝之也。故凝士以礼，凝民以政。礼修而士服，政平而民安。士服民安，夫是之谓大凝。以守则固，以征则强，令行禁止，王者之事毕矣。④

---

① 《荀子·议兵》。
② 《荀子·议兵》。
③ 《荀子·议兵》。
④ 《荀子·议兵》。

荀子思想的目的性很明确，就是通过隆礼而达到天下统一，因此他并不为某一国一君设计如何富其国、强其兵的谋策，而是在探讨天下如何一统。他并不指望某一国君，而是申明王天下的大道理，以为有志于此的君主提供指导。在荀子时，各国兼并已成常事，但他认为，兼并只是统一的手段，真正的统一，是要"凝士以礼，凝民以政"，并不是只靠武力征伐就可以完成的。没有礼义之凝聚，即使兼并了国土，也会失去。他举齐、燕、韩、赵能并而不能凝之例，说明了这个道理。而其后秦虽大并六国，形式上统一了天下，若按荀子的观点，也是因为不能隆礼义而凝之，所以很快就败散了。

王天下的核心，在于依从天道的隆礼正法，富强国，仁义兵，都是必要条件，这些条件又必须贯彻隆礼正法的原则，"士服民安，夫是之谓大凝"，只有做到大凝，才是真正的王天下。

> 百里之地可以取天下，是不虚，其难者在于人主之知之也。取天下者，非负其土地而从之之谓也，道足以壹人而已矣。彼其人苟壹，则其土地奚去我而适它？故百里之地，其等、位、爵、服，足以容天下之贤士矣；其官职、事业，足以容天下之能士矣；循其旧法，择其善者而明用之，足以顺服好利之人矣。贤士一焉，能士官焉，好利之人服焉，三者具而天下尽，无有是其外矣。故百里之地，足以竭势矣。致忠信，著仁义，足以竭人矣。两者合而天下取，诸侯后同者先危。①

在荀子看来，天下一统的大趋势已经明显，但谁个能王天下，却还不清楚，他也不寄希望于某一诸侯，但他认为，不论是谁，要想王天下，必须"致忠信，著仁义"，以容天下贤士、能士，并以法顺服好利之人。

---

① 《荀子·王霸》。

王天下者即为天子，天子更应以礼制天下，从而达到天下一统。

> 夫贵为天子，富有天下，名为圣王，兼制人，人莫得而制也，是人情之所同欲也，而王者兼而有是者也。重色而衣之，重味而食之，重财物而制之，合天下而君之；饮食甚厚，声乐甚大，台谢甚高，园囿甚广，臣使诸侯，一天下，是又人情之所同欲也，而天子之礼制如是者也。制度以陈，政令以挟；官人失要则死，公侯失礼则幽，四方之国有侈离之德则必灭；名声若日月，功绩如天地，天下之人应之如景向，是又人情之所同欲也，而王者兼而有是者也。①

王天下是荀子的理想，也是诸子共同的理想，相比以前诸子，荀子离这个理想的实现更加接近，因此他能从技层面对王天下予以论证。而富国和仁义之兵，则是王天下的前提条件，按荀子的思路，诸侯中不论哪一国君，只要能在隆礼正法之术的指导下，切实做到富国和仁义之兵，就可以王天下，从而使天下归于一统。虽然他对王天下的构想还未摆脱尧、舜、禹、汤、武王的旧形式，但却有了"致忠信，著仁义"的新内容。这对于其后的思想和社会变革进程，尤其他的两大弟子韩非和李斯，以至董仲舒，都有重要启迪。

十四 韩非子思想之技层次：信赏罚以尽民能

韩非作为韩国公子，对韩国在当时危难的处境非常担忧，多次上书谏韩王安变法图强，虽都未被采纳，韩非也未被任用，却使他的以法改制思想得以深化和系统。因韩非文章被秦王政赞赏，韩王安在秦准备伐韩时派韩非出使秦国，韩非劝秦王政不要伐韩。李斯向秦王说韩非"终为韩而不

---

① 《荀子·王霸》。

为秦",秦王政猜忌并拘禁韩非,韩非既不能完成韩王之使命,又得不到秦王信任,因而服毒自杀,最终也没得到将其思想付诸实践的条件。韩非是诸子中唯一出身贵族者,但他从荀子所学又是变革封建领主制的理念,他本人确信这一理念,却又心系韩国,对他来说,理想状态是通过变革使韩国强盛,并由韩国统一天下,但韩王不听从其主张,只靠心计权谋苟延。眼看韩国将亡,韩非仍劝秦王"存韩",这是与天下一统的理念相悖的,也是韩非思想与身份矛盾的表现。这个矛盾造成了韩非命运的悲剧。也正因此韩非思想术、技还只是学理性的。由术层次"抱法处势"而治展开的技层次,以信赏罚以尽民能为要领。

《韩非子·八经》篇的第一经,写道:

> 凡治天下,必因人情。人情者,有好恶,故赏罚可用。赏罚可用则禁令可立而治道具矣。君执柄以处势,故令行禁止。柄者,杀生之制也;势者,胜众之资也。废置无度则权渎,赏罚下共则威分。是以明主不怀爱而听,不留说而计。故听言不参则权分乎奸,智力不用则君穷乎臣。故明主之行制也天,其用人也鬼。天则不非,鬼则不困。势行教严逆而不违,毁誉一行而不议。故赏贤罚暴,举善之至者也;赏暴罚贤,举恶之至者也;是谓赏同罚异。赏莫如厚,使民利之;誉莫如美,使民荣之;诛莫如重,使民畏之;毁莫如恶,使民耻之。然后一行其法,禁诛于私。家不害功罪,赏罚必知之,知之道尽矣。①

君主以权柄而居统治地位,其权威就在依法而为之势,因此,无标准地任用或罢免官员是对权力的亵渎,赏罚不分就会损害权威。君主掌控政权,必须抱法处势,以统一的法度为依据和标准,赏贤罚暴,使法度广为人知,民荣贤向善,耻暴抑恶,这既是一种社会状态,也是文化氛围。

---

① 《韩非子·八经》。

《八经》之七，又说：

> 官之重也，毋法也；法之息也，上暗也。上暗无度则官擅为，官擅为故奉重；无前则征多，征多故富。官之富重也，乱功之所生也。明主之道，取于任，贤于官，赏于功。言程，主喜俱必利；不当，主怒俱必害。则人不私父兄而进其仇雠。势足以行法，奉足以给事，而私无所生，故民劳苦而轻官。任事也毋重，使其宠必在爵；处官者毋私，使其利必在禄。故民尊爵而重禄。爵禄所以赏也，民重所以赏也则国治。刑之烦也，名之缪也，赏誉不当则民疑。民之重名与其重赏也均。赏者有诽焉，不足以劝；罚者有誉焉，不足以禁。明主之道，赏必出乎公利，名必在乎为上。赏誉同轨，非诛俱行，然则民无荣于赏之内。有重罚者必有恶名，故民畏。罚，所以禁也；民畏所以禁，则国治矣。①

韩非是从君主角度来谈治国的，所要面对的矛盾，一是君主与民众的关系，二是君主与因血统贵重而为官者的关系。贵重之人掌控权力，架空君主，是当时一个突出问题，韩非论政说法，往往就此而发议论。在他看来，如果任用贵重之人为官并掌控权力，将君主与民众隔离，那么这个国家就相当危险了。为了解决这个矛盾，只有抱法处势而赏罚得当，并依法择贤能任官。看起来高高在上的君主，不过一人，其智其力绝对敌不过已结成朋党的贵重之人，君主所能用的，就是其位权，为使位权形成威力，只有立法行法，由法而任贤赏功，排除贵重之人"当涂"的可能。这样，君主就可以通过法而与民众发生关系，民从君主的赏罚中而知法明规，依法制而服从统治，国家就可以大治。

《八经》之八，进一步指出：

---

① 《韩非子·八经》。

> 行义示则主威分，慈仁听则法制毁。民以制畏上，而上以势卑下，故下肆很触而荣于轻君之俗，则主威分。民以法难犯上，而上以法挠慈仁，故下明爱施而务赇纹之政，是以法令隳。尊私行以贰主威，行赇纹以疑法，听之则乱治，不听则谤主，故君轻乎位而法乱乎官，此之谓无常之国。明主之道，臣不得以行义成荣，不得以家利为功。功名所生，必出于官法；法之所外，虽有难行，不以显焉，故民无以私名。设法度以齐民，信赏罚以尽民能，明诽誉以劝沮。名号、赏罚、法令三隅，故大臣有行则尊君，百姓有功则利上，此之谓有道之国也。①

与其前以法改制诸子重"法治"相比，荀子已开始注重"法制"，韩非承继其师荀子思路，更多地从制度来考虑法的作用，他的抱法处势之术，就在于建立以法为依据的统治制度。这既是以法改制思想演进的逻辑必然，也是社会变革发展的体现。韩非之时，只有七国犹存，而秦国强大并时刻准备吞并六国，天下一统的大趋势显而易见。韩非虽从韩国立论，但其所依据的则是天下大势。他急迫地劝说韩王强化法制以保其国，但韩王不听，相反，秦王嬴政却对他的思想和主张相当感兴趣。这表明韩非思想的先进性，而韩被秦所灭也是不可改变的了。韩非主张的法制，要在制官，或以法建立官制，使君主切实掌控国家政权，赏罚分明，进而"设法度以齐民，信赏罚以尽民能，明诽誉以劝沮"。这也就是他所设想的法制状态。

韩非十分清楚，一国之富贫强弱，就在民能民力的发挥，治国就是治民，如何"尽民能"，是统治的根本。为此，不仅要以法制消去贵重之人对权力的操纵，还要破除周礼制礼教的血统仁义，以及受孔子、墨子影响片面强调仁义惠爱的观念。

> 世之学术者说人主，不曰"乘威严之势以困奸邪之臣"，而

---

① 《韩非子·八经》。

皆曰"仁义惠爱而已矣"。世主美仁义之名而不察其实，是以大者国亡身死，小者地削主卑。何以明之？夫施与贫困者，此世之所谓仁义；哀怜百姓不忍诛罚者，此世之所谓惠爱也。夫有施与贫困，则无功者得赏；不忍诛罚，则暴乱者不止。国有无功得赏者，则民不外务当敌斩首，内不急力田疾作，皆欲行货财、事富贵、为私善、立名誉以取尊官厚俸。故奸私之臣愈众，而暴乱之徒愈胜，不亡何待？①

现在一些评论者，往往将"仁义惠爱"归于"儒家"，认为上引韩非的话是代表"法家"来批儒。这不免有些偏颇。仁义之说，不仅孔子及其弟子们所主张，墨子及其传人更是将仁之爱人扩展为"兼爱"，而且，在周礼制礼教中也有仁义之说，但其仁义是基于血统宗法的，局限于统治氏族内部，并不包括"礼"所"不下"的"庶人"。现代人不能一看到"仁义"二字就将之归结于"儒家学说"。孔子主张以仁复礼，是强调提升平民，尤其是农奴的社会地位，是针对残酷的领主贵族统治的；墨子主张"兼爱"，是在孔子思想的基础上进一步要求提高平民和农奴的社会地位，这都是思想和社会变革的必要环节。至于韩非在这里所批判的建议君主"仁义惠爱而已矣"的人，既受到孔墨思想的影响，也与信守周礼制礼教者有关，更重要的是，他们不是在道、法层次倡导仁义以提升平民和农奴的社会地位，而是在技层次建议不忍诛罚。韩非正是在这个层次对此建议提出批判的。在道、法层次，韩非并不反对提升平民和农奴社会地位，而且在术层次主张以法制消除世卿世禄的贵重之人掌控权力，但在如何统治民众，"信赏罚以尽民能"的问题上，则坚决反对"不忍诛罚"的仁义，强调严刑重罚。

夫严刑者，民之所畏也；重罚者，民之所恶也。故圣人陈其

---

① 《韩非子·奸劫弑臣》。

所畏以禁其邪，设其所恶以防其奸，是以国安而暴乱不起。吾以是明仁义爱惠之不足用，而严刑重罚之可以治国也。……今世主皆轻释重罚严诛，行爱惠，而欲霸王之功，亦不可几也。故善为主者，明赏设利以劝之，使民以功赏，而不以仁义赐；严刑重罚以禁之，使民以罪诛而不以爱惠免。①

君主治民，只有依法，"法者，王之本也；刑者，爱之自也"。② 对违法者施以刑罚，并非不仁义，而是对民众的爱护。严刑重罚只是针对违法者的，对那些守法并被违法者侵害的人来说，则是必要的保护。

信赏罚的目的，在于治民，使民服从抱法处势的权威，

夫民之性，恶劳而乐佚。佚则荒，荒则不治，不治则乱，而赏刑不行于天下者必塞。故欲举大功而难致而力者，大功不可几而举也；欲治其法而难变其故者，民乱，不可几而治也。故治民无常，唯治为法。法与时转则治，治与世宜则有功。故民朴，而禁之以名则治；世知，维之以刑则从。时移而治不易者乱，能治众而禁不变者削。故圣人之治民也，法与时移而禁与能变。③

韩非依其师荀子的性恶说，认为民众从本性上是乐逸恶劳的，必以法治民，强迫其劳，以尽其能，否则，民逸地荒，荒则乱。"能越力于地者富，能起力于敌者强，强不塞者王。"④ 在法制中信赏罚，是尽民能为农为兵，富国强国的必要手段。

在《六反》篇，韩非列举了"奸伪无益之民六""耕战有益之民六"。由于世人赞誉"奸伪无益"之民，诋毁"耕战有益"之民，"此之谓六

---

① 《韩非子·奸劫弑臣》。
② 《韩非子·心度》。
③ 《韩非子·心度》。
④ 《韩非子·心度》。

反"。他认为应当再"反"过来赞誉"耕战之民",诋毁"奸伪无益"之民,其"六民"为:

> 赴险殉诚,死节之民,而世少之曰失计之民也;寡闻从令,全法之民也,而世少之曰朴陋之民也;力作而食,生利之民也,而世少之曰寡能之民也;嘉厚纯粹,整谷之民也,而世少之曰愚戆之民也;重命畏事,尊上之民也,而世少之曰怯慑之民也;挫贼遏奸,明上之民也,而世少之曰谄谗之民也。①

韩非将民视为君主富国的主要工具,这与孟子的"民本"说是相通的,但不像孟子那样将工具的使用饰以"仁义"之词,而是直白地讲出民的工具性,并强调以赏罚方式驾驭、使用这些工具。在他看来,民作为工具的有用性,主要体现在"耕战"两方面,这是他承继商鞅思想的体现,"尽民能"也主要表现在耕战上。所以,他主张要名赏"耕战有益之民",毁害"奸伪无益之民"。

> 圣人之治也,审于法禁,法禁明著则官法;必于赏罚,赏罚不阿则民用官。官治则国富,国富则兵强,而霸王之业成矣。霸王者,人主之大利也。人主挟大利以听治,故其任官者当能,其赏罚无私。使士民明焉尽力致死、则功伐可立而爵禄可致,爵禄致而富贵之业成矣。②

韩非认为重刑罚以禁奸邪,是治民用民的必要手段。对于那种认为足民"财用以加爱焉,虽轻刑罚可以治也"的说法,他批判道:

---

① 《韩非子·六反》。
② 《韩非子·六反》。

> 虽财用足而厚爱之，然而轻刑，犹之乱也。夫当家之爱子，财货足用；财货足用则轻用，轻用则侈泰。亲爱之则不忍，不忍则骄恣；侈泰则家贫，骄恣则行暴。此虽财用足而爱厚，轻利之患也。凡人之生也，财用足则隳于用力，上治懦则肆于为非；财用足而力作者，神农也；上治懦而行修者，曾、史也。夫民之不及神农、曾、史亦已明矣。老聃有言曰："知足不辱，知止不殆。"夫以殆辱之故而不求于足之外者，老聃也；今以为足民而可以治，是以民为皆如老聃也。故桀贵在天子而不足于尊，富有四海之内而不足于宝。君人者虽足民，不能足使为君，天子而桀未必为天子为足也，则虽足民，何可以为治也？①

韩非是从其师荀子的"性恶"说来论治民的，而民是富国的工具，那种以为民财用足就能服从统治，并为君主尽其能的说法，是一种不了解人性的臆说。如果让民财用足，那么他们就会懒于劳作，君主的管束松散，他们就会做非法的事。财用足还努力劳作的，只有神农一人；君主管束松散还坚持修养品德的，只有曾参和史鱼。他们都是极个别的人，怎么能把普通民众与他们相提并论？老子"知足不辱，知止不殆"，但他也是个别，认为足民而可以治的观点，是把普通民众都看成老子了。人的欲求是无限的，桀贵为天子富有四海仍不满足，认为足民而可以治的人，你们难道能使所有人都像桀那样贵为天子富有四海吗？即使如此，民也是不会满足的，怎么治？

> 故明主之治国也，适其时事以致财物，论其税赋以均贫富，厚其爵禄以尽贤能，重其刑罚以禁奸邪，使民以力得富，以事致贵，以过受罪，以功致赏而不念慈惠之赐，此帝王之政也。②

---

① 《韩非子·六反》。
② 《韩非子·六反》。

韩非抱法处势而信赏罚的思想，深受商鞅的影响，他指出：

> 明主者，使天下不得不为己视，天下不得不为己听。故身在深宫之中而明照四海之内，而天下弗能蔽、弗能欺者，何也？暗乱之道废，而聪明之势兴也。故善任势者国安，不知因其势者国危。古秦之俗，君臣废法而服私，是以国乱兵弱而主卑。商君说秦孝公以变法易俗而明公道，赏告奸，困末作而利本事。当此之时，秦民习故俗之有罪可以得免，无功可以得尊显也，故轻犯新法。于是犯之者其诛重而必，告之者其赏厚而信，故奸莫不得而被刑者众，民疾怨而众过日闻。孝公不听，遂行商君之法。民后知有罪之必诛，而私奸者众也，故民莫犯，其刑无所加。是以国治而兵强，地广而主尊。此其所以然者，匿罪之罚重，而告奸之赏厚也。①

以信赏罚而兴耕战，是商鞅变法的要点，也是秦国富强的内在原因。韩非对商鞅思想的概括和评价，表明他已掌握了商鞅思想的精神，他对商鞅"困末作而利本事"的主张，也是赞同的，并由此将信赏罚与务本"入多"富国统一起来。

> 入多者，穰也，虽倍入将奈何？举事慎阴阳之和，种树节四时之适，无早晚之失，寒温之灾，则入多。不以小功妨大务，不以私欲害人事，丈夫尽于耕农，妇人力于织纴，则入多。务于畜养之理，察于土地之宜，六畜遂，五谷殖，则入多。明于权计，审于地形、舟车、机械之利，用力少，致功大，则入多。利商市关梁之行，能以所有致所无，客商归之，外货留之，俭于财用，节于衣食，宫室器械，周于资用，不事玩好，则入多。入多、皆

---

① 《韩非子·奸劫弑臣》。

人为也。若天事、风雨时，寒温适，土地不加大，而有丰年之功，则入多。人事、天功，二物者皆入多，非山林泽谷之利也。①

"入多"是富国之本，韩非将因山林泽谷之利排除于入多之外，他所说的"入多"，是"人为"的，包括对天事、风雨、寒温的利用，都因人而为才是入多。而且，他所说的"入多"，不仅是以农为本，还包括商业和手工业。这些，都是人为之事，也是信赏罚治民所发挥的效能。他尤其注重收入与支出的关系，如果支出大于收入，就不是入多。

> 举事有道，计其入多，其出少者，可为也。惑主不然，计其入不计其出，出虽倍其入，不知其害，则是名得而实亡，如是者功小而害大矣。凡功者，其入多，其出少乃可谓功。②

可见，韩非在强调信赏罚以尽民能的同时，还注重"投入产出"的计算，这也是他思想之技的又一特点。

韩非坚持他将民作为国之工具的观点，而且主张在信赏罚以尽民能的同时，不能片面强调足民，但这并不等于他要求严苛地搜刮民财，也不是认为民愈贫苦愈能出力尽能。为了保证民在务本富国，"适其时事以致财物，论其赋税以均贫富"的同时，还应减少徭役，

> 徭役多则民苦，民苦则权势起，权势起则复除重，复除重则贵人富。苦民以富，贵人起势，以藉人臣，非天下长利也。故曰徭役少则民安，民安则下无重权，下无重权则权势灭，权势灭则德在上矣。今夫水之胜火亦明矣，然而釜鬵间之，水煎沸竭尽其上，而火得炽盛焚其下，水失其所以胜者矣。③

---

① 《韩非子·难二》。
② 《韩非子·南面》。
③ 《韩非子·备内》。

徭役重导致民苦，而民苦又会引发贵重之人掌控权力，他们利用免除徭役的权力而搜刮民财，从而形成一股与君主富国强国愿望相对抗的势力。为此，君主就要减少徭役使民安于其业，这不仅能入多而富国，还可以抑制贵重之人的势力。在这里，韩非还从邹衍"五德相胜"说谈及"今夫水之胜火亦明矣"，也就是周礼制即将被新制度所取代，而水德之始，刚毅戾深，事皆决于法，他虽然不认为代周者必秦，但却指出，如果哪个国家不以水德之法消除贵重之人这阻挡水胜火的"釜鬵"，那么就很有可能在这历史大变革中消亡。

十五　李斯之技层次：行同伦、书同文、车同轨、衡同度

李斯的思想和事业，集中体现于术层次的集权一统，废除封建，其技则是术层次的展开，可概要为"四同"，即行同伦、书同文、车同轨、衡同度。此"四同"，是集权官僚制的必要环节，也是从部族联盟向国家民族转化的具体形式。

行同伦，即通过集权专制来统一文化观念，规范伦理。秦皇朝是战国七雄合一，再往前，则是春秋列国及西周的千百诸侯国，每个诸侯国都是一个部族，其文化观念和伦理都有明显差异，虽有周礼制礼教，但其只能在一般意义上约束，不能改变各部族文化的特殊性。由老子及孔子、墨子发起的思想变革，对周礼制礼教和各部族的传统文化观念有重大改变，但各派学说又相互差异、冲突，且没有统一的政权控制，因此相当混乱。秦强并六国，主要以申不害、商鞅及荀子、韩非的以法改制思想为指导，而李斯是这场变革的导引和实践者，因此在集权官僚制建立以后，力主以集权专制来改变文化伦理，在反对淳于越复行封建诸侯主张的同时，他向秦始皇建议：

异时诸侯并争，厚招游学。今天下已定，法令出一，百姓当

家则力农工，士则学习法令辟禁。今诸生不师今而学古，以非当世，惑乱黔首。丞相臣斯昧死言：古者天下散乱，莫之能一，是以诸侯并作，语皆道古以害今，饰虚言以乱实，人善其所私学，以非上之所建立。今皇帝并有天下，别黑白而定一尊。私学而相与非法教，人闻令下，则各以其学议之，入则心非，出则巷议，夸主以为名，异取以为高，率群下以造谤。如此弗禁，则主势降乎上，党与成乎下。禁之便。臣请史官非秦记皆烧之。非博士官所职，天下敢有藏《诗》《书》、百家语者，悉诣守、尉杂烧之。有敢偶语《诗》《书》者弃市，以古非今者族，吏见知不举者与同罪。令下三十日不烧，黥为城旦。所不去者，医药、卜筮、种树之书。若欲有学法令，以吏为师。①

以政治强权推行与集权专制相适合的思想文化，并压抑和消除与之不相适应，或者会引起怀疑和反对集权专制的言论，这是集权官僚制的要求，也只有这个制度才具备这个能力。诸子思想形成于春秋、战国这个特定历史时期，也只能形成于这个时期。封建割据不可能对思想进行统一的管制，才使不同的思想以民间私学而得以形成并在相互争论中发展。而天下一统的集权官僚制却要求并有能力控制思想文化的统一。李斯是在驳斥淳于越等建议实行分封领主时，提出废私学并"非秦记皆烧之。非博士官所职，天下敢有藏《诗》《书》、百家语者，悉诣守、尉杂烧之"。这是被后人诟病的"焚书"。还有人说这是"法家"代表李斯反对"儒家"的行为。其实不然，李斯所建议烧的，首先是秦国历史之外各国的历史记载，再是《诗》《书》等周礼教的教科书，其二才是包括"儒家"在内的"百家语"。而且，淳于越等建议复行封建的思想基础，并非孔子学说，而是周礼之宗法。将淳于越说成"儒家代表"，是不切实际的。李斯主张只奉行与集权专制相适合的思想及"法令"，可以保存的是"医药、卜筮、种树

---

① 《史记·秦始皇本纪》。

之书"。他的思想很清楚,也很简单:民众乃至臣属,都是皇帝统治的工具,只能服从集权官僚制,不能怀疑、批评这个制度,否则,就以国家暴力制裁。这是"行同伦"的基本,虽然因秦朝很快灭亡,其焚书并不彻底,但却毁掉了先秦大量史料。而"行同伦"的观念,在董仲舒建议的"罢黜百家,独尊儒术"被汉武帝刘彻采纳后,以"儒学道统"名义全面贯彻,以至两千多年。

书同文,即统一文字和文法。《说文解字·叙》说:

> 诸侯力政,不统于王,恶礼乐之害己,而皆去其典籍,分为七国,田畴异亩,车涂异轨,律令异法,衣冠异制,言语异声,文字异形。
>
> 秦始皇帝初兼天下,丞相李斯乃奏同之,罢其不与秦文合者。斯作《仓颉篇》,中车府令赵高作《爰历篇》,太史令胡毋敬作《博学篇》,皆取史籀大篆,或颇省改,所谓小篆也。是时,秦烧灭经书,涤除旧典,大发隶卒,兴役戍,官狱职务繁,初有隶书,以趣约易,而古文由此绝矣。
>
> 自尔,秦书有八体:一曰大篆,二曰小篆,三曰刻符,四曰虫书,五曰摹印,六曰署书,七曰殳书,八曰隶书。①

语言、文字的统一,是一个民族形成的基本条件和标志。秦并六国而集权一统,是从部族联盟向民族演进的制度保证,而集权官僚制也要求并促成了民族的形成。统一语言文字,消除封建领主制的部族联盟时期"言语异声,文字异形"之混乱,是必然的趋势,李斯适时适当的建议,用政权之强力实行"书同文",是集权官僚制所要求并促成民族融合的必要因素。他不仅建议,而且亲自领导"书同文"工作,以小篆写《仓颉篇》,与赵高、胡毋敬所写《爰历篇》《博学篇》,同为学生教材,既教字体,也讲

---

① 《说文解字·叙》。

文法。此外，就是在秦始皇出巡时，大都由李斯撰文书以刻石，如《峄山刻石》《泰山刻石》《琅琊台刻石》《海上议刻金石》《之罘刻石》《之罘东观刻石》《碣石门刻石》《会稽刻石》等。李斯书技高超，文法"有华辞"①，对于推广"书同文"起到了主导作用。

车同轨，周之封建领主，各为其国，国由其政，因为交通阻隔，车轨行道互不相同，到战国时更是各筑城郭、墙、堑以自卫，这对于统一天下的秦朝统治及商民交往是相当不利的，为此，李斯作为丞相，建议并主持"车同轨"，以便利统治与交通。李斯在《自罪书》中说"治驰道，兴游观，以见主之得意"。②"治驰道"是按统一标准，修筑统一后的全国交通干线，而"车同轨"则是统一交通的标志，是在废封建、置郡县的过程中，与书同文、衡同度一起实行的。《史记·秦始皇本纪》："一法度衡石丈尺。车同轨。书同文字。"③

以"车同轨"标志的统一便利交通，包括：统一车轨尺寸，以同行一辙，以及修驰道、通水路、去险阻几个方面。

统一车轨尺寸，是修驰道的前提，原来诸国车轨各有尺寸，而当时土路，行车后轨迹形成路辙，车轨尺寸不同车辙也不同，车不同轨即不可行于不同辙之路，所以车同轨是统一交通的首要环节。修驰道是按车同轨后车行的宽度在全国修筑大路。驰道宽五十步，用铁锥筑土坚实，山路则凿石而为之，沿路设驿站，既供皇帝出巡，也便利民众交通。我在河北井陉县看过一段山上保留下来的秦驰道，其在山石上凿成，路宽辙深，可见其历史功用。此项工程浩大，征发民役众多，秦朝只是修了一部分驰道就灭亡了，后来汉朝继续以至于清。通水路，水路本是重要交通形式，但战国时各国筑堤防、阻水路，严重阻塞了水路交通，秦一统后，决通堤防，疏浚河道。中原以汴河为中心，通济、汝、淮、泗等河，更在吴、楚、齐、蜀等地大兴工程，以利行船和灌溉，其中史禄所凿筑的"灵渠"，在湘江

---

① 鲁迅：《汉文学史纲要》，人民文学出版社1973年版，第30页。
② 《史记·李斯列传》。
③ 《史记·秦始皇本纪》。

上游筑犁形石堤，分湘江为南北两渠，北渠北流通湘江，南渠经兴安县城西流与桂江上游大榕江合流。南渠由人工开凿，长六十里，渠中设斗门，来往船只逐斗门上进下行。船由湘江上溯，由北渠入南渠，开通岭南交通，其构思系统灵巧，故人称"灵渠"。除江河水运外，还造海船远洋，与江河水路及驰道相贯通，形成当时最发达的交通网。去险阻，主要是平毁战国时各国所筑城郭及长城，这既是修驰道的需要，也是天下一统的要求和象征。

衡同度，包括统一度量衡和币制。战国时各国自定度量衡和币制，秦一统后，即以统一标准法定度量衡，铸造和发行货币。公元前221年，秦灭齐之后，即以皇帝名义颁布四十字统一度量衡诏书，凡度量衡器，都要刻上此诏书。同时，废除各国的铸币，统一币制并铸币。《汉书·食货志》记：

> 秦兼天下，币为二等：黄金以溢为名，上币；铜钱质如周钱，文曰"半两"，重如其文。而珠、玉、龟、贝、银、锡之属为器饰宝藏，不为币，然各随时而轻重无常。①

战国后期各国经过不同程度的以法改制，经济都有较大发展，虽然秦实行重本抑末政策，但商业和手工业仍很发达，尤其秦朝建立以后，手工业被提升为本业，李斯称"黔首"立业，应"致力农工"。这样，商品交换和流通在经济生活中的作用也就日益重要，衡同度与统一币制既是经济发展的要求，也是经济发展的必要条件。

李斯与其师荀子和师兄弟韩非的重大区别，在于他的思想与政策是统一的，因而不需要在法、术层次做更多的论证，就可以在技层次提出建议，得到秦始皇认可后即能依此思路而制定政策，由集权而有效的官僚体制贯彻。行同伦、书同文、车同轨、衡同度这"四同"，是他为构建集权

---

① 《汉书·食货志》。

官僚制而提出的建议和政策，并在实际中得以推行。具体的技层次思想，体现着他思想的术、法乃至道层次，而其作为政策在现实的推广，对于集权官僚制的构建起着至关重要作用。李斯撰写的《琅琊台刻石》，赞扬秦始皇的功绩，但也可从中看出他对自己思想和事业的自我表扬：

> 维二十八年，皇帝作始。
> 端平法度，万物之纪。
> 以明人事，合同父子。
> 圣智仁义，显白道理。
> 东抚东土，以省卒士。
> 事已大毕，乃临于海。
> 皇帝之功，勤劳本事。
> 上农除末，黔首是富。
> 普天之下，抟心揖志。
> 器械一量，同书文字。
> 日月所照，舟舆所载。
> 皆终其命，莫不得意。
> 应时动事，是维皇帝。
> 匡饬异俗，陵水经地。
> 忧恤黔首，朝夕不懈。
> 除疑定法，咸知所辟。
> 方伯分职，诸治经易。
> 举措必当，莫不如画。
> 皇帝之明，临察四方。
> 尊卑贵贱，不逾次行。
> 奸邪不容，皆务贞良。
> 细大尽力，莫敢怠荒。
> 远迩辟隐，专务肃庄。

> 端直敦忠，事业有常。
> 皇帝之德，存定四极。
> 诛乱除害，兴利致福。
> 节事以时，诸产繁殖。
> 黔首安宁，不用兵革。
> 六亲相保，终无寇贼。
> 欢欣奉教，尽知法式。
> 六合之内，皇帝之土。
> 西涉流沙，南尽北户。
> 东有东海，北过大夏。
> 人迹所至，无不臣者。
> 功盖五帝，泽及牛马。
> 莫不受德，各安其宇。①

虽然由于合作伙伴嬴政的去世，李斯的思想和事业也基本停止，由于私心短视而受赵高胁迫立胡亥为帝，李斯逐步被赵高控制以致杀害。与和嬴政合作大刀阔斧推行变革，创建集权官僚制这一古代人类最为先进的社会制度相比，嬴政死后的几年，李斯是在屈辱中度过的，除在狱中以《自罪书》表白自己功绩，已无任何建树。不必设想若嬴政不死李斯的思想还会有什么发展，仅从他已成就的功业中，就可以看出他思想的先进和伟大。而秦朝也在赵高这位阉臣的把持下，强化暴残，以歌词发帖引起民众反抗和诸侯残余势力的复辟，不几年就灭亡了。秦朝的灭亡只是一个政权的失败，并不等于李斯与嬴政创建的集权官僚制的失败。在各种反秦势力中，刘邦之所以能战胜项羽而建立汉朝，根本原因在于项氏代表的封建复辟势力是违反历史大趋势的，而刘邦作为农民起义军的领袖，坚持对封建领主制的变革。汉朝到武帝时对封建传统的消除，则是秦专制大一统的集

---

① 《史记·秦始皇本纪》。

权官僚制之必然。

李斯思想之术、技层次,是老子以来诸子思想演变的结晶,也是诸子思想导引的社会大变革的必然要求,他适应了这种要求,从而使诸子思想达到了一个新高度。虽然后世儒者文人对李斯多有非议,但他们所依附的延续两千多年的集权官僚制,却内在地包含着李斯思想的因素。

第六章　诸子思想归集一统

作为集权官僚制变革封建领主制的时代精神，由老子发起，孔子、墨子响应并扩展的诸子思想变革运动，贯彻于以法改制和纵横游说诸子的政治实践，促进了封建领主制向集权官僚制的转化。秦朝虽然短暂，却是中国，乃至人类历史划时代革命的标志，随着秦建立大一统的集权官僚制，诸子思想变革基本结束。李斯所建议的"烧《诗》《书》、百家语"，在禁绝周礼教的同时将与秦制不合的诸子也一并禁止。汉朝取代秦继续一统专制，曾在短期内以"黄老之学"主导统治，虽不明令禁止其他派系思想，但将学与仕统一，士子们只有依从朝廷旨意为学，才有出路，与先秦时封建割据，诸子可各以所学游说诸侯，或依附权贵为门客大不同。集权专制的官僚制度要求并迫使思想统一。《吕氏春秋》《淮南子》这两部由秦丞相吕不韦和汉淮南王刘安主持的著述，就是在集权官僚制即将建立和建立之初融汇诸子思想集归一系统的尝试，而董子仲舒则以其对诸子思想的深入研究，创造性地吸收改造老子、孔子、墨子及其他诸子思想，提出了与集权官僚制相适应的思想系统，即"儒学道统"，并建议汉武帝刘彻"罢黜百家，独尊儒术"，以专制政权之暴力停止了诸子思想之流。董仲舒既是诸子思想变革运动的集大成者，也是这场运动的终结者。

一 《吕氏春秋》汇融诸子思想的尝试

吕不韦（？—前235年）是李斯之前秦王的主要辅助者，也可以说是嬴政成为秦王的主导者。吕不韦是极具传奇色彩的人物，《史记·吕不韦列传》记他为阳翟大贾，经商到邯郸时，遇见在赵国为人质的"秦诸庶孽孙"子楚，见其处境困难，而吕不韦从其商人价值观迅速判断"此奇货可居"，决定做一笔巨大买卖。

> 乃往见子楚，说曰："吾能大子之门。"子楚笑曰："且自大君之门，而乃大吾门！"吕不韦曰："子不知也，吾门待子门而大。"子楚心知所谓，乃引与坐，深语。吕不韦曰："秦王老矣，安国君得为太子。窃闻安国君爱幸华阳夫人，华阳夫人无子，能立適嗣者独华阳夫人耳。今子兄弟二十余人，子又居中，不甚见幸，久质诸侯。即大王薨，安国君立为王，则子毋几得与长子及诸子旦暮在前者争为太子矣。"子楚曰："然。为之奈何？"吕不韦曰："子贫，客于此，非有以奉献于亲及结宾客也。不韦虽贫，请以千金为子西游，事安国君及华阳夫人，立子为適嗣。"子楚乃顿首曰："必如君策，请得分秦国与君共之。"①

交易协议达成，吕不韦以五百金给子楚，供其花销，以另五百金买奇物玩好，自携西游至秦，求华阳夫人的姐姐引见华阳夫人，将所携奇物玩好都献给她，并说自己是子楚好友，子楚虽在赵国，但非常敬爱华阳夫人，"日夜思泣太子及夫人"。又托华阳夫人的姐姐转达子楚想为其嫡嗣之意。华阳夫人很是赞成，就与太子说子楚如何贤能，来往秦赵的人都称誉他，又流着泪说："妾幸得充后宫，不幸无子，愿得子楚立以为適嗣，以托妾

---
① 《史记·吕不韦列传》。

身。"安国君同意了,"乃与夫人刻玉符,约以为適嗣,安国君及夫人因厚馈遗子楚,而请吕不韦傅之。子楚以此名誉益盛于诸侯"。①

至此,吕不韦的买卖已成做一半。回到邯郸,又一偶发事让他有了更大胆的想法。

> 吕不韦取邯郸诸姬绝好善舞者与居,知有身。子楚从不韦饮,见而说之,因起为寿,请之。吕不韦怒,念业已破家为子楚,欲以钓奇,乃遂献其姬。姬自匿有身,至大期时,生子政。子楚遂立姬为夫人。②

如此说,嬴政实为吕不韦之子,所以吕不韦尽全力助之。

后来,秦派兵围攻邯郸,赵国欲杀子楚,吕不韦以金六百斤买通城门官,亡赴秦军。而子楚夫人因其为豪家女,被藏匿起来,与其子躲过杀身之祸。秦昭王死后,太子安国君立为王,华阳夫人为王后,立子楚为太子,赵国奉子楚夫人及其子政归秦。仅一年,刚为王的安国君亦死,子楚继为秦王,他依从旧约,以吕不韦为丞相,封为文信侯,食洛阳十万户。子楚在位三年后死,太子政立为王,尊吕不韦为相国,号称"仲父"。至此,吕不韦不仅与子楚"分秦共之",更使自己儿子当上了秦王!

位至丞相,名为"仲父",实为太上王的吕不韦,对于其子嬴政抱着巨大希望,他的"买卖"已不在商业,也不在秦国,而在天下,他要尽全部智慧帮助嬴政完成统一大业。嬴政即王位时才十三岁,"吕不韦为相,封十万户,号曰文信侯。招致宾客游士,欲以并天下。李斯为舍人。蒙骜、王齮、麃公等为将军。王年少,初即位,委国事大臣"。③吕不韦在主持国政的同时,让门客汇总诸子思想,以为统一天下,建立新制度的理论依据。

---

① 《史记·吕不韦列传》。
② 《史记·吕不韦列传》。
③ 《史记·秦始皇本纪》。

> 当是时，魏有信陵君，楚有春申君，赵有平原君，齐有孟尝君，皆下士喜宾客以相倾。吕不韦以秦之强，羞不如，亦招致士，厚遇之，至食客三千人。是时诸侯多辩士，如荀卿之徒，著书布天下。吕不韦乃使其客人人著所闻，集论以为八览、六论、十二纪，二十余万言，以为备天地万物古今之事，号曰《吕氏春秋》。布咸阳市门，悬千金其上，延诸侯游士宾客有能增损一字者予千金。①

吕不韦毕竟不能公开其为嬴政生父身份，而嬴政为了当秦王更不能承认这层关系，加上其母淫乱而导致各种矛盾，嬴政长大掌权后，先罢吕不韦丞相职，令其到封地居住，但吕不韦势力庞大，

> 岁余，诸侯宾客使者相望于道，请文信侯。秦王恐其为变，乃赐文信侯书曰："君何功于秦？秦封君河南，食十万户。君何亲于秦？号称仲父。其与家属徙处蜀！"吕不韦自度稍侵，恐诛，乃饮鸩而死。②

吕不韦的大买卖以其自杀身死而告终，唯其所主持编写的《吕氏春秋》在思想史上占一重要位置。

《吕氏春秋》并非一人专著，也不像《黄帝四经》《管子》那样由若干学者分别编著，而是由掌控政治大权的吕不韦组织其众多门客集体编写，统一规划，在这一点上吕不韦的雄才大略得以展现，而具体写作，则由门客分工。《汉书·艺文志》将其列入"杂家"，"《吕氏春秋》二十六篇。秦相吕不韦辑智略士作"。③ 后人也将《吕氏春秋》归于"杂家"。

---

① 《史记·吕不韦列传》。
② 《史记·吕不韦列传》。
③ 《汉书·艺文志》。

"杂"者，乱混而凑成也，《汉书·艺文志》所列"杂家""二十家，四百三篇"，都是不能归为儒、道、法、墨、名辩、阴阳等各"家"，又都不同程度包含各"家"思想内容的著述。对其他各"杂家"著述（大部分已佚）可暂不论，但将《吕氏春秋》与《淮南子》列为"杂家"，却颇不妥。《汉书·艺文志》之所以列出"杂家"，是先依司马谈的"分家"别类说界定出各"家"的标准，再用这个标准评判相关著述，分归某一"家"。"杂家"就是不能归入某"家"，又含几"家"思想成分的著述。这种"分家"法，本身就有诸多问题，更重要的是忽略、割断了诸子思想的内在联系。如被列为"儒家"开山祖师的孔子，其思想就源于老子的"道家"，而墨家祖师墨子又出自"儒家"，再如"法家"的李悝、吴起、慎到、申不害、商鞅等师承或为"道家"或为"儒家"，其他诸子思想也都相互渗透。若按"分家"说，大概除老子外，诸子都是"杂家"。《吕氏春秋》和《淮南子》都是由一大权贵主持编写的著作，其体系性相当明显，虽然思想源流有些"杂"，但所论问题层次却相对清楚，更重要的是其编写目的明确，即为特定政权的统治服务，这是在《汉书·艺文志》中被"分家"清楚的诸子所达不到的。因此，我们考察《吕氏春秋》和《淮南子》，并不是将"杂"在其中的各"家"思想分辨出来，而是从其目的探讨其如何将诸子们的思想统一，并系统而论证如何实现目的。

《吕氏春秋》分纪、览、论三部分，其中纪有十二篇，按一年四季分孟春、仲春、季春、孟夏、仲夏、季夏、孟秋、仲秋、季秋、孟冬、仲冬、季冬。这样的安排，是吕不韦为嬴政统一后做帝王建规立制的基本，在《序意》中写道：

> 维秦八年，岁在涒滩，秋，甲子朔，朔之日，良人请问十二纪。文信侯曰："尝得学黄帝之所以诲颛顼矣，爰有大圜在上，大矩在下，汝能法之，为民父母。盖闻古之清世，是法天地。凡十二纪者，所以纪治乱存亡也，所以知寿夭吉凶也。上揆之天，下验之地，中审之人，若此则是非可不可无所遁矣。

"天曰顺，顺维生；地曰固，固维宁；人曰信，信维听。三者咸当，无为而行。行也者，行其理也。行数，循其理，平其私。夫私视使目盲，私听使耳聋，私虑使心狂。三者皆私设精则智无由公。智不公，则福日衰，灾日隆，以日倪而西望知之。"①

《序意》既是"十二纪"之序，也可以说是全书之序，其要旨就在"法天地"，"上揆之天，下验之地，中审之人"。"学黄帝之所以诲颛顼"，以规劝将成为"天子"的嬴政根据天的季节变化而行政事，并对十二纪中天子的衣食住行作出规定。

"八览"是对历史上帝王诸侯及名臣策士、诸子事迹言论以及传说故事的汇编，览之史治于今，计有始览、孝行览、慎大览、先识览、审分览、审应览、离俗览、恃君览。分别从天地运行、为人、治国、用兵、辨识、正名、审分、任贤、使能、慎辞、择师、审士、用民、君道等，择取以往史事、传说、诸子言论、寓言故事等，论证如何依天道而行事。

"六论"主要讲君臣之位及其相互关系，尤其注重臣子的修为任事，分开春论、慎行论、贵直论、不苟论、似顺论、士容论。与"八览"相比，"六论"以论为主，以史事、先贤言行为论据，而"八览"更多是以史事、先贤言行启迪帝王，二者侧重有所不同，但内容基本一致。"八览"和"六论"中所涉史事和诸子思想，有些已散佚，因而其中所记，还有重要的资料价值。

《吕氏春秋》是以秦必并六国一统天下，嬴政将为新"天子"而立论的，目的是在统一天下后建立不同于周代的新制度，以新的思想来指导天子治理天下，选贤用能治民，以保证久远统治。这里体现着吕不韦的思考，而其观念在吕不韦作为嬴政师傅、"仲父"、丞相时，也都教导了他。从中我们可以理解嬴政雄才大略的思想基础。但吕不韦毕竟是商人出身，其思想并不深刻系统，《吕氏春秋》是在他提出基本思路后，由各学派士

---

① 《吕氏春秋·序意》。

子门客编写的，在具体问题上可能并不一致，若依分"家"别类说，确实会觉得"杂"，但从吕不韦组织编写此书的目的和基本思路来考察，恰可以看出其汇总诸子思想，力求从中选择合于目的的内容，由此构建统一思想系统的倾向。参加编写的士子门客，在秦尚未统一天下，更没有一个足以让大家认同的理念的情况下，像后来董仲舒那样写出系统的思想体系，也是不可能的。他们只能在自己分工的篇章中，尽其所学而顺从吕不韦的基本思路来写作，其成书，恰可证明士子门客所依从的诸子思想在社会变革问题上的共性，至于具体细节上的差异，则需要制度变革完成后通过实践来逐步修正。

《吕氏春秋》在思想上的创见并不多，主要的新意是以天下统一后天子的统治为着眼点，并以此为标准来选择、改造诸子思想的相关内容。对此，我们从道、法、术、技四层次探讨。

《吕氏春秋》思想的道层次，就是贯彻于诸子思想系统的天道观，并包括人道社会观。从老子提出天道观，孔子、墨子由天道观衍生人道社会观，到《吕氏春秋》写作，已近三百年，天道观和人道社会观通过诸子思想和实践的变革而为思想界普遍接受，吕不韦并没有受过周礼教的教育，因而很容易接受天道观和人道社会观，参加编书的士子门客也都是诸子们的学生，因而，以天道观和人道社会观为思想的道层次，是顺理成章的，也只有这样，才能论证秦统一天下的合理性和必然性。

《吕氏春秋》虽没有对天道观的抽象论述，但作为其基干的"十二纪"，正是以天道观为依据，对一年四季十二月应做不应做的事的总论。吕不韦说"大圜在上，大矩在下，汝能法之，为民父母。盖闻古之清世，是法天地"。这是全书的宗旨所在，天道、地理、人纪三者相通，"上揆之天，下验之地，中审之人"。《仲夏纪》中以"太一两仪阴阳"说表达天道之原，"太一出两仪，两仪出阴阳。阴阳变化，一上一下，合成而章。混混沌沌，离则复合，合则复离，是谓天常。天地车轮，终则复始，极则复反，莫不咸当。日月星辰，或疾或徐，日月不同，以尽其行。四时代兴，或暑或寒，或短或长，或柔或刚"。① 天子是天下人的首领，带领天下人生存于天下、地上，因此必须顺乎天道，依天之时而行为。"十二纪"分别依一年中天时流转之特点，安排政事和祭祀、征伐，以及天子的衣食住行等。春、夏、秋、冬各分三纪，名孟、仲、季，其中春为万物生育，其孟、仲、季三纪以"养"为主；夏为万物长成，其三纪以劝学、教化为主；秋为收获，同时讲用兵、用刑；冬为藏，并论节葬安死、品格气节。《孟春纪》开篇曰：

> 始生之者，天也；养成之者，人也。能养天之所生而勿撄谓之天子。天子之动也，以全天为故者也。②

这是全书宗旨的展现，"十二纪"以适天时而生人治事为主线，以顺应天道。顺天道即人道，天子的责任就在于德理天道而行人道。依《礼记·天运》"大道之行，天下为公"的观点，《吕氏春秋》强调：

> 天下非一人之天下也，天下之天下也。阴阳之和，不长一类；甘露时雨，不私一物；万物之主，不阿一人。伯禽将行，请所以治鲁，周公曰："利而勿利也。"荆人有遗弓者，而不肯索，曰："荆人遗之，荆人得之，又何索焉？"孔子闻之曰："去其'荆'而可矣。"老聃闻之曰："去其'人'而可矣。"故老聃则至公矣。天地大矣，生而弗子，成而弗有，万物皆被其泽、得其利，而莫知其所由始，此三皇、五帝之德也。③

天下并不是某一人的天下，虽贵为天子，仍是一人。阴阳合和并不只长一类，甘露时雨并不只泽一物，万民之主的天子，不能只偏爱某一人。周公

---

① 《吕氏春秋·仲夏纪·大乐》。
② 《吕氏春秋·孟春纪·本生》。
③ 《吕氏春秋·孟春纪·贵公》。

对伯禽讲"利而勿利",即利公而不利私。荆人遗弓不索,荆人说:我是荆人,丢的弓还是被荆人捡到,弓还属荆人;孔子则说:去掉"荆"字,被人得到,也是没有遗失;老子进一步说:去掉"人"字,弓仍在天下。可见老子达到了至公的精神境界。天地广大,生育万物并不视为自己之子,万物生成并不据为己有,万物都享受天地恩泽,得其利益,但都不知是来源于天地。圣人天子,必须由"天下为公"的观念来治理天下,才是德于天道。

> 昔先圣王之治天下也,必先公。公则天下平矣。平得于公。尝试观于上志,有得天下者众矣,其得之以公,其失之以偏。凡主之立也,生于公。故《鸿范》曰:"无偏无党,王道荡荡;无偏无颇,遵王之义。无或作好,遵王之道。无或作恶,遵王之路。"[①]

这是对"天下为公"的展开论说,也是《吕氏春秋》思想之道层次的概括。"天下为公"说经诸子的思想演变,汇总于《吕氏春秋》,基本上已成先进思想家的共识,在秦即将统一天下,社会变革已达建立新制度的情况下,从"天下为公"而论人道社会观,由人道社会观再溯源天道观,进而再从天道观演绎新制度的建立,正是思想变革进程的要求。

《吕氏春秋》思想的法层次,大体上是引证并改造老子"德"范畴,乃至孔子以仁复礼观和墨子利民观,并从新的历史条件加以解说。在《季秋纪》开篇的《顺民》章,开宗明义:

> 先王先顺民心,故功名成。夫以德得民心以立大功名者,上世多有之矣。失民心而立功名者,未之曾有也。得民必有道,万乘之国,百户之邑,民无有不说。取民之所说而民取矣,民之所

[①] 《吕氏春秋·孟春纪·贵公》。

说岂众哉？此取民之要也。①

"以德得民心以立大功名者"，如汤克夏后五年不雨，汤"翦其发，实其手，以身为牺牲，用祈福于上帝。民乃甚说，雨乃大至"。②周文王"为民请炮烙之刑，必欲得民心也"。③越王勾践为雪会稽之耻，"身不安枕席，口不甘厚味，目不视靡曼，耳不听钟鼓。三年苦身劳力，焦唇干肺。内亲群臣，下养百姓，以来其心"。④由此说明民心的重要。而君王之所以要"得民心"，还在于要"取民""用民"，"取民之所说而民取矣"。而为了得民心，不能只口头上讲仁爱，更要切实地爱利于民。"爱利之为道大矣。……乱世之民，其去圣王亦久矣。其愿见之，日夜无间。故贤王秀士之欲忧黔首者，不可不务也。"⑤

这里已出现"黔首"的提法，《史记·秦始皇本纪》记在号曰"皇帝"、废封建、置郡县的同时，"更名民曰'黔首'"，这是在"天下"范围，而《吕氏春秋》编写时，秦尚未并六国，"黔首"之名已出现，或许是吕不韦建议，并先在秦国通用？从《史记·秦始皇本纪》中可以看出，以"黔首"名民，不仅是名称上的变化，更有废除农奴制，"黔首自实田"的内容。如果真是吕不韦建议改民名为"黔首"，也可以认为他是废除农奴制的首倡者。起码《吕氏春秋》中关于民的思想已没有周礼的农奴制观念，这是从老子、孔子、墨子以来思想变革运动一大成就的总结。《有始览》强调"善不善本于义"，而义则利也，利民与用民、取民是统一的。

从老子以来，诸子们都围绕一个基本问题而思想：君与民的关系。他们在否定上帝本体论的前提下，很明白地认识到君王不过一个人，而民是

---

① 《吕氏春秋·季秋纪·顺民》。
② 《吕氏春秋·季秋纪·顺民》。
③ 《吕氏春秋·季秋纪·顺民》。
④ 《吕氏春秋·季秋纪·顺民》。
⑤ 《吕氏春秋·有始览·听言》。

众人，从天道观论之，君与民都是天地间阴阳合和而生成的人，并没有什么本质区别。君王之所以能够统治民众，不在于他作为一个个体人有什么神智威力，而在于其所处权位，权位又是以国家机构为依据的，如何通过国家机构来巩固权位统治民众，关键在于取得民众的拥护。民众为什么拥护统治，就在于生存的利益。民众的基本利益是人生存的必要物质条件和社会关系，物质条件是民自己劳动生产的。民的劳动产品不仅供民消费，还是君王及其国家机构存在和延续的必要条件。社会关系则由君王及其国家机构所决定，同时也制约民众的心理感受和生产的积极性。为了能让民众安心乐意地劳动，生产可供其生存又可满足君王享受和维持国家机构运转的物质资料，君王必须改革国家机构和社会关系，为民众提供一个相对宽松的环境，"取民之所说而民取"，君王的统治就可久长安定。"主之本在于宗庙，宗庙之本在于民。"① 这样的认识，已经相当深刻，比孟子的"民为贵，社稷次之，君为轻"又进了一大步。在《季秋纪》更提出与民精神相通，"圣人南面而立，以爱利民为心，号令未出，而天下皆延颈举踵矣，则精通乎民也"。②

《吕氏春秋》思想的术层次，作为其道、法层次的展开，集中于如何选贤任能以改进法治，加强对民的统治上。在这个层次，既吸收了孔子、墨子的相关思想，又大量地借鉴以法改制诸子的观点和经验，形成了比较明确的观点。之所以如此，与作为本书主持者吕不韦的特殊身份与目的密切相关。号称"仲父"，实为生父的吕不韦对其子嬴政寄予无限希望，他以丞相之位执掌秦国政权十几年，相当清楚国家机构中人才的重要，而如何选贤任能又是政权运作的关键。为此，他会要求编写者注重收集这个问题的资料，并做相应的论证。

《仲冬纪》中，以吕望与周公治其属国的不同思路，说明"尊贤"与"亲亲"的区别。

---

① 《吕氏春秋·有始览·务本》。
② 《吕氏春秋·季秋纪·精通》。

> 吕太公望封于齐，周公旦封于鲁，二君者甚相善也。相谓曰"何以治国"？太公望曰："尊贤上功。"周公旦曰："亲亲上恩。"太公望曰："鲁自此削矣。"周公旦曰："鲁虽削，有齐者亦必非吕氏也。"其后，齐日以大，至于霸，二十四世而田成子有齐国。鲁公以削，至于觐存，三十四世而亡。①

吕望与周公的对话可能是杜撰的，但齐鲁两国在用人上的差别却是存在的。"尊贤上功"和"亲亲上恩"，在一定程度上可以说是集权官僚制与封建领主制的差异。至于齐国是否一开始就"尊贤上功"，并不可知，但它后来重用管仲等贤人而称霸却是事实，虽然吕氏政权被田氏夺去，齐却是诸侯中最后一个被秦所灭的。而鲁国一直被削弱，传至三十四代就灭亡了。《吕氏春秋》编写时，齐国还存在，编者重视"尊贤"之意是明确的。

在《有始览》中，从尧、舜、禹的故事中，引申出用贤者对治世的重要。

> 名不徒立，功不自成，国不虚存，必有贤者。贤者之道，牟而难知，妙而难见。故见贤者而不耸，则不惕于心。不惕于心，则知之不深。不深知贤者之所言，不祥莫大焉。②

贤者之道，博大而不显于外，精妙而不易认知，君王若不恭敬待之，看不到贤人的价值，就不能知晓贤人的重要，这对治国是很危险的。为此，君王必须具备求贤之心和识贤之能，发现并任用贤者治国。

> 主贤世治，则贤者在上；主不肖世乱，则贤者在下。今周室既灭，而天子已绝。乱莫大于无天子。无天子则强者胜弱，众者

---

① 《吕氏春秋·仲冬纪·长见》。
② 《吕氏春秋·有始览·谨听》。

> 暴寡，以兵相残，不得休息，今之世当之矣。故当今之世，求有道之士，则于四海之内、山谷之中、僻远幽闲之所，若此则幸于得之矣。得之，则何欲而不得？何为而不成？太公钓于滋泉，遭纣之世也，故文王得之而王。文王，千乘也；纣，天子也。天子失之，而千乘得之，知之与不知也。诸众齐民，不待知而使，不待礼而令。若夫有道之士，必礼必知，然后其智能可尽。①

这里将贤者的重要及求贤的必要讲得相当清楚：当今之世，周天子已绝，迫切需要一个新天子主持天下大局，广布四海、深于山谷、寻于僻原，如得其贤，即可像文王得吕望一样，平定天下而为天子。对待普通民众，可以不待知而使，不待礼而令，但对有道之士，必礼敬而知其贤，这样他的智能才可为君王所用。

真正的贤者都是有思想、有个性的，如何尊贤以为我用，是君王能否强国进而王天下的一个关键问题。

> 有道之士，固骄人主；人主之不肖者，亦骄有道之士。日以相骄，奚时相得？若儒、墨之议与齐、荆之服矣。
>
> 贤主则不然，士虽骄之，而己愈礼之，士安得不归之？士所归，天下从之帝。帝也者，天下之适也；王也者，天下之往也。得道之人，贵为天子而不骄倨，富有天下而不骋夸，卑为布衣而不瘁摄，贫无衣食而不忧慑。恳乎其诚自有也，觉乎其不疑有以也，桀乎其必不渝移也，循乎其与阴阳化也，匆匆乎其心之坚固也，空空乎其不为巧故也，迷乎其志气之远也，昏乎其深而不测也，确乎其节之不庳也，就就乎其不肯自是也，鹄乎其羞用智虑也，假乎其轻俗诽誉也。以天为法，以德为行，以道为宗，与物变化而无所终穷。精充天地而不竭，神覆宇宙而无望。莫知其

---

① 《吕氏春秋·有始览·谨听》。

始，莫知其终，莫知其门，莫知其端，莫知其源。其大无外，其小无内。此之谓至贵。士有若此者，五帝弗得而友，三王弗得而师，去其帝王之色，则近可得之矣。①

贤士因其德于道而有其思想、个性，能够友之师之，是成为帝、王的重要条件，为此必须礼遇而待之，使其为我用。君王若要得到有道贤士的真心辅佐，就必须去掉其帝王的架势，绝"不可以骄恣屈也"②，虚心求教，帝业可成。

尊贤，是因为有道之士"以天为法，以德为行，以道为宗，与物变化而无所终穷"，也就是依其思想而治国。与此同时，还要改进和强化法治，而这也正是贤士得以发挥其智能的必要条件。《吕氏春秋》总结了以前关于"法先王""法后王"之争，主张从"先王之法"中概括"其所以为法"的原则而依时变法。

> 上胡不法先王之法，非不贤也，为其不可得而法。先王之法，经乎上世而来者也，人或益之，人或损之，胡可得而法？虽人弗损益，犹若不可得而法。东夏之命，古今之法，言异而典殊。故古之命多不通乎今之言者，今之法多不合乎古之法者。殊俗之民，有似于此。③

法应时而立，先王之法是与先王之时的社会矛盾状况相适应的，而现世社会矛盾状况已与先王之时有了变化，先王之法已不适应治理和解决现世社会矛盾，因此不能"法先王之法"。这就避开了先王之法本身好与坏的问题，即使先王如尧、舜、文王、武王那样贤明，他们的法也只是适合当时的社会矛盾状况，而现世较先王之世已有重大变化，适合先王时的法也不

---

① 《吕氏春秋·慎大览·下贤》。
② 《吕氏春秋·慎大览·报更》。
③ 《吕氏春秋·慎大览·察今》。

适合现世之治。

> 凡先王之法,有要于时也。时不与法俱至。法虽今而至,犹若不可法。故择先王之成法,而法其所以为法。先王之所以为法者,何也?先王之所以为法者,人也。而己亦人也,故察己则可以知人,察今则可以知古。古今一也,人与我同耳。有道之士,贵以近知远,以今知古,以益所见知所不见。①

先王是人,其法也是针对人的,不同时期的人是有变化的,先王之时与现世之时各有特殊性,因此不能直接照搬先王之法而治现世之民。但先王是人,我也是人;先王之时的民是人,现世之民也是人,这又是相同相通的一般性。对先王之法,不是从特殊性直接照搬,而是从一般性考究其法的原则,借鉴这个原则,根据现世特殊社会状况来立法。这样的认识,不仅解决了"法先王"还是"法后王"的争论,更为立法以法治国提供了正确原则。这一点,对于今天的法学者们来说,也是必要的。

明确了立法原则,就要依从原则而立法、变法治国治民。

> 治国无法则乱,守法而弗变则悖,悖乱不可以持国。世易时移,变法宜矣。譬之若良医,病万变,药亦万变。病变而药不变,向之寿民,今为殇子矣。故凡举世必循法以动,变法者因时而化,若此论则无过务矣。夫不敢议法者,众庶也;以死守法者,有司也;因时变法者,贤主也。是故有天下七十一圣,其法皆不同。②

变法即立新法以代替旧法,所以,变法即立法,立法亦变法也。世易时

---

① 《吕氏春秋·慎大览·察今》。
② 《吕氏春秋·慎大览·察今》。

移，法则常变常新，只有这样，才可及时适世治理国家。立法、变法是君主的职责，因而必须高度重视，并尊贤者以为辅助。世易时移而仍用旧法，就像刻舟求剑一样，"舟已行矣，而剑不行，求剑若此，不亦惑乎！以此故法为其国与此同。时已徙矣，而法不徙，以此为治，岂不难哉"？①

《吕氏春秋》思想之技层次，要点为用义兵和重农业。

用义兵和重农业，是商鞅以来秦国耕战政策的延续，《吕氏春秋》对此进行了新的论证。吕不韦当政时，秦国力强大，征伐兼并诸侯已成必然之势，如何看待征伐，关乎秦一统天下的合理性或道义基础。《吕氏春秋》在《孟秋纪》中专门论证了这个问题，强调举义兵上合天道，下顺民利的必然性。

> 凡为天下之民长也，虑莫如长有道而息无道，赏有义而罚不义。今之世学者多非乎攻伐。非攻伐而取救守，取救守则乡之所谓长有道而息无道，赏有义而罚不义之术不行矣。天下之长民，其利害在察此论也。②

义兵，即以武力征伐不义的诸侯，这是作为"天下之民长"的天子应尽的责任，就像家长训答其竖子，国君刑罚罪人，是必要的管制天下的手段。那些非兵而主张偃兵的言论，是不可取的。兵者争也、斗也，不仅三军攻战为兵，积愤、疾视、作色、傲言、援推、连反，侈斗都为兵，只不过争斗的程度有所不同，"今世之以偃兵疾说者，终身用兵而不自知悖，故说虽强，谈虽辨，文学虽博，犹不见听。故古之圣王有义兵而无有偃兵"。③你们这些主张偃兵的人，与人的辩争实际上也是用兵，但"不自知悖"，还有什么理由反对"三军攻战"之兵？

兵有义和不义之分，"兵苟义，攻伐亦可，救守亦可。兵不义，攻伐

---

① 《吕氏春秋·慎大览·察今》。
② 《吕氏春秋·孟秋纪·振乱》。
③ 《吕氏春秋·孟秋纪·荡兵》。

不可，救守不可"。① 只要是义兵，其攻伐和救守都是合于天道，也是应当的。兵就像水火，善用之则为福，不善用之则为祸，也像用药，用良药则活人，用恶药则杀人。"义兵之为天下良药也亦大矣。"②

> 兵诚义，以诛暴君而振苦民，民之说也，若孝子之见慈亲也，若饥者之见美食也；民之号呼而走之，若强弩之射于深谿也，若积大水而失其壅堤也。中主犹若不能有其民，而况于暴君乎？③

这里从天道观和人道社会观给"义兵"定了一标准，即"诛暴君而振苦民"，并说明只有圣贤之君才能得民心的道理。

依从义兵的标准，《孟秋纪》论证了秦用义兵统一天下的合理性。

> 当今之世浊甚矣，黔首之苦不可以加矣。天子既绝，贤者废伏，世主恣行，与民相离，黔首无所告愬。世有贤主、秀士，宜察此论也，则其兵为义矣。天下之民，且死者也而生，且辱者也而荣，且苦者也而逸。世主恣行，则中人将逃其君，去其亲，又况于不肖者乎？故义兵至，则世主不能有其民矣，人亲不能禁其子矣。④

秦国正在进行的征伐六国之战，是一场替天行道的用义兵之举，是解救黔首脱离苦难，废除周礼宗法规定的"世主"的正义战争。"是穷汤、武之事，而逐桀、纣之过也。"⑤

---

① 《吕氏春秋·孟秋纪·振乱》。
② 《吕氏春秋·孟秋纪·荡兵》。
③ 《吕氏春秋·孟秋纪·荡兵》。
④ 《吕氏春秋·孟秋纪·振乱》。
⑤ 《吕氏春秋·孟秋纪·振乱》。

正因为举义兵是为救黔首，

> 故兵入于敌之境，则民知所庇矣，黔首知不死矣。至于国邑之郊，不虐五谷，不掘坟墓，不伐树木，不烧积聚，不焚室屋，不取六畜。得民虏奉而题归之，以彰好恶；信与民期，以夺敌资。若此，而犹有忧恨、冒疾、遂过、不听者，虽行武焉亦可矣。①

为此，先发号示，申明义兵之来，是为救民之死，因统治民的君主无道，上不顺天，下不惠民，徵敛无期，求索无厌，罪杀不辜，幸赏不当，我义兵是代天来诛伐不当之君。"故克其国，不及其民，独诛所诛而已矣。举其秀士而封侯之，选其贤良而尊显之，求其孤寡而振恤之，见其长老而敬礼之。"②并要救其民，分府库之金，散仓廪之粟，镇抚其众，不掠其财。还要由其民复兴祀礼，由长老说其礼，而民怀其德。

> 故义兵至，则邻国之民归之若流水，诛国之民望之若父母，行地滋远，得民滋众，兵不接刃而民服若化。③

对于即将全面展开的征伐六国一统天下的战争，《吕氏春秋》作者从"举义兵"给予充分论证。而"举义兵"很快就成为嬴政领导的统一大业的主要手段。

重农业是商鞅耕战政策的必要环节，也是秦国长期奉行的基本国策，它是用义兵的经济基础，也是统一天下的物质条件。《吕氏春秋》关于重农的论证，主要在《士容论》篇的"上农""任地""辩士""审时"四章，其他篇章也有论及。

---

① 《吕氏春秋·孟秋纪·怀宠》。
② 《吕氏春秋·孟秋纪·怀宠》。
③ 《吕氏春秋·孟秋纪·怀宠》。

> 古先圣王之所以导其民者，先务于农。民农非徒为地利也，贵其志也。民农则朴，朴则易用，易用则边境安，主位尊。民农则重，重则少私义，少私义则公法立，力专一。民农则其产复，其产复则重徙，重徙则死其处，而无二虑。民舍本而事末则不令，不令则不可以守，不可以战。民舍本而事末则其产约，其产约则轻迁徙，轻迁徙则国家有患皆有远志，无有居心。民舍本而事末则好智，好智则多诈，多诈则巧法令，以是为非，以非为是。①

"农本"说是诸子思想的重要内容，但以前诸子大都论证如何重视、发展农业，对农为什么是"本"，很少专论，或只论其经济上的地位。《吕氏春秋》这一段论述，说明了农不仅是经济之本，也是立国安民之本。民事农业，不只为地利，更在贵民志。事农之民朴实，朴实之民容易被使用，特别是可以役其为兵，保边境，尊君主。农民稳重，安于本业，积其财产而不愿迁徙，从而保证国之民兵之力。如果民事商业就会随意迁徙，不服从法令，也就不能靠他们来征战，更会导致以智慧而行诡诈，钻法令的空子而谋取私利。之所以说商为末业，原因就在于此。

关于土地制度，《吕氏春秋》没有详细论说，但在《审分览》中，强调了"分地"的必要性。

> 今以众地者，公作则迟，有所匿其力也；分地则速，无所匿迟也。②

这是否在讲土地制度的变革，并不清楚。"分地"与"众地"，也就是

---

① 《吕氏春秋·士容论·上农》。
② 《吕氏春秋·审分览·审分》。

"私田"和"公田",在公田上劳作,可以匿其力,而在私田上劳作,则不会匿其力。联系秦统一后推行"令黔首自实田",或许其先已在本国实行了。这也就是在废除世卿世禄制之后,由国家收回原来归领主所有的土地,直接将土地占有权分配给平民和农奴,同时解除农奴与已不存在的领主之间的主奴关系。《史记·秦始皇本纪》之所以将"更民名曰'黔首'"作为与"分天下以为三十六郡,郡置守、尉、监"同列为一件新政记载,就在于将原来的平民和农奴都等同称为"黔首",这是对封建领主制的重大变革。在吕不韦当丞相执政时,大概这项从商鞅以来的"分地"政策已广为推行,而《吕氏春秋》关于重农的主张,就是以"分地"为前提而论说的。

重农业,就要适农时并加强管理,使民尽其力,地尽其利,合理耕作,禁止破坏山泽。

> 上田夫食九人,下田夫食五人,可以益,不可以损。一人治之,十人食之,六畜皆在其中矣。此大任地之道也。故当时之务,不兴土功,不作师徒,庶人不冠弁、娶妻、嫁女、享祀,不酒醴聚众;农不上闻,不敢私籍于庸,为害于时也。然后制野禁,苟非同姓,农不出御,女不外嫁,以安农也。野禁有五:地未辟易,不操麻,不出粪;齿年未长,不敢为园圃;量力不足,不敢渠地而耕;农不敢行贾,不敢为异事。为害于时也。然后制四时之禁:山不敢伐材下木,泽人不敢灰僇,缳网罝罦不敢出于门,罛罟不敢入于渊,泽非舟虞,不敢缘名。为害其时也。若民不力田,墨乃家畜。①

一个农夫种上等田可以为十人、种下等田可以为五人提供食物,这是对土地的最大限度利用,可见农业之重要。因此,农事时不能有妨碍农夫耕作

---

① 《吕氏春秋·士容论·上农》。

的活动，而且要保证有充足的农业劳动力，并实行野禁，使农夫专业事农，并保护山林湖泽的树木、鸟兽、鱼虾生长，对于不努力农耕的人，要没收其家畜。一个国家是很难治理的，农、工、商三民相互制约，如果不强化管制农业这个本业，工、商业也就不能有效管制。为此，必须让农、工、商之民各专攻其业，尤其要保证农业生产的正常进行。

> 时事不共，是谓大凶。夺之以土功，是谓稽，不绝忧唯，必丧其秕。夺之以水事，是谓篱，丧以继乐，四邻来虚。夺之以兵事，是谓厉，祸因胥岁，不举铚艾。数夺民时，大饥乃来。野有寝耒，或谈或歌，旦则有昏，丧粟甚多。皆知其末，莫知其本真。①

国家的劳役、兵役，以及民间的婚嫁社会活动，都要避开农时，丧事在农时也要从简，保证农夫以充分的耕作收获时间。

在"任地""辩士""审时"三章，探讨农业生产中人力、天时、地利三者的关系，"夫稼为之者人也，生之者地也，养之者天也。"② 并对具体的农艺，如耕、耨及土质、作物行间尺寸、农具等做了论说，这些内容是对当时农官业务的总结。在《孝行览》的"长攻"章，作者指出"良农"在农业生产中的重要性，"辩土地之宜，谨耕耨之事，未必收也。然而收者，必此人也。始，在于遇时雨。遇时雨，天也，非良农所能为也"。③ 为此强调加强对农夫的管制，由其人力而利用天时地利。

《吕氏春秋》的重农业思想，在其"十二纪"中都有体现，在对每一纪的论说中，都要涉及相应的农事。而一年四季、十二月，本来就是以农业为主的中国先民依农时而划分的，《吕氏春秋》以此为纲纪，是其农为本而强国，进而统一天下宗旨的展现。

---

① 《吕氏春秋·士容论·上农》。
② 《吕氏春秋·士容论·审时》。
③ 《吕氏春秋·孝行览·长攻》。

二 《淮南子》集诸子思想而结一体系

《淮南子》是《吕氏春秋》之后又一部汇集诸子思想的著作。二者都是"帝王之书",即从天子大一统角度采诸子思想而形成统治天下的成体系的著作,不同的是,《吕氏春秋》是在秦尚未吞并六国时,由实际掌权者吕不韦为其子统一天下而组织人编写的;《淮南子》则是汉承秦制天下一统已数十年,淮南王刘安为自己夺位当皇帝而指挥人编著的。相比之下,《淮南子》主题更为明确,体系也更清晰。在《汉书·艺文志》中,《淮南子》和《吕氏春秋》均被列入"杂家",后世注者又往往依诸子"分家"别类说而从道、儒、墨、法、阴阳各"家"来抽验其言论,似乎它只是各家思想的"仓库",由此而忽略其思想的宗旨、精神,视之为众多士子各由其学而编撰的文集。

研究《淮南子》,首先在其宗旨、精神,而这又必须从刘安的身世及其目的说起。

《史记·淮南衡山列传》比较详细地记载了刘安的身世及其谋反以篡皇帝位的过程。司马迁与刘安大体同时,作为太史令的司马迁对淮南王刘安的情况是比较清楚的,概述如下:

刘安为刘邦过赵国时赵王张敖所献美人所生刘长之子,因赵王贯高等人谋反而被收捕,吕后因妒不承认其母与刘邦的关系,刘长母生子后自杀。刘邦悔,认刘长为子,并在灭淮南王黥布后,立刘长为淮南王。"及孝文帝初即位,淮南王自以为最亲,骄蹇,数不奉法。"而且不安其位,在淮南国"不用汉法,出入称警跸,称制,自为法令,拟于天子"。① 并"令人使闽越、匈奴",图谋不轨。汉丞相张仓等数奏其谋反之罪,孝文帝不得已,废其王,刘长绝食死。后孝文帝封刘长之子刘安等四人为侯,进而又封刘安为淮南王,刘勃为衡山王,刘赐为庐江王。汉孝景帝三年吴、

---

① 《史记·淮南衡山列传》。

楚七国反，刘安欲发兵参加反叛，"因城守，不听王而为汉，汉亦使曲城侯将兵救淮南，淮南以故得完"。① 但刘安谋反自为天子之心并未消，一直策划起兵图帝位，并派其女刘陵到长安"约结上左右"。汉武帝即位后，刘安加快反叛进程，终被朝廷挫败，刘安自刭。

由其父就自以为天子，刘安更是不安于王位，志在天子，可谓心志高远。司马迁说他"为人好读书鼓琴，不喜弋猎狗马驰骋，亦欲以行阴德拊循百姓，流誉天下"。② 汉末《淮南子》注者高诱在此书"叙目"中写道：

> 安为辨达，善属文。皇帝为从父，数上书，召见。孝文皇帝甚重之，诏使为《离骚赋》，自旦受诏，日早食已。上爱而秘之。天下方术之士，多往归焉。于是遂与苏飞、李尚、左吴、田由、雷被、毛被、伍被、晋昌等八人，及诸儒大山、小山之徒，共讲论道德，总统仁义，而著此书。其旨近《老子》，淡泊无为，蹈虚守静，出入经道。言其大也，则焘天载地，说其细也，则沦于无垠，及古今治乱存亡祸福，世间诡异瑰奇之事。其义也著，其文也富，物事之类，无所不载，然其大较归之于道，号曰《鸿烈》。鸿，大也；烈，明也，以为大明道之言也。③

可见，刘安出身王室，好读书而辩达，并"善属文"，他不仅是《鸿烈》一书的主持者，也是主要的写作者，从书名就可以看出其立意之高远。其书二十篇，是在刘安总体策划和组织下完成的，因而体例较诸子书都更为系统，而"善属文"能赋的刘安对文字文法的要求也很严格，不仅逻辑清晰，且颇有文采赋意。

高诱所说"其旨近《老子》，淡泊无为，蹈虚守静，出入经道"，只是形式上的，刘安著此书的宗旨并不是"淡泊无为，蹈虚守静"，他是有

---

① 《史记·淮南衡山列传》。
② 《史记·淮南衡山列传》。
③ 《淮南子集释》。

远大政治抱负的,著此书是为其念念不忘的做皇帝、一统天下奠定理论依据,一旦其篡位成功,此书即可成为主导的意识形态。而"近《老子》",也只是引证老子天道观为基本观念,在法、术层次则更多地采纳"黄帝学",并吸收孔子的一些思想,因而其与《文子》的渊源更为近切,《文子疏义》撰者王利器说"《淮南》,《文子》之疏义"①,是有道理的。刘安以汉"高祖之孙"自居,他著此书是将汉以"黄老之学"为指导的高、文、景三世所通行的制度、法令加以概括,力求使之更为系统、明确,以为将来自己做天子时的指导思想。因此,不能将此书看成一般性的"子书",它比以前诸子之书都更近于天子大一统思维,并依此宗旨广泛采纳、改造诸子思想,绝非以一"杂"字就能说明其特点及与诸子的关系。

在概括全书的《要略》,开篇写道:

> 夫作为书论者,所以纪纲道德,经纬人事,上考之天,下揆之地,中通诸理。虽未能抽引玄妙之中才,繁然足以观终始矣。总要举凡,而语不剖判纯朴,靡散大宗,惧为人之惛惛然弗能知也;故多为之辞,博为之说,又恐人之离本就末也。故言道而不言事,则无以与世浮沉;言事而不言道,则无以与化游息。②

《要略》应为刘安自写,起码也是授意于人并亲自修订的。这段话可以说是他对《鸿烈》宗旨的表达。"纪纲道德,经纬人事,上考之天,下揆之地,中通诸理",这绝不是普通士子的思考,只能是天子思想的内容。刘安不仅志为天子,更自比圣人,这段话正是圣人加天子的思维才可以说出的。

《要略》还自称"著书二十篇,则天地之理究矣,人间之事接矣,帝王之道备矣"。③ 终篇则写道:

---

① 《文子疏义》,中华书局2000年版,第3页。
② 《淮南子·要略》。
③ 《淮南子·要略》。

> 若刘氏之书，观天地之象，通古今之论，权事而立制，度形而施宜。原道之心，合三王之风，以储与扈冶。玄眇之中，精摇靡览，弃其畛挈，斟其淑静，以统天下，理万物，应变化，通殊类，非循一迹之路，守一隅之指，拘系牵连于物，而不与世推移也。故置之寻常而不塞，布之天下而不窕。①

多么大的气魄，多么强的自信！至于《鸿烈》大名被改为《淮南子》，则是"成王败寇"惯例的表现。刘安的皇帝梦可能是不合时宜的，但《淮南子》树立于诸子之林却当之无愧。

《淮南子》以其宗旨而博采诸子之学，后学者常从将诸子分"家"归类说审其书，辨某篇、某段、某句为某子之言，支离而不能解其意。我们则据刘安之目的和《淮南子》之宗旨，从道、法、术、技层次及其系统性来探讨此书。

《淮南子》思想的道层次是对老子以来天道观演进的概述，尤其是对《文子》关于天道观论证的发挥，《原道训》开篇：

> 夫道者，覆天载地，廓四方，柝八极。高不可际，深不可测。包裹天地，禀授无形。源流泉浡，冲而徐盈；混混汩汩，浊而徐清。故植之而塞于天地，横之而弥于四海。施之无穷，而无所朝夕。舒之幎于六合，卷之不盈于一握。约而能张，幽而能明，弱而能强，柔而能刚。横四维而含阴阳，纮宇宙而章三光。甚淖而㶁，甚纤而微。山以之高，渊以之深，兽以之走，鸟以之飞，日月以之明，星历以之行，麟以之游，凤以之翔。②

---

① 《淮南子·要略》。
② 《淮南子·原道训》。

道作为天地万物的本原，展现于天地万物。这里以赋的诗意生动地描述了天道在天、地及其万物中的存在，也正是由于道，万物才有其差别，把握天道，也就是认知物事的出发点。

> 道出一原，通九门，散六衢，设于无垓坫之宇，寂漠以虚无，非有为于物也，物以有为于己也。是故举事而顺于道者，非道之所为也，道之所施也。夫天之所覆，地之所载，六合所包，阴阳所呴，雨露所濡，道德所扶，此皆生一父母而阅一和也。是故槐榆与橘柚合而为兄弟，有苗与三危通为一家。夫目视鸿鹄之飞，耳听琴瑟之声，而心在雁门之间。一身之中，神之分离剖判，六合之内，一举而千万里。是故自其异者视之，肝胆胡越；自其同者视之，万物一圈也。①

这是对老子"道生一，一生二，二生三，三生万物"的展开论述。进而又将万物合于一，异归于同。道寂漠以虚无，它并不要求物承认道为其本原，道也是无为于物的，但物却都能展现道的存在。那些顺道而作为者，并不是道有意地要他们这样做，而是道自然地发挥作用，顺道而为本身就是道的体现。

正因为天道为天地万物和人事之本原，因此必须把理解道，依从道作为首要。在《要略》篇，进一步强调了这一点：

> 凡属书者，所以窥道开塞，庶后世使知举错取舍之宜适，外与物接而不眩，内有以处神养气，宴炀至和，而己自乐所受乎天地者也。故言道而不明终始，则不知所仿依；言终始而不明天地四时，则不知所避讳；言天地四时而不引譬援类，则不知精微；言至精而不原人之神气，则不知养生之机；原人情而不言大圣之

---

① 《淮南子·俶真训》。

德，则不知五行之差；言帝道而不言君事，则不知小大之衰；言君事而不为称喻，则不知动静之宜；言称喻而不言俗变，则不知合同大指；已言俗变而不言往事，则不知道德之应；知道德而不知世曲，则无以耦万方；知泛论而不知诠言，则无以从容；通书文而不知兵指，则无以应卒；已知大略而不知譬喻，则无以推明事；知公道而不知人间，则无以应祸福；知人间而不知修务，则无以使学者劝力。欲强省其辞，览总其要，弗曲行区入，则不足以穷道德之意。①

道即是天地万物人事本原，那么理解和依从天道，就是帝王行使其统治的基本，由这个基本出发而明理，由理而知其政务。《淮南子》在道层次的宗旨就在于此。至于它关于天道的论说，主要以《文子》中所概括的老子以来既成的观点，并无多少新意，但以赋的形式表述，这可以增其风采，却无助于基本观念的论证。如上引这一大段排比句，无非表达道对帝王政务的指导和依道而行的必要，却因赋这种文体的要求而使思想不明确。而赋在汉代是一种主要文体，这是中国语言和文法发展的必要环节，但在思想性论证中，全以赋抒发其意却有局限。这也是后来唐韩愈发起"古文运动"的一个原因。

《淮南子》思想的法层次，沿《文子》法层次的"德贯仁、义、礼"，而以老子"德"的观念贯通于对天道的理解和帝王统治之术、技层次。在法层次，《淮南子》颇有新意。

《要略》在概述《泰族》篇时指出：

《泰族》者，横八极，致高崇，上明三光，下和水土，经古今之道，治伦理之序，总万方之指，而归之一本，以经纬治道，纪纲王事。乃原心术，理情性，以馆清平之灵，澄澈神明之精，

---

① 《淮南子·要略》。

以与天和相婴薄。所以览五帝三王，怀天气，抱天心，执中含和。德形于内，以著凝天地，发起阴阳，序四时，正流方，绥之斯宁，推之斯行。乃以陶冶万物，游化群生，唱而和，动而随，四海之内，一心同归。故景星见，祥风至，黄龙下，凤巢列树，麟止郊野。德不内形，而行其法藉，专用制度，神祇弗应，福祥不归，四海弗宾，兆民弗化。故德形于内，治之大本。①

这可以说是《鸿烈》思想法层次的集中表述。后世学子读此书，常以自己的文人之心度著者的帝王之腹，包括把《鸿烈》改称《淮南子》，就是试图淡化刘安的主导作用，更重要的是将此书视为通常的"子书"，并由此解说其思想。殊不知，刘安是为了当皇帝才组织人编著《鸿烈》的，他是这部书的精神主导，其他人都是依从他的精神来写作的，虽然会不免气势不足，并表现于部分言论，但总体而言，《鸿烈》是从天子角度来看待诸子思想的，其撷其取其改都要符合这个目的。刘安是信从天道观的，并自认为是依天道观由王而帝，并推行天道于天下的。因此，《鸿烈》法层次的"德"，既集合了老子至文子关于"德"的观点，更把德视为体道行道的必要环节。德是帝王上承天道、下治万民的依据和出发点，"经古今之道，治伦理之序，总万方之指，而归之一本，以经纬治道，纪纲王事"，这样的观念，只有刘安才想得到说得出。正是由于德的重要，所以要览五帝三王，怀天之气，抱天之心，执中含和，使"德形于内"，并由此而行大道于天下，"四海之内，一心同归"。德内形于帝王，由他贯彻于法律和制度，宾四海，化兆民，因此，"德形于内，治之大本"。

《原道训》篇在对道做了基本规定后，即论得道之德。

泰古二皇，得道之柄，立于中央。神与化游，以抚四方。是故能天运地滞，转轮而无废，水流而不止，与万物终始。风兴云

---

① 《淮南子·要略》。

蒸，事无不应；雷声雨降，并应无穷。鬼出电入，龙兴鸾集，钧旋毂转，周而复匝。已雕已琢，还反于朴。无为为之而合于道，无为言之而通乎德，恬愉无矜而得于和，有万不同而便于性。神托于秋毫之末，而大宇宙之总。其德优天地而和阴阳，节四时而调五行。①

德是天道的展开和外化，它体现于万物人事，认知了德，也就把握了"道之柄"，泰古二皇伏羲和神农，就是因为把握了德这个道之柄，所以称为天下共主，神与化游，以抚四方。而以二皇为榜样的刘安，也要以德体道行道，"执道要之柄，而游于无穷之地"。②

以德体道的要旨在于清静，"清静者，德之至也；而柔弱者，道之要也；虚无恬愉者，万物之用也"。③ 由清静肃然而感于道，与道为一，"卓然独立，块然独处，上通九天，下贯九野。员不中规，方不中矩，大浑而为一"。④ 这样，就可以一之理，施于四海，际天地。"至人之治也，掩其聪明，灭其文章，依道废智，与民同出于公。"⑤ 由德而体道，由得道之德而治，帝王之法也。

《淮南子》思想的术层次，集中体现在由老子无为观而生发的"无为而治"。

《修务训》开篇写道：

> 或曰：无为者，寂然无声，漠然不动，引之不来，推之不往。如此者，乃得道之像。吾以为不然。尝试问之矣：若夫神农、尧、舜、禹、汤，可谓圣人乎？有论者必不能废。以五圣观

---

① 《淮南子·原道训》。
② 《淮南子·原道训》。
③ 《淮南子·原道训》。
④ 《淮南子·原道训》。
⑤ 《淮南子·原道训》。

之，则莫得无为明矣。①

自老子提出"无为"说，后人常从不动不做来理解，所谓"寂然无声，漠然不动，引之不来，推之不往"。并说只有这样，才是"得道之像"。《修务训》作者不同意这种认识，他从"得道"而反驳，若说"得道"之圣人，我举神农、尧、舜、禹、汤五人，你们不会反对吧！但五圣人绝不是你们所理解的"无为"者。下面分叙五圣人之事迹，进而论曰：

> 此五圣者，天下之盛主。劳形尽虑，为民兴利除害而不懈，奉一爵酒，不知于色，挈一石之尊，则白汗交流，又况赢天下之忧，而海内之事者乎！其重于尊亦远也。且夫圣人者，不耻身之贱，而愧道之不行；不忧命之短，而忧百姓之穷。是故禹之为水，以身解于阳盱之河。汤旱，以身祷于桑山之林。圣人忧民如此，其明也，而称以无为，岂不悖哉！②

得道之神农、尧、舜、禹、汤，都是劳形尽虑而为民兴利除害不懈，怎么可以用你们所理解的"无为"来界说呢？但又不能因其非"无为"而说此五圣人不是得道者吧。"古之立帝王者，非以奉养其欲也；圣人践位者，非以逸乐其身也。为天下强掩弱，众暴寡，诈欺愚，勇侵怯，怀知而不以相教，积财而不以相分，故立天子以齐之。"③ 这里提出了帝王的本位职责，其思想取自墨子，但有所改造。之所以立帝王，绝不是为奉养其本人之欲，以逸乐其身的，而是因为天下有那么多不公平、不合理的现象，需要由天子来"齐之"、正之。因而，得道为圣人的天子和伊尹、吕望、百里奚、管仲、孔子、墨子等，都"欲事起天下利，而除万民之害"，

---

① 《淮南子·修务训》。
② 《淮南子·修务训》。
③ 《淮南子·修务训》。

"圣人之忧劳百姓甚矣"。①

《修务训》对"无为"从"私"和"公"的关系做了一个界定,颇有新意,

> 故自天子以下至于庶人,四肢不动,思虑不用,事治求澹者,未之闻也。夫地势水东流,人必事焉,然后水潦得谷行。禾稼春生,人必加功焉,故五谷得遂长。听其自流,待其自生,则鲧、禹之功不立,而后稷之智不用。若吾所谓无为者,私志不得入公道,嗜欲不得枉正术,循理而举事,因资而立功,权自然之势,而曲故不得容者,事成而身弗伐,功立而名弗有,非谓其感而不应,攻而不动者。若夫以火熯井,以淮灌山,此用己而背自然,故谓之有为。②

"私志不得入公道",才是真正的无为。而"为",就是逆天道而私为,无"为"则是顺天道而为之。"无为"绝不是"思虑不周",而是要顺天道而为公事。洪水向东流,人顺其势而导之,不使其泛滥成灾;禾稼春天生发,人必须耕耘管理,才能成长五谷。看着洪水泛滥而不管,任由禾稼自长而不耕耘管理,似乎"无为",但并不是真正的无为。真正的无为就是不违背天道而为,也就是不能以自己不合于天道的"私志"而做违背天道的事。那种用火烤水井、引淮河水浇灌山岗的行为,是"用己而背自然"的,是与无为相反对的"为"。无为还有一层意思:自己能做一些事,主要是顺应了天道,因此,不能因所事成功而自我夸耀,更不要觉得自己有什么了不起。

在《原道训》中,从"无为"对《老子》关于柔弱、刚强、不争等观点做了解释。"得道者,志弱而事强,心虚而应当。""欲刚者,必以柔

---

① 《淮南子·修务训》。
② 《淮南子·修务训》。

守之；欲强者，必以弱保之。积于柔则刚，积于弱则强。"① "圣人守清道而抱雌节，因循应变，常后而不先。柔弱以静，舒安以定，攻大磿坚，莫能与之争。"② 老子的这些观点，经这样的解说，意思更为清楚了。

"无为"并非不做，而是不能违背天道去做，不能为私利私誉而做。"人莫得自恣则道胜，道胜则理达矣，故反于无为。无为者，非谓其凝滞而不动也，以其言莫从己出也。"③ 身为天子，要依天道出公心而治，

> 昔者五帝三王之莅政施教，必用参五。何谓参五？仰取象于天，俯取度于地，中取法于人。乃立明堂之朝，行明堂之令，以调阴阳之气，以和四时之节，以辟疾病之灾。俯视地理，以制度量，察陵陆水泽肥墝高下之宜，立事生财，以除饥寒之患。中考乎人德，以制礼乐，行仁义之道，以治人伦，而除暴乱之祸。乃澄列金木水火土之性，以立父子之亲而成家；别清浊五音六律相生之数，以立君臣之义而成国；察四时季孟之序，以立长幼之礼而成官。此之谓参。制君臣之义、父子之亲、夫妇之辨、长幼之序、朋友之际，此之谓五。乃裂地而州之，分职而治之，筑城而居之，割宅而异之，分财而衣食之，立大学而教诲之，夙兴夜寐而劳力之。此治之纲纪也。④

在"无为"前提下的"治"，也是依循天道之治，这样，礼乐、仁义的必要和地位也就明确了。在这一点上，充分体现着《文子》以德贯仁、义、礼的思想。那种依诸子分"家"别类说而对道、儒两"家"关系的界定，在这里是不存在的。"人之性有仁义之资，非圣人为之法度而教导之，则

---

① 《淮南子·原道训》。
② 《淮南子·原道训》。
③ 《淮南子·主术训》。
④ 《淮南子·泰族训》。

不可使乡方。"①《淮南子》在人性论上取孟子"性善"说，认为仁义是人本性所具有的，是源于天道的，因此依天道的无为而治，也就是圣人以法度教导本性有仁义的人。"故先王之教也，因其所喜以劝善，因其所恶以禁奸，故刑罚不用而威行如流，政令约省而化耀如神。"②

刘安是生而志帝的，在他的观念中，诸子思想既是渊源，又是手段，通观《鸿烈》全书，并无将诸子分"家"别类之意，不论谁人，只要其思想对我来说是可吸取的，就吸收改造为我体系的因素。也正因此，他主导的《鸿烈》比《吕氏春秋》更为系统地整理了诸子思想，明确地将老子天道观作为基本观念和大前提，而孔子、墨子、庄子以法改制诸子、阴阳五行说等，都在其体系中有其位置，并被修正以适宜其大宗旨。仁、义、礼这三个作为"儒家"标志的范畴，被改造为术层次无为而治的必要内容，同样，"法家"之法，也被纳入无为而治的因素，并受天道观的制约而有其新意。

> 天地之道，极则反，盈则损。五色虽朗，有时而渝；茂木丰草，有时而落。物有隆杀，不得自若。故圣人事穷而更为，法弊而改制，非乐变古易常也，将以救败扶衰，黜淫济非，以调天地之气，顺万物之宜也。圣人天覆地载，日月照，阴阳调，四时化，万物不同，无故无新，无疏无亲，故能法天。天不一时，地不一利，人不一事，是以绪业不得不多端，趋行不得不殊方。五行异气而皆适调，六艺异科而皆同道。③

只有这样的无为而治，才是帝王之治，才可长治而久安。

《淮南子》思想的技层次，是术层次无为而治的具体化，要点为论世立法，随时举事。

---

① 《淮南子·泰族训》。
② 《淮南子·泰族训》。
③ 《淮南子·泰族训》。

在《主术训》篇，起首即写道：

> 人主之术，处无为之事，而行不言之教。清静而不动，一度而不摇。因循而任下，责成而不劳。是故心知规而师傅谕导，口能言而行人称辞，足能行而相者先导，耳能听而执正进谏。是故虑无失策，谋无过事。言为文章，行为仪表于天下。进退应时，动静循理。不为丑美好憎，不为赏罚喜怒。名各自名，类各自类。事犹自然，莫出于己。故古之王者，冕而前旒，所以蔽明也；黈纩塞耳，所以掩聪。天子外屏，所以自障。故所理者远，则所在者迩。所治者大，则所守者少。夫目妄视则淫，耳妄听则惑，口妄言则乱。夫三关者，不可不慎守也。①

这是从术层次无为而治对帝王之技的原则规定，在一定程度上也可以看成刘安对自己言行举止的规范。身为王、志为帝的刘安与诸子中的各类策士们不同，他既是掌权者，又是立法者，因而并不用以言论反复说明某种政策建议，而是要掌握运用权力的能力，驾驭臣属，对各种政策建议做出正确判断，及时立法决策。

> 太上神化，其次使不得为非，其次赏贤而罚暴。衡之于左右，无私轻重，故可以为平；绳之于内外，无私曲直，故可以为正；人主之于用法，无私好憎，故可以为命。②

帝王为人主，是政权的核心，他的职责不在以己之智力处理问题，而在有效发现、调动、运用臣属之才力。因此，其听治必"清明而不暗，虚心而弱志"。这样，群臣就会像辐条随轴而并进，"乘众势以为车，御众智

---

① 《淮南子·主术训》。
② 《淮南子·主术训》。

以为马，虽幽野险途，则无由惑矣"。① 人主贵正而尚忠，正是他辨别忠、奸，判断是非的根据，只要他能执正营事，那么，"所任者得其人，则国家治，上下和，群臣亲，百姓附"。② 人主要以德于道者而自任，天道之于人事，并无私心私利，人主也要努力克服自己的私志己见。他的利益，只在"安人主之位"，所以必须依大道而行，"天下为公"。

> 权势者，人主之车舆；爵禄者，人臣之辔衔也。是故人主处权势之要，而持爵禄之柄，审缓急之度，而适取予之节，是以天下尽力而不倦。③

法是人主统治的主要手段，立法制法之权都在他手中，如何运用法治国治民，是其位安稳与否的关键。对此，《淮南子》广泛吸纳了以法改制诸子的相关思想，并从人主之位的角度加以改造。

> 法者，天下之度量而人主之准绳也。县法者，法不法也；设赏者，赏当赏也。法定之后，中程者赏，缺绳者诛，尊贵者不轻其罚，而卑贱者不重其刑。犯法者虽贤必诛，中度者虽不肖必无罪，是故公道通而私道塞矣。④

法并不是天堕地生的，而是根据人间事理而由人主所立，因此，人主立法必明确其原则，即"法生于义，义生于众适，众适合于人心，此治之要也"。⑤

针对当时一些人片面强调仁、义、礼而不谈法治的观点，《淮南子·

---

① 《淮南子·主术训》。
② 《淮南子·主术训》。
③ 《淮南子·主术训》。
④ 《淮南子·主术训》。
⑤ 《淮南子·主术训》。

齐俗训》予以批驳，并强调仁、义、礼与法的统一。"礼者，实之文也；仁者，恩之效也。故礼因人情而为之节文，而仁发恲以见容。礼不过实，仁不溢恩也，治世之道也。"① "义者，循理而行宜也；礼者，体情制文者也。义者宜也，礼者体也。"② 仁、义、礼三个范畴，并不是孔子发明，更不是"儒家"所独有，而是周礼宗法的重要内容。礼是周礼，仁、义都是周礼中关于贵族内部宗法关系的规定。"礼不下庶人"，其所论仁、义，也与庶人无关。孔子倡仁义，主张以仁复礼，要点在突破周礼宗法，以仁、义来对待民众。延续三四百年至刘安的汉初时期，周礼虽已不是制度，但其观念依然有广泛影响，而主张以仁、义、礼治国者，虽打着孔子旗号，其实还是周礼封建宗法观念的残余。刘安作为淮南王，虽然也是周礼残余的受益者，但他不满足于此，志在以其德之道而为天子治天下，因而《齐俗训》对"礼义治天下"的论点予以批驳。

　　世之明事者，多离道德之本，曰："礼义足以治天下。"此未可与言术也。所谓礼义者，五帝三王之法籍、风俗，一世之迹也。譬若刍狗土龙之始成，文以青黄，绢以绮绣，缠以朱丝，尸祝袀袨，大夫端冕以送迎之。及其已用之后，则壤土草芥而已。夫有孰贵之？③

礼义只是统治的形式，是人主所利用的一种手段，就像祭祀用的刍狗土龙，加以装饰，崇而拜之，似乎神圣。但用过之后，仍不过壤土草芥，有什么可宝贵的？从这段话中可以看出，《淮南子》作者对老子关于仁、义、礼的观点是有深刻理解的。礼义作为统治手段，与法是一样的，甚至可以说就是"法籍"，因此说以"礼义足以治天下"而排斥法治的观点，不仅陈腐，而且有害。

---

① 《淮南子·齐俗训》。
② 《淮南子·齐俗训》。
③ 《淮南子·齐俗训》。

法作为统治手段,要随时适事而立而变,不能固守既成之法而应已变之世。

> 夫以一世之变,欲以耦化应时,譬犹冬被葛而夏被裘。夫一仪不可以百发,一衣不可以出岁。仪必应乎高下,衣必适乎寒暑。是故世异则事变,时移则俗易。故圣人论世而立法,随时而举事。尚古之王封于泰山,禅于梁父。七十余圣,法度不同。非务相反也,时世异也。是故不法其已成之法,而法其所以为法。所以为法者,与化推移者也。①

"论世而立法,随时而举事",正是应道德而治的天子所必须依循的原则,也是《淮南子》思想技层次的集中概括。依从这个原则,"知法治所由生,则应时而变。不知法治之源,虽循古终乱。今世之法籍与时变,礼义与俗易"。②

在论世立法,随时举事的原则下,《淮南子》还对经济、税赋、兵事等具体政策做了论说,由于是从天子角度立论,因而广采诸子观点而改造之,并不像诸子以臣下之位出谋划策那样详尽。如

> 人主租敛于民也,必先计岁收,量民积聚,知饥馑有余不足之数,然后取车舆衣食供养其欲。③

> 食者民之本也,民者国之本也,国者君之本也。是故人君者上因天时,下尽地财,中用人力。是以群生遂长,五谷蕃殖。教民养育六畜,以时种树,务修田畴,滋植桑麻。④

---

① 《淮南子·齐俗训》。
② 《淮南子·泛论训》。
③ 《淮南子·主术训》。
④ 《淮南子·主术训》。

相关的论说，也大都是对以前诸子思想的整理，并散见于各篇，这也是《淮南子》宗旨的表现。

被后人改名为《淮南子》的《鸿烈》，集合了诸子的思想，并由刘安从其皇帝志愿而吸纳改造，形成了自己的体系，宛如一条集众兽禽之长的卧龙，随时准备腾空而起，凌驾天下。若刘安由王而帝，此书当为汉朝主导意识形态，中国历史和文化也许会呈现另一样态。但是，刘安之志愿还是不合时宜的，在与低他一辈的汉武帝刘彻的斗争中成为失败者，而《鸿烈》这条思想之龙也未能成为汉民族的精神主导，其位置和作用则由刘彻所信任的董仲舒所取代。

三　董仲舒集合改造诸子之学成依附政统之道统

诸子之学从老子以来都自视为政治的指导思想，诸子们也都以"师"自居，即使以法改制和游说纵横的李悝、吴起、商鞅、慎到、申不害、苏秦、张仪、李斯等，虽然要依附某君主而强其学，但在观念上都是以其学为教为师的。这一点在吕不韦那里达到极致，他不仅是秦王的教师，还是其生父，并为掌控政权的丞相，《吕氏春秋》就是为教导秦王及其后之帝王统治天下而写。刘安更自以为王而帝之大师，其《鸿烈》既是他的政治纲领，也是主导统治的意识形态。吕不韦和刘安虽然都没有实现其个人的大志宏愿，但在他们观念中，思想对政治的指导地位却得到充分展示。

然而，随着集权官僚制的逐步巩固，诸子思想的这个传统越来越不适应专制政治的需要。形成于社会大变革进程的诸子思想，其变革内容已被固化于制度，而制度的巩固则不容许变革精神的存在。集权官僚制及其统治者所需要的，只是论证制度和统治合理性的言论，以及统治施行过程中的思想工具，绝对不能再容许个体自由的思想，也不需要精神导师来教导皇帝如何改制立法。诸子思想变革之洪流随集权官僚制的建立而终止，其标志，就是诸子中最后一子董仲舒，他以"儒学"名义集合改造诸子之学而成依附专制政统之道统,这既是诸子思想的总结,也是其终结。董子后无子矣。虽也有名气颇大的学者,但都不具备诸子之精神和条件,更多的则是由荐举、科举而生出的文士工具。

董仲舒(公元前179—前104年),与刘安同年出生,《史记》只在《儒林列传》与汉初诸名儒同列一传,简略其事,

> 董仲舒,广川人也。以治《春秋》,孝景时为博士。下帷讲诵,弟子传以久次相受业,或莫见其面,盖三年董仲舒不观于舍园,其精如此。进退容止,非礼不行,学士皆师尊之。今上即位,为江都相。以《春秋》灾异之变推阴阳所以错行。故求雨闭诸阳,纵诸阴。其止雨反是。行之一国,未尝不得所欲。中废为中大夫,居舍,著《灾异之记》。是时辽东高庙灾,主父偃疾之,取其书奏之天子。天子召诸生示其书,有刺讥。董仲舒弟子吕步舒不知其师书,以为下愚。于是下董仲舒吏,当死,诏赦之。于是董仲舒竟不敢复言灾异。①

另外还简单记述了董仲舒与公孙弘的关系,说公孙治《春秋》不如董,但"希世用事,位至公卿",并荐董为胶西王相,后董"恐久获罪,疾免居家"。

《汉书》则单为董仲舒列传,并记其应武帝贤良对策之《天人三策》。在复述《史记》中列董简历外,说明其所为相之江都王是"帝兄,素骄,好勇",而"仲舒以礼谊匡正,王敬重焉"。而公孙弘是因嫉董而荐其为胶西王相,"胶西王亦上兄也,尤纵恣,数害吏二千石"。但"仲舒大儒,善待之"。至于主父偃也是因嫉而"窃其书而奏焉"。这样,就把董仲舒的为人交代清楚了。进而还写了董子之学及其功绩。

---

① 《史记·儒林列传》。

仲舒在家，朝廷如有大议，使使者及廷尉张汤就其家而问之，其对皆有明法。自武帝初立，魏其、武安侯为相而隆儒矣。及仲舒对册，推明孔氏，抑黜百家。立学校之官，州郡举茂材孝廉，皆自仲舒发之。年老，以寿终于家。家徙茂陵，子及孙皆以学至大官。

仲舒所著，皆明经术之意，及上疏条教，凡百二十三篇。而说《春秋》事得失，《闻举》《玉杯》《蕃露》《清明》《竹林》之属，复数十篇，十余万言，皆传于后世。①

董仲舒的历史作用，在于适应集权官僚制的改革完善所需要的统治意识形态，集合并改造诸子思想，形成以孔子为旗号的"儒学道统"，并建议汉武帝刘彻"罢黜百家，独尊儒术"。刘彻这位秦始皇之后的又一雄才大略皇帝，认识到这个建议对巩固集权统治的意义，采纳并推行之，由此开创了两千多年政治与道统合一的专制。

由一亭长而起义反秦的刘邦，在夺得政权时，并没有明确系统的指导思想，其主要辅臣萧何、张良、曹参等大都信从"黄老之学"，因而汉初几十年尊崇黄老，但并不排斥其他诸子思想，这在《文子》《淮南子》中有所体现。以孔子为名义的儒学已在汉廷有了相当地位，叔孙通立仪礼，理清尊卑秩序，确立了皇帝权威。但"孝文时颇征用，然孝文帝好刑名之言。及至孝景，不任儒者，而窦太后又好黄、老之术，故诸博士具官待问，未有进者"。② 这种情况到武帝时有所改变，

及今上即位，赵绾、王臧之属明儒学，而上亦乡之，于是招方正贤良文学之士。自是之后，言《诗》于鲁则申培公，于齐则辕固生，于燕则韩太傅。言《尚书》自济南伏生。言《礼》自

---

① 《汉书·董仲舒传》。
② 《史记·儒林列传》。

鲁高堂生。言《易》自菑川田生。言《春秋》于齐、鲁自胡毋生，于赵自董仲舒。及窦太后崩，武安侯田蚡为丞相，绌黄、老、刑名百家之言，延文学儒者数百人。①

汉初行"黄老之术"，对于稳定天下，使百姓休养生息有其必要性，但其弊端日益显露，集中表现为中央权威先后受到异姓王和同姓王的挑战，而北方匈奴势力强盛，不断侵掠汉地。刘彻深切认识到从制度进行改革的必要性，为此，急需系统思想的指导。既有的诸子学说形成于春秋、战国，虽以集权官僚制为目标，但毕竟都是集权官僚制建立之前提出的，并不能预测和解决制度建立后的矛盾。董仲舒以儒学名义集合并改造诸子思想，形成与集权官僚制政统相适应的道统，恰正符合对集权官僚制的改革与完善，刘彻准确地看到了这一点，因而采纳其"罢黜百家，独尊儒术"的建议。

董仲舒思想的道层次，是对老子天道观和孔子人道社会观的改造，其要点就是将"命"注入天道，使天道具有意志性。

老子提出天道观，目的在于否定上帝观，天道是天地万物和人世本原，老子并无"天命"的提法。"天命"在孔子那里偶有出现，如颜渊死，孔子说"天丧予"，似乎认为天是有意的；再如，"君子有三畏：畏天命，畏大人，畏圣人之言"等；但他也不承认人格化的"上帝"。墨子是讲"天志"和"天意"的，董仲舒将命注之于天道，或许采纳了墨子有关思想，但更重要的是对《尚书》中"上帝"观念的改造，从而使天道具有意志，由此论"天人合一""天人感应"。

在《郊语》中，董仲舒写道：

天者，百神之大君也。事天不备，虽百神犹无益也。何以言其然也？祭而地神者，《春秋》讥之。孔子曰："获罪于天，无所

---

① 《史记·儒林列传》。

祷也。"是其法也。故未见秦国致天福如周国也。《诗》云："唯此文王，小心翼翼，昭事上帝，允怀多福。"多福者，非谓人也，事功也，谓天之所福也。①

有意志的天，不仅生育万物，主宰阴阳变化，更是人之本。董仲舒对天道的论证，重点在天与人的关系。

> 为生不能为人，为人者天也。人之人本于天，天亦人之曾祖父也。此人之所以乃上类天也。人之形体，化天数而成；人之血气，化天志而仁；人之德行，化天理而义；人之好恶，化天之暖清；人之喜怒，化天之寒暑；人之受命，化天之四时。人生有喜怒哀乐之答，春秋冬夏之类也。喜，春之答也；怒，秋之答也；乐，夏之答也；哀，冬之答也。天之副在乎人。人之情性有由天者矣。故曰受，由天之号也。为人主也，道莫明省身之天，如天出之也。使其出也，答天之出四时而必忠其受也，则尧舜之治无以加。是可生可杀，而不可使为乱。故曰："非道不行，非法不言。"此之谓也。②

天为人之本，人类天而生而行，不仅人的情性由天决定，而且人间的社会秩序和规则也是天道的体现。

> 《传》曰：唯天子受命于天，天下受命于天子，一国则受命于君。君命顺，则民有顺命；君命逆，则民有逆命。③

这里突出天子受命于天，以强调其统治的合理性，而且，

---

① 《春秋繁露·郊语》。
② 《春秋繁露·为人者天》，
③ 《春秋繁露·为人者天》。

> 君者，民之心也；民者，君之体也。心之所好，体必安之；君之所好，民必从之。故君民者，贵孝弟而好礼义，重仁廉而轻财利，躬亲职此于上，而万民听，生善于下矣。①

董仲舒对天道观的论说，集中于人，并由此而与孔子人道社会观结合，从而更直接地论证天子集权专制的合理性与必要性。

> 古之造文者，三画而连其中，谓之王。三画者，天地与人也，而连其中者，通其道也。取天地与人之中以为贯而参通之，非王者孰能当是？是故王者唯天之施，施其时而成之，法其命而循之诸人，法其数而以起事，治其道而以出法，治其志而归之于仁。仁之美者在于天。天，仁也。天覆育万物，既化而生之，有养而成之，事功无已，终而复始，凡举归之以奉人，察于天之意，无穷极之仁也。人之受命于天也，取仁于天而仁也。是故人之受命天之尊，父兄子弟之亲，有忠信慈惠之心，有礼义廉让之行，有是非逆顺之治，文理灿然而厚，知广大有而博，唯人道为可以参天。天常以爱利为意，以养长为事，春秋冬夏皆其用也。王者亦常以爱利天下为意，以安乐一世为事，好恶喜怒而备用也。然而主之好恶喜怒，乃天之春夏秋冬也，其俱暖清寒暑，而以变化成功也。天出此物者，时则岁美，不时则岁恶。人主出此四者，义则世治，不义则世乱。是故治世与美岁同数，乱世与恶岁同数，以此见人理之副天道也。②

以"王"字来论天、地、人的统一，而王是连其中、通其道的。天道为

---

① 《春秋繁露·为人者天》。
② 《春秋繁露·王道通》。

本，道参通于天、地、人，但天、地都为自然物，只能展示其中体现的道，它们不能论说之，唯有人既能体道又能说道、行道。但不是所有人都能认知天道，更不是每个人都按自己的理解来执行天道，王是人类之主，他的责任就是认知并执行天道来治理人类社会，"施其时而成之，法其命而循之诸人，法其数而以起事，治其道而以出法，治其志而归之于仁。"可见王的重要！从这样高的层次来论王的地位和作用，目的在于明确集权大一统的根据。王作为集权大一统的核心，无上重要，也必须谨慎认真地依天道，而不是任其个人私意来行使统治权。如果不依天道而治，天就会施加惩罚，这种惩罚会以各种灾害、异象等表现出来。天道在人间的展现，集中于"仁"，仁之美在于天，天就是仁的，它覆育万物，化而生之，养而成之，事功无已，终而复始，"凡举归之以奉人，察于天之意，无穷极之仁也"。人是受命于天的，因此取仁于天而仁。这样，就把老子所说的"人法地，地法天，天法道，道法自然"的天道，改变为有意志的天道，而且是以仁为核心的。由此，也把孔子的"仁"概念与"道"等一，人道与天道直接同一了。也正是通过把仁作为天道的核心，是天道展开于人世的基本，孔子之学由人受命于天而论及的父子兄弟之亲，忠信慈惠之心，礼义廉让之行，就成了人道的要素，"唯人道为可以参天"，人道与天道合一，天与人合一。王从天之爱利、养长而治世，好恶喜怒是天的春秋冬夏的体现。这就是义，义为人主的好恶喜怒顺乎天道人道，"义则世治，不义则世乱"。

人主立于生杀之位，与天共持变化之势，物莫不应天化。天地之化如四时，所好之风出，则为暖气，而有生于俗；所恶之风出，则为清气，而有杀于俗。喜则为暑气，而有养长也；怒则为寒气，而有闭塞也。人主以好恶喜怒变习俗，而天以暖清寒暑化草木。喜怒时而当则岁美，不时而妄则岁恶。天地人主一也。然则人主之好恶喜怒，乃天之暖清寒暑也，不可不审其处而出也。当暑而寒，当寒而暑，必为恶岁矣。人主当喜而怒，当怒而喜，必为乱世矣。是故人主之大守,在于谨藏而禁内,使好恶喜怒必当义乃出,若暖清寒暑之必当其时乃发也。人主掌此而无失,使乃好恶喜怒未尝差也,如春秋冬夏之未尝过也,可谓参天矣。①

董仲舒虽然没有吕不韦、刘安那样的地位权势,但思想境界和精神气度并不亚于他二人,虽为臣子,却从"帝王师"角度来想问题。这里对王或人主地位和责任的论说,将王抬到天道执行者的高度,看似推崇,但也包含规诫:王地位高于世人,并握有治世之权,但地位也是责任,必须依从天道而治世,而这是多么艰难的事,不仅要深刻思考理解天道,还要节制个人欲求和意念,决不可为所欲为。顺应天道之治,世安而王位稳,若违背天道,世乱而王位危,甚至有被废被杀之祸。如此说,王的尊贵是至上的,而王的责任和危险也是最大的,不仅其治下之臣民在感受,无所不在的天也在审视,只要违背了天道民意,就会受到惩罚。

"天人合一"是道的体现,天道不仅决定王的权位,也制约他的行为,在《天人三策》中,董仲舒写道:

臣谨案《春秋》之中,视前世已行之事,以观天人相与之际,甚可畏也。国家将有失道之败,而天乃先出灾害以谴告之,不知自省,又出怪异以警惧之,尚不知变,而伤败乃至。以此见天心之仁爱人君而欲止其乱也。自非大亡道之世者,天尽欲扶持而全安之,事在强勉而已矣。强勉学问,则闻见博而知益明;强勉行道,则德日起而大有功:此皆可使还至而立有效者也。②

由《春秋》立论,以史实说事,天道并不是抽象的存在,而是贯彻于历史的演变中。从历史可知天道,由天道而明治世。

---

① 《春秋繁露·王道通》。
② 《汉书·董仲舒传》。

> 天者群物之祖也，故遍覆包函而无所殊，建日月风雨以和之，经阴阳寒暑以成之。故圣人法天而立道，亦溥爱而亡私，布德施仁以厚之，设谊立礼以导之。春者天之所以生也，仁者君之所以爱也；夏者天之所以长也，德者君之所以养也；霜者天之所以杀也，刑者君之所以罚也。繇此言之，天人之征，古今之道也。孔子作《春秋》，上揆之天道，下质诸人情，参之于古，考之于今。故《春秋》之所讥，灾害之所加也；《春秋》之所恶，怪异之所施也。①

董仲舒并非为了论天道而说天道，在这一点上他与老子有明显区别，而是依孔子思路去讲治世。与孔子不同的是，董子所面对的是一位顺应历史规律而专制大一统的皇帝，孔子则只能面对那些只求保其领土领民的国君。孔子毕生游说求仕而不成功，只能在删改《春秋》中抒发其志向，董子解其深意，又适时而遇汉武帝，所以能系统地表达自己从孔子删改的《春秋》中领悟的思想，而汉武帝对他的认可，不仅成就了董子和武帝，更为改革完善集权官僚制提供了天道观这个理论基础。

董子能够引起汉武帝赞同，并对改革集权官僚制有切实指导意义的，就是从天道之"一元"而论人君专制一统。

> 臣谨案《春秋》谓一元之意，一者万物之所从始也，元者辞之所谓大也。谓一为元者，视大始而欲正本也。《春秋》深探其本，而反自贵者始。故为人君者，正心以正朝廷，正朝廷以正百官，正百官以正万民，正万民以正四方。四方正，远近莫敢不壹于正，而亡有邪气奸其间者。是以阴阳调而风雨时，群生和而万民殖，五谷孰而草木茂，天地之间被润泽而大丰美，四海之内闻

---

① 《汉书·董仲舒传》。

盛德而皆徕臣，诸福之物，可致之祥，莫不毕至，而王道终矣。①

《春秋繁露》武帝不见得读过，但《天人三策》是应他的召制而写，读得相当认真，这段文字是第一策中的，武帝的感触颇深，于是才有二、三召制。"一元"，是从天地万物元于道论天下人世之一元为主，皇帝作为天道的代表来管制人间事，因而必须强化并突出其一元地位和作用。董仲舒是从正面讲一元为本，以及人君作为本必正的道理，字里行间都包含着若不正会如何，但此时的武帝刚刚掌权，且年轻气盛，志向高远，又受到其祖母窦太后的压制，急欲成就一番大事业，因而也是顺着正面来理解。

也是在这篇对策中，董仲舒指出"道者，所繇适于治之路也，仁义礼乐皆其具也"。②明确了天道与以孔子名义的儒学的关系，为他在第三策中建议罢黜孔子学之外学说埋下伏笔。而这也正是他将"命"注于天道，进而将孔子人道社会观融于天道观，形成他本人思想道层次的必要内容。

董仲舒思想的法层次是对其道观念的展开，为此，把天道象数化，以阴阳五行说来解释天道象数与人世关系。阴阳五行是"天人合一"的纽带，也是其展现。这样，原来诸子思想中术、技层次的阴阳五行说，被他提到法层次。

《春秋繁露》有六篇专论阴阳，其他各篇也都贯穿着阴阳思想，可见董仲舒对阴阳的重视，而诸子的阴阳说也在他这里得以充分展示和升华。《阴阳义》指出：

> 天地之常，一阴一阳。阳者天之德也，阴者天之刑也。迹阴阳终岁之行，以观天之所亲而任。成天之功，犹谓之空，空者之实也。……以类合之，天人一也。春，喜气也，故生；秋，怒气也，故杀；夏，乐气也，故养；冬，哀气也，故藏。四者天人同

---

① 《汉书·董仲舒传》。
② 《汉书·董仲舒传》。

有之。有其理而一用之。与天同者大治，与天异者大乱。故为人主之道，莫明于在身之与天同者而用之，使喜怒必当义而出，如寒暑之必当其时乃发也。使德之厚于刑也，如阳之多于阴也。是故天之行阴气也，少取以成秋，其余以归之冬。圣人之行阴气也，少取以立严，其余以归之丧。①

阴阳为天地之常数，通同人世，由阴阳而证天人合一，由天道施行论人主为政，这是董仲舒思想法层次的要点和特点。

董仲舒认为，阴阳两气并不是平列、平等的，阳尊阴卑是天道的体现，"阳气出于东北，入于西北，发于孟春，毕于孟冬，而物莫不应是。阳始出，物亦始出；阳方盛，物亦方盛；阳初衰，物亦初衰。物随阳而出入，数随阳而终始，三王之正随阳而更起"。② 董仲舒的思想体系，是论证集权大一统官僚制度的理论依据，他从天道而阴阳的论说，并不只是要说明天地万物的生长规律，而是由此演绎推论集权官僚制的权力、地位关系。阳尊而阴卑就是其基本原则。"达阳而不达阴，以天道制之也。丈夫虽贱皆为阳，妇人虽贵皆为阴。"③ 男为阳，女为阴，男尊而女卑，这是天道对人世关系的基本界定。进而，君与臣、父与子也都是阳与阴、尊与卑的关系。

> 是故孝子之行，忠臣之义，皆法于地也。地事天也，犹下之事上也。地，天之合也，物无合会之义。是故推天地之精，运阴阳之类，以别顺逆之理。安所加以不在？在上下，在大小，在强弱，在贤不肖，在善恶。恶之属尽为阴，善之属尽为阳。阳为德，阴为刑。刑反德而顺于德，亦权之类也。虽曰权，皆在权成。是故阳行于顺，阴行于逆。逆行而顺，顺行而逆者，阴也。

---

① 《春秋繁露·阴阳义》。
② 《春秋繁露·阳尊阴卑》。
③ 《春秋繁露·阳尊阴卑》。

> 是故天以阴为权，以阳为经。阳出而南，阴出而北。经用于盛，权用于末。以此见天之显经隐权，前德而后刑也。故曰：阳，天之德；阴，天之刑也。阳气暖而阴气寒，阳气予而阴气夺，阳气仁而阴气戾，阳气宽而阴气急，阳气爱而阴气恶，阳气生而阴气杀。是故阳常居实位而行于盛，阴常居空位而行于末。天之好仁而近，恶戾之变而远，大德而小刑之意也。先经而后权，贵阳而贱阴也。①

董仲舒的阴阳说渊源于《易传》，但《易传》只将阴阳作为两种属性，并未区分其善恶、尊卑，更没有就此界定人的社会地位和关系。董仲舒以阳为善，以阴为恶；以阳为尊，以阴为卑；以阳为德，以阴为刑。由天道之阴阳二气及其在四季的变化，论证父与子、君与臣、夫与妻的关系，进而主张重德轻刑而行仁政。更重要的是，由阳尊阴卑而强调人主的绝对权威，"人主立于生杀之位，与天共持变化之势，物莫不应天化"。② 这是集权官僚制的首要和基本内容。

五行说也是董仲舒展开天道观于人世关系和统治的必要环节。为此，他对既有的诸子五行思想做了大幅度的改造，使之适合对人社会关系和行为的推论。在《春秋繁露》中，专论五行的九篇，并散见其他篇，可见五行说的重要。

《五行相生》篇对五行做了基本定义：

> 天地之气，合而为一，分为阴阳，判为四时，列为五行。行者，行也，其行不同，故谓之五行。五行者，五官也，比相生而间相胜也。故为治，逆之则乱，顺之则治。③

---

① 《春秋繁露·阳尊阴卑》。
② 《春秋繁露·王道通》。
③ 《春秋繁露·五行相生》。

行，原意为物的五种形态，后衍义为人的品德、品行。董仲舒在这里突出的是后者，并将五行与五官并列，它们是相生相胜的，不得违背。他所列的五行顺序是木、火、土、金、水，与之相配的是东、南、中、西、北五方，以及司农、司马、司营、司徒、司寇五官。分论为：

> 东方者木，农之本。司农尚仁，进经术之士，道之以帝王之路，将顺其美，匡捄其恶。……
>
> 南方者火也，本朝。司马尚智，进贤圣之士，上知天文，其形兆未见，其萌芽未生，昭然独见存亡之机，得失之要，治乱之源，豫禁未然之前，执矩而长，至忠厚仁，辅翼其君，周公是也。……
>
> 中央者土，君官也。司营尚信，卑身贱体，夙兴夜寐，称述往古，以厉主意。……
>
> 西方者金，大理司徒也。司徒尚义，臣死君，而众人死父。亲有尊卑，位有上下，各死其事，事不逾矩，执权而伐。……
>
> 北方者水，执法司寇也。司寇尚礼，君臣有位，长幼有序，朝廷有爵，乡党以齿，升降揖让，般伏拜谒，折旋中矩，立则磬折，拱则抱鼓，执衡而藏，至清廉平，略遗不受，请谒不听，据法听讼，无有所阿，孔子是也。①

五行之相生为：木生火，火生土，土生金，金生水，水生木，并由此体现于人际关系。

五行之义及其与人际关系为：

> 天有五行：一曰木，二曰火，三曰土，四曰金，五曰水。木，五行之始也；水，五行之终也；土，五行之中也。此其天次

---

① 《春秋繁露·五行相生》。

之序也。木生火，火生土，土生金，金生水，水生木，此其父子也。木居左，金居右，火居前，水居后，土居中央，此其父子之序，相受而布。是故木受水，而火受木，土受火，金受土，水受金也。诸授之者，皆其父也；受之者，皆其子也。常因其父以使其子，天之道也。是故木已生而火养之，金已死而水藏之，火乐木而养以阳，水克金而丧以阴，土之事火竭其忠。故五行者，乃孝子忠臣之行也。五行之为言也，犹五行欤？是故以得辞也。圣人知之，故多其爱而少严，厚养生而谨送终，就天之制也。①

五行之中，居于中央的土最为重要，"土居中央，为之天润。土者，天之股肱也，其德茂美，不可名以一时之事，故五行而四时者。土兼之也。金木水火虽各职，不因土，方不立，若酸咸辛苦之不因甘肥不能成味也。甘者，五味之本也；土者，五行之主也。五行之主土气也，犹五味之有甘肥也，不得不成。是故圣人之行，莫贵于忠，土德之谓也。人官之大者，不名所职，相其是矣。天官之大者，不名所生，土是矣"。② 相位为土，是五官中最为重要的官，但他又不分执什么专职，而是统领、协调其他四官，选择适当的相，对于专制统治至为关键。

五行既包括五官的品行及其相生相胜，如金胜木，司徒制约司农；水胜火，司寇制约司马；木胜土，司马制约司营；火胜金，司马制约司徒；土胜水，司营制约司寇。五官之制，既要使五官司其职，又要相互制约，以维持官制的稳定。

在董仲舒的思想中，天人是合一的，天子是人间权力的集中体现，对天子，只有天才可制约，所谓"屈民而伸君，屈君而伸天"。为此，天子作为人主，必须法天而行。

---

① 《春秋繁露·五行之义》。
② 《春秋繁露·五行之义》。

> 天高其位而下其施，藏其形而见其光。高其位，所以为尊也，下其施，所以为仁也；藏其行，所以为神；见其光，所以为明。故位尊而施仁，藏神而见光者，天之行也。故为人主者，法天之行，是故内深藏，所以为神；外博观，所以为明也；任群贤，所以为受成；乃不自劳于事，所以为尊也；泛爱众生，不以喜怒赏罚，所以为仁也。①

这是从天的角度对人主天子的要求，董仲舒也认识到如果任由天子为所欲为，必然造成制度的失衡，所以要求"屈君而伸天"，但天又怎样制约人主呢？他从"天人感应"说，有意志之天是可以通过人主对民的统治，及民的反应中了解其行为，并降下灾祸以警示人主。不同的灾祸都对应人主的错误，人主应从灾祸中感应天的警示，以改变其行为来补救。《五行变救》篇对此做了论说：

> 五行变至，当救之以德，施之天下，则咎除。不救以德，不出三年，天当雨石。木有变，春凋秋荣，秋木冰，春多雨。此繇役众，赋敛重，百姓贫穷叛去，道多饥人。救之者，省繇役，薄赋敛，出仓谷，振困穷矣。火有变，冬温夏寒。此王者不明，善者不赏，恶者不绌，不肖在位，贤者伏匿，则寒暑失序，而民疾疫。救之者，举贤良，赏有功，封有德。土有变，大风至，五谷伤。此不信仁贤，不敬父兄，淫泆无度，宫室荣。救之者，省宫室，去雕文，举孝悌，恤黎元。金有变，毕昴为回，三覆有武，多兵，多盗寇。此弃义贪财，轻民命，重货赂，百姓趣利，多奸轨。救之者，举廉洁，立正直，隐武行文，束甲械。水有变，冬湿多雾，春夏雨雹。此法令缓，刑罚不行。救之者，忧囹圄，案

---

① 《春秋繁露·离合根》。

奸宄，诛有罪，蔓五日。①

这是董仲舒乃至儒学者们所设计的集权官僚制中，唯一能够制约皇帝之权的方式。这个集权制度，是金字塔形架构，居于顶层的皇帝是天之子，他一人握有全部权力，其权力派生的权力由层的各级官吏执掌行使，官之间不仅有上下层级的制约，还有同层各职官之间的制约，更受皇帝的全面控制，官员的生杀予夺都取决于皇帝，但皇帝却不受官僚体制的制约，他高高在上，操纵着官僚体制这个工具，统治和役使民众。这个制度要正常运作，必须有一个绝对圣明、身体健康、品德端正的皇帝，他的继承者也应如此。但这样的皇帝哪里有？皇帝也是一个体人，他有私欲和思想，有品德差异和个人好恶，因而在行使其权力时，总会出现错误，对此，只有天才能警示他。天通过观察皇帝五行之变，而对人间施加不同的惩罚，这就是各种天灾。天灾是皇帝五行错误而招致的，皇帝应从中发现自己的问题，加以改正。而天惩罚之灾又都是降在民身上的，皇帝只是从民的苦难中感知天意。若皇帝悔而改之，灾难消去，若皇帝执迷不悟，民的苦难就会持续。

这是集权官僚制内在不可克服的矛盾，董仲舒或许意识到其危害，但他处于集权官僚制建立之初，又逢汉武帝刘彻这位千古难得的圣明皇帝，因而不能就此多想，只是设计了一个天按五行来警示、惩戒的环节，以自圆其体系。但就是这个"天人感应"的惩戒，专制皇帝也是不认可、不容许的。董仲舒也因推说"辽东高庙、长陵高园殿灾"，其草稿被主父偃窃去奏给武帝，被判"当死"，辛亏武帝还念其对策有助皇权一统，"诏赦之"，"仲舒遂不敢复言灾异"。

董仲舒思想的术层次，是以天道观为大前提，从阴阳五行说推论"三纲五常"，确立集权官僚制的基本社会关系。

经过春秋、战国、秦、汉初的变革，周礼制的以血统宗法为依据的基

---

① 《春秋繁露·五行变救》。

本社会关系已被破坏，封建诸侯的取消也使原来依附于领主的农奴身份改变，从秦改名民为黔首开始，到董仲舒时已近百年，虽还存有少部分家奴，但旧有的农奴大部分都已转变为农民。因此，君与民的关系就成为基本的社会关系，其中还包含一个代表君行使权力的"臣"阶层。民、臣、君都以家为生活单位，家的关系由夫妻、父子构成。如何在理论上确立这些关系，使之成为集权官僚制稳定、久长的基础，是董仲舒所要思考的问题，他以其改造了的天道观为大前提，依照阴阳五行说，对此进行论证。

> 仁义制度之数，尽取之天。天为君而覆露之，地为臣而持载之；阳为夫而生之，阴为妇而助之；春为父而生之，夏为子而养之；秋为死而棺之，冬为痛而丧之。王道之三纲，可求于天。天出阳，为暖以生之；地出阴，为清以成之。不暖不生，不清不成。①

在他看来，阴是附和阳的，因此，妻为夫之合，子为父之合，臣为君之合，"君臣、父子、夫妇之义，皆取诸阴阳之道。君为阳，臣为阴；父为阳，子为阴；夫为阳，妻为阴"。② 而"纲"就是对主从关系的界定。后来《礼纬·含文嘉》将董仲舒从阴阳说对君臣、父子、夫妻关系的论证，延伸为"君为臣纲，父为子纲，夫为妻纲"③，是集权官僚制的基本社会关系。

"五常"，是维系三纲，治理民众的原则。在给武帝的第一篇策对中，董仲舒强调教化的重要，"圣王之继乱世也，扫除其迹而悉去之，复修教化而崇起之"。④ 并历数周、秦在教化上的缺失，然后指出：

---

① 《春秋繁露·基义》。
② 《春秋繁露·基义》。
③ 《礼纬·含文嘉》。
④ 《汉书·董仲舒传》。

> 当更张而不更张，虽有良工不能善调也；当更化而不更化，虽有大贤不能善治也。故汉得天下以来，常欲善治而至今不可善治者，失之于当更化而不更化也。古人有言曰："临渊羡鱼，不如退而结网。"今临政而愿治七十余岁矣，不如退而更化；更化则可善治，善治则灾害日去，福禄日来。《诗》云："宜民宜人，受禄于天。"为政而宜于民者，固当受禄于天。夫仁、谊、礼、知、信五常之道，王者所当修饬也；五者修饬，故受天之佑，而享鬼神之灵，德施于方外，延及群生也。①

将仁、谊（义）、礼、智、信作为更化人伦的"五常"，并强调更化人伦对统治民众的重要性，这实际上是在主张以孔子儒学为集权官僚制的统治意识形态。在董仲舒的思想中，经他修正过的"五常"与"三纲"结合起来，确立集权官僚制的基本社会关系和秩序。

为了证明"五常"是天道的体现，董仲舒在《五行相生》篇论说木、火、土、金、水的相生关系时，配之以：木—仁，火—智，土—信，金—义，水—礼，将"五常"作为天道及阴阳展开于人品德和伦理的体现。这样，依儒学而将"五常"作为统治意识形态，正是天道之意志的要求。而"五常"说，则是董仲舒将孔子、孟子有关论说的修正和延伸。《白虎通》对"五常"进行这样的解说：

> 仁者，不忍也，施生爱人也。义者，宜也，断决得中也。礼者，履也，履道成文也。智者，知也，独见前闻，不惑于事，见微知著也。信者，诚也，专一不移也。故人生而应八卦之体，得五气以为常，仁义礼智信是也。②

---

① 《汉书·董仲舒传》。
② 《白虎通·情性》。

由此,"五常"与"三纲"被确定为儒家经学的内容,并在宋理学中被抬升为古今不可易的"天理"。

董仲舒思想之技层次,集中于他在《天人三策》第三策结束部分所提出的黜绝儒学之外的"百家殊方",即后人概括的"罢黜百家,独尊儒术",以及第一策中建议的"立太学,设庠序"。这二者是统一的,是其思想道、法、术层次的展开,更是他在中国思想史上突出作用的体现。

关于"罢黜百家,独尊儒术"的建议,是董仲舒在给汉武帝刘彻连上两策,得到刘彻赞许,第三次召制给他:

> 今子大夫明于阴阳所以造化,习于先圣之道业,然而文采未极,岂惑乎当世之务哉?条贯靡竟,统纪未终,意朕之不明与?听若眩与?夫三王之教所祖不同,而皆有失,或谓久而不易者道也,意岂异哉?今子大夫既已著大道之极,陈治乱之端矣,其悉之究之,孰之复之。《诗》不云乎:"嗟尔君子,毋常安息,神之听之,介尔景福。"朕将亲览焉,子大夫其茂明之。①

如此明确恳切地要求你发表意见,董仲舒心里也就有了底数,所以第三策写得更为充分,并建议:

> 《春秋》大一统者,天地之常经,古今之通谊也。今师异道,人异论,百家殊方,指意不同,是以上亡以持一统;法制数变,下不知所守。臣愚以为诸不在六艺之科孔子之术者,皆绝其道,勿使并进。邪辟之说灭息,然后统纪可一而法度可明,民知所从矣。②

---

① 《汉书·董仲舒传》。
② 《汉书·董仲舒传》。

与李斯建议焚书相同，董仲舒也是从"大一统"立论，是为了"统纪可一而法度可明"，不同的是要独尊"孔子之术"，而且只是要绝其他学说之道，并未焚烧其书。董仲舒的建议得到刘彻认可，其尊儒的方式，又与董仲舒在第一策中建议的"立太学，设庠序"相结合，将孔子之学作为其基本教材。

"立太学，设庠序"的建议，是这样写的：

> 今陛下贵为天子，富有四海，居得致之位，操可致之势，又有能致之资，行高而恩厚，知明而意美，爱民而好士，可谓谊主矣。然而天地未应而美祥莫至者，何也？凡以教化不立而万民不正也。夫万民之从利也，如水之走下，不以教化堤防之，不能止也。是故教化立而奸邪皆止者，其堤防完也；教化废而奸邪并出，刑罚不能胜者，其堤防坏也。古之王者明于此，是故南面而治天下，莫不以教化为大务。立太学以教于国，设庠序以化于邑，渐民以仁，摩民以谊，节民以礼，故其刑罚甚轻而禁不犯者，教化行而习俗美也。①

董仲舒的建议，得到刘彻认可，"及仲舒对册，推明孔氏，抑黜百家。立学校之官，州郡举茂材孝廉，皆自仲舒发之。"②

"官学"制度从商周就已开始，但仅限于贵族子弟，春秋时孔子倡"私学"，之后广为流传，旧的官学逐步在战乱中衰亡。秦相李斯主张"以吏为师"，显然未办官学，汉初官学也未建立，只是到武帝建元五年（公元前136年）始置五经博士，元朔五年（公元前124年）设立太学，由五经（《易》《书》《诗》《礼》《春秋》）博士教授之。这与武帝接受董仲舒的建议有密切关系，而公孙弘等的积极呼应，也是太学制度确立的重要因

---

① 《汉书·董仲舒传》。
② 《汉书·董仲舒传》。

素。太学学生称博士弟子，最初定员五十人，其后人数不断增加。进而在"郡国皆立学校官"。博士弟子通过考核可直接担任官职，而郡县学校的学者则可推荐为博士弟子，或经荐举而考"明经"再担任官职。

董仲舒建议的"立太学，设庠序"，对于确立儒学的主导地位是至关重要的，而"经学"也由此而成为儒学官学的标志。《汉书·儒林传》赞曰：

> 自武帝立《五经》博士，开弟子员，设科射策，劝以官禄，讫于元始，百有余年，传业者浸盛，支叶蕃滋，一经说至百余万言，大师众至千余人，盖禄利之路然也。①

修习经学成为士子们做官的唯一途径，以孔子名义的儒学成为与集权官僚制政统相结合的道统，主导中国统治意识形态两千余年，董仲舒所起的作用是至关重要的。

四 儒学道统的形成和延续

自老子开始的诸子学到董子，四百多年，这是古代人类持续时间最长、规模最大、影响最为深远的思想大变革运动。这场思想大变革体现着农业文明时期从部族联盟向民族、从封建领主制向集权官僚制转化的时代精神。作为这场思想大变革主导和主力的诸子思想家群，从各自特殊条件相对独立地探讨了当时的社会矛盾，提出并践行了解决矛盾的主张，他们有分歧、有论争，但大方向是一致的，在相互制约、渗透、融合的过程中，带动思想变革大潮前行。秦并六国统一天下是这场思想和社会大变革的初步成果，汉武帝强化和改革集权官僚制的雄心大略，促成了董仲舒为代表的一批思想家将孔子名义的儒学构建成国家哲学，形成统一而专制的

---

① 《汉书·儒林传》。

统治意识形态。这是诸子思想演进的必然，也是集权官僚制巩固和持续的必要指导思想。

然而，也正是董仲舒及其支持者刘彻在构筑专制政统所要求的道统时，终结了诸子的思想变革。董子作为诸子中最后一子，在以儒学名义把诸子思想改造为集权专制的思想体系时，也就结束了诸子思想中的相对主体性和独立思考，从此以后的士子们只能在朝廷认可并严格监视下机械地学习御定的经书，并在官方考试中为官求禄，除个别体制外的思想家（如慧能及其禅教继承人）还能有所创新外，两千多年的中国思想基本上是被囿于董仲舒所设计的儒学道统体系之中，那些所谓"大儒"们，其实不过只是对这个体系有所阐发，或者在局部上做一些修正，以便利于集权官僚制的延续。

但儒学道统毕竟是诸子思想大变革的产物，并在一般意义上承续着诸子思想的逻辑，为此，我们在这里要对儒学道统的形成和延续做一概要论说。

儒学道统的形成期为经学，之后又经历了玄学、理学、心学阶段。

经学是在董仲舒的建议下，由汉武帝刘彻以政治权力推广的，由董仲舒《天人三策》得到刘彻认可，"推明孔氏，抑黜百家"开始到汉末，大约三百年。经学的确立标志着儒学道统的形成，董仲舒为首倡，公孙弘等大批儒学者依皇帝的旨意而配合，使儒学道统成为集权官僚制下由专制强力推行的思想体系。

所谓"经学"，是将孔子修订的《易》《书》《礼》《诗》《春秋》以皇帝名义制定为官学士子必修的教科书，也是太学博士弟子考试为官，以及州郡举士所考"明经"的依据。对于其他诸子学，则都一概排斥，即使为官者所必学的法律等，也只能自学相应著作。这样，就彻底改变了依周礼而由血统世卿世禄的基本制度，以及春秋、战国兴起的士子由私学成才再游说建言献策为官的做法。汉武帝后虽还保留一部分皇家子孙为王，以及封功臣为侯，但他们只是在身份上为贵族，并有一些经济特权，但其子孙却不能直接担任官职，若要为官，也要与士子一样，入太学修经考试。

这样，就从制度上将政统之官职和道统之学制统一起来。如此世代延续，官也经学，士也经学，经学成了唯一主导思想。

经学教材由"制"而定，也就是由皇帝亲自审定，这样，皇帝本人也必须学经、懂经，从太子到皇子，都以经学为主要学习内容，并由经学大师教导之，因而历代皇帝对经学都颇有造诣。这样，君—臣—士的思想都统一于经学，集权官僚制由此奠定了坚实的思想基础。汉代四百余年，虽然中间有王莽的新朝穿插其中，但王莽又是经学大师，他的新朝不仅没有中断经学，反而更加强化了经学的主导地位。王莽有一个梦，即以经学为指导建立一个理想王国，为追此梦他不仅扩大了太学生员，还命人编订了《乐经》，并立博士。新朝可以说是儒学全面制度化和社会化的时期，它的失败，则在一定程度上显露了儒学的缺陷，其后的历代统治者，都从王莽新朝的失败中汲取教训，一方面坚持儒学道统；另一方面也根据统治的需要，采纳老子、庄子及以法改制诸子思想，并将其改造纳入儒学道统，而在术、技层次，又会进行灵活的变通。

汉代经学由董仲舒首倡，但由于各经博士对经的理解差异，因而常有分歧，尤其是今文经、古文经两派的争论，导致思想混乱。所谓今文经、古文经的争论，发起于景帝时鲁恭王刘余扩建宫室，拆孔子旧宅，从坏壁中得古文（篆字）经书，刘歆等经学大师认为古文经比今文（隶书）经更可靠，所以专习教古文经，并指责今文经缺陷。而今文经已为官学，古文经只在学者士子中流传，两派互讦，大体说，今文经学注重经典的"微言大义"，古文经学注重从名物训诂来解释经典。后郑玄兼综今古文经，争论才算平息。

为使经学教材及教法统一，皇帝要以其权力召集研讨会，并制定一些规则，对一些争议问题做出结论。最为重要的是建初四年（公元 79 年）汉章帝在洛阳北宫白虎观召集经师讨论五经同异，并减省章句，"帝亲称制临决"。① 会议开了一个月，讨论结果由班固编成《白虎通德论》（简

---

① 《后汉书·章帝纪》。

《白虎通》)。它以简明准确的文字,贯通五经大义,集中论述了四十三个专题:爵、号、谥、五祀、社稷、礼乐、封公侯、京师、五行、三军、诛伐、谏诤、乡射、致士、辟雍、灾变、耕桑、封禅、巡狩、考黜、王者不臣、蓍龟、圣人、八风、商贾、瑞贽、三正、三教、三纲六纪、情性、寿命、宗族、姓名、天地、日月、四时、衣裳、五刑、五经、嫁娶、绋冕、丧服、崩薨。几乎包括了从思想到制度到社会生活到习俗等全部内容。其重点是关于天人关系、五行与人世、符瑞与灾异、名号爵位系统、情性、教化纲常、制度。其论点以今文经为多,也包括古文经的一些内容,并采纬学及其他杂学中可取之处加以改造。这样,《白虎通》就成为一部思想基本一致,简单明确的经学法典,使经学形成统一体系。《白虎通》是集权官僚制成熟的要求,它为从天子到官吏到士民的伦理和行为都确立了标准,儒学道统与专制政统紧密地契合在一起。

经学阶段以五《经》为基干,孔子、孟子、荀子等人的书还是辅助读物,这与宋朝将"四书五经"并列,尤重四书的做法有明显差别,而这也是经学的特点之一。另一个特点是经学博士的权威性,由于"明经取士",在对经书的解读上弟子必须追随经博士,因而法承、师法严格,形成独特的教条主义思维方式。皮锡瑞指出:"汉人最重师法,师之所传、弟子所受,一字毋敢出入。"[1] 这与诸子私学有明显差别。"御制"《白虎通》问世,天下经书有了统一解说标准,经博士的权威和师法渐弱,师疏于教,弟子荒于学,经学开始衰落。

> 自安帝览政,薄于艺文,博士倚席不讲,朋徒相视怠散,学舍颓敝,鞠为园疏,牧儿荛竖,至于薪刈其下。……章句渐疏,而多以浮华相尚,儒者之风盖衰矣。[2]

---

[1] 皮锡瑞:《经学历史》,中华书局1959年版,第77页。
[2] 《后汉书·儒林列传》。

汉末郑玄进一步依从《白虎通》的宗旨，对诸经又作了一次注释，力求广博精确，却因其风行于世而使经师们更不进行思考，到三国时期，集权政治受到大冲击，战乱不断，经学也随之衰败。

值得一提的是，在经学的统治下，虽然儒学之外诸子的思想都被压抑，却出现了"纬学"与经学相配，不仅盛行于民间，甚至在平帝及王莽、光武帝时期登上朝堂。《四库全书总目提要》指出：

> 按儒者多称"谶纬"，其实谶自谶，纬自纬，非一类也。谶者诡为隐语，预决吉凶；纬者，经之支流，衍及旁义。盖秦汉以来，去圣日远，儒者推阐论说，各自成书，与经原不相比附。如伏生《尚书大传》、董仲舒《春秋》阴阳，核其文体，即是纬书。特以显有说。迨弥传弥失，又益以妖妄之词，遂与谶合而为一。①

纬书依托孔子，配经而说。《隋书·经籍志》：

> 说者又云，孔子既叙六经，以明天人之道，如后世不能稽同其意，故别立纬及谶，以遗来世。其书出于前汉，……然其文辞浅俗，颠倒舛谬，不类圣人之旨。②

纬书的渊源，来自《易传》，以象、数、阴、阳构建宇宙模型，并对照经书进行诠释，尤重天文占、五行占和史事谶。纬书数量很大，流传于今的有《易纬》《尚书纬》《诗纬》《礼纬》《乐纬》《春秋纬》《孝经纬》，以及对《论语》《河图》《洛书》的解说。

"纬"是相对"经"而言，纬是织物之横线，经是纵线，纬经相交而

---

① 《四库全书总目提要》。
② 《隋书·经籍志》。

织成，按其编写者所说，纬书与经书的关系就像《易传》与《易经》一样。"纬者经之支流，衍及旁义。"① 纬书开篇都是先点明其所解"经"的要义，或拈出"经"中某一要义而放大，由此可见，纬书的编写者对经书的深入了解。纬书将孔子神化，并说"丘览史记，援引古图，推集天变，为汉帝制法，陈叙图录"。② 好像孔子早就预知几百年后的汉朝，并为汉皇帝制法了。纬书涉及宇宙、天文、地理、历法、古史、神话、典章、人事各个方面，不仅有对经书的文字训诂，更有相关的比附。"谶者诡为隐语，预决吉凶。"③ 谶即预决吉凶的隐语、图记。《汉书·贾谊传》："异物来崒，私怪其故，发书占之，谶言其度。"④ 以某种天象、灾异、物变，以及史事、前人某一说法或现世某一事件，预测将来的吉凶祸福。纬与谶从汉武帝以后大行其道，迷信日盛，虽然也体现着士人对政治的不满与批评，但却导致思想的大混乱。纬谶思维形式实为被诸子所否定的龟卜、筮卜的复兴，纬谶的盛行，几乎毁掉了诸子思想变革在思维形式上的成果，甚至王莽利用纬谶夺权皇位，另立新朝。纬谶内容纷杂，虽然在今天看来其说大都荒谬，但却通行于世，从中也可以看出经学阶段思想的特点。

　　汉朝衰亡，经学阶段随之终止，三国割据时，法、兵等学也短暂兴时，魏晋时期儒学道统作为集权专制理论基础的地位又突出了。魏晋的儒学与汉经学有所联系，但也有很大差别，晋武帝司马炎认为汉灭与经学有直接关系，因而虽尊儒并不尚经，并严禁谶纬。由于魏晋政治由门阀贵族掌控，其子孙不必像汉朝那样苦读经典并考"明经"就可因家族门第而为官，于是就出现了一部分比较有独立性的学者，他们不去教条式地学究儒经，而是力求从道、法层次对儒经有更深入理解，这样就导致儒学道统进入玄学阶段。

　　关于玄学，历来学者往往将其归入"道家"，还有的说是"儒道合

---

① 《四库全书提要》。
② 《春秋纬·汉含孳》。
③ 《四库全书提要》。
④ 《汉书·贾谊传》。

一"。这还是将诸子分"家"别类说的体现,玄学者大都以老子思想来解说孔子及儒经,这本来是合乎历史与逻辑的,孔子思想的道层次源于老子天道观,是在天道观的导引下形成其人道社会观和思想体系的。经学者看不到,也不愿承认老子对孔子的指导,而是将孔子作为空前绝后的大圣人,他的思想不应该、不可能有前导,学者只能思考经书的微言大义或做文字解说,绝不能用被"罢黜"的"道家"来解说经典。现世一些学者也依分"家"别类说把玄学排斥于儒学道统之外。

实际上,玄学者比经学者更深刻、准确地认知了老子与孔子的关系,并不囿于分"家"别类说,而是从儒学道统的体系构建来进行研究。这既与其相对宽松的学术环境有关,更在于他们把握了儒学道统与专制政统的内在统一。玄学者所做的,并不是从"家"的角度界定、隔绝老子与孔子,而是从"国"的集权官僚制的需要,来建构儒学道统,为此,由老子来解读孔子也就顺理成章。玄学者的一个重大功用,就是用老子天道自然的观点和思想系统,清除了经学阶段纬谶迷信所制造的混乱,使儒学道统归于正途。

玄学阶段出现了不少著名学者,突出者有王弼和郭象。

王弼(公元 226—249 年)是思想史上一个奇才,自幼聪慧好学,"年十余,好老氏,通辨能言"。何晏说:"仲尼称后生可畏,若斯人者,可与言天人之际乎!"① 年仅二十四岁就去世,但已写出《周易注》《周易略例》《老子注》《老子指略》等传世著作。王弼深刻理解了老子天道观,并以此为基点去注解《易》,他还写过《论语释疑》,由老注孔,但仍认为孔子地位高于老子。

王弼从"本""末"关系来解老,进而说《易》,

> 《老子》之书其几乎可以一言而蔽之。噫!崇本息末而已矣。
> ……故闲邪在乎存诚,不在察善;息淫在乎去华,不在滋章;绝

---

① 《三国志·魏书·钟会传》。

盗在乎去欲，不在严刑；止讼存乎不尚，不在善听。故不攻其为也，使其无心于为也；不害其欲也，使其无心于欲也。谋之于未兆，为之于未始，如斯而已矣。①

"崇本息末"，说明老子天道观是孔子及其儒学的前导，进而他又从天道观对汉经学者将董仲舒的"天命""天人感应"进一步神化进行批判，端正了对老子天道观的理解。

王弼在明确老子天道观与孔子思想关系的前提下，着重对《易》经进行注释，并写了《论语释疑》。至于他没有注另外四经，不必像某些近代学者那样去设想"为什么"，年仅二十四岁早逝，可能就是唯一的解释。但先从《易》和《论语》入手，也是王弼注重道、法层次的表现。王弼注《易》，将老子道、无、体用、本末思想用于说明《易》的思想体系，尤重象与意的关系，在方法和体例上都突破了经学家的框架，深化并扩展了对《易》的理解。而《论语释疑》则是对《论语》若干要义的解答，由于该书已佚，只有散见于别人著述中所引此书的片段，但仅此，也可以看出他从老子天道观解说《论语》的特点。如对《论语·述而》中孔子说"志于道，据于德，依于仁，游于艺"，王弼的解释为："道者，无之称也，无不通也，无不由也。况之曰道，寂然无体，不可为象。是道不可体，故但志慕而已。"② 对《论语·里仁》"吾道一以贯之"这句话，王弼的解释为：

> 贯，犹统也。夫事有归，理有会。故得其归，事虽殷大，可以一名举；总其会，理虽薄，可以至约穷也。譬犹以君御民，执

---

① 《老子指略》。
② 邢昺：《论语注疏》，引自《儒藏》精华编，第 104 册，北京大学出版社 2007 年版，第 673 页。

一统众之道也。①

再如对《论语·泰伯》："子曰：兴于诗，立于礼，成于乐"，王弼解释为：

> 言为政之次序也。夫喜惧哀乐，民之自然，应感而动，则发乎声歌，所以陈诗采谣，以知民志。风既见其风，则损益基焉，故因俗立制，以达其礼也。矫俗检刑，民心未化，故又感以声乐，以和神也。若不采民诗，则无以观风；风乖俗异，则礼无所立；礼若不设，则乐无所乐。乐非礼，则功无所济。故三体相扶，而用有先后也。②

郭象（约公元252—312年），提出"名教即自然"的论点，对嵇康、阮籍"越名教而自然"说进行批判。嵇康、阮籍代表着门阀贵族，不守礼法，放荡形骸，他们认为"人性之本，不须犯情之礼律。因知仁义务于理伪，非养真之要大；廉让生于争夺，非自然之所出也。"③ 主张废弃孔子儒学。郭象在注《庄子》时，提出仁义礼乐是人性自然所有，"名教"是基于"自然"而形成的。"夫仁义者，人之性也。"④ 人事本来是原于自然天道的，天道展示于人事，是有特殊性的，不能把人性的特殊说成违背天道。他在注《庄子》关于人"穿牛鼻""落马首"是违背牛马本性的论说时，写道：

> 人之生也，可不服牛乘马乎？服牛乘马，可不穿落之乎？牛马不辞穿落者，天命之固当也。苟当乎天命，则虽寄之人事，而

---

① 皇侃：《论语义疏》，引自《儒藏》精华编，第104册，北京大学出版社2007年版，第276页。
② 皇侃：《论语义疏》，引自《儒藏》精华编，第104册，北京大学出版社2007年版，第346页。
③ 《观自然好学论》。
④ 《庄子·天运》注。

本在乎天也。①

牛马有牛马的自然，人亦有人的自然，这都是天道的体现，"天性所爱，各有本分"。② 牛马的天性是没有穿鼻络首的，但人要使用它们，必须穿鼻络首，这又是人的天性，因此不能用牛马的自然而否定人的自然。

郭象认为，仁义道德出于人的天性，礼乐刑罚也是基于人的天性而制定的，

> 夫人之体非有亲也，而首自在上，足自在下，府藏居内，皮毛在外。外内上下，尊卑贵贱，于其体中各任其极，而未有亲爱于其间也。然至仁足矣，故五亲六族，贤愚远近，不失分于天下，理自然也。③

这样，就把"自然"与"名教"的关系内在地联系起来，批驳了将"道家"与"儒家"对立的观念，从统一中来理解老子、庄子与孔子的思想。

玄学作为儒学道统延续的一个阶段，其要点就是突破经学的门户之见和教条主义倾向，从老子天道观来加深对以孔子名义的儒学道统的理解，虽无其他建树，但其重要性也不应忽略。

理学阶段是儒学道统延续过程的一个重要环节，它贯穿宋、元、明、清近千年，展现了儒学道统对意识形态的全面统治。

魏晋之后的南北朝，是一个多世纪的割据混战时期，到隋唐统一，又受佛教、道教影响，使儒学道统的全面统治受到威胁，韩愈曾以卫道士的心态，主张"兴起名教，弘奖仁义"。④ 而柳宗元更是明确批判复辟封建制的观点。韩、柳二人的思想，表明儒学道统所受挑战，但集权官僚制是不

---

① 《庄子·秋水》注。
② 《庄子·养生主》注。
③ 《庄子·天运》注。
④ 《旧唐书·韩愈传》。

可逆转的，儒学道统的统治依然稳固，虽经战乱、分裂，终归一统。隋、唐两朝实行科举，恰是儒学道统主导地位的体现。后经五代十国，宋朝又恢复了统一，并由王安石（公元1021—1086年）对集权官僚制进行了重大的体制改革，消除了残存于集权官僚制中的封建残余，抑制了豪强对中央政权的挑战和威胁，使集权官僚制进入一个新阶段。理学是在王安石变法之后，对集权官僚制指导思想的重新界定。王安石的变法，是全面的，包括经济、政治和科举，其中科举的改革，与理学的形成关系尤为密切。熙宁四年（公元1071年），在神宗皇帝的支持下，王安石推行"改易更革科举法"，罢诗赋和明经诸科，由经义、论、策考试，并开始将《四书》作为考试内容。王安石还亲写《里仁为美》《知者动仁者静》等应试范文，为试题定格式、程式，创立了"八股文"这种标准科举文体。同时，还改革了学校法，提出按"一道德"原则，将教育与科举统一。

经王安石变法，儒学道统的统治地位得以强化，并由一批学者对儒学体系进行修正，形成了理学。

> 孔、孟而后，汉儒止有经传之学。性道微言之绝久矣。元公崛起，二程嗣之，又复横渠诸大儒辈出，圣学大昌。故安定、徂徕卓乎有儒者之风范，然仅可谓有开之必先。若论阐发心性义理之精辟，端数元公之破暗也。①

元公即周敦颐（1017—1073年），二程为程颢（1032—1085年）、程颐（1033—1107年），横渠为张载（1020—1077年），安定为胡瑗（993—1059年），徂徕为石介（1000—1064年），还有邵雍（1011—1077年），同为理学前期的代表人物。其中，张载通过对《易》的深入研究，形成了他关于"气"本体的思想，从"一物两体"解释事物变化，把"穷理""尽性"作为修养的途径，分人性为二重，分知识为两类，要求人通过

---

① 《宋元学案·濂溪学案》。

"大其心"达"知性知天"。这实际上是承继玄学思路，突破经学局限，在天道观的指导下对心性、义理的探讨。二程不同意张载的"气"本体说，认为仅从"气"不能说明宇宙万物，尤其是人事的共性，应视"理"为本体，"理"永恒存在，"理"派生"气"，道决定器，"理一分殊"，万物人事皆由一"理"来统驭，一般的"理"分而散之，形成各种特殊事务的理，君臣、父子及礼教中的各种关系，都是"理"的要求和表现。

在周敦颐、二程、张载已有的基础上，朱熹（1130—1200年）提出了以"理"为核心的理学体系。朱熹关于"理"的规定，不仅承继了二程"理一分殊"的观点，还吸收并改造了张载"气"的范畴，进而对儒学各主要范畴进行解说与改造，以论证天地万物人事。

> 宇宙之间，一理而已。天得之而为天，地得之而为地。而凡生于天地之间者，又各得之以为性，其张之为三纲，其纪之为五常。盖皆此理之流行，无所适而不在。①

朱熹的学问集中于对四书的注释上，他的思想也主要体现于不断修改的《四书集注》以及《朱子语类》中。由于四书已成科举考试的内容，因而《四书集注》影响深广，明、清两朝甚至成为士子们的必读书。此外他还对《周易》做了注解。在他的体系中，"理"既是基本观念，也是核心范畴。这是孔子体系的修正。孔子的"仁"范畴，是以老子天道观为基本观念的，是人道社会观的核心，由此而形成以仁复礼的宗旨。朱熹也讲"道"，但他的"道"是"理"的体现，已非本体、本原了。虽然朱熹并不把老子奉为"先圣"，但他的"理"范畴，实际上仍来源于老子的"道"，是对"道"范畴的改造，并结合《易传》及王弼《周易注》中"识物之动，则其所以然之理皆可知也"。② 以及《周易略例》："物无妄

---

① 《朱子全书》卷六十。
② 《周易注·上经》。

然，必由其理。统之有余，会之有元。故繁而不乱，众而不惑"① 的思路，加以贯通，将"理"作为本体、本原来规定。朱熹将"气"作为"理"的展开，"有理便有气流行，发育万物"②。进一步说，

> 天地之间，有理有气。理也者，形而上之道也，生物之本也。气者也，形而下之器也，生物之具也。是以人物之生，必禀此理，然后有性。必禀此气，然后有形。其性其形，虽不外乎一身，然其道器之间，分际甚明，不可乱也。③

"气"即阴阳二气，"即有此理，便有此气，即有此气，便分阴阳，以此生许多物"。④"天以阴阳五行化生万物，气以成形，而理亦赋焉，犹命令也。"⑤ 朱熹认为，理体现于人，就是仁、义、礼、智的伦理纲常，仁、义、礼、智，以至君臣、父子、兄弟、夫妇、朋友关系中的纲常都是理的体现，因此每个人都要依从理所展示的纲常伦理。"圣贤千言万语，只是教人明天理，灭人欲。"⑥

朱熹认为，作为宇宙本体的"理"，在决定人性、纲常的同时也决定了君权，并制约其行政。"天理君权"，君的权力是天理赋予的，臣民必须依理之纲常而尊君，但君也不能滥用权力，为了履行天理赋予君的职责，君必须修德，并任用贤才辅助行政。

> 愚谓政者，为治之具。刑者，辅治之法。德礼则所以出治之本，而德又礼之本也。此其相为终始，虽不可以偏废，然政刑能使民远罪而已，德礼之效，则有以使民日迁善而不自知。故治民

---

① 《周易略例·明象》。
② 《朱子语类》卷一。
③ 《朱文公文集》卷五十八。
④ 《朱子语类》卷七十五。
⑤ 《中庸章句集注》。
⑥ 《朱子语类》卷二十。

者不可徒恃其末，又当深探其本也。①

依理而为政，是制度稳定、统治久长之本，朱熹的理学体系，既是集权官僚制政统的要求，也是其道统的集中论证。其后历代统治者都认识到朱熹理学的价值，因此，从南宋开始，科举都以他所注四书为考本，并在他死后四十年，将他的灵牌"从祀孔子庙庭"。

由于历代统治者对朱熹理学的推崇，使之成为儒学道统的正宗，儒学道统由之而盛，不仅在南宋，对金、西夏等也有重大影响。金、西夏在社会形式和社会制度上比宋朝落后，尚处于部族联盟的封建领主制阶段，其统治者逐渐认识到儒学比其旧意识形态的先进，为强化统治和扩张势力范围，开始引入儒学道统并效法集权官僚制。但由于各种原因，在其制度变革尚未完成时，就与南宋政权先后被蒙古部族联盟所打败。蒙古部族联盟以其铁骑之军扫荡了亚欧大陆，建立了人类历史上疆域最为广大的帝国，但其并没有及时进行制度变革，由原来宋、金、西夏区域所构成的元朝，也只是在汉族居住区局部保留集权官僚制，容许儒学道统存在，但蒙古部族联盟本身仍实行封建领主制。元朝统治者虽也诏加孔子为"大成至圣文宣王"名号，将周敦颐、二程、朱熹从祀孔庙，并行科举和学校，把朱熹等注四书、五经作为科举考试依据，使儒学道统得以延续，但其只是将儒学道统"用"为统驭汉人的工具，并未作为自己的意识形态，在蒙古人中依然保持封建文化。

明朝建立后，洪武元年（1368年）二月，刚即皇帝大位的朱元璋就"以太牢祀孔子于国学，仍遣使诣曲阜致祭"，并对使臣说："仲尼之道，广大悠久，与天地并。有天下者莫不虔修祀事。朕为天下主，期大明教化以行先圣之道。"②而以阴谋夺取其侄皇位的朱棣，为了证明自己为正统，极力推崇理学，强化儒学道统的主导地位，在以他名义给《四书五经大

---

① 《论语集注》卷一。
② 《明史·礼志》。

全》写的序中说：

> 切思帝王之治，一本于道。所谓道者，人伦日用之理，初非有待于外也。厥初圣人未生，道在天地；圣人既生，道在圣人；圣人已往，道在六经。六经者，圣人为治之迹也。六经之道明，则天地圣人之心可见，而至治之功可成。六经之道不明，则人之心术不正，而邪说暴行侵袭蠹害，欲求善治，乌可得乎？……由是穷理以明道，立诚以达本，修之于身，行之于家，用之于国，而达于天下。使家不异政，国不殊命，大回淳古之风，以绍先王之统，以成熙雍之治。①

虽然统治者极力鼓吹，企图以儒学道统巩固其政权，但由于集权官僚制已近腐朽，加之皇帝昏庸无能、宦官干政，导致政治腐败，土地兼并，各种社会矛盾激化，而商业的发展，又严重冲击着作为集权官僚制经济基础的小农经济。有识之士开始怀疑，乃至批评理学的主导地位，陈亮指出：

> 自道德性命之说一兴，……于是天下之士，始丧其所有，而不知适从矣。为士者耻言文章行义，而曰"尽心知性"；居官者耻言政事书判，而曰"学道爱人"。相蒙相欺以尽废天下之实，则亦终于百事不理而已。②

集权官僚制和儒学道统的危机，是王守仁（1472—1528年）提出其圣心观的"心学"的社会条件，他曾深陷于学究朱熹理学的困惑，而"出入于佛老者久矣"，但并未解决思想难题，

---

① 《四书五经大全·序》。
② 《龙川文集》卷十五。

> 及至居夷处困，动心忍性，因念圣人处此更有何道？忽悟格物致知之旨，圣人之道，吾性自足，不假外求。其学凡三变而始得其门。自此以后，尽去枝叶，一意本原，以默坐澄心为学的。有未发之中，始能有发而中节之和，视听言动，大率以收敛为主，发散是不得已。江右以后，专提"致良知"三字，默不假坐，心不待澄，不习不虑，出之自有天则。……居越以后，所操益熟，所得益化，时时知是知非，时时无是无非，开口即得本心，更无假借凑泊，如赤日当空而万象毕照。①

黄宗羲这段评述，大体说明了王守仁心学之旨。从学术渊源说，王守仁的心学源于子思和孟子，中承陆九渊"宇宙便是吾心，吾心即是宇宙"的观点，并参照了老子、庄子及慧能的思想。王守仁的心学体系，以"心"为核心范畴，展开为"心即理""知行合一""致良知"三个命题。

王守仁说："身之主宰便是心，心之所发便是意，意之本体便是知，意之所在便是物。"② 并强调"心不是一块血肉，凡知觉处便是心"。③ 这与宋理学的"理一分殊"已有大不同，王守仁进一步将"理"纳入"心"中，强调"心即理"。"所谓汝心，便是那视听言动的，这个便是性，便是天理。"④ "心外无物，心外无事，心外无理，心外无义，心外无善。"⑤ 这是从主体认识来论证客体规律，因此王守仁认为"心"就是宇宙本体，他承认天道为宇宙本原，心作为认识的主体与天道、天理相通，为此就要学而知心，以心理解圣人之学，由圣人之学而达天道。圣与心通，知与行合一。"我今说个'知行合一'，正要人晓得一念发动处，便即是行了；发动处有不善，就将这不善的念克倒了。"⑥ "知之真切处，便是行；行之明觉

---

① 《明儒学案·姚江学案》。
② 《传习录》上。
③ 《传习录》下。
④ 《传习录》上。
⑤ 《阳明全书·与王纯甫》。
⑥ 《传习录》下。

精察处，便是知。"① 而"致良知"则是"心即理"与"知行合一"的集合，王守仁说："吾心之良知，即所谓'天理'也。致吾心良知之'天理'于事事物物，则事事物物皆得其理矣。"② "良知良能，愚夫愚妇与圣人同，但惟圣人能致其良知。"③

王守仁试图以其心学克服理学的弊端，承继发扬孔、孟之道统，由此来解决社会矛盾，巩固集权官僚制，"明明德于天下，是之谓家齐国治而天下平"。④ 他的心学思路新颖，论证简明，加之他在平定宁王谋反中的巨大功绩，很快得到部分学者的追捧和传播。虽然王守仁并无意改变集权官僚制，但他的圣心观和心学体系，却对明晚期思想界产生了重大影响，李贽、方以智、黄宗羲、顾炎武等人，以心学为导引批判理学，并倡"实学"，试图更新儒学，但因明朝的灭亡而终止。

取代明朝的满洲部族联盟所建构的清朝，实行两种社会制度：对于本部族联盟仍通行封建领主制，并给予政治、经济特权，满族贵族不仅役使部分汉族人为农奴，更把全国汉人视为奴役对象。但对汉族则实行集权官僚制，满族人为皇帝并占据主要政治权力。满族皇帝认识到汉族制度和文化的先进性，在利用集权官僚制统治汉人的同时，努力学习汉文化，特别是儒家道统，全面继承了宋朝以来的科举取士制度，并以理学主导教育和科举考试。这样，本来在明朝已走向没落的理学，又在专制强力的维持下延续，而严格的思想控制和"文字狱"又阻抑了思想的发展，因此，清朝的二百多年，除部分学者在考据古籍方面有所贡献外，没有出现一位有独立见解的思想家。儒学道统的工具性已达极致，但也正因此暴露出其衰败。至于清末庄存与、刘逢源、龚自珍、魏源等承继明"实学"思路而发起的探讨"经世致用"的思潮，还未形成势力，就被西方资本主义国家的军事、政治、经济、文化侵略所打断，而儒学道统在对抗具有制度文化优

---

① 《阳明先生集要·答支人问书》。
② 《传习录·答顾东桥书》。
③ 《传习录·答顾东桥书》。
④ 《阳明全书·大学问》。

势的外来侵略时的溃败，又证明了其腐朽性和无能。虽然儒学道统依然残存于一部分企图维持专制的势力中，阻抑着中国的民主和现代化进程，但终将被新时代精神主导的思想变革大潮所淘汰。

第七章　以诸子思想变革为借鉴，进行现代思想变革

两千多年前的诸子思想变革作为时代精神的体现，主导了集权官僚制对封建领主制的变革，形成并聚合了在农业文明发展中领先的中华民族。集权官僚制作为特殊历史阶段的社会制度，已不适应进入工业文明的中华民族的存在与发展，能否依现代精神进行变革，关乎中华民族之存亡和盛衰。某些人主张"弘扬传统文化"、复兴被称为"国学"的儒学、道学、子学，或曰使其"现代化"，以捍卫中华民族的延续。这是一种脱离时代，不切实际的梦想。诸子思想是其时代的产物，有明确的历史局限性，正是两千年前的诸子思想变革主导建立的集权官僚制阻碍着现在中华民族在工业文明中的发展，"复兴"已成为历史的儒学、道学或某子之学，就不能变革集权官僚制的思想基础，不变革集权官僚制的思想基础，就不能变革集权官僚制，不变革集权官僚制又怎么能有中华民族在工业文明中的振兴和发展？提出上述主张的人，根本不具备关于制度历史演进的观念，这种主张的原型是一百多年前张之洞提出的"中学为体，西学为用"，其特点是将儒学道统视为中国之"国学"，是"中学""种学"，而它所适应的集权官僚制是不可更变的，"中学为体"也就是固守儒学道统和集权官僚制，而"西学"只是可用的工业技艺等，绝不包括西方工业化以来的制度和文化。正是这种自以为高明的"中学为体，西学为用"，阻压了清朝末年的社会变革，更是现在中国进步的主要障碍。"弘扬传统文化""复兴国学"

"复兴儒学""复兴道学""复兴子学"等主张，实为张之洞"中学为体"说的翻版。至于"儒学现代化""道学现代化"，甚或"子学现代化"的说法，似乎有些"与时俱进"味道，但其实质仍以"儒学""道学""子学"为体，只是将其穿上"现代"衣裤，其体之内涵和原则并未改变。

社会变革的根本，是社会主体的更换。诸子思想作为历史上的伟大思想变革，是集权官僚制取代封建领主制社会变革的理论依据和导引，这场社会变革使社会主体由封建领主阶级更换为官僚地主阶级，皇帝是官僚地主阶级的总代表，"皇权"是官权的集中体现。虽然文明主体劳动者依然没有成为社会主体，但由农奴转变为农民，并有了相对的人身权和土地占有权，或租地主土地使用权而自力谋生的权利。仅从这一点就促使农业生产力大提升，并带动农业文明的发展。这场社会变革的进步意义在于此，其局限也在于此。

社会变革是社会主要矛盾演变的结果，并由此形成新的社会主要矛盾。集权官僚制对封建领主制的变革，使社会主要矛盾从统治氏族的封建领主阶级与被统治氏族的农奴阶级的矛盾，转变为皇帝所代表的全民族的官僚地主阶级与全民族的农民阶级的矛盾。以血统确定统治地位的传统只在皇帝家庭中存续，官僚地位的确定则以统治能力和功效为标准，由此强化了集权专制的阶级统治。这是集权官僚制在中国延续两千多年的内在条件。集权专制的阶级统治要求并强化农民以家为单位的小农经济，既维系了农业生产方式和农业文明，也阻碍了农业生产方式向工业生产方式、农业文明向工业文明的演进。近现代中国与西方国家的差距及所遇到的挑战和危机都源于此。

中华民族能否在现代工业中存在和发展，取决于能否展开全面彻底的社会变革，从思想到文化到政治到经济的变革是"中华民族到了最危险的时候"的唯一选择。毛泽东领导的中国共产党艰难地展开了这场大变革，并成功地夺取了政权，为进一步深入变革之主要条件。然而，夺取政权并不等于变革的完成，各种反变革势力还会从经济到政治到文化对变革进行干扰、破坏，集中到思想领域，就是以各种方式宣扬和"复兴"旧观念，进而维护和"复兴"旧观念所集中体现的旧制度、旧体制。

现代中国社会变革的根本,是劳动者成为社会主体,变革的过程,就是劳动者成为社会主体的过程。因而,劳动者,也只有劳动者才是现代中国社会变革的主体。这是评判是真假变革的唯一标准,也是变革思想的根据。现代中国社会变革的对象是旧的专制统治制度及其体制、机制。凡是以旧思想为旧制度、体制、机制辩护并试图维护它,"复兴"它的说辞,都是逆变革大潮而发的。

现代中国社会变革要求思想变革,只有以现代劳动者为主体的思想才能导引现代社会变革,也只有现代社会变革才能确立劳动者为主体的思想体系。

诸子以士阶层为主体,力求由士成为社会主体的思想,在两千年前是相当先进的,其导引的社会变革所形成的以士中优胜者为官的集权官僚制也是农业文明中先进的社会制度。但演化到现代,这种观念不仅过时,而且反动,它所主张的"天下一统"的皇权和官权成为压制现代劳动者民主和自由发展的主要障碍,从而阻抑了思想和科学、技术的进步。诸子思想所主张的集权官僚制已成变革对象,尤其溶合、改造诸子思想而形成的儒学道统,其进步性和合理性已不复存在。而主张"复兴"儒学,或者"儒学现代化"者,不过是给儒学道统涂上一层"现代"颜料,给孔夫子穿上西服,并未改变儒学道统与集权官僚制的内在统一。这些人所宣扬的"种文化""族思想"是将中国历史的特殊性绝对化。只有坚持儒学道统才有中国文化——等于说只有坚持集权官僚制才有中国,才是中国!然而,清末以来近二百年的历史都充分证明,正是坚持儒学道统和集权官僚制,才导致中国的落后和衰败!如果没有毛泽东领导的中国共产党的社会变革,中国是否还存在就是一大疑问,四分五裂为列强殖民地的中华大地,殖民地意识成为主导思想,哪里还容许一小批人做"复兴"儒学道统之梦!

传承清末以来列强侵略而形成的殖民地意识,中国思想界有一股比"复兴"儒学道统论更为广泛的思潮,即"全盘西化"论,因其在经济上的一些"有用"之术、技,而得以流行。在清朝初、中期,西方资本主义尚处上升期，如果那时有人推行"全盘西化"，还具有先进性，而到今天，资本主义已经没落，况且中国已经建立了初级的社会主义制度，依然鼓吹"全盘西方"，只能是充当西方大资本财团的附庸，在全球产业链的末端唯大资本财团马首是瞻，不仅不是富强中国的正确选择，而且是殖民地意识的体现。

现代中国变革的主体是劳动者，变革的理论依据和主导思想是概括现代劳动者意识的劳动社会主义即劳本主义。变革的首要环节和核心，是以民主取代官主，以劳本主义取代专制主义，以劳动的自由文化取代官文化以及小农意识，进而克服资本主义殖民地意识。这也正是现代中国思想变革的内容。

时代已经发生了质变，"儒学""道学""子学"作为与两千多年前的旧时代相适应的思想，其历史进步性已经终结。我们研究诸子思想，绝非要复兴这有明确局限性的旧思想，更不可能固守其内涵和原则而使之"现代化"。之所以探讨诸子思想系统，并不是为了保守过去，而是为了现代中华民族的存续发展，从诸子思想中发现变革的一般性因素和必然性，以为现代思想变革的必要借鉴。

一　固守集权官僚制和儒学道统导致中华民族在工业文明发展中的落后与危机

两千多年前为否定封建领主制而进行思想变革的诸子们绝对不会想到，他们为之理念和奋争的集权官僚制以及董仲舒等汇集改造他们的思想所形成的儒学道统，在两千年后，竟成为危及中华民族存续的主要障碍，而其根本，就在于诸子思想的历史局限性。诸子们从其时代社会矛盾的认识而形成对集权官僚制的理念，是解决封建领主制矛盾的必由之路，并且促成了部族联盟向民族国家的转化，形成并聚合了中华民族。这在当时是合理的、先进的。然而，集权官僚制与儒学道统两千多年的统治，严重压制了中华民族的变革与发展。在农业文明中远落后于中国的欧洲，却在蒙古人西征及"丝绸之路"影响下，认知了中国集权官僚制比其封建领主制的先进，意大利、西班牙、葡萄牙、荷兰、英吉利、法兰西、德意志等较大的部族联盟以"文艺复兴"和重商主义为导引，率先展开了向集权官僚制的转化，并形成了初级民族国家。但其所依靠的重商主义导致了商业资本和资产阶级的兴起，这是与中国战国时期以重农主义富国强兵不同的，而新兴的拥有大量资本的资产阶级，也不满足于集权官僚制的统治，他们的经济实力和资本增殖的欲求，不仅促进了商业资本向工业资本的转化，更形成了以"启蒙运动"为导向的推翻刚形成的集权官僚制的变革。社会的变革与资本向工业的转移，导致工业文明的形成和发展，并迅速向全世界扩展。欧洲进行从封建领主制向集权官僚制，进而向资本雇佣劳动制加速度变革的六七百年（公元十二三世纪至十八九世纪），中国则在由农民起义驱逐蒙古部族联盟后的明朝强化集权官僚制，进而又被满洲部族联盟所统治。满洲统治者认识到集权官僚制是有利于其统治的，除在其统治部族联盟内保留封建领主制外，在全国则加强集权专制，尤其是思想控制，这不仅使已经衰败的集权官僚制得以延续，更阻止了明末出现的以"实学"名义的对儒学道统的初步思想变革趋势。正是被现今一些"弘扬传统文化"论者作为其论据的所谓"康乾盛世"的一个多世纪，欧洲进行着从英国到法国的资产阶级革命，并以瓦特蒸汽机的发明使用为标志进入工业文明，而初习儒学道统却以封建宗法观念实行文化专制的玄烨、胤禛、弘历祖孙三人，则厉行"文字狱"，严密地镇压不满其统治的士子文人。半个世纪后鸦片战争的失败，恰是"康乾盛世"以文化专制固守、强化集权官僚制的必然结果。

"鸦片战争"实质是制度之战、文化之战，资产阶级所主宰的资本雇佣劳动制及其思想基础资本主义，是与初级工业文明相适应的，也因此而极大地提高了英国及西方国家的生产力，当其以工业技术生产的武器装备军队，远渡重洋与仍固守集权官僚制使用农业文明时期旧武器的中国军人开战时，优势不言自明。清朝虽国土广大、人口众多，而且国内生产总值（GDP）远超西方各国，但因集权专制而将民众只视为统治对象，民众也不可能将满洲皇族的"大清"视为自己的国家。面对人数虽少但以工业技术制造武器装备的英国、法国军队及后来的"八国联军",清朝统治者屡战屡败屡降,赔款、割地,以出卖主权换取苟延残喘。虽有李鸿章、张之洞一派汉臣企图以办"洋务"而接受工业技术,但终因其"中学为体,西学为用"的思路而失败。

如果说在农业文明时期集权官僚制靠其对民众的残酷镇压还能够维持,但当它受到外来的资本雇佣劳动制的资本和工业技术冲击时,却不堪一击。"鸦片战争"以来清朝与西方所有的战争都以失败为结局,其根本的原因就在制度和文化的落后与腐败。而让今天"弘扬传统文化"论者自豪的儒学道统,正是集权官僚制的思想基础,面对西方列强的侵掠,那些由科举而成大官大儒者,或束手无策,或卖权辱国,不仅拿不出丝毫有效强国、抗敌方略,甚至连西方国家制度和文化也不清楚。儒学道统的落后和无能显露无遗。

面对亡国亡族的危机,中国先进的知识分子开始批判制度,反思文化,由陈独秀领先发起的"新文化运动"将矛头指向儒学道统。这是思想变革的开端,但由于严酷的国内外矛盾,思想变革并未深入系统地展开,对儒学道统停留在"宣战"式的批判。俄国革命的胜利使先进知识分子看到了一条变革的捷径——走俄国人的路。毛泽东领导的中国共产党发动了以农民为主体的社会变革,并有效地利用统治者的矛盾及日本侵略者所激发的民族情结,由小变大,从弱变强,成功地夺取了政权,建立了以苏联为榜样的社会主义国家。这是对延续两千多年的集权官僚制的革命,也是中华民族在工业文明中存续和发展的必要选择。

然而,由于以农民为主体的革命集中于武装斗争,因此未能充分展开对集权官僚制和儒学道统的批判。受苏联"欧洲中心论"历史阶段说的影响,又将中国革命的对象界定为"封建主义制度",而这种"封建主义制度"早在两千多年前就由秦始皇和李斯终结了。虽说也有对"封建主义"的批判,但并未触及实际的集权官僚制的本质,教条式依从"欧洲中心论",脱离中国实际的对"封建主义"的批判不可能发现中国社会的真正矛盾和传统势力的危害，在照搬"苏联模式"的过程中，把与其政治体制相类似的传统行政集权体制保留下来。这在短期内是有合理性和必要性的，但毕竟与劳动者为主体的社会主义制度的性质不符，由此形成的社会主义制度与行政集权体制的矛盾，制约着中国社会和文化的进一步变革。

行政集权体制的特点是从上至下的委官、任官，各级官吏只对上级负责，不由民众选举和制约，与军队管治体制相似。行政集权体制形成于战国时以法改制诸子的变革，为了富国强兵，吴起相当注重军政一致的管治体制，商鞅的耕战一体，将军队的管治体制推广于管治民众，由此秦国强盛吞并六国。秦始皇和李斯创建集权官僚制，承续并充实、改造商鞅的耕战体制，确立了与军队组织系统相结合的郡县制，由中央政府以皇帝名义委派官吏，分层级管治。这是一套与农业文明相适应的政治体制，两千多年来支撑集权官僚制，控制小农经济，维系中华民族的延续，其历史功用必须充分肯定。与集权官僚制一样，行政集权体制也是历史的产物，具有明确的时代局限性。

中国社会变革的对象是集权官僚制，目的是建立以劳动者为主体的民主劳动制。这是根本性的社会大变革。历史上曾有的历次变革，虽然都一定程度提高了劳动者社会地位，但劳动者始终是被统治对象，文明主体并未成为社会主体。民主劳动制的革命，其主体就是劳动者，目的是确立劳动者的社会主体地位，不论革命对象是资本雇佣劳动制还是比它落后的集权官僚制，都要贯彻民主原则创建与民主劳动制相统一的民主法制体制。马克思的无产阶级专政学说对此做了原则性论证。这是一个漫长的变革进程，是武装革命夺取政权之后继续革命的任务。由于中国的特殊历史条件，短期内保留行政集权体制，既与夺取政权的庞大军队转业为政治、经济管理队伍相适应，也与改造仍普遍存在的小农经济密切相关。因此夺取政权后短期内行政集权体制发挥了其积极作用，随着中国革命政权的巩固和工业体系的基本建成，行政集权体制的局限也逐步显露。毛泽东曾试图以"群众运动"方式制约和改造行政集权体制，但成效不明显。苏联因为未能及时改革行政集权体制，其既得利益者集团不仅压制劳动者自由，削弱公民权利，更利用其公职而谋取私利。行政集权体制成了少数既得利益者集团存续的依据，其对国有资产的侵夺和为了使这种侵夺合法而推行的"私有化"，不仅严重破坏了公有制经济，更导致苏联的解体。"苏联模式"的失败宣告俄国革命创建的初级社会主义制度和"苏联民族"的终结，其主要教训就是：民主劳动制必须构建与之相适应的民主法制体制，否则，制度就有可能变质。马克思早在一百多年前就深刻指出：

> 掌握政权的第一个条件是改造传统的国家工作机器，把它作为阶级统治的工具消灭掉。①

> 当阶级统治的这一种形式被破坏后，行政权、国家政府机器就变成了革命所要打击的最大的、唯一的对象了。②

苏联的教训从反面证明了马克思的正确。保留而又不依民主法制改造行政集权体制，势必导致对初级民主劳动制的损害，甚至颠覆。

行政集权体制在新中国的存留，也成为少数利益集团和个人以权谋私的条件。仅从中共十八大以来反腐败过程由各级党的纪律检查委员会所办案件，就可以看出其危害之巨。如果没有这些年的严惩，中共领导人所说的"亡党亡国"危险真的会成现实！而那些尚未被查处者的情况则更为严重。这是初级民主劳动制内在的最大危害，如果不清除其体制上的根源，以权谋私利益集团仍会以各种方式危害民主劳动制，从而毁掉一百多年来中国的社会变革大业，以致断绝中华民族在工业文明的存续发展。

以权谋私利益集团形成和作用的社会基础，就是行政集权体制，这是旧制度的残余，是社会变革尚未完成的体现。那些主张"弘扬传统文化""复兴儒学""复兴道学""复兴子学"的人们，似乎忘记了，正是儒学、

---

① （德）马克思：《法兰西内战》，《马克思恩格斯选集》第 2 卷，人民出版社 1972 年版，第 434 页。

② 同上书，第 413 页。

道学及以法改制诸子之学，在以集权官僚制否定封建领主制的思想变革中，探讨并确立了行政集权体制的基本框架，而董仲舒之后儒学道统的主要内容，就是对行政集权体制的维护和论证。中国革命的对象，既包括集权官僚制及其行政集权体制，也包括其思想基础儒学道统。只是由于救亡的急迫，未能从思想的道、法层次对旧制度、旧体制、旧道统进行系统批判，只注重术、技层次的夺权建政而不能深切认识其危害。严峻的腐败现象，绝非个人行为，也绝非只是个人思想问题，而是旧制度、旧体制、旧道统的表现。"弘扬传统文化""复兴儒学""复兴道学""复兴子学"，又如何进行社会变革？不进行社会变革，不从制度、体制、思想上清除以权谋私利益集团的基础，又如何根治腐败？

那些"弘扬传统文化""复兴儒学""复兴道学""复兴子学"论者，或许出于"复兴中华民族"的良好愿望。在他们看来，中华民族是与"传统"的儒学、道学、子学直接同一的，它们是中华民族唯一的"族学""国学""种学"，没有它们，中华民族就不存在。"复兴中华民族"就是"弘扬传统文化"，复兴儒学、道学、子学。这是一个简单的形式逻辑推论。然而，持此论者忽略了一点：之所以要"复兴中华民族"，就在于中华民族遭遇了衰败，那么，衰败的原因是什么？绝非仅是外来的侵略，而是有内在的原因，这内在的原因就是制度的腐朽和道统的没落。"复兴"论者们并未提"复兴旧制度""复兴集权官僚制"，但形成于两千年前的儒学、道学、子学绝非孤立存在的，正是其思想构建了集权官僚制，进而又根据集权官僚制的需要，改造儒学、道学、子学形成维护行政集权政统的道统。以"鸦片战争"为标志的中华民族的衰败，正是固守集权官僚制的政统和道统所导致的。清皇朝是比以往历朝历代都注重儒学道统的，恐怕连"复兴"论者所能设想的最高境界，也达不到清朝的程度吧，清朝因固守儒学道统而灭亡，我们又怎么靠"复兴"儒学道统来"复兴"今天的中华民族？

中华民族形成于变革，中华民族的生命就在于变革。一百多年的历史充分证明，只有向前的依时代精神而进行的社会变革才是中华民族存续和发展的保证。如果没有毛泽东领导的中国共产党的革命，中华民族是否还存在都很难说了。沉迷于历史上曾有的辉煌，乞求两千多年前的旧思想来"复兴"今日的中华民族，只能是梦想。"传统文化"是旧时代的产物，"儒学""道学""子学"在两千多年前农业文明中的先进，并不等于没有其历史的局限，更不可能由它们指导今日活着的中华民族的成员发展工业文明并领先于世。儒学道统及道学、子学，都是时代之学，在特定历史阶段曾聚合了中华民族的这些旧时代之学，已不适应现代中华民族的发展。"弘扬传统文化""复兴儒学""复兴道学""复兴子学"的论调，不承认或不知道历史的阶段性，将两千多年前的旧思想泛化、一般化为"永恒真理"，或许持此论者也痛恨现今政治腐败，但他们没有看到，腐败的基础是与集权官僚制相适应的行政集权制，儒学道统及"道学""子学"则是集权官僚制及其行政集权体制的思想来源和依据。一百多年的历史充分证明，正是因为固守旧道统和旧制度、旧体制，导致"中华民族到了最危险的时候"。中华民族要存续，要发展，就要以体现现代精神的新思想，变革内在危害中华民族现代化和发展的旧道统、旧制度。

诸子思想变革之初，即老子、孔子时，"天下"尚有二三百国，不过三百多年，日益减少至七国，终由秦一国统天下。是什么导致这样巨大的变化？根本就在制度和思想、文化。不论春秋"五霸"还是战国"七雄"，都是由于制度和思想的变革而强盛，而那些连史书都很少记载的"灭国"，其衰亡的原因就在固守旧周礼制礼教。

古时国际间竞争的实质，是制度、思想和文化，现代国际间竞争的实质也是制度、思想和文化。

今日之"天下"，已扩展至全地球，但也只有大小二百左右国家，再过三百年，还会剩几国？现在国际间的竞争，远比春秋、战国时激烈得多。中华民族之所以在一百年前被列强侵掠、瓜分，原因就在制度、思想、文化的落后。全赖毛泽东领导的中国共产党的社会变革才保住了被侵占近六分之一（约二百万平方公里）后还属于中国的九百六十万平方公里领土，但美国、日本的大资本财团始终未放弃其欺凌掠夺中国的野心。现在美国大资本财团代理人特朗普所发起的对中国的经济战争正是其表现。中华民族的存续和发展,取决于我们通过制度和思想变革,创建比美国资本雇佣劳动制更为先进的民主劳动制。近几十年的实践已证明效法美国制度和文化,只能成为世界"中心"美国大财团的"外围",美国大资本财团绝对不会容许中国发展强盛,它会用其制度优势和"中心"地位,准确而凶狠地打击由其制度推广者所预设的弱点、"死穴",迫使你屈服投降,进而任意作弄。现今世界上资本化了的众多中、小国家,哪个不在美国大资本财团的作弄下苟延?美国大资本财团对中国的经济战争,目的就在通过其主导的"全球化"的资本雇佣劳动制对中国人命运的掌控。只有比资本雇佣劳动制先进的民主劳动制,确立劳动者的社会主体地位,提高素质技能,才能发展中华民族并领先于工业文明的现时代,这才是中华民族真正的复兴。靠"弘扬传统文化","复兴"两千多年前的儒学、道学、子学旧思想来"复兴中华民族"的思路,比效法美国资本雇佣劳动制的思路更落后,其真正的作用与危害,是在思想上造成专制主义官文化、小农意识和资本主义的混杂局面,从而给固守旧体制者提供思想依据,进而给以权谋私利益集团保留作用和扩展的空间,并内在地阻抑制度和思想变革。这种貌似良好愿望的"复兴"旧学之设想,如果真的实行,势必导致中华民族在现代世界的竞争中衰亡。这一点,对于读过孔子、老子及其他诸子之书的"复兴"论者是不难理解的:只要想想鲁、宋、卫等国因固守周礼宗法而灭国就清楚了。

二 现代资本主义已衰败,中国更不可能依资本主义而振兴

如果说"弘扬传统文化","复兴儒学""复兴道学""复兴子学"等还是一股小的思潮,那么效法美国资本主义而"改革",则是这几十年来中国相当一部分自以为先进者的共识,而且对经济和社会生活产生了巨大影响,对此,我们必须认真对待。

依资本主义而"改革"并由此发展中国经济的思路要点是:以美国为

代表的西方国家之所以富强，就在信奉资本主义；中国之所以落后，也在没有实行资本主义；为了发展中国经济，甚至"振兴"中国，就要效法美国，依资本主义而"改革"，其重点就是不择手段地对公有制经济进行"私有化"。

这也是一条形式逻辑上说得通的思路：既然美国等西方国家因资本主义而富强，中国依资本主义而"改革"，也会富强。

但是，资本主义也是历史的产物，它所导引的资本雇佣劳动制的确比集权官僚制和封建领主制先进，不仅促成了欧洲一些国家民族的形成，更聚合了美利坚民族，在工业文明的发展中领先于世。从这个意义上说，资本主义比儒学道统的专制主义和基督教的封建主义是更为先进的思想体系。如果在二百多年前乾隆统治的清朝，有人提出依资本主义变革中国的制度，无疑是相当先进的思路。可惜当时的中国学子们正忙于修习八股文以应付科举，对欧洲兴起的资本主义和工业革命一无所知。而到一百年前，孙文等一些对西方世界有所了解的人开始主张依资本主义的一些理念"革命"中国时，遇到了集权官僚制的强势镇压。清朝统治者虽然对资本主义主导的西方列强的侵掠毫无抵挡之力，但对本国先进分子宣传和实行资本主义革命的镇压，却凶狠无比。孙文的革命屡屡失败，说明了在中国推行资本主义难上加难。如果不是苏联和共产党的支持，国民党的"北伐"是不可能成功的。"统一"中国后的国民党很快放弃了孙文主张的资本主义，转而强化集权官僚制，并成为西方列强的附庸。中国的变革是由毛泽东领导的中国共产党展开的，这是以社会主义为旗帜农民为主体的革命。中国革命之沉重和惨烈是空前的，中国共产党和中国劳动者以巨大的牺牲，夺取了政权，建立了初级的民主劳动制，挽救了中华民族，并实行了初步工业化，行进于工业文明。虽然由于初级劳动民主制并不完善，特别是行政集权体制的存留导致腐败和深刻社会矛盾，但中国在基本制度上仍先进于西方资本雇佣劳动制。改革完善民主劳动制，是中华民族在工业文明存续和发展的根本。

由美国大资本财团所指使的少数"学者""专家"，与以权谋私利益集团达成默契和合作，提出了效法美国，在中国依资本主义而"改革"的思路，这种思路故意忽略了几个基本点：其一，现在的资本主义与三百年前的资本主义相比，已经不再具有先进性，而且日益衰败；其二，其所要"改革"的中国社会制度，不是孙文所要革命的集权官僚制，而是由中国共产党的革命所建立的初级民主劳动制，虽然有诸多缺陷，但在理论上却是先进于资本雇佣劳动制的；其三，今天的美国和主要资本主义国家，其政权是由大资本财团控制的，大资本财团绝对不会容许世界上再出现一个与之抗衡的资本主义中国，势必以各种手段打压和破坏，依资本主义"改革"了的中国只能作为美国大资本财团的附属；其四，现代的西方国家中已经存在势力强大的劳动者为主体的社会主义运动，让中国知识分子和青年所羡慕的"民主""自由"和"福利"，并不是资本主义的内容，而是社会主义运动所主张和争取到的成果。

　　资本主义主导的资本雇佣劳动制之所以先进于集权官僚制和封建领主制，在于它承认普遍的人身权，劳动者的劳动力所有权属于劳动者本人，劳动者有出卖自己劳动力所有权派生的使用权的自由。正是这种进步，提高了劳动者的社会地位和素质技能，促进农业文明向工业文明的转化，并在工业文明的发展中提高了生产力。

　　资本雇佣劳动制的主要矛盾，是资本所有者与劳动力使用权出卖者的矛盾。资本所有者购买劳动力使用权和生产资料组织生产，其产品的价值远高于购买劳动力和生产资料的资本货币价值，这多出并归资本所有者所有的价值，被马克思称为"剩余价值"。由于资本所有者付出的资本货币价值是既定的，他所获取的剩余价值只能是劳动力使用权出卖者在生产中创造的，是劳动者增加劳动时间和强度，或提高和发挥技能素质的结果，但资本雇佣劳动制却规定这部分价值属于资本所有者，与其创造者无关。这是资本雇佣劳动制主要矛盾的焦点，并由此引发各种经济和社会矛盾。

　　资本因对剩余价值的所有权及剩余价值的资本化而积累、积聚和扩张，无止境的增殖欲求使其陷入不断发生的生产过剩的经济危机，并通过资本金融化逐级进入私人垄断、集团垄断、国家垄断和国际垄断。这个过程，不仅促使资本投资于技术研发，更以最先进的技术用于制造杀人武器，已经发生的两次世界大战和数不清的局部战争，夺去了亿万人的生命，而其原因，只在争夺资源和占有更多剩余价值。资本主义制造的灾难，远远超过了它对文明的促进。这是地道的"负文明"，是人性中动物一般性野蛮成分的集中展现。

资本主义从其形成至今，三四百年时间，它加速度地制度化并向全世界扩张，资本主导的"全球化"已将资本主义普及地球的各个角落。资本主义对人性升华的正作用已发挥到极致，其先进性不复存在。而其负作用却充分发挥，并成为人性升华的主要障碍。资本主义的历史局限使它步入衰败。

资本主义是以资本所有者为主体的思想体系，其核心是最大限度地攫取资源和所有劳动者创造的剩余价值，将财富聚集于尽可能少的人手里，并以财富为权力依据，采用暴力、欺诈各种方式控制一国到世界人类的意识和行为。资本主义的制度化和扩张，冲破了集权官僚制和封建领主制，但为了资本增殖的需要，又充分地利用各种旧势力。在其本国，由大资本财团为核心，组建以"共济会"为典型的神秘组织，就像居统治地位的家族势力在封建领主制和集权官僚制社会中的领主贵族与皇亲国戚一样，内在地、深层地主宰经济与政治。在仍保留集权官僚制或集权专制势力严重存在的国家，则由大资本财团利用其统治者和权贵者，形成官僚资本或权贵资本，通过他们控制政权，获取资源，掌握市场，榨取剩余价值。在更为落后的封建领主制国家，则与其封建主和贵族结盟，以军事或政治之力维持其统治地位，由他们为代理攫取资源，这种情况只发生于拥有丰富自然资源的地区，主要在中东几个石油藏量巨大的国家。由于石油成为人类主要能源，美国大资本财团与这些国家封建主和贵族的结盟，垄断了国际石油市场，并将石油价格与美元挂钩，以此操纵世界经济。

当大资本财团雇佣文人学者宣扬"人权""自由""民主"之时，资本主义的真正主宰大财团的首领们，正按从古至今的家族血统和奴隶主、封建主意识掌管其产业，并与各种可以为其带来利润，助其控制资源和劳动力的旧恶势力勾结。在他们的观念中，文人学者宣扬的"人权""自由""民主"只是其欺诈术的一种，是用来迷惑被统治、被榨取对象的，而只有他们才是上帝造就的真正精英，是地球的主人。

资本作为社会关系，以物质财富的所有权为权力依据，界定人的等级和社会地位，支配人的意识与行为。资本的所有者理所当然地成为支配者、统治者，为了增强权力，他们制定了各种适合其攫取资源、剥夺剩余价值的法律和规则，形成相应的社会机制和文化。资本之间的相互竞争和垄断，导致财富迅速地集聚于少数人手中，据粗略统计，现在地球上百分之一的人所有着百分之五十以上的人类总财富，而这百分之一中的百分之一的人，又所有着人类总财富百分之五十的百分之五十。"财篇榜"上前二十六位亿万富翁的财产等于三十八亿贫困人口的总财产。而不在"财富榜"的罗斯柴尔德等家族的资产，与那些在"财富榜"上身价千亿美元、百亿美元的"显贵"相比，简直就是泰山对坟丘，而其所有者却从来不屑与这些"显贵"为伍，默默无闻地算计着控制人类的大计，安排政权和战争。他们是真正的上帝代理人，世界上的大事件，都与他们密切相关。在这些大财团主人眼中，地球上七十亿普通劳动者不过是会说话的生物，是受其掌控的奴隶，只因为其劳动力可以创造剩余价值才有存活的理由。而当资本操纵的科学技术可以制造取代劳动力的机器和"智能人"的时候，他们就会科学地有计划地以各种技术减少劳动者的数量。人类既是大资本财团的工具，又是大资本财团的敌人。在雇佣文人学者宣传资本主义的各种"优越性"，以迷惑和稳定被称为"人"的生物工具时，大资本财团的主人们正设计着如何使用这个工具，以及在人不具备工具性后如何消灭他们，就像处理其工厂中那些作废的扳手、锤子一样。

资本主义的鼓吹者往往以科学技术和生产力的发展来论证资本主义的优越性与先进。应当承认，自从资本主义从物质定义世界本原，打破对上帝造人造物的迷信，对自然物质的研究和改造取得了突飞猛进的成果。但这些成果又都转化为资本获取剩余价值的手段，成为资本所有者控制劳动者的权力。资本主义的鼓吹者们不愿意说的是，资本主导科学技术的目的,并不是造福人类,而是统治人类。因而,资本主导科学技术的核心和优先应用,是制造杀人武器,既用于震慑和镇压劳动者,用于征服落后国家和地区,更用于相互间争夺资源和市场的战争。图财害命是资本增殖的秘诀,先进科学技术所制造的各种武器,不仅是其财富的重要组成部分,更是资本统治的权威。三百年来资本所驱使的战争杀害了多少平民百姓!两次世界大战,充分展示了资本所创造的负文明,而统计为"生产力"的军工产品,更是负生产力的标志。第二次世界大战后的七十余年,由美国大资本财团发动的局部战争几乎连年不断,现在美国一年的军费就足够养活全部非洲人!更恐怖的是其率先研制并迫使其他国家不得不跟进研制的核武器、化学武器、生物武器,随时都有可能毁灭人类,甚至毁灭地球上所有生命。只要统治权仍操在家族式大资本财团手中,这种危险时刻都会发生。资本主义使人性中的野蛮成分最大化。资本已成负文明的根源和人类进步的主要障碍。

资本主义形成和作用的基础是经济,资本雇佣劳动制之所以能够否定集权官僚制和封建领主制,也在于它通过提高劳动者社会地位而提高并发挥其技能素质,由此极大地发展了生产力。但资本所有者的目的却只在最大限度地所有剩余价值,在资本积累的进程中,私人资本组合成股份资本,并形成日益庞大的资本财团。为了垄断市场,操纵本国乃至世界经济,大资本财团制定了各种法律和政策,构建了适合其统治和剥削的体制,并以对高端技术的所谓"知识产权"垄断和遍布全世界的军事基地,以至数千枚核武器的威慑,推行这些体制和机制,保证其攫取资源和剩余价值。与此同时,通过联合国、世界贸易组织、世界银行等各种机构,以及对各国政府的操纵,在全地球挑动、制造种族、国家间的冲突,并以每年几千亿美元的武器出口扩大这种冲突。

然而,资本主义的内在矛盾和缺陷却使大资本财团对世界的控制和掠夺不断出现危机。资本增殖的欲求是无限的,但其所要掠夺的资源和其利润实现的市场是有限的,这样,经济危机就成了资本增殖的伴生物,自资本出现以来,大大小小的经济危机连续不断。二十世纪三十年代的大危机不仅导致第二次世界大战,还迫使资本雇佣劳动制度进行改革,强化了国家对经济的干预,实行国家垄断和国际垄断。而我们现在仍深陷其中的由美国金融危机引发的全球危机,更充分地说明了资本主义的局限和缺陷。由大资本财团组合而成的"美联储",任意滥发货币,并带动世界各国起而效法,致使今天的货币量已达到二十世纪人们不可想象的天文数字。这种以"注水"加"泡沫"式的做法,严重损害了国家的权威。自从废除美元与黄金挂钩之来,货币就作为国家权威的标志控制市场,如此巨量的超发货币,无疑是国家权威的滥用。美国大资本财团为代表的现在人类统治者,为了保持自己的利益,连作为其工具的国家权威都不顾了,可见其矛盾和危机的程度是多么严重。大资本财团所构建起来的统治世界的体制和机制日益失灵,但又设想不出新的路途,特朗普政府作为大资本财团的代理人,不断地退出由大资本财团建造的国际机构和组织,表明其主子们的焦虑和无奈。资本主义之所以还能主导世界,并不表明它还有什么先进性,只是由于还没有形成足以否定它的变革思想和社会势力,才能延续它在意识形态的统治地位。

说到这里,不能不论及资本主义的基本观念——物质主义。与上帝观是封建领主制的理论依据、天道观是集权官僚制的理论依据一样,物质主义是资产阶级意识的集中概括,是资本雇佣劳动制的理论依据。物质主义在欧洲的形成,是以否定封建主义的上帝观和专制主义的自然神论为目的的。由于欧洲的集权官僚制只达到初级阶段,而且时间不过几百年,因此其理论依据,即类似天道观的自然神论并没有充分发展,但却为物质主义提供了前导。英国霍布斯、洛克和法国启蒙学者提出的物质主义,兼具反专制和反封建的双重任务。物质主义对上帝的否定同时包括对以上帝名义的自然神的否定,从观念上为资本的增殖和统治奠定了基础,不仅导引着科学技术的探索和应用,更为资产阶级革命提供了理论依据。物质主义是资本时代的精神,是初级工业文明的先导和灵魂。近、现代人类所取得的文明成果,都与物质主义密切相关。然而,物质主义从基本点上就有一个缺陷,即从一般性上将人规定为物,进而认为应以对物质财富的占有数量来确定人的社会地位和关系,并依动物界通行的"优胜劣汰"来确定社会制度和机制,这就是资本雇佣劳动制及其竞争机制。人作为物质的一种形式,或是作为物质财富的所有者,或是作为物质财富的生产者。所有人都被物化和异化,人与人之间只是物质关系。资产阶级的利益与统治是制度的基础,资产阶级的意识则被"科学化"为经济学、法律学、政治学的定理。作为文明主体的劳动者只是因其劳动力才有存在价值,而他们以其异化了的劳动为资本所有者创造剩余价值之后,只能拿到维持生命和延续后代——新的劳动力——的必要生活资料。因此,资本所有者通过将剩余价值资本化而日益所有几乎全部财富,雇佣劳动者则在劳动的异化中深刻地体会自己异化为物的"物质主义真理"。资本所有者动用了法律的、政治的、文化的、军事的各种方式和机制来保护自己的利益,这种保护同时就是对劳动者的束缚和压制。而这种社会关系和制度的根据就是物质主义观念。但劳动者是人,他们在工业生产方式中不断提高素质技能,因而切实感受资本雇佣劳动制的矛盾,进而认识到这个使自己异化为物的制度的理论依据的错误。劳动者从自己的存在和发展需要中,从自己作为人的本质存在的核心劳动,意识到应有自己的基本观念,并以此作为争取社会主体地位,建立与自己的本质存在和人性升华相适应的社会制度的理论依据。马克思早在十九世纪四十年代初就曾以"真正的人道主义"来取代物质主义,这标志着以劳动者为主体的基本观念的提出。但由于马克思曾用"新唯物主义"来称谓这个基本观念,因而教条主义思考的人又将马克思归入"唯物主义阵营"之中,从而使物质主义在"苏联模式"中延续,并导致社会主义运动和初级制度化的重大失误。虽然有这种曲折,但现代资本主义的矛盾和危机,越来越清楚地证明不仅其主导的雇佣劳动制步入衰败,作为其理论依据的物质主义也越来越不适应时代的发展。物质主义作为资本时代精神的基本观念,势必在资本主义及其制度化的矛盾演进中被新时代精神的基本观念——劳动主义所取代。

  被中国一些人信从的现代资本主义已经步入衰败期,其核心和首领美国大资本财团绝不会容许在它之外还会出现一个新的资本核心和首领,必然以经济、政治、军事的手段打压可能"新兴"的资本主义国家。美国大资本财团早就设计了其统治地球的"美礼",即以其为"中心"的世界秩序,其中设定的中国的出路和地位是:通过"私有化"、培植代理人、利用以权谋私利益集团及一系列"和平演变"方式改造中国,使之成为"外围"国家,以劳动力和资源为"中心"的美国大资本财团生产初级产品,并成为其金融、科技等高端产业的市场,但绝对不容许形成一个足以与之竞争的对手。中国现在出现的鼓吹依资本主义进行"改革"的言论,正是对美国大资本财团的呼应。如果真按这种"改革"路数走下去,中国的前途只能是做一个低档国家,由人操纵,任人宰割,如此下去,中华民族危矣。而经过一个多世纪大变革的中国,已远不是清朝末年的"东亚病夫",初级的民主劳动制已深深植入中国人的意识,有近一百年革命经验的中国共产党正在克服以权谋私利益集团的困扰,努力探索强国振兴之路。依资本主义而"改革"中国,不仅违背现代精神,也与中国国情不符,曾经几千年领先于世的中华民族也绝不容许这样的"改革"。

三 以探讨现代精神为导引展开中国思想变革

让今天的中国人自豪的诸子思想,虽然因时代的变迁而不能继续导引中华民族在工业文明中的发展,但其中体现的变革精神和一般性因素,却仍激励并启迪我们以探讨现代精神为导引展开思想变革。

如果说两千多年前的诸子思想变革是超前于当时的世界,因而诸子思想中体现的时代精神具有中华民族的特殊性,那么今天在工业文明发展中落后的中国,所要探讨的时代精神,已先行发端于西方资本主义国家,并具有世界的普遍性。两千多年前的诸子是以他们所知道的"天下"为思想范围,今天的我们更要从中华民族与现代世界的统一中探讨现代精神。

资本主义曾是工业文明初期的时代精神,随着资本雇佣劳动制矛盾的激化,现代的资本主义已经衰败,虽然它仍主宰着世界,但却不再是引领人类文明发展的现代精神。资本主义只是资本雇佣劳动制社会的时代精神,对于现代人而言,它是"近代精神"。现代资本主义的衰败并不证明专制主义、封建主义的正确和应当,更不能成为"复兴"专制主义、封建主义的理由。否定资本主义近代精神的,只能是以劳动者为主体的劳本主义现代精神。能够引领现代中国和世界发展的现代精神,是资本雇佣劳动制社会主要矛盾演化的集中体现,是作为主要矛盾次要方面的不断提高素质技能的劳动者成为社会主体的利益和意识的概括。

现代精神源于现代劳动者争取社会主体地位的变革运动,并贯穿于、发展于变革运动。劳动者是资本雇佣劳动制社会主要矛盾的次要方面,虽然是次要方面,却是生长着的新势力。劳动者是资产阶级革命的重要参与者,在推翻封建和专制统治后,劳动者争取到了自己的人身权,并有了出卖劳动力所有权派生的使用权的自由,资本主义的工业生产促进了劳动者素质技能的提高,具有共同利益的劳动者在协作中加强了联合,组织起来争取更多的经济权利和政治权利。工会和政党是劳动者联合的基本形式,组织起来的斗争进一步聚合了劳动者的阶级意识。马克思在揭示资本雇佣劳动制社会主要矛盾的同时,初步概括了劳动者的阶级意识,提出以"真正的人道主义"为基本观念的共产主义思想体系。共产,就是共同劳动,所有人都以人本质核心要素劳动参加社会生产,消灭对生产资料的资本私有制,生产资料的所有权平等地属于全体劳动者个人,其占有权由公共机构行使。每个人都是劳动者,各尽所能地在社会化的生产组织中劳动,先是按劳动分配,到物质产品极大丰富时,再按基本需要分配生活资料。劳动者平等地拥有政治民主权,并选举、监督、组织社会公共事务的管理机构。马克思的共产主义开启了否定资本主义旧时代精神的新时代精神,虽然还是初级的,却为联合劳动者争取成为社会主体的社会主义运动提供了理论依据。以马克思思想为大前提,从欧洲到美洲、亚洲,以至全世界展开了以劳动者为主体的社会变革运动。其中最突出的是列宁领导的俄国革命和毛泽东领导的中国革命,这两大革命都夺取了政权,建立了初级社会主义制度。虽然俄国革命后组建的"苏联模式"因偏离了马克思对现代精神的规定而失败,但俄国革命本身却是新时代精神的证明。中国革命也因照搬"苏联模式"而走弯路，但仍在法理上坚持马克思的共产主义理念，中国共产党和中国劳动者正努力探索变革途径。各国的社会主义者一个多世纪以来，坚持联合劳动者争取提高社会地位的斗争，取得了广泛而实际的文明发展成果。普选权、男女同权、社会福利、言论自由等现代西方人引以为骄傲的变革，都是社会主义运动艰难斗争的成果。虽然西方的资本主义者也在用这些变革成果来宣扬"资本主义的优越性"，但他们忘了，当社会主义者为这些权利而斗争时，正是他们秉承大资本财团的旨意，坚决而顽固地反对和阻挡变革。社会主义运动已成为现代西方国家重要的社会势力，虽然尚未成为主要矛盾的主要方面，因而没有从本质上否定资本雇佣劳动制，却是西方国家进步的主流。一个多世纪的社会主义运动，表明新的现代精神已成为文明发展的主导，同时也宣告了资本主义的没落和衰败。

资本主义作为旧的时代精神，其先进性已不复存在，大资本财团对人类的统治、盘剥已达极致，而其采用的手段正一步一步毁灭人类，如果没有现代劳动者为主体的社会变革运动与之抗衡，这个世界早已变成资本化的奴隶制。劳动者争取成为社会主体的变革，是人类进步的希望。马克思在一百多年前宣示了新时代精神的应该与方向，这一百多年的社会矛盾和社会变革经验，证明了现代精神的生命力，它已内在于现代劳动者意识中。时代要求我们在概括现代劳动者意识，系统规定现代社会矛盾的基础上，从道、法层次概括现代精神，通过与社会变革统一的思想变革，验证并充实现代精神，主导中国和世界的发展。也正是在展开现代思想变革的进程中，两千多年前诸子思想变革及其中的一般性因素，可以为我们提供必要的借鉴。

与诸子思想变革及欧洲的"文艺复兴""启蒙运动"的思想变革不同，现代思想变革是以劳动者为主体的，是劳动者争取成为社会主体的思想运动，而诸子思想变革、"文艺复兴""启蒙运动"的主体都是非劳动者，其变革内容虽包括一定程度提高劳动者社会地位的内容，但仅是较前一阶段有所提高，并没有，也不可能提出劳动者成为社会主体的理念。正是从这个意义上，现代思想变革是终结马克思所说的"人类史前时期"的革命，是人性升华的质的飞跃，其深刻程度和困难，也是以往任何思想变革所不可比的。诸子思想变革历时四百多年，"文艺复兴"三四百年，"启蒙运动"也二三百年，其间所遇阻力和曲折都说明思想变革之艰难。现代思想变革并不是要由一个新的剥削阶级取代另一个剥削阶级的统治，而是彻底消除剥削者，现在依然居统治地位的资产阶级和集权官僚制、封建领主制的残余势力，绝不会容忍危及其命运的变革，势必调动其掌控的军事、政治、经济力量，雇佣各式文人"专家"，展开对思想变革的镇压与干扰。在中国，既要批判主宰现代世界的资本主义，更要批判集权官僚制的官文化及其思想基础儒学道统。资本主义是"启蒙运动"的成果，儒学道统则是诸子思想成果的集合改造，它们都曾体现一个历史阶段的时代精神，但在现时代却是过时的、落后的、阻碍社会发展和人性升华的思想体系。以劳动者为主体的现代思想变革，在确立劳动者社会主体地位，论证和解决现实社会矛盾的变革时，必须将对资本主义和儒家道统的专制主义进行批判，特别是要批判二者结合的官僚资本主义、权贵资本主义，因而任务相当艰巨。

现代思想变革的参与者也会因内在外在原因而在观念、方法及思想体系等各层次出现问题，走弯路，乃至停滞和退步。更重要的是思想变革与社会变革如何有机统一，思想变革绝非仅几个书生的冥思苦想、写作和高谈阔论，必须内在于现代劳动者的利益和意识，融合于实际的变革运动，才有生命力，才能切实概括劳动者的阶级意识，系统地规定社会矛盾，提出适当的变革主张。因此，现代思想变革必然是一个漫长的递进过程，诸子思想变革已为我们提供了应有的借鉴。

诸子思想变革对现代思想变革的又一个重要借鉴是，变革的参与者必须突破其生存的地域和国度，具有"天下"观念，虽然诸子们所知"天下"只在华夏，但所有诸子都并不囿于其所生国家和部族，而是从天道观出发，考虑"天下"的问题。特别是以法改制诸子，几乎都不是在其本国本族发挥作用的。正是有这样的眼界和胸怀，才能认知社会矛盾，提出变革主张。我们是立足中国来思想的，但今日之"天下"已是整个地球，只有从人类的角度来思考时代，研究中国的矛盾，才能理解现代精神，依现代精神来探讨中国的变革。

思想变革的实质是规定现实矛盾，从矛盾的演化规律中探讨解决矛盾的途径。诸子思想之所以先进于时代，概括了其时代精神，就在他们正视矛盾，并从对矛盾的规定中探讨解决矛盾的对策，在这一点上，他们为所有思想者树立了榜样，也是我们应当继承的"传统"。在诸子思想中基本看不到对矛盾的辩护，也几乎没有对统治者的歌功颂德，即使游说君主以求为之所用，也是从实际矛盾论证其主张。现代思想变革必须以此为借鉴，那些受雇于大资本财团的"专家"，以及为了名利而依附权贵的学者，只能投雇主或权贵们所好，揣摩其心思，掩饰矛盾，为错误辩解，根本不属于思想者范畴。但在现实中，他们却是思想界的"权威""霸主"，是思想变革的主要障碍，他们也一定会按雇主或权贵旨意，打压对实际矛盾的探讨。现代思想变革必然面对这群人，与之进行斗争。马克思之所以能够成为现代思想变革的发起者，就在于正视矛盾，以辩证的方法系统规定矛盾，这是现代思想变革所需要的基本品德。马克思的品德，既是现代思想变革的珍贵遗产，也是一面辨别真伪的宝镜，鉴别那些以"马克思主义者"面目出现的伪思想者，将他们扫除现代思想变革者队伍。

思想变革是以体现新时代精神的思想系统否定体现旧时代精神的思想系统，但在变革进行时，体现旧时代精神的思想系统还因旧制度的存在而居意识形态的统治地位，掌控着话语权，甚至暴力压制的权力。虽然其理念陈旧，但却自成体系，那些"御用""官办"或资本大财团雇佣的文人，不仅支配着主流媒体，还会用各种方式压制，甚至镇压新思想。文化专制是统治者无能、无知、脆弱、保守的表现，以其握有的暴力工具来压制揭示矛盾、主张变革的思想。自阶级出现以来，文化专制就是阶级统治的重要方面。诸子思想产生的春秋、战国时期虽然文化环境相对宽松，但遵奉旧礼制礼教的各级学官依然严酷地打压新思想，迫使老子只能在"出关"途中写出其著作，孔子虽尚勇，但其言论中几乎没有对周礼的正面批判。而那些固守周礼宗法的诸侯国并没有任何新思想的形成，出身于这些国度的诸子只能在别国著书、讲学、献策、执政。现代思想变革比诸子时的环境严酷得多，为此，思想者必须勇敢地面对各种干扰和打压，独立思考，勇于探索，以对现实矛盾及其趋势的系统规定，充实思想，冲破各种阻碍，才能展开现代思想变革。

我在年轻时，思考出一句话："没有压力，只有动力不足。"这句话一直是我思想的主导。说到思想的压力，不仅来自外部，更来自思想者自己。之所以会觉得有压力，就在有个人私心私利，以及自身思维方式不正确或努力不够，只要消除个人名利意念，改进思维方式，努力探索，就有了充足的动力，压力就不存在。航天火箭之所以能不受地球引力之阻，就在于具有冲出其阻力的动力。只要方法正确和足分努力，思想上的难题就可以解决。当然，思想不是梦想和幻想，只要切合实际的思想问题，都是可以通过适当的方法努力解决的。现代思想变革并非梦想一个背离时代的目的，而是对现实矛盾的规定和解决。"矛盾之所以存在，就在于能够解决。"这是和上句话几乎同时想到的，当时的我还不明确规定矛盾与解决矛盾间的困难，但我一直坚信只要正确地规定了矛盾，就能知道解决矛盾的途径。现代思想变革的真正困难，在于如何探寻正确的方法规定矛盾，探讨解决矛盾的途径，只要达到这个目标，也就有了对抗和冲破外部障碍的办法。

思想变革的关键在于如何思想，从诸子思想中可以得到的启示就是独立思考、勇于探索。虽然现代思想变革的内容不同于诸子，但更需要独立思考和勇于探索。那些"御用"或"资用"的学者之所以不能在思想变革中起正作用，就在于他们是按照统治者或大资本财团的旨意来思考的，其结论早在给其旨意中确定了，因而不可能有独立的思考，更不需要探索了。诸子们的思想成果，都是独立思考的结晶，孔子反复强调思与学的统一，并将"勇"作为思想者的必要品质。孔子以后诸子，也都在独立思考、勇于探索中形成其观点和主张。虽然这些成果在今天是过时的，但其独立思考、勇于探索的精神却永远值得我们学习。我们的思想也会过时，我们不怕后人们说我们的思想成果已陈旧，唯恐他们指责我们没有独立思考。

现代思想变革所要思考的问题，是现代的社会矛盾，它们都没有既定的答案，都需要我们艰难探索才能认识和解决。为此，独立思考和勇于探索首先集中于方法论上，选择、检验、修正方法论，既是规定矛盾的前提，也是规定矛盾的过程。世界上并不存在先验的方法论，即使前辈思想大师如老子、孔子、黑格尔、马克思、毛泽东，也都是在独立思考和勇于探索中形成其方法论的。但他们的方法论不是拿过来就可以用的，是要通过独立思考理解其特殊性中体现的一般性，再以其一般性结合我们对现实矛盾的思考，才能逐步形成我们的方法论。思想变革的内在障碍之一，就是奉前人学说为"真理"，教条式演绎现实问题。苏联教科书中所体现的东正教之教条式思维，以及科举制留给中国人的"八股"式学风，既是现代思想变革的对象，也是现代思想变革进程中要不断警惕和清除的"内鬼"。

一个时代的思想变革，是对旧制度及其矛盾的否定，也是对新制度基本框架的全面探讨，因而是漫长的递进的历史过程。诸子思想形成和发展的四百多年，以变革为主线创立新思想系统，并不断在变革的实践中论争、反思、修正其系统。这对现代思想变革是必要的启迪。现代思想变革必须注重系统性，即道、法、术、技四层次的统一。由于现实斗争的急迫，人们往往忽略道、法层次的探讨，而是从"用"的角度，将马克思及苏联人所崇奉的"经典作家"关于道、法层次的初步规定，说成"放之四海而皆准的真理"。俄国革命和"苏联模式"的形成过程，只注重术、技层次，忽略甚至压制道、法层次的探讨，从而导致思想变革的不系统、不彻底，引发制度和体制的缺陷。而欧美各国社会民主党只重从术、技层次的"议会斗争"，也不可能对资本主义及其制度进行彻底变革。忽略系统性，不仅阻抑了思想变革，更使社会变革陷于停顿。一个世纪以来的社会主义运动的经验教训，要求我们系统地反思已有的变革，以变革为主线，在现实社会矛盾的探讨和变革的实践中，确立以劳动者为主体的现代思想的道、法、术、技系统。

　　现代社会矛盾的激化和危机要求现代思想变革，现代思想变革又因社会矛盾的尖锐复杂而艰难、曲折、漫长。只要提高了素质的现代劳动者在为成为社会主体而奋争，现代思想变革就能继续进行。这是一个历史的、递进的思想运动过程，自由、平等的思考和论争，是它内在的动力。诸子思想变革由四百多年千百个思想家连续展开，其间既有相互传承，也有论争和修正、改进。在先的思想可能有些陈旧，并为后人所批评，但它是在当时的条件下对封建领主制这个诸子共同变革对象的认识，后来的认识超过在先的认识，并不等于在先的认识不是思想变革必要的一环。现代思想变革从马克思到现在已近两个世纪，其间诸多思想前辈对当时的资本主义及其制度的认识，会显现出局限和缺陷，但却是现代思想变革运动必然经历的环节，我们既要认知其局限，更要承继前辈们的变革精神。而为了让后人少指责我们思想的粗陋、低劣，我们更要努力改进方法，减少思想的缺陷。

跋

"我"是思想的出发点、经历点和归结点。思想的全部内容可以概括为"我"。我是生命的个体，又是社会的总体。社会总体的我是生命个体的我的集合，生命个体的我是社会总体的我的细胞。没有细胞，不能形成机体。没有机体，细胞也不可能存活。我就是个体生命和总体社会的集合。

思想是个体我大脑活动的体现，思想的对象，既有个体我生命的存在及其欲求，也有为维持生命，满足欲求进行的活动，并与其他个体的我及所有物质条件的关系。

虽然没有一个总体我的大脑在思想，但所有个体我大脑的思想都有总体性，并在历代无数个体我交往的矛盾、论争过程，以语言、文字及其他方式融通和制约，形成总体我一般的思维形式。个体我的思想依从总体我的一般思维形式进行思想，不仅使总体我中同时存在的个体我能够相互交流，更可以承续前人的思想成果。由此，个体我的思想也就融入总体我，无数个体我的思想是总体我历史存续的必要内容。

总体我中的个体我的欲求、利益和素质是有差异的。差异导致矛盾。以家族为基本单位的群体，演化为氏族、氏族联合体，以至部族。部族的出现标志着原始社会的结束，部族内分化出阶级，居统治地位的氏族强制被俘获、征服的氏族为奴隶，虽较之前将俘虏作为食物杀了吃"人道"了些，但奴隶只是"会说话的工具"，不具有人的权利。正是"会说话的工具"使人本质核心要素的劳动发展起来，在为统治氏族中核心家族提供剩余产品的同时，提升了其个体的素质技能，由此加速度地促进总体我生产力的发展和社会关系的演变。奴隶主与奴隶的关系是几千年来的基本阶级关系，领主与农奴、官僚地主与农民、资本家与雇佣劳动者的关系，都是奴隶主与奴隶阶级关系的转化形式和阶段。在各阶段的转变期，先进思想者都对既有阶级矛盾及其解决进行探讨，以思想变革导引制度变革，促进总体我的成长。

思想是个体我依总体我的思维形式而对个体存在的总体社会矛盾的认识，因而也是矛盾的。思想矛盾集中体现于社会变革时期，代表总体我中新生势力的个体思想者形成批判和变革旧制度的群体，而旧制度的既得利益者则利用其权力组建一支强大的思想卫队，反驳、镇压变革思想。从春秋到战国、秦、汉初这四百多年，是人类思想史上最为漫长、深刻的思想变革期。诸子思想作为这一时期的变革思想，充分展示了思想之形成、矛盾和演变，表明个体我与总体我在思想变革中的内在统一。

从对诸子思想的系统探讨中，寻找其对现代总体我变革的启迪，是现代思想变革的必要环节。现代的总体我已步入马克思所说摆脱"史前时期"的关键。现代总体我的变革不仅是要变革一种阶级统治制度，更要终结阶级统治，因而也是有史以来最为深刻的变革。其难度之大，超过历史上所有变革的总和，为此，也就要求有更多的个体我在继承已有总体我思维形式的同时，发展总体我的思维形式，以坚忍的意志和刻苦努力，揭示系统严密的既成制度及其社会矛盾，应对并冲破旧制度既得利益群体所组建的思想卫队的压制。更为重要的是，个体我的思想变革者要充分全面地概括作为变革主体的现代劳动者的利益和意识，这是总体我社会变革的根据，也是总体我思想变革的主义，并贯注于规定现实矛盾、探索解决矛盾的主题和主张中。为此，志愿变革思想的个体我，必须与体现既成制度的私利、私名决裂，必须抛弃维护既成制度的思想观念，突破其所造就的方法论和"学科"局限，从总体我的变革进行思考。现代变革思想不是个体我追求名利的手段。思想的目的和志向，在于认识矛盾、解决矛盾，而非庄子所批评的"今之所谓得志者，轩冕之谓也"。为此就要"不为轩冕肆志，不为穷约趋俗（《庄子·缮性》）。"这样的个体我的思想成果，才可能在总体我的变革中有所作用，并在总体我的变革中展现价值。

刘永佶

二〇一九年四月十二日

后　记

　　由于我不会使用电脑，只能手写字，许卫岳主动承担本书初稿的打印。由汉书鸿图公司朱立群经理与其兄朱立军编排后，马淮、王玉玲、王彦林、石越、孙晓飞、郑思海、张兴无、张明艳、张春敏、张德正、张鹏飞、赵晓明、顾瑶分工校对了全部书稿，尤其引文，费力颇多。

刘永佶
二〇一九年四月十二日